刑事手続の新展開

New Development of Criminal Procedures

（上）

編集委員

三井　誠・渡邉 一弘・岡　慎一・植村 立郎
Makoto Mitsui　Kazuhiro Watanabe　Shinichi Oka　Ritsuro Uemura

成文堂

『刑事手続の新展開』(上)(下)

「はしがき」

1 本書誕生の経緯と本書の構成

　刑事司法の実務は，検察官，弁護士，裁判官の法曹三者を基軸に運営されている。それぞれは，刑事実務においていわば訴追者，防御者，判断者という立場で活動する。民事とは異なり，刑事の場合，こうした立場・役割の違いが実務の在り様に大きな影響を与えることが少なくない。

　本書は，刑事訴訟の現段階における重要テーマ・30の項目について，法曹三者が同じ土俵上で，各領域の立場を踏まえて，主に実務的視点からそれぞれの意見・主張を交換し合ったものである。本書と同様の企画は，すでにこれまで2回実行に移された。
　第1は，1988（昭和63）年の『刑事手続(上)(下)』（筑摩書房）── 旧版 ── であり，第2は，2002（平成14）年の『新刑事手続Ⅰ・Ⅱ・Ⅲ』（悠々社）── 新版 ── である。したがって，今回の本書『刑事手続の新展開(上)(下)』（成文堂）は，いわば第3弾に当たる。

　刑事手続をめぐる主要なテーマについて，主に実務的な視点から法曹三者が，見解の分かれる核の部分を論争するというこれまでの特徴は，本書においても継承された。いずれの論稿も，問題の所在を浮き彫りにするために，表題において「○○の立場から」と明示しているのはその表れである（ただし，いずれの論稿もそれぞれの「立場」を意識して論が展開されているものの，特段の断りのあるなしにかかわらず，あくまでも個人的見解であることは言うまでもない）。方式も，基本的にこれまでの方針を継続している。

　テーマの選択基準については，学理上・教学上の争点であるかという視座よりも，法曹三者間で実務上，意見の交錯・対立がみられるかという実践的

な観点を重視した。また，論述の主眼は，学理上の深みに入らぬよう，努めて運用の実態・実情を示した上で，それぞれの立場からの法解釈・運用，さらに必要に応じて制度・立法の在るべき姿を描き出すという体裁をとった。したがって，文献の引用は極力，必要不可欠なものに限り，逆に裁判例，実務の動きはできるだけ広く取り上げるようにした。

なお，各テーマの論述の構成は，**メイン**〔主論文〕と**コメント**〔批評・論評〕の二種に分かれ，当該テーマを主に論じるに相応しい分野の執筆者がメイン論文を執筆し，それに対して他の二分野がコメントするという形式（①）を原則とし，例外として，テーマの性質・重要性に照らして各分野がそれぞれメイン論文を提出する形式（②）と，二つの分野がメイン論文を出し，他の一分野がそれぞれに対してコメントするという形式（③）を採用することにした。したがって，いずれのテーマに関しても，何らかの形で法曹三者の主張が明らかにされている。この点も当初の旧版時から採用されている形式である。本書では，全30項目のうち，①の形式が16，②及び③の形式がそれぞれ7である。

2　旧版と新版

以上のように，第3弾の本書は，その方針・形態において旧版及び新版を踏襲している。ただし，当然ながら刑事司法を取り巻く時代状況には，これまでと大きな違いがある。

現行刑事訴訟法は，1948（昭和23）年7月10日，法律第131号として公布，翌年1月1日より施行された。同法は，職権主義から当事者主義，大陸法系から英米法系を旗印に，新憲法のもとでそれまでの刑事訴訟法の性格・構図を抜本的に変革する体のものであった。

刑事司法の関与者は，当初，「旧法からの離脱」について手探りで試行錯誤を繰り返しつつ，徐々に新法をわがものとすべく，努力を続けた。以降，理論

面，実務面それぞれに様々の創意工夫が積み重ねられ，法施行40年余を経るに至ると，自ずと刑事司法の運用にもひとつの型が形成されたと見られた。

被疑者・参考人の取調べを基軸とする捜査機関による捜査活動，検察官による訴追事件の厳格な選択及び広範な訴追裁量権の行使，国選弁護の不存在等，捜査弁護活動の制度的限界，飛び飛びの公判開廷・公判審理の長期化，公判廷における〔捜査段階で作成された〕供述調書等の広範・多様な活用，調書に基づく法廷外における裁判官の心証形成，著しく高い有罪率，国民の司法参加手続・制度の乏しさ……，これらがその特徴と指摘された。総括して，司法としては精密司法であるとか検察官司法と呼称され，裁判としては調書裁判と名付けられ，ひいてはこれらはわが国特有の伝統，特色とも受け取られた。この間，微調整的な法や規則の改正が行われはしたものの，立法面や制度面ではとりたてて大きな動きは生じなかった。

このような実務の実情をいかに評価すべきか，46の個別テーマを巡って，法曹三者それぞれの視座に立って意見を出し合うことにより，問題の所在を探り，将来を展望しようとしたのが旧版であった。

その後，判例や学説の展開を伴いつつ，当番弁護士制度の発足・浸透，多発化し始めた外国人犯罪及び犯罪の国際化に対する刑事手続上の対応措置など，刑事実務にも新たな事象が生じた。

また，運用面だけでなく，2000（平成12）年以降，犯罪被害者保護を狙いとする立法の展開，組織犯罪対策としての通信傍受制度などを基軸とする新しい立法・法改正の動きが顕在化し，現に，犯罪被害者の保護関連二法（①「刑事訴訟法及び検察審査会法の一部を改正する法律」及び②「犯罪被害者等の保護を図るための刑事手続に付随する措置に関する法律」）や通信傍受法（刑訴法222条の2）の成立をみた。保護関連二法の①では，性犯罪の告訴期間の撤廃，証人の負担を軽減する措置（付添い，遮蔽，ビデオリンク方式等），心情・意見陳述，②では，公判手続における傍聴，刑事訴訟記録の閲覧・謄写，民事上の争いに関する刑事訴訟手続における和解などが定められ，被害者等に対する配慮と保護を図る種々の手続が整備された。

さらには，1999（平成11）年に司法制度改革審議会が発足し，2001（平成13）年6月，「司法制度改革審議会意見書」が公表され，以降，意見書に沿った刑事手続法の改革が進められるところとなった。発刊時期との関係で，意見書への対応は，補足・追記的なものにとどまったが，上記のような新たな刑事司法の様相を踏まえて，法曹三者が意見を交換したのが**新版**であった。

　46項目であった旧版に対して，新版は63項目，新たに市民参加，犯罪被害者，外国人事件，通信・会話の傍受，コンピュータ・システムと捜査，当番弁護士制度などの項目が加えられた。

　旧版及び新版を通して，浮き彫りにされたわが国の刑事司法の抱える課題 ── 法曹三者間の対立点と接点 ── は多種多様であり，現時点でも検討・分析に値するものが少なくない（旧版〔下巻〕1049頁，新版〔Ⅲ〕531頁，それぞれの「解説」参照）。

3　その後の刑事司法の動き

　新版刊行後，改めて犯罪被害者の保護および司法制度の改革という二本柱を軸に，多くの新しい法制定・法改正が相次ぎ，わが国の刑事司法は，一段と制度及び立法の面で激動を経験することとなる。

　まず，犯罪被害者保護の面では，前出に引き続き，2005（平成17）年4月，犯罪被害者のための施策を広く総合的・計画的に推進してその権利利益を保護することを目的とした犯罪被害者等基本法が施行され，これに伴って，2007（平成19）年6月，犯罪被害者等が「被害者参加人」として，刑事裁判に参加する制度＝被害者参加制度が新設された。このほか，犯罪被害者等による損害賠償請求について刑事手続の成果を利用する制度及び刑事手続において犯罪被害者等の氏名・住所等被害者特定事項を保護するための制度も，同時に創設された。

　前出の司法制度改革審議会意見書に基づく改革として，2004（平成16）年5月，刑事訴訟法の一部改正として，被疑者に対する国選弁護制度が導入さ

れるとともに，公判前整理手続が創設され，証拠開示の拡充が図られた。即決裁判手続の新設も意見書を踏まえたものである。検察審査会法についても，一定の議決に対して法的拘束力を付与する改正が実現した。これらは順次，施行に移されていった。

　加えて，何よりも挙げるべきこととして，2004（平成16）年5月，「裁判員の参加する刑事裁判に関する法律」（裁判員法）が制定され，重大な刑事事件の公判への裁判員の参加を認める制度が設けられた。いわゆる裁判員制度の導入である（2007年5月には，複数の裁判員対象事件を併合して審判する要請が強い場合に，裁判員の負担を軽減するものとして部分判決制度が設けられた）。同法は，模擬裁判等，度重なる慎重な準備を経た後，5年後の2009（平成21）年5月に施行され，同年8月より実際に公判が始まった。

　刑事訴訟法の一部改正も続いた。2010（平成22）年4月，殺人罪や強盗殺人罪など死刑に当たる罪について公訴時効を廃止するとともに，傷害致死罪や自動車運転過失致死罪など人を死亡させた罪のうち懲役・禁錮が科されることがあるものについては公訴時効期間をほぼ2倍とする改正が行われた。また，翌2011（平成23）年6月には，サイバー犯罪その他の情報処理の高度化に伴う犯罪に対処するため，記録命令付差押えの新設等，電磁的記録に係る記録媒体に関する証拠収集手続の規定の整備が行われた。

　さらに，2010（平成22）年9月，大阪地検特捜部証拠改ざん事件が発生し，この事件を巡る一連の事態を踏まえて，同年11月，法務大臣の私的諮問機関として「検察の在り方検討会議」が設置され，翌2011（平成23）年3月，「検察の再生に向けて」と題する提言がまとめられた。

　この提言において，密室での追及的な取調べと供述調書に過度に依存した捜査・公判を続けることは，もはや時代の流れとかい離しており，刑事司法が国民の期待に応えられない事態をも招来しかねない，抜本的・構造的な改革として，追及的な取調べによらずに供述や客観的証拠を収集できる仕組みを早急に整備し，取調べや供述調書に過度に依存した捜査・公判から脱却す

るようその在り方を抜本的に見直し，制度としての取調べの可視化を含む新たな刑事司法制度を構築するための検討を行う場の設定が要望された。

これを受けて，2011（平成23）年5月，法務大臣から法制審議会に対し，時代に即した新たな刑事司法制度を構築するための法整備の在り方についての諮問第92号が発せられ，同年6月，同審議会の下に「新時代の刑事司法制度特別部会」が設置された。

同部会の審議が徐々に本格化する過程の2012（平成24）年4月，本書，すなわち第3弾の刊行が企画された。

4 本書の内容及び取り上げた項目

以上の通り，新版が公にされた後，日本の刑事司法は制度面でも運用面でも大きく変動した。本書は，このような変革の渦中において企画され，法曹三者が具体的にまさに今，どのような問題に直面しているか，お互いに解決策をどのように模索しているか，これからの刑事司法の方向性をどのように設定しようとしているかを展望することとした。

新たな事態が生じ，なお状況が流動的であるため，今回は項目数を新版から半減させ，30項目に絞っただけでなく，取り上げた項目もこれまでとは相当に異なっている。

まず，旧版でも新版でも挙げられていない項目，具体的には，新版後に成立をみた新たな制度・手続に関連した項目をいくつか取り上げた。「2 裁判員裁判」，「11 デジタル情報と捜査」，「17 公判前整理手続①－争点整理等」，「18 同－証拠開示」はその典型例であるが，「13 新たな捜査手法」，「27 評議」なども新版後の動きに対応した新項目である。

旧版及び新版と同じタイトルの項目については，新版後の判例や学説の変遷に対応して選出したものがあると同時に，やはり上記の法改正や運用の変革，とくに主として裁判員裁判の動きとの関連で論じられることを想定して

いるものも少なくない。

　旧版及び新版と同じタイトルの項目については，上記の法改正や制度の変革，とくに主として裁判員裁判の実施に伴い，従前とはその内容が大きな違いをもたらしているものを中心に選び，他は新たな判例や実務運用の展開に伴い，法曹三者間で厳しい意見交換が行われているものを取り上げることとした。

　なお，新版の発刊後，関連する領域として，医療観察事件に関し，2003（平成15）年7月，「心神喪失等の状態で重大な他害行為を行った者の医療及び観察等に関する法律」（医療観察法）が公布され，約2年後の2005（平成17）年7月から施行されるとともに，少年法にも幾度か重要な制度改正が行われたので，今回新たに「5　医療観察事件」及び「4　少年の刑事事件」の項目を設定した。

・・・・・・・・・・・・・・・・・・・・・・・・・・・・・・・・

　第3弾である本書も，わが国の刑事司法の第一線で活躍する実務家多数——「検察」28名，「弁護」27名，「裁判」24名——の力の結集によって完成をみたものである。執筆者の皆様は，各分野の中枢に位置する方たちばかりであり，専念すべき本務ご多忙の中，貴重なご論稿を提出していただき心より感謝を申し上げたい。

　また，編集作業上，諸般の事情が錯綜したため，「あとがき」に記したように，発刊が当初の予定よりも著しく遅延することとなった。それに伴って，事態の進展に対応していない箇所が多々生じ，早くにご脱稿いただいた多くの執筆者の方々には特段のご迷惑をおかけすることとなった。この点については，執筆者の方々に深くお詫びしなければならない。

　刊行が遅延したことによって，本書はいくつかのネックを伴うことになった。しかしながら，翻って考えると，法曹三者がそれぞれの時点で刑事手続の在り方・今後について深い思索を廻らせた実相・内容を公刊しておくことに大きな意義があるのは明らかであろう。このように考えて，わたくしたち

はしがき

は本書を発刊の運びとすることとした(「検察」及び「裁判」の場合,執筆時と現在とで肩書を異にする執筆者が少なくない。「執筆者紹介」〈上巻571頁,下巻656頁〉では,肩書は現在のもので統一をとっている。ご了承を得たい。)。

　旧版及び新版の編集作業については,須藤忠臣氏(前・悠々社社長)に全面的なご協力をいただいた。今回は成文堂の土子三男氏,田中伸治氏がこれまで蓄積されたノウハウを引き継いで,編集に当たられた。

　ただ,編集作業の途次,2014年5月1日,土子氏の急逝という思いがけない事態に遭遇することとなった。法律編集者としての豊富な経験・蓄積に基づいて的確なアドバイスを頂戴していただけに誠に痛恨の極みであった。以降,本書完成は,ひとえに田中氏の献身的なご尽力に委ねることとなった。心より謝意を表したい。

2017年7月7日

　　　　　　　　編集委員の一人として　三井　　誠
　　　　　　　　編集委員　　　　　　　三井　　誠
　　　　　　　　　　　　　　　　　　　渡邉　一弘
　　　　　　　　　　　　　　　　　　　岡　　慎一
　　　　　　　　　　　　　　　　　　　植村　立郎

上巻 目次

はしがき……………………………………………………………………………… i

第1編 総論

1 刑事手続の新展開

検察の立場から　　　　　　　　　　　　　　　　　　　　渡邉　一弘

Ⅰ　はじめに……………………………………………………………………… 3
Ⅱ　三つの展開…………………………………………………………………… 4
　　1　司法制度改革の展開 (4)　　2　犯罪被害者保護制度の拡充 (6)
　　3　検察改革・新たな刑事司法の在り方等 (7)　　4　小　括 (10)
Ⅲ　新しい捜査・公判の在り方と取調べの録音・録画について……… 12
　　1　直接主義・口頭主義について (12)
　　2　取調べの録音・録画について (14)

弁護の立場から　　　　　　　　　　　　　　　　　　　　岡　慎一

Ⅰ　はじめに……………………………………………………………………… 18
Ⅱ　平成16年改革以前の刑事手続……………………………………………… 19
　　1　わが国の刑事手続の特色 (19)　2　「取調べ中心主義」(20)
Ⅲ　取調べ中心主義と平成16年改革
Ⅳ　取調べ中心主義の変革……………………………………………………… 22
　　1　問題の所在 (22)　　2　「取調べ中心主義」の実態 (23)
　　3　「取調べ中心主義」と問題点 (24)
　　4　「取調べ中心主義」からの転換の必要性 (26)
Ⅴ　改革の方向性 (1) ── 供述の自由の実効的保障 ── ……………… 27
　　1　供述の自由の実効的保障の必要性 (27)
　　2　被疑者取調べの録音・録画制度 (27)
　　3　被疑者取調べへの弁護人立会 (27)

Ⅵ 改革の方向性（2）——公判中心主義の実現—— 28
1 公判中心主義実現の課題 (28)　2 証拠開示の拡充 (28)
3 参考人取調べの録音・録画等 (29)

〔裁判の立場から〕　　　　　　　　　　　　　　植 村 立 郎

Ⅰ はじめに 32
Ⅱ 再度の法律の時代 33
1 法律の時代の再来 (33)　2 立法の多様性 (33)
3 定着化・運用の時代 (34)
Ⅲ プロセスの変化 36
1 はじめに (36)　2 裁判関与者の変化 (36)
3 関与者の変化に伴う手続の変化 (37)
Ⅳ おわりに 50

2 裁判員裁判

〔検察の立場から〕　　　　　　　　　　　　　　西 山 卓 爾

Ⅰ はじめに 51
Ⅱ 検察における取組 52
1 裁判員裁判における検察の基本姿勢 (52)
2 捜査における取組 (53)
3 公判における取組 (54)　4 被害者等に配慮した取組 (58)
Ⅲ 今後の課題 60
1 長期化の傾向 (60)
2 裁判員にとって分かりやすい公判活動の実践 (61)
Ⅳ おわりに 64

〔弁護の立場から〕　　　　　　　　　　　　　　四 宮 　 啓

Ⅰ はじめに 66
Ⅱ 制度が変えられたもの（制度上の手続変革） 67
1 被疑者国選弁護制度 (67)　2 公判前整理手続と証拠開示 (68)
3 連日的開廷 (69)

Ⅲ 運用が変わったもの（運用上の手続変革）················70
　　1 取調べ（70）　2 保釈（71）　3 証拠調べ（71）
　　4 量刑（73）　5 上訴（73）
　　6 裁判官のマインドセットの変化（74）
Ⅳ 裁判員法により新しく導入された規定が「変わらなかったもの」········75
　　1 裁判員4：裁判官1の裁判体（75）　2 無罪率（76）
　　3 いわゆる手続二分（77）　4 死刑判決（79）
Ⅴ おわりに ─ 裁判員裁判の今後 ─ ················82

> 裁判の立場から　　　　　　　　　　　　　　　大 野　勝 則

Ⅰ はじめに················86
Ⅱ 公判準備の長期化················87
Ⅲ 公判審理················90
　　1 審理の実情（90）　2 人証の活用（92）
　　3 当事者の活動（93）　4 公判審理の長期化（95）
Ⅳ 評議と判決················96
Ⅴ 裁判員の精神的負担················97
Ⅵ 他の裁判への影響················98
Ⅶ おわりに················99

3　犯罪被害者と刑事手続

> 検察の立場から　　　　　　　　　　　　　　　大 谷　晃 大

Ⅰ はじめに················101
Ⅱ 刑事手続における犯罪被害者の保護に関連する法整備の経緯·····103
　　1 平成12年以前の状況（103）　2 平成12年の法整備（103）
　　3 平成18年の法整備（104）　4 平成19年の法整備（105）
　　5 平成20年の法整備（107）　6 平成25年の法整備（107）
Ⅲ 被害者参加制度について················108
　　1 被害者参加制度導入の経緯（108）
　　2 被害者参加制度の位置付け（108）
　　3 被害者参加制度の概要と運用の現状（110）

4　被害者参加制度の課題　(113)

弁護の立場から　　　　　　　　　　　奥　村　　　回

Ⅰ　犯罪被害者の保護　………………………………………………………116
　　1　弁護人として　(116)　　2　被害者参加制度の導入等　(117)
　　3　日本弁護士連合会　(119)　　4　被害者参加制度等の概要　(119)
　　5　刑事手続と被害者　(120)

Ⅱ　被害者参加の運用状況　…………………………………………………121
　　1　被害者参加の運用状況1　(121)
　　2　被害者参加の運用状況2　(126)

Ⅲ　被害者参加事件への弁護人の対応　……………………………………131
　　1　被害者参加を意識した弁護活動　(131)　　2　対　　応　(131)

裁判の立場から　　　　　　　　　　　島　戸　　　純

Ⅰ　はじめに　…………………………………………………………………133
　　1　被害者に対する配慮, 被害者の権利・利益の確保の必要性　(133)
　　2　裁判手続に関わる近時の法整備　(134)

Ⅱ　公判手続上の諸問題　……………………………………………………135
　　1　被害者の立場に配慮した公判手続の運営　(135)
　　2　被害者に関する情報の保護　(138)
　　3　被害者の意見の表出　(143)　　4　被害者参加　(145)

Ⅲ　損害回復等をめぐる諸問題　……………………………………………150
　　1　損害の回復のための手段　(150)
　　2　被害者に対する情報提供　(152)

Ⅳ　裁判員裁判をめぐる諸問題　……………………………………………153
　　1　裁判員等選任手続　(153)　　2　証人尋問　(154)
　　3　公判運営・評議上の留意点　(154)

Ⅴ　量刑上の諸問題　…………………………………………………………154
　　1　被害弁償, 被害回復と量刑　(154)　　2　被害感情と量刑　(156)
　　3　いわゆる「被害者の落ち度」と量刑　(158)

Ⅵ　おわりに　…………………………………………………………………159

4 少年の刑事事件

裁判の立場から　　　　　　　　　　　　　　　　　　加 藤　　学

I はじめに……161
II 起訴後第1回公判まで……161
1　迅速な公判準備（161）　2　社会記録の取寄せ（162）
III 公判手続の留意点……164
1　公判非公開の可否（164）　2　少年の人定事項の秘匿化（164）
IV 保護処分相当性の審理……167
1　保護処分相当性（167）　2　保護処分相当性の立証方法（170）

検察の立場から ── コメント1　　　　　　　　　　甲 斐　行 夫

I 少年の刑事事件の現状……173
II 少年の刑事事件に対する検察官の基本的対応……174
III 公判準備……174
1　公判準備（174）　2　社会記録の取寄せ（175）
IV 公判手続……176
1　公判の非公開（176）　2　少年の人定事項の秘匿（176）
V 処分の在り方……177
1　少年法20条2項の趣旨（177）　2　少年法55条の適用（178）
3　量刑・保護処分相当性の審理方法（179）
4　少年に対する刑の緩和（182）

弁護の立場から ── コメント2　　　　　　　　　　村 中　貴 之

I 少年の刑事事件弁護の基本的視点……183
II 少年の刑事裁判における弁護活動の留意点……184
1　少年のプライバシー・情操保護について（184）
2　社会記録の取寄せについて（185）
3　保護処分相当性・情状立証の方法について（186）
4　少年の処遇についての立証について（188）
5　少年独自の量刑論の構築の必要性（189）

5 医療観察事件

> 検察の立場から　　　　　　　　　　　　　　　加藤　俊治

I 概　　況 …………………………………………………………… 191
II 政府検討結果における指摘事項 ………………………………… 195
 1 審判の申立てに関して（195）
 2 鑑定入院及び鑑定に関して（197）
 3 裁判所による処遇の選択について（198）
III 裁判例に現れた問題点 …………………………………………… 199
 1 幻覚妄想状態の中で幻覚・妄想等に基づいて行った行為と対象行為の認定（199）
 2 医療を行わない決定に対する対象者側からの抗告の許否（200）
IV 不起訴処分の理由と審判申立て ………………………………… 201
V おわりに …………………………………………………………… 203

> 裁判の立場から　　　　　　　　　　　　　　　村山　浩昭

I はじめに …………………………………………………………… 204
II いわゆる5年後見直しについて ………………………………… 205
 1 見直しに関するいくつかの意見（205）　2 本稿の視点（206）
III 医療観察審判の実情 ……………………………………………… 207
 1 申立て（207）　2 鑑定入院質問（211）
 3 審判の準備（211）　4 審　判（214）
 5 入通院以外の処遇事件（215）
IV 実務上のいくつかの問題点について …………………………… 216
 1 医療観察法上の医療を行うための要件（216）
 2 入院が長期化する対象者の問題（219）
V 今後の課題 ………………………………………………………… 220

> 弁護の立場から ── コメント　　　　　　　　田岡　直博

I はじめに …………………………………………………………… 224

Ⅱ 申立ての問題点 224
Ⅲ 鑑定入院命令の問題点 227
Ⅳ 審判の問題点 228

第2編　捜査・弁護

6　強制捜査と任意捜査

【検察の立場から】　　　　　　　　　　　　　石山　宏樹

Ⅰ はじめに 233
Ⅱ 強制処分の意義（強制捜査と任意捜査の区別の基準） 234
　1　従前の学説等　（234）
　2　最決昭和51年3月16日（刑集30巻2号187頁）　（234）
　3　最決昭和59年2月29日（刑集38巻3号479頁）　（239）
　4　最決平成20年4月15日（刑集62巻5号1398頁）及び最決平成21年9月28日（刑集63巻7号868頁）　（240）
Ⅲ 任意捜査の限界 243
　1　昭和51年決定の枠組み　（243）
　2　「純粋任意段階と強制移行段階」という考え方　（244）

【弁護の立場から】──コメント1　　　　　　岡　慎一

Ⅰ 強制処分の意義（強制捜査と任意捜査の区別の基準） 248
　1　最高裁昭和51年3月16日決定の理解　（248）
　2　検　討　（249）
Ⅱ 任意捜査の限界 250
　1　任意捜査の適法性審査基準　（250）
　2　「純粋任意段階と強制移行段階」という考え方　（251）

【裁判の立場から】──コメント2　　　　　　三浦　透

Ⅰ 強制捜査と任意捜査の区別 252
Ⅱ いわゆる留め置きの問題について 255

7　職務質問・所持品検査

> 検察の立場から　　　　　　　　　　　　　　　　　自見　武士

Ⅰ　はじめに 259
Ⅱ　職務質問 259
　　1　問題の所在 (259)　　2　有形力行使の限界 (260)
　　3　自動車検問 (261)
Ⅲ　所持品検査 263
　　1　問題の所在 (263)　　2　判例の立場 (263)　　3　予試験 (265)
Ⅳ　職務質問に引き続く留め置き 266
　　1　問題の所在 (266)　　2　2つの東京高裁判決とその検討 (267)
Ⅴ　おわりに 271

> 弁護の立場から　──コメント1　　　　　　　　　坂根　真也

Ⅰ　弁護人の視点から 272
Ⅱ　職務質問について 274
Ⅲ　所持品検査について 275

> 裁判の立場から　──コメント2　　　　　　　　　友重　雅裕

Ⅰ　はじめに 277
Ⅱ　職務質問・所持品検査 278
Ⅲ　自動車検問 278
Ⅳ　職務質問に引き続く留め置き 279

8　被疑者及び参考人の取調べ

> 検察の立場から　　　　　　　　　　　　　　　　　稲川　龍也

Ⅰ　はじめに 283
Ⅱ　取調べをめぐる環境の変化 284

    1 裁判員裁判の導入と裁判所の変化 (284)
    2 取調べの録音・録画の試行 (284)
    3 客観的証拠の増加 (286)
    4 被疑者国選弁護人制度の拡充と弁護活動の活発化 (287)
    5 まとめ (288)

Ⅲ 警察, 検察で実施している取調べの適正化対策 ……………… 289
    1 取調べ状況の記録化と証拠開示 (290)
    2 警察におけるその他の取組 (290)　3 検察における取組 (291)

Ⅳ 取調べをめぐる今後の課題と展望 …………………………………… 292
    1 被疑者取調べの目的・機能と取調べ受忍義務 (292)
    2 取調べの可視化の方向性 (299)
    3 参考人の取調べの課題 (301)

弁護の立場から　　　　　　　　　　　　　　　後　藤　貞　人

Ⅰ 取調べの本質 …………………………………………………………………… 303
Ⅱ 取調べの実態 …………………………………………………………………… 310
    1 取調室の中 (310)　2 取調官対被疑者 (310)
    3 黙秘権行使の困難 (312)
    4 取調べの産物――供述録取書―― (314)
    5 可能な限り暗闇に (317)　6 法廷と取調室の落差 (319)

Ⅲ 取調べの可視化 ………………………………………………………………… 320
    1 可視化がもたらすもの (320)
    2 取調べ可視化の現在と法制化 (329)

Ⅳ 参考人取調べ …………………………………………………………………… 333
    1 参考人取調べを検討する観点 (333)
    2 参考人自身の観点 (334)
    3 当該刑事事件の被疑者・被告人の立場からの問題 (335)
    4 参考人取調べの可視化 (336)

Ⅴ まとめにかえて ………………………………………………………………… 337

裁判の立場から　――コメント　　　　　　　　　半　田　靖　史

Ⅰ 取調べの録音・録画制度 …………………………………………………… 341

Ⅱ　取調べ受忍義務 344
Ⅲ　参考人の取調べ 346
Ⅳ　おわりに 347

9　被疑者の身体拘束

検察の立場から　　　　　　　　　　内藤　惣一郎

Ⅰ　はじめに 349
Ⅱ　刑事収容施設法の制定と同法に基づく被疑者の処遇 350
　1　刑事収容施設法の制定　(350)
　2　刑事収容施設法の概要──特に未決拘禁者について──　(351)
　3　刑事収容施設法の施行状況とその5年後見直しの概要
　　　──特に未決拘禁者について──　(359)
Ⅲ　近年における逮捕・勾留の動向 360
Ⅳ　被疑者の逮捕と勾留に関わる諸問題 361
　1　勾留場所について　(361)　　2　別件逮捕・勾留について　(362)
　3　任意同行・逮捕について　(363)

弁護の立場から　　　　　　　　　　金岡　繁裕

Ⅰ　はじめに 367
Ⅱ　本稿の構成 368
Ⅲ　在宅のまま手続を進める原則について 368
　1　在宅のまま手続を進める原則　(368)
　2　令状審査にあるべき姿勢──勾留請求却下の実例から──　(369)
　3　取調べ目的の身体拘束について　(372)　　4　小　括　(373)
Ⅳ　身体拘束からの解放 374
　1　2号, 3号「相当な理由」の実質化　(374)
　2　勾留の必要性要件の実質化　(376)　　3　反論機会の保障　(376)
　4　勾留延長の抑制に向けて　(378)　　5　小　括　(380)
Ⅴ　その他の諸問題(1)──余罪と令状主義の潜脱── 381
　1　問題の所在　(381)　　2　制度的な監視　(381)

Ⅵ その他の諸問題(2) ── 勾留中の処遇の改善 ── ················· 382
 1 一般論として，防御権侵害や日常生活への過干渉があること　(382)
 2 接見等禁止の場合　(383) 3 小　　括　(383)

Ⅶ その他の諸問題(3) ── 代用監獄問題 ── ························· 384

 裁判の立場から ──コメント   栗　原　正　史

Ⅰ はじめに ·· 385
Ⅱ 内藤論文について ·· 385
Ⅲ 金岡論文について ·· 387
 1 金岡論文の概観　(387) 2 令状審査について　(387)
 3 勾留延長について　(389) 4 接見禁止について　(391)

10　捜索・差押え

 検察の立場から   横　井　朗

Ⅰ はじめに ·· 393
Ⅱ 令状発付の基準 ··· 394
Ⅲ 捜索場所に存在する「物」に対する捜索 ···································· 395
Ⅳ 捜索場所に居合わせた人に対する捜索の可否 ···························· 397
 1 捜索場所に居合わせた人の所持品・携帯品　(397)
 2 捜索場所に居合わせた人の身体・着衣　(399)
Ⅴ 捜索開始後に捜索場所に搬入された荷物に対する捜索の可否 ······ 402
 1 証拠物の存在する蓋然性の判断時期　(402)
 2 荷受人の受領の要否 ── 管理権の帰属 ──　(403)

 弁護の立場から ──コメント1   神　洋　明

Ⅰ はじめに ·· 407
Ⅱ 捜索場所に居合わせた人に対する捜索 ······································ 407
Ⅲ 捜索開始後捜索場所に搬入された荷物に対する捜索の可否 ·········· 408
 1 証拠物の存在する蓋然性の判断時期　(408)
 2 荷受人の受領の要否 ── 管理権の帰属 ──　(409)

> 裁判の立場から ──コメント2　　　　　　　　　　　柴　田　寿　宏
I　はじめに……………………………………………………………411
II　令状発付の基準……………………………………………………411
III　捜索場所に存在する「物」に対する捜索…………………………412
IV　捜索場所に居合わせた人に対する捜索の可否……………………412
　　1　捜索場所に居合わせた人の所持品・携帯品　（412）
　　2　捜索場所に居合わせた人の身体・着衣　（413）
V　捜索開始後に捜索場所に搬入された荷物に対する捜索の可否……414
　　1　証拠物の存在する蓋然性の判断時期　（414）
　　2　荷受人の受領の要否──管理権の帰属──　（414）

11　デジタル情報と捜査

> 検察の立場から　　　　　　　　　　　　　　　　　　　北　村　　篤
I　はじめに……………………………………………………………415
II　記録媒体の差押えと, 記録命令付差押え及び刑訴法110条の2の差押えの執行方法…………………………………………………416
III　リモートアクセス…………………………………………………423
IV　情報の同一性の確保………………………………………………425
V　パスワードなどの把握……………………………………………426
VI　電子メールの捜査…………………………………………………427
VII　通信履歴の捜査（保全要請）………………………………………427
VIII　おわりに……………………………………………………………428

> 弁護の立場から ──コメント1　　　　　　　　　　　山　下　幸　夫
I　サイバー犯罪の国内法化…………………………………………429
II　差押えの対象とデジタル情報……………………………………430
III　デジタル情報の差押え……………………………………………431
IV　リモート・アクセスによる差押え………………………………433
V　電子メールの捜査…………………………………………………434

Ⅵ 通信履歴の保全要請 ··· 435

[裁判の立場から] ──コメント2　　　　　　　　島　戸　　純
Ⅰ はじめに ·· 437
Ⅱ 令状の発付に当たって ·· 438
　　1 差押え（438）　2 検　証（440）
Ⅲ 令状の執行に当たって ·· 441
　　1 執　行（441）　2 執行に対する不服の措置（442）

12　科学的捜査

[検察の立場から]　　　　　　　　　　　　　　大　原　義　宏
Ⅰ 総　論 ··· 443
Ⅱ DNA 型鑑定 ··· 445
　　1 DNA 型鑑定の実情（445）　2 DNA 型鑑定の有用性等（446）
　　3 DNA 型データベース（448）
　　4 DNA 型鑑定に対する批判等（449）
Ⅲ 写真・ビデオ撮影 ·· 451
　　1 写真・ビデオ撮影の重要性（451）
　　2 犯罪捜査のための写真・ビデオ撮影の許容性（451）
　　3 防犯カメラによる撮影の許容性（454）

[弁護の立場から] ──コメント1　　　　　　　　野　嶋　真　人
Ⅰ はじめに ·· 458
Ⅱ 指紋鑑定、足跡鑑定、筆跡鑑定、毛髪鑑定など ··························· 458
Ⅲ DNA 型鑑定について ··· 459
　　1 DNA型検査の現状（459）
　　2 150RFU 未満のピークの有用性（459）
　　3 DNA 型鑑定後に電子データを消去している問題（461）
　　4 DNA 型鑑定の電子データの有用性（462）
　　5 コンタミネーションの危険性（462）
Ⅳ 犯罪予防目的での防犯カメラによる録画について ······················· 463

> 裁判の立場から ——コメント2　　　　　　　　　　　江口　和伸

- I　はじめに 464
- II　科学的証拠の内容 465
- III　裁判手続において科学的証拠を用いる場合の留意点 466
- IV　おわりに 467

13　新たな捜査手法

> 検察の立場から　　　　　　　　　　　　　　　　　白井　智之

- I　総　論 469
  - 1　新たな捜査手法を論じる意義　(469)
  - 2　事案の真相解明から見た新たな捜査手法の必要性　(470)
  - 3　検討対象となる捜査手法　(472)
- II　供述以外に主眼を置いた捜査手法 472
  - 1　通信傍受及び会話傍受　(472)　　2　身分等秘匿捜査　(474)
  - 3　DNA型データベース　(475)
- III　供述に関わる捜査手法等 477
  - 1　刑事免責　(477)　　2　司法取引　(478)
  - 3　黙秘した事実からの推認，被疑者・被告人による虚偽供述の犯罪化　(480)
- IV　結　語 481

> 弁護の立場から ——コメント1　　　　　　　　　　　河津　博史

- I　「事案の真相解明」のために何が必要か 482
- II　「供述以外に主眼を置いた捜査手法」について 484
- III　「供述に関わる捜査手法等」について 484
  - 1　取調べ及び供述調書への依存を見直すことの意味　(484)
  - 2　捜査・公判協力型協議・合意制度及び刑事免責制度　(485)
  - 3　黙秘した事実からの推認　(488)

> 裁判の立場から ——コメント2　　　　　　　　　　　村越　一浩

- I　客観的，物的証拠の質的変化 489

Ⅱ 捜査の在り方をめぐる近時の議論……491
Ⅲ 新たな捜査手法の導入について……492
Ⅳ 今後の検討課題……495

14 捜査段階における弁護活動

弁護の立場から　　　　　　　　　　　　前　田　裕　司

Ⅰ はじめに……497
Ⅱ 被疑者弁護人の活動内容……497
Ⅲ 被疑者国選弁護導入の成果と逮捕直後の弁護人の必要性……498
Ⅳ 被疑者の取調べの現状と取調べの可視化……500
　1 被疑者取調べの実情　(500)
　2 取調べの適正確保のための弁護人の活動　(501)
　3 取調べの可視化（取調べ全過程の録画）の必要性　(501)
　4 取調べに先立つ弁護人との接見の必要性　(503)
　5 身体拘束からの解放　(503)
Ⅴ 証拠収集活動としての接見室での写真撮影と録画は必要……510

検察の立場から──コメント1　　　　　　佐　藤　　剛

Ⅰ はじめに……511
Ⅱ 「被疑者ノート」について……512
Ⅲ 被害者を始めとする関係者の名誉・プライバシー保護の観点……513
Ⅳ 法制審議会における調査審議と新制度の導入について……514

裁判の立場から──コメント2　　　　　　中　谷　雄二郎

Ⅰ 裁判員制度の導入は捜査段階の弁護活動に何をもたらしたか……517
Ⅱ 捜査段階における弁護活動の重要性……518
Ⅲ 捜査段階における弁護活動の現状と課題……520
　1 弁護活動のばらつき　(520)
　2 公判前整理手続の迅速化の要請　(521)
　3 前田論文の提唱について　(522)

15 接見交通

【弁護の立場から】　　　　　　　　　　　　　　　　赤 松 範 夫

Ⅰ 問題の所在 ……………………………………………………………… 523
Ⅱ 接見交通権についての基本的考え方 ………………………………… 525
　　1 接見交通権とは （525）　　2 接見の意義・定義 （526）
　　3 憲法に由来する秘密交通権の重要性 （527）
Ⅲ 秘密交通権の保障について …………………………………………… 528
　　1 接見内容の取調べ，供述調書化等 （528）
　　2 接見室内でのカメラ，録音機，電子機器等の持込み，使用等 （529）
Ⅳ 弁護人との信書の発受等 ……………………………………………… 531
　　1 信書の発受における秘密性保護 （531）
　　2 秘密性の保障の根拠 （532）
　　3 接見禁止決定下の信書等の授受 （533）
Ⅴ 面会接見 ………………………………………………………………… 533
　　1 検察庁における接見 （533）　　2 面会接見について （534）
　　3 面会接見の際の立会人 （535）
Ⅵ 電話連絡（電話による外部交通） …………………………………… 535
　　1 制度の概要 （535）　　2 この制度の問題点 （536）

【検察の立場から】　　　　　　　　　　　　　　　　内 藤 晋太郎

Ⅰ 問題の所在 ……………………………………………………………… 537
Ⅱ 接見交通権についての基本的な考え方 ……………………………… 538
　　1 接見交通権と刑罰権・捜査権との関係等 （538）
　　2 刑訴法と刑事収容法との関係 （539）
　　3 39条1項の「接見」の意義と範囲 （540）
Ⅲ 面 会 接 見 ……………………………………………………………… 542
　　1 面会接見の意義 （542）
　　2 面会接見のための配慮義務の要件等 （542）
　　3 面会接見の実施上の留意事項 （544）　　4 検察庁の対応 （546）

IV 電話面会 ··· 547
 1　電話面会と接見交通権との関係　(547)
 2　電話面会の運用上の取組み　(547)

V 信書の発受 ·· 548
 1　信書の発受と秘密の保障　(548)　　2　監獄法下における判例　(548)
 3　刑事収容法下の信書の検査の在り方　(549)

裁判の立場から ──コメント　　　　　　　　　　中島　経太

I 問題点の現状 ·· 551
II 接見交通権についての基本的な考え方 ············· 552
III 面会接見, 電話による外部交通等について ········ 553
 1　面会接見　(553)
 2　未決拘禁者と弁護人等の電話による通信　(553)

IV 接見時の写真撮影, 録画等について ················ 554
V 接見内容の取調べ, 供述調書化について ············ 555
VI 信書等の発受 ··· 556

事項索引 ··· 558
判例索引 ··· 563
あとがき ··· 567

下巻 目次

第3編　公訴・公判

16　検察官の訴追裁量
- 検察の立場から　　　　　　　　岡本　章
- 弁護の立場から　―コメント1　西村　健
- 裁判の立場から　―コメント2　國井恒志

17　公判前整理手続①―争点整理等―
- 検察の立場から　　　　　　　　伊藤栄二
- 弁護の立場から　　　　　　　　菅野　亮
- 裁判の立場から　　　　　　　　植村立郎

18　公判前整理手続②―証拠開示―
- 検察の立場から　　　　　　　　村中孝一
- 弁護の立場から　　　　　　　　宮村啓太
- 裁判の立場から　　　　　　　　佐藤弘規

19　訴因の特定・変更
- 裁判の立場から　　　　　　　　下津健司
- 検察の立場から　―コメント1　上冨敏伸
- 弁護の立場から　―コメント2　岡　慎一

20　被告人の身体拘束
- 弁護の立場から　　　　　　　　竹之内明
- 検察の立場から　―コメント1　吉川　崇
- 裁判の立場から　―コメント2　栗原正史

第4編　証拠

21　証拠調べの在り方
- 裁判の立場から　　　　　　　　西田眞基
- 検察の立場から　―コメント1　村中孝一
- 弁護の立場から　―コメント2　秋田真志

22　証人尋問・被告人質問と供述調書
- 検察の立場から　　　　　　　　菊池　浩
- 弁護の立場から　　　　　　　　髙野　隆
- 裁判の立場から　　　　　　　　菊池則明

23　精神鑑定
- 裁判の立場から　　　　　　　　岡部　豪

検察の立場から　―コメント1　田野尻猛
弁護の立場から　―コメント2　久保有希子

24　自白の任意性，信用性
- 裁判の立場から　　　　　　　　半田靖史
- 検察の立場から　―コメント1　保坂和人
- 弁護の立場から　―コメント2　小坂井久

25　違法収集証拠の排除
- 検察の立場から　　　　　　　　渡邊ゆり
- 裁判の立場から　　　　　　　　中谷雄二郎
- 弁護の立場から　―コメント　　坂根真也

26　情況証拠による事実認定
- 検察の立場から　　　　　　　　佐藤　淳
- 弁護の立場から　　　　　　　　角田雄彦
- 裁判の立場から　　　　　　　　國井恒志

第5編　裁判・上訴・再審

27　評議
- 裁判の立場から　　　　　　　　大西直樹
- 検察の立場から　―コメント1　東山太郎
- 弁護の立場から　―コメント2　神山啓史

28　量刑
- 弁護の立場から　　　　　　　　岡　慎一＝神山啓史
- 裁判の立場から　　　　　　　　河原俊也
- 検察の立場から　―コメント　　東山太郎

29　上訴審
- 裁判の立場から　　　　　　　　村瀬　均
- 検察の立場から　―コメント1　髙﨑秀雄
- 弁護の立場から　―コメント2　大橋君平

30　再審
- 弁護の立場から　　　　　　　　笹森　学
- 裁判の立場から　　　　　　　　神田大助
- 検察の立場から　―コメント　　濱　克彦

凡　例

1　法　　令

　　法令名の略語、通称は、各年版の六法全書等（三省堂、有斐閣）に従う。

2　判　　例

　　判例集・判例収録誌の略称は，次の例によるほか、一般の慣例に従う。

　　例）最（一小）判平成24・2・13刑集66巻4号482頁：最高裁判所第一小法廷判決平成24年2月13日最高裁判所刑事判例集第66巻第4号482頁以下

最大判（決）	最高裁判所大法廷判決（決定）
最（一小）判（決）	最高裁判所第一小法廷判決（決定）
最（二小）判（決）	最高裁判所第二小法廷判決（決定）
最（三小）判（決）	最高裁判所第三小法廷判決（決定）
高判	高等裁判所判決
地判	地方裁判所判決
支判	支部判決
刑集	最高裁判所刑事判例集
裁判集刑	最高裁判所裁判集刑事
高刑集	高等裁判所刑事判例集
東高刑時報	東京高等裁判所（刑事）判決時報
高刑速	高等裁判所刑事裁判速報集
刑月	刑事裁判月報
家月	家庭裁判月報
訟月	訟務月報
判時	判例時報
判タ	判例タイムズ

3　雑　　誌

　　警研：警察研究
　　刑雑：刑法雑誌
　　刑ジャ：刑事法ジャーナル
　　刑弁：季刊刑事弁護
　　警論：警察学論集
　　現刑：現代刑事法
　　司研：司法研修所論集

凡　例

自正：自由と正義
ジュリ：ジュリスト
曹時：法曹時報
ひろば：法律のひろば
法協：法学協会雑誌
法教：法学教室
法時：法律時報
論究ジュリ：論究ジュリスト

4　司法研究等

「検証報告書」：最高裁判所事務総局「裁判員裁判実施状況の検証報告書」(2012年12月) http://www.saibanin.courts.go.jp/topics/09_12_05-10jissi_jyoukyou.html

司法研究・情況証拠の観点から見た事実認定：中川武隆＝植村立郎＝木口信之『情況証拠の観点から見た事実認定』〔司法研究報告書第42輯第2号〕(1994年, 法曹会)

司法研究・少年事件の処理：浜井一夫＝廣瀬健二＝波床昌則＝河原俊也『少年事件の処理に関する実務上の諸問題−否認事件を中止として−』〔司法研究報告書第48輯第2号〕(1997年, 法曹会)

司法研究・量刑に関する国民と裁判官の意識：前田雅英＝合田悦三＝井上豊＝野原俊郎『量刑に関する国民と裁判官の意識についての研究 ── 殺人罪の事案を素材として ── 』〔司法研究報告書第57輯第1号〕(2007年, 法曹会)

司法研究・大型否認事件の審理：角田正紀＝和田真＝平木正洋＝長瀬敬昭＝井下田英樹『裁判員制度の下における大型否認事件の審理の在り方』〔司法研究報告書第60輯第1号〕(2008年, 法曹会)

司法研究・難解な法律概念：佐伯仁志＝酒巻匡＝村瀬均＝河本雅也＝三村三緒＝駒田秀和『難解な法律概念と裁判員裁判』〔司法研究報告書第61輯第1号〕(2009年, 法曹会)

司法研究・第一審の判決書及び控訴審：大澤裕＝田中康郎＝中川博之＝高橋康明『裁判員裁判における第一審の判決書及び控訴審の在り方』〔司法研究報告書第61輯第2号〕(2009年, 法曹会)

司法研究・量刑評議の在り方：井田良＝大島隆明＝園原敏彦＝辛島明『裁判員裁判における量刑評議の在り方について』〔司法研究報告書第63輯第3号〕(2012年, 法曹会)

司法研究・科学的証拠：黒﨑久仁彦＝岡田雄一＝遠藤邦彦＝前田巌『科学的証拠とこれを用いた裁判の在り方』〔司法研究報告書第64輯第2号〕(2013年, 法曹会)

プラクティス刑事裁判：司法研修所刑事裁判教官室『プラクティス刑事裁判』(2015年, 法曹会)

刑訴法等の一部改正：落合義和＝辻裕教／稗田雅洋＝髙橋康明＝伊藤雅人＝駒田秀和＝河原俊也＝森健二『刑事訴訟法等の一部を改正する法律(平成16年法律第62号)及び刑事訴訟規則等の一部を改正する規則の解説』〔新法解説叢書21〕(2010年, 法曹会)

少年法等の一部を改正する法律及び少年審判規則等の一部を改正する規則の解説：甲斐行夫＝入江猛＝飯島泰＝加藤俊治／岡健太郎＝岡田伸太＝古田孝夫＝本田能久＝安永健次『少年法等の一部を改正する法律及び少年審判規則等の一部を改正する規則の解説』〔新法解説叢書17〕(2002年, 法曹会)

5 概説書

青柳：青柳文雄『刑事訴訟法通論［五訂版］』(1976年, 立花書房)
渥美：渥美東洋『全訂 刑事訴訟法［第2版］』(2009年, 有斐閣)
池田=前田：池田修=前田雅英『刑事訴訟法講義［第5版］』(2014年, 東京大学出版会)
酒巻：酒巻匡『刑事訴訟法』(2015年, 有斐閣)
白取：白取祐司『刑事訴訟法［第8版］』(2015年, 日本評論社)
田口：田口守一『刑事訴訟法［第7版］』(2017年, 弘文堂)
田宮：田宮裕『刑事訴訟法［新版］』(1996年, 有斐閣)
団藤：団藤重光『新刑事訴訟法綱要［七訂版］』(1967年, 創文社)
平野：平野龍一『刑事訴訟法』〔法律学全集43〕(1958年, 有斐閣)
平野・概説：平野龍一『刑事訴訟法概説』(1968年, 東京大学出版会)
松尾(上)：松尾浩也『刑事訴訟法 上［新版］』(1999年, 弘文堂)
松尾(下)：松尾浩也『刑事訴訟法 下［新版補正第2版］』(1999年, 弘文堂)
三井(Ⅱ), (Ⅲ)：三井誠『刑事手続法Ⅱ, Ⅲ』(2003年, 2004年, 有斐閣)

6 注釈書, 講座, 判例解説・判例研究, 論文集等

刑事手続(上), (下)：三井誠=中山善房=河上和雄=田邨正義編『刑事手続 上, 下』(1988年, 筑摩書房)
新刑事手続Ⅰ〜Ⅲ：三井誠=馬場義宣=佐藤博史=植村立郎編『新刑事手続Ⅰ〜Ⅲ』(2002年, 悠々社)
条解刑訴［4版増補］：松尾浩也監修・松本時夫=土本武司=池田修=酒巻匡編集代表『条解刑事訴訟法［第4版増補版］』(2016年, 弘文堂)
新基本法コンメ刑訴法：三井誠=河原俊也=上野友慈=岡慎一編『新基本法コンメンタール刑事訴訟法［第2版 追補版］』(2017年, 日本評論社)
大コンメ刑訴法(1)〜(8)：藤永幸治=河上和雄=中山善房編『大コンメンタール刑事訴訟法第1巻〜第8巻』(1994年〜1999年, 青林書院)
大コンメ刑訴法［2版］(1)〜(10)：河上和雄=中山善房=古田佑紀=原田國男=河村博=渡辺咲子編『大コンメンタール刑事訴訟法［第2版］第1巻〜第10巻』(2010年〜2013年, 青林書院)
逐条刑事収容施設法：林眞琴=北村篤=名取俊也『逐条解説 刑事収容施設法［改訂版］』(2013年, 有斐閣)
註釈刑訴(1)〜(4)：青柳文雄=伊藤栄樹=柏木千秋=佐々木史朗=西原春夫著者代表『註釈刑事訴訟法第1巻〜第4巻』(1976年〜1981年, 立花書房)
注釈刑訴［新版］(1)〜(7)：伊藤栄樹=亀山継夫=小林充=香城敏麿=佐々木史朗=増井清彦著者代表『註釈刑事訴訟法［新版］第1巻〜第7巻』(1996年〜2000年, 立花書房)
注釈刑訴［3版］(4), (6), (7)：河上和雄=小林充=植村立郎=河村博編『注釈刑事訴訟法［第3版］第4巻』(2012年〜2015年, 立花書房)
注釈刑法(1)：西田典之=山口厚=佐伯仁志編『注釈刑法 第1巻 総論』(2012年, 有斐閣)

xxix

凡　例

刑事裁判実務大系(11)：河上和雄編『刑事裁判実務大系　第11巻　犯罪捜査』(1991年, 青林書院)
現代刑罰法大系(6)：石原一彦＝佐々木史朗＝西原春夫＝松尾浩也編『現代刑罰法大系　第6巻　刑事手続2』(1982年, 日本評論社)
捜査法大系Ⅱ：熊谷弘＝松尾浩也＝田宮裕編『捜査法大系Ⅱ勾留・保釈』(1972年, 日本評論社)
証拠法大系Ⅰ：熊谷弘＝浦辺衛＝佐々木史朗＝松尾浩也編『証拠法大系Ⅰ証明』(1970年, 日本評論社)
量刑実務大系(1)：大阪刑事実務研究会編著『量刑実務大系　第1巻　量刑総論』(2011年, 判例タイムズ社)
量刑実務大系(2)：大阪刑事実務研究会編著『量刑実務大系　第2巻　犯情等に関する諸問題』(2011年, 判例タイムズ社)
量刑実務大系(4)：大阪刑事実務研究会編著『量刑実務大系　第4巻　刑の選択・量刑手続』(2011年, 判例タイムズ社)
令状に関する理論と実務Ⅰ, Ⅱ：髙麗邦彦＝芦澤政治編『令状に関する理論と実務Ⅰ, Ⅱ』〔別冊判例タイムズ34号, 35号〕(2012年, 判例タイムズ社)

刑訴百選［9版］：井上正仁＝大澤裕＝川出敏裕編『刑事訴訟法判例百選［第9版］』(2011年, 有斐閣)
最判解刑昭和(平成)○年度：最高裁判所調査官室編『最高裁判所判例解説　刑事篇　昭和29年度～』(1955年～, 法曹会)
昭和(平成)○年度重判解：『昭和(平成)○年度　重要判例解説』〔ジュリスト臨時増刊〕(1968年～, 有斐閣))
速報判例解説(1)～：速報判例解説編集委員会編『速報　判例解説 Vol.1』〔法学セミナー増刊〕(2007年～, 日本評論社)

刑事事実認定50選(上), (下)：小林充＝植村立郎編『刑事事実認定重要判決50選　上, 下［第2版］』(2013年, 立花書房)
刑事事実認定の基本問題：木谷明編著『刑事事実認定の基本問題［第3版］』〈2015年, 成文堂〉
刑事証拠開示の理論と実務：酒巻匡編著『刑事証拠開示の理論と実務』(2009年, 判例タイムズ社)
刑訴争点［新版］：松尾浩也＝井上正仁編『刑事訴訟法の争点［新版］』(1991年, 有斐閣)
刑訴争点［3版］：松尾浩也＝井上正仁編『刑事訴訟法の争点［第3版］』(2002年, 有斐閣)
新刑訴争点：井上正仁＝酒巻匡編『刑事訴訟法の争点』(2013年, 有斐閣)
公判前整理手続を活かす：日本弁護士連合会裁判員本部編『公判前整理手続を活かす［第2版］』〔GENJIN 刑事弁護シリーズ05〕(2011年, 現代人文社)
裁判員裁判における弁護活動：日本弁護士連合会編『裁判員裁判における弁護活動－その思想と戦略－』(2009年, 日本評論社)
実例刑訴Ⅱ：松尾浩也＝岩瀬徹編『実例刑事訴訟法Ⅱ　公訴の提起・公判』(2012年, 青林書院)
実例刑訴Ⅲ：松尾浩也＝岩瀬徹編『実例刑事訴訟法Ⅲ　証拠・裁判・上訴』(2012年, 青林書院)
法廷弁護技術：日本弁護士連合会編『法廷弁護技術［第2版］』(2009年, 日本評論社)

青木・刑事司法改革：青木孝之『刑事司法改革と裁判員制度』(2013年, 日本評論社)
池田・解説裁判員法：池田修＝合田悦三＝安東章『解説 裁判員法［第3版］－立法の経緯と課題』(2016年, 弘文堂)
石井・刑事控訴審：石井一正『刑事控訴審の理論と実務』(2010年, 判例タイムズ社)
石井・刑事実務証拠法：石井一正『刑事実務証拠法［第5版］』(2011年, 判例タイムズ社)
石井・刑事訴訟の諸問題：石井一正『刑事訴訟の諸問題』(2014年, 判例タイムズ社)
井上・証拠排除：井上正仁『刑事訴訟における証拠排除』(1985年, 弘文堂)
井上・強制捜査と任意捜査：井上正仁『強制捜査と任意捜査［新版］』(2014年, 有斐閣)
植村・実践的刑事事実認定：植村立郎『実践的刑事事実認定と情況証拠［第3版］』(2016年, 立花書房)
木谷・刑事裁判の心：木谷明『刑事裁判の心 —— 事実認定適正化の方策［新版］』(2004年, 法律文化社)
杉田・理論と実践：杉田宗久『裁判員裁判の理論と実践［補訂版］』(2013年, 成文堂)
原田・量刑判断の実際：『量刑判断の実際［第3版］』(2008年, 立花書房)
原田・裁判員裁判と量刑法：『裁判員裁判と量刑法』(2011年, 成文堂)

7 祝賀・記念等論文集

石井追悼：東京大学労働法研究会編・石井照久先生追悼論集『労働法の諸問題』(1974年, 勁草書房)
植村退官(1)：「植村立郎判事退官記念論文集」編集委員会編『植村立郎判事退官記念論文集 現代刑事法の諸問題 第一巻 第1編 理論編・少年法編』(2011年, 立花書房)
植村退官(2)：「植村立郎判事退官記念論文集」編集委員会編『植村立郎判事退官記念論文集 現代刑事法の諸問題 第二巻 第2編 実践編』(2011年, 立花書房)
植村退官(3)：「植村立郎判事退官記念論文集」編集委員会編『植村立郎判事退官記念論文集 現代刑事法の諸問題 第三巻 第3編 公判前整理手続及び裁判員裁判編』(2011年, 立花書房)
小野退官：小野慶二判事退官記念論文集刊行会編・小野慶二判事退官記念論文集『刑事裁判の現代的展開』(1988年, 勁草書房)
河上古稀：河上和雄先生古稀祝賀論文集刊行会編『河上和雄先生古稀祝賀論文集』(2003年, 青林書院)
佐伯卒寿：刑事訴訟法研究会佐伯千仭先生卒寿祝賀論文集編集委員会編・佐伯千仭先生卒寿祝賀論文集『新・生きている刑事訴訟法』(1997年, 成文堂)
鈴木古稀(上), (下)：三井誠＝中森喜彦＝吉岡一男＝井上正仁＝堀江慎司編『鈴木茂嗣先生古稀祝賀論文集 上巻, 下巻』(2007年, 成文堂)
曽根・田口古稀(上), (下)：高橋則夫＝川上拓一＝寺崎嘉博＝甲斐克則＝松原芳博＝小川佳樹編『曽根威彦先生・田口守一先生古稀祝賀論文集 上巻, 下巻』(2014年, 成文堂)
高田古稀：高田卓爾博士古稀祝賀論文集刊行委員会編・高田卓爾博士古稀祝賀『刑事訴訟の現代的動向』(1991年, 三省堂)
田宮追悼(上), (下)：廣瀬健二＝多田辰也編『田宮裕博士追悼論集上巻, 下巻』(2003年, 信山社)

凡　例

中野還暦：団藤重光=斎藤寿郎監修・中野次雄判事還暦祝賀『刑事裁判の課題』(1972年, 有斐閣)
中山退官：原田國男=川上拓一=中谷雄二郎編・中山善房判事退官記念『刑事裁判の理論と実務』(1998年, 成文堂)
原田退官：原田國男判事退官記念論文集刊行会編・原田國男判事退官記念論文集『新しい時代の刑事裁判』(2010年, 判例タイムズ社)
松尾古稀(上),(下)：芝原邦爾=西田典之=井上正仁編『松尾浩也先生古稀祝賀論文集　上巻,下巻』(1998年, 有斐閣)
三井古稀：井上正仁=酒巻匡編『三井誠先生古稀祝賀論文集』(2012年, 有斐閣)
村井古稀：浅田和茂=石塚伸一=葛野尋之=後藤昭=福島至編・村井敏邦先生古稀記念論文集『人権の刑事法学』(2011年, 日本評論社)

第1編
総　　　論

1 刑事手続の新展開
検察の立場から

渡邉　一弘

I　はじめに
II　三つの展開
III　新しい捜査・公判の在り方と取調べの録音・録画について

I　はじめに

　ここでいう「刑事手続の新展開」とは，平成14年，刑事手続をめぐる主要テーマについて，検察・弁護・裁判に関わる法律実務家三者が実務的視点から論争する『新刑事手続I，II，III』が刊行されてからの10年余のこの手続の動向を指しているものと解される。これを前提として，本稿を進めたい。
　この10年間は，前年（平成13年）に発表された司法制度改革審議会の最終意見書をもとに，司法制度の改革を目ざして，様々な制度の導入・新設が行われ，実施され，刑事手続においても，裁判員裁判制度の導入，公判前整理手続の創設と証拠開示の拡充，被害者の手続参加制度の新設など，その手続に大きな展開があったとされる期間であり，まさに，「新展開」と呼ばれるにふさわしい時期であったいえよう。
　本書は，この間の新制度・手続の運用について，上記『新刑事手続』と同様の手法で，その現況の検証と今後の展開について論じることを目的として企画されたものであろう。そこには，司法制度改革によるもの，犯罪被害者

保護の拡充によるもの，そして，最近の検察改革の問題とこれに触発された「新しい時代の捜査・公判の在り方」を考えようとするもの（さらなる刑事手続の改革を求めようとする動きといってもよい。）の三つの展開があり，なおこれら三つの流れは続いている。

本稿では，まず，この三つの展開（流れ）の，この10年を振り返ることから始めたい。

なお，筆者は，既に退官し，法科大学院教員・弁護士となって3年余の年月が過ぎている（本稿執筆時）。筆者の怠慢もあって，教壇で刑事手続の講義をするために，法務省や検察庁のウェブサイトにアクセスすることはあっても，現実の検察実務に直接関わる機会はない。したがって，ここでは，あくまでも検察実務経験者としての私見を述べ得るにすぎない。予めこのことをお断りしておいて，本稿を進めたい。

II 三つの展開

1 司法制度改革の展開

この間の司法制度改革の状況を振り返ってみると，以下のような経過を辿っている。

すなわち，平成11年7月，内閣に，国民の視点に立っての議論を進めるべきとの趣旨から，委員13名の内，その過半数が非法律家で構成された司法制度改革審議会が設置され，同審議会は，同13年6月，内閣に対し①「国民の期待に応える司法制度」とするために，司法制度をより利用しやすく，分かりやすく，頼りがいのあるものとする（例えば，裁判官をサポートする専門員制度の導入，裁判外の紛争制度の拡充，被疑者に対する公的弁護の導入等），②「司法制度を支える法曹の在り方」を改革し，質量ともに豊かなプロフェッションとしての法曹を確保する（例えば，法科大学院の設置，法曹人口の拡大のための司法試験合格者数の拡大，弁護士報酬の透明化等），③「国民的基盤の確立」のために，国民が訴訟手続に参加する制度の導入等により司法に対する国民の信頼を高める（刑事における裁判員裁判の導入）の3点を基本的な方針として，各般の施策を講じ

るべきとの「最終意見書」を提出し，これに応じて，時の政府は，同年11月，司法制度改革推進法を成立させ，同年12月，司法制度改革推進本部を内閣に設置し，同14年3月，司法制度改革推進計画を閣議決定した。

　この推進計画には，刑事司法制度の改革に関し，①刑事裁判の充実・迅速化（公判前整理手続・連日的開廷）②被疑者・被告人の公的弁護制度の整備，③公訴提起のあり方（検察審査会の議決に一定の拘束力の付与），④新たな時代における捜査・公判手続の在り方，⑤犯罪者の改善更生，被害者の保護の五つの項目が掲げられ，加えて，司法制度の国民的基盤の確立（国民の司法制度への関与の拡充等を通じて司法に対する国民の理解を増進させ，国民の信頼を向上させるための改革の推進）のため，国民の司法参加が提唱され，刑事訴訟手続への新たな国民参加制度の導入として裁判員裁判制度が掲げられており，その後，この推進計画を基に，裁判の迅速化に関する法律（平15法107），裁判員の参加する刑事裁判に関する法律（平16法63），検察審査会法の改正等々，次々と改革関連法が制定され，施行されていったことは，周知のとおりである。

　そして，これらの制度の大半は，その実施からすでに3年余りが経ち，その検証と検討の時期に来ているとされ，とりわけ裁判員制度については，法務省に裁判員制度に関する検討会が，最高裁判所には裁判員制度の運用等に関する有識者懇談会が設置され，議論が続けられている。

　もっとも，また後に論じることとなるが，推進計画に掲げられた上記刑事司法制度の改革に関する項目の中，①②③⑤及び裁判員裁判制度については，文字通り，法制度化され，既に実施に移されているのに対し，その理由・原因はともかく，上記④，すなわち「新たな時代における捜査・公判手続の在り方」については，電磁的記録に関する証拠収集手続の整備（刑事訴訟法の改正：平23法74）がなされた程度で，ほとんど議論や法的施策が進んでいなかったというのが，筆者の率直な感想である。

（上記審議会最終意見書及びこれを受けた司法制度改革推進計画では，捜査・公判の在り方に関連して，①刑事免責制度の導入の是非，②参考人協力確保のための方策，参考人保護のための方策について検討するとされていた。）

2 犯罪被害者保護制度の拡充

　司法制度の改革と並行するかのように進められたのが，いわば事件の当事者としての犯罪被害者の立場に配慮した様々な施策と新たな立法であった。

　平成6年，警察庁による「犯罪被害者対策要綱」策定，同7年「全国犯罪被害者ネットワーク」の設立，同11年，検察よる被害者への事件処理結果・公判期日等通知制度の全国化，警察による「犯罪捜査規範」改正（被害者配慮条項を加える）等の諸施策を経て，平成12年には，いわゆる犯罪被害者保護二法（刑事訴訟法及び検察審査会法の一部を改正する法律（平12法74），犯罪被害者等の保護を図るための刑事手続に付随する措置に関する法律（平12法75））が成立する。この二法の中では，刑事手続における新たな制度として，①証人尋問の際の付添い，遮へい，ビデオリンク方式（刑訴157条の2, 157条の3, 157条の4），②被害者等の心情等に関する意見の陳述（刑訴292条の2），③公判手続の優先的傍聴（犯罪被害者等保護法2条），④公判記録の閲覧・謄写（同法3条），⑤刑事訴訟手続における和解（同法4条以下）等の各制度が導入された。当時，この二法は，被害者に，手続の当事者ではないが，「事件の当事者」としての立場から，刑事手続に関し，特別の関与を認めるものとして，画期的な制度であるとの評価を受けた。

　しかし，被害者保護の要請は，ここに止まることなく，犯罪被害者を正面から「事件の当事者」として捉え，それにふさわしい取扱いを回復するための施策の向上を求める声の高まりを受けて，平成16年，犯罪被害者等基本法（平16法161）が制定され（同法は，その3条において，犯罪被害者を，個人として，また，「事件の当事者」として，その尊厳にふさわしい処遇を裁判手続においても保障すると宣言している。），同法をもとに，政府は，同17年4月，内閣に犯罪被害者等施策推進会議を設置，同年12月には「犯罪被害者等基本計画」を閣議決定し，その中で，被害者の刑事手続への関与，損害の回復の容易化等の実現については，2年内に具体策を講じることとした。

　この計画に従い，平成19年には，犯罪被害者等の権利利益の保護を図るための刑事訴訟法等の一部を改正する法律（平19法95）が成立し，この改正によって，新たに，犯罪被害者等が刑事裁判に参加する制度（被害者等参加人制

度)が創設され,一定の犯罪の被害者は,裁判所の決定により,被害者参加人として刑事裁判に参加し,公判期日に出席できるほか,検察官の権限行使に意見を述べること,情状事項に関して証人を尋問すること,自らの意見陳述のために被告人に質問すること,事実・法律の適用に関し意見を述べることが可能になった(刑訴316条の33以下)。

さらに,平成20年,被害者参加人のための国選弁護制度(犯罪被害者等の権利利益の保護を図るための刑事手続に付随する措置に関する法律及び総合法律支援法の一部を改正する法律(平20法19))も新設されて,現在に至っている。

3 検察改革・新たな刑事司法の在り方等
(1) 検察の在り方検討会の提言と検察における取調べの録音・録画の試行

いわゆる厚生省元局長無罪事件等に対する検察批判を受けて,法務大臣の下に設置された「検察の在り方検討会議」は,平成23年3月,検察組織・制度をも含む,検察の在り方全般について,様々な改革策を含む提言『検察の再生に向けて』を公表した。この提言の中心は,検察の組織・運営に関わる部分(この点については,提言を受けて,検察において,様々な取組がなされていると聞くが,紙数の都合もあり,ここでは触れない。)にあるが,提言には,以下のとおり,刑事手続の在り方に関わる部分も少なからず含まれていた。

提言は,その第4に「検察における捜査・公判の在り方」という項目を設け,その中で,いわゆる「取調べの可視化」について多くの字数を割き,その1で「検察における取調べの可視化の基本的な考え方」として,被疑者の取調べの録音・録画は,検察の運用及び法制度の整備を通じて,今後,より一層,その範囲を拡大するべきであるとの方向を示し,その2「検察の運用による取調べの可視化の拡大」では,事案の性質や被疑者の特性等に応じ,例えば,取調べの全過程を含む広範囲な録音・録画を行うよう努めるべきとするなど,様々な取調べで録音・録画の試行を行うべきことを提言し,とりわけ,特捜部,独自捜査を行う特別刑事部おいてはその全事件で,また知的障害によりコミュニケーション能力に問題がある被疑者等の取調べにおいても,それぞれ試行を行うべきであるなどとして,検察に対し,一定の事件に

ついて，取調べ過程の録音・録画の運用上の拡大を求めた。

　提言は，また，これらの試行についての，1年後を目途としたその検証の実施と検証結果の公表を求めていたことから，これを受けて，検察は，同24年7月，「検察における取調べの録音・録画についての検証」として，①裁判員裁判対象事件，②知的障害によりコミュニケーション能力に問題がある被疑者等に係る事件，③特別捜査部及び特別刑事部が取り扱う独自捜査事件の三つの事件類型についてのその検証結果を公表した。

　内容の詳細については，上記報告書に当たられたいが，その中では，事件を担当している検察官や決裁官から，「取調べの適正確保に資すること」や「供述の任意性・信用性の判断に資すること」など，録音・録画の有効性とともに，被疑者の「供述態度の変化」「取調官側への影響」「関係者のプライバシーとの関係」などと関連した形で，その問題点も具体的に列挙されている。また，検察官が「録音・録画の必要はないと考えた」又は「録音・録画は適当でないと考えた」ことを理由として，録音・録画を行わなかった事件も相当数あったことが報告されている。

　その上で，検察は，平成24年8月，上記三つの事件類型についての新たな録画等試行要領等（「裁判員裁判対象事件，知的障害によりコミュニケーション能力に問題がある被疑者等に係る事件並びに特別捜査部及び特別刑事部が取り扱う独自捜査事件における被疑者取調べの録音・録画の試行について（依命通知）」）を定め，さらに同年10月には試行対象事件及び実施要領が改められ（「被疑者取調べの録音・録画の試行について（依命通知）」），その試行が継続されている。依命通知は，「検察官による取調べの全過程の録音・録画を含め，できる限り広範囲な録音・録画を行うなど，積極的に実施する。」との基本姿勢を示し，また，「取調べの冒頭から録音・録画を実施する場合には，やむを得ない事由がある場合を除き，被疑者が取調室に入室する時点から録音・録画を開始する」などとしている。これらの依命通知に従い，現在も，試行は続けられている。

　なお，警察においても，平成20年9月から警視庁ほか4府県警において，取り調べの録音・録画の試行を開始し，同21年3月，その検証結果を公表し，これを踏まえ，「取調べの録音・録画の試行指針」を定め，同年4月から，そ

の試行を全都道府県警察に拡大し,同23年3月,再び,試行の検証結果を公表し,さらに試行を継続するとしている。

(2) 新時代の刑事司法の在り方についての法制審への諮問

さらに,上記提言は,その3で,「新たな刑事司法制度の構築に向けた検討を開始する必要性」を説き,その中で「取調べ及び供述調書に過度に依存した捜査・公判の在り方を抜本的に見直し,制度としての取調べの可視化を含む新たな刑事司法制度を構築するため,直ちに,国民の声と関係機関を含む専門家の知見とを反映しつつ,十分な検討を行う場を設け,検討を開始するべきである。」としていた。これを受けて,法務大臣は,平成23年5月,法制審議会に対し,新たな刑事司法の在り方について諮問を発し,同審議会は,新時代の刑事司法特別部会を設けて調査・審議を開始した。

その第1回会議における事務当局に説明によると,同部会で特に議論を頂きたい主事項として,「取調べ及び供述調書に過度に依存した捜査・公判の在り方の見直し」「被疑者の取調べ状況を録音・録画の方法により記録する制度の導入」の2点を上げている。第1点に関しては,同説明が述べるとおり,検察の在り方検討会議の提言においても,新たな時代の捜査・公判への移行のため必要となるものの例として,「供述人に真実の供述をする誘因を与える仕組みや虚偽供述に対する制裁を設けてより的確に供述証拠を収集できるようにすること,客観的な証拠をより広範に収集する仕組みを設けること,実体法の見直しを行うことなどの必要性が議論されていた(なお,平成22年2月から,国家公安委員会委員長の下にも,外部有識者から成る「捜査手法,取調べの高度化を図るための研究会」が設けられ,新たな捜査手法等についての議論がなされている。)。

同部会の会議は,平成24年末現在,既に17回を数えているが,その第7回会議までに,刑事手続関係者等のヒヤリング等を重ね,第8回(平成23年3月16日)会議において,今後議論すべき論点6項目を定め,これを「論点整理」として公表し,以後,項目ごとに審理が進められている。その項目は前記2点を踏まえつつも,おおよそ刑事手続のほとんどすべての領域にわっているとよいであろう。

上記論点整理の内容は以下のとおりとなっている。
① 時代に即した新たな刑事司法制度の在り方(総論)、○刑事司法が果たすべき役割 ○捜査と公判がそれぞれ担うべき役割、○事実認定の在り方(供述証拠と客観的証拠の機能)
② 供述証拠の収集の在り方、○取調べの録音・録画制度の在り方、○その他取調べ及び供述調書の在り方、○取調べ以外の方法による供述証拠の収集の在り方。
③ 客観的証拠の収集の在り方 ○客観的証拠の収集を可能とするための諸方策。
④ 公判段階の手続の在り方、○自白事件と否認事件との手続上の区別、○公判準備及び公判審理の在り方、○公判において真実の証言・供述を得られやすくするための諸方策。
⑤ 捜査・公判段階を通じての手続の在り方、○被疑者・被告人の身柄拘束と国選弁護の在り方、○犯罪被害者・証人等の支援・保護の在り方。
⑥ 刑事実体法の在り方、○新たな刑事手続に相応する刑事実体法の在り方
⑦ その他

4 小　　括

三つの流れを振り返り、誤解を恐れずに言えば、1、2の流れ、すなわち、裁判員裁判制度、被害者保護・参加制度は新たな制度ではあるが、現行の刑事司法手続の基本構造・基本的な運営方法に大きな法的変更を加えず、その上に乗って制度設計されていたといってよいであろう。両制度ともに、二当事者対審構造の下に、裁判員裁判においては裁判官の傍らに判断協働者の裁判員が、また被害者参加制度においては検察官の傍らに被害者といういわば訴訟遂行協働者が、それぞれ加わったものであり、連日開廷や公判前整理手続の創設は本来現行刑訴法が求めていたものをより具体化したものともいえるのではないかと思うからである。その意味で、両制度が、本来の刑事手続の基本的構造自体に与えた変化はさほど大きくはないように思える。幾多の検討課題はあるにしても、引き続き、その運用状況を検証しつつ、改善を

図っていくことが可能な領域であり，また，その作業に，さほどの困難はないのではないかいうのが，外から見ている筆者の率直な感想である。

その上，両制度の課題や運用の問題点等については，実際これに関わっている実務家三者によって，本書において個々に論じられることとなっており，その詳細は，その論稿に譲ることとしたいと思う。

他方，3の流れの問題は，善きにつけ悪しきにつけ，これまで形成され，蓄積されてきた我が国刑事司法の運用上の特色と時代の変化に深く関わる問題であり，最初に述べたとおり，司法制度改革審議会の意見書でも触れられていたにもかかわらず，以後十分な議論がなされずにきた問題である。その回答を得るにはなお時間を要する難しい問題でもある。法制審特別部会の論議も，前記のとおり，なお流動的であり，筆者としても，その議論を見守っていきたいというのが，現時点での正直な心境であるが，次の二点について感想めいたことを述べることによって，本稿を引き受けた筆者としての責めを果たすことにしたい。

〔追記1〕

本稿脱稿後，上記法制審議会特別部会は，30回までの調査・審議を経て，去る平成26年7月9日，委員全員の一致の意見として，『新たな刑事司法制度の構築についての調査審議結果【案】』を取りまとめ，同案は，同年9月18日の法制審議会で採択され，同日，法務大臣に前記諮問第29号に対する答申として提出された。

同答申は，「報告書」の形式をとり，法整備の前提となる要綱骨子は，別添として，同報告書に添付され，本文には，法整備を行うべき各事項について，それぞれ，その概要，重要な考え方や確認的な事項，さらには今後の課題として位置づけられる事項が記載されており，これまでの法制審議会の答申案には見られなかった異例の形式となっている。

法務省においては，同答申中，法整備を行うべき事項については，同答申に基づき，同27年の通常国会への提出を目指して，その法案立案作業を進めていると聞く。

同答申の内容は，法務省のウェブサイト閲覧可能であり，その詳細は直接

同サイトで確認していただきたいが，同答申においても，依然として，なお検討すべき課題が少なからず残されており，以下本稿で述べている私見の意義はなお失われてはいないのではないかと思う。

このことを念頭に置きつつ，読み進めて頂ければ幸いである。

III 新しい捜査・公判の在り方と取調べの録音・録画について

1 直接主義・口頭主義について

我が国の刑事司法制度の特色として，これまで，第一に挙げられてきたのは，捜査・公判における供述調書への過度の依存ということであろう。

このことは，前掲・検察の在り方検討会議の提言では，「我が国のこれまでの捜査・公判は取調べと供述調書に大きく依存する構造となっているところ，その背景として，従来の実務において，公判廷での供述の信用性が乏しいと判断されれば，捜査段階の供述調書が事実認定に用いられることが多かったなどの実態があり，そのため，検察官としては，公判廷での供述による立証に重きを置かず，捜査段階の供述調書の作成に注力することとなっていたとの指摘もあった」という形で述べられている。

しかしながら，忘れてはならないのは，このような捜査・公判手続の状況は，ひとり，検察・警察等捜査機関のみによって作り出されたものではないということである。

社会的な要請は，刑事裁判に，常に詳細な事実の解明を求め，ラフな起訴や裁判には否定的である。そして，法廷証言や被告人の法廷供述には，常に性質的・制度的要因から来る曖昧さ，不安定さがある。刑事裁判実務を従事する者なら，誰しもこのことを否定することはできないであろう。

供述調書の作成過程（取調べ過程といってもよいであろう）には，本来的に，混沌とした状態にある事実関係を，刑事裁判に必要な歴史的・社会的事実として固める作用がある。その結果として作成された供述調書は，刑事裁判の事実認定の基礎的資料とされる性質を本来的に持っている（なお，取調べ過程については，次項「2 取調べの録音・録画について」で触れたい。）。

Ⅲ　新しい捜査・公判の在り方と取調べの録音・録画について

　それ故に，これまでの公判手続の実態は，裁判所においては，供述調書の内容が他の証拠と高度に整合的であることを要求しつつ，整合性の取れた供述調書の採用と，これを基にした詳細な事実の認定を行ってきたのであり，また弁護人においても，供述調書を手掛かりに証人尋問の準備等を行い，一方で，供述調書の個々の記載について微に入り細にわたって検討し，その内容を問題にするということを弁護活動の中心に据えるというものであった。検察官・警察官は，このような供述調書の用いられ方（公判審理）に耐え得るような調書の作成に意を注いできたのであって，供述調書が，警察・検察だけではなく，裁判所や弁護人にとっても，事実認定の共通の資料として極めて重要な役割を果たしてきたのである。その上，供述調書は，争いのない事件・事実においては，それが法廷に顕出されることによって，多大の時間を要する証人尋問に比し，短時間で，しかもその質を低下させることなく事実認定を行うことを可能にし，手続の迅速化・効率化に多大の寄与をしてきた。
　こうした実情に留意すると，もとより，筆者としても，上記提言等で指摘されている調書依存の弊害を全く否定するものではないが，その弊害だけを論じ，その作成や利用を抑制することだけを考えるのは，実際的・現実的でないであろう。
　確かに，供述調書への過度の依存を改め，直接主義・口頭主義を強化又は実質化するというのは，新たな公判の在り方として考えられる一つの方向性を示すものである。ただ，そのためには，まだまだ，具体的に検討しておく必要のある事柄は多いという外ない。既に指摘されている事柄ではあるが，順不同で，筆者の思いつくままを挙げれば，捜査機関としては，取調べを通じた供述の録取なくして，どのようにして公判廷に真実の供述を顕出することができるのか。これまで，供述調書が果たしてきた役割を，それでは公判における証言や被告人質問が代替できるのか。現状は，供述調書に詳細な供述を録取し，その内容を固めることによって，綿密な裏付け捜査を実施し，事案の解明に努めているが，供述調書の作成や利用が抑制され，その内容を希薄なものとせざるを得なくなった場合，公判における捜査段階の供述の信用性の吟味は，どのようにして行うことになるのか。裁判所としても，公判に

おいて，供述調書の存在なくして，円滑な審理計画を立て，真実の供述に基づく正しい事実認定を行うことができるのか。弁護人としても，供述調書に拠らずして，いかにして被疑者の捜査段階における供述内容を迅速かつ的確に把握し，防禦の準備を講ずるのかなどなど。そして，それにはどのような方策さらには制度が必要なのか，個々の制度としては，例えば，供述の獲得方法を取調べと供述調書の作成以外の手段・方法に求めるとした場合，司法取引，刑事免責等の導入，さらには，供述獲得よりもむしろ客観証拠の獲得を志向することとした場合には，捜査段階における証拠物の提出命令や強制力を有する照会制度，通信傍受の拡大，会話傍受の導入等について検討しなければならないであろう。

　これらの具体的な検討については，前記法制審議会特別部会の論点整理の中に含まれている。筆者としては，同審議会における調査・審議の結果を待ちたいが，ただ，同会の審議においては，現に捜査・公判の現場でどのようなことが問題となり，どのようなあい路が生じているのかなどについて，捜査機関の現場の声を十分に取り入れた上で結論を得てほしいと願うばかりである。

〔追記2〕

　なお，上記記述との関連では，前記答申においては，法整備を行うべき制度として，捜査・公判協力型協議・合意制度の導入（同別添要綱3頁～7頁），刑事免責制度の導入（同要綱8頁），通信傍受の合理化・効率化（同要綱9頁～12頁）を上げている。

　また，「第4　今後の課題」の中で，会話傍受制度を，今後，必要に応じて，さらに検討すべきであるとしている。

2　取調べの録音・録画について

　取調べの録音・録画は，その過程での取調官や被疑者の言動が逐一記録され，事後的な検証に資する正確な記録が作成されることとなるため，後に取調べ状況や被疑者の供述内容をめぐる争いが生じた場合，その解決に役立つ，あるいは自白の任意性の判断を容易にすることは否定できない。

もっとも，ここでも，考えられる問題点，言い換えれば，捜査官がその経験から抱く懸念を，思いつくままに挙げれば，現実の取調べにおいては，被疑者が，何ら躊躇なく真実を理路整然と供述することは稀である。その事件とは無関係な供述も多数なされる中で，その事件の立証のために必要な事柄が供述調書に録取される。あるいは，説得・追及によってようやく供述がなされ，その中でも被疑者が調書化に応じた内容だけが供述調書に録取される場合もある。供述調書は，それを刑事裁判の証拠とするために作成されるものであるから，取調べ中被疑者の語ったことのすべてが録取されているものではないし，またすべてを録取するものでもない。前記提言でも触れられているところであるが，このような取調べの性質とその多様性を無視し，一律にこの状況を録音・録画した場合，被疑者としては，自らの発言内容はもとより，供述をしている姿や様子までも逐一記録され，後にそれが公になり得ることを意識・警戒し，報復のおそれやしゅう恥心などから，真実を供述することをためらうこととならないか。供述した内容が即座に記録されて証拠化されることとなるため，自己に不利益な内容を供述するハードルが高くなり，供述を得ることが困難となるのではないか。特に，組織的犯罪においては，当初から，録音・録画記録が組織関係者の目に触れることを前提に，その上位者等の面前で供述を求めるに等しくなるのではないか。当該事件と無関係な者や被害者の名誉・プライバシーに関わるような供述が，その真偽も確認されないまま記録化され，証拠となり得ることとなり，これらの者の名誉・プライバシーを害することとならないかなどということであろう。

　そして，何よりも捜査官が抱く懸念は，もとより，何が真実で何が虚偽かについて争いはあろうが，前項でも少し触れたとおり，捜査段階では真実の供述をしていても，公判廷においてはその供述を翻すことがいかに多く，また，現在の刑事司法制度の枠組みの下で，公開の法廷においてかつ最終的な判断者の面前において，自己に不利益な事実をありのままに述べるよう期待することがいかに難しいかという，刑事実務に従事する者なら誰しも持つ経験からすると，このような現行制度を前提としたままで，取調べを通じた真実解明が困難となった場合，果たして真実の解明を求めて止まない社会の要

請に答えられるか,刑訴法的に言い換えれば,実体的真実主義を掲げる我が国の刑事司法制度の健全な機能が脅かされるのではないかいうことであろう。
　このように考えると,録音・録画の実施が,取調べの機能にどのような影響を与えるかについて,最も直接的にかつ適切に判断できるのは,現に日々取調べを担当する捜査官であり,まずは,捜査官によって,録音・録画の範囲を適切に判断できる枠組みの中で,十分な試行を重ねることが極めて重要であることは明らかであろう。そして,その結果についての検証を踏まえて,録音・録画の具体的な在り方を定めていくというのが,この問題に対する正しい筋道というべきであろう。
　先にも述べたとおり,警察・検察において,録音・録画の試行はなお継続されている。
　取調べの録音・録画の具体的な在り方,その制度設計を行うにあたっては,これらの状況を含め,捜査の実情をよく踏まえて慎重かつ精緻に検討する必要があると思われる。
　この問題についても,前記のとおり法制審議会・新時代の刑事司法制度特別部会における調査・審議が続いている。その経過を見守り,結果を待ちたい。
　なお,取調べの全過程の録音・録画を実施している諸外国において,懸念されているような録音・録画の弊害が指摘されていないとして,このことをもって,上記のような弊害はない旨主張する意見もあると聞く。このような点についても,おそらく,上記審議会特別部会において,調査や議論がなされるであろう。また,刑事手続自体に,我が国とは異なる部分を少なからず持ち,さらには,取調べによらなくても真実の解明を可能とする手法や仕組みが存在する諸外国においては,元来取調べの真相解明機能にさほど頼る必要がないともいえ,録音・録画による取調べへの影響もいわば薄まっているとも考えられる。録音・録画だけを取り上げて,一律に論じることは,必ずしも適切でないであろう。前項で述べたとおり,取調べに深く関わる録音・録画の導入についても,新たな捜査手法の導入等をも含めた刑事手続全体の在り方を踏まえて慎重に吟味・検討することが必要であろう。

〔追記3〕

上記答申においては，裁判員制度対象事件及び検察官独自捜査事件について，一定の例外事由を設けつつ，取調べの録音・録画制度を導入することとし，施行後一定期間経過後に，基本構想及び本答申を踏まえて，録音・録画の実施状況について検討を加え，必要があるときは，その結果に基づいて所要の措置を講ずるとの見直し規定を設けるとされている（同要綱1頁～2頁）。

〔追々記〕

本稿脱稿（平成25年）さらには前記「追記」加筆（同26年）後，同27年3月，政府提案として「刑事訴訟法等の一部を改正する法律案」が第189通常国会に提出され，同法案は，一部修正を経て，同28年5月24日「平成28年法律第54号」として成立した（同年6月3日公布）。

本稿（「追記」も含め）は，本書「あとがき」にもあるように，また一読んでいただければすぐにお分かり頂けるように，まさに，筆者の実務家としての経験を基に，この今次の刑事訴訟法の改正，否，それ以前の法制審議会等の動き等を踏まえつつ，執筆時点でのそれまでの経緯を振り返りながら，これからの捜査・公判のあり方を考えるべく，率直にその思いを述べたものであった。本来であれば，これらの経過を踏まえたうえで新たに適切な補筆を行うべきであろう。

しかし，今次改正の中心となった「取調べの録音・録画制度」や「証拠収集等への協力及び訴追に関する合意制度・刑事免責制度」，さらには「通信傍受の合理化効率化」その他の諸制度導入等の背景には，これまで様々な議論の積み重ねがあり，なおその議論は続いていく，これら制度をより望ましいものとしていくためには，その運用の在り方をも含め，議論を続けていかなければならない。また，今回の改正では見送られ，あるいは残された課題もある。このように考えると，やや時機を失した本稿を，執筆当時のまま掲載させて頂くことも，これからも続く議論の行方を思うと，あながち意義のないことではないと考えるに至り，この「追々記」を添えて，あえて掲載させて頂くこととした。切に読者のご理解を願う次第である。

（平成29年6月記）

（わたなべ・かずひろ）

1 刑事司法の新展開
弁護の立場から

岡　慎　一

　　I　はじめに
　　II　平成16年改革以前の刑事手続
　　III　取調べ中心主義と平成16年改革
　　IV　取調べ中心主義の変革
　　V　改革の方向性(1)——供述の自由の実効的保障——
　　VI　改革の方向性(2)——公判中心主義の実現——

I　はじめに

　司法制度改革審議会意見書（平成13年6月）を受けた司法改革のなかで，平成16年に裁判員法が制定され，刑事訴訟法が改正された（以下「平成16年改革」という。）。後者の中心は，被疑者に対する国選弁護制度の新設と，公判前整理手続の導入である。
　さらに，大阪地検特捜部における厚労省元局長無罪事件，同事件の主任検察官による証拠隠滅事件を契機に設置された「検察の在り方検討会議」の提言（平成23年3月）を受けて「時代に即した新たな刑事司法制度を構築するため，取調べ及び供述調書に過度に依存した捜査・公判のあり方の見直しや，被疑者の取調べ状況を録音・録画の方法により記録する制度の導入など，刑事の実体法及び手続法の整備の在り方」についての法務大臣諮問がなされ，平成23年6月から法制審議会特別部会での議論が進められた（本稿末尾の「追記」参照）。

このように，わが国の刑事手続は変革のプロセスにある。本稿では，このプロセスの意味について検討し，今後の改革の方向性について意見を述べることとする。

Ⅱ 平成16年改革以前の刑事手続

1 わが国の刑事手続の特色

わが国の刑事手続の運用上の特色として，①被疑者の取調べを中核とした綿密な捜査，②慎重な起訴，③調書を多用した詳密な審理，④100％に近い高い有罪率の4点が指摘されている（大澤裕「『日本型』刑事司法と『新時代の刑事司法』刑雑52巻3号360頁）。刑事司法の評価については大きな対立があったが，このような「特色」があることについては，おおむね認識が一致していたといえよう。

そして，周知のとおり，松尾浩也教授は，こうした特色を持つ刑事手続を「精密司法」と表現できるとし，この言葉は広く定着した。ここで「精密司法」とは，以下の記述に示されているとおり，上記①～④の特色を持つ刑事手続のあり方全体を表現したものだったと考えられる。

> 「捜査は徹底して行われ，拘禁中の被疑者の取調べも，手続の適正と正面から抵触しない限度では最大限に実行される」「警察だけでなく検察官も捜査に深い関心を持ち，公訴の提起は，十分な証拠固めをした上で，確信をもってなされるのが常態である。公判では，相手方の同意によって，または証人の記憶喪失や供述の矛盾を理由に，捜査の過程で作成された供述調書が，きわめて頻繁に証拠とされる。多くの事件では，『口頭弁論』のかなりの部分が，証拠書類の朗読（ないし要旨の告知）に費されている。……このような特色をひとことで表現するとすれば，『精密司法』と呼ぶのが適当であろう。わが国の刑事手続は，良くも悪くも精密司法である。年々の有罪率99％強という結果は，外国人研究者を驚歎させる数字であるが，それは一面において，確かに司法の精度の高さを示す」（松尾（上）15-16頁）。

しかし、「精密司法」という表現は、その後定着するにつれて、上記の特色全体を示すものというより、上記③（調書を多用した詳密な審理）を表すものとして用いられる例もみられるようになった。（例えば、稲田伸夫「被疑者の取調べ——検察の立場から」新刑事手続 I 195頁以下は、「日本の刑事司法の特徴といわれる精密司法の観点からも、被疑者の取調べの重要性を位置づけなければならないであろう」と指摘するが、ここで「精密司法の観点」とは「詳細、精密」な事実認定という意味で用いられている）。さらに、近時、裁判員裁判の審理のあり方に関して、次のように、「精密司法から核心司法への転換」を指摘する意見が出されている。

「我が国の刑事司法では、これまで長い期間にわたって、有罪・無罪と量刑を決めるのに必要な範囲を超えた事情や細部をも可能な限り解明することに意義があり、それが使命の一つであるとの意識を背景に、広汎な範囲にわたる捜査の結果を記載した詳細かつ大量な書面が証拠として提出され、裁判官が法廷外でそれを読み込んで、詳密な判決を書くという『精密司法』と評されるスタイルが行われて来た。しかし、裁判員に対してそのようなスタイルに従うことを要求することができないことは自明の理であり、有罪・無罪と量刑の判断に必要な限りで、その事件でポイントとなる点について審理をして判断をするという『核心司法』を行うしかない。」（合田悦三「公判前整理手続の長期化」刑ジャ36号39頁）

ここでは、「広汎な範囲にわたる捜査の結果を記載した詳細かつ大量な書面が証拠として提出され、裁判官が法廷外でそれを読み込んで、詳密な判決を書く」スタイルが「精密司法」と呼ばれている。

2　「取調べ中心主義」

しかし、上記①から④の特色を持つ刑事手続について、「刑事手続の構造的なあり方」（葛野尋之「刑事手続の構造改革－その理念と課題」法時85巻8号6頁）としてみたときの基本的な特徴は、捜査段階の優位にあるというべきだとに思われる。すなわち、「わが国の刑事司法は、初期の諸段階で検察官が罪責の判断も情状の考量も十全に行い、公訴提起の時点で、事件の決着はほぼついてしまう」こと（三井誠「刑事訴訟法施行30年と『検察官司法』」佐々木史朗＝河上和雄＝田

宮裕編『刑事訴訟法の理論と実務——施行30年の総検討』〔別冊判例タイムズ7号〕〈1980年,判例タイムズ社〉40頁）である。このような特徴は,「捜査の裁判支配」（葛野・前掲7頁）とも表現される。

　こうした「捜査の優位」を支えてきたのは,上記①（被疑者の取調べを中核として綿密な捜査）であり,これが②（慎重な起訴）を可能とし,それらの結果が④（100％に近い高い有罪率）だったと理解できる。そして,③（調書を多用した詳密な審理）は,①がもたらした結果であり,いわば「副産物」であると捉えることができる。③は「副産物」であるからこそ,裁判員制度のもとで③が変更されても,①の変化には直ちには結び付かなかったものといえよう。

　精密司法の内実を示す言葉としては,「取調べ中心主義」との呼称こそが適切だったとの指摘（三井誠「刑事訴訟の課題」新刑訴争点26頁）は,上記のような構造的なあり方をふまえたものと理解できる。なお,「取調べ中心主義」という場合の「取調べ」はもっぱら「被疑者取調べ」の意味で用いられる場合（三井誠「取調べの現実と今後」井戸田侃編集代表『総合研究　被疑者取調べ』〈1991年,日本評論社〉29頁）と,参考人取調べを含む意味で用いられる場合（三井・前掲「刑事訴訟の課題」27頁）がある。わが国の刑事手続の根幹を構成しているのは「被疑者取調べ」のあり方だと考えられるから,本稿においては,「取調べ中心主義」という場合の「取調べ」は「被疑者取調べ」の意味で用いることとする。

Ⅲ　取調べ中心主義と平成16年改革

　司法制度改革審議会意見書は,刑事手続の重要な部分について改革を提言したが,取調べ中心主義を支えている構造の変革をめざしたものではなかった。

　第1に,同意見書は,「被疑者の取調べ」については,「被疑者の自白を過度に重視する余り,その取調べが適正さを欠く事例が実際に存在することも否定でき」ず,「被疑者の取調べが適正を欠くことがあってはならず,それを防止するための方策は当然必要となる」としたものの,提案されたのは「被疑者の取調べ過程・状況について,取調べの都度,書面による記録を義務付け

る制度」にとどまった。そして,「取調べ状況の録音,録画や弁護人の取調べへの立会い」については「刑事手続全体における被疑者の取調べの機能,役割との関係で慎重な配慮が必要であること等の理由から,現段階でそのような方策の導入の是非について結論を得るのは困難であり,将来的な検討課題ととらえるべき」とした。

　第2に,裁判員制度や被疑者国選弁護制度は,捜査のあり方にも影響を及ぼす改革であるが,改革導入時の議論では,取調べ中心主義を変革するための方策の位置づけられたものではなかった。まず,被疑者に対する公的弁護制度の「導入の意義,必要性」は,「刑事司法の公正さの確保という点からは,被疑者・被告人の権利を適切に保護することが肝要であるが,そのために格別重要な意味を持つのが,弁護人の援助を受ける権利を実効的に担保することである。」とされたうえで,「これに加え,充実しかつ迅速な刑事裁判の実現を可能にする上でも,刑事弁護体制の整備が重要となる。」と指摘された。また,裁判員制度の導入は,「司法への国民の主体的参加を得て,司法の国民的基盤をより強固なものとして確立するため」の方策の一つとして位置づけられた。

Ⅳ　取調べ中心主義の変革

1　問題の所在

　「検察の在り方検討会議」の提言(平成23年3月)は,「取調べ及び供述調書に過度に依存した捜査・公判の在り方を抜本的に見直(す)」必要性を指摘し,この提言を受けて,法制審議会「新時代の刑事司法制度特別部会」で検討が進められたこと(本稿末尾の「追記」参照)は冒頭で紹介したとおりである。これは,平成16年改革で先送りされた捜査のあり方を含む改革が検討課題とされたことを意味する。問題は,捜査とりわけ取調べのあり方について,何を,どのように変化させるかである。

　刑事手続の現状について「調書への過度の依存」等の問題があるとする立場からも,取調べのあり方を変更することについて慎重な意見が少なくな

い。それは、「被疑者の取調べを中核とした綿密な捜査」(大澤・前掲360頁でいう特色①) が、わが国の刑事手続における「真実発見」を支えてきたものであり、取調べが制約されると、有罪率が低下し、真実発見が阻害されるとの危惧があるからだと考えられる。

以下、取調べ中心主義の実態はどのようなものであるかをみたうえで、その問題点がどこにあるかを検討し、そのうえで、取調べ中心主義の転換の必要性について意見を述べることとする。

2 「取調べ中心主義」の実態

取調べ中心主義の刑事手続は、取調べで供述が得られることが確保されていることが前提となる。すなわち、ほとんどの被疑者が黙秘権を行使せず供述してきた事実が、取調べ中心主義を可能にしてきたといえる。取調べでの供述確保を支えているのは、身体拘束が取調べの強制に利用されていることである。捜査実務では、逮捕勾留された被疑者には取調べ受忍義務があるとして運用されており、被疑者が黙秘を続けたり、あるいは取調べに応ずる意思がないことを明示した場合でも、取調べは長時間にわたり継続されてきた。取調べの強制は供述の自由の制約とは異なるとするのが受忍義務肯定説の論理であるが、受忍義務否定説が主張してきたとおり、取調べが強制されるもとでは供述の自由の確保は困難であることは否定しがたい事実だといえる。

このような取調べにより、かなりの割合で「自白」が獲得され、また当初から自白している場合を含め具体的で詳細な自白調書が作成され、有罪の重要な証拠とされるとともに、量刑判断の基本的な資料とされてきた。他方、自白獲得に至らない場合には、被疑者の「否認供述」を記載する供述調書が作成され、そこに記録された「捜査段階における否認供述」からの変遷が、公判供述の信用性を弾劾する重要な資料として活用されてきた。

そして、自白であれ否認であれ、捜査段階において被疑者の供述が得られることは、それを前提とした「綿密な捜査」を可能とした。自白が獲得された場合には、その内容をふまえた関係者の取調べが綿密に行われ、共犯者、被害者、目撃者等の供述は、自白と矛盾なく、かつ、相互に支えあい信用性を補

強しあうものとすることがめざされた。また，物的証拠と「自白」の整合性が吟味され，場合によっては「自白」が修正された。「否認供述」が得られた場合には，その信用性を否定する根拠となる証拠（例えば，アリバイを否定する証拠，被疑者供述を否定する目撃者等の供述）の収集がめざされた。また，「否認供述」を記録する供述調書は，捜査機関が把握している物的証拠等との矛盾が明らかになることをめざして作成されることもあった。

3　「取調べ中心主義」と問題点

　捜査段階で被疑者の供述をほぼ確実に得られることを前提とした上記のような「綿密な捜査」は，「供述と物的証拠との組み合わせにより証拠が隙間なく『固めあげ』」られること（大澤・前掲14頁の表現）を多くの事件で可能とした。
　このような取調べ中心主義の捜査によって，結果として真実発見が達成された場合も少なくないと考えられる。供述の自由を制約した取調べによって得られる自白には，真実の自白も含まれるし，また，「綿密な捜査」による「固めあげ」によって確保された有罪判決にも真実に合致した判決が含まれることは確かだからである。しかし，このような実務は，刑事手続のあり方として基本的な問題をはらんでいることは否定しがたいように思われる。
　第1に，取調べ中心主義の手続構造は，前述したとおり，供述の自由の制約を前提にしていることである。黙秘権は，「人間の尊厳」を貫徹するために「自己弾劾の峻拒」という形でのプライバシー保護を狙いとしたもの（田宮334頁）と説明されているように，真実の供述の拒否も保障するものである。そして，「黙秘権の本質は，個人の人格の尊厳に対する刑事訴訟の譲歩にある」と指摘されるように（平野龍一「黙秘権」同『捜査と人権』〈1981年，有斐閣〉94頁），黙秘権は，真実発見を阻害する可能性を前提として保障されている。したがって，供述の自由を制約した取調べで獲得されている自白に真実の自白が少なからず含まれているとしても，それは，基本的人権の抑圧という代償を伴っていることになる。加えて，とりわけ被疑者の黙秘権は，取調べに対する適切な防御を保障するものである。まず，黙秘権は，虚偽自白に追い込まれることを防止する重要な武器である。無実を主張し続けても受け容れられない

状況が長時間にわたり続くことが虚偽自白に追い込まれた要因とされる事例は少なからず報告されている。また，黙秘権は，捜査段階における供述が公判供述を弾劾する材料となることを防ぐ機能をも有する。すなわち，捜査段階における供述には，思い違いや記憶の混乱が生じたり，弁明のために記憶と異なる供述をしてしまうなど様々な理由から，客観的証拠と矛盾したり，あるいは，結果として後に変遷する供述をしてしまう可能性がある。こうした危険は，逮捕・勾留によるダメージによって肉体的にも心理的に劣悪な状況で長時間の取調べを受忍させられる身体拘束された被疑者の場合は一層大きくなる（岡慎一「取調べ（被疑者・参考人）の在り方」刑雑52巻3号384頁参照）。

このように供述の自由が制約された取調べは，虚偽自白をもたらす危険や真実の否認が虚偽として排斥される結果を生じる危険がある点において，真実発見を損なう可能性を内在している。

第2は，公判中心主義に反することである。公判中心主義とは，「処罰およびその前提となる事実認定の公正性・適正性を保障するには，公判手続が（捜査の結果を単に確認・追従する場ではなく）刑事手続の真の決着の場として刑事手続の中軸に置かれる必要がある」（宇藤崇＝松田岳士＝堀江慎司『刑事訴訟法』〈2012年，有斐閣〉13頁〔松田岳士〕）という考え方を基礎とするものである。これに対し，「多かれ少なかれ捜査機関による『一方的』な事件調査活動としての性格を持つ」（前掲書12頁〔松田〕）捜査段階において，取調べを強制することで供述を確保し，証拠を「固めあげ」て100％近い有罪率を実現しようとする手続は，事件の決着を捜査段階で付けようとする手続にほかならない。裁判員制度の導入に関して，松尾教授は，「調書裁判と評される現状」すなわち「公判に多量の調書が提出され，裁判官は，何百頁，場合によっては何千頁という調書をひたすら読み抜き，そこに矛盾はないかを問い詰めて判決する」という刑事手続は，「あまりに独自であり，敢えて言えば不健全ではないか」とし，今回の改革は突如登場したように見えるかもしれないが，「実は現行刑訴60年の実践の末に，いわば必然的な要請の結果として現実化したもの」であり，「刑事訴訟は，それ自体として改革すべき時期に到達していた」と指摘された（松尾浩也「刑事裁判と国民参加——裁判員法導入の必然性について——」曹時60巻

9号14頁,16頁)。ここで指摘された「調書裁判」という現実は,取調べ中心主義の手続構造が「公判」の形骸化をもたらした結果だということができよう。

4　「取調べ中心主義」からの転換の必要性

　以上検討したとおり,取調べ中心主義の手続構造は,憲法,刑訴法の理念との間で矛盾をはらむものだったといえる。そして,平成16年改革は,次の2点で,この矛盾をさらに顕在化させることになった。

　第1に,被疑者国選弁護制度が実現したもとで,供述の自由の制約を前提とする手続構造を維持することは,基本的な無理があるといえる。同制度によって,被疑者に弁護人が選任される機会は飛躍的に拡大されたのであるが,捜査段階で供述しない方針の選択が適切な防御にとって必要な事案は少なからず存在するから,黙秘権の助言が一定の範囲で広がりを持つことには必然性がある。そして,捜査段階の弁護活動において,取調べへの対応の助言が重要な課題であることの認識が弁護人のなかで広がるに従い黙秘権行使の助言は確実に増加する(岡慎一＝神山啓史「捜査弁護の改革」法時85巻8号30頁以下参照)。このような状況で取調べ中心主義の手続構造を維持しようとすれば,弁護人との協議のうえで供述しない方針をとっている被疑者に対し弁護人の助言に従わないよう働きかける結果となり,弁護人の援助を受ける権利への侵害が問題とならざるをえない。

　第2に,裁判員制度によって,「公判中心主義」の意義が改めて確認されたことである。裁判員裁判の審理のあり方に関し,公判中心主義の重要性が多くの実務家(とくに裁判実務家)から説かれている。例えば,裁判員裁判の審理は「『判断者が的確に心証を形成することのできるもの』でなければならないので,信用性の判断材料の点も含めて,判断者の目前で実質的な攻防が行われる『公判中心主義,直接主義』に基づいたものにならなければならない」との指摘である(合田・前掲39頁)。ここでは,「公判中心主義」は,法廷での心証形成が可能な審理の必要性という観点から位置づけられている。しかし,より本質的には,市民に刑事裁判への参加を義務づける制度それ自体が,公判を「真の決着の場」となることを要請するといえるように思われる。「捜査の

追認」のための公判であれば，市民に負担を求めて参加を義務づける必要性が問われざるをえないからである．

V 改革の方向性(1)――供述の自由の実効的保障――

1 供述の自由の実効的保障の必要性

取調べ中心主義からの脱却の方策として，「追及的な取調べ」から「弁解聴取型の取調べ」への転換が説かれることがある．しかし，取調べを捜査機関による証拠収集であると位置づける以上，取調べに臨むスタンスによって取調べを抑制しようとすることには限界がある．取調べ中心主義を支えてきたのは，取調べによって供述が得られることが確保されていることであり，それは供述の自由（供述するかしないかについての意思決定の自由）の制約によって実現されたきたと理解できるのだとすると，取調べ中心主義の変革のためには，供述の自由を実質的に保障できる仕組みないし方策の導入が必要というべきことになる．

2 被疑者取調べの録音・録画制度

導入が検討されている被疑者取調べの録音・録画制度は，このような観点からも位置づけることができる．すなわち，取調べの録音・録画制度は，取調べの過程の正確な記録が作成されることによって，取調べの過程の客観的検証を可能とするものであるが，その効果として，不当な取調べ（供述の自由を不当に制約する取調べや虚偽を誘発するおそれがある不適切な質問等）及び供述調書作成過程での歪みの混入が抑制されることにより，供述の自由の実効的保障の基盤にもなるといえるのである（岡・前掲「取調べ（被疑者・参考人）の在り方」参照）．

3 被疑者取調べへの弁護人立会

さらに，供述の自由を保障し取調べ中心主義の手続構造を変革するのためには，被疑者取調べへの弁護人立会が最も実効的な方策である．供述の自由

の実質的保障のためには，弁護人の援助が不可欠であるが，弁護人が取調べに対する適切な方針を助言するためには，取調べの状況を把握できなければならない。相当時間に及ぶ取調べについて接見で正確に把握することは困難であり，録音・録画がなされた場合も開示されるのは起訴後となる。取調べ状況を正確に把握するためには立会が最も有効な方法である。加えて，弁護人が立ち会っていることは，それ自体で，不当な取調べを抑止し取調べの適正を確保する効果，また，被疑者を心理的に支える効果がある。

　取調べという重要な手続について，弁護人から適切な援助を受けるためには，取調べに弁護人が立ち会うことを保障することが，最も有効な方法である（詳細は，拙稿「弁護人の援助の拡大」法時86巻10号42頁以下参照）。

VI　改革の方向性(2)——公判中心主義の実現——

1　公判中心主義実現の課題

　公判が「真の決着の場」として機能するためには，捜査段階において事件の決着を付けようとする取調べ中心主義を改めることが前提となる。しかし，それだけでは，公判中心主義の趣旨・目的は実現されない。

　前述のとおり，公判が真の決着の場として機能するためには，「公判においては捜査の結果をいったん白紙に戻して，公開の法廷において，裁判所の面前で当事者の対等かつ同時の参加のもとで改めて取り調べられた証拠に基づいて事実を認定し，判決を言い渡す」（宇藤＝松田＝堀江・前掲書13頁〔松田〕）ことが必要と指摘されている。

　しかし，公判が「真の決着の場」となるためには，捜査の結果をいったん白紙に戻すことは必要条件ではあるが，十分条件とは言い難い。すなわち，捜査の結果は「いったん白紙に戻す」だけではなく，公判で検証されることが必要である。以下，このような観点から求められる主な方策について検討する。

2　証拠開示の拡充

　公判において「当事者の対等かつ同時の参加」のもとで捜査の結果を検証

するためには，捜査で収集した証拠のうち，防御準備に必要な証拠が弁護人に開示される仕組みが不可欠である。防御準備に必要な証拠の開示は，平成16年刑訴法改正が導入した証拠開示制度によって大きく前進した。しかし，残された課題がある。

第1は，防御準備に必要な証拠の開示を保障するという観点からの法改正である。具体的には，類型証拠開示規定における類型要件の拡充及びリスト開示等が必要である（詳細は，岡慎一「段階的証拠開示規定の意義と課題」刑雑53巻3号12頁以下参照）。

第2は，証拠開示が公判前整理手続においてだけ保障されていることである。すなわち，現行証拠開示制度（類型証拠開示及び主張関連証拠開示）は，争点整理に資することを政策目的の一つとして導入され，争点及び証拠の整理手続である公判前整理手続に組み込まれている。このことから，証拠開示を，争点整理の手段として位置づける見解がある。この見解からは，公判前整理手続に付されない事件での証拠開示の法的保障は否定されることになる。

しかし，証拠開示規定を争点整理の手段と理解すべきではない。門野博元判事が指摘されるとおり，「公判前整理手続における証拠開示制度は，単に裁判手続の効率性のみを目的としただけのものではなく，検察官側と被告人，弁護人側との証拠収集能力についての決定的な格差があることを前提として，デュープロセスの観点から，そのような両当事者間の証拠収集における格差を是正し，裁判の公正を図り，冤罪を防止することを究極の目的としている」（門野博「証拠開示に関する最近の最高裁判例と今後の課題－デュープロセスの観点から」原田退官159頁）と考えるべきである。このような理解からは，証拠開示が，公判前整理手続においてだけ保障されるとする合理的理由はない（詳細は，拙稿「証拠開示制度──『要綱（骨子）』の意義と残された課題」論究ジュリ12号73頁以下参照）。

3　参考人取調べの録音・録画等

伝聞法則を採用した刑訴法320条は，捜査段階で作成された捜査資料は，公判外供述を含むものとして，同条により原則として公判審理において証拠

能力を否定され，これによって，公判が捜査結果の引き継ぎ・確認の場となることが防止されていることから，公判中心主義の現れであるとも位置づけられる（宇藤＝松田＝堀江・前掲書347頁〔堀江〕）。こうした観点からは，伝聞法則は，採取・保全の仕方がその内容に影響を与える可能性があるという供述証拠の特性をふまえて，裁判所が事実認定の証拠に供する供述は，「公開の法廷において，公平な裁判所の前で，当事者の対等かつ同時の参加」の保障のもとで採取されることを要求したものと理解される（松田岳士『刑事手続の基本問題』〈2010年，成文堂〉18-19頁）。このような趣旨を実質的に担保するためには，現行法の仕組みには，検討すべき問題がある。

　第1は，公判供述が，検察官調書と相反した場合，刑訴法321条1項2号により，公判供述よりも検察官調書での供述を「信用すべき特別の情況」があれば，検察官調書に証拠能力が認められることである。検察官調書についてだけ緩やかな条件で伝聞例外を認めることに合理的根拠があるかについては疑問があり，2号書面規定を廃止する（すなわち2号を削除して3号に統合する）ことが検討課題とされるべきである。

　第2は，捜査段階供述の証拠能力を否定し，公判において改めて供述を得たとしても，捜査段階における採取・保全の際の影響が残ることがあり，その影響を検証するには，供述の採取過程が事後的に確認できることが必要な場合があることである。すなわち，取調べにおいては，意識的無意識的を問わず，暗示や誘導の効果を持つ質問がなされることがあり，そうした暗示や誘導によって参考人の記憶自体が影響を受ける可能性がある。典型例としては，犯人識別供述における写真面割り又は面通しの仕方等からの暗示，誘導がある。このような場合に，取調べの過程が分からなければ，暗示，誘導等されて形成された最終供述の信用性を的確に吟味し，必要な弾劾を行うことは極めて困難といえる。取調べ及び供述経過の把握には，刑訴法316条の15第1項5号で開示される証人予定者の供述録取書等が重要な資料となるが，供述調書等が作成されなかった場合には取調べ経過自体が明らかにされず，また，供述調書が作成された場合も含め取調べの内容自体は明らかにならないから，いかなる経過で供述調書作成に至ったかは不明である。このような場

合における反対尋問の実効性を確保し、信用性吟味を可能とするためにも、参考人取調べの経過について録音・録画を含む客観資料作成は重要な意味を持つというべきである。

〔追記〕

脱稿後の平成26年7月、本稿Ⅰ（はじめに）で言及した法制審議会「新時代の刑事司法制度特別部会」は、「新たな刑事司法制度の構築についての調査審議の結果【案】の「要綱（骨子）」をとりまとめた。その後、同要綱（骨子）に基づく刑事訴訟法等改正法案が平成28年5月に可決、成立した。

本稿では、従来のわが国の刑事手続の本質的特徴を「取調べ中心主義」ととらえ（Ⅱ、Ⅲ）、その実態と問題点を指摘したうえで（Ⅳ）、「供述の自由の実効的保障」の視点からの課題（①被疑者取調べの録音・録画制度、②被疑者取調べへの弁護人立会）と「公判中心主義の実現」の視点からの課題（③証拠開示の拡充、④参考人取調べの録音・録画等）の必要性について意見を述べた（Ⅴ、Ⅵ）。

このうち①及び③については、前記法改正によって一定の範囲において実現したが、①については対象事件と範囲が限定されていること、③については公判前整理手続に付された事件以外で証拠開示請求権が保障されていないこと等が問題としてが残された。そして、②及び④は、前記「特別部会」で議論されたものの「要綱（骨子）」に含まれなかった。本稿の立場からは、これら課題について、引き続き検討される必要があることになる。

（おか・しんいち）

1 刑事司法の新展開
裁判の立場から

植村　立郎

Ⅰ　はじめに
Ⅱ　再度の法律の時代
Ⅲ　プロセスの変化
Ⅳ　おわりに

Ⅰ　はじめに

　筆者が『新刑事手続』(2002年) に, 拙稿①「日本の刑事司法の特色」について, 裁判の立場から執筆して10余年を経過している。この10余年間の「刑事司法の新展開」を裁判の立場から見てみることについては, 例えば, 石井一正「我が国刑事司法の改革とその変容」判タ1365号 (2012年) 25頁のように優れた分析が既にある。そして, 例えば, 松尾浩也「刑事裁判と国民参加」判タ1373号 (2012年) 70頁 (副題にある「日本における150年」のとおり明治以前からのわが国の歴史を知る意味でも貴重な論考である) 等の論考をも踏まえると, 大変興味深いことである。

　他方, 筆者にとっては, ①論ずべき事柄自体, 上記拙稿から大きく変化していることに加えて, ②私自身, 平成23年 (2011年) 6月に裁判官を定年退官したこともあって, 現場の視点が日々薄れ, 裁判官としての立場から有益な視点を提示できる自信も以前にも増して乏しくなっている反面, 現場を離れた生活, 特に, 大学や弁護士会の委員会活動を通じて, 新たに体験できたり,

見えてきたりしたものもなくはないことから，以下では，筆者なりに論じたいところを検討してみた。

II　再度の法律の時代

1　法律の時代の再来

　刑事の分野では，「法律の時代」などのネーミングで，現行刑事訴訟法制定後に関する時代区分がされることがある。今回それに倣うと，「法律の時代の再来」ということになろう。

　長年，刑事に関する立法は，その実現が困難だといわれ続けてきた。「運用の時代」が続いている，といった指摘（飯田喜信「迅速裁判と訴訟促進——裁判の立場から」新刑事手続II 283頁）は，換言すれば，立法場面での変化の乏しさを間接的に指摘したものともいえる。

　近時，そういった状況が一変し，重要な制度の新設等に関連する立法が盛んとなり，まさに「法律の時代」が再来している。

2　立法の多様性

　今回の「法律の時代」の特徴は，立法が多様化していることである。すなわち，①刑法等の実体法の改正，②裁判員裁判，被疑者国選弁護制度を始めとする刑事手続・制度の改正にとどまらず，③平成15年7月に施行された裁判の迅速化に関する法律によって，訴訟全体の運用指針が示され，④犯罪被害者等の損害賠償請求にかかる裁判手続の刑事訴訟手続への組み込み（犯罪被害者等の権利利益の保護を図るための刑事手続に随する措置に関する法律第6章。旧刑訴法時代にあった付帯私訴の復活といえる），⑤後記の平成26年改正も含めた一連の少年法の改正，⑥いわゆる医療観察法の制定，⑦起訴強制制度を設けるなどした平成16年（平成21年5月施行）の検察審査会制度の改正（同法41条の6，同条の7，同条の9，同条の10。指定弁護士の役割・権限等については，伊藤栄二「検察審査会制度における指定弁護士の役割・権限等について」植村退官(2)343頁），⑧更には，いわゆる法テラス制度の創設といった関連分野でも，幅広く多様に行わ

れていることにある。

3 定着化・運用の時代
(1) 裁判官としての対処の重要性

「法律の時代」というと，新に制定された法律等だけが注目されがちだが，成立した法律・制度については，実務として，受け入れて定着・運用していかなければならないから，法律の時代は，同時に，定着化・運用が重要となる時代でもある。そういった対象の典型例が裁判員裁判であることはいうまでもない。また，決議に基づいて起訴事例も出始めた改正検察審査会制度の安定的な運用実現も強く望まれるところである。

この視点を前提として「法律の時代」を裁判の立場から見れば，定着化・運用が要請される新たな法制度等と，裁判所・裁判官として，どう対処していくのかが，常に問われている，ということになろう。このことは，事前に与えられた正解などない問題を解き続けることになっているともいえる。

もっとも，こういった意味での運用の重要性は，実務を担当している以上は，事柄の大小を問わなければ常に変わらぬ課題となっているともいえる。上記のように「運用の時代」といった指摘がされたのも，本来前提としてあるはずの法律段階の変化が乏しかったために，今回と同様な形で従前からあった運用場面への注目度が相対的に高まっていた現れともいえる。

(2) 2つの重要事項

筆者は，こういった「事前に与えられた正解などない問題を解き続ける」状況下においては，2つの事項が重要だと考えている。

① まず，衆知を集めることである。これは当たり前といえば当たり前のことだが，これにも2つの側面がある。一つは，みんなが自分で考えるということである。いわゆる指示待ち型といわれる執務姿勢が峻拒されるべきゆえんである。

もう一つは，必要な時間は，かけることである。事態が切羽詰まってくると，結論を急ぎがちであるが，かけるべき時間はかけて，機の熟するのを待つべきである。そうはいっても見切り発車せざるを得ない場合には，そのこ

とを自覚し、爾後における必要な検証を怠らないことである。

この必要な時間をかけるというのは、「現場力」（＝事件を現にやっている担当者の思考力・対応力等の総合的な結集結果）を信頼することでもある。短期的に全国的な規模で成果を得ようとすると、上命下達の手法が効果的である。そして、そういった手法でダイナミックに事態の展開を図らなければならない場面もあろう。

反面、そういった手法は、個々の事案、個々の事態に対する柔軟な思考力・対応力を削ぐことにもなりかねないし、担当者からの自発的な次の進歩の契機の出現を妨げることにもなりかねない。そのため、現場力に信頼を置いて、じっくりとその熟成を待つのが、本来形とされるべきであろう。

② 次に、解答を出す勇気を持ち続けることである。よく分からないことが起こると、つい、結論を出すのを先送りにしたり、既にある解答に依拠したりしがちである。しかし、そこを我慢して耐えて何とか考え続け、結論を出し続ける勇気を持ち続けることが肝要である。これは、結局は①に繋がってくるから、同じことを別の形で表現しているだけともいえるが、この点も重要なことだと考えている。

(3) 判例との関係

裁判の立場からいえば、ある検討課題について最高裁の判例が出ると、それでその問題点は決着済み、といった受け止め方をされることが多い。最高裁判例の法的位置付け、役割、重要性からして、そのように対処されるのは自然なことといえる。

そして、その状態で裁判官としての思考が停止しがちだが、瞬間、瞬間の判断については、その都度その適正さが検証される必要があるのは勿論のこととして、その後の事態の推移を踏まえて、時の流れの中で、じっくりと見直してみる必要がある場合のあることも、これまた、当然のことである。

そのため、「法律の時代」の裁判官は、短期的な視点と長期的な視点とを併せ持って判例と関わっていくことが、常にも増して、要請されているといえる。

このことは、例えば、訴因といった現行刑事訴訟法が制定されて初めて導

入された手続・制度に関しても，判例が徐々に形成されていき，安定した実務の運用が可能としている分野と，なお，学説をも含めて検討が重ねられ，判例の発進も続いている分野とがあることを思い起こすだけでも，容易に理解されよう。

Ⅲ　プロセスの変化

1　はじめに
「法律の時代」に制定・改正された個々の制度・手続については，本書でも，個別の論考が予定されているものも少なくない。

他方，「法律の時代」における改変の大きな柱の一つとなっているのが，プロセスの改革・変化である（プロセスの変化を指摘するものに，石井・前掲34～5頁等）。

そこで，このプロセスの改革・変化の視点を基軸として以下論じてみたい。

2　裁判関与者の変化
(1)　裁判関与者
裁判（裁判所・裁判官が関与して何らかの判断が行われる手続といった広い意味である）の関与者に大きな変化があった。関与者が増えただけでなく，関与の場面も多様化したことである。

即ち，①判断者の構成員に関しては，何といっても裁判員が裁判体の構成員となったことが大きな出来事であったが，それ以外でも，例えば，医療観察法の分野では，精神保健審判員（同法6条）が合議体の一員として加わるようになったこと（同法11条）がある。

また，構成員は裁判官のみではあるものの，単独体の構成しかなかった少年審判においても，合議体の構成も可能となった（裁判所法31条の4）。

②法廷のバーの中に関しては，当事者ではないものの，被害者が法廷のバーの中に入って一定の訴訟活動をすることが可能となったこと（刑訴法316条の33以下。公判期日への出席〈同法316条の34第1項〉，限定的な形ながらも証人尋問〈同法316条の36〉，被告人質問〈同法316条の37〉を行い，意見陳述〈同法316条の38〉をす

ることが可能となったこと），がある。

③関連して，被害者，証人の保護の手続も拡充されたこと，がある。

④傍聴の関係でも，審判が非公開とされてきた少年事件に関しても，例外的ながらも被害者等による傍聴が可能となったこと（少年法22条の4等），がある。

(2) 検察官，弁護士の変化

ア　検察官の変化

こういった関与形態の変化に加えて，裁判に関する本来的な関与者である検察官，弁護士の関与形態も変化した。即ち，少年事件に関しては，平成12年（2000年）の法改正で，それまで審判に関与することのなかった検察官が，一定の事件の非行事実の認定に関しては審判に関与できるようになり，少年事件における事実認定の一層の適正化が図られた（少年法22条の2［平成26年の少年法改定で，関与できる罪の範囲がいわゆる必要弁護事件と同一に拡大された。］等。なお，関連して，検察官による抗告受理の申立て手続〈同法32条の4〉も新設され，抗告手続にも変化が生じた）。

イ　弁護士の変化

弁護士に関しても，弁護人・付添人に関して国選制度の対象手続が拡大し（少年事件に関して，少年法22条の3［平成26年の少年法改定で検察官関与事件と同じ範囲に拡大された。］，同法32条の5），特に，刑事事件に関しては，長年の検討課題であった被疑者段階での国選弁護制度が設けられ（刑訴法37条の2），被疑者段階での弁護活動の充実が図られたのが注目される。

上記の被害者参加に関して，弁護士が被害者参加弁護士として刑事手続に参加できるようになった（刑訴法316条の33，犯罪被害保護法5条等）。

3　関与者の変化に伴う手続の変化

(1)　裁判員裁判について

関与者の変化に伴って手続も変化したが，その典型例として裁判員裁判を検討対象とする。書面の重視，五月雨的な期日指定等，様々に批判のあった刑事裁判に対して，裁判員裁判やこれに関連する公判前整理手続の創設等

が，グローバルな形で刑事裁判のプロセスを改変するものとして現れ，長年の課題であった連日的開廷（刑訴法281条の6．削除された刑訴規則179条の2と同旨）も実現され，順調にスタートしたとの評価も高いからである。

裁判員裁判に関しては，これまでも，理論面（従来，顕著な形では論じられていなかった根源的な問題をも含めて様々な論点に関して多数の学説が発表され続けている），実務面を含めて我が国の刑事司法に大きな影響を及ぼしつつあることは明白なことである。論究ジュリ2号（2012年）で特集が組まれるなど，実施後5年を経て検討が一段と深められている。

そして，例えば，中谷雄二郎「刑事裁判の連続性と非連続性」原田退官3頁，特に14頁注29では，「『細密司法』ともやゆされる従来の在り方は，」「江戸時代や戦前の判決，わが国において実施された陪審裁判の審理の在り方等と対比すると，当事者主義の導入に伴った戦後刑事訴訟法の下での特殊例外的な特色とも考えられる」と，特に「特殊例外的な特色」と位置付けられているのは，現在における時流の変化・熱気の自ずからなる反映ともみられるが，精密司法が行われていたとされる時代においても，なお運用の改善を図ろうとする動きはあったのであって，その延長線としての見方が伏流水的に発現したとみることもできよう。

しかし，筆者は，極限られた範囲の体験や情報を得ているのにすぎないから，満足な検討などできる立場にはないが，筆者なりに論じたい事柄について検討する。

ちなみに，単独事件の審理にはまだ顕著な影響が及んでいるようには受け止めていないが，変化のきざしも着実に現れているように思われる。

(2) 当事者主義について

裁判所から主張される当事者主義は，裁判所が想定する訴訟進行を当事者が行うことを前提としたもののように解される（例えば，酒巻匡＝大澤裕＝菊池浩＝後藤昭＝栃木力＝前田裕司「〈座談会〉裁判員裁判の現状と課題」論究ジュリ2号37頁〔左段の栃木力発言〕等）。関連する事項について，少し考えてみたい。

裁判員裁判においては，裁判に割ける時間の余裕に通常限りのある6名の裁判員を含む当該事件限りの構成による裁判体が審理判断をするわけである

から，相当の期間にわたって多数の事件を一緒に処理する中で自ずと形成される合議体としてのバランス感覚その他の判断者としての安定した感性を共有するのが容易ではない裁判体が主導する形で，訴訟が運営されていくことになる。そうなると，訴訟の個々の場面で裁判所が主導的に訴訟行為を行うよりは，当事者が訴訟を追行し，裁判所は中立的な立場から，訴訟の結果について判断を示す，といったスタンスの方が，裁判体の有り様に即したものといえる。当事者主義，当事者追行主義などが強調されるのには，合理性も必然性もあるといえよう。

　当事者は，自己の立場から望ましいと考える形で訴訟を追行するのが基本形であるから，立証構造，争点，などといったものはまず当事者がきちんと提示し，争点をどこに設定し，何を不要な争点としてそぎ落とすか，といったことも，まずは当事者がきちんと論じた上で決し，当事者が立証したいように，進行したいように，立証・訴訟を進行させるのが当事者主義の原型であろう。しかし，組織的な対応をする検察官と個人的な対応が原則形の弁護人とでは，訴訟関係者としての能力に大きな差異のあることは，長年指摘されてきたことであって，現状も，残念ながら顕著な変化が生じているとはみられないから，この原型をそのまま活用するのは，かえって弊害を伴うことになりそうである。

　しかも，上記のとおり裁判体も時間的な制約を負った存在であるから，裁判員裁判において，当事者が行おうとする訴訟の形態に関する選択の幅は，それ程大きいものとはいえないし，裁判所から見て望ましい形で，訴訟が進行していくとは限らない。

　そのため，訴訟指揮権を発揮して，裁判員裁判制度を開始直後から受け入れ・定着化させていく責務を負っている裁判所としては，その大きな枠組み設定を行う必要性を感じて，当事者主義に関しても裁判所として期待する有り様を提示し続けている，というのが現状といえよう。

　必然性を含んだ対処の仕方ともいえるが，ここでも事を焦ると，強権的な印象を与えかねないから，当事者の受け止め方と併せて，その推移を見守りたい。

(3) **公判前整理手続の新設**
ア　証拠開示等を整備した公判前整理手続の新設

　裁判員裁判は，平成21年5月に実施されたが，それに先行して，証拠開示手続等を整備した公判前整理手続が平成17年11月から施行開始されていた。この手続が刑事裁判の分野に与えた変化の大きさは，実務において既に十分実感されているし，引き続き大きな影響を与えていくことは間違いないものと推測される。

　公判前整理手続の新設で実現したことを踏まえて更に検討する。

　なお，公判前整理手続については，所要期間の短縮も望まれていて，様々な工夫も試みられているから，引き続きその成果を見守りたい。

イ　手持ち証拠の均等化が進んだこと

　手持ち証拠の元となる証拠は圧倒的に検察官の手持ち証拠であるが，両当事者の手持ち証拠の均等化を実現したのは，証拠開示制度の拡充によるところが大きい。①検察官・被告人側が各請求証拠を相手方に開示すること（刑訴法316条の14，同条の18。なお，この点は，従前からあった事前準備に関する刑訴規則178条の6第1項1号，2項3号の延長線上のものとして理解できる）に加えて，従来は，昭和44年の2つの最高裁決定による指針しかなかった，それ以外の分野の証拠に関しても，②類型証拠開示制度（刑訴法316条の15。類型証拠に関する任意開示の運用も積極化されていることについて，芦澤政治「公判準備と公判手続の在り方」前掲論究ジュリ2号43頁，特に44頁右段等），③主張関連証拠開示制度（刑訴法316条の20）が設けられ，判例によりその範囲が更に拡大されたことによって（証拠開示対象証拠が検察官の手持ち証拠に限定されないこととした一連の最高裁判例），検察官の手持ち証拠の相当割合の証拠が被告人側の手持ち証拠ともなり，手持ち証拠の均等化が画期的に進んだといえる。そして，例えば，「全体的には，証拠開示はおおむね順調に進められてい」る〈酒巻＝大澤＝菊池＝後藤＝栃木＝前田・前掲10頁〔左段の前田裕司発言〕〉とされるなど，弁護側にも証拠開示手続は肯定的に評価されている。

　また，公判前整理手続における証拠開示制度の運用が，公判前整理手続を経ない事件における証拠開示の範囲を拡大させている運用も生むといった好

影響も連動して生じているから，その程度を措けば，そういった事件でも手持ち証拠の均等化が進んだといえる。

ちなみに，近時も，足利事件，布川事件，東電ＯＬ事件など重大事件の再審事件が続いたが，そういった事件に関連して，再審事件における証拠開示の拡大が指摘されている（例えば，川崎英明「東電ＯＬ事件再審開始決定と誤判救済の課題」法時84巻10号〈2012年〉1頁，特に2頁」）のも，証拠開示制度拡充の好影響の一つの現れといえよう。

ウ 「手持ち証拠の均等化が進んだこと」の意義
i 検察官立証への事前予測の確度の高まり

公判前整理手続終了後の証拠調べ請求が原則としてできなくなり（刑訴法316条の32。この点に関しては，宮田祥次「公判前整理手続終結後の証拠制限」植村退官(3)21頁等参照），不意打ち的な立証の可能性が一段と減少したことと合わさることによって，検察官の立証確度に対する被告人側の予測確度が高まったことである。

このことが，被告人側が主張を明示して証拠調べの請求をすること（刑訴法316条の17）を，審理予測の面からも容易としたといえよう。

また，弁論要旨の内容を考えて，そこから逆算的に弁護方針を立てて，刑訴法316条の17所定の証明予定事実を策定する，などといったダイナミックな弁護手法の変換も可能となったといえる。

このように，「手持ち証拠の均等化が進んだこと」は，当然のことながら，好影響を与えている（この先に関しては，拙稿「裁判員裁判における事実認定の充実を目指して」刑弁79号113頁以下も参照）。

ii 証拠制限について

なお，ここで上記証拠制限について付言する。証拠制限は，それだけ取り出してみると，当事者の訴訟活動に対する制約としての側面が全面に出る印象を受け，当事者に対して酷な課題を課したものとみられなくはない。しかし，裁判所を交えて，争点を整理・確認し，証拠も整理できて審理計画も適正な形で策定できた，といった真に充実した公判前整理手続が行われた前提で考えると，争点も証拠も，当事者の訴訟活動を通じて的確に整理されてい

るから,事後的とはいえ,新たな証拠調べ請求が必要となるのはまさに想定外のこととなるのが自然な推移である。あれだけ論じ,検討した公判前整理手続の結果を前提として,新たな立証を必要とするとすれば,それは,それ相応の「やむを得ない事由」がなければならないはずである。換言すれば,上記証拠制限は,むしろ当事者の訴訟活動の成果としての本来的な形での事後的事態が定められたものとの受け止めが肯定でき,安易な立証が許されて良いことにならないことは明らかなことといえる。

要は,プロセスとしてある手続の充実度が証拠制限という制度を支えるものといえる。

そして,例えば,石井・前掲38頁にも,裁判員裁判による変容の懸念として「情報(主張及び証拠)が制限され過ぎ」ること,「裁判員にとっての『分かりやすさ』に,もっぱら目を奪われ」ること,「審理・判決を急ぐあまり『事案の真相の解明』など刑事訴訟法の目的・理念(同法1条)がおろそかにな」ること,といった指摘があるが,こういった指摘が現実のものとならないようにするためにも,公判前整理手続の運用としての有り様が重要となっているといえる。

iii 従前からある弁護の姿勢について

他方で,「迅速な裁判は裁判所の課題であって,弁護人としては被告人をしっかり弁護していかなければならない」「弁護の手の内を早く明かすと検察官に崩されてしまう」(なお,この点については,公判前整理手続を経ても主張制限はないことも考慮に入れるべきなのかもしれない)などといった,従前から存在していた弁護姿勢を保持している弁護人も,なお少なくないようにうかがわれる。

このことはどのように考えるべきであろうか。裁判の適正化は,被告人側にとっても望ましいことであろう。しかし,早期に裁判を受けること自体は,全ての被告人側にとって常に利益なことであるわけではない,より端的にいえば,有罪と確信している被告人にとっては,審理が混乱することには利益があっても,整然と手続が進むことには格別の利益はない(この点に関しては,例えば,①最判昭和50年8月6日刑集29巻7号393頁〈髙木典雄,最判解刑昭和50年度(1979年)126頁〉の団藤重光裁判官の反対意見でも「無罪判決が確実に予想されるよう

な事案でもないかぎり，被告人側に積極的な審理促進を期待することは無理であ」る（刑集同号403頁）旨の指摘があり，②「迅速で効率的な刑事裁判が訴訟関係人に与えるメリットが一様でない」「有罪になり受刑することがかなりの程度に予測されるわが国の被告人側にとっては，争点を明示・整理しこれに合わせて計画的な審理が集中的に実施され，迅速な裁判が下されることに，負担感こそあっても，メリット感は乏しい」との指摘もあり〈石井・前掲35頁注17），塚越正光「迅速裁判と訴訟促進——弁護の立場から」新刑事手続Ⅱ298頁では，「弁護人は被告人の権利としての『迅速』を求めている」旨が強調されている）。

そして，「手持ち証拠の均等化が進んだこと」も，そういった被告人側の基本的な利益構造にまで変化を与える契機とはなっていない，ということをうかがわせているように思われる。

このことは，証拠開示を介して従前より多くの手持ち証拠を保有できるようになって，弁護人としてその分より充実した事前準備を行うことが可能となったことと，無罪率の変化とが必ずしも連動しないことを意味している。突き詰めれば，有罪を確信している被告人にとっての迅速な裁判を受ける利益とは何かに収斂されるべき問題ともいえる。当事者主義に関して考慮すべき一つの背景事情として，留意されるべきであろう。

エ　争点及び証拠の整理について

公判前整理手続の主眼が争点及び証拠の整理にあることは，同手続が定められている刑訴法の「節」の題名が「争点及び証拠の整理手続」とされていることからも明らかである。そして，この争点及び証拠の整理が様々な工夫を経て実務的に実績を上げていることは，肯定されるべきである。その上で更に付言する。

争点は争点，証拠は証拠，という形で相互に独立的に各整理手続を行うのではなく，両整理手続相互の関連性を緊密に保ち続けることである。補足すると，争点や証拠の絞り込みも要請されている。しかし，裁判所は，証拠を見ているわけではないから，証拠を検討している当事者の主張・請求を前提として争点及び証拠の整理を行うことになる。そのため，争点から先に整理をして，その後に証拠の整理をする，というのが自然な推移であろう。ここで

は，証拠に基づく心証といった手掛かりを欠く裁判所においては，主に論理的思考が優先されていよう。問題はその先にあって，争点として設定したものが，どういった証拠に基づいてどのような立証成果を得ようとされているのか，といったことを的確に確認して，そのことを踏まえて，改めて，設定された争点に再検討を加え，それを踏まえて，再度証拠の整理をする，といった循環的な手続過程を経る必要があると考えている。このようなことは既に当然のこととして実践されているであろうし，事案によっては，逆に，もっとあっさりとした整理で足りる場合もあろうが，念のために付言する。

　また，証明予定事実も，事件の流れを説明する必要があるから，全体的な形で事実を提示する必要もあろう。しかし，公判前整理手続の中で，例えば，犯人性・共謀の有無が争点と判明した場合には，当初作成されている証明予定事実中のどの事実が当該争点の立証対象事実であるのかも併せて明確にされている方が良いように考えている。これも実践済みかとも思われるが，立証の適正化に資する観点から付言しておきたい。

　そして，証拠も，争点中心に整理されることになる。補足すると，捜査段階に作成される証拠は，将来の立証に向けた広範な対応が可能なように，幅広い内容となっている。そのため，整理された争点を前提とすると，余分となる内容を通常含んでいることになる。こういった余分な部分も，公判前整理手続の中で削ぎ落とされることになる。これも証拠の整理の重要な側面となっている。

(4) 公判審理における「分かりやすさ」（裁判員法51条等）
ア　バランスのとれた対処の重要性

　裁判員の負担への配慮を定めた裁判員法51条は，「審理を迅速で分かりやすいものとする」ことの努力義務を定めている。これも判断者の変化を基準とした発想の表れといえ，立法者の選択として尊重されるべきことは当然である。

　そこで，「分かりやすさ」と関連していわれている「口頭化」の内の「調書裁判から口頭主義へ」について検討してみたい。

　審理が分かりやすくなることは，積極的に支持されるべきことであって，

そのこと自体に問題とすべき点はない。証拠が厳選されて記録が薄くなるなど，付随的な好影響も顕著に現れている。問題は，分かりやすくするために，何をし，何をしないこととするのかである。換言すれば，審理の分かりやすさに対しても，バランスのとれた対処が必要であり，様々な事柄の利益衡量の中で実現されるべきことであるということである。

　審理期間との関係では，最大の不確定要因である証拠調べの範囲・程度といったものに関しても，現在様々な工夫が講じられているが，真に必要な証拠の取調べが裁判員の負担軽減といった面だけの考慮から否定されることになって良いものでないことは明らかである。例えば，「可能な限り複数鑑定を防止し」(稗田雅洋「裁判員が参加する刑事裁判における精神鑑定の手続」原田退官223頁，特に243頁) とまで指摘される複数鑑定の問題を例に検討すると，鑑定自体の理解の得やすさに配慮し，併せて，鑑定の前提となる証拠関係の取り扱いも工夫するなどして，無用な複数鑑定の実施を回避するのは当然のことである。また，念のため鑑定といった裁判体の更新や上級審での審査をも視野に入れた審理のやり方は，回避される方向に転換しているであろう。

　しかし，公判前整理手続において，複数鑑定回避が検討前提としてまずあって，そのことを如何にして実現していくか，といった思考過程を辿ったりした結果，訴訟関係人に対して，裁判所が複数鑑定回避を自己目的化している，といった印象を与えてしまうのは健全なこととはいえない。当事者主義の良さを発揮して，複数鑑定を求める当事者に対しては，その必要性と根拠，複数鑑定実施のための手法等をきちんと主張させ，相手方当事者に必要な反駁を行わせることが肝要である。裁判所も，複数鑑定に柔軟な姿勢を示しているとの指摘 (酒巻＝大澤＝菊池＝後藤＝栃木＝前田・前掲17頁〔栃木力発言〕) は，事態の健全な推移の現れといえよう。

　イ　「調書裁判から口頭主義へ」について
　　ⅰ　人証の活用
　分かりやすさとの関係でも，調書裁判から口頭主義へといったことがいわれている。そのこと自体は望ましいことであるが，なお，検討・工夫すべき点もあるように思われる。

同意があった書証に関しても人証で対応することについては，筆者自身既に部分的に意見を述べている（拙稿「新時代の捜査・公判の在り方」刑雑52巻3号〈2013年〉393頁，特に402頁）が，立証手段の変化に伴う立証成果（分かりやすく言えば，書証に変えて人証したことによる立証の成果）に対する負担を負う当事者の意向は，それなりに尊重されるべきであろう。
　また，理論的にも，川出敏裕「裁判員裁判と証拠・証明」論究ジュリ2号51頁，特に53～55頁では，人証優先は，口頭主義からは導き出せず，また，裁判員にとっての分かりやすさというだけでは理由として不十分で，供述を実際に聞くことで供述の信用性をより的確に判断でき，より正確な事実認定が可能となることが理由とされるべきであろう旨指摘されているのは，示唆に富む。
　しかし，人証優先といっても，争いのない事実に関する同意書証に関するものについてみれば，上記指摘の趣旨に沿った形で人証によってまでして信用性の判断を高めなければならない証拠，事実関係は，自ずと限られているのではなかろうか。そうすると，結局のところは，書証に代えて人証といった訴訟指揮・職権発動がされるのは，上記の指摘で不十分とされる，裁判員にとっての分かりやすさしか実質的な根拠となっていないのがむしろ多くの事案，ということになるように思われる。

ⅱ　被告人質問

　尋問技術の面もある。「弁護人の下手な尋問を聞いているより，調書を読んだ方がわかりやすい」といった指摘（日本裁判官ネットワーク・シンポジウム「裁判員裁判の量刑」判時2135号〈2012年〉9頁，特に同24頁の神山啓史発言）も，実務的な感覚としては同感できるところである。
　この点を筆者なりに補足すると，被告人質問は通常必ず行われるから，同意書証である乙号証を取り調べずに，全てを被告人質問でまかなってしまう，といったことには実務的な合理性があるといえる。しかし，実際の被告人質問を聞いていると，調書に書かれていることも含めて，満遍なく関連事項に関する質問が行われていて，結局のところ，当該事件で何を裁判所に訴えたくて被告人質問をしているのか，分かりにくくなっている被告人質問も

あるように見受けられる。そうであれば，身上経歴や，事実関係等をコンパクトにまとめた書証を朗読した上で，ポイントとなる事項についてだけ被告人質問をした方がより分かりやすい事案も多分にありそうに思える。固定的な発想を回避して，事案に即した形での質問の在り方が工夫されるべきであろうし，裁判所の訴訟指揮も，そのようなことが実現されていくように発揮されるべきであろう。

ⅲ　証人尋問

証人に関しては，訴訟指揮の有り様はより重要である。例えば，増田晃清「新任検察官奮戦記」研修770号（2012年）29頁，特に32頁以下では，公判前整理手続の段階で，検察官調書が同意されていた強盗致傷の被害者Aについて，裁判所から，証人尋問が予定される他の被害者Bとの対比で「裁判員に分かりにくい」としてAの証人尋問の打診がされ，結果的には，事件後鹿児島に戻っていたAに対する大阪地裁での証人尋問は上首尾に終わったものの，かかった負担の大きさも紹介し，「裁判員裁判は，裁判員のためだけに行われるものではない」「被告人や被害者の人生を左右しうるものです」などといった指摘もされている。

具体的な事案は知るすべもないので，一般論として言えば，書証から人証に切り替える際の，当該事案における利害得失を的確に見極めることが肝要である，といえよう。

また，供述の時期から日時を経過した後に行われる証人尋問の方が供述調書の朗読よりも常に分かりやすいとは限らないし（例えば，酒巻＝大澤＝菊池＝後藤＝栃木＝前田・前掲36頁〔左段の菊池浩発言。なお，同頁右段の栃木力発言〕），証人尋問による心証の取りにくさも一定程度あることは，これまでの実務体験からいえることであるし，上記の被告人質問の有り様も，そのことが抜本的に改善されているとはいい難いような印象を与えている。

なお，証人尋問の在り方も示唆するものに，井戸秀一「刑事裁判における証人尋問の在り方について」判時2203号（2014年）3頁がある。

そして，争いのない部分については，原供述による立証の必要性は一般的には低いから，一次的証拠にこだわる必要はなく，立証すべき事項に即した

内容の要約書面を作って，それだけを証拠として扱えば，朗読の分量も軽減されよう。事案に即した工夫の余地はなおあるように思われる。

いわゆるベストエビデンスと裁判員裁判との関係については，拙稿・注釈刑訴［3版］(6)88頁参照。

(5) **科学的証拠**

裁判員裁判には限らないが，科学的証拠，特に，DNA型鑑定は今後も活用されて行くであろうから，ここで，技術の進歩と科学的証拠との関係についてだけ述べておく。

最高裁で有罪が確定していた上記足利事件が，DNA型鑑定の進歩を背景として，再審無罪で確定したことからも明らかなように，科学的証拠は，技術の進展によって再評価される可能性を含んでいる。だから，発展途上にある技術を用いた科学的鑑定の証明力・ひいては関連性は認めない，というのも一つの選択肢ではあろう。

しかし，筆者は，科学的証拠も事実認定に寄与する多数の証拠の一翼を担っていることは明らかであるから，その証明力を適切に評価する限りは，証拠としての関連性を肯定して良いと考えている。要は，他の証拠によって認定されている事柄の検証的な役割を果たす形で科学的証拠が用いられるのが，もっとも安定的な運用ということである。例えば，通話記録によって当事者間の連絡状況を確認する，といったことがその典型例といえよう。

それを超えて，事実認定の基軸となる証拠として科学的証拠を用いようとする場合には，発展途上にある技術が帯びている証明力の限界を慎重に見極める必要があり，その困難度に応じて，判断結果は不安定さを帯びたものとなろう。その典型例が上記の足利事件であったということになろう。

これまでにある多数の関連指摘も念頭に置いてまとめると，科学的証拠は，その根拠としている科学的な技術の熟成度を考慮に入れた上で，他の関係証拠による立証の程度・範囲に即して活用されていく限りは，科学的証拠の用い方としての健全さを保持できる。本来保持している証明力を超えて用いることには危険性がある。しかし，科学的証拠という証拠としての特徴から，そういった危険性が現実化しかねないから，判断者としては，慎重な対

処が望まれるということになろう。

科学的に証拠に関しては、成瀬剛「科学的証拠の許容性(1)～(5)」法協130巻1号1頁、2号94頁、3号1頁、4号51頁、5号1頁、司法研究・科学的証拠等も参照。

(6) 判決書について

判決書についても、事実認定や量刑理由について、「結論を導くメインリーズンを中心に分かりやすく書く」といった手法が提示されている（芦澤・前掲50頁等）。判決書作成に当て得る時間的制約を除いて考えても、このこと自体は望ましいことといえる。しかし、当然のことながら、メインリーズンとして何が書かれているかが問われるのであって、当事者が判断して欲しいと望んでいることとは無関係に、裁判所が説明したいことだけを書く、といったことに陥ってしまわないように留意する必要がある。裁判体の裁判を受ける側とのコミュニケーション能力が問われているといえる。

結局は、争点がどのようなものとして裁判所に把握されていたか、立証がどのようにされていたか、などといった判決以前の訴訟活動の適切さに帰着する事柄ともいえるから（判決は、それ以前の手続の総決算〈この総決算性については、拙稿「実践的な刑事事実認定論（概論）」刑事事実認定50選（上）9頁参照〉でもあるから、自然なことともいえる）裁判所だけに問題点が収斂されることにはならないものの、当事者の納得度が低下しないように、裁判所が適切な形でメインリーズンを書き続けることができているのか、引き続き注目していきたい。

なお、裁判員裁判における量刑に関しては、日本裁判官ネットワーク・シンポジウム「裁判員裁判の量刑」判時2135号（2012年）9頁等で検討が重ねられていて、例えば、裁判員裁判が裁判官裁判より、重いものには、殺人未遂、傷害致死、強姦致傷、強制わいせつ致傷が、軽いものには、強盗致傷、現住建造物等放火が、それぞれ挙げられているなど興味深いが、今回は検討を省略した。

(7) 控訴審との関係

控訴審における審査の有り様については、最高裁判例の発信が続き、事後審性の徹底についても、事実誤認の判断に関して、論理法則・経験則等違反

の有無の審査の重要性が強調されるなど，相当程度具体化されてきている。1審尊重の姿勢が，上訴審，殊に控訴審の審査の幅を狭める形で実現されようとしている。この点に関しては，拙稿「最近の薬物事犯を中心とした最高裁判例に見る刑事控訴審における事実誤認について」刑ジャ40号（2014年）31頁以下参照。

　筆者は，刑事裁判に対して「正義の実現の場としての理解，要請が国民の世論としてあるように思われる」（前掲拙稿①35頁）と指摘したが，この実情は，現在でも高まりこそすれ弱まってはいないように感じられる。事後審性の徹底は，1審における事実認定や量刑の多様性を許容することがその前提となっているが，上記のような世論とうまく折り合っていくことを願っている。

Ⅳ　おわりに

　民間有識者が加わった委員会が，従来から設けられていた家庭裁判所委員会に加えて地方裁判所にも，地方裁判所委員会という形で設けられるなど，制度面の変化もあり，捜査の可視化など捜査段階の変化もあり，裁判員裁判に関連して保釈の積極的運用も試みられている，また，勾留の却下率の高まりも指摘されている（安藤範樹「勾留請求に対する判断の在り方について」刑ジャ40号〈2014年〉11頁等），などと論ずべき点はなお多いが，今回は，極く部分的な検討にとどまり，しかも，裁判員裁判に関する部分が相当割合を占めてしまった。適切な形での検討内容とはいえないが，筆者を始め多くの方々の関心の有り様を反映したことにはなっているのではないかと考えている。

　基本稿脱稿から本書発刊まで若干の年月が経過していて，変化の激しい現代の刑事裁判に即応させるべく補筆もしたが，引き続き，関心のある事柄について，考えを広め，深めていきたい。

（うえむら・りつろう）

2　裁判員裁判
検察の立場から

西山　卓爾

I　はじめに
II　検察における取組
III　今後の課題
IV　おわりに

I　はじめに

　裁判員法が平成21年5月21日に施行されてから約6年の年月が経過した。検察においては，裁判員法が成立した平成16年から，制度の実施に向けた検討を行い，裁判員制度の円滑かつ適正な運用を図るための体制を整備するとともに，模擬裁判等，様々な試行を重ね，裁判員裁判の下における捜査・公判活動等の在り方につき，平成21年2月に「裁判員裁判における検察の基本方針」(以下「検察基本方針」という。)として取りまとめ，公表した。裁判員法施行後の検察における取組は，この検察基本方針に基づいて行われてきた。

　本稿では，裁判員法施行後，これまでの検察における取組について概観するとともに，裁判員裁判の実施状況等を踏まえ，若干の私見を述べたいと思う。

Ⅱ 検察における取組

1 裁判員裁判における検察の基本姿勢

　検察基本方針は，その冒頭において，裁判員裁判における検察の基本姿勢について，「裁判員裁判の下においても，『刑事事件につき，公共の福祉の維持と個人の基本的人権の保障とを全うしつつ，事案の真相を明らかにし，刑罰法令を適正且つ迅速に適用実現する』（刑訴法1条）という刑事裁判の目的は不変である。」と述べ，実体的真実の解明が我が国の良質な刑事裁判の要諦をなすものであることを踏まえ，裁判員裁判においても，このような理念の下に運営されるべきとの認識に立っている。

　その上で，裁判員裁判においては，これまで以上に当事者追行主義が重視されて当事者の果たす役割が一層重要になること及び裁判員の負担等を考慮してできる限り連日的開廷による集中審理が求められ，公判廷における主張・立証活動のみによって裁判員が適正な心証を得ることができるようにしなければならないことを踏まえ，検察の主張・立証の要諦は，①分かりやすく，②迅速で，③事案の本質を浮き彫りにする的確なものでなければならないとしている。

　そして，検察官が公判で主張・立証の最終目標とすべき事実は，いわゆる事案の全容ではなく，被告人の有罪を根拠付ける事実としての公訴事実と被告人に対する適正な量刑を可能にするための事実としての重要情状事実であるところ，具体的にどのような主張・立証事実を設定し，どの証拠を立証の用に供するかについては，個別事案ごとに，当該事案の特質，証拠関係，争点等に即して判断する必要があり，証拠の吟味の過程において，事案の核心と全体像を明確に把握し，強い問題意識をもって立証構造を構築しながら，同時に，どの証拠でどの事実を立証することが効果的かつ効率的かという観点から，立証に供する最適・最良の証拠を厳選する作業を行う必要があるとしている。

2 捜査における取組
(1) 裁判員裁判対象事件の捜査の基本姿勢

　裁判員裁判対象事件の捜査においても，事案の真相を究明する姿勢は，従前から何ら変わることはない。すなわち，第一次捜査機関である警察との緊密な連携の下，迅速性や効率性を考慮しつつも，必要に応じて無駄をも厭わぬ徹底した捜査に努めている。他方，裁判員裁判において，分かりやすく，迅速かつ的確に事案の真相を主張・立証するためには，捜査段階において，事案の核心と全体像を早期に把握しなければならないとともに，従来にも増して，立証構造を絶えず意識した捜査を遂げる必要がある。

　具体的には，まず，主張・立証事実が客観的証拠によって直接支えられ，あるいは，直接証拠となる供述の信用性が客観的証拠によって裏付けられる立証構造は，裁判員にとっても分かりやすく，適正な心証を得やすいことから，より一層，客観的証拠の収集を徹底し，また，科学的捜査手法の活用を図ってきた。また，裁判員裁判対象事件の捜査においても，真相解明のためには被疑者その他事件関係者の供述の重要性に変わりはないところ，裁判員がその供述内容から適正な心証が得られるよう，取調べにおいては，適正さに疑念を抱かれないように特段の配慮をするとともに，自白の任意性を十分確保し，供述内容の合理性，他の証拠との整合性等，供述の信用性の吟味を徹底し，具体的で信用性の高い供述を得ることに一層努めている。そのほか，検察では，供述の任意性・信用性が争点となった場合に効果的・効率的な立証ができるよう，裁判員裁判対象事件の身柄事件における被疑者取調べの録音・録画を積極的に実施してきたところである。

(2) 証拠書類作成における工夫

　捜査段階における証拠書類の作成に際しては，裁判員裁判における分かりやすい立証を念頭に様々な工夫に努めてきた。

　まず，検証調書，実況見分調書等，写真・図面と文書によって構成される種類の捜査書類の作成においては，立証に必要な部分のみを厳選して証拠として提出することを前提に，抄本化が容易となるよう，検証等の日時，場所，目的等，当該検証等に関する総括的な説明部分と実際の検証等の経過に関す

る部分に分け，後者については，写真を添付した頁に当該写真に係る説明を付記し，写真と説明が各頁ごとに対応する構成で作成する方式（いわゆる写真見分方式）が取り入れられ（平成19年8月の犯罪捜査規範改正において新設された104条4項に「実況見分調書を作成するに当たつては，写真をはり付けた部分にその説明を付記するなど，分かりやすい実況見分調書となるよう工夫しなければならない。」と定められた。），実務上，定着している。

また，法医鑑定書や精神鑑定書は，その性質上，情報量が膨大である上，専門的で難解な用語が用いられることが多く，裁判員にとっては，これらをそのまま朗読されても，その内容を正確に理解することが極めて困難であることから，必要に応じて抄本化ないし要旨立証が可能となるよう，鑑定人の協力を得て，鑑定主文とその直接的な説明のみを簡潔に取りまとめ，かつ，必要最小限の図面や写真を取り込んだ主要部分と詳細な説明部分とに分ける構成を工夫している。さらに，法医鑑定書については，写真では含まれる情報量が極めて多く，特別な知識を持たない裁判員にとっては理解が困難になることも少なくないことから，写真に代えて，立証上有意な部分のみを詳細にしてそれ以外の部分を省略ないし抽象化したイラストレーションや透視図，立体図といった，裁判員に分かりやすい解説図を活用する工夫も行っている。

次に，検察官が供述調書を録取するに当たっては，公判廷での朗読によって裁判員が内容を的確に理解し，適正に心証形成できるよう，簡にして要を得た，しかも，立証のポイントについては具体的で迫真性に富む，信用性の高い供述内容の録取に努めるほか，争点に応じて必要な部分のみを公判において立証することを念頭に，立証のポイントとなる事項や想定される争点等に応じて，事項ごとに項目を分けた調書を作成して抄本化を容易にする工夫，あるいは，主題ごとなどに応じて供述調書を分けて作成するなどの工夫を行ってきたところである。

3　公判における取組
(1)　公判前整理手続における取組
事案の真相を明らかにしつつ，裁判員の負担を可能な限り軽減するために

は，事前に争点と証拠を十分に整理することが必要であり，そのための公判前整理手続は，法律上のみならず，実際上も裁判員裁判にとって不可欠な手続である。

　検察としては，このような公判前整理手続の重要性に鑑み，まず，立証責任を負う検察官において，主張・立証の全体像を明らかにする証明予定事実記載書面（316条の13第1項）を早期に作成して提出するように努めている。また，争点と証拠を迅速かつ十分に整理できるよう，証拠開示につき，迅速，誠実かつ適切に対応するよう努めてきたところである。具体的には，検察官請求証拠をできる限り速やかに開示するよう努めることは当然として，弁護人の証拠開示請求について，いわゆる類型証拠及び主張関連証拠の開示請求にあっては法律上の要件の存否を迅速かつ適正に判断するとともに，要件該当性に疑問なしとしない請求であっても，開示による弊害と迅速な審理等のメリット等を勘案し，柔軟に任意開示に応じている。

(2) **請求証拠の絞り込み**

　捜査段階で作成された証拠書類については，前記のとおり，公訴事実及び重要情状事実を効果的かつ効率的に立証するための最適・最良の証拠を厳選する必要があるとともに，こうして厳選された書証においても，その内容となる情報全てが公判における立証に必要であるとは限らず，公判前整理手続における争点整理の結果を踏まえ，公判立証に真に必要な部分のみに更に絞り込むことが求められる。そこで，検察においては，書証の抄本化を励行してきた。ことに，検証調書等については，前記のとおり，写真見分方式が定着したこととも相まって，例えば，自白事件において，現場の状況の概要を把握することで立証が足りる場合には，それに必要な写真や図面とその説明部分に絞り込んだ抄本を作成し，あるいは，否認事件において，現場の状況等が争点と関連する場合には，当該争点に関連する部分は遺漏なく抽出する一方，争点に関連しない部分は簡略化ないし省略化した抄本を作成するなど，事案に応じた工夫を行ってきたところである。また，供述調書についても，立証のポイントや争点等に応じて，必要な事項のみに絞り込んだ抄本を作成している。

さらに，統合捜査報告書を活用して書証をコンパクトにする工夫も行っている。すなわち，一定の立証すべき事実について，捜査段階において作成された一次的な証拠書類が個々に分かれ，多数にわたる場合（例えば，被告人の犯行当時の資産状況，財産犯における金品の処分状況等），これを要約・整理した一通の報告書にまとめることによって，より分かりやすく，かつ，立証時間を短縮することを可能にしている。もとより，統合捜査報告書は，いわば二次的な証拠であることから，裁判員の心証形成にとって一次的な証拠によることが必要な立証（典型的には，被害状況・犯行状況を立証するための被害者や目撃者の供述等）には適さないことに十分留意し，また，当該報告書には基となった一次的な証拠を摘示し，これらを当該報告書とともに被告人側に開示することとしている。

(3) 公判廷における主張・立証の工夫

　裁判員裁判における冒頭陳述の在り方は，従来の裁判官裁判から変容した顕著な例の一つに挙げられると思われる。その理由には，裁判員にとって分かりやすい冒頭陳述が求められることもさることながら，裁判員裁判における必要的な公判前整理手続の導入に伴い，裁判所に対して立証の対象を，被告人側に対して防御の対象を明らかにするという従来の冒頭陳述の役割については，公判前整理手続における証明予定事実記載書面が担うこととなり，冒頭陳述が，公判前整理手続における争点整理及び証拠整理を前提として，裁判員に対し，どのような証拠でどのような事実を判断すればよいかという立証構造と立証方針を明らかにすることに主眼が置かれることになったことも大きい。

　したがって，従来のように，検察官が証拠によって証明しようとする事実を物語形式で述べる方法だけではなく，公判前整理手続の結果を踏まえ，弁護人が争おうとする点を検察官において摘示した上で，立証方針を説明するという手法も必要に応じて採るようになった。また，従来のように，事案によっては詳細で大部となる冒頭陳述要旨を書面で配布しても，裁判員が後に再読することを期待するのは困難であることから，公判における口頭での説明で理解してもらえるよう，関係者の相関関係図や時系列表，現場見取図等

を盛り込み，検察官が立証しようとする事実の内容や証拠との関係等が視覚的にも分かりやすく理解できるように工夫した，Ａ３版ないしＡ４版サイズ１，２枚程度のメモを作成して配布している。同メモの作成に当たっては，口頭での冒頭陳述の理解を助ける役割に加え，証拠調べ及び評議においても適切に活用してもらえることも念頭に，裁判員の適正な心証形成や公正な判断を害するおそれがないように十分に留意しつつ，内容を工夫している。

次に，証拠調べにおいても，裁判員が証拠の中身をその場で的確に理解し，適正に心証形成してもらうための工夫を行ってきたところである。例えば，検証調書等における写真や図面は，スクリーンに映写して展示しながら要旨の告知を行っている。なお，適正な事実認定及び量刑判断のためには，死体の写真等，せい惨な場面を撮影した写真を取り調べる必要もあるところ，裁判員が受ける心理的負担に配慮し，あらかじめせい惨な写真である旨を裁判員に告知したり，裁判員に展示する当該写真に表紙を付けるなどして事前に注意を喚起するなどの工夫を行っている。他方，裁判員の心理的負担に配慮してもなお，このような写真が立証上必要不可欠かについて十分に検討の上，事案に応じては，カラー写真に代えて白黒写真，更にはイラスト，コンピューターグラフィックス等を用いるなどの工夫も行っている。さらに，適正な心証形成のためには，必要な証拠物を写真で取り調べるのではなく，直接，手に取って現物を取り調べる必要がある場合も少なくないが，その場合にも，裁判員の負担に配慮し，例えば，凶器である包丁等，裁判員が直接手に取ることが危険であったり，恐怖心を覚えさせる物については，これを透明のケースに収納した状態で提出することによって，安心して直接取り調べることができるような工夫を行っている。次に，証人尋問においては，これまで以上に，無駄のない，ポイントを際立たせる尋問内容とするように心掛け，そのための分かりやすく，効果的な尋問方法等を事前に十分検討して臨むようにしている。さらに，内容が専門的で難解な鑑定書による立証については，検察官が作成する抄本（なお，この場合でも内容の正確性を担保するために必要に応じて鑑定人の確認を得ている。），あるいは，鑑定人に依頼して作成した鑑定要旨を用いて，より分かりやすい立証に努めるほか，専門用語の理解に資する用

語例集等の資料を活用し，また，鑑定人の証人尋問においては，従来の一問一答式の尋問方法に必ずしもこだわらず，鑑定人の協力を得て，鑑定人が鑑定経過及び結果を一括して説明するプレゼンテーション方式も取り入れている。

　最後に，論告については，冒頭陳述で説明した立証構造に基本的に従って，取調べ済みの証拠の具体的内容を想起させつつ，適正な事実認定ができるよう，分かりやすい構成と内容に工夫し，冒頭陳述と同様，口頭による説明の理解に資するように1，2枚程度のメモを作成して配布することを行っている。なお，論告にあっては，裁判員裁判では，否認事件であっても証拠調べ終了後に直ちに行うことが通例であることから，争点整理及び立証の見通しを踏まえて，論告案及びそのメモ案をあらかじめ準備した上，実際の証拠調べへの推移等を踏まえ，必要に応じて改変するなどの臨機応変の対応を採っている。

4　被害者等に配慮した取組

　裁判員裁判においても犯罪被害者やその親族等（以下「被害者等」という。）の権利・利益が適切に保護されることが極めて重要であるほか，被害者等が当該裁判の結論のみならず，その推移に重大な関心を持つこともまた当然である。さらに，被害者等にとっては，裁判員による一般感覚が反映された適正な処罰の実現に対する期待も大きいと思われる一方で，職業裁判官だけでなく一般の国民が当該事件及び関係者に関する様々な情報に接することになる裁判員裁判において，被害者等の名誉，プライバシー等が侵害されるのではないかとの不安を抱くこともまた，無理からぬ心情であると考えられる。

　したがって，検察としては，裁判員裁判においても，被害者等に対し，その名誉，プライバシー等の保護に十分配慮するとともに，必要な情報提供を行い，被害者等も納得できる適正裁判の実現に努めてきたところである。

(1)　公判前整理手続

　裁判員裁判において必要的に実施される公判前整理手続は，争点整理及び証拠整理が行われる重要な手続であり，被害者等にとっても重大な関心があ

るとともに，いかなる証拠が取り調べられるかについては，意見や希望も十分あり得るところである。したがって，検察においては，公判前整理手続に際し，被害者等との連絡を密にし，必要な情報提供を適時，適切に行うとともに，立証方針等についても被害者等の意向を十分に確認し，これを審理計画の策定に当たって反映できるよう努めている。

(2) 裁判員等選任手続

検察官においては，被害者の名誉，プライバシー等の保護に配慮するべく，裁判員候補者の中に被害者等の知人等関係者がいる場合には，被害者等の希望を踏まえつつ，法律上可能な範囲内で不選任請求権を行使することとしている。この場合，あらかじめ開示を受けた裁判員候補者名簿（裁判員法31条1項）に基づき，裁判員候補者の中に知人等と同姓同名の者がいるか否かを被害者等に確認してもらい，仮に知人等である可能性がある者がいる場合，被害者等から当該知人等を特定するために必要な情報を提供してもらい，これを踏まえ，選任手続時に必要な質問をするよう裁判長に求め（裁判員法34条2項），その特定に努めている。また，被害者等が認識していなくとも裁判員候補者が面識を持っている場合も考えられることから，例えば，被害者等と同じ地域に居住し，あるいは，被害者等と同じ職場に勤務する者等についても，必要に応じて，選任手続時の質問等により特定するように努めている。その上で，被害者等の関係者であることが判明した場合，当該事情に応じて，「不公平な裁判をするおそれがある者」として不選任請求（裁判員法34条4項），あるいは，法律上許される範囲内において，理由を示さない不選任請求（裁判員法36条1項）を行ってきたところである。

なお，被害者特定事項秘匿決定がなされた事件について，現行法上，その効果が裁判員等選任手続には及ばず，また，裁判員・補充裁判員に選任されなかった裁判員候補者は裁判員・補充裁判員に課せられる守秘義務（裁判員法9条2項，10条4項）を負わないことから，裁判等選任手続における被害者のプライバシー等の保護を十全なものにするため，平成27年の裁判員法改正によって，裁判官，検察官，被告人及び弁護人は，裁判員候補者に被害者特定事項を正当な理由なく明らかにしてはならない旨並びに裁判員候補者又は裁判

員候補者であった者は，裁判員等選任手続で知った被害者特定事項を公にしてはならない旨の各規定（裁判員法33条の2）が設けられた。

(3) 公判手続

平成19年の刑事訴訟法改正によって導入された被害者参加制度については，対象事件の多くが裁判員裁判と重なり合うところ，検察官としては，被害者等との連絡を密にし，被害者等が被害者参加制度を適切に利用し，権利の実現が図れるように十分に配慮するよう努めてきた。

他方，被害者等の名誉，プライバシー等を保護するために，証拠開示の際の被害者特定事項秘匿要請（299条の3）を適切に行うほか，公判においても，被害者特定事項の秘匿決定（290条の2）により起訴状朗読，証拠調べ等の際に被害者の氏名や住所等が明らかにならないようにする措置，証人尋問の際の証人への付添い（157条の2），遮蔽装置（157条の3）及びビデオリンク方式（157条の4）並びに被害者参加の際の被害者参加人への付添い（316条の39第1項）及び遮蔽措置（316条の39第4項）等，法律上の各種被害者保護のための措置が適切に講じられるように努めてきたところである。

Ⅲ 今後の課題

1 長期化の傾向

裁判員制度施行後，起訴から終局判決までの審理期間は，長期化の傾向が見られ，かつ，実際上，審理期間の長さを決定するのはもっぱら公判前整理手続期間であるところ，同期間が，自白事件，否認事件いずれについても長期化しているとの指摘がなされている（最高裁判所事務総局作成「裁判員裁判実施状況の検証報告書」〈以下「検証報告書」という。〉10頁，図表18）。検察としては，公判前整理手続を迅速かつ適切に行うため，前記のとおり，証明予定事実記載書面を早期に（起訴後2週間以内を目途としている。）提出するよう努めてきた。また，その内容が公訴事実及び重要情状事実の子細や周辺事情等にまで及ぶ詳細なものとなると，争点整理の複雑化を招来するおそれが大きいことから，迅速・適切な争点整理に資するよう，特に最初に提出する証明予定事実記載

書面では，必要最小限の立証事実を簡潔に明示するにとどめるよう努めているところである。次に，証拠開示についても，弁護人からの開示請求に対して迅速かつ適切に対応することはもとより，前記のとおり，任意開示の形で極めて柔軟に対応しており，例えば，類型証拠の開示請求が予想され，その要件を満たすものは，開示請求を待たずに任意開示する運用も行っている。検察としては，今後もこのような運用に努めていく必要があるが，公判前整理手続の長期化を防ぐ方策の要諦は，法曹三者が，争点整理及び証拠整理を迅速かつ適切に行うとの目的意識を共有し，裁判官の的確な進行管理と検察官及び弁護人相互の円滑な意思疎通により，適切な運用を図ることにあると考えられ，この点において，法曹三者の連携をより一層図っていくことが求められると思われる。

2 裁判員にとって分かりやすい公判活動の実践

裁判員制度施行後，問題として指摘されているのが，裁判員経験者に対するアンケート中，審理内容の理解のしやすさに関し，「理解しやすかった」と回答する者の割合が年々徐々に低下している点である（平成21年で70.9％，平成22年で63.1％，平成23年で59.9％，平成24年で58.6％〈検証報告書18頁・図表37及び平成25年3月公表の最高裁判所作成「裁判員等経験者に対するアンケート調査結果報告書〈平成24年度〉」5頁〉。なお，平成26年3月及び平成27年3月公表の各「裁判員等経験者に対するアンケート調査結果報告書」によれば，審理の内容に関し，裁判員経験者の「わかりやすかった」との回答割合が平成25年で66.6％，平成26年で65.4％となっているが，この点に関する質問様式が平成25年1月から変更されているため，それ以前の割合と必ずしも単純に対比できないことに留意を要する。）。ことに，検察官の法廷での説明等に関し，「わかりやすかった」との回答者の割合が，全体においても，また，そのうち自白事件においても，減少傾向が見られた（いずれも平成21年，平成22年，平成23年，平成24年の順で，全体で80.3％，71.7％，65.7％，63.3％，自白事件について82.4％，72.8％，67.9％，64.5％〈検証報告書図表38及び前記「裁判員等経験者に対するアンケート調査結果報告書〈平成24年度〉」5頁・21頁〉。なお，その後の前記各アンケート調査結果報告書によれば，平成25年及び平成26年については，全体で67.7％，67.1％，自白事

件で69.2％，69.6％となっているが，前記と同様，平成25年1月以降の質問様式の変更に留意を要するところであり，今後の推移を見る必要がある。）。

　裁判員裁判で適正な事実認定と量刑を実現するについて，立証責任を負う検察官の説明等が分かりにくいことは極めて問題であることは言うまでもないが，その原因については，必ずしも検察官の具体的な訴訟活動の在り方に限られるものではなく，否認事件はもとより，自白事件にあっても，個々の事件の内容や争点，立証構造等，いわば事件の個性それ自体によるところも少なくないと考えられるのであって，一概に論じることは極めて困難であると思われる。

　なお，この点，検証報告書は，冒頭陳述の詳細化，書証への依存度の高さとの関連を指摘しているので（検証報告書19頁），以下，付言する。

(1) 冒頭陳述の詳細化について

　冒頭陳述についての取組は，既に述べたとおりであるが，検察においては，裁判員裁判の実務経験を重ねるうちに，悪い意味での慣れが生じ，個々の事案に即した立証構造の十分な吟味と最適・最良の証拠の厳選がおろそかになっていないかを絶えず吟味していく必要があろう。また，冒頭陳述は，公判前整理手続における争点・証拠の整理を踏まえて行うものであることから，争点・証拠の整理が不十分なままでは，冒頭陳述もいわゆる総花的なものに陥らざるを得ない面もある。したがって，法曹三者の相互理解の下，争点整理及び証拠整理を迅速かつ適切に行えるよう，一層の努力を続ける必要がある。さらに，冒頭陳述の詳細化については，裁判員に理解してもらいたい立証事実を冒頭陳述において遺漏なく示そうとする余り，情報量が過大となるだけでなく，証拠調べによって顕出される情報と内容が重複することになって，裁判員の負担となっているとの指摘がなされたところである。これを踏まえ，検察としては，冒頭陳述では事件の概要のほかは証拠調べで注目してもらいたいポイントを示すことに主眼を置いて簡略化し，情報量を極力減らす工夫にも取り組んでいる。

　他方，裁判員経験者の意見には，証拠が質的・量的に少ないなどとするものも相当数見られる（平成24年3月公表の「裁判員等経験者に対するアンケート調査

結果報告書〈平成23年度〉」144頁，前記「裁判員等経験者に対するアンケート調査結果報告書〈平成24年度〉」142頁等）。そのような感想を裁判員が抱いた裁判の中には，心証形成が容易な客観的証拠に乏しく，時として相互に食い違う各供述証拠の信用性を吟味して事実認定せざるを得ない事案等，事案の性質上やむを得ない場合もあるのではないかとも思われる。そのほか，裁判員の中には，いわゆる事案の全容の解明を求め，そのことが，証拠が少ない，あるいは，分かりにくいとの感想につながっていることも想定される。この点は，検察官においても，刑事裁判において解明すべき実体的真実は，裁判官と裁判員が適正妥当な事実認定と量刑判断を行うために必要な公訴事実と重要情状事実であることを明確にし，立証構造を的確に，かつ，分かりやすく示して，どのような事実を認定することが必要ないし重要なのかを説得的かつ丁寧に説明し，裁判員の理解を得る努力が必要だと思われる。

(2) 書証と人証の選択について

裁判員裁判に係る自白事件であって，検察官請求証拠である供述調書に弁護人が同意の意向であっても，人証によって立証すべきとの裁判所の方針が顕著になってきたところである。その理由としては，供述調書の朗読よりも供述者の供述を直接聞く方が裁判員にとって分かりやすく，また，公判中心主義・直接主義に沿うという点が挙げられている。前者の点については，裁判員等経験者に対するアンケート結果を見ても，供述調書の朗読が長く内容が分かりづらいといった趣旨の裁判員の意見が継続的に出されている（各年公表の「裁判員等経験者に対するアンケート調査結果報告書」の自由記載分類・整理表）。検察では，前記のとおり，朗読しただけでも裁判員にも分かりやすいように簡にして要を得た供述調書の作成に努めているところではあるが，それにしても，朗読を聞いて理解するために集中力を持続させるには一定の限界があると考えられる。検察としては，事案の内容，立証事項，同意書証の分量，効率性，そして，裁判員の適正な心証形成という観点と証人の意向や負担その他の事情を考慮して，人証による立証に柔軟に取り組んできたところであり，今後も人証の積極的活用に意識的に取り組んでいく必要があると思われる。なお，書証と人証の選択においては，証拠調べの目的が適正な事実認定

と量刑判断にある以上，そのための適正な心証形成に必要な最適・最良の証拠は何かという観点を欠くことはできない。また，公判廷に出廷する証人の物理的・精神的負担を十分に考慮する必要があり，ことに，出廷を望まない被害者等に裁判員裁判で証言させることによる精神的負担等は，いわゆる二次被害のおそれも含め甚大なものがあることには十分な配慮を要する。

　他方，人証を積極的に活用するに当たっては，審理日程の変更が容易でなく，時間的な制約が厳しい裁判員裁判において，分かりやすく，適正な心証形成ができるように証人に証言してもらうための尋問技術が求められる。検察としても，演習や実際の裁判員裁判に際してのリハーサル等を通じて，尋問技術の向上を図ってきたところであるが，裁判員等経験者に対するアンケート結果では，検察官の質問の意図が分かりづらかった旨の裁判員等の意見が表れているところであり，これを真摯に受け止めなければならない。検察は，今後も，供述調書の内容に拘泥せずに立証のポイントを意識し，また，証人の特性に応じて質問の仕方や組立て等を工夫するなど，尋問技術の向上に努めていく必要がある。さらに，人証の積極的活用を進める上で，公判前整理手続の長期化は，人証の証明力に極めて重大な支障をもたらし，適正な心証形成を阻害することにもなることに十分留意すべきであり，この点でも，法曹三者は公判前整理手続における相互理解と連携に努めるべきであろう。

Ⅳ　おわりに

　裁判員法の施行により，検察の現場においては，捜査・公判活動及びこれらを支える体制において，劇的な変化を遂げた。しかし，これらは，裁判員制度の導入をきっかけに，検察官が本来果たすべき捜査・公判活動の在り方について再認識を求められた結果であると言うことができる。すなわち，従来，ややもすれば，念のための主張・立証という考え方に安易によって，立証構造を十分に検討することなく，幅広に，あるいは，公判の推移に応じて五月雨式に，証拠請求を行い，主張を展開した上で，その中から職業裁判官に適

Ⅳ　おわりに

正な取捨選択と判断をしてもらうという姿勢もあったことは否めない。前記のとおり，裁判員裁判では，そのような姿勢は到底許されず，検察官は，早期に事案の核心と全体像を把握し，的確な立証構造を構築して，最適・最良な証拠を厳選するという観点から，捜査・公判活動を遂行しなければならない。そのような視点からすると，裁判員制度の導入は，刑事裁判における本来の検察官の責務を再自覚する契機となったと言える。ただ，その一方で，実際上，裁判員裁判に伴う検察官の捜査・公判における業務負担の増大もまた看過し得ない状況にある。検察においては，先に述べた各種の取組に引き続き努めていくとともに，事件に応じた業務の効率化も含め，業務遂行の在り方についても不断の検討と改善を行っていく必要があろう。

（にしやま・たくじ）

2 裁判員裁判
——裁判員制度は刑事実務をどのように変えているか——
弁護の立場から

四 宮　　啓

　　──……陪審は，裁判過程の他の要素にも大きな影響を及ぼしている……ちょうど磁石にすいつけられている鉄粉のように，わが国の法制の多くの特色は，陪審をめぐって形づくられているのです／（ベンジャミン・キャプラン）──
（ハロルド・J・バーマン〈石川吉右衛門外訳〉『アメリカ法のはなし』〈有信堂，1968年〉「第四章　陪審裁判」〈平野龍一訳〉45頁）

```
Ⅰ　はじめに
Ⅱ　制度が変えられたもの（制度上の手続変革）
Ⅲ　運用が変わったもの（運用上の手続変革）
Ⅳ　裁判員法により新しく導入された規定が「変わらなかったもの」
Ⅴ　おわりに──裁判員裁判の今後──
```

Ⅰ　はじめに

　裁判員法は，2004年5月21日に成立，同月28日に公布され，2009年5月21日から施行された。2009年8月3日からわが国第1号の裁判員裁判が東京地裁で行われたのを皮切りに，2012年12月末までに，4,418件の裁判に国民が参加し，4,673人の被告人に判決が言い渡された（最高裁「裁判員裁判の実施状況について（制度施行〜平成24年12月末・速報）」〈以下「最高裁『実施状況』」〉表5，7。http://www.saibanin.courts.go.jp/topics/pdf/09_12_05-10jissi_jyoukyou/h24_12_sokuhou.pdf）。わが国における国民の刑事裁判への参加としては，周知のとおり，1928年から1943年までの15年間に陪審裁判が484件施行されたが（岡原昌男「『陪審法ノ停止ニ関スル法律』に就て」法曹会雑誌21巻4号10頁〈18頁〉），2012年12月末までに裁判員を務めた国民は26,958人に上り，国民参加の裁判制度としては，事件数，参加者数ともに陪審裁判の経験をすでに凌駕する経験が積まれたことになる。

司法制度改革審議会意見書（以下「審議会意見書」）は，「刑事司法全体の制度設計に当たり，刑事手続に一般の国民の健全な社会常識を直截に反映させうる具体的な仕組みを導入すること（……）は，刑事司法に対する国民の信頼を確保し，更にこれを高めていくために，不可欠である」とした（審議会意見書41頁。）。刑事司法制度の改革は，裁判員制度の導入を念頭に，これと密接にリンクして行われたといってよい（もちろん，司法制度改革における刑事司法制度改革の議論は，裁判員制度に特化した改革だけが行われたものではないが，裁判員制度の導入を意識しつつ行われたことは明らかであろう。）。

裁判員制度は施行3年以上を経過し，施行以来，おおむね順調な運用がなされていると評価されているが，裁判員制度の導入と施行は，刑事手続にどのような変革を招来したのであろうか。本稿では，裁判員裁判が刑事手続にもたらした変革を，制度が変えられたもの，制度は変えなかったが運用が変わったもの，さらには変わらなかったものについて概観する。その中で，裁判員制度導入後のそれら刑事手続上の諸課題について検討したい。

II 制度が変えられたもの（制度上の手続変革）

裁判員裁判の導入は，刑事司法システムの一大変革であり，この新しい裁判制度が機能するためには，他に多くの新しい周辺の仕組みが併せて必要とされることは容易に想像できたことである。とりわけ裁判員裁判では刑事裁判の充実・迅速化を図る要請が一層顕著となるため，そのためにいくつかの周辺の仕組みが自覚的に変革され，実施された。その例としては，たとえば次のものがある。

1 被疑者国選弁護制度

これまで資力のない者が弁護人の援助を受けることができるのは，起訴後に限られていた。しかし，公正で充実した迅速な刑事裁判を実現するためには，被疑者段階から，誰もが弁護人の援助を受けられることが必要である。そこで，勾留（請求後を含む）段階から，被疑者が貧困その他の理由で弁護人を

選任することができない場合に，被疑者国選弁護制度が創設された。日本司法支援センターが設立され，被疑者及び被告人の国選弁護制度の運営主体は裁判所から日本司法支援センターへと移管され，被疑者国選弁護制度は2006年10月2日から施行された（刑訴法37条の2以下，総合法律支援法30条1項3号等）。被疑者国選弁護の発足当初の対象事件は，死刑又は無期若しくは短期1年以上の懲役若しくは禁錮にあたる事件であったが，2009年5月21日から，死刑又は無期若しくは長期3年を超える懲役若しくは禁錮にあたる事件に拡大された。平成23年度の被疑者国選弁護事件受理件数は，73,209件に上っている（日本司法支援センター「平成23年度業務実績報告書」12頁及び資料7。http://www.houterasu.or.jp/cont/100503312.pdf。なお被告人国選弁護事件受理件数は67,374件である。）。裁判員裁判の対象事件は重罪事件であるから，当然に被疑者国選弁護制度の対象となっている。

2　公判前整理手続と証拠開示

　裁判員裁判は，一般市民である裁判員の参加が前提となるため連日的開廷が欠かせない（刑訴法281条の6参照）。連日的開廷を実現するためには，法律専門家による事前の十分な準備が必要不可欠である。そこで，「充実した公判の審理を継続的，計画的かつ迅速に行うため」に「事件の争点及び証拠を整理するため」，新しい準備手続として公判前整理手続を創設し，裁判員裁判では公判前整理手続に付すことを必要的とした（刑訴法316条の2以下，裁判員法49条）。

　この手続において特に注目されるのが，新しい証拠開示制度である（刑訴法316条の15，同条の20）。これは，検察官が請求する予定のない証拠についても，一定の範囲で，被告人・弁護人に証拠開示請求権を付与し，開示を認める制度である。証拠収集の権限・能力・資源に格段の差がある当事者に証拠を共有化させることによって，争点・証拠の整理を容易にし，当事者の公判活動を活性化させようとするものである。

　平成23年度では，第1審地方裁判所の終局人員総数67,110人のうち，公判前整理手続に付されたものは1,897人（2.8パーセント）である（平成23年度司法統計年報（刑事事件編）第39表。http://www.courts.go.jp/sihotokei/nenpo/pdf/B23DKEI39.

pdf)。このうち，裁判員裁判による終局人員は1,525人であり，公判前整理手続に付された事件の約8割が裁判員裁判対象事件ということになる。

重要な傾向は，裁判所が証拠開示に積極的な姿勢を示してきていることである。たとえば最決平成19年12月25日〈刑集61巻9号895頁〉は，開示命令の対象となる証拠の範囲を拡げ，取調べ警察官の備忘録も一定の場合に対象となるとした（なお最決平成20・6・25〈刑集62巻6号1886頁〉及び最決平成20・9・30〈刑集62巻8号2753頁〉も重要である。）。また裁判員裁判で被告人を無罪とした鹿児島地判平成22年12月10日〈裁判所ウェブサイト〉は，「本件のように直接証拠がなく，現場のこん跡等の情況証拠による犯人性の認定が問題となっている事件において，正しい事実認定を行うには，被告人に不利・有利な情況証拠を漏らさず確認しなければならず，そのためには，公益の代表者である検察官が，被告人と犯人とを結びつける方向に働く証拠のみを提出するのではなく，どの範囲で捜査が行われ，いかなる証拠が発見され，または発見されなかったのかを明らかにした上で，被告人の犯人性を否定する方向に働く証拠であっても自ら提出するのが相当であると考えられる」と判示して，検察官の一層の証拠開示を促している。また，裁判員経験者の中にも，裁判員は「公正な情報や証拠を基に正しい判断をしたい」として，検察官は証拠リストをすべて開示することが望ましいとの意見もある（裁判員経験者有志「裁判員制度と周辺環境における提言書」〈2012年〉2項。）。この点は法制審議会の新時代の刑事司法制度特別部会（以下「法制審特別部会」。http://www.moj.go.jp/shingi1/shingi03500012.html）でも議論されているが，少なくとも検察官手持ち証拠のリストは開示されるべきであろう。

3 連日的開廷

裁判員裁判における連日的開廷の必要性に鑑み，刑訴法281条の6が創設された。裁判員裁判の運用に際しては，数日間で終了予定のケースでは文字通り連日開廷が行われ，長期間を要するケースの場合には，1週間のうち非開廷日を設けて裁判員の負担軽減を図るなど，事件ごとに工夫がみられる。

III　運用が変わったもの（運用上の手続変革）

　裁判員制度の導入に際し，審議会意見書では，代用監獄の在り方，起訴前保釈制度，被疑者と弁護人の接見交通の在り方，令状審査，保釈請求に対する判断の在り方など，身体拘束等に関係する種々の問題は今後の検討課題とされた（審議会意見書50頁）。しかし，立法的変革は見送られたものの，運用において重大な変革がもたらされている。

1　取調べ

　審議会意見書では，被疑者取調べが後日検証可能となる取調べ状況の録音・録画（いわゆる取調べの可視化）や弁護人の取調べへの立会いも将来の検討課題とされた（審議会意見書51頁）。しかし刑訴規則に198条の4が新設され「検察官は，被告人又は被告人以外の者の供述に関し，その取調べの状況を立証しようとするときは，できる限り，取調べの状況を記録した書面その他の取調べ状況に関する資料を用いるなどして，迅速かつ的確な立証に努めなければならない。」と定められた。この趣旨は，「裁判員に時間的な負担をかけることなく，かつ，的確に任意性・信用性等が判断できるような証拠調べの在り方を工夫していく必要がある」ので，「立証責任を負っている検察官に対し，新たなプラクティスを」求めるものである。また「本条が要請するのは，迅速かつ的確な立証に向けた努力であって，本条に例示された資料を用いなくても，迅速かつ的確な立証ができるなら，本条の要請に違反したことにはならない。逆に，資料を提出したとしても，それが迅速かつ的確な立証になっていないのであれば，本条の要請を満たしたことにはならない」，本条に例示された「取調べの状況を記録した書面を提出すれば，常に『迅速かつ的確な立証』を果たしたことになるというようなものないことは当然である。」などと説明されている（伊藤雅人＝髙橋康明「刑事訴訟規則の一部を改正する規則の解説」曹時57巻9号49～51頁）。裁判員裁判を念頭に置いた条文の新設であること，かつ取調べの録音・録画を示唆していることは明らかであろう。

　これを受けて，法務・検察当局及び警察当局は，検察官が，被告人の自白

III　運用が変わったもの（運用上の手続変革）

調書の任意性について，裁判員に分かりやすく，迅速で，しかも的確に立証する具体的な方策を検討するため，取調べの録音・録画の試行を始めた（最高検察庁「取調べの録音・録画の試行についての検証結果」http://www.kensatsu.go.jp/saiban_in/img/rokuon.pdf，及び警察庁「警察における取調べの録音・録画の試行の検証について」http://www.npa.go.jp/keiji/keiki/rokuon/kensho.pdf）。さらに「近年の刑事手続に関する諸事情に鑑み」被疑者の取調べ状況を録音・録画の方法により記録する制度の導入」の立方化が法制審特別部会において議論されている（http://www.moj.go.jp/shingi1/shingi03500012.html）。検察官不祥事という異なるモメンタムが加わったとはいえ，裁判員に対する的確かつ迅速な立証，さらには国民に対する説明責任を果たす意義があることは疑いない。

2　保　釈

起訴後勾留されている被告人が保釈を許可される割合は，年々低下傾向が続いていたといわれ，弁護側からは「人質司法」などと批判されてきた。しかし裁判員法の成立をきっかけに，裁判官からも「被告人・弁護人側の訴訟活動の準備のためには，保釈による身体拘束からの解放が可能な限り認められるべきであり，保釈の運用の見直しは不可避と考えられる」と指摘されるようになっていた（松本芳希「裁判員裁判と保釈の運用について」ジュリ1312号128頁〈147頁〉）。「検証報告書」によれば，平成18年ないし平成20年の裁判官裁判と比較して，裁判員制度施行から平成24年5月末までの裁判員裁判対象事件について保釈率が上昇している。保釈率の上昇は，自白事件，否認事件の別なく，また一定の罪を除いて罪名の別，実刑か否かの別もない（「検証報告書」31頁，図表74ないし76）。保釈はもちろん裁判員裁判対象事件に限った問題ではないが，権利保釈の除外事由の存在する裁判員裁判対象事件についての保釈率の上昇は，裁判員制度とこれに伴う公判前整理手続の導入が，裁判官の考え方に変化を起こしつつあると考えられる。

3　証拠調べ

審議会意見書においては，直接主義・口頭主義の実質化（公判の活性化）の

「問題の核心は、争いのある事件につき、直接主義・口頭主義の精神を踏まえ公判廷での審理をどれだけ充実・活性化できるかというところにある。特に、訴訟手続への新たな国民参加の制度を導入することとの関係で、後述する裁判員の実質的な関与を担保するためにも、こうした要請は一層強いものとなる。」と述べられていたが（審議会意見書44頁）、直接主義・口頭主義と密接に関連する証拠法の改正は行われなかった。この点は、直接主義・口頭主義を実質化するために特別の証拠法を定めた陪審法（同法71条以下）と対照的である。

本来、事実は公判廷で明らかにされるべきであるが、従来の刑事裁判では捜査段階の供述調書が公判廷においても証拠として数多く採用されて証拠調べの中心的存在となり、弁護側からは「調書裁判」などと批判されてきた。しかし、裁判員制度において裁判員が裁判に実質的に関与できるようにするためには、裁判員が法廷で目で見て耳で聴いて判断できることが生命である。裁判員法の成立後、証人尋問や被告人質問によって必要なくなった供述調書については、検察官が証拠調べ請求を撤回したり、裁判所が請求を却下する運用が定着しはじめたが（村瀬均＝河本雅也「裁判員裁判の審理等について――模擬裁判をふりかえって――」ジュリ1358号90頁。）、公判中心主義、直接主義、口頭主義を生命とする裁判員裁判の影響であることは明らかである。

しかし、裁判員裁判が施行3年を迎える前後から、「調書裁判」への回帰が行われているのではないかとの懸念が、とりわけ裁判所サイドから強く表明されるようになっている（平成24年度高等裁判所長官、地方裁判所長及び家庭裁判所長会同における最高裁判所長官挨拶（http://www.courts.go.jp/about/topics/kaidou/index.html）。酒巻匡＝大澤裕＝菊池浩＝後藤昭＝栃木力＝前田裕司「〈座談会〉裁判員裁判の現状と課題」論究ジュリ2号4頁、36頁以下〔栃木力発言〕。芦澤政治「公判準備と公判手続の在り方」論究ジュリ2号43頁、47頁。稗田雅洋「裁判員が参加する裁判の実情と課題――日本の刑事裁判がどう変わったか――」刑ジャ32号50頁〈53頁以下〉など。）。とりわけ争いのない事件において、検察官と弁護人とが公判前整理手続で証拠とすることに異論がない内容を調整して書証とし、刑訴法326条の同意書面として証人尋問を避ける傾向があるとの指摘がある。その結果として裁判員は、法廷において調書の朗読を聞かされ、他方で、直接証言を聴きかつ質問

をして確認するなどの機会が奪われているとして,「刑訴法326条を利用した新たな意味での調書裁判」であり,公判中心主義,直接主義に反すると批判されている(稗田・前掲53頁)。正鵠を射た批判というべきであろう。

4 量　　刑

　量刑についても法制上の変革はなかったが,裁判員が量刑評議と量刑評決に加わる以上,従来の裁判官裁判と比較して,変化があるであろうことは予想されていた。「検証報告書」によれば,裁判官裁判と比較すると,殺人未遂,傷害致死,強姦致傷,強制わいせつ致傷,強盗致傷の罪で,実刑のうち最も多い人数の刑期が重い方向へシフトしている。とりわけ性犯罪に対する量刑は,裁判官裁判と比べて重罰化の傾向が見て取れる(「検証報告書」86頁・図表52－4,87頁・図表52－5)。裁判員と裁判官の性犯罪に対する評価の違いを示すものであろう。反面,殺人既遂,殺人未遂,強盗致傷,現住建造物等放火では,執行猶予率が上昇している(「検証報告書」23頁)。ケースごとの事情への細かな配慮がうかがえる。さらにこれら8つの罪全体として執行猶予率が増え,特徴的なことは,執行猶予のうち保護観察に付する率(55.7パーセント)が,裁判官裁判(35.8パーセント)と比べて有意的に上昇していることである。「検証報告書」は「裁判員が,被告人の判決言渡し後の改善更生の環境に高い関心を持っていることが一つの理由ではないか」と分析しているが(「検証報告書」23頁),そのとおりであろう。言い換えれば,これまで専門家は保護観察を実刑と執行猶予の間の中二階的判決と考えていたが,裁判員は保護観察制度に本来の意義を見出したともいえる。裁判員の期待に応えるため,保護観察制度の人的,財政的資源の整備が望まれる。

5 上　　訴

　上訴に関しても法改正は行われなかった。しかし最判平成24年2月13日(刑集66巻4号482頁〈490頁〉)は,第1審における裁判員裁判による無罪判決を事実誤認を理由に破棄・自判した高裁判決について,「刑訴法382条の事実誤認とは,第1審判決の事実認定が論理則,経験則等に照らして不合理である

ことをいうものと解するのが相当である。したがって，控訴審が第1審判決に事実誤認があるというためには，第1審判決の事実認定が論理則，経験則等に照らして不合理であることを具体的に示すことが必要であるというべきである。このことは，裁判員制度の導入を契機として，第1審において直接主義・口頭主義が徹底された状況においては，より強く妥当する。」と述べて，原判決を破棄し，検察官の控訴を棄却した。この最高裁判例は，裁判員制度の施行によって第1審において直接主義・口頭主義がより徹底されることとなることから，控訴審の事後審としてのあり方について，専門家たちに反省を迫った結果であるといえるだろう（なお同判例について，四宮啓「裁判員制度における控訴審のあり方について――裁判員無罪判決が破棄された事例から考える――」労働経済春秋2012年第7号45頁）。

6 裁判官のマインドセットの変化

　以上のように，裁判員制度は，制度上変革を行わなかった諸領域についても，運用上の大きな変化をもたらしている。これらの変化が生まれた重要な背景のひとつとして，裁判官の刑事裁判観に変化が生まれていることが指摘できるであろう。例えば，村瀬均＝河本雅也は，「これまで裁判官は，当事者の気付いていない珠玉の事実を厖大な証拠の中から発見することにやりがいを感じていた面もある。こうした裁判官の態度は……当事者主義の観点からすると少し行き過ぎという見方もあり得るであろう……少なくともこうした作業……に裁判員を付き合わせるべきでない。……基本的には，『弁論を踏まえ論告を検討・評価する』ことが裁判所の役割であり，それに尽きると言うべきである」と述べていたし（村瀬＝河本・前掲92頁），稗田雅洋は，「裁判員と事件について日常的に議論するうちに，裁判官は，国民の多様な視点・考え方に接し，そのような多様な考え方を持つ国民にも理解してもらえるような論理を用いるようになる。逆に，法律家特有の論理，裁判官特有の論理では通用しないことがあることを実感し，改めて，何故これまでそのような論理を用いてきたのか，その理由を問い直し，これをきちんと説明できるようにするし，これができない論理は用いないようになる。」と述べている（稗田・

前掲55頁)。裁判官のマインドセットの変化もまた，裁判員制度導入による変革の1つであり，先に述べた様々な手続運用の変革の，ひとつの原動力となっているであろう。

IV 裁判員法により新しく導入された規定が「変わらなかったもの」

以上に対して，運用においても変わっていない，あるいは変わっていないと評されているものとして，たとえば次のものがある。

1 裁判員4：裁判官1の裁判体

裁判員法は裁判員裁判の裁判体について，裁判員6名，裁判官3名の合議体の他に，裁判員4名，裁判官1名の合議体をオプションとして自覚的に用意した。このオプションが利用できるのは，公判前整理手続において公訴事実に争いがないと認められ，事件の内容その他の事情を考慮して適当と認められるもので，検察官，被告人及び弁護人に異議のない場合である(裁判員法2条3項, 4項)。この制度創設の趣旨は「公判前整理手続の導入により，争点の有無が相当程度，公判開始前に明らかになることが期待されるため，重大事件であっても，被告人が事実関係を争っておらず，法律解釈や訴訟手続上の問題も生じないであろうということが予想できる事案もあると思われ，このような事案については，裁判官1人及び裁判員4人という合議体の構成が必要にして十分なこともあり得ることによる。」というものである(辻裕教「『裁判員の参加する刑事裁判に関する法律』の解説(1)」曹時59巻11号69～70頁)。しかしこれまで，このオプションが実施されたケースは一例も報告されていない。刑事司法の大変革である裁判員制度であるから，導入時には慎重な運用が望まれることは当然であり，裁判員6人，裁判官3人の原則形態でこれまで運用されてきたことは理解できる。しかし，裁判員法が用意するオプションは，その要件に鑑みれば十分に合理的な形態であり，国民の負担も軽減されると思われるから，運用に安定が見られるようになった時期には，利用が期待される。

2 無罪率

「検証報告書」によれば,制度施行から平成24年5月末までの無罪人員は18人(最高裁「実施状況」によれば,施行から平成24年12月末までの無罪人員は21人である)であり,無罪率は0.5パーセントであって,平成18年から平成20年までの裁判官裁判による無罪率0.6パーセントと比較して「全事件の無罪率をみる限り裁判官裁判時代と大きな変化はない」と分析されている(「検証報告書」1-2頁・図表3)。しかし,この数字については少なくとも二つの点に注意が必要であろう。

第一は,覚せい剤取締法違反被告事件の無罪率の変化である。裁判官裁判においては0.6パーセントであったものが,裁判員裁判においては2.3パーセントに有意的に上昇している。前述の最高裁平成24年判決のケースが示すように,被告人の弁解の評価に裁判員の社会常識が反映されているとみるべきではないか。

第二は,重大事件の起訴率の変化である。**表1**は,裁判員裁判対象事件である殺人罪と強盗致傷罪,裁判員裁判非対象事件である窃盗罪の,起訴率を経年で示したものである。裁判員裁判の対象事件ではない窃盗罪の起訴率はほとんど変化がないが,裁判員裁判対象事件である殺人罪と強盗致傷罪については,裁判員制度の導入前後から起訴率が有意的に低減している。これは起訴後裁判員裁判となることを踏まえて,検察官の起訴が慎重になっていることを示しているのではあるまいか。そうだとすると,無罪率については,従来裁判官裁判では起訴していたが,裁判員裁判になってそもそも起訴されていないということがありうることに注意しなければならない。

表1 ▶ 殺人,強盗致死傷,窃盗の起訴率

暦年	起訴率		
	殺人 (%)	強盗致死傷 (%)	窃盗 (%)
2004 (H16)	55.4	86.7	47.9
2005 (H17)	55.7	87.1	42.0
2006 (H18)	56.7	80.1	36.6
2007 (H19)	52.9	75.8	39.5
2008 (H20)	48.9	71.4	42.4
2009 (H21)	48.6	64.1	43.8
2010 (H22)	38.3	53.5	42.8
2011 (H23)	37.1	44.3	43.8

(検察統計年報から集計)

Ⅳ　裁判員法により新しく導入された規定が「変わらなかったもの」

3　いわゆる手続二分
(手続二分については，特に杉田宗久「裁判員裁判における手続二分論的運用」(杉田・理論と実践193頁以下，及び同論文に引用されている各文献参照，四宮啓「手続二分の可能性と弁護実践」後藤昭＝髙野隆＝岡慎一編著『刑事弁護の現代的課題』〈2013年，第一法規〉171頁以下参照。)

(1)　手続二分と裁判員制度

　手続二分とは，公判手続において犯罪事実認定の手続 (以下「罪責認定手続」) と刑の量定の手続 (以下「量刑手続」) とを区分して行う制度または運用をいう。裁判員法案の検討過程では手続二分制度採用の可能性も期待されたが (司法制度改革推進本部「裁判員制度・刑事検討会」における平成15年10月28日付け井上正仁座長「考えられる裁判員制度の概要について」の「4　公判手続等，(7) 証拠調べ手続等」においては，「専ら量刑にかかる証拠の取調べは，公訴事実の存否に関する証拠の取調べと区別して行わなければならないものとすること」とされていた。http://www.kantei.go.jp/jp/singi/sihou/kentoukai/saibanin/dai28/28siryou1.pdf，11頁。)，裁判員法の制定に合わせて手続二分が制度として採用されることはなかった。

　だが，裁判員法51条には「裁判官，検察官及び弁護人は，裁判員の負担が過重なものとならないようにしつつ，裁判員がその職責を十分に果たすことができるよう，審理を迅速で分かりやすいものとすることに努めなければならない。」と定められるとともに，刑訴規則に新たに198条の3が設けられ，「犯罪事実に関しないことが明らかな情状に関する証拠の取調べは，できる限り，犯罪事実に関する証拠の取調べと区別して行うよう努めなければならない。」と定められた。この趣旨は，「犯罪事実に関する証拠の取調べと，犯罪事実に関しない情状に関する証拠調べは，できる限り区別して行うことが望ましい。」こと，また「法律の専門家でない裁判員の参加する裁判においては特に重要なことであることから，裁判員法の施行までにそのような運用のより一層の徹底を図る趣旨で，これを裁判所及び訴訟関係人の努力義務としたものである。」(伊藤＝髙橋・前掲48～49頁) という点にあり，裁判員裁判における運用による手続二分の広がりを期待させた。

この期待は一部の現・元裁判官（当時）も共有していた。原田國男は，裁判員法案が国会に提出された時点で，「この点（筆者注：前掲「裁判員制度・刑事検討会」における座長説明）については，法律化は見送られるようであるが，少なくとも運用においてその趣旨を生かす必要がある。裁判員が参加する審理においては，事実認定と量刑判断を明確に分けたほうが，裁判員の判断の混乱や量刑的事実を事実認定に無意識のうちに反映させる危険を排除するためにも望ましい。」と述べていた（原田・量刑判断の実際352頁）。また，龍岡資晃も「今回の立法では，手続二分論は採られなかった。しかし，裁判員の心証形成を容易にし，審理を混乱させないためにも，また，公判前整理，期日間整理を徹底させ，争点整理がより的確にできるようにするためにも，将来的には裁判員制度に即した形での採用も，改めて検討する価値があるように思われる。」と述べていた（龍岡資晃「裁判員制度と刑事裁判についての若干の覚え書」小林・佐藤古稀（下）724頁）。さらに木谷明も，罪責問題と量刑問題が渾然一体として審理され，比較的早期に被告人の前科内容が裁判官の目に触れる等の従来の審理手続について，「アマチュアである裁判員が裁判所の構成員に加わることを前提として考えると，このような従前の実務が許されることはあり得ない。否認事件における検察官の冒頭陳述は，公訴事実の立証に必要な限度にとどめるべきであるし，情状関係の立証は，罪体関係と明確に区別して別途行う必要がある。」と述べていた（木谷明『刑事事実認定の理想と現実』（法律文化社，2009年）225頁）。

　このように，刑訴規則198条の3が設けられ，裁判員に分かりやすい審理の観点からも，運用としての手続二分が広く行われるのではないかとの期待もあったが，いくつかの実践例を除いて，これまで広がりをみせてはいない。

(2) 実践例と展望

　日本の手続二分的運用のパイオニアである杉田宗久は，みずからの裁判体における実践と経験を踏まえて，「実際に本運用を体験した結果，やはり手続を分けることによって心証にメリハリがつき，ことに裁判員にとっては，被害者遺族の強い被害感情の訴え等に心を煩わされることなく，純粋に罪責認定の判断に打ち込めるのではないかと改めて確認することができた。」と述

べる(杉田・前掲234〜235頁。ただし,この実践例は裁判員裁判ではない)。杉田コート以外でもいくつかの実践例があるようであるが(杉田宗久「裁判員事件の審理方法に関する実務上の諸問題」刑雑51巻3号338頁),広がりをみせていない。私にはその理由が理解できない。罪責認定手続と量刑手続の双方に決定者として参加する裁判員に対して,その「負担が過重なものとならないようにしつつ,裁判員がその職責を十分に果たすことができるよう,審理を迅速で分かりやすいものとする」配慮義務が裁判官,検察官,弁護人には課せられている(裁判員法51条)。また,理解しやすい審理は評議での話しやすさにも影響することも分かってきた(「検証報告書」79頁・図表47。酒巻=大澤=菊池=後等=栃木=前田・前掲21頁[栃木発言])。

そもそも二分されない手続は,「被告人に不利益な量刑資料とくに前科が犯罪事実の認定に用いられていないという外形上の保障がない」手続であり,そして「完全な否認事件については被告人に利益な量刑資料が全く提出されないという事態がおこりうる」手続である(佐藤文哉「簡易公判手続の簡易化と略式手続の改善」中野還暦265頁,注(9))。このような手続を裁判員裁判において,特に否認事件において続けることは,もはや裁判員法51条の趣旨に沿ったものとは到底いえないであろう。弁護人は強く手続二分的運用を求め,運用実践の積み重ねを経て,制度化していくべきである。

4 死刑判決
(1) 死刑判決数

裁判員制度施行前には,裁判員裁判で死刑が増えるのか減るのか,変わらないのかについては,被害感情を重視して死刑が増加するという見方と,死刑の深刻さにおそれを感じて死刑が減少するという見方などがあったとされる(原田國男「裁判員裁判と死刑適用基準」(原田・裁判員裁判と量刑法152〜153頁))。「検証報告書」によれば,制度施行以来平成24年5月末までに,18件の裁判員裁判において死刑求刑があり,うち14件について死刑が言い渡されている(「検証報告書」29頁。なお報道によれば,その後2013年2月末までに4件の死刑求刑事件があり,うち2件で死刑が言い渡されている。)。報道されたその後の死刑判決を含める

と，平成24年末までに15件の死刑判決が裁判員裁判によって言い渡されており，年平均では5件となる。これを平成18年から平成21年までの裁判官裁判の死刑判決数と比較すると，この4年間に裁判官裁判によって合計41件の死刑判決があり（平成18年13件，平成19年14件，平成20年5件，平成21年9件），年平均では10.25件であった（司法統計年報による。なお平成21年は同年5月から裁判員裁判が施行されているものの，裁判員裁判による死刑判決はなかった）。判決はもちろんケースの内容によって異なるので，単純にはいえないが，数字だけを比較すれば，死刑の言渡しは裁判員制度発足直前の裁判官裁判と比べてかなり減っているといえる。

　それでも年平均5件の死刑判決が裁判員裁判によって言い渡されており，裁判員の死刑判決に対する抵抗感は，極めて高いということはできない。その意味では，死刑判決もまた，「変わらなかったもの」のひとつとして挙げられるかもしれない。しかしながら，そこにはいくつか留意すべき点があるように思われる。

(2) 死刑量刑の考え方と量刑資料の在り方

　まずはじめに，死刑に関する量刑の考え方である。裁判員は裁判官から，死刑求刑事件においても，「量刑とは，『被告人の犯罪行為に相応しい刑事責任を明らかにすること』」との考え方に基づき，「①犯情事実（犯罪行為それ自体に関わる事実）により量刑の大枠を決定し，②その大枠の中で一般情状事実を，刑を（微）調整させる要素として被告人に有利ないし不利に考慮して，いわゆる量刑相場を踏まえつつ最終的な量刑を決定する」（司法研究・量刑評議の在り方5-6頁。原田・裁判員裁判と量刑法136頁）という，これまでの裁判官裁判で行われていた量刑実務の考え方の説明を受けているのではなかろうか（司法研究・量刑評議の在り方は，裁判員裁判における死刑求刑事件への対応について論じているが，「死刑も量刑問題の一つであるから，一般の量刑についての審理・評議の進め方と基本的には異ならない」としている〈同104頁〉）。そうであるとすれば，死刑判決の言い渡しがドラスティックに変わっていないのはむしろ自然である。なぜなら裁判員は裁判官の説示に従おうとするからである。

　しかし，死刑求刑事件においては，裁判員・裁判官が量刑にあたり判断す

Ⅳ　裁判員法により新しく導入された規定が「変わらなかったもの」

べき事柄は，自由刑の期間の判断とは質的に全く異なる「生命を存続させるか否か」ということである。従来の実務で採用されてきた上記の量刑に関する考え方と説明は，自由刑の期間の判断（まさに「刑を量る」）には十分妥当しても，生命を存続させるか否かの判断としては十分とはいえないのではないか。なぜなら，「重大な犯罪行為を行ったから死ぬことが相応しい」というだけでは，単なる応報主義になってしまうおそれがあるからであり（田口守一「公判二分論の今日的意義」高田古稀159頁参照。なお現在の量刑の実際がこの考え方だけで行われているという趣旨ではない。司法研究・量刑評議の在り方6頁以下参照），更生可能性を中心とする「生命を存続させるべきか否か」という点が，2次的テーマとして後退してしまうおそれがあるからである（裁判員裁判による死刑判決の中には，被告人に更生可能性があることを肯定しつつ，もしくは否定せずに，死刑を言い渡したものが散見される。たとえば，千葉地判平成23・6・30〈裁判所ウェブサイト〉，大阪地判平成23・10・31〈判タ1397号104頁〉など。これらの判決書にあらわれた量刑の考え方は，本文の私の推測を裏付けているようにみえる。また司法研究・量刑評議の在り方は裁判員裁判における死刑求刑事件への対応について論じているが，主として犯情について分析している）。死刑については，その選択とともに，その回避もまた重要かつ対等な審理対象とされるべきである（原田國男は，前述の，実務で採用されてきた量刑論を前提としつつ，死刑については「犯情により死刑を選択し，一般情状により死刑を回避する」という考え方を示している〈原田・裁判員裁判と量刑法141-142頁〉。この考え方は，「死刑を最終的に適用するには，選択と回避との2段階の絞りをかける」〈同142頁〉という考え方であるから，犯情（のみ）によって死刑を選択すべきかという「選択の課題」とともに，一般情状，とりわけ被告人の更生可能性は，「回避の課題」として，死刑求刑事件の重要な審理対象事実となるはずである。なお，原田は，犯情による死刑選択と一般情状による死刑回避とは総合的に判断されるべきであるとする〈同149頁〉）。とすれば，更生可能性は，死刑求刑事件の重要な審理対象（争点）とされるべきであり，死刑求刑事件では，被告人の成育歴，家族，教育，環境，人格などの更生可能性に関連する諸資料をできる限り法廷に顕出させる必要性があるはずである（このことは，量刑審理における厳格な証拠法適用の適否の問題に関連する）。

(3)　死刑求刑事件の公判前整理手続の在り方

そのように考えると，避けて通れないのが死刑求刑事件における争点整理のあり方である。死刑求刑が想定される事件においては，公判前整理手続において，死刑求刑が重要な争点として検察官から提示されなければならない（デイビッド・T・ジョンソン「死刑は特別か？――裁判員制度下の死刑事件審理に関する考察――」刑弁55号107頁参照）。なぜなら，検察官が死刑を求刑するか否かが不明のまま審理が始まるとすれば，被告人の防御に文字通り致命的な影響があるのみならず，最大の争点について審理計画を立てないままの審理を裁判員の前で行うことになるからである。

(4) 死刑求刑事件の裁判員の感想等

平成24年5月末までの死刑求刑事件について，裁判員経験者のアンケート結果によると，死刑求刑以外の事件（職務従事日数12日以上の事件〈「検証報告書」29頁・注4〉）と比べて有意的な差異が認められた。まず審理内容の理解のしやすさについて，「理解しやすかった」は，死刑求刑以外の事件では61.4％であるが，死刑求刑事件では51.4％で，10ポイント低くなっている（「検証報告書」107頁・図表71）。また，評議における議論の充実度について，「不十分であった」は，死刑・無期懲役刑以外の事件では7.2％，無期懲役求刑事件では8.1％であるのに対して，死刑求刑事件では13.1％であった（「検証報告書」109頁・図表73）。

「検証報告書」は，これらの点について，「いずれも，死刑求刑事件とそれ以外の事件で大きな差はない」と分析しているが（「検証報告書」30頁），果たしてそうだろうか。審理内容の分かりやすさが死刑求刑事件では10ポイント低くなっているのは，死刑量刑審理が，たとえば「選択」と「回避」に分けるなど，分かりやすく行われていない可能性を示していないか。また，評議の充実度について「不十分であった」が高いのは，死刑基準が明確とは言えないことが影響しているのではないか。

V おわりに――裁判員裁判の今後――

本稿冒頭で概観したように，裁判員制度の導入と施行は，わが国の刑事司

法制度に新しい変革をもたらしている（そのような動きを予測したものとして，四宮啓「新しい刑事司法と刑事弁護士——裁判員法等の成立を機に——」刑弁39号8頁〈10頁〉）。それはなぜか。裁判員制度は民衆をその中核的要素とする。とすれば裁判員制度を中核とするわが国の刑事司法制度は，その民衆が求めるものへと変わらざるをえないからである。言い換えれば，「いかにして裁判員に法律専門家の論理を理解してもらうか」ではなく，「専門家の側がいかに裁判員の感覚を理解していくかということ」（「検証報告書」20頁）が重要になるのである。では民衆が求めるものとは何か。それは，透明性，公正性と説明責任であろう。キャプランの45年前の言葉を借りるならば，わが国でも「磁石にすいつけられている鉄粉のように，わが国の法制と運用の多くの特色は，裁判員をめぐって形づくられていく」のである。しかし，それはまだ始まったばかりである。その磁石によって形作られる法制と運用を，透明性，公正性，そして説明責任が一層確かなものとなるようにしていかなければならない。そしてその責任は，すべて裁判員を迎える法律家にあるのである。

（2013年3月脱稿）

【補 注】

本稿の脱稿は2013年3月であった。したがって本稿で引用しているデータ等は少々旧い。さらに，脱稿後，裁判員制度に関連するいくつかの重要な動きがあった。それらを校正段階で本稿に反映させることは不可能であるため，補注という形で指摘するに止めざるを得なかった。

1 一つは立法化の動きである。2014年7月の法制審特別部会「調査審議の結果」を受けて，第2次改革とも呼ぶべき刑事司法制度改革が法案化され，2015年5月現在，国会に提出されている。本稿との関係で補うべき点としては，制度的改革の例として掲げた被疑者国選弁護制度については，その対象が拡大され，勾留された全被疑者がその対象となる。また公判前整理手続の請求権が当事者に付与されるとともに，証拠開示制度が拡充され，請求があれば検察官は保管証拠の一覧表を交付しなければならないこととなる。次いで，運用による変化をもたらしたものとして掲げた取調べについては，裁判

員裁判対象事件といわゆる検察独自捜査事件について，身体拘束された被疑者に対する取調べはすべて録音・録画することが義務化される。

2 判例上も重要な動きがあった。裁判員裁判の量刑について，最判平成26年7月24日（刑集68巻6号925頁）は，裁判員裁判の第1審が検察官求刑の1.5倍の量刑判断を示したケースについて，「裁判員裁判といえども，他の裁判の結果との公平性が保持された適正なものでなければならないことはいうまでもなく，評議に当たっては，これまでのおおまかな量刑の傾向を裁判体の共通認識とした上で，これを出発点として当該事案にふさわしい評議を深めていくことが求められているというべきである。」として，第1審の裁判員裁判を支持した控訴審判決を破棄した。また，同日に出された二つの最決平成27年2月3日（刑集69巻1号1頁，刑集69巻1号99頁）は，第1審の裁判員裁判が死刑を言渡し，控訴審がこれを破棄したケースについて，「死刑が究極の刑罰であり，その適用は慎重に行われなければならないという観点及び公平性の確保の観点からすると，同様の観点で慎重な検討を行った結果である裁判例の集積から死刑の選択上考慮されるべき要素及び各要素に与えられた重みの程度・根拠を検討しておくこと，また，評議に際しては，その検討結果を裁判体の共通認識とし，それを出発点として議論することが不可欠である。このことは，裁判官のみで構成される合議体によって行われる裁判であろうと，裁判員の参加する合議体によって行われる裁判であろうと，変わるものではない。」として，裁判員裁判の死刑判決を破棄して無期懲役を言い渡した控訴審判決を支持した。

これらの判断に共通するのは，裁判員裁判における評議に当たって，これまでの先例の傾向を裁判体の共通認識・出発点とすべきであるとする考え方である。しかし裁判員に量刑判断をも担当してもらうこととしたこの制度の理念は，裁判員と裁判官が協働する判断は，裁判官だけの判断より公正であるとの点にあろう。評議の冒頭で先例の傾向が裁判官から示され，しかも裁判体の共通認識となるまでその説明が行われるとすれば，裁判員が先例の傾向から外れることに躊躇を覚えることは見やすいところである。もちろん裁判の公平は一つの実現すべき価値である。しかし公平は公正の一要素であろ

V　おわりに──裁判員裁判の今後──

う。先例傾向は参考資料の一つとされるべきであり，裁判官の注意深い工夫と運用が望まれる。

　ただし，死刑については特別に考える必要がある。上記の平成27年判決が述べているように，死刑の適用は特に慎重でなければならない。死刑は特別だからである。先例の傾向を参考にする前に，生命を強制的に奪う死刑の適用は個人の尊厳の観点から慎重の上にも慎重でなければならないということが，評議の出発点とされるべきである。先例が示す傾向が死刑判決であったとしても，それを出発点とすべきではない。さらに死刑については，手続のいかなる段階であっても，またいかなる理由であっても，破棄することが肯定されるべきである。裁判員が参加する制度の理念は，生命の尊厳の前には一歩を譲るべきである。

　なお裁判員裁判と量刑については，これまで裁判官や研究者の多くが採用してきた犯情を中心とする量刑判断の枠組みが妥当かについては疑問がある。この判断枠組みは法解釈と同様であり，したがって裁判官の専権事項であるとの考え方もあるようだが，重大な倫理的判断である量刑判断の枠組みが，参加している裁判員を除外して決定されることには大きな疑問があり，問題提起しておきたい（とりわけ死刑量刑判断について本文でも触れたが，この点を指摘したものとして，四宮啓「日本の死刑量刑手続について──その公正性・倫理性そして憲法適合性──」曽根・田口古稀（下）771頁以下参照）。

（2015年5月補注脱稿）
（しのみや・さとる）

2 裁判員裁判
裁判の立場から

大野　勝則

Ⅰ　はじめに
Ⅱ　公判準備の長期化
Ⅲ　公判審理
Ⅳ　評議と判決
Ⅴ　裁判員の精神的負担
Ⅵ　他の裁判への影響
Ⅶ　おわりに

Ⅰ　はじめに

　平成21年5月の裁判員制度導入から7年以上が経過し，平成28年6月末までに，全国で1万人を超える被告人が起訴されて9,200人余りに対する審理裁判がされ，裁判員，補充裁判員経験者は約7万人に達した（最高裁では，実施状況の速報を随時発表しており，今回の統計については，「裁判員裁判の実施状況（制度施行〜平成28年6月末・速報）」に依った。裁判所のウェブサイトから取得できる。以下の数字も特に断りがないものは同じ速報に基づくものである。）。

　最高裁事務総局は，平成24年12月，施行後3年余りの時点での裁判員裁判の運用状況や問題点を分析した「検証報告書」（これも裁判所のウェブサイトで取得可能である。）を公表したが，その中では，施行後は多くの国民が積極的な参加姿勢を示し，順調に滑り出していると評価しており，その要因として，裁判員制度を支える国民の全体としての能力の高さ，その姿勢の真摯さや誠実さ，評議の場面での率直な意見表明等が指摘されている。また，裁判員とし

て従事された方のうち,95％を超える人が,これを貴重な経験であったと肯定的な評価をしているとの分析もある。

しかし,検証報告書は,その運用に関するいくつかの問題を指摘している。例えば,公判前整理手続を中心に,制度の施行前に比べて長時間が掛かっていること,裁判員経験者のアンケート結果の分析からは,審理が分かりやすいという感想が減少してきていること,これが公判前整理手続の内容面の問題にも関わること,すなわち,より良い判決のためにはより良い評議を目指すこと,そのためには分かりやすい審理を実現すること,元をたどれば,公判前整理手続で,当事者の主張をうまく噛み合わせて分かりやすく争点を整理することが有用であるが,それが十分にされているかの疑問等が指摘されている。また,裁判員に精神的負担を与える遺体写真,現場写真等の証拠の扱いも問題となっており,裁判員の負担への配慮,軽減の方策が検討されている。

さらに,裁判員裁判における実践の他の刑事事件への影響も今後の検討課題であり,刑事裁判の殆どを占める裁判員裁判制度の対象外の事件について,裁判員裁判事件と異なる審理方式のままであって良いのか,どのような点を取り入れていくべきなのか,などの問題点が指摘されている。

以下では,これらの点について検討する(以下の検討全体について参考になるものとして,安東章「裁判員裁判のこれから——裁判官の視点」ひろば67巻4号27頁)。

II 公判準備の長期化

検証報告書は,自白事件でも否認事件でも公判前整理手続が長期化していると指摘している(芦澤政治「公判準備と公判手続の在り方」論究ジュリ2号43頁,合田悦三「公判前整理手続の長期化」刑ジャ32号37頁)。裁判員裁判では公判前整理手続は必要的であり(裁判員法49条),裁判員にとって分かりやすい公判審理を実現するため,適切な争点整理を行い,事件の核心となる争点の判断のために適切かつ十分な証拠が提出されるよう,当事者と裁判所が協議しその認識を共通にしなければならない。しかし,その整理内容の適切さとともに,期間の合

理性も重要な点である。迅速な裁判の要請はもちろん，人証を主体とする分かりやすい公判を実現するためには，事件に関する関係者の記憶が新鮮さを保持している間に証人尋問等の証拠調べを実施する必要があり，裁判員裁判では被告人は勾留中であることが多く，その身柄拘束の長期化を防ぐという被告人の利益保護の観点もある。検証報告書では，裁判員裁判の施行後，事件全体の審理期間がそれまでの裁判官による裁判に比してかなり長期のものとなっていると分析しているが，公判期日の間に相当の間隔があった裁判官による裁判と異なり，裁判員裁判での公判は連日開廷が通常であり，評議や判決も限られた期間にされるから，自白事件においても，否認事件においても，長期化の原因は公判前整理手続にあると考えられる（5月に制度が施行された平成21年は，準備に困難を伴わない裁判員裁判事件の審理しか行われていなかった時期であり，公判前整理期間は，自白事件が2.8月，否認事件が3.1月であった。平成22年から27年をみると，自白事件は4.6月から5.8月へと，否認事件は6.8月から9.1月へと長期化した。）。

　その要因の一つには，公判前整理手続の方法が挙げられるように思われる。検察官の証明予定事実記載書面が，犯行に至る経緯や犯行状況，犯行後の状況等を詳細に記載していると，事実認定や量刑に影響しない事実を含むことになる。弁護人は，起訴後初めて証拠に接して検討するため，弁護人の予定主張明示までに要する期間が長くなる傾向が指摘されてきたが，証明予定事実記載書面が詳細であると，弁護人もこれに対応し，予定主張記載書面等において，余り意味のない事実にまで細部にわたって検討して争って反論するなどし，証拠開示請求も数次にわたって広範囲にされ，検察官による回答やその後の開示，弁護人による回答に相当の時間が掛かるし，争点が拡大し，更に当事者から証拠が請求されるなどの悪循環を生む危険があった。裁判所も，主張をかみ合わせるためとして，その調整に労力を注いでいた。自白事件でも，量刑の因子のかみ合わせとして同様に時間を掛けることもあったが，他方で，争点は量刑との整理で済まされている場合があり，これも，当事者間で何が問題点であるかの共通の理解がないため，実際には全く整理ができておらず，仮に公判前整理手続は早期に終えたとしても，公判では，双方が広範囲の量刑要素の主張・立証をすることになってしまう。裁判官裁判

の時代には，弁護人が検察官請求の証拠に対して不同意意見を述べた部分が争点との感覚もあったが，真の争点とは，当事者間に争いのある事実全てではなく，事実認定と量刑において結果に影響する事実に争いがある場合であり，些細な事実や周辺的な事実はこれに属さない。これまでは，検察官が請求証拠以外の任意の証拠開示に消極的な場合があり，弁護人も，証拠開示請求等を何度もし，裁定請求に持ち込まれる例もあり，弁護人によっては，開示証拠を検討しないと予定主張記載書面を出さないとの姿勢を示すことがあった。裁判所も，当事者から準備に一定の期間が必要との申出があると，その期間の合理性について十分に検討せずに，申出のままに比較的先の手続期日を指定していた傾向があったように思われる。

　裁判員裁判では，裁判員の理解に資するために，争点に絞った主張・立証に基づく審理が必要であり，公判前整理手続では，その心理に必要なポイントに絞った主張と証拠の整理が早期にされる必要があり，当事者の提出する書面もこれに応じて簡潔なものとすべきであり，その方向での努力が続けられている（田之尻猛「裁判員裁判のこれから——検察官の視点」ひろば67巻4号19頁）。また，公判前整理の長期化防止策として取られてきたのは次のような点である。起訴後，検察官から証明予定事実記載書と証拠申請がされるが，検察庁の努力もあって，最近では原則として起訴から2週間後には提出されているところ，それを待たずに，起訴から1週間程度の日に法曹三者の第1回の打合せの機会を設けて，早期に準備を開始し，裁判所から大まかな審理方針や公判の予定時期等に関する見込み等も説明し，検察官には迅速かつ幅広な関連証拠の任意開示を求め（最近では極めて柔軟に応じてもらっている），争いのある事件の場合は，間接事実等を整理した証明予定事実記載書をできる限り早く提出してもらい，弁護人には，できる限り早い段階で暫定的な事件に対する見通しや応訴態度を聞き，その後も，短期間に打合せを繰り返す中で，当事者の準備状況の報告を受け，特に弁護人に早期に予定主張記載書面や証拠意見書の提出を促す。また，弁護人の方針から早期の審理が可能であると考えられる場合，証拠調べ等に必要な日数等を証人の数や時間から割り出すなどして大まかな審理予定を検討し，正式な期日指定は後の公判前整理手続で行

うこととして，取り敢えず期日を仮に予約することで，当事者にこれを目標とする準備を進めてもらう。

期日を予約することにより，当事者は目標が設定されてこれに沿った準備を進めることになるが，反面，この期日の予約は飽くまでも仮のものであり，その後の方針の変更等如何では取消や変更も含めて柔軟に対処することが必要である。弁護人の主張や方針についても，公判前整理手続の早期の段階では，起訴前の弁護活動で得た情報とその段階までの請求証拠や開示証拠等に基づいてされた暫定的なものであり，その後に変更されることは当然に予想されるところであって，その変遷の経過を後で被告人に不利に利用することは制度趣旨と相容れず，公判前整理手続の円滑迅速な進行を阻害する結果となろう。公判前整理手続の終了から第1回公判期日までの日数が年を経て短くなり，最近では20日程度になっているようであるが，早い段階で期日を仮予約し，正式な期日指定後も公判前整理手続を継続して審理の直前まで主張の整理や立証の準備が行われていることの裏付けといえよう。

自白事件の場合，特段の事情がない限り，起訴から半年以内に終局することが望ましいと考えられるが，上記の取組の結果としてそのような事件が増えている。もっとも，検証報告書でも，ある程度長期化が避けがたい事件類型が指摘されており，追起訴や訴因変更，精神鑑定（鑑定手続実施決定），弁護人の解任・選任，通訳等を要する事件がそれであり，これらの要因がある場合に公判前整理手続を短縮することは困難であるが，類型に応じた対処方法を模索していく必要がある。

Ⅲ 公判審理

1 審理の実情

裁判員裁判事件では，公判中心主義，直接主義が重要である。裁判員は，公判廷で初めて事件の詳しい内容を知り，公判前整理手続で予め設定された争点について，公判廷で取り調べられた証拠のみによって心証を得るのであり，法廷以外の場で証拠を精査することは予定されておらず，法曹三者は，

公判前整理手続と審理を通じて，裁判員が法廷での的確な心証を得られるような主張・立証を準備する必要があり，「裁判員の前で開かれる公判での主張,立証を通じて事件の実体が明らかにされ，量刑が可能になるような審理」（検証報告書20頁）が要請される。そのために当事者は，要点を捉えた簡潔な主張をしなければならないが，量的な問題にとどまらず，内容的にも，平板ではなく，各主張の重みの差が判らなければ理解しにくく，そのためには，公判前整理手続の段階から，法曹三者が十分に意見交換をし認識を共通にしておく必要があるし，立証も，このような主張に関連付けられ，ポイントを押さえたものである必要がある。

　制度の施行当初は，捜査段階の供述調書等の読上げといった書面に頼る立証も見られたが（その実情について，齊藤啓昭「公判中心主義からみた裁判員裁判の運用」刑ジャ36号45頁），その後は証拠の質を高めて量を減らす工夫がされている。検察官は，客観的な捜査報告書，実況見分調書等については，多数の報告書等の中から，裁判員にとって真に必要な分かりやすい情報を抜き出し，これをまとめた統合捜査報告書を作成する場合が多く，量も，施行当初より有用なものに限られている傾向にあり，捜査段階での供述調書により立証する場合には，情報が真に必要なものに絞られるよう，重要でない部分を除く抄本化の作業がされている。

　自白事件にあっても，被告人の供述調書の採否は留保し，弁護人が主質問を担当する比較的詳細な被告人質問がまず施行され，その終了後に供述調書の必要性を再度検討し，撤回されることが殆どである。

　なお，殺意や正当防衛等が争いとなった場合に裁判員にその定義・要件を理解してもらい，当てはめ作業をしてもらうことは相当に困難である。平成21年3月に司法研究・難解な法律概念が発表され，そこでは，裁判員に対する法律概念の説明方法は事案や争点により異なるとした上で具体的な説明概念が提唱されているところ，実務では，各裁判体が事案ごとに，公判前整理手続で当事者と議論をしてさまざまな説明方法を工夫し，それに沿った冒頭陳述，論告弁論を依頼して対応しており，今後もその努力が必要である。

2 人証の活用

　裁判官による裁判では，公判で取り調べられた書証はその要旨だけが告知され，裁判官が後に記録を読み込むことが通常であり，法廷で供述に直接触れる証人や被告人等の人証についても，裁判官が公判調書を後に更に精査することで心証を形成し，仔細にわたる詳細な判断をする，いわゆる精密司法といわれる実態があった。裁判員裁判では，上記のとおり裁判員には法廷で心証を取ってもらう公判中心の直接主義等を徹底した証拠調べが必要であるとの共通認識はあった。しかし，制度開始の直後は，検察官が，犯罪事実と重要な情状事実に即した簡潔な供述調書を作成するよう工夫するとの意向を示すなどしており，効率的に書証を調べることが審理日程の短縮にもつながると考えられていたため，主に自白事件では，供述調書等を中心とした立証をする傾向が変わらず，弁護人も事実関係に争いがなければ供述調書等に同意してその立証を許し，全体として，供述調書等の書面を中心とした立証が行われていた。ややもするとその分量が多くなり，冒頭陳述も相当に詳細となって，裁判員には，冒頭陳述と証拠，論告・弁論の三段階で同じような事実を繰り返し聞かされるという印象を持つ人もいた。また，裁判員にとっては，供述調書の朗読を長時間にわたり集中力をもって聞くことは苦痛が伴い，記憶にも残りにくく，疑問があってもその点を質す機会もない。供述調書だけでしか登場しない人の話と，実際に法廷で話を聞く被告人の供述等との内容を対比して信用性を検討することにも困難が伴った。

　真の公判中心主義は，公判廷で捜査段階の供述等を再現するものではなく，真の事件の核心を捉え直して構成して裁判員に理解してもらうことであり，そうであるとすれば，その核心についての供述は，供述調書でなく，公判廷で供述者本人から聞くのが裁判員の心証形成にも有益であることは明らかである。実際，検察官は，警察官の調書があっても自らが直接取り調べて事情を聞くし，弁護人も人の作成した書面に依らずに依頼者や関係者等から直接事情を確かめるなどしない限り，供述書や供述録取書を読んだだけでは十分に内容を理解はできないのが通常である。裁判所は，このような問題意識から，制度施行2年後ころから，自白事件についても，犯情に関する被害者や

目撃者，共犯者等，事案の真相を解明する上で重要な供述が得られる者について，主に検察官に対し，できる限り人証を中心とした立証(芦澤・前掲47頁，川出敏裕「裁判員裁判と証拠・証明」論究ジュリ2号51頁，稗田雅洋「裁判員が参加する裁判の実情と課題——日本の刑事裁判がどう変わったか——」刑ジャ32号53頁，齊藤・前掲47頁)を求めるようになり，当初は，検察官は証人の負担を，弁護人は被害者等が法廷で直接に話をすることのインパクトを考えるなど，消極的な場合もあったが，次第に当事者の協力も得られるようになっている(自白事件で検察官が請求して取り調べられた証人の数の平均は，平成21年の0.5人から平成27年の1.0人まで上昇しているが，未だこのような証人のない事件も多いものと見られる。)。実際に担当した事件の経験からしても，証人の供述態度や言葉のニュアンス等も含め，供述調書であれば分かりにくいと思われる内容が証言からは感得できるのであり，これによって真の事件の実態を知り，よりよい判断に資したと思われる場面に何度も遭遇したことがある。このような証人の当否は，もちろん事件の性質にもよるのであり，性的犯罪の被害者等の場合には，証人として出廷することが二次的な被害を生む危険が大きく，慎重な姿勢で臨む必要がある。

　なお，冒頭陳述も，従来両当事者が自身の主張を裏付けるために多くの事実を盛り込み，冗長で明快さに欠けるものが少なくないとの指摘がされていたが(検証報告書17頁)，証拠調べのスリム化に伴い，あるいは，上記のように，証拠の引用では裁判員に証拠調べの際に同じことが繰り返される印象を与えることから，最近では，検察官を中心に，情報量を絞り，例えば，「詳しくは後ほど法廷で証人が話す内容に注目してください」などと述べ，証拠の内容には触れずに，専ら証拠で注目すべき点を述べて証拠調べに対する裁判員の関心を引くなどの工夫がされ，5分や10分程度で終わる場合が多い。簡潔で明快な冒頭陳述は裁判員にも好評で，証人尋問等の証拠調べに集中できるという効果を生んでいる。

3　当事者の活動

　検証報告書(検証報告書18頁。「理解しやすかった」との回答の減少割合をみると，全部の事件では，平成21年の70.9%〈自白事件は73.8%，否認事件は58.0%〉が，平成24年に

は58.4％〈自白事件は64.0％, 否認事件は51.4％〉となり, 弁護人に関してみると, 平成21年の49.8％〈自白事件は52.7％, 否認事件は37.1％〉が, 平成24年には33.8％〈自白事件は40.5％, 否認事件では25.4％〉となり, 検察官に関してみると, 平成21年の80.3％〈自白事件は82.4％, 否認事件は70.6％〉が, 平成24年には62.9％〈自白事件は64.4％, 否認事件は61.1％〉となっており, 明らかに有意の差がある。）では, 全体として, 審理内容について理解しやすかったとの回答割合が年々徐々に低下している点が指摘されている。特に弁護人の活動の分かりやすさの比率が低く, 否認事件はその傾向が強いが, 一つには, 元々被告人の弁解が分かりにくい場合もあるため, すなわち, 弁護人の活動の問題のみならず, 主張立証内容の合理性, 了解可能性の問題があるためである。もっとも, この点を差し引いても, 弁護人の活動の分かりやすさの比率が低くなっていることは事実であり, その改善に向けた努力が必要であると思われる。これに対し, 検察官の活動は分かりやすいとの比率が高いが, こちらも年々低下し, 特に自白事件の低下率が高い点が問題であった。上記のような供述調書の朗読が一時多くなったといわれ, 書証中心の証拠調べに戻りかけていたのではないかとの指摘もある。

　もっとも, 人証による場合も, 裁判員を含めた裁判体が的確に心証を取れるような尋問がされているかには大きな疑問が残り, 現下の最も大きな問題の一つであると考えられる。その根底には, やはり書面重視の感覚がある。検察官が, その請求した証人等の主尋問で, 捜査段階の供述調書を再現するように尋問をしている場合には, 争点の判断に必要ではない多くの情報が盛り込まれるし, 証人自身の言葉で語られていない誘導的な尋問も多くなって心証が取りにくい。他方, 弁護人の反対尋問も, 他の証拠や捜査段階の証人の供述調書との間に差異があると, その重要性に関係なくすぐに突こうとし, それを初めて聞く裁判員には, どういった目的で何を聞いているのさえ分からなくなる場合があるが, 細かい供述の変更等で供述全体の信用性が損なわれる場合は多くなく, 真の問題点がぼやけて逆効果のように思われる。被告人質問や弁護側の証人で攻守が逆となっても, 同じような質問が繰り返される場合がある。そして, 刑訴法321条1項2号, 322条書面や弾劾証拠の取調べが請求されることもある。法廷での供述は, まずは, 供述者の現在の

記憶を尋ねて，その供述内容自体の信用性を直接に問うべきであり，捜査段階の供述の復元やそれに基づく批判ではなく，変遷部分があれば尋問の中で適切に引き出すべきであって，供述調書の採用までが必要な場面は限られたものとなろう。

4　公判審理の長期化

　統計によれば，裁判員裁判の第1回公判期日から判決期日までの平均実審理日程は，平成27年は平成21年から2.5倍に増え，平均評議時間は1.5倍となり，増加傾向を示している（平成21年と平成27年を対比すると，平均実審理日程は3.7日から9.4日へ，うち自白事件が3.5日から6.2日へ，否認事件が4.7日から13.0日へと倍増している。もっとも，平均開廷回数でみると，自白事件ではそれほどは増えていない。また，平均評議時間で見ると，397.0時間が719.6時間となり，自白事件で377.3時間が541.9時間に，否認事件で477.3時間から917.7時間と増加している。もっとも，否認事件は，個々の事件の性質や内容によって長期化の原因が異なるものと思われ，一般化した議論は難しいものと思われる。）。

　これは審理予定の組み方にも問題があると思われる。制度の施行当初は，裁判員の負担をできるだけ減らすために，裁判員を午前中に選任する場合は同日の午後に審理を開始していたが，裁判員がそのまま直ちに審理に臨むこととなることの精神的負担や職場での引継ぎの調整等を考慮して，選任の日はそれだけで済ませる場合が多くなっている。更に公判が比較的長期にわたる事件では，裁判員の仕事上の日程調整等の準備のため，選任期日と第1回公判期日を数日間程度空け，相当日数の予備日等を設けている例もある。裁判員経験者の声には，余裕をもった日程，特に評議に掛ける時間が長いことについては，肯定的な意見が目に付くように思われる。裁判員への配慮も必要ではあるが，一般的には職務従事期間が短い方が負担は少なく，審理スケジュールを見直す目も必要であり，いったん期日を指定した後でも，その後の公判前整理手続で不要とされた公判期日の一部を取り消して裁判員候補者に通知したり，選任手続で告知して短縮することも考えられる。

Ⅳ　評議と判決

　評議では，裁判官が専門的知見を背景に裁判員を主導するのは好ましくなく，法的な枠組みを離れて直感的や感覚的な意見の交換となる事態も避けなければならず，裁判員と裁判官が真の対等の立場に立って協働して議論をし，判決もその結果を反映したものとならなければならない。裁判官だけによる判決の時代は，提出される証拠が多く，検察官の論告や弁護人の弁論が詳細なものであると，これに応じて，判決中の事実認定の補足説明等も微細な点にまで及び，量刑の理由も，双方の掲げる事実を網羅的に指摘するものとなる傾向があった。裁判員裁判施行の直後も，当事者主義に基づき，双方の主張を掲げた後，これに対する判断を示す評価型の評議や判決が好ましいと考えられていたが，かえって冗長で総花的となったことなどから，裁判所では判決の在り方が見直され，証拠関係が絞られ，適切に設定された争点に対し，ポイントとなる核心となる理由のみを，平易かつ簡潔に示す必要があるものと考えられている。

　とはいえ，否認事件の事実認定については，事件によって状況は異なり，簡単に汎用性のある議論をすることは難しいが，量刑については，平成24年に司法研究・量刑評議の在り方が公表され，その中では，量刑の本質について，犯罪行為にふさわしい刑事責任の分量を明らかにすることにあり，一般情状はその量刑の大枠を前提に刑を調整する二次的な考慮要素であるとしている。被告人の犯罪行為の客観的な重さと意思決定に対する非難の程度を考慮した犯情を量刑の中心に据え，それ以外の被告人の個人的な属性や反省の程度，前科等の一般情状は副次的なものとする，いわゆる行為責任の原則の下，判決では，社会的実体の中での位置付けと実質的な理由を示すため，犯罪事実や量刑の理由の中で示していくことになる（一般情状が調整要素とされ軽く考えられているのではないかとの問題意識につき，合田悦三＝金子達也＝神山啓史＝菅野亮「〈座談会〉量刑評議を適正かつ充実したものとするために」刑弁80号16頁の金子達也検事，神山啓史弁護士の発言〈18頁〉）。裁判所では，最高裁が集約している裁判員裁判における各種事件の量刑に関するデータベースである量刑検索システ

ムを利用しているが、過去の量刑と対比することで、判断の公平性が図られることになる。公判前整理手続では、裁判所と当事者と利用する量刑の要素を議論することも行われており、裁判員とは、グラフ等により示された過去の事例の中で、当該事案をどこに位置付け、どの一般情状をどの程度斟酌して最終的な量刑を決めるかを議論していくことになる。論告や弁論も、事実を総花的に挙げるのではなく、認定されるべき事実を基に、それと量刑との結び付きを具体的に指摘し、判断の分かれ目となるポイントを的確に指摘したものであることが求められるであろう。

　裁判員の存在は、裁判官の意識の変化も促している。裁判官同士の合議では、法律概念の意味や手続の根拠等について、議論をすることなく当然の前提としていたが、裁判員に対して専門的な用語でごまかすことはできず、自らが十分に理解し平易な言葉でなければ説明ができず、詰まった際に改めてその本質について考えさせられる経験も稀ではないなど、裁判官と裁判員との交流は、個々の事件の解決に止まらず、司法全体が国民との距離を縮め、その理解を得ることにつながるもののように思われる。

V　裁判員の精神的負担

　平成25年ころから問題とされた遺体写真、現場写真等、刺激の強い証拠については、重要な問題の一つであるから、項を分けて論じることとする。

　このような証拠は、裁判官だけの時代はさほど問題になっておらず、裁判員裁判施行前にも検討されたが、慎重に絞り込むという程度で、施行後もそれなりに採用して取り調べられていた。しかし、平成25年に証拠写真等が原因で裁判員が大きく体調を崩されたとの事例を契機に、裁判員の精神的負担の実際について、裁判官等からは気付きにくく、強い刺激を受ける人もいることが自覚されるようになった。裁判所での議論や運用は以下のとおりである。①公判前整理手続で、両当事者の意見を聴取し、要証事実との関係で証拠の必要不可欠性を検討し、裁判員に過度の精神的負担を与えず、適正な判断が可能かを吟味し、代替手段の有無等も含めて採否を慎重に検討する。②

候補者が返送する事前質問票にも目を配り，必要に応じて事情聴取等をする。③遺体写真等を取り調べる予定のある場合には選任手続のオリエンテーションで告げ，不安のある候補者には個別質問で事情を聴取して辞退の許否を検討する。④審理・評議でも十分に裁判員の様子に気を配る。⑤判決後も，裁判官から精神的負担に配慮した説明をし，不調のある経験者には担当裁判官が直接対応するなどして負担や不安の軽減に努める。

　事件の凄惨さの理解等のために必要な証拠ではないかとの見解もあり得るが，犯行態様の悪質さ等につながらない限りは行為責任を中心とする被告人の責任と結び付かない。このような写真を見なければ犯行態様が分からないという場合は実際にはそう多くない。遺体の状況の凄惨さも，基本的には行為後に生じた事情であり，直ちに被告人の責任に帰せられないから，通常，証拠としての必要性は乏しく，かえって，裁判員に過剰な精神的な負担を与え，あるべき度合いを超えた情緒的な衝撃を与えて，適正な判断が妨げられる弊害の方が大きい場合も多いように思われる。事件毎に，その証拠により立証しようとする事項の必要性を十分吟味するとともに，その点に必要性が認められる場合でも，検察官に対して，サイズの調整，白黒化やイラスト化など，より裁判員の負担を軽減し得る別の方法を工夫するよう求めるなどのことが行われている。ただし，裁判員裁判でも，審理に必要な証拠を取り調べなければならないことは当然であり，必要な証拠を裁判員の負担を考慮して取り調べなくてよいとする趣旨ではない。

　裁判員に対する専門家による精神面でのケアが必要な深刻な場合に備え，裁判所は民間業者に委託してメンタルヘルスサポート窓口を開設しているが，最大の効果的な方策は，裁判官が裁判員と円滑なコミュニケーションを取ることにあり，裁判員の精神的負担については，今後とも，その軽減に向けた努力を続けていく必要があるものと思われる。

VI　他の裁判への影響

　裁判員裁判事件は，件数としては刑事の第1審事件の約2～3％と極く一

部に過ぎないが，重大事件について公判中心主義，直接主義が徹底される一方，裁判員裁判以外の他の多くの事件では，従前の裁判官による裁判と同様，必要性の吟味がないまま，数も多く，重複した証拠が提出されて採用され，判決も網羅的，総花的なものに止まっているのではないかとの問題が提起されている。自白の単独事件等では，被告人の捜査段階での供述調書を含め，同意された書証が全て取り調べられ，後に犯情よりむしろ一般情状を中心とする被告人質問がされて証拠調べを終えることが殆どであった。しかし，重大な裁判員裁判で行われている，刑訴法の原則に忠実な審理方法は他の事件でも採用できるはずであるとの観点から，最近では，自白事件で全て検察官請求証拠が同意されても，検察官に対して請求証拠の必要性を釈明して不要と判断した場合は撤回を勧告したり却下したりする例があるし，被告人の供述調書についても採否を留保し，弁護人，検察官に犯情も含めた詳しい被告人質問を促し，その後に供述調書の必要性について改めて検討した上で，検察官に撤回を勧告したり却下するという被告人質問先行の審理等の実践的な試みが全国的に広がっている。これらは，手法についての取組であるが，自白事件に限らず，公判中心主義，核心司法の思想からすれば，法曹三者間で争点を確認して認識を共有し，それに絞った主張立証が行われて判決がされるべきであることは間違いなく，裁判員裁判以外の事件の審理や判決の在り方を検討していくべき段階に入っているものと思われる。

Ⅶ　おわりに

　裁判員裁判は，一般国民が参加するという全く新しい制度であり，従前の刑事裁判の在り方が大きく変革した。制度施行前には，法曹三者が周知活動や模擬裁判を通じて実務的な研究活動や協力をし，制度の開始時には，裁判員候補者や裁判員に出席してもらえるかなどに不安もあったが，施行後は多くの国民が積極的な参加姿勢を示して順調に滑り出した。これには，西山論文が指摘するように，検察官が，事件の核心に絞った主張・立証を心掛け，最適・最良の証拠を厳選する姿勢で取り組まれてきたことによる面も大き

いことが指摘できる。なお，事件によっては，故意等の主観的要件に関する立証構造や方針が不明確であったり，証拠が過大と思われる例もないではなく，今後も不断の努力をお願いしたいところである。また，裁判員，補充裁判員は，偶々抽選で選ばれた事件で出会い，本来何の接点もないはずの被告人の行動や心情を極力理解しようとし，その行く末を案じ，その処遇について真剣に考え抜いており，その姿勢にはいつも感心させられているところである。

　制度施行後も，実際の事件での審理や判決の状況等を通じて問題点が指摘され，各所で研究会や協議会等が重ねられ，「法廷で見て聞いて分かる」裁判，刑訴法の原則に従った公判中心主義，直接主義を徹底した裁判を迅速適正に実現するための核心司法を目指す工夫が続けられている。その経験を爾後の事件に活かすため，事件を担当した法曹三者で事件を振り返る反省会や，裁判員経験者による意見交換会も各地の裁判所で定期的に開催されている。

　なお，四宮論文も指摘されているが，控訴審における事実誤認の審査に関し，第1審判決の事実認定が論理則，経験則等に照らして不合理であることを具体的に示す必要があるとする最判平成24年2月13日（刑集66巻4号482頁），検察官の求刑を大幅に超える量刑判断について，第1審判決も控訴審判決も具体的，説得的な根拠を示していないとして破棄自判した最判平成26年7月24日（刑集68巻6号925頁），第1審判決の死刑の量刑判断が合理的でなく，被告人を死刑に処すべき具体的，説得的な根拠を見いだしがたいと判断して破棄の上無期懲役とした控訴審判決を是認した2つの最決平成27年2月3日（刑集69巻1号1頁，99頁）と，最高裁の重要な判断が近時相次いでいる。裁判員裁判を担当する第1審の裁判官も，これらの含意を十分に理解しながら裁判員との協働に臨む必要があろう。

　裁判員裁判がその課題を克服して国民に定着していくため，今後も法曹三者の努力，協力が必要と思われる。

（おおの・かつのり）

3 犯罪被害者と刑事手続
検察の立場から

大谷　晃大

Ⅰ　はじめに
Ⅱ　刑事手続における犯罪被害者の保護に関連する法整備の経緯
Ⅲ　被害者参加制度について

Ⅰ　はじめに

　本書の前身となる『新刑事手続』が刊行されたのは，平成14年のことであるが，その時の表題についての論争では，もっぱら立法論に関する事柄を対象とするにとどまり，具体的な手続の運用に関する議論にまでは発展しなかった。もっとも，それは，そもそも議論の対象とすべき制度自体が，その当時存在していなかったが故のことであり，致し方ないところであった（厳密に言うと，後述するとおり，刑事手続における犯罪被害者の保護に関連する初の本格的な立法は，既に平成12年に行われており，実際，上記議論の中でも，その内容に触れる記述はあるものの，論文の執筆時期からして，その運用面についてコメントすることは困難であったと思われる。）。

　上記論争において，メイン論文で取り上げられたテーマは，弁護の立場から提案された「刑事手続によって犯罪被害者の損害を回復する制度」という立法論であるが，実はその本題に入る前置きとして，「わが国の刑事司法手続における犯罪被害者の法的地位を論ずるとき，多くの理論的課題を抱えるのが，手続への関与，参加の問題であろう。」と指摘されており，この当時から，

犯罪被害者の刑事手続への関与・参加といった問題は，この分野における重要なテーマと認識されていたようである。しかしながら，この問題に関しては，平成12年の上記立法につながる法制審議会の諮問事項に「公判手続における被害者の意見陳述権の制定」が入ったことで一応の解決が図られたと判断されたのであろうか，更なる立法論への言及はされず，上記のとおり，別のテーマが取り上げられた。いずれにしても，上記諮問事項に示されたもの以上に犯罪被害者が刑事手続に関与・参加する制度を導入することのハードルは，当時限りなく高いものであったことが推測される。また，弁護の立場から提案されたこの「刑事手続によって犯罪被害者の損害を回復する制度」に対しても，検察・裁判いずれの立場からも，そのコメント論文において消極的な意見が示されており，当時の犯罪被害者問題に関する制度改革の難しさを垣間見ることができる。

　ところが，平成12年の上記立法の7年後の同19年には，上記論争の中で取り上げられた「刑事手続によって犯罪被害者の損害を回復する制度」はもとより，上記意見陳述権の創設より更に大きく踏み込んだ「犯罪被害者が刑事手続に直接関与する制度」の導入等も併せ実現する法整備が実現し，同20年12月1日からこれらの新たな制度が施行され，現在に至っている。上記『新刑事手続』が刊行された年からわずか10年余りの間におけるこの激変を見るにつけ，隔世の感を感じざるを得ない。

　そこで，本稿では，平成12年以降の刑事手続における犯罪被害者の保護に関連する法整備の主な内容を一通り概観した後，その一連の法整備の中でも，最大の制度改革と考えられる被害者参加制度の運用の現状及び課題等について論述することとしたい。なお，筆者は，法務省において，この被害者参加制度の導入を始めとした平成19年の犯罪被害者保護立法の立案作業に関与した者であるが，本稿中意見にわたる部分については，あくまでも私見であることを予めお断りしておきたい。

Ⅱ 刑事手続における犯罪被害者の保護に関連する法整備の経緯

1 平成12年以前の状況

　現行刑事訴訟法制定時，犯罪被害者に関する規定は，唯一，告訴権者としての規定があるだけだった。それ以外に犯罪被害者が刑事手続に関与する場面は，捜査段階では参考人として，公判段階では証人としてであり，いずれも他律的な関わりに過ぎず，およそ主体的な関与とは言えないものであった。その後，犯罪被害者保護の観点から幾ばくかの法改正が行われたが，このような位置付け自体に大きな変化をもたらすようなものではなかった。

2 平成12年の法整備
(1) 刑事訴訟法及び検察審査会法の一部改正
ア 証人の負担軽減のための措置
　専ら犯罪被害者が証人となる場合を想定して，その負担の軽減を図るための措置として，①証人尋問の際の証人への付添い（刑訴法157条の2），②証人尋問の際の証人への遮へい措置（刑訴法157条の3），③いわゆるビデオリンク方式による証人尋問（刑訴法157条の4）の各制度が導入された。
　特に③の制度は，いわゆる性犯罪の被害者等については，訴訟関係人や傍聴人のいる法廷で証言することにより，二次的被害と言われるような強い精神的圧迫を受けることがあることを踏まえ，これを軽減するために導入されたものである。その付随的な効果として，一定の要件の下に当該証人尋問の状況をビデオテープ等の記録媒体に録画して調書に添付することができることとし（刑訴法157条の4第2・3項），同調書について，一定の条件の下に証拠能力を付与した（刑訴法321条の2第1項）。
イ 親告罪であるいわゆる性犯罪の告訴期間の撤廃（刑訴法235条1項但書）
　いわゆる性犯罪については，犯罪による精神的ショックや犯人との特別の関係等から短期間では告訴するかどうかの意思決定が困難な場合があるため，告訴期間（犯人を知った日から6か月以内）を撤廃することとした。
ウ 犯罪被害者等による心情その他の意見の陳述（刑訴法292条の2）

犯罪被害者等が公判で被害に関する心情その他の被告事件に関する意見を述べたいとの希望を持つ場合に，これを犯罪被害者等に陳述させることとし，その陳述の効力についても，裁判所は，これを単なる意見として斟酌するだけでなく，量刑上の資料の一つとすることができるものとした。この制度については，①裁判が犯罪被害者の心情や意見をも踏まえた上でなされることがより明確となり，刑事司法に対する犯罪被害者を始めとする国民の信頼を一層確保することに資するほか，②被告人に犯罪被害者の心情や被害の実態を認識させることにより，被告人の反省を深め，その後更生にも資するとの効果が期待されるが，それ以上に，犯罪被害者が一定の範囲で刑事裁判に主体的に関与することができる制度を初めて導入した意義は大きい。

なお，この制度の導入に当たり，量刑が不当に重くなるおそれがあるとの理由から制度導入に反対する意見もあったが，これまでの10年以上の運用状況に照らし，そのような結果は何ら実証されていない。

エ　検察審査会の審査申立権者の範囲の拡大（検察審査会法2条2項，30条）

犯罪被害者が死亡した場合の遺族にも審査申立権を認めることとしたものである。

(2) 犯罪被害者等の保護を図るための刑事手続に付随する措置に関する法律の制定

同法は，犯罪被害者等の保護を目的として，刑事手続に付随するものとして，犯罪被害者等の心情を尊重し，かつその被害の回復に資するための措置を定めたものである（同法1条参照）。同法により，①刑事事件の公判手続を優先的に傍聴できるようにする配慮義務（同法2条），②刑事事件の公判記録の閲覧謄写の機会の付与（同法3条），③民事上の争いについての刑事訴訟手続における和解（同法19条）などの制度が導入された。この②③の制度は，前記論争においてテーマとされた「刑事手続による犯罪被害者の損害の回復」に資するものと言えよう。

3　平成18年の法整備

本法整備以前は，財産犯等の犯罪行為により犯人が得た財産等（犯罪被害財

産)は,犯罪被害者の犯人に対する損害賠償請求権等の行使による原状回復を優先させるため,その没収・追徴ができないこととされていたが,現実には,種々の理由から犯罪被害者による権限行使が行われないことが多く,結果的に,犯人の手元に不法な利益である犯罪収益を保有させかねない事態が生じていた。また,当時,大規模なヤミ金融事件における犯罪収益の一部が外国の銀行口座に送金されて隠匿され,同国当局によりこれが没収されるという事態が発生し,同国から当該財産を譲り受けて同事件の被害者の被害回復に充てる必要が生じたものの,そのような手続を行うための法制度を欠いていた。そこで,組織犯罪処罰法を一部改正し,犯罪被害財産について,一定の場合に没収・追徴を可能とするとともに,このような手続によって没収・追徴した犯罪被害財産等を犯罪被害者に支給するための手続きを定めた犯罪被害財産等による被害回復給付金の支給に関する法律を制定した。

本法整備も,前記論争においてテーマとされた「刑事手続による犯罪被害者の損害の回復」に資するものと言えよう。

4 平成19年の法整備
(1) 刑事訴訟法の一部改正
ア 被害者参加制度の導入(刑訴法316条の33〜39)

一定の犯罪の被害者やその遺族等が,裁判所の許可を得て刑事裁判に参加し,公判期日に出席するとともに,一定の要件の下で証人尋問,被告人質問及び事実又は法律の適用についての意見の陳述を行うことができるとするものである。その内容については,Ⅲの3において,同制度の運用の現状と併せて説明することとする。

イ 犯罪被害者等の氏名等の情報を保護するための制度

(ア) 裁判所は,いわゆる性犯罪に係る事件のほか一定の要件に該当する事件について,相当と認めるときは,被害者特定事項(氏名及び住所その他の当該事件の被害者を特定させることとなる事項)を公開の法廷で明らかにしない旨の決定をすることができるものとし(290条の2),この決定があったときは,起訴状の朗読及び証拠書類の朗読は,被害者特定事項を明らかにしない方法で行

うものとされ(291条2項,305条3項),訴訟関係人のする尋問又は陳述が被害者特定事項にわたるときは,裁判長がこれを制限することができるものとされた(295条3項)。

(イ) 検察官は,証拠開示に当たり,一定の場合に,弁護人に対し,被害者特定事項が被告人等に知られないようにすることを求めることができるものとされた(299条の3)。

(ウ) なお,近時,特に性犯罪の被害者などにおいて,被告人に被害者特定事項が知られることにより二次的被害のおそれがあるような場合,起訴状の公訴事実に当該被害者の氏名を記載しないで起訴するという事例が散見されるようになった。これは,現行法の規定では,起訴状の謄本が被告人に送達されることから,上記(ア)(イ)の措置だけでは,被告人に被害者の氏名を秘匿することができないことに起因している。被害者の氏名については,必ずしも公訴事実の必要的記載事項と法定されているわけではないが,訴因の特定と被告人の防御権との関係で,このような被害者の氏名を記載しない公訴事実がどこまで許容できるのかという問題がある中での運用上の工夫であるといえる。しかしながら,公訴事実に被害者の氏名を記載しない取扱いをすることについて消極的な立場を採る裁判所も少なくない。仮に公訴事実に記載しなかったとしても,(イ)の措置には強制力がない上,判決書に被害者の氏名が記載されれば,被告人には判決書の謄本の交付を請求することが認められているので(46条),被告人に被害者の氏名が知られてしまうという結果があり得ることは否定できない。このような結果を避けるためには,裁判所と弁護人の協力が必要であり,長年の慣行にとらわれない柔軟な思考が必要であるように思われる。

(2) 犯罪被害者等の保護を図るための刑事手続に付随する措置に関する法律の一部改正

(同改正により,法律名が「犯罪被害者等の権利利益の保護を図るための刑事手続に付随する措置に関する法律」に改められた。以下「犯罪被害者等保護法」という。)

ア 損害賠償命令制度(同法23条~40条)

一定の犯罪に係る刑事被告事件の被害者等が,当該被告事件の係属する裁

判所に対し，損害賠償命令（当該被告事件に係る訴因として特定された事実を原因とする不法行為に基づく損害賠償の請求について，その賠償を被告人に命ずることをいう。）の申立てをすることができるものとされた。本制度が，前記論争においてテーマとされた「刑事手続による犯罪被害者の損害の回復」に関する立法提案に対する一つの回答と言えよう。当該論争において検察・裁判の立場から示された種々の問題点については，一応すべてクリアしたものと考えてよいのではないかと思われる。

　イ　刑事事件の公判記録の閲覧及び謄写の範囲の拡大（同法３・４条）

　刑事事件の被害者等については，従前は，閲覧等の要件として，損害賠償請求権の行使のために必要があると認める場合その他正当な理由がある場合であることが必要であったが，そのような要件を必要とせず，原則的に閲覧等を認めることとし，また，いわゆる同種余罪の被害者等についても，従前の要件の下に閲覧等を認めることとしたものである。

5　平成20年の法整備

　犯罪被害者等保護法等の一部改正により，資力の乏しい被害者参加人もその委託を受けて被告人質問等を行う弁護士（被害者参加弁護士）の援助を受けられるようにするため，裁判所が被害者参加弁護士を選定し，国がその報酬及び費用を負担する（同法11条）とともに，日本司法支援センターが被害者参加弁護士の候補を裁判所に通知する業務等を行うこととされた（同法12条。総合法律支援法30条1項3号ハ）。

6　平成25年の法整備

　犯罪被害者等保護法等の一部改正により，被害者参加人が公判期日等に出席した場合における旅費，日当及び宿泊費を国が負担する（同法5条）とともに，日本司法支援センターが当該支給事務を行うこととされた（同法8条。総合法律支援法30条1項6号）。

Ⅲ 被害者参加制度について

1 被害者参加制度導入の経緯

平成19年の法整備の起点となったのは，同17年4月から施行された犯罪被害者等基本法である。同法は，「すべて犯罪被害者等は，個人の尊厳が重んぜられ，その尊厳にふさわしい処遇を保障される権利を有する」等（同法3条）との基本理念を明示した上で，この基本理念にのっとり，犯罪被害者等のための施策を総合的に策定し，及び実施することを国の責務と定めた（同法4条）。そして，その基本的施策の一つとして，「犯罪被害者等がその被害に係る刑事に関する手続に適切に関与することができるようにするため，刑事に関する手続への参加の機会を拡充するための制度の整備」が求められた（同法18条）。犯罪被害者等が，自らが被害を受けた事件の当事者として，その被害に係る刑事事件の裁判の推移や結果に重大な関心を持つというのは，当然のことであり，これに適切に関与したいという心情は，まさに犯罪被害者等の尊厳として十分に尊重されるべきものである。このように，被害者参加制度導入は，犯罪被害者等基本法が基本理念として示した犯罪被害者等の尊厳にふさわしい処遇の一環として創設された制度である。

2 被害者参加制度の位置付け

犯罪被害者等が刑事裁判に関与する制度を設けるに当たっては，その適正・円滑な運用を期するためにも，我が国の刑事訴訟制度における様々な要請との調和を確保する必要がある。とりわけ大きな問題は，刑事訴訟の基本的な構造との関係であって，これは，制度的に大別すると，当事者主義と職権主義とに分かれるが，我が国の現行の刑事訴訟制度は，検察官が訴因を設定して事実に関する主張・立証を行い，被告人・弁護人がこれに対する防御を行い，これら当事者の訴訟活動を踏まえて公正中立な裁判所が当該訴因に掲げられた事実が認められるか否かの判断を下すという当事者主義（厳密には，二当事者主義）を採っている。この当事者主義は，現行刑事訴訟法から取り入れられたものであり，我が国では爾来半世紀以上の長きにわたって，この

訴訟構造の下に刑事裁判が行われてきたが、これに起因する特段の問題は認められず、制度の安定性という観点からも、これを職権主義に改めるという選択肢はおよそ取り得ない。

また、訴訟構造の問題以外にも、二当事者以外の者に訴訟活動を許す以上、①国家が犯人を訴追し、刑罰を科すという原則との整合性の確保、②事案の真相の解明という刑事裁判の基本的な目的の達成、③被告人の権利・利益の保護、④迅速な裁判の要請、⑤証人の負担に対する配慮、⑥裁判員裁判に不当な影響を与えないことの配慮、⑦法廷の秩序維持の確保といった刑事裁判における様々な要請との調和を図る必要がある。

平成19年の法整備においては、以上のような課題があることを踏まえた検討が行われ、その結果、当事者主義を維持しつつ、その枠組みの中で、上記諸要請との調和を図るための要件を工夫し、当該要件の下に、犯罪被害者が、裁判所の許可を得て、被害者参加人という訴訟手続上の地位を得た上で、その地位に基づいて、公判期日に出席するとともに、一定の訴訟活動を自ら行うことができるという仕組みが創設されたものである。

なお、この新しい制度を導入するに当たっては、①当事者主義構造を根底から変容させるおそれがある、②被告人の防御活動が萎縮する可能性がある、③被告人の防御すべき対象が拡大することとなり、被告人の防御に支障を及ぼすおそれがある、④被害者の感情的な対応により、証拠に基づく事実認定や公正な量刑に悪影響を与える懸念がある、⑤特に裁判員裁判では、その影響が大きく、量刑が重罰化されることが危惧される、⑥法廷が復讐の場になり、荒れる法廷となるおそれがある等の理由を挙げて、制度導入に対する反対意見もあったが、そこで示された理由の一部は、多分に主観的で合理性に疑問があると言わざるを得ず、また、一定の合理性のある指摘に対しては、上記のとおり、そのような懸念を解消するに足りる制度内容が十分に工夫されたものである。

3 被害者参加制度の概要と運用の現状
(1) 被害者参加の許可（刑訴法316条の33）

　被害者参加人は，刑事裁判において一定の訴訟活動を行うことができる訴訟手続上の地位を得るものであることから，参加を認めるか否かについては裁判所の許可にかからしめることとしている。裁判所は，犯罪の性質，被告人との関係その他の事情を考慮し，法廷の秩序が乱されるおそれ，犯罪の証明に支障を生じさせるおそれ，被告人の防御に実質的な不利益を生じさせるおそれの有無などを総合的に勘案し，相当と認めるときは参加を許すこととなる。もっとも，このようなおそれがあると判断されることは極めて例外的であり，最高裁判所が発刊している『司法統計年報』によれば，被害者参加を申し出た被害者数と許可された被害者数は，平成21年は各571人と560人，同22年は各849人と839人，同23年は各914人と902人，同24年は各1,022人と1,000人となっており，参加を申し出た場合，原則的には参加が許可されているのが実情である。

　また，被害者参加は，あらゆる事件についてできるものではなく，「個人の尊厳」の根幹をなす人の生命，身体又は自由を保護法益とする犯罪に係る事件が被害者参加の対象とされている。上記司法統計年報によれば，施行当初の4年間では，自動車運転過失致死，同致傷，殺人，傷害の4罪が上位を占めている。

(2) 公判期日等への出席（刑訴法316条の34，316条の39）

　被害者参加人は，裁判所が相当でないとしてこれを制限した場合を除き，公判期日等への出席が認められている（被害者参加弁護士も同様である。以下，特に断りがない限り，被害者参加人が行えることは，同弁護士も同様に行うことができるものである。）この場合，被害者参加人が法廷内のどこに座るのかということについては，法は何も定めておらず，個々の裁判所の判断に委ねられることとなるが，被害者参加人は検察官との間で密接なコミュニケーションを保ちながら訴訟活動を行うということが被害者参加制度の大前提となっていることからしても，そのようなコミュニケーションを取りやすいような位置に座るのが自然であり，実際，そのような運用が行われている。

法務省刑事局において調査した統計結果（以下「法務省調査結果」という。詳細については，法務省ホームページの「審議会等」→「その他会議」→「平成19年改正刑事訴訟法等に関する意見交換会について」を参照）によると，平成21年は，被害者参加人520人中全期日出席472人，一部出席45人，全部欠席3人，同22年は，被害者参加人886人中全期日出席791人，一部出席78人，全部欠席17人，同23年は，被害者参加人941人中全期日出席809人，一部出席110人，全部欠席22人となっており，被害者参加人の約9割前後は，全期日に出席していることが分かる。公判期日への出席は，公判において一定の訴訟活動を行うための前提行為でもあるが，出席だけして，特段の訴訟活動を行わない被害者参加人もかなりの数に上っている。これまでは，傍聴席から裁判の様子を傍観者的にしか見ることができなかったが，法廷のいわゆるバーの内側に入って，裁判の推移等を間近で見守ることができるようになった意義は極めて大きいと思われる。

また，被害者参加人が公判期日等に出席する場合に，一定の要件の下，付添いや遮へいの措置を採ることができるとされている（もっとも，証人とは異なり，ビデオリンク方式によることまでは認められていない。）。上記司法統計年報によれば，被害者参加人の内，付添い措置が採られた人数と遮へい措置が採られた人数は，平成21年は各24人と50人，同22年は各40人と115人，同23年は各30人と104人，同24年は各38人と95人となっている。

(3) **証人尋問（刑訴法316条の36）**

被害者参加人は，裁判所の許可を得て，犯罪事実に関するものを除いた情状に関する事項についての証人の供述の証明力を争うために必要な事項について，自ら直接証人を尋問することが認められている。

尋問が許される事項については，検察官の主張立証と矛盾するような尋問が行われて，真相の解明が困難となったり，犯罪事実に関する被害者参加人自身の証言の信用性が損なわれるなどの弊害を防止するとともに，証人の負担が過度に重いものにならないようにとの配慮から，上記のようなものに限定されることとなった。通常考えられる例としては，弁護側請求に係る証人の主尋問に現れた証言の内，示談とか今後の監督といった一般情状的な事柄

についての証言の信用性を争いたいということで，弾劾的な反対尋問を行う場合が考えられる。

　法務省調査結果によると，被害者参加人の内，証人尋問の申出をした人数と申出をしなかった人数は，平成21年は各113人と407人，同22年は各174人と712人，同23年は各153人と788人となっている。また，実際に証人尋問をした者について見ると，被害者参加人自らが証人尋問を行うことは少なく，被害者参加弁護士がこれを行う割合が高くなっている。

(4)　被告人質問（刑訴法316条の37）

　被害者等は，刑事裁判において，心情その他の被告事件に関する意見を陳述することができ（刑訴法292条の2），これに加え，被害者参加人となれば，事実又は法律の適用についての意見を陳述することができる（316条の38）。これらの意見の陳述をするために必要があると認められる場合に，被害者参加人は，裁判所の許可を得て，自ら直接被告人に質問することが認められている。

　(3)の証人尋問とは異なり，この被告人質問では相当に広範囲の事柄について質問することができるが，あくまでも，「意見の陳述をするために必要があると認められる場合」という要件が課せられているので，例えば，専ら被告人に対して怒りや憎しみの気持ちをぶつけるための質問をしたり，殊更に何度も謝罪を求めるような質問は許されず，また，訴因の範囲を超える事実を前提とした質問も許されない。

　法務省調査結果によると，被害者参加人の内，被告人質問の申出をした人数と申出をしなかった人数は，平成21年は各340人と180人，同22年は各518人と368人，同23年は各479人と462人となっており，証人尋問より行使の割合が高くなっている。また，実際に被告人質問をした者について見ると，被害者参加弁護士の方が被告人質問を行う割合が高いものの，証人尋問に比べて被害者参加人自らが行う割合も高くなっている。

(5)　弁論としての意見陳述（刑訴法316条の38）

　これまでも，被害者等は，被害に関する心情を中心とする意見の陳述は行えた（刑訴法292条の2）が，事実認定のためにこれを中心とする意見の陳述はできなかった。しかし，被害者参加人という地位を認めて，一定の範囲で

刑事手続に関与することを認めたことから，その締めくくりとして，自らが行った訴訟活動の結果をも踏まえた，事実又は法律の適用についての意見を陳述することを認めることとしたものである。もっとも，この陳述は，「訴因として特定された事実の範囲内」においてのみ許される。したがって，検察官が傷害致死の訴因に基づく主張立証を行っている事案において，被告人に殺意があったとの意見や殺人罪が成立するとの意見を陳述することは許されない。

なお，被害者参加人には，刑訴法292条の2による意見陳述制度を利用できないように法改正すべきであるとの意見も一部にあるが，当該制度と刑訴法316条の38による意見陳述制度は，その内容も刑事訴訟における意義・位置付けも異なっているのであるから，両制度を併存させることには意味がある上，被害者参加人には一方の制度しか認めないというのは法制的にも無理があるように思われる。また，このような意見の理由とするところは，被害者の処罰感情が過度に強調され，事実認定及び量刑判断が歪められるおそれがあるとのことであるが，これまでの5年半にわたる運用実績において，そのような実証結果は示されていない。

法務省調査結果によると，被害者参加人の内，刑訴法316条の38による意見陳述の申出をした人数と申出をしなかった人数は，平成21年は各310人と210人，同22年は各488人と398人，同23年は各505人と436人となっている。また，実際に意見陳述をした者について見ると，被告人質問の場合と同様の傾向を示している。

4　被害者参加制度の課題

平成19年の法整備において刑事訴訟法等が改正され，被害者参加制度等新たな制度が導入されたが，改正法の附則に，「施行後3年を経過した場合において，改正後の規定の施行状況について検討を加え，必要があると認めるときは，その結果に基づいて所要の措置を講ずるものとする」旨規定されている。この附則を受けて，法務省において，被害者参加制度等の見直しの要否についての検討を行うに当たり，幅広く関係者の意見を聴くため，平成25年

1月から同26年7月にかけて，前後12回にわたり，被害者関係団体，刑事法研究者，日本弁護士連合会，裁判所，検察庁，法務省の各関係者をメンバーとする意見交換会が開催された。同意見交換会には，被害者参加制度に好意的な者も批判的な者も参加しており，それぞれの立場から，被害者参加制度に関する現状認識，問題点の指摘，改正の要望等が幅広く述べられており，これをここで一つずつ取り上げて論評を加えることは紙幅の関係で困難であるが，前記法務省ホームページにおいて，各回の議事録等が掲載されているほか，全体の議論の概要について資料として取りまとめられているので，興味がある方は是非参照されたい。

上記意見交換会において被害者参加制度に関する現状の論点はほぼ出尽くしていると言えるが，そこで述べられている同制度に対する評価や意見等に加え，筆者自身がこれまで職務上見聞してきたことも併せ勘案すれば，同制度は，その導入後，着実に利用実績を重ね，概ね問題のない運用が行われ，相応の成果を上げるなど刑事実務において安定した制度として定着したものと評価してよいのではないかと思われる。実際，同制度の導入に対する前記反対意見において「懸念」や「おそれ」として示された問題点も，これまで統計等の有意的な資料等により実証されたものは筆者の知る限りにおいては見当たらない。また，個別の事案において，被害者と被告人との間でトラブルが生じたケースがあるとの指摘もあるが，これが被害者参加制度に起因するものか否か判然とせず，ましてや，同制度全体を見直さなければならないような立法事実が生じているとはおよそ言い難い。したがって，現行の被害者参加制度の運用状況を冷静かつ客観的に見れば，これを制約する方向での見直しの必要性はないものと思われる。

これに対し，被害者関係団体等からは，被害者参加人が出来ることを更に拡げる方向の意見が出されており，その心情は十分に理解できるものの，とりわけ立法論にわたるものについては，上記意見交換会において，専ら刑事法研究者の方が明快に述べておられるように，訴訟構造やその他刑事訴訟制度における様々な要請との関係で，理論上あるいは制度上これを取り入れることはなかなか難しいと言わざるを得ない。しかしながら，同制度の運用面

に関する意見や要望については，今後，法曹三者が，それぞれの立場で真剣に考えていかなければならない指摘が多々あったように思われる。例えば，公判前整理手続に被害者参加人又は被害者参加弁護士の参加又は傍聴を認めるべきかという論点などは，公判前整理手続の刑事訴訟における法的位置付けや訴訟構造の観点からして，これを法制化することは甚だ困難であると思われるが，同手続を非公開で行うにせよ，当事者が同意すれば，裁判所の訴訟指揮において，被害者参加人又は被害者参加弁護士の同席を認めることは現行法上も可能であり，個々の事案ごとに，被害者参加人等が同手続に同席することに弊害があるか否かを勘案した上での弾力的な対応が求められよう。

　また，被害者参加人に対する検察官の対応方については，全体的には概ね好意的な評価を得ているものの，個別事例において，その対応に問題があったとする指摘もなされており，そのような指摘等に対しては，検察として真摯に受け止める必要がある。被害者参加制度は，前述したとおり，我が国の刑事訴訟制度における様々な要請との調和を図るために，被害者参加人の訴訟活動の要件を工夫しているが，その要件が実効性を持つためには，被害者参加人と検察官との間で十分なコミュニケーションが確保されることが必要である。実際，被害者関係団体等からの被害者参加制度に関する法改正の要望の中には，検察官の適切な対応如何によっては，現行法のままでも十分に被害者参加人となった犯罪被害者の方々の期待に応えることが可能であると思われるものも少なくない。今後とも，個々の検察官一人一人が当該制度の仕組みや趣旨を十分に理解した上で，被害者参加人との間のコミュニケーションの一層の充実を図り，被害者参加制度が適正・円滑に運用されるよう努める必要があろう。

（おおたに・こうだい）

3 犯罪被害者と刑事手続
弁護の立場から

奥 村 回

I 犯罪被害者の保護
II 被害者参加の運用状況
III 被害者参加事件への弁護人の対応

I 犯罪被害者の保護

1 弁護人として

　ほとんどの犯罪には被害者が存在する。従前から弁護人は、争いのない事案等においては、被害弁償をはじめとする慰謝の試み等を通じて、弁護人各自のやり方で被害者と対話等してきた。被害者対応は刑事弁護に必然的に伴うものであったし、必ず敵対的な位置関係にあるものでもなかった。但し、この被害弁償という事実は、刑事手続における情状弁護でもあり、さらに被害者は、事件の経緯や態様等も含めた幅広い状況での情状証人でもあり、さらに犯罪事実の証人として、検察官及び弁護人にとって、重要な証拠方法という意味を持っていた。

　刑事手続が、国家刑罰権の発動の是非を問うという本質そして被疑者・被告人の防御権を保障する必要性からして、上記の実態であったことは必然でもあった。下村忠利弁護士（大阪弁護士会）が述べる通り、「一部の論者は、刑事司法関係において今まで被害者は疎外されてきたと指摘するが、近代国家が刑罰権を独占し、私的制裁を禁じてきた前提までを否定するものではなか

ろう。犯罪の被害者を救済し，支援しようとすることは正しい。しかし，犯罪の被害者を救済・支援することと，刑事手続に「被害者の権利」なるものを保障することとはまったく別個のことである。刑事手続は，被疑者・被告人の無罪推定を大原則として国家の刑罰権発動の是非を判断する手続である。ここに「被害者の権利」を持ち込むことは，結局のところ，ただでさえ脆弱な被疑者・被告人の権利とどうしても対立・対置させられてしまい，これをさらに後退させることに必ずつながる。……現行法上，弁護士が「弁護人」の地位を独占し，被疑者・被告人の権利を擁護すべき者として憲法に明記されているのであるから，弁護士が被疑者・被告人の権利を第一に考えるべきことは，もともとこの職業に内在する義務である」(刑弁22号57頁以下)。

　ここで，下村弁護士が言う「被害者の権利」が，具体的にどのような内容のものを指しているかは明記されていない。しかし，執筆当時(2000年)，被害者支援団体等が主張していた刑事手続における被害者の各種権利の総体を言うものと思われるが，いずれにしても，刑事手続の本質と弁護人の立場の原則を明快に述べたものであり，弁護人のよって立つ基本的な立場であろう。

2　被害者参加制度の導入等

　一方，犯罪被害者の保護とともに，「被害者が刑事手続において疎外されてきた」という考え等を基本とする犯罪被害者団体等の主張は，2000年5月，犯罪被害者等の権利利益の保護を図るための刑事手続に付随する措置に関する法律(被害者保護法)の成立をもたらし，さらに多くの制度が導入されていった。この間の被害者参加制度(2000年に制定された諸制度及び2007年に導入された刑事手続における被害者保護制度及び被害者が積極的に行動できる諸制度等を総称する)とその導入時期に，並行して導入された刑事関係諸立法等を概観すると以下の通りである。

　2000年1月　全国犯罪被害者の会が結成される。
　2000年2月　法制審議会が犯罪被害者の権利保護に関し，被害者等の優先
　　　　　　　的な裁判傍聴，刑事記録の閲覧・謄写権，意見陳述権等々を
　　　　　　　答申した。

2000年5月　　犯罪被害者等の権利利益の保護を図るための刑事手続に付随する措置に関する法律（被害者保護法）が成立し、上記の答申内容等が法律となった。
2000年11月　　少年法改正（刑事対象年齢の引下げ、逆送事件の拡大等）
2001年12月　　危険運転致死傷罪新設
2004年5月　　検察審査会法改正
2004年5月　　裁判員法成立
2004年12月　　犯罪被害者等基本法成立
2004年12月　　刑訴法一部改正　公訴時効の延長
2004年12月　　刑法改正　法定刑の引き上げ
2006年10月　　被疑者国選の第一段階施行
2007年5月　　少年法改正（刑事対象年齢の引下げ、触法少年に対する警察調査権付与等）
2007年6月　　刑訴法一部改正　被害者参加制度の導入
2009年5月　　被疑者国選の第2段階施行
2010年4月　　刑訴法一部改正　殺人等につき公訴時効廃止

　この間、オウム真理教によるサリン事件や光市母子殺害事件等が起こり、新聞紙上に厳罰化論議が増大した。この間の司法改革の中で、被疑者国選弁護制度や裁判員裁判法の導入等と平行して、少年法、刑法等の重罰化が進み、かつ公訴時効も延長あるいは一部廃止されるなどの諸状況の中で、被害者参加制度が導入されている。被害者参加制度は厳罰化の流れの中に位置づけられる。浜井浩一龍谷大学教授も「（あすの会の活動は）2004年の犯罪被害者等基本法の成立や2007年の刑事訴訟法の改正による犯罪被害者等の公判参加などを実現させた。また同時に、あすの会のホームページに活動の成果として凶悪犯罪に対する罰則の強化が挙げられるなど、近時の厳罰化政策に対しても大きな影響を与えている。2004年12月1日に犯罪被害者の支援に対する国の基本方針を定めた犯罪被害者等基本法と殺人等の厳罰化に向けた刑法改正が同時に成立したのは単なる偶然ではないだろう」（日本犯罪社会学会編『グローバル化する厳罰化とポピュリズム』〈2009年、現代人文社〉）と指摘している。

I　犯罪被害者の保護

3　日本弁護士連合会

日弁連は，2000年の法制審答申等に対しても意見を述べてきた。被害者の救済と支援は積極的に進めるとしても刑事手続への参加については消極的な立場であり，ことに平成19年刑事訴訟法改正で導入された被害者参加制度については，2007年5月1日付意見書，6月20日付会長声明等において，概要，「被害者参加制度は，①真実の発見に支障をきたすこと，②無罪推定という刑事訴訟の大原則に反し，刑事訴訟の構造を根底から覆すこと，③被告人の防御に困難をきたすおそれがあること，④裁判員制度における裁判員への影響等々から，導入には反対である。そして，今回の新制度が刑事弁護に消極的な影響を及ぼすとの基本認識に変わりはなく，3年後の見直しをも踏まえつつ，本制度の運用のなかで，被告人に対して憲法上保障された権利が十全に保障されるよう最善の努力を継続していく」との危惧・意見を表明してきた。

4　被害者参加制度等の概要

様々な意見や時代の流れ等の結果，導入された諸制度は，以下の通りである。

2000年に制定されたものとしては，刑訴法157条の2～4（証人の負担軽減措置等），157条の4第2及び3項（証人尋問等の録画），292条の2（被害者の意見陳述），検察審査への申立権者の拡大等（検審法2条，30条，38条），保護法2条（公判手続の傍聴），3条（公判記録の閲覧・謄写）及び4条（民事上の争いについての刑事訴訟手続における和解）がある。そして，2007年に制定されたのが，刑訴法316条の33～39（被害者参加制度），290条の2，291条，295条3項，299条の3及び305条の3（被害者特定事項の保護等），保護法3条（公判記録の閲覧・謄写の拡大）及び損害賠償命令制度である。本稿では，これらの総体を被害者参加制度と述べるが，大きく分けると，被害者保護的なものと被害者参加的なものに分かれる。

刑事弁護との関係でより問題となる条項は，被害者参加的なものであり，上記の刑訴法292条の2（被害者等の意見の陳述：以下，「心情意見陳述」という），同法316条の34（被害者参加人等の公判期日への出席：以下，「被害者等の在廷」という），同法316条の36（被害者参加人による尋問：以下，「被害者等による証人尋問」という），

同法316条の37（被害者参加人による被告人への質問：以下,「被害者等による被告人質問」という）,同法316条の38（被害者参加人等の意見陳述：以下,「被害者論告」という）及び同法47条但し書の運用で行われている被害者等への記録閲覧・謄写制度である。

上記の主要な被害者参加制度は,被害者保護的な諸制度とは異なり,刑事手続において,被害者に,従来とは異なる積極的な関係を認めるものである。そして,被害者が刑事手続に参加し公判期日へ出席して,公判廷に在廷する場合は,その多くが検察官と席を並べる形で,在廷を認められている。

しかしながら,上記の被害者参加制度の諸内容はもちろんであるが,これらの諸制度導入が議論された法制審においても,刑事手続の当事者は,あくまでも検察官と被疑者・被告人・弁護人（以下,「被告人等」という）であり,被害者は,第三の当事者ではないと確認されている。

5　刑事手続と被害者

被害者参加制度は,「犯罪被害者は当該刑事事件の被害者であって,事件の当事者であるにも拘わらず,刑事手続の客体以上のものではなく,疎外されている」等と主張する被害者等が,積極的に刑事手続へ参加し,行動する権利を許容する制度として導入が図られた。しかし,上記の諸制度は,単に刑事手続で被害者を保護する制度だけではなく,刑事手続において,積極的かつ重要な権利を制度化したものの,あくまでも刑訴法316条の33等に規定する「被害者等」としての諸権利が,それらの諸規定によって特別に認められたものであり,刑事手続における検察官,被告人等と並ぶ第三当事者を認めたものではない。

被害者参加制度は,被害者保護等と刑事手続の保障を調整したものではあるが,前述した近代の刑事手続の大原則は,厳然として堅持されているのであり,被害者参加等が,刑事手続の諸原則に抵触するような形で運用等されるべきではないと考える。

なお,後述する「平成19年改正刑事訴訟法等に関する意見交換会」においても,前述の法制審における議論と同様に,刑事手続の当事者は,検察官と

被告人等であり，被害者等は，第三の当事者ではないことが，基本的に確認されている（平成26年7月，同意見交換会とりまとめ）。

Ⅱ 被害者参加の運用状況

1 被害者参加の運用状況1

その運用状況を論じたものとしては，拙稿「被害者等参加事件の分析と課題」（自正61巻3号）及び同じく拙稿「被害者参加制度がもたらした影響」（刑弁61号）がある。主に，日弁連刑事弁護センターによる被害者参加事件を経験した弁護人へのアンケート結果に，同じく日弁連被害者支援委員会が行った被害者参加弁護士に対するアンケート結果を加えて分析している。

内容的なものは後述するとして，どの程度の割合で被害者等が参加しているかについては，2008年12月から2009年5月の半年間で，被害者等が参加可能な事件中（①故意の犯罪行為により人を死傷させた罪，②強制わいせつ及び強姦の罪，③業務上過失致死傷及び自動車運転過失致死傷の罪，④逮捕及び監禁の罪，⑤略取誘拐及び人身売買の罪，⑥その犯罪行為に①～⑤の犯罪行為を含む罪及びこれらの未遂罪）約3％に被害者等参加があったと報告されている。但し，裁判員裁判では，14％余の参加状況と見られている。

※ 司法統計

本格的な被害者参加制度を定めた平成19年改正刑事訴訟法等については，国会の付帯決議によって，施行3年後の見直し規定があった。それを受けて，法務省は，平成24年6月頃から，犯罪被害者団体から被害者参加制度に対する意見等を聴取し，さらに刑事法学者，被害者団体関係者，日弁連，最高裁及び法務省の各関係者が出席する「平成19年改正刑事訴訟法等に関する意見交換会」が，平成25年1月31日を第1回として，同26年7月までに計12回の意見交換が行われた。ここでの議論状況等は，その議事録等を参照していただくとして，その意見交換会に，法務省及び最高裁から，『司法統計年報』をもとに整理された被害者参加制度の施行状況に関する資料が提出されている。

その資料の数値を分析すると，以下の通りとなる。

(1) **被害者参加申出のあった終局人員**

平成21年	平成22年	平成23年	平成24年
403	588	586	660

被害者参加があった事件の被告人数である。平成22年に大きく増加した後も平均すると年5〜6％の割合で増加している。

(2) **被害者参加事件の参加状況等**

提供された資料によると，主な被害者参加事件として，a殺人，b傷害致死，c強制わいせつ致死傷，d強姦致死傷，e強盗致傷，f強盗致死(強盗殺人)，g危険運転致死，h傷害，i強制わいせつ，j強姦，k危険運転致傷，l自動車運転過失傷害，m自動車運転過失致死の13の罪を取り上げ，その全体を見ると下記の通りである。

	平成21年	平成22年	平成23年	平成24年
終局人員全件数	12,460	12,021	11,334	11,153
被害者参加件数	355	521	525	583
参加申出数	513	757	812	858
参加許可数	502	750	801	843
弁護士委託数	335	506	560	595
国選弁護士数	115	244	232	290
証人尋問数	113	196	168	174
被告人質問数	303	437	406	425
被害者論告数	255	390	407	430
心情意見陳述数	325	464	533	553

※法316条の38の意見陳述を「被害者論告」，法292条の2の意見陳述を「心情意見陳述」としている。

イ 終局人員全件数に対する被害者参加の割合は，下記の通りである。

全件に対する参加件数割合	平成21年	平成22年	平成23年	平成24年
	2.86％	4.33％	4.63％	5.23％

年々増加して平成24年には5％余となっている。この5％余という数値をどう評価するかは難しいところであるが，単純に95％近くが参加していないのであり，被害者が裁判に参加するかどうかにつき必ずしも関心が高いわけではないとも言えよう。但し，被害者参加制度がどの程度，周知されているかにもよるので，もう少し様子を見るべきかもしれない。

ロ 参加を申し出た被害者等に対する許可状況は以下の通りである。

	平成21年	平成22年	平成23年	平成24年
参加許可割合	97.9%	99.1%	98.6%	98.3%

参加を申し出た被害者等は，ほぼ全ての被害者が参加を許可されている。否認事件での参加も基本的には許可されている状況である。

ハ 委託弁護士が就任する割合は，以下の通りである。

	平成21年	平成22年	平成23年	平成24年
参加人との割合	66.7%	67.5%	69.9%	70.6%
国選弁護士割合	34.3%	48.2%	41.4%	48.7%

委託弁護士は，被害者参加人の約70％程度に就任している。うち国選弁護人の割合は，50％近くまで伸びており，この意味では被害者参加制度の周知が進み，かつ利用しやすくなっているものと思われる。

ニ 法316条の34（在廷），36（証人尋問），37（被告人質問），38（被害者論告）及び292条の2（心情意見陳述）の状況は以下の通りである。

参加許可数の	平成21年	平成22年	平成23年	平成24年
証人尋問割合	22.5%	26.1%	21.0%	20.6%
被告人質問割合	60.4%	58.3%	50.7%	50.4%
被害者論告割合	50.8%	52.0%	50.8%	51.0%
心情意見陳述	64.7%	61.9%	66.5%	65.6%
全期日出席割合	90.8%	89.3%	86.0%	

参加を許可された被害者等の90％程度が，ほぼ全期日に出席し，バーの中に在廷している状況と思われる。証人尋問の割合は少なく，かつやや減少傾向にある。被告人質問は多いが，被害者論告や心情意見陳述よりは少ない。やや減少傾向である。委託弁護士が就任している割合が70％近いのであるが，証人尋問も被告人質問もそれほど多くないのは，検察官がまず尋問等を行うという法の原則がある程度浸透しているのかもしれない。一方で，委託弁護士が就任しない場合には証人尋問や被告人質問という訴訟行為になじみがないためとも考えられる。

被害者論告数はほぼ横ばい状態である。心情意見陳述は，被害者参加人に最も利用されている積極的行動である。但し，被害者論告のパーセンテージとも会わせ考えると心情意見陳述と被害者論告の両方が行われている事例も

多いと考えられる。

(3) **裁判員裁判対象事件（上記a～g）における被害者参加状況等**
　イ　被害者等参加

	平成21年	平成22年	平成23年	平成24年
終局人員全件数	1,400	1,222	1,068	1,085
被害者参加件数	75	162	175	171
参加申出数	111	275	301	295
参加許可数	106	275	299	292
弁護士委託数	95	223	244	249
国選弁護士数	45	144	137	148
証人尋問数	32	89	59	75
被告人質問数	77	175	166	170
被害者論告数	72	175	187	195
心情意見陳述数	81	155	213	184

その割合は以下の通りである。

	平成21年	平成22年	平成23年	平成24年
参加件数割合	5.36%	13.3%	16.4%	15.8%

　全事件の割合の3倍程度の参加割合である。日弁連裁判員本部が調査した裁判員裁判での被害者参加割合とも符合する。
　ロ　被害者参加行動の割合をみると，以下の通りである。

	平成21年	平成22年	平成23年	平成24年
証人尋問割合	30.2%	32.4%	19.7%	25.7%
被告人質問割合	72.6%	63.6%	55.5%	58.2%
被害者論告割合	67.9%	63.6%	62.5%	66.8%
心情意見陳述	76.4%	56.4%	71.2%	63.0%

　全事件における被害者参加行動の割合と比較すると，証人尋問，被告人質問及び被害者論告の割合は，裁判員裁判事件の方が，かなり割合が高い。心情意見陳述は，年によってバラツキがあるが，全体を平均すると65%余となり，全事件における心情意見陳述の割合とほぼ同じである。証人尋問と被告人質問の割合がやや減少傾向にあることは同じである。
　ハ　被害者参加人の人数
　1件の被害者参加事件に，参加人と委託弁護士が合わせて何人くらい参加しているかを検討すると以下の通りである。なお，委託弁護士は1名と考えた。参加許可数＋委託弁護士数を参加許可件数で割って求めた。

II 被害者参加の運用状況

	平成21年	平成22年	平成23年	平成24年
参加人等／事件	2.68	3.07	3.10	3.16

　1件の被害者参加事件には，平均して3人強の被害者参加人ないし委託弁護士が公判期日に参加して，検察官席と並ぶ位置に着席している計算となる。

(4) 被害者死亡事件（上記 a , b , f , g）の状況

	平成21年	平成22年	平成23年	平成24年
終局人員全件数	735	640	555	568
被害者参加件数	64	119	135	135
参加許可数	95	220	254	244
弁護士委託数	87	177	208	212
証人尋問数	26	73	52	59
被告人質問数	70	133	136	148
被害者論告数	66	133	155	169
心情意見陳述数	73	121	173	150

　上記の事件数を，これまでと同様の割合で表示すると，以下の通りである。

	平成21年	平成22年	平成23年	平成24年
参加件数の割合	8.71%	18.6%	24.3%	23.8%
証人尋問割合	27.4%	33.2%	20.5%	24.2%
被告人質問割合	73.7%	60.5%	53.5%	60.7%
被害者論告割合	69.5%	60.5%	61・0%	69.3%
心情意見陳述	76.8%	55.0%	68.1%	61.5%
参加人等／事件	2.84	3.34	3.42	3.38

　被害者が死亡した事件を取りだして，被害者参加割合やその他の参加人行動の割合等を見てみた。参加件数の割合は，さらに上昇し，平成23年そして24年には，約24％に達している。4件に1件近くの被害者参加となっている。しかし，証人尋問，被告人質問，被害者論告及び心情意見陳述の割合は，裁判員裁判全体とほぼ同割合，同傾向である。1件の被害者参加事件に，約3～4人の被害者参加人等が在廷しており，全事件での参加人数はもちろん裁判員裁判全体の参加人数を上回る人数となっている。

(5) 評　　価

　数字で見た被害者参加制度の利用状況等は，前項記載の通りである。
　これらの数字をどう評価するかは，なかなか難しい。また論者によっても異なるものと思われる。

筆者の私的意見を敢えて述べれば，以下の通りである。

まず全体の参加状況は，数％というレベルである。平成24年で丸4年以上が経過し，それなりに被害者参加制度が周知されたと思われるにも拘わらず，全体としては，かなり低いレベルに止まっている。被害者参加団体からは，まだまだ被害者参加制度の周知不足との意見も存在するが，被害者支援団体の活動及び日弁連被害者支援委員会の活動は十分に活発であり，被害者等は必ず警察及び検察官と接触する機会があるはずで，かつ検察庁の広報や説明も相当に行われているものと考えられるほか，国選委託弁護士数及びその割合の増加は，司法支援センターでの犯罪被害者救済も増加していることが伺われる。一方，裁判員裁判対象事件特に被害者が死亡した事件では，15〜24％もの被害者参加割合となっている。弁護人としては，裁判員裁判対象事件では，被害者等が参加してくることを十分に想定した弁護活動が必要である。

証人尋問の実施状況は，これもどう評価するか難しい。従前から，証人尋問の利用率は低く，しかも減少傾向にある。尋問可能な範囲が情状事項に限られている点が問題とされてもいるが，被害者参加制度における被害者参加人からの尋問の限界等からして，その範囲拡張には法制度上も無理があり，一方で，被害者参加人の行う証人尋問での弊害等（後述する）からすれば，制度として維持するかどうかも検討されるべきである。

被告人質問の実施状況は，依然として高い。しかし，やや減少傾向にある。理由は不明である。むしろ，被害者論告と心情意見陳述そしてこの被告人質問の利用率が，大まかにはほぼ同等である。積極的にいずれの参加人行為も行う参加人とそうではない参加人に分かれている可能性もある。また，被告人質問が，特に被害者参加人本人による被告人質問が，時に質問というよりは被害者参加人の意見や心情を被告人にぶつけるような例があるとも言われている。

制度としての整備としては，少なくとも被害者論告と心情意見陳述というともに意見陳述とされている制度の整理がなされても良いと思われる。

2　被害者参加の運用状況2

被害者参加が行われた事件で，どのような状況が生まれているかについて

も，前述の『季刊刑事弁護』及び『自由と正義』の拙稿を参考として頂きたいが，いろいろな人から様々な指摘がなされているので，一部の重複もあるが，以下に重要なものを指摘する。

(1) 全般的な状況

被害者参加事件を担当した弁護人が共通して実感するものとして，参加事件では，被害者参加がない事件と比べて，異常なというか独特の緊張感が法廷に満ち溢れることである。法廷そして審理において，被害者本人あるいは被害者遺族等に対する同情等が緊張感を生み，被害者参加人に対して，あたかも腫れものに触るような扱いがなされる。これらの結果，被告人はもちろん弁護人においても，萎縮的な雰囲気が蔓延し，その主張や反論を展開しにくい雰囲気が醸成される。特に，被害者側に対して強く出ることで，一般市民である裁判員の反感を招くかもしれないという危惧の念が生じたりする。被告人の正当な防御権行使に対する支障でもあり，情状事実も含めた真実発見を阻害する危険が生じる。

さらに，審理では，検察官による被害者証人尋問等の被害事実や被害感情立証に続き，被害者による証人尋問，被告人質問，心情意見陳述そして被害者論告が繰り返される場合がある。ことに，被害者参加人は複数の参加も多く，それに被害者参加委託弁護士が加わることで，様々な形での被害感情立証等が，機会数だけではなく時間的にも長々と繰り返される。被害者等が公判期日に出席し，検察官席の横に多数並び，審理中，ずっと判断者である裁判員・裁判官の視界に止まり，かつ様々な行動を行うことは，それだけでも遺影が判断者に及ぼす影響に関する裁判上の経験則そしていくつもの心理学的実験でも明らかにされているのと同様，その悪影響が指摘されているところである。

本来，冷静かつ沈着に進められるべき刑事手続が，感情の支配する報復的な場に変化しているとの指摘もある。刑事訴訟法の本質は，無罪推定を前提に，被告人の防御権行使を充足させて，国家刑罰権発動の是非をチェックするシステムである。そこに大きなゆがみをもたらす危険は避けられなければならない。

(2) 被告人と被害者との軋轢等

上記に指摘した状況の一旦でもあるが、被告人と被害者参加人との間で、様々な軋轢が生じている。例えば、被害者の証人尋問時、被告人が「また出てきてやってやるぞ。俺はお前の顔を覚えている」などと叫び、これに対し、被害者参加人は両耳をふさいで泣き出し、被告人が退廷する事態が発生した。また、被害者の長男が、被告人に飛びかかろうとして、取り押さえられる事件が起こった。被告人が「被害者の出方次第でまた同じことをする。やられたらやり返す」等と発言した。参加人の被害者母親が、証言台の被告人に対し「息子を返せ」等と声をあげて、さらに拳で被告人の背中を約10回殴った。被害者の親族が、被告人の発言に対し、検察官の隣の席から「なにコラ！」と怒鳴ったため、裁判員もたじろぐような状況となった。弁護人の被告人質問の最中に、被害者に落ち度がないか等の質問事項に及ぶと、参加人が、突然、退廷を申し出た。また、弁論が、被告人が被害者から刺青代、飲食代等の金銭を支払わされていたという点に及ぶと、参加人が「やめてください」と涙声で叫ぶ場面があった。

これらの事態は、審理の中断、冷静な判断を阻害するだけではなく、被告人の反省や被害者の心情回復等をも妨害するものである。たまたまの例との反論もあるが、これらの事態は、従来の刑事手続ではなかった事態であるほか、被害者が在廷して、被告人と近接する状況及び被告人に直接働きかけるという被害者参加制度によってもたらされた状況が生み出したものと言うべきである。

(3) 違法・不当な訴訟行為

被害者参加人による尋問・質問・論告に違法・不当なものが多く認められる。誤導質問、意見を押し付ける質問、不同意書証に記載された事実を前提としての質問、証拠に基づかない論告や意見、感情を露わにする事例、そして前記のようなもの等、様々な弊害例が報告されている。

日弁連裁判員本部の第4回裁判員裁判経験交流会のアンケートでも、被害者論告において訴因を超えた事項に及ぶものが32例中4例(12.5%)、被害者心情意見陳述において、証拠調べで現れていない事実など事実認定に影響す

る可能性がある事項が述べられたものも92例中14例 (15.2%)，被害者論告と検察官論告に重複のあるものが29例中19例 (65.5%) も指摘されている。

これらの違法は，被害者参加人だけが引き起こすものではないが，これまでの刑事手続では発生しなかったものである。被害者参加人に対する刑訴法47条但書による証拠等の開示が明確な基準を持たないために，不同意証拠等の本来公判廷に現れない証拠が被害者参加人に開示されるという状況 (これは，刑訴法40条，47条，53条そして270条，被害者保護法3条，4条等で，刑事事件の証拠書類等を開示する時期と開示対象と開示請求をできる人等を明確に法定している法の姿勢と矛盾する) 及び被害者参加の各種制度が生み出したものである。そして，これらの違法は厳格な証明によって立証するというこれも刑事訴訟の大原則に反する重大な違法である。

(4) **重 罰 化**

被害者等が参加した事例の弁護人の感想や当職その他の分析等では，いずれも事実認定及び量刑に対して被害者参加が悪影響を与えている可能性を指摘している。

具体的にも，札幌地裁における業務上過失致死事件が，被害者参加の悪影響が見られた例として指摘されている。同事例では，執行猶予が当然の事件と評価されるにも拘らず実刑が言い渡された。そして、その法廷では「……被告人のためのものではなかった……すべてが参加人のために存在した。すべての関係者が参加人に対しはれ物に触るような対応をし，弁護人以外のすべてが参加人の願う法廷をと意識していたように感じられた。これで公平な裁判がなしうるのかと憂慮した。遺族が参加することによって，被告人に対する質問や求刑，さらには判決が，被告人に対する教育的配慮とは結びつかなくなっていた……被害者らが参加することによって，被告人は沈黙するということ，そして，その結果，不正確な事実認定のもと，量刑が重くなるのではないか」等と指摘されている。

また，2011年10月に開催された第54回人権擁護大会シンポジウム第1分科会「私たちは『犯罪』とどう向きあうべきか？」の報告書では，裁判員裁判における「死刑求刑事件では被害者参加あるいは被害者の心情意見陳述がな

されている。それも多数の被害者遺族等が立って，口々に死刑・極刑を求めるというもので，法廷が被害感情で埋め尽くされるような状況であったことが報告されている。

　新聞報道でも「法廷内に遺族や検察官，傍聴人らのすすり泣く声が響き，異様な雰囲気に包まれた。傍聴した法律家からは『処罰感情が過大評価されかねない』と懸念の声も上がった。遺族の供述調書は5通が朗読され，被害者と遺族の計4人が意見陳述し，被害者参加弁護士も求刑意見を述べ，法廷では『極刑』『死刑』という言葉が何度も語られた」（2010年11月23日河北新報）。また，千葉県での例でも「被害者参加人6名，これに参加弁護士が加わり，検察官が9名いるようであった。被害者の意見陳述が繰り返され，数え切れないほど『死刑しかない』と遺族・被害者が連呼し，その余韻の中で，検事の論告・被害者論告と続き，感情のみが支配する異様な雰囲気でした」と報告されている。

　また，日弁連裁判員本部が収集した裁判員裁判のアンケートでは，2011年2月段階までの集計だけで，被害者が求刑意見を行ったものが82件確認できる。そしてそのうちの30件もが死刑・極刑を求めるものであった……しかし，この30例中，検察官が死刑を求刑したのは2件のみである。無期懲役を求刑したものも8例にしかすぎない。判決において死刑を認められたものは1件，無期懲役となったのは死刑求刑のもの1件，無期求刑8例中の6例である。判決中，刑の低いものを見ると10年1件，14年1件，15年1件，17年4件，18年5件という状況である。……法律的あるいは裁判実務的には，死刑となる可能性のない事案においても，被害者側から，盛んに死刑が求められている……被害者の求刑意見は，いわゆる過激型が主流を占め，被害者側の厳罰主張が顕著な流れになっている。本来，厳格な証明によって冷静かつ謙抑的になされるべき刑事訴訟とは異質なものが刑事訴訟に持ち込まれたと評価することのできる状況ということができよう」と報告されている。また，前述の2012年8月の第4回裁判員裁判に関する経験交流会のアンケートでも，22件の被害者求刑が報告されているが，うち7件が死刑求刑であり，4件が無期懲役を求刑している。対応する検察官求刑を見ると，被害者が死刑

求刑をしたもので検察官も死刑を求刑したものはなく、懲役15年2件、懲役18年、無期懲役4件という状況である。被害者が無期懲役を求刑したものに対応する検察官求刑は、10年、15年、16年及び30年である。ここでも被害者による過激な求刑実態が明らかとなっている。

被害者参加との関係で統計的に有意な重罰化があるとまでは断定できないが、以上の諸事実・諸状況は、被害者参加による重罰化を否定できない状況であると思われる。裁判員裁判の導入後、判決が有意に重くなったものとして、強姦や強制わいせつの罪に対する判断が指摘されているが、これらの罪に関しての被害者参加が全事件への参加割合よりも多く、増加傾向にあることも整合性のある状況かもしれない。

Ⅲ　被害者参加事件への弁護人の対応

1　被害者参加を意識した弁護活動

以上の諸状況を前にして、弁護人は、一般的な被害者との対応だけではなく、裁判における被害者参加人による意見陳述等の参加人行為について、それが判断者に大きな影響を与え、有罪・無罪の判断自体にも、また必要以上の重い刑が選択される大きな要素になり得ることを十分に認識した弁護活動を行う必要に迫られている。

2　対　　応

具体的な対応は、個々の事件にもよるが、下記のようなものが考えられる。まず前提として、刑訴法316条の33以下の被害者参加に関する諸規定の把握が必要である。各種の対応としては、2008年10月24日弁連特別研修の資料「弁護人ならどうする⁉　犯罪被害者等の刑事手続参加制度・損害賠償命令制度への対応」を参照されたい。

(1)　被害者参加への意見

否認事件や正当防衛事件等では、参加そのものに反対すべきである。少なくとも事実認定手続と量刑手続を二分し、後者のみ参加が許されるとの意

見を展開すべきである。

(2) 被害者参加人の在廷・意見陳述等

被害者が単数の場合でも，また被害者が複数となればますます被害者参加を申し出る遺族等が増える。これに委託弁護士が加わって，現状の実務上，検察官席に並んで多数の被害者参加人が並び，次々と意見陳述を行う等の事態が生じている。傍聴席ではなく当事者席は，判断者や被告人にも近く，これだけで法廷に異様な緊張感がみなぎる。

これらに対しては，できるだけ人数を絞ること，被害者参加人の行動を整理，分散させること，被害者参加人本人ではない委託弁護士に行動するよう求めること，心情意見陳述の裁判長代読等，丁寧にできるだけの意見を出していくべきである。現状では，裁判所は，被害者参加人につき，その参加から諸行為全体につき，総体として許容的であるが，ひとつひとつ丁寧に意見を述べることで，判断者が冷静になるべきことを訴えることもできると思われる。

(3) 被害者参加人による証人尋問・被告人質問

感情のぶつかりや，被告人が極端に委縮したり等，冷静な法廷が乱される可能性の高い場面である。

事前の被告人打合せが重要であるとともに，被害者側の質問を委託弁護士が行うよう求める等が考えられる。

(4) 弁　　論

被害感情の噴出に対する冷静な語りかけなどの対応が必要である。

犯罪事実そのものに争いがない場合などは，過去の事例を十分に考慮した意見展開，法定刑の範囲，刑の執行の実態，世界の動向などあらゆる要素を展開するが（もちろん個別事件内容や被告人の諸事情等も訴える），その際，被害感情を十分に受け入れていること，それを受け入れた上での意見であることを，判断者に理解させるような弁論が考えられる。

（おくむら・かい）

3 犯罪被害者と刑事手続
裁判の立場から

島 戸　純

I　はじめに
II　公判手続上の諸問題
III　損害回復等をめぐる諸問題
IV　裁判員裁判をめぐる諸問題
V　量刑上の諸問題
VI　おわりに

I　はじめに

1　被害者に対する配慮，被害者の権利・利益の確保の必要性

　刑事裁判における被害者の立場については，近時の法整備を踏まえてもなお，立法論を含めた議論が活発に続けられているが，本稿は，裁判手続における具体的な場面における被害者の立場やその権利・利益の確保について概観することを目的とするものである。
　犯罪被害者にとって，突然，理不尽な被害を受けることによる衝撃が大きい上，自然災害等と異なり，人が人に対して法益を侵害するものであるから，犯罪によって傷ついた被害者やその遺族が平穏な生活に戻るための保護，支援を図っていくこともまた重要である。国民の誰もが犯罪被害者になり得る現実があり，犯罪被害が，ごく限られた一部の中で生じているものでないことも認識しなければならない。被害者に対する保護，支援は，精神的，経済的な支援によるところも大きく，こうした観点から見た全般的救済が図られる

必要がある。刑事手続においても，それ自体は被害者の権利・利益の確保を第一次的な目的とするものでないため限界もあるが，精神的，経済的支援の一環として，被害者の立場が十分尊重される必要がある。

　もとより，犯罪被害者が抱える問題は，犯罪被害の種類，犯罪被害者の年齢，生活状況等により様々であるが，刑事裁判手続についていえば，①事件について何度も説明しなければならない，②事件に関する情報提供が不十分と感じる，③慣れない法廷に出廷しなければならない，④さらに新たな精神的打撃を受けないか不安がある，といった問題点が指摘されている。被害者が犯罪被害から立ち直っていない特別な精神状態に置かれていることを十分に理解した上，必要な支援が提供できるよう態勢を整えるとともに，そのような態勢にあることを情報提供しておくことが必要である。

2　裁判手続に関わる近時の法整備

　これまでの犯罪被害者の保護・支援を図るための法整備過程を見ると，昭和55年に犯罪被害者等給付金支給法が成立した後，平成11年，刑事訴訟法の一部を改正する法律（平成11年法律第138号）により，被害者を含む証人等の住居等の情報を保護する制度が導入された。

　そして，平成12年，刑事訴訟法の一部を改正する法律（平成12年法律第74号）及び犯罪被害者等の保護を図るための刑事手続に付随する措置に関する法律（平成12年法律第75号。後記の平成19年改正により，題名を「犯罪被害者等の権利利益の保護を図るための刑事手続に付随する措置に関する法律」と改正。以下「犯罪被害者保護法」という。）が成立した。これにより，①証人尋問の際の付添い，遮へい及びビデオリンク方式，②意見陳述制度，③優先傍聴，④公判記録の閲覧・謄写の制度，⑤民事上の争いについての刑事訴訟手続における和解の制度等が導入された。

　その後，平成16年，「犯罪被害者等基本法」（平成16年法律第161号）が成立した。同法は，犯罪被害者のための施策を総合的かつ計画的に推進することによって，犯罪被害者の権利利益の保護を図ることを目的としており，その基本理念として，犯罪被害者は，個人の尊厳が重んぜられ，その尊厳にふさわ

しい処遇を保障される権利を有すること（2条）などが定められている。これを受け，平成17年に，総合的かつ長期的に講ずべき犯罪被害者のための施策の大綱などを定めた「犯罪被害者等基本計画」が策定され，さらに，平成23年には「第2次犯罪被害者等基本計画」が策定された。

このような流れの中で，平成19年に「犯罪被害者等の権利利益の保護を図るための刑事訴訟法等の一部を改正する法律」（平成19年法律第95号）が成立した。同法は，①刑事手続において被害者の氏名等の情報を保護するための制度の創設，②公判記録の閲覧及び謄写の範囲の拡大，③犯罪被害者が刑事裁判に参加する制度の創設，④損害賠償請求に関し刑事手続の成果を利用する制度の創設等を内容とするものである。

さらに，平成28年に「刑事訴訟法等の一部を改正する法律」（平成28年法律第54号。以下「改正法」という。）が成立したが，改正法において，犯罪被害者等を保護するための方策の拡充も盛り込まれている。

以下では，これら法整備がされた事項その他の運用について説明を加えることとする。

II　公判手続上の諸問題

1　被害者の立場に配慮した公判手続の運営
(1)　証人等の保護，負担の軽減

刑事手続において，被害者が証人として出廷し，証言することは，公判中心主義，直接主義の観点からも重要である。この重要性は裁判員裁判を始めとする今後の刑事裁判において一層増してくるものと思われる。そのためにも被害者に対して証人尋問により更なる精神的苦痛を与えることは極力避ける必要があり，次の方策を実施しながらその保護を図り，また負担を軽減することを検討することが求められている。

ア　裁判所は，証人が著しく不安又は緊張を覚えるおそれがあると認めるときは証人の著しい不安又は緊張を緩和するため，適当な者を証人に付き添わせることができる（刑訴法157条の2）。

イ　裁判所は，証人が傍聴人の面前で証言することの精神的負担を軽減するため，証人と傍聴人との間の遮へいする措置を執ることができ，さらに，証人が被告人の面前において供述するときは圧迫を受け精神の平穏を著しく害されるおそれがある場合には，証人と被告人との間においても遮へいする措置を執ることができる（同法157条の3）。

ウ　裁判所は，法廷において供述するときは圧迫を受け精神の平穏を著しく害されるおそれがあると認められる者を証人として尋問する場合において，証人の精神的負担を軽減するため，証人を法廷以外の場所（裁判官等が在席する場所と同一の構内に限る。）に在席させ，映像と音声により相手の状態を相互に認識しながら通話する方法（ビデオリンク方式）により尋問を行うことができる（同法157条の4）。この点，改正法により，証人が，裁判官が在席する場所と同一の構内にとどまらず，それ以外の場所に在席させることによる方法も，①証人が同一構内に出頭すると精神の平穏を著しく害されるおそれがある場合，②同一構内への出頭に伴う移動に際し，証人について身体・財産への加害行為若しくは畏怖・困惑行為（以下「加害行為等」という。）がなされるおそれがある場合，③同一構内への出頭後の移動に際し尾行等の方法で証人の住居，勤務先等が特定されることにより，証人・その親族について加害行為等がなされるおそれがある場合，又は④遠隔地に居住し，同一構内に出頭することが著しく困難である場合において認められる（同法157条の6第2項。当該部分は平成30年6月2日までに施行）。

エ　裁判所は，証人尋問において，証人が被告人の面前において圧迫を受け十分な供述をすることができないと認めるときは，弁護人が出頭している場合に限り，その証人の供述中被告人を退廷させることができる（同法304条の2）。また，裁判長は，証人が特定の傍聴人の面前で充分な供述をすることができないと思料するときは，その供述をする間，その傍聴人を退廷させることができる（刑訴規則202条）。

オ　裁判所は，証人の重要性，年齢，職業，健康状態その他の事情と事案の軽重とを考慮し，裁判所外に召喚し，又はその現在場所で証人尋問を行うことや，公判期日外において証人尋問を行うことができる（刑訴法158条1項，281条）。

カ　証人に加害行為等がなされるおそれがある場合，裁判長は，証人等の住居等が特定される事項について尋問を制限することができる（同法295条2項）。

キ　被害者を証人として尋問する際，威嚇的又は侮辱的な尋問をすることは許されない（刑訴規則199条の13第2項1号）。裁判長としても的確な訴訟指揮が望まれる。

ク　また，被害者が証人として出廷するに先立ち，被告人又はその関係者から被害者又はその関係者に対して接触を図ることは厳に慎まれるべきである。被告人の保釈に当たっては，被害者又は関係者に対して接触を図るなどの行為を禁止することを保釈条件として設定することも考えられる。また，遺憾ながら接触を図る行為があった場合には，事案により，保釈を取り消すほか，証人等威迫罪（刑法105条の2）の適用等により厳しく対処することが求められる。

(2)　刑事裁判手続の傍聴

被害者が，その被害に係る刑事事件の裁判の推移や結果に重大な関心を持つことは当然のことであり，刑事裁判の推移や結果を見守りたいとの被害者の心情は，十分に尊重されるべきであって，傍聴にも重要な意義がある。

ア　裁判長は，被害者から申出があるときは，申出をした者が当該被告事件の公判手続を傍聴できるよう配慮しなければならない（犯罪被害者保護法2条）。裁判所においては，被害者から，事前に，検察庁を通じるなどして，傍聴席の確保の申出がされた場合には，一般の傍聴の機会を過度に制限しない範囲で，被害者や，場合によってはその付添人をも加えた関係者のために優先的に着席できる傍聴席が用意されていることが多い。

被害者が死亡した事件において，その遺族が傍聴に際して遺影等を持ち込む希望が出されることがある。裁判体の判断によるが，最前列を避けるなど審理の妨げにならない範囲内で許可されている例が多いように思われる。

イ　公判審理としても，被害者にとって分かりやすい審理がなされるため，裁判所，検察官及び弁護人の法曹三者が，被害者にとって分かりやすい訴訟活動を心がける必要がある。遺体等被害の実情を立証しようとする写真や証拠物を取り調べようとする場合には，その必要性を慎重に検討した上，

取り調べる際には被害者の心情に配慮した取扱いが求められる。

(3) 刑事裁判手続上の調整

公判手続の進行に際し、検察官は、被害者との間で十分な意思疎通を行い、手続を教示するなどして理解を得ることが求められる。後記の被害者の意見陳述、被害者参加がされる場合はもとより、こうした場合に限られない。

また、被害者を証人として尋問する場合、時間に余裕を持つことも必要であろう。裁判所に来訪すること自体や証人として尋問をされることそれ自体が大きな心理的負担を来すこともあり、尋問途中に状況を見て休廷をとることも必要である。心身に不調をきたした場合に備えた接遇も準備しておく必要がある。

(4) 施設面等における配慮

被害者が法廷に来訪するに当たっては、被害者の希望、状況や事件の内容等の事情を勘案し、被告人又はその関係者や一般の傍聴人の動線と重ならないようにするなどの配慮も求められる。大規模の裁判所には被害者専用の待合室が設置されているが、そのような待合室として整備されている庁以外においても、適宜、被害者が待合室として利用できる部屋を確保し、被告人及びその関係者の動線と抵触がないよう配慮する必要がある。

2 被害者に関する情報の保護

(1) 公判廷における情報の保護

ア 裁判所は、性犯罪等の事件を取り扱う場合において、被害者の氏名及び住所その他の当該事件の被害者を特定させることとなる事項(以下「被害者特定事項」という。)について、公開の法廷でこれを明らかにしない旨の決定をすることができる。この場合において、起訴状の朗読等の訴訟手続は、被害者特定事項を明らかにしない方法により行う(刑訴法290条の2等)。これにより、裁判官、検察官、弁護人等の注意を喚起し、被害者の名誉やプライバシー等が害されることを未然に防止することができる。

イ 「被害者特定事項」には、被害者の氏名、住所のほか、具体的な事実関係により、被害者の勤務先、通学先、配偶者や父母の氏名等の情報等もこれに

含まれ得る。被害者特定事項のうち被害者の氏名及び住所以外に公開の法廷で明らかにされる可能性があると思料される事項があるときは，検察官が裁判所，弁護人等に告げる(刑訴規則196条の3)。検察官と弁護人との間では，事前に，どのような事項が秘匿の対象になるのかについて具体的に列挙するなどして十分確認し，時期を見ながらこれを裁判所に伝えておく必要がある。

ウ　被害者特定事項について秘匿の決定がされると，冒頭手続，証拠調べ，論告・弁論，判決の宣告等の全般にわたり，被害者特定事項を明らかにしない方法により行われることになる(起訴状の朗読について刑訴法291条2項，訴因変更請求書の朗読について刑訴規則209条5項，書証について刑訴法305条3項，判決の宣告について刑訴規則35条3項，公判前整理手続及び期日間整理手続の結果顕出について同規則217条の29第3項。さらに，裁判員裁判における手続として，後記Ⅳ1参照。)。具体的には，単に「被害者」と呼称することもあるが，被害者が複数にわたる場合等，必要があると認める場合においては，被害者特定事項に係る名称に代わる呼称を定める(刑訴規則196条の4)。なお，起訴状の朗読については，被告人に対して被害者特定事項を明示する観点から，検察官は，起訴状の朗読に際し，起訴状を示さなければならない(刑訴法291条2項)。訴因変更請求書等についても同様である(刑訴規則209条5項)。

訴訟関係人のする尋問又は陳述が被害者特定事項にわたるときは，裁判長は，原則としてこれを制限することができるが，もとより，ひとたび被害者特定事項が公開の法廷で明らかにされてしまうと，その性質上，回復が著しく困難であることにかんがみ，被告人や証人を含めた訴訟関係人が常に留意できるよう，十分な注意喚起が必要である。なお，犯罪の証明に重大な支障を生ずるおそれがある場合又は被告人の防御に実質的な不利益を生ずるおそれがある場合には，上記の尋問及び陳述を制限することができない(刑訴法295条3項)。

また，運用上の措置として，被害者の証人尋問において，住所等を確認しない扱いや，証人尋問請求書，証拠等関係カード等において被害者の住所等を記載しない扱いがあり得る。

エ　このほか，被害者の氏名等の被害者特定事項に当たらないものであっても，公開の法廷で明らかにすることが適当でないものがあり，運用上の措

置として明らかにしないこともあり得る。検察官から裁判所に対し，この点に関する適切な情報が提供されることが期待される。

　オ　さらに，被害者以外の証人等についても，その氏名等が公開の法廷で明らかにされることにより証人等・その親族について加害行為等がなされるおそれがある場合又は証人等の名誉若しくは社会生活の平穏が著しく害されるおそれがある場合においても，上記と同様に，公開の法廷で明らかにしない旨の措置がとられることもある(刑訴法290条の3等)。

(2) **証人となる場合における証人の氏名等の開示に係る措置**

　検察官，弁護人は，証人尋問を請求する場合において，証人の氏名のほか，その住所を明らかにする必要がある(刑訴法299条1項)。その際，証人やその親族に対し，身体・財産への加害行為等がなされるおそれがあるときは，犯罪の証明・捜査や被告人の防御に関し必要がある場合を除き，相手方に対し，被告人を含む関係者に，住所を知られないようにすることや，証人の安全が脅かされることがないように配慮することを求めることができる(刑訴法299条の2)。また，検察官は，①証人等・その親族について加害行為等がなされるおそれがあること，②証人等の供述の証明力の判断に資するような被告人等との利害関係の有無を確かめることができなくなるときその他の被告人の防御に実質的な不利益を生ずるおそれがあるときでないこと，の要件がみたされる場合には，弁護人に対し，その氏名・住所を知る機会を与えた上で，その氏名等について，被告人に知らせてはならない旨の条件を付し，又は被告人に知らせる時期若しくは方法を指定することができる(条件付与等の措置。同法299条の4第1項)。そして，③条件付与等の措置によっては①の行為が防止できないおそれがある場合には，被告人及び弁護人に対し，その氏名・住所を知る機会を与えないこととした上で，氏名に代わる呼称，住居に代わる連絡先を知る機会を与えることができる(代替的呼称等の開示措置。同条2項)。

(3) **証拠開示の際の情報の保護**

　検察官，弁護人は，証人尋問請求において，相手方に対し，証人の氏名・住居を知る機会を与え，証拠書類・証拠物の取調べの請求において，相手方に閲覧の機会を与えなければならない(刑訴法299条1項)。その際，証人，証拠書

類・証拠物に氏名が記載されている者又はこれらの親族に対し加害行為等がなされるおそれがある時は，相手方に対し，これらの者の住居等が，犯罪の証明・捜査又は被告人の防御に関し必要がある場合を除き，被告人を含む関係者に知られないようにすることなどを求めることができる（同法299条の2）。また，検察官は，証拠開示の際に，被害者の氏名等が明らかにされることにより，被害者の名誉が害され，あるいは被害者に危害が加えられるおそれがあると認められる場合等には，弁護人に対し，被害者の氏名等がみだりに他人に知られないようにすることを求めることができる（同法299条の3）。さらに，検察官は，上記(2)の①及び②の要件がみたされる場合には、弁護人に対し、証拠書類・証拠物の閲覧の機会を与えた上で、検察官請求証人等の氏名・住居について、条件付与等の措置をとることができ（同法299条の4第3項)、これに加え、③の要件がみたされる場合には、被告人及び弁護人に対し、証拠書類・証拠物のうち検察官請求証人等の氏名・住居が記載・記録されている部分について閲覧する機会を与えないこととした上で、代替的呼称等の開示措置をとることができる（同条4項）。

(4) **訴訟記録上の被害者に関する情報の保護**

訴訟記録上も，被害者の氏名等の特定事項について配慮する必要がある。すなわち，訴訟記録に挙げられる被害者に係る情報について不必要に広範なものになっていないか，また，被害者に係る情報が訴訟記録に挙げられたとしてもこれを了知する者が広範になってしまわないか，といった検討が必要になる。

たとえば，書証であれば，被害届，供述調書等において，生年月日，住所等について当初記載されていたとしても，検察官が書証として取調べを請求する際にはこれらを除いた抄本として提出することも多用されている。また，実況見分調書，写真撮影報告書等の写真に被害者の容ぼうが撮影されている場合，適宜この被害者の容ぼうの部分を除いた抄本が提出されることもある。場合によっては，検察官において，捜査段階において作成された書証をもとに被害者特定事項等について配慮をした捜査報告書を新たに作成し、これを公判において証拠として請求，提出することもあり得る。

また，被害者の証人尋問を行った際，訴訟記録上，被害者の証人等出廷カード，被害者に対する証人召喚状の郵便送達報告書，被害者の証人尋問調書の人定事項に記載された被害者の住所，被害者の旅費・日当の請求書，被害者参加がされた場合の委託弁護士に対する委任状についても，作成・記録編綴や記録整理の各段階において，その性質に応じて，配慮が必要になる。たとえば，証人等出廷カードを記録に綴る必要性や，証人尋問調書に証人の住所まで記載する必要性が認め難いことも考えられる。また，旅費・日当の請求書に被害者の住所が記載されたとしても，会計部門にはその請求書原本を送付した上で，記録上は，住所等をマスキングした請求書写しをつづり混むこともあり得る。また，委任状等については，真に被害者が居住している場所を記載する必要があるものであるか，又は連絡の場所を記載する必要があるものであるかなどといった実質的な考慮がなされるべきであろう。
　そして，訴訟記録の閲覧・謄写に当たっても，なお被害者に関する情報について慎重に取り扱うことが考えられる。裁判所は、検察官がとった前記(2)における条件付与等の措置に係る者・その親族について加害行為等がなされるおそれがある場合において，弁護人が訴訟記録の閲覧・謄写を行うに当たり，被告人の防御に実質的な不利益を生じるおそれがある場合を除き，弁護人に対し，条件付与等の措置を行うことができる（同法299条の6第1項）。また，裁判所は、検察官がとった前記(3)における代替的呼称等の開示措置に係る者・その親族について加害行為等がなされる場合において，弁護人が訴訟記録の閲覧・謄写を行うに当たり，被告人の防御に実質的な不利益を生じるおそれがある場合を除き，弁護人に対し，当該措置に係る者の氏名等が記載・記録されている部分の閲覧・謄写を禁止し，又は，弁護人に対し，条件付与等の措置を行うことができる（同条第2項）。この他運用としても，弁護人として，この閲覧・謄写に当たり，被害者の住所等についてまで求めるか否か慎重に検討することも考えられ，仮にこれらの情報を得たとしても，被告人にこれを伝えることについて更に慎重に対応することも考えられる。

(5)　**逮捕状，勾留状，起訴状，判決書等における被害者氏名の秘匿**
　被疑者・被告人に被害者の氏名等が知られることにより，報復や，更なる

被害といった二次的被害が加えられるおそれがある場合において，逮捕状，勾留状，起訴状，判決書等にその氏名等を記載すると，これらを被疑者・被告人に提示したり，その謄本を送達する際に，その氏名等が知られることになるとして，被害者側から，これら氏名等を記載せず，他の措置を執る対応が求められることがある。

　これらの書面において，犯罪行為そのものを特定するなどの目的で被害者の氏名等を記載する必要性があることは否定できない。そこで，犯罪行為の特定の要請を満たしつつ，二次的被害を防止するため，二次的被害が加えられるおそれがある場合には，例外的に，実名以外の方法により被害者を特定することが考えられることになる。一例としては，被害者が被害を受けた後に姓の変更があった場合において，被害者の氏名を旧姓で表記をしたり，被害者が未成年である場合に，親族とその続柄により特定したりすることが考えられる。ただし，このような場合であっても，被疑者・被告人の防御の観点から，弁護人には被害者の実名を知らせる必要があるし，証拠上も実名を明らかにする必要がある事例も少なくない。こうした事例においては，弁護人が，被疑者・被告人との関係では実名を伝えないようにするなどの対応が求められる。いずれにせよ，二次的被害のおそれの内容や程度，捜査や公判における具体的な手続進行について，関係者が十分な協議を行う必要がある。

　なお，判決書等において被害者の特定に関する記載が実名で表記された場合，裁判所が刑訴法46条に基づき判決書等の謄本等を交付するに当たり，これが表記されることによって，被害者が再び被害を受けるおそれがあるなどの事由により，謄本等に被害者の実名等を表記するのが相当でないと判断したときには，当該部分につきマスキング処理をした判決書等の写しを交付することも考えられる。

3　被害者の意見の表出
(1)　被害者の意見陳述
ア　被害者又はその法定代理人（被害者が死亡した場合又は被害者の心身に重大

な故障がある場合には、その配偶者、直系の親族又は兄弟姉妹）は、被害に関する心情その他被告事件に関する意見を陳述することができる（刑訴法292条の2第1項）。この陳述においては、事実や法律の適用についての意見を述べることは予定されていない。

この意見陳述に際して、付添い若しくは遮へいの措置を執るか、又はビデオリンク方式によることができる（同法292条の2第6項、157条の2、157条の3、157条の4第1項）。また、意見陳述に代えて意見を記載した書面を提出させることができる。その場合、裁判長は、公判期日においてその旨を明らかにしなければならず、相当と認めるときは、その書面を朗読し、又はその要旨を告げることができる（同法292条の2第8項）。その際、裁判長の訴訟指揮として、被害者参加弁護士又は検察官による代読がされる例もある。

これらの意見陳述内容は、量刑の資料とすることができるが、犯罪事実の認定のための証拠とすることはできない（同条第9項）。

イ　なお、これらの意見陳述は、証拠調べ終了後、論告・弁論の前になされるのが通常である。その意見陳述において、犯罪事実について被告人の主張と異なる陳述が含まれていた場合、再度被害者の証人尋問又は被告人質問を行うことも考えられる。もっとも、検察官が被害者との間で前記のとおり十分なコミュニケーションを図った上で証拠調べに臨んでいれば、このような事態は少ないものと考えられる。

ウ　意見陳述において、写真等の展示や添付の意向が示されることがある。証拠調べを経ないでこれらを判断の基礎とすることについては慎重に考える必要がある。

(2) 被害者の意見を表出する他の方策

被害者又はその遺族の被害感情等を法廷に表出する方法としては、これらの者の供述調書を取り調べたり、その証人尋問を行ったりすることもある。被害者の意見陳述の主体は、上記のとおり限定されており、証拠調べとも異なるので、被害感情に関する証拠調べと意見陳述とが併存することもあり、いずれか一方を行ったからといって、他方の必要性がなくなるものではない。もっとも、量刑の基礎となる情状事実としての位置付けは変わらないの

であるから，全く同一のものにならないような工夫もあってよい。時間配分についても調整を行うことが考えられる。

なお，供述調書の取調べ，証人尋問のいずれであっても，公判手続上，罪体の認定と情状とを分けて審理する工夫もある。たとえば，罪体についての証拠調べを行った後，必要に応じて罪体に関する検察官及び弁護人の各意見（中間的な論告・弁論）を行い，その後，情状に関する証拠調べ，被害者の意見陳述等を行い，結審の上，最終的な論告，弁論を行うとするものである（いわゆる手続二分法）。これにより，罪体の審理と情状の審理を区分することができ，被害者の意見が罪体の認定に影響を及ぼすことを防止することができる。もっとも，被害者が罪体としても情状としても証人として出廷することになれば，複数回の出廷それ自体が被害者にとって負担になることもある。こうした負担をも考慮に入れ，被害者の意向を確認しながら審理を行う必要がある。

4 被害者参加
(1) 被害者参加の制度・要件・手続
裁判所は，故意の犯罪行為により人を死傷させた罪，強制わいせつ及び強姦の罪，業務上過失致死傷罪，逮捕・監禁の罪、略取誘拐・人身売買の罪並びに自動車の運転により人を死傷させる行為等の処罰に関する法律に係る罪等に係る被告事件の被害者等から，被告事件の手続への参加の申出があるときは，被告人又は弁護人の意見を聴き，犯罪の性質，被告人との関係その他の事情を考慮し，相当と認めるときは，その参加を許す（刑訴法316条の33第1項）。

具体的に参加が認められない事件としては，例えば，「犯罪の性質」という点では，暴力団の対立抗争事件，「被告人との関係」という点では，被告人と被害者が暴力団の組織内で上下関係にある場合，従前から被害者と被告人との関係が非常に険悪で顔を合わせれば一触即発の状態になってしまうような場合などが考えられる。犯罪の成否や犯人性を争っている事案であることのみをもって，直ちに被害者参加を許さないとすることは適当ではない。

(2) 参加の形態
許可を受けた被害者（被害者参加人）は，次の権利を有する。これにより，①検

察官等の訴訟関係人と同様に直接審理の推移を見聞することができるようになるとともに，②審理の推移に応じて，検察官とのコミュニケーションを適時に行うことができるようになり，更には，③意見陳述において陳述するための意見をより適切に形成することもできるようになるものと考えられる。

　ア　被害者参加人は，原則として公判期日に出席することができる（同法316条の34第1項）。裁判長が公判期日を指定するに当たって，検察官や弁護人，被告人の希望を聴いているのが例であり，検察官を通じるなどして，被害者参加人等の希望をも聴取することが望ましい。

　イ　被害者が手続に適切に参加したり，被害者参加人が適切に訴訟行為を行ったりするためには，検察官が，申出の趣旨や目的，被害者参加人の要望等を事前に十分に把握するなど，被害者・被害者参加人との間で十分な意思疎通を図ることが重要である。検察官においては，捜査から公判前整理手続，公判手続等に臨むに当たって，被害者に対し，参加の意向があるのか把握することが適切であると考えられ，被害者に参加制度を説明し，参加意思を確認することが期待される（その際，被害者としては，事案の内容や証拠関係をあらかじめ十分に把握する必要がある。検察官においては，起訴後，第1回公判期日前に証拠調べ請求をすることとしている証拠の開示を求められたときは，関係者の名誉等を害するおそれや捜査・公判に支障を及ぼすおそれ等を考慮して，相当でないと認める場合を除き，証拠を閲覧に供している。）。取り分け，公判前整理手続に付されている場合，外形的な事実だけではなく，争点の具体的な内容にわたる事項についても，事案の内容を踏まえ，関係者の名誉，プライバシー等を損なったり，捜査・公判の遂行に支障を生じたりすることのないように留意しつつ，誠実に説明を行うことが期待される。そして，被害者参加人は，検察官の権限行使に関して意見を述べ，また説明を受けることができるとされている（刑訴法316条の35）。

　もっとも，公判期日が指定された後に，被害者参加人が参加の意思を示し，公判期日の変更を求めることもある。被害者が参加意思を固めるまでに時間を要することもあり得るので，公判期日の直前や，裁判員裁判において裁判員の職務従事期間を決定した後に変更が求められることもなくはない。こう

した事態においては，被害者の立場を尊重しつつ，被告人の迅速な裁判を受ける権利との関係や裁判員等の負担等の事情を総合考慮して対応するほかないであろうが，こうした事態を防ぐためには，検察官を通じるなどして，被害者との間で連絡を取り，参加の意思が表明された場合に備えた準備を整えておくことも望まれる。

ウ　被害者参加人の法廷における着席位置については，施設の状況，被告人，証人等との位置関係などを踏まえて，事案ごとに裁判体が決めることになるが，被害者参加人が検察官との間でコミュニケーションをとることができるような位置（検察官席の横又は後ろ。）に着席することになる。なお，付添い，遮へいの措置を用いることもできる（同法316条の39）。

エ　公判前整理手続期日又は期日間整理手続期日への被害者又はその代理人の出席の可否については，議論がある。これらの期日は，基本的には，裁判官，検察官及び弁護人による率直な意見交換を通じて争点及び証拠を整理し，審理計画を策定する場である。被害者が出席して，被告人，弁護人の主張の整理前の情報に接した後に，証人として証言する場面が生じた場合には，被害者の証言の信用性が損なわれることがある。また，検察官が前記のとおり被害者に対して公判前整理手続等の状況について具体的かつ詳細に説明し，被害者がその状況について把握した上で，検察官がその要望に配慮して，相当と認めるときには証拠の取調べ請求等を行うことも可能である。そのようなことから，被害者参加人が公判前整理手続等に出席することとはされていない。このような趣旨からすれば，立法論としてはともかくとしても，被害者及び被害者参加弁護士が公判前整理手続に出席する権利があると全面的に肯定することには消極に解さざるを得ない。もっとも，このような趣旨を十分に考慮し，これを損なうことがない範囲で被害者又は被害者参加弁護士の同席を認めている例もなくはない。また，裁判所において，公判前整理手続期日とは別に，裁判官，検察官及び弁護人に加え，被害者参加弁護士が参加するなどして公判手続の進行について打合せを重ね，随時，被害者の立場にも配慮しながら，公判前整理手続を進行させていくことは考えられる。

オ　被害者参加人は，情状に関する事項についての証言の証明力を争うた

めに必要な事項について，裁判所の許可を得て，証人を尋問することができる（同法316条の36第1項）。いわゆる犯情も含め，犯罪事実に関する尋問は許されない。この証人尋問の申出は，検察官の尋問が終わった後直ちに，尋問事項を明らかにして，検察官にしなければならず，この場合において，検察官は，申出があった事項について自ら尋問する場合を除き，意見を付して，申出を裁判所に通知する（同条2項）。その際，検察官が行う尋問との役割分担が問題となるが，謝罪や示談交渉の際の対応等，被害者参加人の方がより詳しい知識を有していると考えられる事項について，被害者参加人が行うこととすることが考えられ，尋問前に検察官と被害者参加人とが打合せをしておくのが通例であると思われる。

　カ　被害者参加人は，意見の陳述に必要があると認められる場合に，被告人に質問をすることができる（同法316条の37第1項）。その性質上，訴因の範囲を超える事実について質問することは許されないことになる。また，訴因の範囲内であっても，被害者参加人等が，検察官の主張・立証とは異なる独自の事実の立証のために質問することは，相当でないとされることがあろう。この被告人質問の申出は，あらかじめ，質問する事項を明らかにして，検察官にしなければならず，この場合において，検察官は，申出があった事項について自ら質問する場合を除き，意見を付して，申出を裁判所に通知する（同条第2項）。ここにいう「あらかじめ」とは，公判期日に先立つまでの必要はなく，質問を発する前のことをいう。そのため，被告人質問のうち検察官からの質問がされる前に検察官と被害者参加人とが打合せをし，被害者が質問をしようとする場合には，検察官がこれを裁判所に通知するのが通例であると思われる。

　キ　被害者参加人は，証拠調べが終わり，検察官が論告を述べた後速やかに，訴因として特定された事実の範囲内で，事実又は法律の適用について，意見を陳述することができる（同法316条の38第1項，刑訴規則217条の36）。陳述する意見は事実や法律の適用に関するもので，審理の状況等を考慮し相当と認めて許可した場合に限って行われ，陳述した意見は証拠として扱われない（刑訴法316条の38第4項）から，犯罪事実の認定はもとより量刑上の資料とし

ても扱われない。この意見は，検察官とは異なる立場から，被害者参加人独自の観点からポイントを絞って行うことが適当である。

なお，被害者参加人のする意見の陳述が既にした意見陳述と重複するときには制限される（同条3項）。

(4) 弁護士への委託

ア　被害者参加人は，弁護士に委託することができる。被害者参加弁護士は被害者と検察官の意思疎通の橋渡しを行い，適切な参加がなされるように補助することが必要である。具体的には，公判期日への出席（同法316条の34第1項），検察官への意見陳述（同法316条の35），情状事項に関する証人尋問（同法316条の36第1項），意見陳述のための被告人質問（同法316条の37第1項），事実・法律適用に関する意見陳述（同法316条の38第1項）などを行うことができる。被害者参加人と被害者参加弁護士との役割分担としては，次のように考えられる。すなわち，法的知識や技術が必要な訴訟行為は被害者参加弁護士が，そのほかの訴訟行為は，被害者参加人本人が望むなら本人が行うことになる。もっとも，被告人質問については，尋問に習熟していないとしても，手続に参加している象徴的な意味がある上，謝罪や示談交渉の状況等については，被害者参加人本人が直接に経験した事項であって，適切な質問がされることも期待されるから，被害者参加人が尋問を希望するのであれば，その尋問も実現させることが適当であることもある。その際，被害者参加弁護士の事前の支援が必要になろう。

イ　被害者参加人のための国選弁護制度

刑事手続において資力の乏しい被害者参加人については，被害者参加弁護士の援助を受けられるようにするため，裁判所が被害者参加弁護士を選定し，国がその報酬及び費用を負担することとされている（犯罪被害者保護法11条）。

(5) その他運用上の配慮

ア　被害者参加制度は，検察官が訴因を設定して事実に関する主張・立証を行う一方で，被告人・弁護人がこれに対する防御を行い，これらを踏まえて公正中立な裁判所が判断を行うという現行の刑事訴訟法の基本的な構造を維持しつつ，その範囲内で，被害者が刑事裁判に参加することを認めるもの

であり，現行の刑事訴訟の基本的な構造を変えるものではない。したがって，その運用に当たっては，この制度が当事者主義の理念を前提としていることを踏まえ，被害者の権利利益の保護が十分に図られるとともに，過度の報復感情や重罰化を招くことなく，被告人の権利が適切に保障されるよう，制度の公正かつ適正な運営に配意することが求められている。

　イ　なお，犯罪被害者が被害者参加制度を利用して裁判所に出廷する際には，日本司法支援センター（法テラス）から旅費，日当など（被害者参加旅費等）が支払われる制度がある（犯罪被害者保護法5条以下）。

Ⅲ　損害回復等をめぐる諸問題

1　損害の回復のための手段
(1)　民事上の争いについての刑事訴訟手続における和解

　被告人と被害者は，両者の間における民事上の争いについて合意が成立した場合には，刑事被告事件の係属する裁判所に対し，共同して当該合意の公判調書への記載を求める申立てをすることができ，その合意が公判調書に記載されたときは，その記載は，裁判上の和解と同一の効力を有する（犯罪被害者保護法19条等）。

　この和解の結果は，刑の量定の資料になり得る。もっとも，刑の量定に当たっては，和解内容の実現可能性も併せて考慮されることになるであろう。

(2)　損害賠償命令制度

　ア　殺人，傷害等の故意の犯罪行為により人を死傷させた罪に係る事件等の被害者等は，刑事裁判所に対し，訴因を原因とする不法行為に基づく損害賠償の請求をすることができる（同法23条以下）。

　被害者による被害事実の立証を容易にし，民事上の請求に関する審理の迅速化を図るため，当該被害者の被害に係る刑事被告事件を担当した刑事裁判所が損害賠償請求についても担当することとし，最初の審理期日において刑事被告事件の記録を職権で取り調べなければならない（同法30条4項）。

　手続費用は2,000円であり（同法42条1項），訴訟物の価額に左右されない。

この点では，民事訴訟を提起するよりも低廉なものとなっている。

　なお，この申立書には被害者の住所を記載しなければならないところであるが，加害者に住所を知られて報復をされることをおそれるような場合には，たとえば，委託した弁護士の事務所，親族の住所等の被害者への連絡が付く場所を住所として記載するといったことも考えられる。

　イ　損害賠償の請求についての審理は，口頭弁論を経ず，審尋により行うことができ(同法29条1項，2項)，簡易迅速な紛争の解決のためには審尋が原則形態となる(法廷で行うことが求められていないが，身柄拘束中の相手方が出頭する場合には，その戒護の関係上，法廷が使用される場合が多いと思われる。)。審理は，有罪の言渡しがあった後，最初の期日に刑事事件の訴訟記録を取り調べた上，原則として4回以内の期日において終結しなければならない(同法30条3項)。

　このような簡易迅速に被害の回復を図るための手続であることを踏まえると，例えば，刑事手続において被告人が事実を争わず，損害賠償命令手続の最初の審尋期日においても刑事被告事件に係る訴因として特定された事実及び損害に係る事実関係についても争いがないか積極的に争わない場合には，裁判所としては，最初の審尋期日で審理を終結するか，当該期日に審理を終結しない場合でも，追加の主張立証があれば期日間に提出するよう当事者双方に求めた上，特段の事情がなければ2回目の審尋期日において審理を終結し，直ちに裁判を行うことが考えられる。また，刑事手続において被告人が事実を争い，損害賠償命令手続の最初の審尋期日においても刑事被告事件に係る訴因として特定された事実及び損害に係る事実関係について争っており，争点が複雑であるような場合には，裁判所としては，最初の審尋期日で刑事被告事件の訴訟記録を取り調べた後，直ちに通常の民事訴訟手続に移行させることが考えられる。

　ウ　損害賠償請求についての裁判は決定によることとされ，これに対して異議が申し立てられた場合には，通常の民事裁判所で審理を行う(同法34条1項)。

　エ　損害賠償命令制度は，刑事裁判の成果を利用するものとして大きな意義を有している。特に，仮執行宣言を付すことができること(同法32条2項)をも併せると，公訴事実そのものについて争いがある場合，損害賠償請求の

151

訴訟について，刑事事件としての判決の確定を待つなどするよりも，損害賠償の裁判までの期間が大幅に短縮されるとともに，手続としての負担も軽減される。

その一方で，次のような課題が指摘できる。

(ｱ) 損害額について争われるなど争点が複雑になった場合に通常の民事訴訟手続に移行すると，迅速な被害回復は困難となる。通常の民事訴訟手続に移行するか否かに当たっては，行うべき審理がどのようなものであるかについて見極めることが必要である。

(ｲ) 損害賠償命令に至り，債務名義の取得に至ったとしても，債務者が見るべき財産を有していないと，結局は現実の賠償に至らないことになる。被害者側としては，場合によっては，刑事被告事件の係属中に仮差押え等の保全手続を行っておくことも考えられる。

(3) 没収・追徴を利用した被害回復制度

財産犯等の犯罪行為によりその被害を受けた者から得た財産等（犯罪被害財産）について，一定の場合に没収・追徴を可能とし，これを用いて当該事件の被害者に被害回復給付金を支給する（犯罪被害財産等による被害回復給付金の支給に関する法律〈平成18年法律第87号〉）。

2 被害者に対する情報提供

被害者が，事件の内容を知りたいという心情から公判記録の閲覧・謄写を望むことは，当然であって，法律上も十分尊重すべきものである。そこで，刑事被告事件の係属する裁判所は，被害者から申出があるときは，原則として，公判記録の閲覧・謄写が認められる（犯罪被害者保護法3条）。もっとも，閲覧又は謄写を求める理由が正当でないと認める場合及び犯罪の性質，審理の状況その他の事情を考慮して閲覧又は謄写をさせることが相当でないと認める場合に限り，例外的にその閲覧・謄写が認められない。たとえば，前者としては，暴力団の対立抗争事件などにおいて，被害者が，加害者又はその関係者への報復や不当な働きかけに必要な情報を得るため，公判記録の閲覧・謄写をしようとしている場合などがあり，後者としては，刑事被告事件の公判記

録に記載された内容を目にすることにより，後に証人として証言することが予定されている被害者の証言の信用性が損なわれるおそれがあると認められる場合，第三者のプライバシーに深く関わる事柄が公判記録に記載されている場合等が考えられる。

　また，いわゆる同種余罪の被害者についても，損害賠償請求権の行使のため必要があると認められる場合であって，相当と認められるときは，公判記録の閲覧・謄写が認められる（同法4条）。

　このような公判記録の閲覧・謄写は，前記の平成19年の改正により拡大されたところであるが，被害者の権利を保障する必要性を十分に尊重しつつ，公判への不当な影響や被告人を含む関係者の名誉・プライバシーの侵害を生ずることのないよう，配意することが求められる。

Ⅳ　裁判員裁判をめぐる諸問題

1　裁判員等選任手続

　裁判員等選任手続においては，裁判員法17条所定の一定の関係があるか否か，その他不公平な裁判をするおそれがあるか否か（同法18条）を確認するため，裁判員候補者に対し，事件の概要を告知しなければならない。

　その一方で，被害者のプライバシーを保護する必要もある。被害者特定事項に関する秘匿の決定があった事件（前記Ⅱ2(1)）の裁判員等選任手続において，裁判員候補者に対し，被害者特定事項を明らかにすることが禁じられる（同法33条の2第1項）また，このような裁判員候補者を裁判員等選任手続に先立って選び出し，裁判員等選任手続に際して個別に質問する方法として，検察官を通して被害者の側に裁判員候補者名簿を見せる運用もあり，被害者において，裁判員候補者の氏名に心当たりがある旨申出があれば，検察官においてその裁判員候補者との関係等を聴取した上で裁判員等選任手続においてこれを前提とした活動（裁判長に対する質問の要請，不選任請求等）を行うことも考えられる。

2 証人尋問

　裁判員裁判においては，通常の刑事裁判にもまして，直接主義が妥当するところであって，被害者の証人尋問を行う必要性は高い。その一方，重大な事件が多く，被害者が深刻な精神的衝撃を受け，なおその影響が残っている場合も少なくない。多人数を前にして犯罪被害に関する供述をすること自体の精神的負担も無視することができない場合もある。裁判所においては証人尋問の必要性についてこのような観点をも考慮しつつ，被害者に対する証人尋問を行う場合には，被害者保護のために設けられている様々な制度も活用して，その精神的負担にも一層配慮して審理を行う必要がある。

3 公判運営・評議上の留意点

　裁判官としては，裁判員に対し，刑事裁判についての基本的なルールとともに，必要に応じ，被害者の置かれた立場等について説明をすることが望ましい。裁判員が事実認定や量刑判断を行うのに有用であるのみならず，訴訟手続の進行に当たっても有用である。たとえば，裁判員は，証人尋問において補充尋問をすることができるが（同法56条），これに先立ち，裁判官としては，補充尋問前の休廷の時間等を利用して，被害者の置かれた立場を踏まえたものになるよう配慮を示唆することが考えられる。

V　量刑上の諸問題

1 被害弁償，被害回復と量刑
(1) 量刑上の問題

　被害について弁償，回復がされた場合の量刑については，犯罪類型によっても異なり得る。

　ア　財産犯においては，被害が弁償，回復されたことは，法益侵害に関する違法性が事後的に軽減ないし除去されたものと見る余地もあり，これに刑事政策的な側面を併せて考慮すると，量刑上比較的考慮されやすいといえよう。その際，①弁償，回復の額，②被害額に占める弁償，回復の割合，③弁償，

回復の動機、④弁償、回復の出資者、⑤弁償、回復の時期、⑥これら一連の対応に当たっての被告人の弁償、回復に向けた努力の程度、⑦被害者の対応といった要素により、考慮の度合いが決せられるように思われる。もっとも、量刑上考慮すべき違法性は、法益侵害の態様によっても影響され得るから、被害の弁償、回復が決定的な事情になるものとはいえない。

イ　個人的法益に関する罪において、身体犯、生命犯については、純粋な意味での被害弁償、被害回復は不可能である。もっとも、身体犯については、財産的被害を伴うことも少なくなく、その弁償、回復がされれば量刑上考慮することができるし、また、慰謝の措置を図ることを促す刑事政策的意味も見出すことができるので、一般情状として量刑に影響を及ぼし得ると考えられる。

ウ　社会的法益に関する罪において、その侵害法益の回復に向けられた措置がされることもあり、一般情状として考慮される余地もないではないが、量刑に及ぼし得る影響は小さいといえよう。

(2)　**手続上の問題**

上記のような刑事政策的意味を見出すと、公判手続の進行について、被告人の被害者に対する被害弁償、被害回復等（慰謝を含む。以下同じ。）の措置を実施させるため、被害者の意向に配意しつつ、その可能性を見極めながら公判手続を進め、適宜被害弁償、被害回復に関する証拠の取調べを検討する必要がある。被害者の立場から見れば、特に第一審段階では、その精神的衝撃を受けてさほどの時間も経過していない上、裁判所としての事実認定や判断も出されておらず、慰謝の措置を受けるか否か、判断がつきかねることも少なくない。また、被害弁償、被害回復が短期間のうちにされることが容易でないことも多い。そのため、これらの証拠の取調べについては、通常の証拠調べ請求の時期と異なることも許容されることが多い。第一審の弁論終結前に取調べを請求することができなくても、第一審の判決宣告前であれば、弁論再開の申立てを行い（刑訴法313条1項）、弁論が再開されたところで、取調べを請求することが考えられる。また、第一審の判決宣告後であれば、控訴審において、第一審の弁論終結前に取調べを請求することができない「やむを

得ない事由」（同法382条の2第1項）があったとして，取調べを請求することが考えられる。なお，公判前整理手続又は期日間整理手続に付された事件について，各手続の終結後であっても，その終結前に取調べを請求することができなかった「やむを得ない事由」（同法316条の32第1項）があったとして取調べを請求することも考えられる。いずれも，他の証拠調請求における時期の制限の例外として扱われることが多い。

2　被害感情と量刑
(1)　量刑上の問題

被害者が意見陳述を行うなど被害感情や処罰感情を表明した場合，被害者が参加して被告人に対して厳しい科刑を求めた場合において，これが影響を及ぼし得るか，その根拠や程度について，多くの議論がされており，止揚を見るに至っていない。

ア　まず，量刑上考慮されるべき「被害感情」をどのように理解するのか，その内容について明らかにしておく必要がある（量刑実務大系(2) 127頁〈小池信太郎コメント〉）。

まず，①被害者の生活への支障の一環としての精神的被害については，構成要件外結果（副次的な利益侵害）として考慮することが相当であろう。典型的なものとしては，性犯罪や強盗，恐喝といった罪種が考えられる。その際，量刑においては，個々の被害感情の強さそのものを重視すべきではなく，犯罪から一般的に推量できる被害感情の量を想定した上，被害を受けたことにより，平素の生活にどのような身体的，精神的，経済的あるいは社会的な支障が生じているかを問題とすべきであって，犯罪被害の結果生じた被害者側の客観的な被害状況ないし影響について，犯情を構成するものとして，量刑の基礎に取り入れるのが相当である（原田國男「被害感情と量刑」田宮追悼（上）496頁）。

もっとも，人を死亡させた罪種において，遺族に生じた精神的被害は，生命という重大な法益そのものの価値の評価に当たって既に考慮済み，織り込み済みのものであるとして，この生命という法益の一般的価値・重要性を改めて意識させるという機能は認めつつ，犯情として重ねて評価することにつ

いて慎重な立場が有力であるように思われる。この立場においても，生命という重大な法益そのものについての尊重が揺らぐものではない。

これに対し，②被害者が処罰意見を述べた場合の被告人に対する処罰感情については，これが独立した実体法的価値を持った量刑事情といえるか否かについて，刑罰の目的をどのように考えるかにも関わる問題であるといえる。最判昭和58年7月8日（刑集37巻6号609頁）は，死刑の選択に当たって考慮すべき要素の一つとして「遺族の処罰感情」を掲げており，これが量刑に影響を与えるものであるとする考え方が強い。もっとも，その根拠としては，違法性に影響すると構成する立場，責任に影響すると構成する立場，一般情状として刑事政策的見地から考慮する立場，これらを複合的に考慮する立場等があり，議論は未だ十分には整理されていない（原田國男「裁判員裁判と量刑評議」刑ジャ16号64頁）。

イ　一方，個人的法益を侵害する犯罪類型において，被害者が宥恕した場合，上記と同様，その根拠について種々の説明があるものの，量刑にも影響がある。

もっとも，被害者が死亡した事件において，①被害者に遺族がおり，この遺族の被害感情・処罰感情が強い場合，②被害者に遺族がおり，この遺族が被告人を宥恕した場合，③被害者に遺族がいない場合の3つの場合を比較すると，①から③までについて量刑上の差異を設けるか，差異を設けるのであれば，①が重い量刑になるとしても，②と③を比較してどのように考えるべきか，難しい問題がある。さしあたり，①と②とは，単に遺族の意見を表面的にのみとらえるのではなく，そのような意見に至った理由を客観的事実関係として評価するのが相当であろう。③については，遺族としての被害感情・処罰感情が存在しないと考えれば，一般情状としては①との間で幾分かの差が生じてしまうことになる。

ウ　なお，被害感情や処罰感情を考慮するとしても，被害者によっては，犯罪被害を受けたことによる精神的被害そのものにより，又はその他の事情により，意見を表明することが困難な場合があることに留意することが必要である。

(2) 手続上の問題（被害感情，処罰感情の立証）

　殺人罪，傷害致死罪等の遺族や性犯罪の被害者の家族等について，検察官の立証が手厚くなっていると指摘されることがある。たとえば，検察官から，被害感情として，高齢の被害者の全生活歴について，出生後からの生活を長期間なぞりながら供述していくような遺族の供述調書の取調べが請求されることがあった。もとより事案によるところではあるが，量刑上の位置付けを踏まえた証拠調べがなされる必要があるから，重複が多く，又は過度に情緒的なものとなっている場合には，慎重に考えることもあり得る。

　また，かつて，被害者の死亡の事実そのものや犯行の残虐性を立証するため，遺体の写真が証拠調べ請求されることもあった。死亡の事実それ自体について立証するために遺体の写真を証拠として取り調べる必要性があるかについては慎重に検討すべきものであるし，犯行の残虐性を立証するためであったとしても，我々の日常生活上，遺体の写真を見る機会がほとんどないことからすれば，残虐か否かとは別に遺体の写真そのものを見ることによる精神的負担も考慮する必要があるように思われる。

　また，裁判員裁判においては，参加した裁判員にとって，被害者の被告人に対する処罰感情の立証が過剰になると，かえって裁判員に十分理解されるものにならないこともあることも紹介しておきたい。

3　いわゆる「被害者の落ち度」と量刑

　量刑において，弁護人から「被害者の落ち度」が量刑に影響し，被告人の刑を軽減する事情になると主張されることがある。

　この問題に類似するものとして，「被害者の同意」があった場合の犯罪の成否，量刑の問題があり，これに準じて考えれば，「被害者の落ち度」の内容，程度により，法益保護の必要性が減少すると考えられる事例もあり得る（井田良「量刑理論と量刑事情」現刑3巻1号35頁）。たとえば，危険運転致死傷罪において，加害者が運転する自動車に同乗していた被害者について，飲酒の上で運転することを熟知していたり，その他危険な運転行為をけしかけるなどしていた場合は，このように考えられるであろう。

また，事案によっては，例えば，犯行に至る経緯として，被害者側の行動により，加害者側が一過的な恐怖，驚愕，興奮，狼狽等の状態に陥らされた場合等において，反対動機を形成する余裕が乏しくなり，期待可能性が減少するため，責任の程度が軽いものになる事例もあり得るとの指摘もある。もっとも，このような場合は，「被害者の落ち度」として構成しなくても，端的に犯情として責任が減少するとも考えられるであろう。

　いずれにせよ，被害者側の具体的な事情が，量刑上どのような位置付けのもとにどのような影響を及ぼし得るものか，十分に検討をする必要がある。たとえば，被害者が夜間一人で歩いていたことをもって，このことを被害者の落ち度と評価し，被告人の刑を軽減することは，合理性に欠けるであろう。

　また，「被害者の落ち度」が量刑に考慮され得ることがあるのは，被害者自身が十分な判断能力を持ち，自由な意思決定ができる状況にあることが前提でとなる。たとえば，児童買春及び児童ポルノに係る行為等の処罰及び児童の保護等に関する法律違反の事件において，児童買春の相手方又は児童ポルノの対象となった児童の行動を取り上げ，これを「被害者の落ち度」と見ることは，通常許されないであろう。

　従前，ともすれば判決書において，被告人にとって有利な又は酌むべき事情として，こうした「被害者の落ち度」を安易に記載していることが見られたが，「被害者の落ち度」として考慮されるべき内実がどのようなものであるのか，また量刑上どのように機能し，どの程度のものであるのかについて，慎重な考慮のもとで記載することが相当であろう。検察官及び弁護人としても，そのことを踏まえた主張・立証をする必要がある。

Ⅵ　おわりに

　刑事手続における被害者の保護の問題は発展途上にある。法整備された事項について概観してきたが，運用上の配慮に委ねられる面が非常に大きく，訴訟関係人が被害者の意向を聞くなどしながら，常に工夫を積み重ねていくことが求められている。裁判所としても，被害者の置かれた立場を常に念頭

に置きながら，被害者に手続上の負担が必要以上にかからないよう配慮することが求められているし，検察官において被害者の意向を裁判所及び弁護人に伝えることが期待されている。

　現在の法制において，刑事手続が被害者の保護を第一目的として存在するものではないとしても，刑事手続のあらゆる局面を通じた包括的・柔軟な支援体制の構築が必要である。被害者にとってみれば，加害者が刑事手続のどの段階にあるかによって手続上の相談の窓口すら異なる事態は望ましいものではない。制約があるとしても，関係機関は，被害者から相談や問合せを受けた際，少なくともどの窓口に行けばよいのかについて，適切な情報を提供することが必要であろう。

　そして，被害者が受けた被害の内容は多種多様であって，きめ細やかな配慮を行うことが求められているが，そのためには被害者により被害申告を始めとする申告，要望等がされることが大きな契機となる。刑事手続の利用に当たり，その不安が払拭できるような幅広い周知が必要である。犯罪の被害を受けているのに，自身が捜査や公判において傷付けられたり自身に関する情報が公になってしまうなど二次被害を恐れるあまり，関係機関に被害を申告することができないことがあってはならない。これらの関係機関に至る前の段階から，刑事手続によることの負担について不安を払しょくできるような周知が求められている。その際，外国語による周知も必要であろう。また，刑事手続に関わる者は，このような不安を持たれることがないよう，常日頃から留意しておく必要がある。

　法曹三者が，被害者の立場についての十分な理解に基づき，それぞれの役割の違いこそあれ，被害者の保護・支援の必要性について共通の基盤に立つことが必要であろう。

（しまと・じゅん）

4 少年の刑事事件
裁判の立場から

加 藤 学

I　はじめに
II　起訴後第1回公判まで
III　公判手続の留意点
IV　保護処分相当性の審理

I　はじめに

　少年の刑事事件においては，手続的・実体的に，成人の刑事事件と異なる取扱いをすべき点がある。ところが，公判請求される少年の刑事事件は少ないため，法曹個人が経験を蓄積することは難しい。そこで，ここでは，少年の刑事事件において配慮すべき点を取り上げて，実務での取扱いも知り得た範囲でまとめることにする。といっても，情報源は新聞報道や筆者による短時間の聞取りによるものが多いため，正確性に欠くところがあることをあらかじめご了承願いたい。

II　起訴後第1回公判まで

1　迅速な公判準備

　少年の刑事事件を審理する裁判所（以下，「刑事裁判所」という。）は，事実審理の結果，少年の被告人を保護処分に付するのが相当であると認めるときは，

事件を家庭裁判所に移送しなければならない（家裁移送決定〈少年法55条〉）。しかし，被告人が成人した場合には，家裁移送決定はなし得ない。そこで，少年の刑事事件で家裁移送決定の可能性がある事案においては，少年が成人する前に，家庭裁判所での審判の期間を残して，刑事裁判所が終局判断を示すことが要請される。刑事裁判所は，検察官及び弁護人と意思疎通を図り，迅速に，打合せ，公判前整理，期日指定等の公判準備を行う必要がある。

2 社会記録の取寄せ

家裁移送決定は，少年に保護処分相当性が認められるときになされる。その判断にもっとも有用な資料は，社会記録である。社会記録とは，家庭裁判所が少年の要保護性判断のために収集・作成した資料を綴った記録であり，少年調査記録ともいう。刑事裁判では，証拠の提出は原則として当事者の職責であるから，検察官及び弁護人は，起訴後速やかに社会記録を閲覧すべきである。

少年である被告人に対して刑事処分が相当な事案であっても，社会記録に現れた事項は量刑判断に有用であるから，やはり，検察官及び弁護人は社会記録を閲覧すべきであろう。

しかしながら，社会記録は，法律記録（家庭裁判所が主として送致機関から送付された記録を綴った記録であり，少年保護事件記録ともいう。検察官送致決定により，検察官に送付される。）とは異なり，検察官送致決定後も家庭裁判所が保管している。刑事事件の検察官及び弁護人が，家庭裁判所に対して社会記録の閲覧を求めることは不可能ではないにせよ（少年審判規則7条1項），やや迂遠である。また，後述するとおり，刑事裁判所も職権による社会記録の取調べを検討すべきであるから，刑事裁判所は，少年の刑事事件が起訴された場合には，検察官または弁護人からの申出ないし請求を待たずに，家庭裁判所から社会記録を取り寄せるべきである。取寄せの法的根拠については，仲家暢彦「若年被告人の刑事裁判における量刑手続——少年調査記録の取扱いを中心として——」中山退官336頁を参照されたい。第1回公判から充実した審理を行うためには，取寄せ手続は起訴後速やかに行うべきである。

地方裁判所と家庭裁判所は，社会記録取寄せに関して申合せをしていることが多い。家庭裁判所は，自らが検察官送致決定をした事件についての社会記録の取寄せ依頼には原則として応じるのが通例である。もっとも，近時，家庭裁判所が，出生の秘密等の少年本人に知らせるべきでない事項や学校等が把握している情報のうち少年及び保護者が知ることが想定されていない事項等については，マスキングをした上で刑事裁判所に送付するといった取扱いもあるようである。少年の情操保護，情報提供元への影響配慮は必要ではあるが，マスキングを検討すべき事項が保護処分相当性の判断にとって必要である場合も多い。社会記録は，刑事手続においても，証拠請求されない限り，少年本人は閲覧できず（刑訴法49条参照），証拠請求される場合には，刑事裁判所・検察官・弁護人が適切な処置を採ることが期待できるのであるから，家庭裁判所は裁量権を適切に行使すべきであろう。

　社会記録が送付されたら，刑事裁判所は，その旨を速やかに検察官及び弁護人に連絡すべきである。この段階では，社会記録は物として取り扱い，係書記官でなく保管物主任官が倉庫等に保管すべきであるという見解が有力である（仲家・前掲340頁，手崎政人「少年の裁判員裁判について」判タ1353号45頁）。しかし，検察官及び弁護人の閲覧の便宜のために取り寄せるのであるから，係書記官が事件記録等とともに保管すればよいのではないか。

　検察官及び弁護人は，刑事裁判所に送付された社会記録を閲覧できる（検察官につき刑訴法270条1項，弁護人に付き同法40条1項）。検察官及び弁護人は，立証計画を練るために，速やかに閲覧すべきである。しかし，社会記録は，関係者のプライバシーに深く関わる事項が記載されており，少年保護手続の非公開を前提に収集されたものであるから，謄写は許されないと解するのが一般である（田宮裕＝廣瀬健二『注釈少年法［第3版］』〈2009年，有斐閣〉56頁以下）。もっとも，当事者の立証に必要な限度で謄写を認められないか検討する動きもある（手崎・前掲45頁）。家庭裁判所が社会記録送付に当たって適切な最小限のマスキングをすれば足りるようにする前提として，検察官及び弁護人は，閲覧により知り得た事項が第三者に伝わらないように細心の注意を払う必要があろう。

　証拠化の範囲，方法についてはⅢで触れる。

Ⅲ　公判手続の留意点

　少年法は，保護事件の審判については非公開を定めているが（少22条2項），少年の刑事事件手続については同趣旨の規定を置いていない。したがって，少年刑事事件の公判は，憲法（37条1項，82条）の原則に従って，公開の法廷で開かれることになる（少年法40条）。しかし，少年刑事事件手続においても，少年の健全育成という少年法の目的は排除されておらず（少年法1条），少年の情操保護等のために，成人の刑事手続とは異なる配慮が必要となる。以下に述べる措置は，刑事裁判所の裁量によって採られるものであるところ，少年の心身の発達状況，事件の社会的影響の大きさ等の事情は事件ごとに異なるのであるから，その取り扱い基準を一律に定めることは不可能である。あくまで，そのような事例があるという限りで参照されたい。

1　公判非公開の可否

　まず，弁護人が，公判を非公開で行うよう申し出た事例がある（初公判時16歳の少年による東京都板橋区で起きた殺人等被告事件〈以下，「板橋事件」という〉。朝日新聞2005年11月9日夕刊による。）。しかし，憲法は，公の秩序または善良の風俗を害するおそれがある場合を除き，裁判の対審及び判決の公開を定めているところ（憲法82条），被告人が少年であることにより，公の秩序または善良の風俗を害するおそれがあるとは言い難いので，特別の立法措置がない現状では，公判を非公開にすることは難しいと思われる（角田正紀「少年刑事事件を巡る諸問題」家月58巻6号26頁）。もっとも，諸外国においては公開原則を制限しているのが一般であり，我が国においても，立法論としては，少年の年齢等を考慮の上，非公開とする余地があるように思える（廣瀬健二『子どもの法律入門——臨床実務家のための少年法入門〔改訂版〕』〈2013年，金剛出版〉112頁）。

2　少年の人定事項の秘匿化

　実務では，公判全体を非公開とはせずとも，少年の人定事項を何らかの形

で秘匿することが多い。冒頭手続における人定質問では,「起訴状のとおりで間違いないですか」と確かめる例（板橋事件の例）や,紙に記入して行う例（初公判時17歳の少年による神戸地裁尼崎支部での傷害致死被告事件。角田・前掲30頁による。）が報告されている。他方で,氏名だけは口頭で答えさせた例（名古屋地判平成21・12・4裁判所ウェブサイトの強姦致傷等被告事件。筆者聞取りによる。）も見られる。この点,氏名まで秘匿することは,傍聴人や社会から見て誰の犯罪が裁かれているのか全く分からなくなり,刑事裁判の本質に反するとして反対する見解もあるが（角田・前掲30頁），犯罪者の氏名を社会に対して明らかにせずとも,当該犯罪者に対する処分がなされるのであれば,応報,特別予防,一般予防といった刑事裁判の目的は果たされるのであるから,犯罪者の氏名を社会に対して明らかにすることが刑事裁判の本質であるとまでは言えないであろう。他方で,少年の氏名を法廷で口頭で述べさせることが,常に少年の健全育成に反するとも言い難い。少年の年齢,事案の軽重等の諸般の事情を総合考慮して,刑事裁判所が判断すべきであろう。

　法廷入口や裁判所入口に備え付けられている開廷表には通常被告人名も記載されているが,少年の刑事事件においては,被告人名を匿名化する（板橋事件では「少年」と記載し〈読売新聞2005年10月27日朝刊〉,福岡地判平成24・1・20公刊物未登載〈LEX/DB25481264, 刑弁74号157頁参照〉の強盗致傷等被告事件では「Ａ」と記載した〈筆者聞取り〉。），あるいは被告人名を含む当該事件全体の記載を省略しているのが通例である。被告人の人定質問において,少年の氏名を口頭では明らかにしない場合には,共犯少年や情状証人として出廷した少年の親族の人定質問でも,同様の措置を採ることとなろう。

　対象事件が裁判員裁判である場合には,裁判員選任手続時に配布する当日質問票の被告人名の記載をどうするかという問題が生じる。被告人と特別の関係にあるなどの不適格事由（裁判員法17条,18条）の有無を裁判員候補者から申し出てもらうためには,裁判員候補者に対し被告人名を明らかにする必要があるから,何らかの形で被告人である少年の名を裁判員候補者に伝える必要がある。実務では,質問票には「少年」とのみ記載し,ディスプレイで本名を十数秒表示した例がある（前記名古屋地判平成21・12・4の強姦致傷等被告事件）。

もっとも，記載する人定事項を氏名のみに限り，その上で，裁判員候補者に対し，被告人名を不特定多数の人に明かさないように求めるなどの工夫でも，少年法1条の要請との調和は図れよう。

　誤判を防ぎ，有罪の事件において適正な処分を行うためには，被告人である少年に，自らの記憶，考えを十分に述べさせる必要がある。そのためには，法廷において，少年の心情を安定させなければならない。ことに，少年が年少（14歳，15歳）の場合には，この点に留意する必要が大きい。また，裁判員裁判の場合は，壇上に10名以上もの裁判官，裁判員，補充裁判員がおり，その視線がいっせいに少年に注がれることになるから，ただでさえ少年の緊張は高まりやすい（立法論としては，少年の年齢を考慮して，裁判員裁判の対象から外すことも考えられる。八木正一「少年の刑事処分に関する立法論的覚書」小林・佐藤古稀（上）647頁，角田39頁も同旨。）。そこで，事例によっては，少年と傍聴席との間を遮蔽することも考えられるところであり，そのような実例もある（初公判時18歳の少年による愛知県名古屋市で起きた傷害致死被告事件では遮蔽措置が採られた〈共同通信2011年2月18日〉）。他方，福島地裁郡山支部の強盗強姦等被告事件では，弁護人の遮蔽の申入れを同支部は排斥した（読売新聞2005年10月24日東京夕刊）。前記福岡地判平成24・1・20の強盗致傷等被告事件では，弁護人は，守られすぎているという印象を回避するために，あえて遮蔽を求めなかったという（筆者聞取り）。遮蔽まではせずとも，少年を法壇に向けて着席させ，傍聴席からは顔が見えないようにさせた例もある（板橋事件，前記名古屋地判平成21・12・4の強盗致傷等被告事件。もっとも，この方法では，少年を，常に裁判官，裁判員，補充裁判員と正対させることになる。）。さらに，入退廷時には少年に視線が集まりやすく，入廷時に少年を緊張させることは，爾後の審理に影響する可能性が高いので，入退廷時に遮蔽措置を採ったり（初公判時17歳の少年による大阪府寝屋川市で起きた殺人・同未遂被告事件〈以下，「寝屋川事件」という〉。朝日新聞2005年9月29日東京夕刊による。），少年の入退廷時に傍聴人を法廷に入れなかった例（板橋事件，読売新聞2005年10月27日朝刊）がある。

　また，著名事件になれば，少年のスケッチが報道されることがある。少年を推知することができるようなスケッチの掲載は少年法61条違反となる。し

かし，裁判所が，報道前にスケッチの内容を把握してその報道を禁止することは，報道の自由との兼ね合いで問題があるし，現実問題として不可能である。したがって，裁判所としては，公判前後に，報道機関と意思疎通を図り，そのような事態が生じないようにする必要がある。報道機関とのやりとりは，訴訟法上の裁判所ではなく，国法上の裁判所が行うこととなる。地方裁判所が総務課を通じて記者クラブに少年が推知されるようなスケッチ等を報道しないように申し入れている例がある（寝屋川事件では，裁判所が法廷内のスケッチと画材の持込みをしないよう報道機関に申し入れた〈朝日新聞2005年9月29日大阪夕刊〉。）。他方，板橋事件では，弁護人の同趣旨の申入れがあったが，裁判所はそのような措置を採らなかった（朝日新聞同年11月9日朝刊）。

Ⅳ　保護処分相当性の審理

1　保護処分相当性

　少年法20条の刑事処分相当性をどのように理解するかについては，2000年の少年法改正以前から見解の対立があった。2000年改正により少年法20条2項が新設されると，その意義をめぐってさらに見解は分かれている。そして，少年法55条の保護処分相当性についても，刑事処分相当性をめぐる議論と関連して，さらに見解が分かれている。この点の詳細については，拙稿を参照されたい（「終局決定（1）――検察官送致決定」廣瀬健二編集代表『少年事件重要判決50選』〈2010年，立花書房〉189頁以下及び「保護処分相当性と社会記録の取扱い」植村退官（1）473頁以下。理論的な面は前者がやや詳しく，司法研究・少年事件の処理及び司法研究・難解な法律概念の見解については後者が詳しい。）。ここでは，必要最小限のことだけ整理する。

(1)　少年法20条1項により検察官送致決定がなされた場合

　少年法20条1項の刑事処分相当性については，保護不能または保護不適または処遇上刑事処分が最適であることと理解するのが通説実務である。もっとも，「処遇上刑事処分が最適であること」は道路交通事件における罰金見込

みの検察官送致を説明するための概念であるので，通常は，保護不能または保護不適と理解してよい。そして，少年法55条の保護処分相当性は少年法20条の刑事処分相当性と表裏の関係に立つと理解するのが通説実務である。そうすると，通説実務の立場からは，少年法20条1項で検察官送致された事件についての保護処分相当性は，保護不能ではなく，かつ保護不適でもないこととなる。利益原則からは，検察官が保護処分相当性がないこと，すなわち刑事処分相当性について立証責任を負うことになる。

(2) 少年法20条2項により検察官送致決定がなされた場合

　少年法20条2項は，本文において，いわゆる故意致死事件で，非行時16歳以上の少年に係るものは，検察官に送致しなければならないと定め，ただし書に該当する場合においてのみ，それ以外の措置を許容している。この少年法20条2項本文該当事件の刑事処分相当性については，未だ通説といえるものは形成されていない。

　この点，少年法20条2項本文に該当する事件については原則として検察官に送致すべきであり，ただし書を適用して少年を保護処分等に処すことが許されるのは，犯罪行為自体に関する情状，すなわち狭義の犯情を中心に考察して，少年についての凶悪性，悪質性を大きく減ずるような特段の事情が認められる場合に限るとする犯情説が裁判官により主張されている（北村和「検察官送致決定を巡る諸問題」家月56巻7号70頁以下）。しかし，少年法20条2項ただし書は，刑事処分以外の措置が許容されるかどうかの判断をする際には，「犯行の動機及び態様，犯行後の情況，少年の性格，年齢，行状及び環境その他の事情を考慮」すると定めており，狭義の犯情とその他の事情とを区別していない。犯情説は，この条文文理に反する。また，少年法20条2項が新設された2000年改正時の国会審理の過程において，法案提出者は，犯行の動機及び態様，犯行後の状況，少年の性格，行状及び環境等の事情を家庭裁判所がきめ細かく検討して適切な処分を選択すべきだと説明していた。犯情説は，この立法経緯にも反する。さらには，犯情説では，示談の成立，少年の反省，少年の監督体制の確立などの狭義の犯情に含まれない事情を保護処分相当性判

断において取り入れられないため，実際の事件処理においても不当な結論をもたらすおそれがある。加えて，少年法55条の保護処分相当性と少年法20条の刑事処分相当性は表裏の関係に立つという通説と犯情説を組み合わせると，狭義の犯情が検察官送致決定後に変化することは考えがたいので，家庭裁判所が少年法20条2項の適用を誤ったとき以外に，家裁送致決定はあり得ないことになる。これもまた不当であろう（もっとも，北村自身は，少55条の保護処分相当性を同法20条2項の刑事処分相当性から独立させて理解する余地を留保している〈北村・前掲87頁〉。）。犯情説は採り得ないというべきであり，北村以後，犯情説を採用する説は現れていない。2つの司法研究（司法研究・少年事件の処理及び司法研究・難解な法律概念）の見解も，犯情説とは異なることについては，拙稿・前掲「保護処分相当性と社会記録の取扱い」482頁注25, 487頁以下を参照されたい。

他方で，少年法20条2項は，家庭裁判所に，同項本文該当事件について保護処分等に処すときの説明責任を課した規定であり，刑事処分相当性の判断基準は改正前の少年法20条と異ならないと理解する説（葛野尋之「少年司法改革の展望」同『少年司法の再構築』〈2003年，日本評論社〉590頁等）も，同項が検察官送致決定をしなければならないとしている文理に反し，採り得ない。

結局，少年法20条2項本文該当事件の刑事処分相当性判断基準は，条文文理にしたがって理解するしかない。すなわち，同項本文に該当する事件については，原則として刑事処分相当性が認められる。しかし，同項ただし書により，諸般の事情を総合考慮し，刑事処分以外の措置が相当と認められるときは刑事処分相当性が否定される。ただし書に該当するかどうかの判断は，保護処分相当性の判断にほかならないから，その判断の際には，保護不能かどうか，保護不適ではないかが検討されなければならない。もっとも，少年法20条2項の規定のしかたを見ると，同項本文に該当する事件については検察官送致決定をするのが原則であり，同項ただし書を適用して刑事処分以外の措置を採るのは例外と理解すべきであるから，同項ただし書を適用するには，保護処分相当性が積極的に認められる場合でなければならない。その意味で，同項本文該当事件において保護処分相当性が認められるのは，特段の

事情がある場合に限られることになる。そして，同項が，故意の犯罪行為により被害者を死亡させた罪の事件の犯情の悪質性に着目して原則検察官送致を定めたものであることからすると，犯情の悪質性の有無が大きな意味を持つことは否定できない。また，原則として検察官に送致しなければならないという条文文理に反するような運用は許されないというべきであろう。

そして，少年法55条の保護処分相当性と少年法20条の刑事処分相当性は表裏の関係にあるという通説からは，少年法20条2項本文で検察官送致された事件の保護処分相当性とは，同項ただし書により保護処分相当性が認められる場合と同じに解することになる。

2 保護処分相当性の立証方法

少年法55条は，刑事裁判所は，保護処分相当性が認められるときは，家庭裁判所送致決定をしなければならないと定める。そのような事例においては，少年・弁護人側から家裁移送決定を求めてくるのが通例であろうが，少年法の条文上，少年・弁護人側が家裁移送決定を求めていなくとも，刑事裁判所は，保護処分相当性が認められる限り家裁送致決定をしなくてはならない。結局，刑事裁判所は，保護処分相当性が問題となり得る事案においては，職権によってでも，保護処分相当性を判断するに足る証拠を取り調べる必要がある。

保護処分相当性は，犯行の動機及び態様，犯行後の情況，少年の性格，年齢，行状及び環境その他の事情を総合的に考慮して判断するのであるから，保護処分相当性が問題となる刑事事件においては，それらの事情に関する証拠を，保護処分相当性を判断するに足るだけ，取り調べる必要がある。

犯行の動機及び態様，犯行後の状況は，刑事事件において通常取り調べられる証拠により認定できることが多かろう。

これに対して，少年の性格，行状，環境についての証拠は，捜査の過程では，十分には収集されていないことが多い。他方で，それらに関する証拠は，社会記録の中に多数含まれている。そして，それらの証拠は，保護処分相当性の判断のみならず，少年を刑事処分に付す場合の量刑資料としても有用で

ある。そこで，少年の刑事事件においては，社会記録に現れた事項を，必要な範囲で証拠化する必要がある。それが，少年法50条，刑訴規則277条の要請であろう。

社会記録に表れた事項を，どの範囲で，どのように証拠調べするかは，事案ごとに異なる。犯行の動機及び態様，犯行後の情況，少年の性格，年齢，行状及び環境その他の事情から保護処分相当性が認められる可能性がある事案であれば，ある程度それらの事情を厚く立証する必要があろう。そうではない事案においては，通常の刑事事件と同様の立証で足りる場合も考えられよう。

保護処分相当性が認められる可能性がある事案においては，一般論としては，社会調査のいわばとりまとめ文書である少年調査票と，少年の心身の状況をとりまとめた鑑別結果通知書に記載されている内容は，何らかの形で取り調べる必要性が高いであろう。

少年調査票及び鑑別結果通知書を書証として取り調べる場合，書証の取調べ方法は，全文朗読が原則である（刑訴法305条）。しかしながら，前述したとおり，社会記録に含まれる証拠の多くは，少年の前歴や，場合によっては出生の秘密など，少年及び関係者のプライバシーに深く関わる事項が記載されており，少年手続の非公開を前提に収集されたものである。それらの書面を公開の法廷で全文朗読することは，少年の更生を妨げるおそれがある。それだけでなく，家庭裁判所を信頼して情報を提供した関係者・関係機関が，情報が公開されたことにより，爾後の家庭裁判所への協力を拒否し，家庭裁判所の要保護性調査能力が低下するおそれもある。そこで，社会記録中の書証の取調べに当たっては，必要に応じて，要旨の告知（刑訴規則203条の2）を活用し，秘密にわたる事項は法廷で朗読されないようにすべきである。裁判員裁判の場合であっても，同様にすべきである。その場合，裁判員が書面を読む時間を確保する必要がある。

もっとも，少年調査票，鑑別結果通知書には専門用語が多用されていることも多く，裁判員は，それらを一読しただけでは，内容を理解できない可能性がある。また，裁判員の心証形成を容易にするためには，重要な証拠については，可能な限り，原供述者を証人として尋問することが求められる。そ

こで，必要な事実は，それを経験した適切な証人により立証し，判断部分については，元家庭裁判所調査官などの専門家証人により立証することや，それらと少年調査票及び鑑別結果通知書の取調べの併用なども考えられよう。

　司法研究・難解な法律概念は，裁判員裁判かつ少年法20条2項該当事件を前提にしたものではあるが，保護処分相当性を認める前提となる特段の事情の有無の判断に必要な証拠は，通常は一般の刑事事件と同様の証拠で十分であり，社会記録が必要となるとしても，基本的に少年調査票の「調査官の意見」欄で足りるとする（同書61頁以下）。しかし，この見解は，犯情説と同様に少年法20条2項ただし書の文理に反しているし，特段の事情があると認めたあとの保護処分相当性の判断に必要な証拠が不足する事態を招く可能性があり，採り得ないであろう（拙稿・前掲「保護処分相当性と社会記録の取扱い」487頁以下）。

［2013年1月脱稿］
（かとう・まなぶ）

4 少年の刑事事件
検察の立場から ── コメント1

甲 斐 行 夫

I 少年の刑事事件の現状
II 少年の刑事事件に対する検察官の基本的対応
III 公 判 準 備
IV 公 判 手 続
V 処分の在り方

I 少年の刑事事件の現状

　平成26年の統計では，地方裁判所において言い渡された終局裁判時被告人が少年であった人員は115人であり，このうち有罪は107人，無罪は0，家裁送致は5人であった。有罪判決のうち，死刑を言い渡された者は0，無期懲役・禁錮は3人，有期懲役・禁錮刑を言い渡された者は102人，罰金刑は2人であった。また，有期懲役・禁錮のうち，定期刑を言い渡された者は66人で，うち63人は執行猶予が付され，不定期刑を言い渡された者は36人であった（司法統計年報）。

　なお，裁判員裁判事件における少年事件の統計は把握できなかったが，平成26年の裁判員裁判による成人・少年の全終局人員は1,202人であり，うち有罪は1,195人，無罪は7人，家裁送致は0であった。

II 少年の刑事事件に対する検察官の基本的対応

　少年の刑事事件の公判活動といっても，成人の事件と基本的な差はないが，犯罪の背景に少年の心身の未熟さがある場合もあり，一般に少年は可塑性が高いとされていることもあって，動機や背景事情等を裁判で十分に明らかにし，再犯を防止し少年の更生が図れるよう，刑事政策的観点を十分に持つ必要があると思われる。

　他方で，少年が刑事裁判に付されるのは家庭裁判所が検察官送致決定をした場合に限られ，重大事件である場合や非行の程度が相当に進んでいる場合が多く，また被害者も少年である場合も多いことから，被害者等の保護を図るとともに，その理解が得られるよう留意する必要がある。また，少年事件は複数人による共犯で行われる場合が多いことから，共犯者間の関与の度合いや主従の差の有無を明らかにし，これに見合った刑が科されるよう留意する必要がある。また，少年犯罪の模倣の危険性も考慮に入れ，一般予防の観点も十分に踏まえる必要があると思われる。

III 公判準備

1 公判準備

　少年事件の場合は，早期に矯正措置をとるためにも，迅速な裁判の要請が一層高まる。加藤論文が，刑事裁判所は検察官及び弁護人と意思疎通を図り，迅速に公判準備をする必要があると指摘する点は，そのとおりである。

　なお，少年の刑事事件の場合，弁護人は，少年審判手続の中でそれまでに収集されたすべての証拠の開示を受け，起訴時点で既にほとんどの証拠の検討や争点の把握を終えていることに留意しなければならない。したがって，刑事裁判所は，このことを前提に，以後の公判前整理手続を主体的に進めるべきである。具体的には，起訴後速やかに三者打合わせを行い，おおよその公判予定時期を設定した上，それに向けたスケジュールを立てる必要があろう。その上で，検察官に対しては，証明予定記載書面の提出，証拠請求，検察

官送致決定後に収集した証拠の開示の時期を指定するとともに，弁護人に対しても，主張予定，検察官請求証拠に対する意見，証拠請求の時期を指定した上，早期に公判予定期日を指定するなど，裁判所において積極的に手続の進行を主導すべきである。

2　社会記録の取寄せ

　少年の刑事事件では，社会記録も重要な量刑判断の資料となりえる。ただ，加藤論文が，当事者の申出ないし請求を待たずに，家裁から社会記録を取り寄せるべきであるとする点は，少年の刑事事件を必要以上に特別扱いし，職権主義を強調しているように思われる。通常は，検察官及び弁護人も，社会記録の取寄せを要請すると思われるので，刑事裁判所は，当事者に社会記録の取寄せを要請するかを確認した上で，取寄せ手続を行うことで足りると思われる。ただ，事案が特に重大で，死刑等の重い刑が予想される場合には社会記録を適切に取り調べる必要性が高く，この場合には，加藤論文のとおり，当事者からの請求を待たずに，速やかに取寄せ手続を行うことも考慮されるべきである。

　次に，取り寄せられた社会記録については，検察官及び弁護人の閲覧に供されるが，併せて，必要性の高い部分は謄写も認められるべきである。社会記録が量刑上有用な資料となりうることは加藤論文でも指摘されているところであるし，後述のとおり，裁判員裁判の公判に証拠として提出される範囲を絞り込む上には，謄写は必要不可欠である。対外的な流出等を防ぐとか，少年本人の目に触れさせるべきではないといった必要があるのであれば，当事者にその旨の誓約書を求めるなどの措置をとることも考えられるし，当事者に秘匿すべき事項や，閲覧は認めるものの謄写までは認められるべきでない事項があるのであれば，家庭裁判所又は刑事裁判所において該当箇所をマスキングすれば足りよう。しかし，このような箇所が社会記録のすべての部分にわたるとは考えがたく，一切謄写を認めない取り扱いは，当事者に必要以上に重い負担を強いるとともに，適切な証拠の絞り込みを困難にするものである。

IV 公判手続

1 公判の非公開

　加藤論文では,「憲法は,公の秩序または善良の風俗を害するおそれがある場合を除き,裁判の対審及び判決の公開を定めているところ（憲法82条）,被告人が少年であることにより,公の秩序または善良の風俗を害するおそれがあるとは言い難いので,特別の立法措置がない現状では,公判を非公開にすることは難しいと思われる。」と指摘されている。現状において,少年の刑事事件の公判を非公開とすることが難しいことは指摘のとおりであるが,法律は憲法の範囲内でしか規定できないのであるから,特別の立法措置をもってしても,憲法の枠組みを超えて非公開とすることはできないことに留意する必要がある。現行憲法は,裁判の公開について比較的厳格な立場をとっており,被告人が少年であるというだけでは公判を非公開にする余地は少ないと思われる。

2 少年の人定事項の秘匿

　また,被告人である少年の人定事項について,ことさらに喧伝する必要はなく,特にこれを公にすることによる弊害が顕著である場合には運用上の工夫が求められる場合もあろう。しかし,裁判の公開が憲法で定められている以上,誰の犯罪が裁判所で裁かれているのかすら分からないというのは,やはり裁判の在り方として不適切ではなかろうか。少年法61条は,被告人である少年の氏名等を報道することを禁止しているが,その措置を超えた取り扱いをすることには慎重な検討が必要であろう。

　特に,被害者にとっては,性犯罪事件等で氏名等の被害者特定事項の秘匿決定がなされる場合でなければ,起訴状の朗読等により,その氏名が公開法廷で読み上げられるのが通常である。そうすると,加害少年の氏名を法廷で秘匿した場合,加害者の少年を秘匿しながら,被害者の氏名（特に少年である被害者の氏名）を公開するといった事態になりかねず,このような裁判所の取り

扱いが，被害者を始めとする一般国民の理解を得られるとは思えない。もちろん，事案によっては，少年が法廷で十分に供述ができるように配慮する必要があろうが，それは公開による具体的な弊害が明らかであって，とろうとする措置によりこれを防ぐ必要性が認められる場合に限られるであろう。

　平成22年に実施された少年に対する裁判員裁判で死刑が言い渡されたある事案では，人定質問で少年の氏名を明らかにし，起訴状朗読も通常どおり行い，それ以降の手続では「被告人」と呼ぶことで三者が合意した。また，裁判所は，被告人と傍聴席との遮蔽措置の申出は却下したが，傍聴席に背を向けて着席することは認めた。さらに，入廷時の被告人の動線を短くするとともに，被害者参加人である遺族の近くを通ることがないよう，当該裁判所における通常の検察官席と弁護人席を入れ替えるなどの措置がとられた。

V　処分の在り方

1　少年法20条2項の趣旨

　少年法については，平成12年の改正により原則逆送制度が導入され，少年法20条2項により，家庭裁判所は，故意の犯罪行為により被害者を死亡させた罪の事件であって，犯時16歳以上の少年については，原則として，検察官送致決定をしなければならないと定められた。同項の趣旨については，「故意の犯罪行為によって人を死亡させる行為は，自己の犯罪を実現するため何物にも代え難い人命を奪うという点で，反社会性，反倫理性が高い行為である」ところ，「このような重大な罪を犯した場合には，少年であっても刑事処分の対象となるという原則を明示することが，少年の規範意識を育て，健全な成長を図る上で重要なことであると考えられたことから，罪を犯すとき一六歳以上の少年に係る故意の犯罪行為によって被害者を死亡させた罪の事件については，原則として検察官に送致する決定をしなければならないこととされた。」と説明されている（少年法等の一部を改正する法律及び少年審判規則等の一部を改正する規則の解説97頁）。そして，「改正前の少年法の下においても，刑事処分を相当として検察官に送致するのは，保護処分によっては矯正改善の見込

みがない場合（保護不能）のほか，保護不能ではないが，事案の性質，社会感情，被害感情等から保護処分で対処するのが不相当な場合（保護不適）があると解されていたが，改正法による原則逆送制度は，その対象事件が原則として保護不適な場合に該当するとしたものと考えられる」（同111頁）。加藤論文は，同項を文理通り解釈し，「同項本文該当事件において保護処分相当性が認められるのは，特段の事情がある場合に限られ」，その事情の検討の際には，「犯情の悪質性の有無が大きな意味を持つことは否定できない」と述べているが，賛成である。

2　少年法55条の適用

　少年法20条の適用は家裁の審判において問題となるが，刑事裁判において問題になるのは，少年法55条の適用の在り方をめぐってである。加藤論文は，「少年法55条の保護処分相当性と少年法20条の刑事処分相当性は表裏の関係にあるという通説からは，少年法20条2項本文で検察官送致された事件の保護処分相当性とは，同項ただし書により保護処分相当性が認められる場合と同じに解することになる。」と指摘しているが，正当である。

　刑事裁判所は少年法20条の趣旨とは無関係に55条決定ができるとすると，家庭裁判所において少年法20条により検察官送致決定をする範囲と刑事裁判所において55条決定をしないで刑の言渡しをする範囲が異なることになる。もちろん，家庭裁判所が判断の基礎とした資料と刑事裁判所が判断の基礎とした資料は異なりえるし，家裁の評価と刑事裁判所の評価も異なりえるであろうが，刑事処分を相当と認めるべきか保護処分を相当と認めるべきかの判断の法的枠組みは，家庭裁判所であれ刑事裁判所であれ，同じであると言わざるをえない。仮に，両者が異なりえるとすると，刑事裁判所が少年法55条により事件を家裁送致した場合であっても，刑事裁判所と家庭裁判所は上位下位の関係にはなく，家裁が刑事裁判所の判断に拘束されることはないのであるから，家裁と刑事裁判所の判断が異なりキャッチボールを続けるということにもなりかねない。したがって，少年法20条2項の原則逆送の趣旨は刑事裁判所にも及び，同条の対象事件については，原則として刑事処分を

科すことが求められ,55条決定を行いうるのは「特段の事情」のある場合に限られることになる(東京高判平成19・12・17〈高刑速平成19年360頁〉)。また,家庭裁判所において,少年事件の専門性を踏まえた判断がなされている以上,刑事裁判所は家裁の検察官送致決定の判断を尊重すべきであろう。

なお,実務上も,刑事裁判,特に裁判員裁判に付された事件で,55条により家裁送致がなされた事件は,少ない。時として,弁護側は,55条の適用を求め,刑務所に服役させるとかえって更生を阻害するかのような主張をすることがあるが,裁判員には刑務所での矯正教育の実情等をよく理解してもらえるよう努力すべきである。

また,55条決定に対して,検察官は抗告により不服申立てができないとされている(大阪高判昭和30・3・31〈高等裁判所刑事裁判特報2巻7号243頁〉)。しかし,55条決定が法律上誤っている場合も考えられる上,実際上家裁が刑事裁判所に再送致することはほとんどなく,55条決定が実質上終局決定となっている以上,抗告を認める余地を検討すべきではなかろうか。

3 量刑・保護処分相当性の審理方法

少年の刑事事件については,前記のとおり,犯行の動機や背景事情等を十分に検討する必要がある。そのため,家庭裁判所で取り調べられた少年調査票や鑑別結果通知書を刑事裁判でも取り調べる必要性は高くなる(少年法50条,刑訴規則277条)。社会記録は,それなりの量となることがあり,特に裁判員裁判では全部を取り調べることができないので,加藤論文が指摘するとおり,必要な範囲を絞って証拠化する必要がある。加藤論文では,誰が社会記録を精査して必要な範囲を証拠化するのかについて言及がないが,まずは当事者に委ねるのが現実的であろう。そのためにも,前記のとおり,社会記録の閲覧・謄写を当事者に認めることが必要である。

他方,加藤論文は,「それらの書面を公開の法廷で全文朗読することは,少年の更生を妨げるおそれがある。」「社会記録中の書証の取調べに当たっては,必要に応じて,要旨の告知(刑訴規則203条の2)を活用し,秘密にわたる事項は法定で朗読されないようにすべきである。裁判員裁判の場合であって

も，同様にすべきである。」と述べている。しかしながら，現在，裁判員裁判では，見て聞いて分かる裁判を実施することが主張され，当事者が提出する書証については，性犯罪の実行行為場面のように被害者の名誉を著しく損なうなどのよほどの事情がない限り，裁判所は，全文朗読が原則で，要旨の告知は許さないとする扱いが一般的である。これは，例えば，精神鑑定書など専門的知識を要する書面であっても同様で，告知しない部分は書証として提出することを許さないことも多い。

そうだとすると，社会記録であっても，これと異なる取り扱いをする理由は乏しい。もちろん，公開法廷での朗読にふさわしくない部分がありえるであろうが，それが被告人や関係者の一般的なプライバシーに関係するというだけでは告知の対象外とするに十分であるとは言えず，具体的に，それを朗読することにより著しい弊害がある箇所について朗読を避けることで足りると言うべきである。また，当該部分が裁判上必須とまでは言えないのであれば，当事者において，抄本化して証拠請求すべきであろう。司法研究・難解な法律概念65頁が，「社会記録が必要になる場合でも，基本的に少年調査票の『調査官の意見』欄で足りる」とするのは，以上のような問題意識を踏まえて，公開法廷で取り調べる証拠を真に必要なものに絞り込む考えの延長線上にあるものと考えられるが，一律に，当該部分のみしか必要性を認めないというまでの趣旨ではなかろう。なお，前に掲げた少年の裁判員裁判では，検察官が家裁調査官意見部分を，弁護人が少年鑑別所の総合所見部分をそれぞれ請求し，採用され，全文朗読した。

また，同様のことは，証人尋問についても当てはまる。近時，裁判所は，裁判員裁判において分かりやすい裁判を実施するため，たとえ事実関係に争いがなく，争点が量刑に絞られる自白事件であっても，主要な証人の証人尋問を要求する傾向にある。また，精神鑑定を実施した場合には，精神鑑定書のみをそのまま提出するのではなく，鑑定医の証人尋問を要求されることが多い。そうだとすると，少年調査票についても同様であって，その内容が大きな争点となる場合やその証拠請求に同意が得られない場合には，これを作成した家庭裁判所調査官を証人尋問することも検討する必要があろう。家裁調

査官の守秘義務の問題を指摘されることもあるが（司法研究・難解な法律概念66頁），刑事裁判は家裁の検察官送致決定を経て行われるものであり，家裁の審判のために調査を実施した家裁調査官がその後に予定された手続である刑事裁判で証言することが，一般的に守秘義務に反するとは思えず，証言する正当な理由があると言うべきである。もし少年調査票の内容が秘密にすべき事項であるのであれば，これを刑事裁判所に送付すること自体が避けられなければならず，少年調査票の内容が公判に顕出され得るものとして刑事裁判所に送付されながら，その内容を家裁調査官が証言することは守秘義務に反するので許されないとすることは背理であろう。仮に，少年調査票の記載以外で秘匿すべき事項に尋問が及ぶ可能性があるのであれば，あらかじめ尋問事項を当事者間で打ち合わせておくなり，裁判長が訴訟指揮により尋問を制限すれば足り，およそ家裁調査官の証人尋問自体が守秘義務に反するので許されないとする理由はない。また，家裁調査官の証人尋問が許されないとした場合，少年調査票の家裁調査官の意見部分について相手方の同意が得られないときには，立証の手立てがなくなってしまいかねない。実際に，ある少年刑事事件では，検察官が少年調査票の家裁調査官意見部分を請求したものの，弁護人の同意が得られず，取調べに至らなかった。少年調査記録の取調べが厳格な証明を要するかについては種々の考え方があろうが，このような事態は少年法50条や刑訴規則277条の趣旨にも沿わないと言わざるをえない。必要な場合には，家裁調査官の証人尋問を実施すべきであるし，そもそも家裁調査官の意見や鑑別結果等の性質を踏まえれば，当事者においてもいたずらに不同意とすべきではなく，裁判所（特に裁判員裁判における裁判所）が適切に判断の資料として用いることができるよう，裁判所においても当事者にこれを証拠として同意するよう働きかけるべきであろう。

　なお，加藤論文は，調査を実施した調査官とは別の元家庭裁判所調査官を証人尋問することを一方策として挙げているが，別の調査官は，当該少年調査票を作成したわけではなく，また直接，当該少年を調査したわけでもないので，一般に適格性に疑問があると言わざるをえない。

4　少年に対する刑の緩和

　少年については，成人に比べて，刑が一定程度緩和されている。しかしながら，平成16年の刑法改正により，刑法上，有期の懲役・禁錮刑の上限が15年から20年に，併合罪等による加重された場合の上限が20年から30年に引き上げられたのに対し，少年に対する刑が改正がされないまま，有期刑の上限が5年以上10年以下の不定期刑となっていた。その結果，成人であれば20年ないし30年の刑が相当であるような犯罪について，少年事件については，10年以下で，かつ，不定期刑しか言い渡せないことになる。年齢の近い少年と成人の共犯事件では，その格差がより一層目立つこととなる。被告人が少年であるというだけの理由で，これだけの刑の格差を生じさせることは，社会の理解を得られるとは考えにくい。また，実際にも，このような法律上の制約のため，適切な刑を選択できないと指摘する裁判員裁判の判決も見られる。平成25年2月には，有期刑の上限を10年以上15年以下の不定期刑に改めることなどを内容とする少年法改正に関する要綱が法制審議会で決定された。早期に所要の法案が提出され，成立することが期待される。

〔追記〕

　法制審議会による前記少年法改正に関する要綱に基づき，「少年法の一部を改正する法律案」が，平成26年2月7日，国会に提出され，同年4月11日に可決，成立し，同年4月18日に公布された。

　同法中，少年の刑事事件に関する処分の規定の見直しに関する部分は平成26年5月8日から，検察官関与制度及び国選付添人制度の対象事件の範囲の拡大に関する部分は同年6月18日から施行された。

（かい・ゆきお）

4 少年の刑事事件
弁護の立場から ── コメント２

村 中 貴 之

Ⅰ　少年の刑事事件弁護の基本的視点
Ⅱ　少年の刑事裁判における弁護活動の留意点

Ⅰ　少年の刑事事件弁護の基本的視点

　全件送致主義をとる現行少年法のもとでは，少年事件が刑事裁判の対象となるのは，家庭裁判所が検察官送致（逆送・検送）決定をしたときである（少年法20条）。

　逆送決定により，少年は，少年司法の世界から刑事司法の世界に移ることになる。刑事司法の実体上・手続上の原理は，例えば，保護主義（少年法１条）や科学主義（少年法９条）などの原理を有する少年司法の原理とは大きく異なる。しかし，法は少年の刑事事件でも可能な限り少年法１条の保護主義や科学主義の理念を実現することを求めている（少年法50条，9条，少年審判規則277条）。国際準則も子どもが成長発達する権利（成長発達権）や意見を表明する権利（意見表明権）を保障しており（児童約６条，12条等），これらの保障に少年司法，刑事司法の区別をつけていない。

　そこで，少年法の理念を刑事司法の手続や実体においていかに実現させ，少年の成長発達権や意見表明権を確保・保障していくか，これが逆送された少年の刑事事件弁護の基本的視点となる。このような視点を踏まえつつ加藤

論文にコメントしていきたい。

II　少年の刑事裁判における弁護活動の留意点

1　少年のプライバシー・情操保護について

　少年のプライバシーや情操の保護は，少年の成長発達権や意見表明権を保障し，保護主義の理念（少年法1条）実現の中核をなすものであるから，最大限配慮されなければならない。加藤論文では，法廷の内外での少年の人定事項の秘匿化，公判廷での遮蔽措置など，少年プライバシー及び情操保護のためにこれまでに実務上なされてきた様々な工夫が紹介されている。

　筆者も実際にそのような経験をしているし（筆者は加藤論文で紹介されている板橋事件の弁護人の1人を務めた。），筆者が傍聴した，裁判員裁判で初の少年法55条移送決定がなされた強盗致傷等被告事件（東京地決平成23・6・30〈家月64巻1号92頁〉）のように，公判の全過程ではなかったものの，弁護人の隣に着席した少年と傍聴席の間を「コの字」型に囲った遮蔽措置をとり，少年の容貌が傍聴席からは見えないようにしたケースもある（このような遮蔽の方法は，傍聴席からは少年の姿が見えない一方で，少年と弁護人の意思疎通や裁判官・裁判員と少年が相互に相手の姿が見える点で必要十分な措置である。担当弁護人によるレポートとして武内謙治編著『少年事件の裁判員裁判』〈2014年，現代人文社〉50頁以下参照）。これらの工夫は，裁判員裁判以前から行われてきたものも多く，少年の刑事事件を担当した多くの弁護人の工夫と努力と，それを受けた裁判所の決断により実現されてきたものである。

　しかし，これらの運用は，刑事裁判において少年のプライバシーや情操に配慮する規定がほとんど存在しない現行法のもとで，「苦肉の策」としてなされてきたものである。そのため，いかなる措置をとるか（あるいはとらないか）の判断が裁判官により異なるという問題がある。そのような判断の違いを解消するためにも，少なくとも遮蔽措置や少年特定事項の秘匿化については立法化すべきである。

　また，後述する保護処分相当性などの立証場面における少年のプライバ

シー・情操保護とも関連するが，より根本的に少年のプライバシーや情操を保護し，充実した審理を実現するためには，少年被告人の公判の公開制限や少年の一時退廷制度の立法化をすべきである（少年の一時退廷につき少年審判規則31条2項参照）。憲法上の公開原則との関係は悩ましい問題であるが，審理の内容が公開されることで少年のプライバシーや情操を害するおそれのある場合に限るなど，憲法37条1項，82条に反しない形で非公開の要件を規定することは不可能ではないと思われる（この点については，笹倉香奈「裁判員裁判と少年のプライバシー・情操保護」刑弁57巻49頁以下を参照）。

2 社会記録の取寄せについて

　加藤論文は，少年法55条による家裁移送の要件たる保護処分相当性の判断資料としてはもちろん，刑事処分が相当である事案であっても社会記録は有用な資料であるから，検察官及び弁護人は社会記録を閲覧すべきこと，刑事裁判所が当事者の申出を待つことなく起訴後速やかに家裁から社会記録を取り寄せるべきであることを指摘している。この点は弁護の立場からも異論はない。

　もっとも，最近，裁判員裁判対象事件において，家裁から取り寄せた社会記録が広範囲にマスキングされていたり，家裁において内容の一部のみを抄本化したものを刑事裁判所に送付したりする例もある。このような運用では，弁護人は，家裁での事件係属中に付添人として閲覧していていた場合を除き，社会記録の全内容を把握する手段がないことになるし，付添人として閲覧していたとしても，社会記録の謄写は認められないのが一般的な実務運用であるから，伏せられた部分は刑事裁判において証拠として利用できないことになってしまう。

　裁判員裁判では，口頭主義，直接主義の徹底により傍聴人にも証拠の内容が理解しやすくなった。その反面で社会記録の機密性が害されるおそれがあり，それに対する家裁側の危惧は理解できる。しかし，加藤論文が示唆するとおり，そのような弊害は，当事者による証拠請求の範囲の適切な判断や当事者と裁判所との協議などにより十分に解決が可能である。社会記録の証拠

としての重要性を考えると，家裁は社会記録原本を内容を伏せることなくそのまま刑事裁判所に送付すべきである。

3 保護処分相当性・情状立証の方法について
(1) 社会記録による立証と社会記録の「形骸化」の懸念

　加藤論文は，保護処分相当性が問題となる刑事事件においては，それらの事情に関する証拠を保護処分相当性を判断するに足りる分だけ取り調べる必要があり，上記事情のうち，少年の性格，行状，環境についての証拠は社会記録の中に多数含まれており，また，保護処分相当性の判断のみならず少年を刑事処分に付す場合の量刑資料としても有用であるから，少年の刑事裁判では社会記録に表れた事項を必要な範囲で証拠化する必要があり，それが少年法50条，少年審判規則277条の要請であろうと指摘する。

　上記指摘は，弁護の立場からも基本的に正当なものである。社会記録は，少年の要保護性に関する調査結果及びそれに対する判断が総合的に記載されるものであるから，家裁調査官による社会調査が充実して行われ，それに基づき要保護性の判断が十分になされているものであれば，弁護人にとっても非常に有用な資料となり得る。

　なお，社会記録をどの範囲でどのように証拠調べをするかは事案ごとに異なることは加藤論文が指摘するとおりであるが，それについては，社会記録を証拠請求する当事者の判断が尊重されるべきである。少年事件の経験のある弁護人であれば，少年調査票や鑑別結果通知書はそれぞれの全体が一体のものであることを理解しており，加藤学「保護処分相当性と社会記録の取扱い」植村退官(1)491頁が危惧するような，自己に有利な部分のみをつまみ食い的に証拠請求することもしないはずである。

　それよりも危惧されるのは，最近，特に原則逆送事件（少年法20条2項）において，調査不足に起因してか少年調査票の調査部分の記載が不十分であったり，検察官の論告かと見まがうような，狭義の犯状に関する事情や保護処分の許容性のみを検討して刑事処分相当と指摘する家裁調査官の処遇意見が見られることである。このような「形骸化」，「簡略化」した社会記録では，保護

処分相当性はおろか，量刑の判断資料としてもほとんど活用できないことになってしまうし，そもそも家裁調査官制度自体の意義を失わせてしまいかねない。いかなる事件でも家裁調査官としての専門性を発揮した必要十分な社会調査がなされることを希望したい。

社会記録は高度のプライバシー情報や少年に知らせると情操を害するおそれのある情報を包含していることから，加藤論文が指摘するとおり，取調べは全文朗読ではなく要旨の告知の方法で行うことにならざるを得ない。この場合，裁判員が内容を理解できるように読み込む時間を確保する必要がある。

(2) 人証（専門家証人，家裁調査官，鑑別技官など）による立証

以上のとおり，社会記録を取り調べるとしても，裁判員裁判において書証による立証は人証による立証と比較しわかりやすさの点で劣ることは否めない。事件によっては大部な社会記録もあり，内容も必ずしも一読して理解できるというものではないことを考えると，社会記録を書証として取り調べる方法には，効果的な立証という点からは限界があると言わざるを得ない。

そこで，元家裁調査官等の専門家に証人として社会記録の内容を説明してもらうことが考えられ（社会記録の取調べと併用することもある），実際の裁判員裁判でも行われている。社会記録の説明と一緒に，証人が独自に少年と面会するなどして調査した結果を証言することもある。このような専門家証人による方法は情状立証のみの場合でも有用である。ただ，弁護の立場からは，適切な専門家証人をいかに確保するのかが課題である（弁護側の専門家証人の供給源として元家裁調査官である研究者を中心に「対人援助専門職ネットワーク」が結成され裁判員裁判で利用されているが，必ずしも全国的に対応しているわけではない。「対人援助専門職ネットワーク」については，藤原正範「対人援助専門職による法廷証言」武内編著・前掲378頁以下参照)。

さらに，社会記録の内容を効果的に立証するためには，端的に当該事件を担当した家裁調査官や鑑別技官の証人尋問による方法が認められるべきである（上記の元家裁調査官などの証人尋問は，家裁調査官等の証人尋問が認められない状況で代替手段として行われていることが多い。)。司法研究・難解な法律概念65～66

頁では，家裁調査官について，証人でも鑑定人でもなく証拠方法としての意義が不明確であること，守秘義務を負っていることを理由に相当ではないとし，前掲「保護処分相当性と社会記録の取扱い」492頁では，家裁調査官は証人適格はあるものの，判断の前提となる事実については職務上の秘密にあたり証言を拒絶せざるを得ないから，証人尋問の実効性がなく証拠調べの必要性が認められないとしており，現在のところ証人尋問を認めた例はないようである。

確かに，社会記録は公開に適さない高度のプライバシー情報や，少年が知ると情操を害する情報が含まれ得るから，少年が在廷する公開法廷での証人尋問は弊害がある。しかし，全ての事件でこのような弊害が生じるわけではないし，立証事項との関係では弊害のある部分を尋問で明らかにしないことも可能であろう。より根本的には少年被告人の公判の公開制限や少年の一時退廷制度が実現すれば弊害は解消する。この点でも前述した立法化は急務と考える（社会記録を作成した家裁調査官などの証人尋問については，葛野尋之「社会記録の取調べと作成者の証人尋問」武内編著・前掲269頁以下参照）。

4 少年の処遇についての立証について

加藤論文では直接触れられていないが，少年法55条移送の可否が争点となる場合，少年院での処遇と刑事施設での処遇のいずれが当該少年にとって相応しいかが問題となり，それぞれの施設の処遇の内容や実態について明らかにすることも必要となる。

上記の点は，そもそも裁判官が裁判員に説明すべき事項であり，当事者による主張立証の対象とはならないとも考えられる。しかし，少年院や刑事施設での処遇の実態については外部から窺い知れない点が多く，裁判官といえども正確な知識があるわけではない。また，矯正施設での処遇内容は，当該少年の資質，性格等に即していかなる処遇がふさわしいのかという点と関連しており，処遇の実態に即した正確な知見が提供されるべきであるから，当事者による主張・立証事項に含まれると解するべきである。少なくとも当事者がこの点の主張・立証を試みるとき，裁判所はこれを制限すべきではない。

処遇についての立証は，従前から，処遇関係の訓令・通達類（検察官立証の場合に多い），『犯罪白書』などの資料，元法務教官・刑務官などの証人尋問といった方法でなされている。訓令・通達や『白書』類を証拠にする場合は書証となるが，裁判員裁判では膨大な資料をそのまま証拠請求することは立証手段として効果的ではなく，必要部分を抜粋の上，当事者作成の報告書などの形式で公判に顕出することが多い。もっとも，裁判員裁判では人証による立証が効果的であること，上記の資料では窺い知れない現場での処遇実態の立証が必要となることから，ここでも人証（元法務教官・刑務官）の方法が適切であり，最近は，弁護人からの人証による立証も増加している。ただ，前述したのと同様，弁護の立場からは，矯正施設での処遇実態を適切に説明できる証人をいかに確保するのか（前述した「対人援助専門職ネットワーク」の利用は可能である。）は困難な問題である。

5 少年独自の量刑論の構築の必要性

最後に量刑論について触れておきたい。裁判員裁判における量刑判断については，司法研究・量刑評議の在り方において枠組みが示されている。簡単にまとめると，量刑は犯罪行為に対する責任（行為責任）を中心に考え，犯情事実（動機，行為態様，結果など）に着目して当該犯罪の社会的類型（犯罪類型）を把握し，その社会的類型の中で当該事件がどこに位置づけられるかを踏まえ刑の幅を決め，その上で一般情状などを調整要素として考慮した上で具体的な刑を決めるというものである。上記司法研究の公刊以後，この考え方に沿った量刑判断が行われるようになっている。

しかし，少年の場合にも上記の考え方をそのまま適用することが適切なのかは検討を要する。少年の量刑については，刑の緩和や不定期刑など，成人には見られない特別規定が設けられている（少年法51条，52条など）。これらの規定は，少年は人格が未熟であり責任避難の程度が成人よりも低いことや可塑性に富み教育による改善更生の可能性が高いことなどを趣旨とするとされており，保護主義の理念のもと，少年の成長発達権を刑事処分においても可及的に保障しようとするものと理解できる。これらの規定，とりわけ不定期

刑の存在から，成人と同様に，少年の量刑においても犯状を中心に考えるとしても，少年の性格，資質，家庭環境，成育歴など，要保護性を基礎づける事情を量刑判断において成人よりも重視したり，犯状に影響を与える事情として犯情要素の一部としてとらえるなど，少年独自の量刑論の構築が必要とされている。この点は司法研究・量刑評議の在り方の見解と矛盾しないと考えるが，詳細は今後さらに検討されなければならない。ここでは問題点の指摘に留めておく。

（むらなか・たかゆき）

5 医療観察事件
検察の立場から

加藤　俊治

Ⅰ　概　　況
Ⅱ　政府検討結果における指摘事項
Ⅲ　裁判例に現れた問題点
Ⅳ　不起訴処分の理由と審判申立て
Ⅴ　おわりに

Ⅰ　概　　況

　心神喪失等の状態で重大な他害行為を行った者の医療及び観察に関する法律（平成15年法律第110号。以下「法」ともいう。）は，平成15年7月16日に公布され，約2年後の平成17年7月15日から施行された。同法附則4条は，同法施行から5年経過後に，政府が同法の規定の施行状況を国会に報告するとともに，その状況について検討を加えることなどを定めているところ，同条の規定に基づく施行日から平成22年7月までの施行状況についての報告が同年11月に行われ（以下，この報告を「政府報告」という。），平成24年7月には，法務，厚生労働両省から，「心神喪失等の状態で重大な他害行為を行った者の医療及び観察等に関する法律の施行の状況についての検討結果」も公表されている（以下，この検討結果を「政府検討結果」という。）。
　医療観察制度は，大きく分けると①対象者の処遇に関する審判に関する制度，②入院処遇に関する制度，③通院処遇に関する制度の3要素から成って

いるが，本稿の趣旨は法曹三者の一翼としての検察官の立場からこの制度について論じることであるので，実務において検察官が関与している部分，具体的には，①の中でも法33条の規定による申立て及びそれに引き続く審判（この審判は，「当初審判」と呼ばれることが多いので，以下この呼称を用いることにする。）の部分に限って論及することとしたい。

　政府報告によれば，法施行後約5年間における当初審判の申立人員は，不起訴処分を経たもの1,635人，確定判決を経たもの225人（合計1,860人）とされており，このうち不起訴処分を経た申立人員について内訳を見ると，申立ての基礎となった対象行為が放火等であるもの442人，殺人等であるもの452人，傷害であるもの604人であるとされている。平成18年から22年までの5年間の検察統計により同様の罪名で起訴された人員を見ると，放火等2,378人，殺人等2,938人，傷害84,864人であるので，おおむねの数値ではあるが，放火等，殺人等では，起訴人員のそれぞれ19パーセント，15パーセント程度の当初審判申立人員数があるのに対し，傷害では0.7パーセント程度にとどまっている。

　また，法施行後5年間に，法による対象者であると認められながら，検察官において法による医療を受けさせる必要が明らかにないと認めて審判の申立てをしなかった人員は57人，刑法204条に規定する行為を行った対象者であると認められながら，傷害が軽い場合であって，検察官において申立ての必要がないと認めて審判の申立てをしなかった人員は290人とされる。検察官段階で，「法による医療を受けさせる必要が明らかにない」と認められて申立てがなされない事例は比較的少数の例外にとどまる一方，対象行為が傷害である場合に「傷害が軽い」などとして申立てがなされない事例は，前記当初審判申立人員数をもとにして単純計算すると，3割程度はあるようであり（傷害が軽いとして申立てがなされなかった人員290人を，傷害による申立人員と傷害が軽いとして申立てがなされなかった人員との合計である894人で除すと，約32パーセントである。実際に捜査に関与する立場にある者の実感としては，政府報告以後における「傷害が軽い」として審判申立てをしない割合は3割よりは高いのではないかと感じられる。），実質的なスクリーニング機能が果たされていると見られる。この点に関して，日本弁護士

連合会が平成22年3月18日に公表した「精神医療の改善と医療観察法の見直しに関する意見書」においては,「検察官は,軽微な傷害をも対象として,本法の申立てを行っている実情を踏まえ,対象行為中傷害については,重大な傷害や傷害致死に限るべきである。」という制度改正を伴う提言がなされていたが,検察官は,事案に応じた選別を行っているものと言えそうである。

　同じ期間において,当初審判に際して鑑定入院命令(決定の形式によるものを含む。)が発せられた人員は1,763人,鑑定が命じられた人員は1,752人とされる。この員数は,前記申立人員数と比較すると,それぞれ約100人程度少なくなっているので,申立段階で鑑定入院命令が発令されない事例や,裁判所の判断で鑑定が命じられていない事例も一定程度あることとなる。田岡コメント242頁では,これを「検察官の申立てが不適切である事例」と考えているようであるが,前記の傷害が軽い場合等を別にすれば,検察官に原則全件申立てを義務付け,法による医療を受けさせる必要がないことが「明らか」である場合を例外としている法の趣旨は,医療の必要性に関する判断を検察官限りで止めることなく裁判所に委ねようとするところにあるのであるから,対象者について,検察官限りで法による医療を受けさせる必要がないと判断することには相当慎重であるべきであると考えられる。すなわち,この例外は,申立ての判断時に精神障害が存しないことが明らかな場合に限って制限的に運用されることが法の趣旨に適うものといえる。裁判官の鑑定入院命令発令の判断との不一致について言えば,検察官の「不申立て」は処遇事件自体の不係属を意味するのに対し,鑑定入院命令の「不発令」は,それだけで処遇事件が終結するわけではなく,その後の処遇に関する審判は在宅状態であっても行われ得るという相違があるのであるから,条文の文言としては同じものが用いられていても,法による医療の必要性がないことが「明らか」であるかどうかの判断の程度には違いがあってもよいのではないかと思われる。

　さらに,政府報告により,法施行後5年間における当初審判の終局決定の状況を見てみると,入院決定1,078人,通院決定324人,不処遇決定303人となっており,その合計1,705人に占める入院決定の割合は約63パーセントとなっている。医療観察制度の施行前には,一部において,他害行為の重大性

に影響されて身柄拘束のために入院処遇が用いられるのではないかとの懸念も示されていたが、実際には当初審判の段階から通院処遇ないし不処遇とされる事例も相当数に上っており、前記懸念は、統計数値で見るところ、杞憂であったと言えるであろう。

　一方、政府報告によれば、法施行後5年間において、対象行為を行ったとは認められないとして検察官の申立てが却下された人員は6人（前記不起訴処分を経た申立人員1,635人の約0・4パーセント）とされ、最高裁判所事務総局『裁判所データブック2015』（2015年、法曹会）70頁の統計によると、平成23年以降も、この理由による却下は、毎年0から1人にとどまっている。医療観察制度の下では、対象行為の存否に関する裁判所の判断は、精神保健審判員が関与せず、裁判官のみで行うこととされる（法40条1項1号、11条2項）が、当該裁判所において必要があると認めるときには、裁判官3人の通常の合議体で対象行為の存否について審理することができる（法41条）とされているところ、そのような裁判官の合議体で事実関係の審理がなされた人員は政府報告の段階で14人にすぎないことと併せ、対象行為の存否について深刻な争いが生じている事例は、あまり多くないものと考えられる。

　また、心神喪失者又は心神耗弱者のいずれでもないと認められる場合に該当するとして検察官の申立てが却下された人員は54人（前記1,635人の約3・3パーセント）、検察官が心神喪失者と認めて不起訴処分をした対象者について心神耗弱者と認める決定があった人員は77人（同じく約4・7パーセント）であり、捜査段階と審判段階とで、行為時の責任能力に関する判断が一致しない例が一定数あったものといえる。

　なお、当初審判においては、被害者等の申出があるときは、審判期日における傍聴を許すことができ、あるいは、審判の主文等を通知することとされているところ、傍聴の申出が許可された事件は50件（不許可とされた事件4件）であり、通知がされた人員は36人（通知の申出をした被害者等の人員49人）であったとされる。

Ⅱ　政府検討結果における指摘事項

1　審判の申立てに関して

　政府検討結果によると，法務・厚生労働両省によるヒアリング（以下「両省ヒアリング」という。）において，「審判の申立ての前提となる検察官による責任能力の判断や，その判断の基礎となる捜査段階における精神鑑定について，評価や診断の差異が大きいのではないか」との指摘があったとされる。

　このような捜査段階における精神鑑定や責任能力判断の「ばらつき」は，医療観察制度の施行前から指摘されていた問題の一つでもあるが，いわゆる簡易鑑定の後に鑑定留置を伴う本鑑定が行われるという場合を除けば，同一の事件について捜査段階で複数の精神鑑定が行われることはまれであるし，ましてや，複数の検察官が責任能力の判断にかかわることも考えにくいので，診断や判断に医師や検察官ごとの差異が生じているのかを実証的に論じることは難しい。しかし，医療観察制度の導入後の事例の集積や各種研修を通じた理解の深化が進み，個々の事件における責任能力に関する検察官の判断は，より精密なものとなっていることは感じられる。検察官の責任能力判断の適否が最も問題となるのは，責任無能力と判断すべき被疑者について，（完全責任能力であるにせよ，限定責任能力であるにせよ）責任能力有りと判断して起訴したため，心神喪失を理由として無罪判決がなされるというケースであろうが，そうした事例は比較的少数にとどまっている。医療観察制度に加え，一般国民から選任される裁判員に対して被告人の責任能力についても平易に説明をしなければならない裁判員制度が導入されたことなどが，個々の検察官のこの分野についての意識や能力を高めている側面があるものと推察される。

　一方，以前は，医師の中にも，「医療的な処遇に適さない者には刑事罰を科すべきであるから，そうした者には責任能力が認められる。」などといった，法制度的には誤としか言いようのない見解を述べる方もおられたが，捜査機関と医療関係者との間の相互理解が進んだ結果，こうした誤解はかなり解消したものと思われる。

現実に問題性が大きいのは，捜査段階の鑑定及び検察官の責任能力判断と処遇事件を取り扱う裁判所の責任能力判断が一致しない場合である。すなわち，前記のとおり，政府報告の段階でも，心神喪失者又は心神耗弱者のいずれでもないと認められる場合に該当するとして検察官の申立てが却下された人員は54人，検察官が心神喪失者と認めて不起訴処分をした対象者について心神耗弱者と認める決定があった人員は77人（このうち，検察官が申立てを取り下げたのは10人）に上っているのであるが，これらの決定を受けて検察官が改めて公訴を提起したとしても，刑事事件においては責任無能力として無罪とされたり，限定責任能力を理由として執行猶予付き懲役刑とされる可能性もあり，その場合，再び医療観察制度のルートに乗せざるを得なくなる。そうなると，田岡コメント245頁の指摘にもあるように，対象者は，処遇事件の審判，刑事事件の公判，再度の処遇事件の審判という3回の裁判を受けざるを得なくなることがあり得ることとなり，好ましいこととは言えない（制度的には，少年事件が，家裁の審判→検察送致後の刑事裁判→刑事裁判所の決定による家裁移送という経過をたどる場合と類似する。）。

　検察官と審判裁判所とで責任能力についての判断が分かれる理由として，第1には，捜査段階の責任能力鑑定と審判段階のそれが一致しない場合があることが挙げられる。すなわち，医療観察制度の対象となるような重大他害行為に関して検察官が責任能力の判断をする際には，そのほとんどの場合に鑑定その他医師の所見を求め，それを尊重して判断していると考えられる一方，審判段階における裁判官の責任能力に関する判断も，それが裁判官の専権に属する法的判断であるとはいえ，実際には，審判段階における鑑定に基づく所見や精神保健審判員の意見も参照して行われていると思われるので，検察官と裁判所との判断の相違は，双方が基礎とする医学的所見の相違であることが多いのではないかと考えられる。

　また，判断の不一致が生じる理由の第2としては，境界線上の事例について，検察官の責任能力に関する判断が処遇事件を取り扱う裁判所のそれよりも慎重に（＝疑わしさが残る場合には，責任能力を否定する方向で）行われている場合があるのではないかという点が挙げられる。すなわち，周知のとおり，検

察官は，証拠により有罪と認められ，かつ，処罰価値があると確信する事案以外は起訴しないという基準で起訴・不起訴を決しているところ，責任能力の存否・程度に関しても同様の判断手法を用いることから，捜査を尽くしても，なお心神喪失ないし心神耗弱の疑いが残るという事案では，心神喪失ないし心神耗弱を認定することとなる。このことの一方で，検察官は，責任能力を認めて起訴した事案については，その立証に努めることとなるため，検察官の責任能力判断がダブルスタンダードとなっているかのような指摘がなされるのであるが，犯罪の成立につき確信を持って起訴した事案について，その立証に努めるのは当然のことであって，それ自体は，異とするには当たらない。医療観察制度の建て付けも，対象者でないとして却下されるのは，「心神喪失者又は心神耗弱者のいずれでもない」と認められる（＝積極的に認定できる）場合であって（法40条1項2号），「真偽不明」であれば却下にはならないこととされているのであるが，審判段階では，より積極的に心神喪失ないし心神耗弱と認定されなければ，心神喪失ないし心神耗弱ではないと判断されているのではないかといった点についても検討を要しよう。

　いずれにせよ，捜査段階と審判段階との責任能力に関する判断には不一致が生じないことが望ましいと考えられる。そのためにどのような工夫があり得るのかは，今後の課題とせざるを得ない。

2　鑑定入院及び鑑定に関して

　両省ヒアリングにおいては，「対象者等に法による医療の必要性が明らかにないことを理由とする鑑定入院命令の取消請求権を認めるべきである」という指摘があったとされている。この問題は，最決平成21年8月7日（刑集63巻6号776頁）でも採り上げられ，法令上の明文はないものの，医療の必要性が明らかにないことが判明した場合などには，裁判所は，鑑定入院の必要性がないものと判断した場合には職権で鑑定入院命令を取り消すことができ，対象者等は，その職権発動を促すことができるものと解するのが相当であるとされている。

　もっとも，法による医療を受けさせる必要性が明らかにないと認められる

に至ったのであれば，鑑定入院命令を取り消すのではなく，直ちに不処遇の終局決定を行うべきであると考えられるので，職権の発動によって鑑定入院命令が取り消されるケースというのは，少なくとも法の建前上は，にわかに想定し難い（もともと，法が医療の必要性が事後的に消滅したことに基づく鑑定入院命令の取消請求権を規定していないのは，そのような考慮に基づくものであると考えられる。）。そうすると，鑑定入院命令の職権による取消しが現実に機能するのは，法による医療の必要性が明らかにないと認めるには至らないが，入院による鑑定その他医療的観察の必要性は消滅したという場合（在宅で審判を進めるのが適当な場合）ではないかとも考えられるが，そのような考え方が，検察官から当初審判の申立てがあった場合には，「鑑定入院の要否」という観点からの審査は行わずに鑑定入院命令を発令し，終局決定があるまで対象者を在院させることを原則とする法の仕組み（法34条1項）と整合するものかという問題もあり，また，判例が認めた職権による鑑定入院命令の取消しがどの程度活用されるのかも不明であるので，今後の運用を注視していく必要があると言える。

なお，両省ヒアリングにおいては，「鑑定入院中の医療や処遇の在り方に関する検討を深めて必要な法整備を行うべきである」などの指摘もあったとされ，制度の在り方として検討を要する分野だと思われるのであるが，検察官の立場からはあまり関与することがないところでもあるので，ここでは触れないこととする。

3 裁判所による処遇の選択について

検察官の立場から見て，裁判所は，適切な審理を行った上で，おおむね，具体的事例に即した適切な処遇選択を行っていると感じられる。

両省ヒアリングにおいては，「法による処遇等の対象を一般精神医療では対象者の社会復帰を十分に促進することができない場合に限定すべきである」との見解が示されたとされるが，最決平成19年7月25日（刑集61巻5号563頁）によれば，法42条1項の解釈として，法による医療と一般精神医療とを比較していずれが適当であるかを決するべきであるという考え方は明確に

否定されているので，この問題は，実務的には決着を見たと言える。すなわち，入院による医療を要する対象者について，一般精神医療に委ねれば足りることを理由として不処遇決定をすることが許されないとされたことは明らかであり，また，入院による医療を要する対象者について，精神保健福祉法による入院をさせれば足りることを理由として通院処遇決定をすることも，法の趣旨に反することとなろう。

　もっとも，医療を要する対象者について，入院による医療まで要するのか，通院による医療で足りるのかを判断する際には，病状のみならず，「対象者の生活環境」も考慮されることとなるから，家族関係が良好で，継続的な通院・服薬が確保できるといった事情が入院処遇か通院処遇かを決する際の要素となることは当然に予定されているものと考えられるのであって，通院処遇中に一時的に精神保健福祉法による入院を利用し得る環境にあるか否かを考慮することは，その延長線上にあるものとして許されるように思われる。

　いずれにしても，この問題は，対象者が生活の根拠地を離れた遠隔地の指定入院医療機関に入院となることがあることなど指定入院医療機関の整備状況と深くかかわっているとも考えられることから，今後の運用状況の推移も見守る必要があると言える。

Ⅲ　裁判例に現れた問題点

1　幻覚妄想状態の中で幻覚・妄想等に基づいて行った行為と対象行為の認定

　処遇事件に関する最高裁の判断が示された裁判例のうち重要なものとしては，既に触れた最決平成19年7月25日及び最決平成21年8月7日と並んで，最決平成20年6月18日（刑集62巻6号1812頁）が挙げられる。

　この事例は，妄想型統合失調症による幻覚妄想状態の中で幻覚，妄想に基づいて行った事後強盗に当たる行為について，付添人から，対象者の幻覚妄想に依拠して，犯罪の故意及び逮捕を免れる目的を欠いており，かつ，誤想防衛に当たるとして，対象行為不該当が主張されたのに対して，当該行為が

法2条2項の対象行為に該当するかどうかの判断は，対象者が幻覚，妄想等により認識した内容に基づいて行うべきではなく，対象者の行為を当時の状況の下で外形的，客観的に考察し，心神喪失の状態にない者が同じ行為を行ったとすれば，主観的要素を含め，対象行為を犯したと評価できる行為と認められるかどうかの観点から行うべきであるとの判断を示したものであり，学説からは批判もあるものの，実務的には，このような認定手法及び結論に異論は少ないと思われる。

本決定以前の高裁レベルの刑事事件判決では，東京高判平成20年3月10日（判タ1269号324頁）が，対象者の幻覚妄想下の認識に依拠して「構成要件要素としての故意」の存在を認定できれば，対象行為該当性を認め得ることを示唆する判示をしていたが，審判申立てを行う検察官の立場から見ると，「構成要件としての故意」と「責任要素としての故意」を区別し，前者が認められるかどうかを判断するというのは，「構成要件としての故意」というものの内実が不明確であるだけに困難である。

もっとも，対象者の幻覚・妄想に依拠して犯意の存否や誤想防衛の成否が争われる事案は，公刊物等で見る限りではそれほど多くはないようであり，実質的な問題は生じていないのかもしれないが，そうした事例が生じた場合には，前記最判が示した「対象者の行為を当時の状況の下で外形的，客観的に考察し，心神喪失の状態にない者が同じ行為を行ったとすれば，主観的要素を含め，対象行為を犯したと評価できる行為と認められるかどうか」という判断を，個別事例ごとに行っていくこととなろう。

2　医療を行わない決定に対する対象者側からの抗告の許否

さらに，最決平成25年12月18日（刑集67巻9号873頁）は，法42条1項号の法により医療を行わない決定（不処遇決定）に対しては，対象行為の存否を争うものであっても，法64条2項の抗告（対象者，保護者又は付添人からの抗告）は許されないとした原決定を是認したものである。

この問題については，同項の文理上は，対象者側から不処遇決定に対する抗告が許されるようにも見えるので，付添人実務の側からは抗告が許される

とする説も示されていたのであるが、不処遇決定は、対象者を何ら義務付けるものではなく、法的な不利益を負わせるものでもないから、これに対する不服申立ては上訴の利益を欠くものと考えられ、上記最決が示されたことによって、実務的には結着を見たと考えてよい。

Ⅳ　不起訴処分の理由と審判申立て

　法33条1項は、検察官が当初審判を申し立てるべき場合として、①対象行為を行ったこと及び心神喪失者若しくは心神耗弱者であることを認めて公訴を提起しない処分をしたとき、②法2条2項2号に規定する確定裁判があったときを定めている。このうち②に該当するか否かは判決書に明示されるので、法33条2項又は3項の例外要件に該当する場合を除き、検察官としては裁量の余地なく当初審判の申立てを行うこととなる。

　一方、①については、審判を申し立てるべき場合であるか否かが不起訴裁定書の記載等から一義的に定まるわけではない。

　対象行為の存在を認め、かつ、「心神喪失」の裁定主文により不起訴とする、又は心神耗弱に当たることを一つの理由として「起訴猶予」の裁定主文により不起訴とするというような典型的な場合には、申立てを行うべきであることが比較的明確であるといえる。むろん、そのような場合であっても、対象行為から不起訴処分までに相当の時間が経過しており、対象行為の際の精神障害が一過性のものであることが明らかであって、その後の医療の必要性が明らかに認められないといった例外的な場合には、法33条1項の規定により当初審判を申し立てないことも考えられるが、本来、医療の必要性に関する判断は検察官が専門的になし得るところではないので、そのような理由により申立てをしないという場合は、正に例外的なものであると言える。

　田岡コメント240頁では、「不起訴処分の場合でも起訴前正式鑑定が実施されていることが多いから、医療の必要性を判断することが困難であるとは思われない」とされるのであるが、起訴前鑑定は、責任能力の要否・程度を認定するところに目的があるのであって、医療の必要性に焦点を当てたもので

ないことはむろん，前述したとおり，法は，医療の要否に関する判断を検察官限りで行わせず，裁判所に委ねようとしているものと考えられるから，検察官が法による医療を受けさせる必要がないことが「明らか」であるとして審判申立てをしないのは，例外的な場合であると考えるべきなのである（その上で，検察官は，審判においては，必ずしも医療の必要性や入院処遇の必要性を主張する当事者として行動するわけではなく，法の目的に沿って，適切な処遇を求めていくこととなる。）。もっとも，田岡コメントで指摘される「一過性の精神病であることが明らかで，申立時に精神障害が消失しているような場合」には，例外的に当初審判の申立てを行わない場合に該当する場合もあるであろう。また，鑑定入院命令が発令された後，付添人側から見て真に鑑定入院が不必要と考えられるに至ったような事案であれば，前述の最決平成21年8月7日による取消しが機能する一場面であるのかもしれない。

　一方，例えば，強姦の事実について捜査中に告訴が取り消され，「親告罪の告訴の取消し」の裁定主文により不起訴とする場合には，不起訴とされる理由は親告罪について告訴が取り消されたという手続的な点に尽きるのであって，責任能力が存するか否かは起訴・不起訴の決定に関係がない事柄である。したがって，告訴が取り消された後で，当初審判の申立てを行うか否かを決するために捜査を継続するということもあり得ないが，たまたまその段階までの捜査によって被疑者が心神喪失者又は心神耗弱者であると認められる場合には，当初審判を申し立てることとなる。

　また，検察官が，被疑者が心神耗弱者である疑いがあると考えつつ，事案が比較的軽微であることや被害者との間に示談が成立したことなどの客観的状況を重視し，被疑者が完全責任能力を有している者か心神耗弱者であるかにかかわりなく起訴猶予とすべきであると判断した場合には，責任能力の点について確定的な判断を下すことなく「起訴猶予」の裁定主文により不起訴処分をすることとなる。この場合には，「心神耗弱者であることを認めて」不起訴処分をしたわけではないから，当初審判の申立てはしないこととなる（それでも，精神障害者である疑いが残っていれば，精神保健福祉法24条の通報をすべきこととなる。）。

すなわち，責任能力に関する捜査が尽くされていない段階でも，他の理由によって公訴を提起しないことが確定すれば不起訴処分をするには熟した段階となるので，検察官としてはその段階で不起訴処分をすることとなるが，それまでに責任能力に関する捜査が尽くされているかどうかは事案ごとの事情によるので，本来は審判を受けて然るべき対象者について審判申立ての対象となっていない事例が存するのではないかという問題が残るように思う。

V　おわりに

いずれにしても，平成17年から施行された医療観察制度は，関係者の努力によって，紆余曲折を経ながらも制度として定着し，所期の成果を上げつつあると評価できると思われる。

もっとも，この制度が比較的新しい制度であり，成果を見定めるのに一定の期間を要するものであることも確かであることから，今後とも，実際の運用実績を見定めながら，制度上，運用上の改善をも施していく必要があると現えるであろう。

（かとう・としはる）

5 医療観察事件
― 医療観察事件処理の実際と課題(『5年後見直しを経て』)―
裁判の立場から

村山　浩昭

Ⅰ　はじめに
Ⅱ　いわゆる5年後見直しについて
Ⅲ　医療観察審判の実情
Ⅳ　実務上のいくつかの問題点について
Ⅴ　今後の課題

Ⅰ　はじめに

「心神喪失等の状態で重大な他害行為を行った者の医療及び観察等に関する法律」(平成15年法律第110号。以下「医療観察法」という。また，この法律上の申立事件を「医療観察事件」という。)は，ご存じのとおり，平成15年7月10日に成立し(公布は同月16日)，平成17年7月15日から施行された。施行に際しては，「心神喪失の状態で重大な他害行為を行った者の医療及び観察等に関する法律による審判の手続等に関する規則(以下「医療観察規則」という。)も併せて施行され，今日まで実務的に種々の工夫が重ねられながら運用されてきた。

また，医療観察法は，制定当初からいわゆる5年後見直しが予定されていた。平成22年11月に同年7月31日までの約5年間の同法の施行の状況を政府が国会に報告し，平成24年7月に法務省と厚生労働省が合同で施行の状況について検討した結果を発表した(「心神喪失等の状態で重大な他害行為を行った者の医療及び観察等に関する法律の施行の状態についての検討結果」。以下「政府検討結果」

という。)。本稿は，医療観察事件の審判の運用の実情を概観するとともに，見直しで問題となった問題をふまえて，裁判官として実務上問題となっている点について若干の検討を加え，今後の課題についても言及しようとするものである。

Ⅱ　いわゆる5年後見直しについて

1　見直しに関するいくつかの意見

最初に前記の政府検討結果を概観しておく。政府検討結果は，審判，入院処遇，地域社会における処遇と分けて検討し，まとめにおいて総括しているが，そのまとめにおいては，「これまでのところ，医療観察法の施行状況はおおむね良好であ」るとしており，総じて，医療観察制度は，その制度目的に照らし，「有効に機能している」とし，「現時点において，早急に医療観察制度を改正すべきものとまでは認められない。」と結論付けた。

しかし，政府検討結果に先立ち，いくつかの見直しの議論が公にされていた。そのうちの代表的なものとして，日本弁護士連合会（以下「日弁連」という。）のものと，日本精神神経学会（以下「精神神経学会」という。）のものを簡単に紹介し，この後の問題点の検討の参考としたい。

まず，日弁連の見直しに関する意見書（日本弁護士連合会「精神医療の改善と医療観察法の見直しに関する意見書」2010年3月18日）は，精神科医療の抜本的改善という大きな枠組みの中で，医療観察法の改善について具体的な提言を行っている。医療観察法が精神科医療の補充的位置付けであることや，その処遇要件を明確にすること，対象の限定（対象行為中，傷害については重大な傷害や傷害致死に限定する。），付添人の関与，権限の拡大・強化というある程度現状の審判制度を前提にした提言から，医療観察制度を支える各種機関の改善，充実化，たとえば，社会復帰調整官を保護観察所から切り離し，厚生労働省の所管すること，通院医療機関と社会復帰策の充実，さらには，審判手続そのものの改善，たとえば，退院や処遇終了については裁判所が関与しないことにする，対象者の権利保護のための手続的な規定の創設，たとえば，再審規定と補償

規定の新設，事実認定手続に伝聞法則や予断排除の原則の導入，医療観察手続と刑事手続が重なる不利益の解消等を，提言している。日弁連は，医療観察法の制定過程において，一貫して反対の立場を表明してきたから，見直しについても大幅な改善を要求するのは当然ともいえる。

次に，精神神経学会の見直しにあたっての提言（「医療観察法に関する委員会報告－見直しにあたっての提言－」）についても概観しておく。精神神経学会は，1999年に精神保健福祉法が改正され，その際「触法精神障害者への対応」が付帯決議された頃から，この問題に積極的に発言してきた（態度としては医療観察法そのものに一貫して反対してきた。）という経緯をふまえて，医療観察法の制定・施行後の課題として，法の目的の明確化（社会保安上の目的に従属せず，医療及び社会復帰）に徹するべきであることを求めるともに，この法律による医療を受けさせる必要の判定基準の明確化，治療反応性判断の具体化，鑑定入院時の医療の適正な実施と処理基準の明確化等の各種運用基準の明確化を要求している。その他，責任能力の有無について，医療観察法の各段階においても問題とする余地を残すこと，さらには，指定通院に関して，人員基準，医療費の充実，通院中の危機対応可能な精神科救急システムの整備や対象者の身体合併症治療システムの整備等をも求めている。

2　本稿の視点

このように医療観察法の見直しといっても，各団体によって論調は相当異なっている。もとより，医療観察法自体に批判的な立場からは，現状も問題点が多いと評価するのが当然であろうし，政府見直しと異なるのはむしろ自然である。しかし，日弁連は，対象者や精神障害者の人権を尊重する法律家としての立場から，精神神経学会は，精神科の医師という精神障害者を職業として治療する責務を有する専門家としての立場からの発言であり，医療観察法を運用する上で，その批判するところをも考慮していくことも必要だと考える。

なお，言うまでもないことだが，団体として医療観察法に批判的であるからと言っても，実際に付添人として献身的とさえ評価できる活動をしている

のは弁護士であり，また，医療観察法により医療を実際に提供しているのは精神科医である。これらの方々の存在なくして医療観察事件は成り立たないし，現在運用されているのは，これらの方々のお陰である。

Ⅲ　医療観察審判の実情

　審判の実際については，少し前のものとなったが，三好元判事の論文（三好幹夫「心神喪失者等医療観察法施行後2年の現状と課題」判タ1261号25頁）が概ね現状の実務を示していると思われる。また，入通院事件の審判手続の概要と注意点については岡田元判事の論文（岡田雄一「心神喪失者等医療観察法による審判手続の実体」小林・佐藤古稀（上）564頁）がかなり詳細に論じている。
　以下においては，入通院事件を中心にしながら，筆者なりに手続を追いながら，検察官，付添人の活動をも念頭に置いて，その問題点に言及する。

1　申　立　て
(1)　件　数　等
　医療観察事件の申立及び終局処分の状況は，**表1～3**のとおりである（最高裁判所事務総局『裁判所データブック2015』〈2015年，法曹会〉の69頁，70頁を基に作成。）。
　入通院の申立ては，終局人員からみて年間300人から400人の間で推移している。退院及び入院継続の合計は，入院対象者が年々増えていることを反映して当然増加している。しかし，詳しく見ると，退院及び医療終了（法49条，50条）は，この3年くらい約170から約220で特に増加していないのに対し，入院継続は年々増加し，平成23年は850を超えたが，まだ増加傾向に歯止めがかかっておらず，平成25年には1,000件を超えている。これは，入院の長期化という現状の実務における大きな問題点を如実に示している。一方，再入院申立ては，平成23年は10人を超えたが，それまでは1桁であり，全体の申立数から見ると数は極めて少なく，医療観察法による医療を受けた者の予後が相当良いことを示しているものと考えられる（もっとも，対象者が自殺も

表1 ▶ 医療観察処遇事件（地方裁判所）

年次	新受	うち回付による受理	既済	うち終局事由が回付	未済
平成17年	168	25	106	25	62
平成18年	692	99	624	99	130
平成19年	1,120	105	1,055	106	195
平成20年	1,302	88	1,300	89	197
平成21年	1,367	55	1,355	58	209
平成22年	1,482	78	1,470	88	221
平成23年	1,692	88	1,644	90	269
平成24年	1,787	76	1,804	82	252
平成25年	1,895	85	1,873	84	274
平成26年	1,961	64	1,952	70	283

（注）平成17年は、「心神喪失等の状態で重大な他害行為を行った者の医療及び観察等に関する法律」が施行された7月15日以降の数値である。

表2 ▶ 医療観察処遇事件の受理区分別新受，既済，未済人員数（地方裁判所・平成26年）

受理区分			受理	旧受	新受	うち回付による受理	既済	うち終局事由が回付	未済
総 数			2,235	274	1,961	64	1,952	70	283
入院・通院の申立て	33条1項	2条2項1号	453	70	383	63	385	69	68
		2条2項2号	45	8	37	1	36	1	9
退院・入院の継続の申立て	49条	1項（退院許可）	275	44	231		232		43
		2項（入院継続）	1,253	134	1,119		1,112		141
	50条	退院許可	72	6	66		64		8
		医療終了	22	3	19		18		4
処遇終了・通院期間延長の申立て	54条	1項（医療終了）	73	2	71		66		7
		2項（通院期間延長）	18	2	16		16		2
	55条	医療終了	18	3	15		17		1
再入院等の申立て	59条	1項、2項	6	2	4		6		

表3 ▶ 医療観察処遇事件の終局人員－終局区分別－（地方裁判所）

年次	終局総人員	入院・通院（33条1項）					退院・入院継続（49条又は50条）			処遇終了・通院期間延長（54条又は55条）		再入院等（59条）			却下（申立て不適法のみ）	移送・その他	取下げ	抗告
		42条1項			40条1項（却下）		51条1項			56条1項		61条						
		1号入院	2号通院	3号行わない旨の決定	1号対象行為を行って為ない	2号心神喪失でない	続1号確認退院等継	2号退院許可	3号医療終了	間延1号通院期定期	2号医療終了	1項1号入院	1項2号棄却（3項を含む）	1項3号処遇（合いの場合も）				
平成17年	80	49	19	7	2	3									1			16
平成18年	520	191	80	68	3	7	110	28	2		2	1			2	23	4	50
平成19年	935	250	75	75	2	14	362	75	24		17	1			3	27	10	69
平成20年	1,198	257	62	68	1	13	583	115	27	1	38	2	1	1	7	16	6	81
平成21年	1,278	204	51	54	1	8	651	168	48	5	51	5			8	19	5	61
平成22年	1,347	242	61	46		17	679	157	34	11	55	5	1	1	12	16	10	77
平成23年	1,534	269	38	72	1	13	856	145	25	10	51	14	2	1	27	12	10	106
平成24年	1,691	257	39	74		11	955	189	45	18	49	4	2	1	5	33	9	89
平成25年	1,746	267	39	59		14	1,036	166	34	26	51	9			1	39	6	127
平成26年	1,860	262	31	53		8	1,139	203	31	22	66	6	1		6	20	1	106

（注）1 実人員である。
2 終局区分別終局人員は、1人の対象者につき複数の終局区分で終局した場合は、それぞれの区分に計上している。

含めて死亡している例もあり，自殺が転帰不良であることは明らかであるから，自殺者がいることは断っておく必要があろう。この点につき，平田豊昭「医療観察法の効用と限界をどう評価すべきか？」司法精神医学6巻1号41頁以下参照)。

当初審判（入通院申立処遇事件）の累計データとしては，2010年12月31日時点で，申立て件数が2003件，入院決定が1,191件，通院決定が348件，不処遇決定が313件，申立て却下が67件，取下げが15件，鑑定入院中が68件，入院決定を受けた後退院許可となったのが531件であり，直接通院と入院後の通院を合計すると879件となる（来住由樹「フルサイズ指定入院医療機関の立場から」司法精神医学6巻1号47頁）。

(2) 申立ての問題点

入通院申立ては，不起訴からの申立が圧倒的に多く，平成23年ではおよそ10対1くらいである。そのことに由来して，2つ問題があるように思われる。

まず一つ目は，申立てに際して，対象行為時の責任能力について十分吟味がなされないままに申立がなされているといった問題が指摘されている。いわゆる検察官のダブルスタンダードとも言われる問題である。すなわち，検察官が医療観察の入通院を申し立てる場合，ある程度精神病歴があると比較的簡単な鑑定だけで申立てをしてしまう嫌いがあった。また，対象行為がそれほど重大でない傷害で，行為時に心神喪失であったことを前提に申し立てている場合に，心神耗弱決定（法40条2項）をしても，そのまま申立てを維持されることが多い。公判請求された事件だと，検察官は，責任能力があるとして執拗な主張・立証をするのと比較するとかなり対応が異なっているように見受けられる。もっとも最近は，起訴前の鑑定が本格的な鑑定となってきており，徐々に問題は解消されつつあるともいえるが，比較的軽微な傷害の事案ではなお問題がありそうである。

二つめは，対象行為時からかなり時間が経過して申立てがなされる例が散見されることである。不起訴の場合，措置入院が先行している場合がある。この場合は，既に措置入院が存在し，その退院後に申立てがなされる。対象者としては，措置入院が終わったことで治療または処分が終わったと思って

いるのに，再び鑑定入院させられることに相当違和感，反発を覚えるようであり，それも無理からぬ面がある。

また，処遇の面を考えても，措置入院先と信頼関係を築いている場合があるのに，その医療機関が指定入院あるいは指定通院の医療機関の指定を受けていないと，医療観察法上の処遇は，別の医療機関によることになって，信頼関係の点で問題が生じる。この点も，決して看過できない。医療観察の申立てが予定されるような場合には，いたずらに措置入院をさせて時間を経過しないように，警察が事案を覚知した段階で，医療観察の申立てをも視野に入れ，検察官と協議しながら処理に当たる必要がある。

次に確定判決を経た後の申立ての問題点を簡潔に指摘する。まず，この場合には，対象行為時の責任能力については結論が確定しているので，争いになることはない。問題は，この場合，対象行為から医療観察法の入通院申立てまでに相当の時間が経過してしまうということである。この問題は不可避的に起きる問題といって良い。刑事事件の審理中に多くの場合精神鑑定を受けるであろうが，精神鑑定はあくまでも行為当時の責任能力の判定に主眼があるから，その際の治療的な措置は本格的なものではない。その上，その余の審理期間中は専門的で高度な治療を受けることはないと思われる。医療観察の申立てがなされたときには，治療に最適な時期が過ぎている場合が多く，時には症状が悪化してしまうこともあり得る。早期に医療観察のルートに乗せることが肝要だが，現状をみると，審理を促進し，早期に判決を出し，責任能力が否定された場合などは，検察官としても，医療観察の選択肢があることを十分に考慮し，上訴などによりいたずらに時間が経過することは避ける必要がある。

(3) 記録の問題

また，申立て時に裁判所に送られてくる記録については，庁によってか，検察官によってかは分からないが，現実に違いがある。多くは分厚い記録，おそらく関係記録全部を送ってくることが多いように思うが，中にはどういう基準で選択したか分からないが，相当記録が薄く，対象行為について心証がとれず，検察官に問い合わせをして記録を追送してもらったという例もあ

る。付添人としても，予め記録を閲覧し，謄写の必要のあるもののみを謄写することが望ましい。また，被疑者国選弁護人が付添人になるケースも多いと思われるが，弁護人だった際の情報から当然あるべき重要な証拠が存在しない場合などには，裁判所にその旨上申することも必要になろう。

2　鑑定入院質問

　手続的な点は岡田・前掲に詳しい。また鑑定入院の取消しについては，必要性がなくなったことなどを理由に職権で取り消されることが判例上明確になった（最決平成21・8・7〈刑集63巻6号776頁〉）。精神疾患以外の急性症状に，鑑定入院先では対処できなければ勾留の執行停止に準じて執行取消しも認められよう。鑑定入院先は，申立てに先立ち検察庁が内諾をとって指定してくるので，裁判所としては，その医療機関を鑑定入院先に指定することになる。もっとも，指定入院医療機関とは異なり，法的に拘束力のある鑑定入先のリストがあるわけではないから，一般に鑑定入院を受け入れている医療機関以外でも一定の条件を満たせば，その医療機関に鑑定入院させることも不可能ではない。対象者が一定の重篤な慢性疾患を有する場合に，その治療を併せて行うことが必要な場合などが考えられる（たとえば，定期的な人工透析が必要な対象者の場合などが考えられる。）。

3　審判の準備
(1)　鑑定命令等

　鑑定入院命令が出されて執行された場合は，審判に向けての準備が行われる。多くの場合，鑑定入院命令を発令するのは，地方裁判所刑事部の左陪席裁判官であるが，審判事件を担当するのは右陪席以上の裁判官である。記録を担当裁判官に速やかに検討してもらう必要がある。実務上その際，鑑定入院命令を出した裁判官から担当裁判官が対象者の状況を聞き取って進行を検討する一助としている。担当裁判官は，審判員，参与員を名簿の中から指定するとともに，鑑定人を指定して鑑定事項を定めることになる。しかし，実際には順番は若干異なる場合が多いのではないか思われる。鑑定入先が前述

のとおり指定されてしまうので，鑑定の便宜からみてその医療機関に勤務する判定医の中から候補者を選んで鑑定人になることの内諾をいただく。その鑑定人との関係で，中立的で鑑定をある程度批判的に検討できる方を審判員として指定する。その上で鑑定事項を審判員と速やかに詰め，鑑定命令を出すことになる。併せて，参与員の選任，保護観察所長に生活環境についての調査命令も出す。

　鑑定命令等を出す場合には，以下の点に留意する必要がある。

　鑑定命令を出す際には，鑑定事項と鑑定書の提出期限が問題になる。鑑定事項は審判員と，提出期限は審判員や書記官と協議の上で決めることになる。鑑定事項に，対象行為当時の責任能力を加えるか否かが問題となるときがある。記録を検討した結果，検察官の前提としている対象行為時の責任能力（心神喪失か心神耗弱）について疑問のある場合には，あえて鑑定事項とするものである（裁判所のもっともよく使っている定型書式には，行為当時の責任能力は鑑定事項になっていない。）。また，鑑定書の提出期限は，その後の審判のスケジュールとの関係をも考慮して決める必要がある。鑑定入院期間は原則2か月であるが，その期間内で終局しようとすれば，鑑定書等はほぼ1か月程度で提出してもらう必要がある。もっとも，記録を検討した結果，対象者が対象行為を争っているなどの場合は，事実関係を確定させるために事実の取調べが必要となる場合がある。このような場合であっても，時間的な制約の関係上（鑑定入院期間は最長でも3か月である。34条3項），鑑定命令を出すことになる。事実関係の確定のために，41条に規定されている合議体で審理を行う場合は希と言われており（筆者は寡聞にして未だその実例を知らない。），通常は，処遇事件の最終審判の前に事実関係を確定させるための審判期日を開くか，最終審判期日の前半においてその手続きを行う。前者のように対象行為の点の事実取調べの審判期日を設ける場合には，付添人と対象者の打ち合わせの必要もあり，鑑定書等の提出期限を若干遅らせることもあり得る。

(2) カンファレンス

　裁判官は，各種委員の選任や鑑定命令や調査命令を出した後は，審判までのスケジュールを書記官と立てることになる。とりわけ重要なのは，カン

ファレンスをいつ入れるかということである。医療観察事件は，裁判官にとっては関係者から教えていただくことが多く，また，多くの専門家を交えた自由な議論を通じて，検察官や付添人といった法律家もケース理解が進み，自ら何をなすべきかを知ることも多い。その意味では，カンファレンスこそ，当該処遇事件を適正に運営・処理する上で鍵となるべき手続といえる。

ところで，カンファレンスをどのタイミングで何回行うのが適当であろうか。もとより事案によりけりであるが，この制度が始まった頃，東京地裁を中心に行われていた審判においては，審判（審問）期日までに3回行うのが通例とされ，その旨報告されていた（三好・前掲25頁）。しかし，それは，医療観察制度が始まったばかりで，いわば手探りの状態で審判を始めなければならなかった時期の話であり，それなりに知識，経験，ノウハウを蓄積しつつある現在においては，そのとおり行う必要はないと考える。私の最近の経験（静岡）では，地方という地理的な条件や交通事情なども加わって，入通院事件でも原則として1回で済ませている（医療観察事件の審判について概観し，実用的な手引き書である厚生労働科学研究障害者対策総合研究事業『医療観察法審判ハンドブック［第2版］』〈2013年6月〉では，カンファレンスを2回行うのが通常の場合であるとしてカンファレンスについて説明を加えている〈41頁以下〉）。原則1回のカンファレンスとはいっても，そのカンファレンスの後審判期日までに随時関係者と電話等で連絡をとり，審判当日の審判前にもう一度若干の時間をとって，最終確認のための打ち合わせ（これをもカンファレンスといえば2回ということになる。）をしている。

その具体的なやり方は，概要以下のとおりである。

時期は，鑑定書が提出された後間もなく，又は提出時頃で，関係者が集まるか，電話会議システムを利用するなどその場で意見交換できることが必要である。審判官，審判員，参与員，検察官，付添人，社会復帰調整官，そして入通院事件の場合は，何よりも鑑定人の参加が必要である。最初に，検察官と付添人に，対象行為については問題がないことを確認して（対象行為に問題がある場合は，そもそも1回のカンファレンスで審判を行うのは無理であろう。），鑑定人から対象者のついての鑑定の状況を口頭で要約して報告してもらう。その内

容について集まった関係者から質問し，対象者と対象行為についての理解を深める。

協議の内容としては，医療観察法上の医療を行うための要件といわれている，疾病性，治療反応性（治療可能性），社会復帰阻害要因の3つの視点から，質疑応答や，議論がなされるのが通例である。通常，鑑定人や社会復帰調整官の説明に対して，付添人や，審判官，審判員，参与員が質問をして，ケース理解を深めることが多い。議論になることが多いのは，どのような疾病なのか，医療観察法上の処遇をすべきなのか，その処遇は入院なのか，通院なのかといった点である。この点は，処遇選択に直結することなので後述する。社会復帰阻害要因の関係では，付添人や社会復帰調整官のもっている情報が大変重要な意味を持つことがある。

カンファレンスの結果，鑑定人に鑑定補充書を提出してもらったり，作成中の鑑定書に書き加えてもらったりすることもある。審判員等から鑑定人に対して質問がなされ，精神医学上の観点から鑑定人の意見の補充を求めるような場合が多いようである。鑑定人と審判員の間で，当初抱いていた対象者の疾病についての理解に若干のズレがある場合などもこのような手当てがなされることが多い。カンファレンスが終わる頃には，結論の方向性がある程度明らかになってくる場合が多く，関係者の間で事実上の合意が形成される場合も多い。

4　審　　判
(1)　審判の実施

審判（審問）は，通常地方裁判所の法廷を使って行われることが多い。非公開であり，その手続は，少年事件の審判に似ている。人定質問，審判の目的や供述拒否権の告知，対象行為についての確認等を行った上，時系列的に対象行為に至る経緯や現在の症状などを聴いていくの通例である。審判官が最初に質問をしていき，関係者が続いて質問するタイプと，むしろ，付添人や検察官から質問をしていき，後から審判官，審判員が質問をするというタイプとあるようである。

審判の場では，付添人，検察官も当然対象者に質問する。

その上で，検察官と付添人がその処遇事件についての意見を述べる。私は，その意見は書面でも提出してもらっている。

(2) 決　　　定

審判当日決定がなされる場合もあるが，多くは審判の1週間から10日後辺りに決定が出されるケースが多い。参与員から十分意見をいただいた上で，審判官と審判員が十分合議を尽くして決定がなされる。カンファレンス以後審判期日までに電話等で合議がなされることがある程度前提になっているといえる。

決定は，入院，通院，不処遇，却下とあるが，いずれもその後のことを考えて，関係者，関係機関と連絡を取った上でなされる。入院であれば，具体的に入院する病院を手当てする厚生労働省側（地方の厚生局）と，通院，不処遇であれば，鑑定入院が終了して実際に病院から退院することになるが，その後どこで居住するのかといった点で，社会復帰調整官や付添人と，却下，特に完全責任能力であるとの判断の場合は検察官と連絡をとる必要がある。

5　入通院以外の処遇事件
(1) 審判の基本的なあり方

これまで医療観察事件の審判については，主として入通院の申立てを基本に考察，工夫がなされてきた。しかし，事件数としては，当然ともいえるが入院継続確認の申立てが多く，退院，処遇終了といった事件の重要性が増している。特に，退院や処遇終了は，対象者にとって大きな環境の変化をもたらすだけでなく，対象者の社会復帰の促進という医療観察法の目的に直接的に関わることである。退院許可や処遇終了の申立てについては，参与員を選任することが望ましく，また，特段の事情がない限り，カンファレンスから審判を開いて終局すべきであろう。対象者は，退院の場合は通院に切り替わるのであるから当然であるが，処遇終了であっても精神科医療を引き続き受け，地域のサービスを利用する場合が多い。処遇終了の場合でも，その後の対象者を取り巻く態勢を可能な限り整えた上で，対象者に対する動機付けという点

でも審判を開いて関係者から質問をするなどの機会があったほうがよい。
(2) 入院継続確認について
　入院継続確認の申立てについても，問題を感じる事件が増加しつつある。それは，入院期間が長期化している対象者を中心に，現在の処遇を継続することが適切なのかという疑問を持つ事件が見受けられるからである。指定入院医療機関からの申立てに対しても，審判員と十分な意見交換をして，この6か月間の医療機関側の対応に努力や工夫が見られない場合などは，さらに医療機関側に問い合わせをしたり，決定の中で試みるべき対応策について触れたりなどする必要がある。医療機関側からの入院継続確認の申立ては，ほとんど認容することになろうが，それでも，6か月ごとにチェックを受けるという制度の実質を保つ必要がある。

IV　実務上のいくつかの問題点について

1　医療観察法上の医療を行うための要件
(1) はじめに
　医療観察上の医療が必要だと判断するには以下の要件が必要だとされている。
　　ア　疾病性
　鑑定時にも，対象行為時の心神喪失又は心神耗弱の原因となった精神障害を有していること
　　イ　治療反応性
　その精神障害が，病状の増悪の抑制を含めて治療可能であること
　　ウ　社会復帰(阻害)要因
　この法律による医療を受けさせなければ，その精神障害のために社会復帰の妨げとなる対象行為と同様の行為を行う可能性のあること
　これらの3つの要素は，いずれもが一定の水準以上のレベルで認められることが必要である。そして，その必要があると認められるときは，その旨の決定をしなければならず，他の制度，たとえば，精神保健福祉法上の医療に

よってこれを代替することはできないとされている（最決平成19・7・25〈刑集61巻5号563頁〉）。

(2) 実務の一般的傾向

一般の実務では，アの疾病性とイの治療反応性の理解から，次のような傾向があると言われている（「医療観察法により医療の必要性について」平成17年6月12日司法精神医学等人材養成部研修企画委員会・医師部会参照）。

アの要件に関して，対象行為時に急性一過性の精神病性障害や適応障害があっても，審判時においては症状が全く認められない場合や，アルコール依存症の対象者が，対象行為時は心神喪失となるようなアルコール中毒による精神障害があったものの，審判時はアルコール依存症のみの診断である場合は，疾病性の要件を満たさないことになる。

イの要件に関して，単なる薬理学的鎮静や物理的な行動制限によって問題行動を抑制する場合は，治療反応性の要件を満たさないことになる。しかし，治療可能性の乏しい精神遅滞や認知症等であっても，妄想等の症状について治療により改善が可能な場合には，治療反応性を慎重にではあるが認めて良いともいわれている。

このような理解から，実際に医療観察上の医療が行われるのは，精神障害が統合失調症の場合が圧倒的に多く（申立て自体が統合失調症のケースが7割程度ある〈和田久美子ら「医療観察法申立て対象者225例の特定と処遇決定の現状」（臨床精神医学37巻415頁）〉。），次いでうつ病等である。その一方で，再他害行為の危険が高いと言われている薬物中毒が一過性のものとして不処遇となるケースが多い。

(3) 判定の困難な場合

しかし，実際には疾病を特定することが難しい場合もある。統合失調症か発達障害等の精神障害かが争われる場合や，いくつもの精神障害を抱えていて対象行為の原因となった主たる精神障害が必ずしも明確とはいえない場合もある。

また，治療反応性をどの程度厳格に解するかについては，審判官，審判員，鑑定人の間でも，多少の違いがあるようである。

以下においては若干の私見を述べることとするが，田口寿子論文（田口寿子「『この法律による医療の必要性』とその評価」臨床精神医学38巻5号563頁）に負うところが多い。認知症のように器質的な精神障害が治療反応性の観点から医療観察法上の医療の対象から除かれるのは当然として，改善にかなり時間のかかるパーソナリティ障害，発達障害が主診断となっている対象者も除かれることが多い。治療反応性という要件は，高度に専門的な医療観察法上の医療を実施するための基準であるから，一定の期間内に社会復帰できる程度に回復する見込みが明らかでない障害が主診断である場合には医療観察法上の医療を実施しないという方向性を持っていることは否定できない。しかし，治療反応性を精神障害ごとにある程度類型的に考えるとしても，最終的には当該対象者にとっての治療反応性を問題にすべきは当然である。発達障害やパーソナリティ障害だからということだけで治療反応性を否定することは問題である（永井秀典「法律家の立場からみた治療反応性」司法精神医学7巻1号92頁には，認知症，発達障害，人格障害などの対象者に対して医療観察法上の処遇をする決定をした例が紹介されている。）。そのような対象者の中には，衝動性，強迫性を抑えるために薬物が有効な場合もあるし，医療観察法上の医療には，多職種チームによる認知行動療法や心理教育なども当然含まれる。そのような治療プログラムの有用な対象者もいることは否定できない。また，社会復帰阻害要因が強い場合には，治療反応性についてより多角的に検討することも必要であり，実務的にはそのような対象者について入院決定がなされることもあろう（田口・前掲566頁）。その反面，統合失調症だからといって，それだけで入院処遇が選択されるのも考えものである。社会復帰阻害要因の検討によって，医療観察法上の医療の必要性が否定される場合もあり得るのである。

以上のように治療反応性についての判断は，非常に困難な場合もありえるが，類型的な考察を前提としつつも，最終的には当該対象者について治療反応をある程度多角的に検討していくことが必要であり，また，疾病性，治療反応性，社会復帰阻害要因の要件をある程度総合的に検討することも必要ではないかと考える。もっとも，司法精神医学においても，治療反応性については，何をどのようにみて評価するのか共通な認識はないようであり，その

辺りの議論が一定の到達点に達すれば、より個別の事案で具体的な検討がしやすくなるものと思われる（岡田幸之「医師の立場からみた『治療反応性』の概念」司法精神医学7巻1号73頁以下参照）。

2　入院が長期化する対象者の問題

　少し古いデータになるが、2009年7月15日現在の入院対象者は866人であり、うち入院中は468人(44.4%)、通院への移行は308人(29.2%)、抗告退院は5人(0.5%)、死亡は3人(0.3%)、処遇終了は82人(7.8%)となっている。また全入院者の退院までの期間を推定すると、中央値は688日、平均値は740日であり、3年以上入院している対象者も2割程度いる（平林直次「入院医療における治療プログラムの多様性に関する研究」厚生労働科学研究2009）。

　実際の事件処理の上においても、入院継続確認の回数が5回を超えるものも散見されるところであり、そのような事例は、この先いつになれば退院許可等になるのか予測しにくいものが多い。

　そのような事例は、対象者の症状が固定して、積極的改善の見込みが薄いものや、対象者の治療を受けようとする意欲に相当大きな問題があって治療に対して拒否的であるものが多いように思われる。

　前述したように、治療反応性には症状の増悪の抑制も含まれることから、積極的改善の見込みが薄いというだけで治療反応性がなくなったものとして、医療観察法上の医療を止めることはできない。しかし、医療観察法上の手厚い医療を受けながら、それ以上の症状の改善が期待できないことがはっきりしてきた場合に、医療観察法上の入院をいつまでも続けることが相当なのだろうか。医療観察法上の医療を始める際の治療反応性と止めるもしくは処遇を入院から通院に移行する際の治療反応性は、違っても良いのではないかという議論とも関連する。始める際には希望的観測があるが、相当程度医療を実施してみて現実的な限界が明確になってきたら、処遇の仕方を変えてもよいではないかというのである（岡田（幸）・前掲79頁参照）。

　治療反応性の点で、発達障害やパーソナリティ障害だからといって一律に治療反応性を否定することは相当でなく、医療観察法上の医療を受けさせる

機会があっても良いと考えているが，その反面，高度に専門的で手厚い医療を受けさせた結果として，症状が固定するなどの現実に直面した場合には，たとえそれが統合失調症のケースであっても，違った処遇に移行することが相当だと考える。もとより，それまでの治療において，様々な改善や工夫が試みられていることが前提であり，退院許可や処遇終了にあたって，再他害行為の防止のためのリスクマネジメントができていることが必要であろうし，その後も他の精神科医療での受け皿（たとえば，医療保護入院等）が用意されている必要もあろう。

　この点は，実務的には，前掲最決平成19年7月25日もあって大変難しい問題であるが，現実の実務の動向をみれば，長期の入院対象者の増加はどこかで歯止めを掛ける必要があることも否定できない。理論的にも，医療観察法上の治療を尽くした結果として，症状の改善を期待できない状態に達したことで，医療観察上の医療についての治療反応性を再評価する必要が生じ，処遇のあり方の見直しを迫られることがあっても決して不合理ではないと考える（稗田雅洋「医療観察法による審判手続の運用の実情」司法精神医学6巻1号66頁も同様の認識が示されている）。入院が長期にわたる対象者の退院許可や入院継続確認の処遇事件において，このような見地からの検討も必要な時期になってきたと考える。

V　今後の課題

　私は，この医療観察制度が，いくつかの問題点を抱えながらも，関係者の多大な協力もあって，概ね良好に運用されていると評価している。
　しかし，実際に医療観察事件の実務に携わるなかで感じる課題もある。それを以下において示すことで，私の拙い小論を終えることとする。

(1)　申立てのばらつきの是正

　申立ての項で指摘した点とも関連するが，不起訴事案の医療観察申立ての基準が地域によって違うのではないかと思うときがある。この点は，検察や警察で統一した基準によって運用されるべきであり，措置入院との関係も整

理した上で，対象者にとって系統的な処遇を提供すべきである。

(2) **指定通院医療機関の整備・充実及び社会復帰調整官の人的拡充**

指定通院医療機関の整備をもっと行うべきである。精神障害を抱えた対象者が通院できる範囲はそれほど広くなく，地域的な違いがあるとはいえ（指定通院医療機関の数が東京では少なく，近畿圏は多いと聞く。），全国的に整備の必要を感じる。特に地方ではこの問題は深刻である。このような事情が処遇決定にも影響を及ぼす可能性もあり，通院可能な指定医療機関がないといった実際的な理由から，入院になったり，不処遇になったりすることは避けなければならない。また，指定通院医療機関の整備・充実は，より退院許可を促進し，医療観察制度全体をバランスの良いものにし，さらに，地域医療の改善にもつながる。指定通院医療機関の負担は重いから，より経済的に見合うようなシステムにしていく必要を感じる。

この点に関連して，社会復帰調整官の重要性についても触れておきたい。社会復帰調整官は医療観察の過程全般に関わり，対象者やその関係者，裁判所，医療機関の間を取り持ち，処遇をコーディネイトする機能を果たしている。退院となって通院している際もその営みは続き，無事処遇終了となるまでの道のりは長い。期待されている役割と事件動向からみて，より人的拡充が必要なように思える。

(3) **カンファレンスの一層の充実**

審判の運営にあたっては，審判官，審判員，参与員が鑑定人，検察官，付添人を含めてより率直に充実した意見交換，議論をできるようにすべきである。カンファレンスは，効率的で，争点についての充実した意見交換をするための大事な場であるから，裁判官は，その手続を主宰するものとして，時期や参考にすべき資料や当日の運営等様々な配慮をしてカンファレンスを行うことが必要である。また，そのためには裁判官が精神科の医師やケースワーカー，社会復帰調整官と協議する場をより積極的に持つべきである。地方裁判所では，年1回判定医等を招いて医療観察協議会を開催しているが，参与員や社会復帰調整官との協議の場や，医師とのケース研究等を行って，日頃から意思疎通を図ることが望ましい。

(4) 長期入院対象者の処遇

　入院が長期に及んでいる対象者については，前述したよう実務的にも非常に問題が大きくなってきており，この問題については，医療と司法の両方から検討を加えて，なるべく早く処遇の見直しについてのある程度の合意が図られ実践される必要がある。また，厚生労働省のモデルでは，18か月が医療観察法上の入院期間とされており，それに合わせて処遇プログラムを作成しているようである（前掲・ハンドブック205頁）。しかし，1,000日以上も入院を続けている対象者が2割程度いるという実務の現状からみて，この18か月というのが合理的な期間なのかどうかも一定の期間をおいて検証する必要もあるように思える。指定通院医療機関の整備・充実や地域ケアの充実によって退院を促進することも極めて重要な課題であろう（平林直次「指定入院医療機関における長期入院とその対策」司法精神医学5巻1号87頁）。

(5) 精神科医療水準の引上げ

　長期的な課題としては，日本における精神科医療の水準を引き上げる必要がある。医療観察法上の医療と一般精神科医療の「ねじれ」の問題については本稿では扱わないが，医療観察法上の医療が，金をかけて高規格で濃密な医療，手厚い医療を実現しているのに対し，一般の精神科医療は，経済的にも環境的にも厳しい状況にあるというのは，公平の観点からも決して望ましいことではない。一般の精神科医療の底上げが必要であり，一般の精神科医療の充実なくして，精神障害者の触法行為を防止することはできない。また，触法者の精神科医療としては，刑事裁判において完全責任応力と判定されて服役している者でも，明らかに精神障害を抱え治療の必要のある者がいるのに，そのような者は医療観察法上の医療を受けることはない。医療観察制度の成り立ちからみて仕方のないことであるが，受刑している精神障害者に対する医療の充実の問題も検討すべきである。再度触法行為を行うリスクにおいては，医療観察法の対象者と，ある程度精神障害が進んでいる受刑者とではあまり変わらないのではないかと思うからである。

　以上思いつくままに書き記してきたが，私は，医療観察制度が，精神医療の関係者と法曹が一緒に，触法行為を行った精神障害者の処遇を考え，決定

するとした我が国においては画期的な制度であることを高く評価している。今後もこの制度とそして一般の精神科医療が充実することを切に願っている。自分や自分の身内がいつ精神障害に陥るか分からないし，精神障害のために本意ではないのに触法行為に至る者をなくすことが，精神障害者の人権を守り，社会の安全を守ることになる。私たちは，触法行為を行った精神障害者（受刑者も含む。）の処遇，さらには，予防のための一般の精神科医療の充実について，もっと積極的に取り組むべきである。

　なお，本文中に挙げたもののほか法律実務家による主として審判手続に関する論文として，髙麗邦彦「東京地方裁判所における医療観察法事件の審判の実際」法と精神医療22号70頁，稗田雅洋「心神喪失者等医療観察法による審判手続の運用の実情と留意点」植村退官(2)389頁がある。

　付添人向けのものとして，特集「ビギナーズ医療観察法」刑弁63号9頁，治療反応性に関して，第7回日本司法精神医学会大会シンポジウム「医療観察法における『治療反応性』をめぐって」の各論稿（司法精神医学7巻1号73頁以下）がある。

　また，課題に関しては，第5回日本司法精神医学会大会シンポジウムⅡ「医療観察法の改正に向けて」（司法精神医学5巻1号85頁）以下の各論稿を参考にさせていただいた。

　厚生労働省のホームページ（心神喪失者等医療観察法の項目）には，最新の各種データが掲載されている。

（むらやま・ひろあき）

5 医療観察事件
弁護の立場から ── コメント

田岡 直博

Ⅰ はじめに
Ⅱ 申立ての問題点
Ⅲ 鑑定入院命令の問題点
Ⅳ 審判の問題点

Ⅰ はじめに

　医療観察法(以下単に「法」ともいう。)に対しては，その基本的性格を保安処分と見る立場から，立法段階から廃止ないし抜本的改正を求める意見が公表されているが，本稿では，制度論には立ち入らず，医療観察事件の当初審判（入院又は通院処遇申立事件）の運用に関して，付添人の立場から問題点を指摘するにとどめる（制度論に関しては，日本弁護士連合会「精神医療の改善と医療観察法の見直しに関する意見書」，日本弁護士連合会刑事法制委員会編『Q&A心神喪失者等医療観察法解説［第2版］』〈2014年，三省堂〉参照。また，付添人活動に関しては，「特集　ビギナーズ医療観察法」刑弁63号9頁参照）。

Ⅱ 申立ての問題点

　1　医療観察法33条1項本文は，検察官は，「対象行為を行った際の精神障害を改善し，これに伴って同様の行為を行うことなく，社会に復帰するこ

とを促進するためにこの法律による医療を受けさせる必要」(以下「『この法律による医療』の必要性」又は単に「医療の必要性」という。) が明らかにない場合を除き,「申し立てなければならない」と規定している。これは,検察官の「申立義務」を規定したものであり (白木功＝今福章二＝三好圭＝稗田雅洋＝松本圭史『「心神喪失等の状態で重大な他害行為を行った者の医療及び観察等に関する法律」及び「心神喪失等の状態で重大な他害行為を行った者の医療及び観察等に関する法律による審判の手続等に関する規則」の解説』〈2013年, 法曹会〉118頁), 例外事由に当たらない限り, 申立てをしない裁量は認められていない。医療観察法が規定する例外事由は, ①医療の必要性が明らかにない場合 (法33条1項本文), ②刑事事件, 少年事件又は外国人の退去強制手続が行われている場合 (同条1項ただし書), ③傷害が軽い場合 (同条3項本文) である。問題は, ①及び③の解釈である。

2　①の解釈に関し, 加藤論文は「本来, 医療の必要性に関する判断は検察官が専門的になし得るところではないので, そのような理由により申立てをしないという場合は, 正に例外的なものである」というが (加藤論文217頁), 疑問である。結果的に不処遇決定 (法42条1項3号) になるにしても, 申立てがあれば原則的に2か月間の鑑定入院命令が発せられ (法34条1項, 同条3項), これに対する不服申立てが認められていない現行制度の下では, 対象者の不利益は看過できないものがある。物質使用 (飲酒酩酊等) や急性一過性精神病性障害であって, 申立時に症状が消失している場合には, 申立てを行うべきではない (白木＝今福＝三好＝稗田＝松本・前掲120頁参照)。加藤論文は, 医療の必要性判断は専門外であるというが, 不起訴処分の場合でも起訴前正式鑑定が実施されていることが多いから, 医療の必要性を判断することが困難であるとは思われない。筆者の経験では, 急性一過性精神病性障害により殺人未遂事件を起こし, 執行猶予判決の確定後に申立てがなされた事例がある。この事例では, 起訴前鑑定の鑑定人が症状は消失していると診断しており, 一審段階から保釈が許可されていたのに, 上告棄却決定後に申立てがなされたため, 再収容となった (2回目のカンファレンス後に鑑定入院命令が取り消され, 審判では不処遇決定となった。)。

更に問題が大きいのは，不起訴処分後に措置入院が先行する場合である。この問題に関しては，政府報告（法務省＝厚生労働省「心神喪失等の状態で重大な他害行為を行った者の医療及び観察等に関する法律の施行の状況についての検討結果」）及び村山論文でも指摘されているが（同225頁），極端な例では，対象行為の10年後に申立てがなされたという報告もある（加藤丈晴「医療観察法の対象と検察官の申立権」臨床精神医学38巻5号542頁参照）。この事例では，統合失調症による殺人未遂事件につき，不起訴処分により地元の病院に措置入院となり，措置入院解除後も同病院に入院治療を継続していたが，症状の再燃はほとんどなく，症状は安定していたとのことである（審判では，不処遇決定となった。）。こうした事例では，申立てがなされることにより，かえって対象者の社会復帰を阻害することになりかねない。

3　また，③の解釈に関しても，加藤論文は，「傷害が軽い」として申立てがなされない事例が3割程度はあることから，「実質的なスクリーニング機能が果たされていると見られる」「必ずしも軽微な傷害についてまで審判の申立てをしているわけではない」と評価しているが（同208頁），統計的な数値だけでそのように評価できるかは疑問である。立案担当者は，加療期間が1週間に満たない場合には「傷害が軽微な場合」に当たる場合が少なくないとしているが（白木＝今福＝三好＝稗田＝松本・前掲123頁参照），実際に全治5日間，全治1週間といった軽微な傷害の事例でも申立てがなされている実態があるとすれば（大杉光子「医療観察法『国会報告』からわかること・わからないこと」法と精神医療27号18頁），全国的に見て，判断基準が安定しているとはいえないように思われる（村山論文225，236頁参照）。筆者が経験した事例ではないが，「加療期間不明」の「擦過傷」の傷害事件で，申立てがなされた事例の報告がある。この事例では，被害者が母親であったことから，在宅処遇が困難であると判断されたものと思われる（結果的に，入院処遇決定となった。）。確かに，医療観察法33条3項は「当該行為の内容」のみならず「当該対象者による過去の他害行為の有無及び内容並びに当該対象者の現在の病状，性格及び生活環境」を考慮することを認めているが，傷害が軽微であるのに「対象者の性格及び生

活環境」を重視して申立てを行うことは，保安処分的運用に繋がるおそれがある。そもそも軽微な傷害が「重大な他害行為」といえるかという根本的な疑問があり，法の趣旨に則った運用が確立されるべきである（日本弁護士連合会刑事法制委員会編・前掲59頁によると，最近は，加療期間が1週間未満の場合には申し立てられなくなっているようである。）。

Ⅲ 鑑定入院命令の問題点

1 医療観察法24条1項は，申立てを受けた地方裁判所の裁判官は，医療の必要性が明らかにない場合を除き，鑑定入院を「命じなければならない」と規定している（なお，法37条5項前段は，「裁判所」による鑑定入院命令を規定している。）。鑑定入院命令が発令されると，対象者は，原則として2か月間（ただし，1か月を超えない範囲で，延長することができる。），鑑定入院医療機関に入院しなければならない（法34条3項）。加藤論文でも指摘されているとおり，申立てがなされても鑑定入院命令が発令されない事例が一定数存在するようであるが（同209頁），その実態は明らかにされていない。法33条1項の申立ての要件と法34条1項の鑑定入院命令の要件は同一であり，申立ての時点での情報量に差はないはずであるから，検察官の申立てが不適切である事例が一定数存在することを示しているといえそうである（中島直「医療観察法『国会報告』について」法と精神医療27号2頁参照）。

2 問題は，「医療の必要性がないこと」を理由とする不服申立てが認められていないことである。医療観察法72条1項は鑑定入院命令に対する取消請求，同法73条1項は鑑定入院延長決定に対する異議申立てをそれぞれ規定しているが，いずれも「この法律による医療を受けさせる必要がないこと」を理由としてすることはできないとされている（法72条2項，73条2項）。最（三小）決平成21年8月7日（刑集63巻6号776頁）は，「裁判所は……鑑定入院の必要がないと判断した場合には，職権で鑑定入院命令を取り消すことができ，対象者，保護者又は付添人は，その職権発動を促すことができる」と判示し

227

たから，職権により取り消すことができることは明確になった。加藤論文は，医療の必要性がないと認められる場合には「直ちに不処遇の終局決定を行うべきであると考えられるので，職権の発動によって鑑定入院命令が取り消されるケースというのは，……にわかに想定し難い」というが（同214頁），実際には，直ちに審判期日を開くことができるとは限らないから（増田啓佑・最判解刑平成21年度342頁参照），鑑定入院命令の取消しが必要な事例は間違いなく存在する。筆者の経験でも，2回目のカンファレンス後に鑑定入院命令取り消され，審判では「疾病性なし」を理由に不処遇となった事例がある。

なお，鑑定入院命令の取消しは，「鑑定人の意見を聴くなどして」なされることになるが（前掲・最（三小）決平成21年8月7日），カンファレンスが原則として1回しか開かれない現在の運用を前提にすると（村山論文229頁），必ずしもカンファレンスにおける検討を経た後でなければならない（林正彦・令状に関する理論と実務Ⅱ69頁参照）とはいえないであろう。筆者が経験した事例ではないが，鑑定入院医療機関の判断で外出・外泊許可が出され，カンファレンス前に鑑定入院命令が取り消された事例の報告がある（平成17年3月24日障精発第0324001号・厚生労働省社会・援護局精神保健福祉部精神保健福祉課長通知「医療観察法に基づく鑑定入院医療機関の推薦依頼について」には「対象者は外出・外泊を法的権利として求めることはできない」と記載されているが，鑑定入院医療機関の判断で外出・外泊を許可することはできると解されているようである。）

Ⅳ 審判の問題点

1 医療観察法42条1項は，「この法律による医療の必要性」があると認める場合には入院又は通院処遇の決定を，それ以外の場合には不処遇決定をしなければならないと規定している。ただし，「対象行為を行ったと認められない場合」「心神喪失者及び心神耗弱者のいずれでもないと認める場合」には，申立を却下することになる（法42条2項，40条1項）。最大の問題は，「この法律による医療の必要性」の解釈である。

Ⅳ　審判の問題点

　2　周知のとおり，最（二小）決平成19年7月25日（刑集61巻5号563頁）は，「裁判所は，上記必要が認められる者については，同法42条1項1号の医療を受けさせるために入院をさせる旨の決定，又は同項2号の入院によらない医療を受けさせる旨の決定をしなければならず，上記必要を認めながら，精神保健及び精神障害者福祉に関する法律による措置入院等の医療で足りるとして医療観察法42条1項3号の同法による医療を行わない旨の決定をすることは許されない」と判示した。加藤論文は「法による医療と一般精神医療とを比較していずれが適当であるかを決するべきであるという考え方は明確に否定されている」というが（同214頁），決定の趣旨は「この法律による医療」の必要性が認められるにもかかわらず，不処遇決定にすることは許されないということであり，医療観察法による入院処遇の必要性が認められない場合に通院処遇又は不処遇とした上で，精神保健福祉法による措置入院を併用することを否定する趣旨ではないと解される（法115条参照。なお，加藤論文8頁でも，入院処遇か通院処遇かを決定するに当たり，精神保健福祉法による入院を利用し得る環境にあることを考慮することは認めている。）。「この法律による医療の必要性」とは，①疾病性，②治療可能性（治療反応性），③社会復帰要因をいうが，これらが「一定水準以上」存在することが必要である（田口寿子「『この法律による医療の必要性』とその評価」臨床精神医学38巻5号565頁参照）。②の要件に関し，「なんらかの医療を行えば，医療をまったく行わない状態より少しでも精神障害の改善がみられるときは，治療反応性は認められる」という見解もあるが（長井秀典「法律家の立場からみた『治療反応性』」司法精神医学7号93頁），これでは②を要件とする意味がなく疑問である。これらの要件が「高度に専門的な医療観察法上の医療を実施するための基準」であることからすると（村山論文14頁），入院処遇の必要性が認められるのは，主診断が統合失調症圏，気分障害圏などのいわゆる内因性精神病であり（①，②），一般精神医療では社会復帰の促進を図ることが困難である場合（③）に限られると言うべきである（田口・前掲567ないし567頁参照）。厚生労働省の発表では，主診断が統合失調症圏（F2）の入院対象者が全体の約83％を占めており（http://www.mhlw.go.jp/bunya/shougaihoken/sinsin/nyuin.html），現実の審判では，医療観察法による処遇

が必要な対象者を選別する実質的判断がなされていると思われる。

3 なお，当初審判の問題ではないが，「心神喪失者及び心神耗弱者のいずれでもない」ことを理由に却下決定がなされる事例が一定数存在する（加藤論文210頁）。不起訴処分からの申立ての場合には，検察官は，カンファレンス及び当初審判で心神喪失又は心神耗弱を主張し，仮に心神耗弱決定（法40条2項）がなされても申立てを取り下げないことが多いが，完全責任能力を理由に却下決定が出ると一転して起訴し，完全責任能力を主張することが多い。刑事事件では，心神喪失を示唆する起訴前正式鑑定が存在する場合には，弁護人が起訴前鑑定の鑑定受託者を証人申請し，検察官が医療観察鑑定の鑑定人を証人申請するという逆転現象が生じる（更に公判前整理手続で50条鑑定が実施された事例もある。）。判決で執行猶予又は無罪判決になれば，検察官は，再度の申立てを行うことが義務付けられることになり，対象者は二重，三重の負担を負わせられることになる。裁判員法施行後，起訴前鑑定の実施件数が倍増したことに伴い，殺人及び放火事件の起訴猶予率も概ね倍増しており，検察官は，責任能力判断が微妙な事案は敢えて起訴猶予にしているものと思われるが（日本弁護士連合会刑事弁護センター編『責任能力弁護の手引き』〈2015年，現代人文社〉14頁），公益の代表者として適切な責任能力判断がなされることが望まれる。少なくとも一旦不起訴処分にした事件については，当初審判で完全責任能力を理由に却下決定がなされたとしても，起訴するかどうかは慎重に判断されるべきである。

（たおか・なおひろ）

第2編
捜査・弁護

6 強制捜査と任意捜査
検察の立場から

石山　宏樹

Ⅰ　はじめに
Ⅱ　強制処分の意義（強制捜査と任意捜査の区別の基準）
Ⅲ　任意捜査の限界

Ⅰ　はじめに

　197条1項は、「捜査については、その目的を達するため必要な取調をすることができる。但し、強制の処分は、この法律に特別の定のある場合でなければ、これをすることができない。」と規定するところ、同規定は、捜査は任意捜査が原則であり（任意捜査の原則）、強制捜査は例外的に本法に特別の定めがある場合にのみ行うことができること（強制処分法定主義）を明らかにしたものとされている（馬場義宣・大コンメ刑訴法(3)140頁）。
　すなわち、捜査機関は、その判断と裁量によって、捜査目的を達するため必要な一切の手段、方法を採ることができるが、強制処分を用いる強制捜査については、本法に根拠規定がある場合に限り許されるとされているのである。
　そして、本法において、強制処分として、逮捕、勾留、捜索、差押、検証、鑑定処分等が規定されており、それぞれ厳格な要件や手続が定められている上、捜査機関がこれらの強制処分を行うにあたっては、原則として、要件を充足していることについて裁判官の事前の令状審査が必要とされている（令状主義）。

しかるに，本法において，強制処分とはいかなる処分のことをいうのかについて一義的な定義を示していないことから，強制処分の意義や，強制処分を用いる強制捜査と強制処分を用いない任意捜査（あくまで「強制処分を用いない捜査」という意味であるから，非強制捜査ともいえる。）との区別が問題となり，これらの点について従来様々な見解が示されてきた。

また，任意捜査についても，何らかの法益を侵害し又は侵害するおそれがあることから無限定に行えるものではなく，当該捜査の必要性や相当性による限界があるとされている。

本稿では，強制処分の意義（強制捜査と任意捜査の区別）に係る判例や，任意捜査の限界が問題となった事例に関する判例等を概観することにより，これら判例の考え方を整理・検討するとともに，それを前提とした捜査実務の在り方等について若干の私見を述べることとしたい。

Ⅱ　強制処分の意義（強制捜査と任意捜査の区別の基準）

1　従前の学説等

従前の学説においては，現行法上の強制処分（逮捕，勾留，捜索，差押，起訴前証人尋問等）を念頭に置きつつ，強制処分とは，物理的な有形力を用いる処分，又は，対象者に法的な義務を負わせる処分であると解されてきた。

それに対し，科学技術が発達し，それが犯罪捜査にも応用されるようになると，例えば，対象者に気づかれないまま高精度の望遠レンズを使って住居内での姿を写真撮影するなど，物理的な有形力の行使を伴わずに個人のプライバシー等の重大な権利・利益を侵害する捜査手段が可能となることを前提に，有形力の行使の有無を問わず，個人の権利・利益を侵害するものは全て強制処分と解すべきとする学説等も現れるに至った。

2　最決昭和51年3月16日（刑集30巻2号187頁）

物理的な有形力の行使と強制処分との関係について，最決昭和51年3月16日（刑集30巻2号187頁。以下「昭和51年決定」という）は，警察官が，道路交通法

の酒酔い運転の嫌疑により警察署へ任意同行した被疑者に対し、呼気検査に応じるよう説得する過程で、退室しようとした被疑者の左手首をつかんだという事例において、「強制手段とは、有形力の行使を伴う手段を意味するものではなく、個人の意思を制圧し、身体、住居、財産等に制約を加えて強制的に捜査目的を実現する行為など、特別の根拠規定がなければ許容することが相当でない手段を意味するものであつて、右の程度に至らない有形力の行使は、任意捜査においても許容される場合があるといわなければならない。」と判示し、物理的な有形力の行使の有無が直ちに強制処分か否かを決するメルクマールとはならないことを明らかにした。

昭和51年決定の強制処分の定義、すなわち、①個人の意思を制圧し、②身体、住居、財産等に制約を加えて、③強制的に捜査目的を実現する行為など、④特別の根拠規定がなければ許容することが相当でない手段、という定義について、同決定が、具体的事例への当てはめ部分において、「K巡査の前記行為(筆者注：退室しようとした被疑者の左斜め前に近寄り、『風船をやってからでいいではないか。』と言って両手で被疑者の左手首をつかむなどした行為)は、呼気検査に応じるよう被告人を説得するために行われたものであり、その程度もさほど強いものではないというのであるから、これをもつて性質上当然に逮捕その他の強制手段にあたるものと判断することはできない。」と判示していることなども合わせ考慮すると、捜査官による有形力行使の目的やその程度が強制処分か否かを決する上で重要なメルクマールになるものと解される。

すなわち、有形力行使の目的が、(対象者の意思を制圧して)捜査目的を実現(捜査を強行)することにあったのか、それとも対象者から捜査目的の実現に伴う権利・利益の制約につき承諾を取り付けること(すなわち、捜査に協力するよう説得すること)にあったのか(前者であれば強制処分性を認める方向に働く。)、また当該行使に係る有形力の程度が、対象者から権利・利益の制約についての諾否の自由を奪うような強度のもの(対象者に有無を言わせず、権利・利益の制約を受忍させる程度のもの)であったのか、それとも対象者に権利・利益の制約を承諾するよう働きかける(説得に止まる)程度のものであったのか(前者であれば強制処分性を認める方向に働く。)によって、強制処分に当たるか否かが決せら

れることになろう。

　このように，有形力行使の事案において，判例が強制処分とするのは，単に対象者の意思に反して，(重要な)権利・利益を制約する行為ではなく(意思に反すると言っても，その程度には様々なレベルのものがある。)，捜査目的の実現のために，対象者の意思を制圧し，その(重要な)権利・利益を完全にはく奪するような侵害性の程度が高い手段なのであり，そうであるからこそ，「特別の根拠規定がなければ許容することが相当でない手段」に当たるとされているものと解される(佐々木正輝「自動車検問，職務質問・所持品検査 その1」佐々木正輝＝猪俣尚人『捜査法演習－理論と実務の架橋のための15講』〈2008年, 立花書房〉45頁)。

　したがって，捜査官が，任意捜査としての意識の下で，対象者から捜査への協力(権利・利益の制約についての承諾)を得るよう真摯に努めながら捜査を遂行している限りは，仮にその過程において，(対象者の意思を制圧しない程度の)相応の有形力が行使され，結果的に対象者の意思に反する(重要な)権利・利益の制約が生じたとしても，直ちに「違法な強制処分」とされることはまずないものと思われる(なお，後記Ⅲ記載のとおり，別途，個別具体的な状況下での「任意捜査としての限界」が問題となり，同限界を超えた「違法な任意捜査」とされることはあり得る。)。

　捜査実務においては，典型的には薬物事犯等で，職務質問に端緒を得て捜査へ移行し犯人の検挙に至る過程で，捜査官が偶発的かつ緊急状況下での対応を迫られ，令状請求することも不可能あるいは著しく困難な中で，不審事由の解明や捜査目的の実現を図らなければならない場合があり，捜査官としては，眼前の被疑者に対し，粘り強く説得を繰り返し，その承諾を得て任務を遂行するよりほかに採るべき道はないのである。何らかの犯罪の嫌疑が濃厚であるのに，被疑者の承諾が容易に得られないからといって安易に追及を放棄し，被疑者がその場から立ち去るのを容認することが国民の捜査機関への負託に応えるものでないことは明らかであろう。

　昭和51年決定は，こうした捜査の実情も踏まえ，結果的に対象者の意思に反する(重要な)権利・利益の制約があれば直ちに(違法な)強制処分に当たるとするのではなく，捜査官の対応(有形力行使の目的や程度)が，対象者の意思

を制圧して捜査目的を強行しようとしたものか，あるいは，対象者に協力を求めながら捜査を進めようとしたものかによって，(違法な)強制処分に当たるか否か(仮に，違法な強制処分に当たるとされると，個別具体的状況下での当該捜査の必要性を判断するまでもなく，許されない捜査手法ということになる。)を判断しようとするものと理解することができ，捜査規範としても明確であって妥当と考えられる(もっとも，捜査実務上より重要なのは，「違法な強制処分」に当たらないかだけでなく，任意捜査の限界を超え，「違法な任意捜査」になっていないかという点だと思われるが，この点については，後記Ⅲのとおり，個別具体的な事案ごとの判断となるため，明確な基準を立てるのは困難である。)。

ところで，昭和51年決定の強制処分の定義に関し，②の身体，住居，財産等の制約を強制処分の指標の中核に捉え，強制処分とは，相手方の意思に反して，その重要な権利・利益を制約する処分であると捉える有力な学説がある(井上正仁「任意捜査と強制捜査の区別」争点［3版］46頁，大澤裕「強制処分と任意処分の限界」刑訴百選［9版］4頁)。処分に対し相手方の承諾がある場合には，それによる権利・利益の制約は観念し得ないから，処分が相手方の意思に反して(承諾なく)行われることが②の前提(あるいは内在的制約)といえるが，①の個人の意思の制圧はそれと同義であるとするのである。その上で，強制処分と結び付けられた法的効果の重さ(強制処分法定主義)と，現に法定された強制処分の要件・手続の厳格さ(令状主義との結合)とに照らし，強制処分とは，そのような保護に見合うだけの重要な権利・利益を制約する処分でなければならないとする。そして，この見解は，昭和51年決定が警察官の当該行為を強制処分に当たるとしなかったのは，軽度で一時的な有形力の行使であって，未だ重要な権利・利益を制約するに至っていなかったからであると理解するのである。

しかし，昭和51年決定の前記判示部分からすると，当該警察官の行為(有形力行使)の目的や程度に着目して強制処分に当たらないと判断したものであり，その結果として制約された権利・利益の重要性の程度を問題としたものではないと解するのが自然であろう。

現に，最高裁は，警察官が任意同行を求めるため被疑者を職務質問の現場

に約6時間半以上にわたり留め置いた事例（最決平成6・9・16〈刑集48巻6号420頁。以下「平成6年決定」という〉）においても，警察官の措置は，「被告人に対する任意同行を求めるための説得行為としてはその限度を超え，**被告人の移動の自由を長時間にわたり奪った点において**，任意捜査として許容される範囲を逸脱したものとして違法といわざるを得ない」（ゴシック部分は筆者）としつつ，「警察官が行使した有形力は……さほど強いものではなく，被告人が……任意同行をかたくなに拒否するという態度を取り続けたことを考慮すると，結果的に警察官による説得が長時間に及んだのもやむを得なかった面があるということができ，……その違法の程度は，いまだ令状主義の精神を没却するような重大なものとはいえない」などと判示しており，同決定については，「五一年決定の基準に照らし，本件現場への留め置き措置は，同年決定のいう『強制手段』，すなわち，刑訴法一九七条第一項ただし書にいう『強制の処分』に当たるとはいえないが，右措置の前記のような必要性，緊急性などを考慮しても，本件の具体的状況の下において任意捜査として相当と認められる限度を逸脱していると判断したものと思われる。」などとされているのである（中谷雄二郎・最判解刑平成6年度186頁）。

　このように判例は，少なくとも有形力行使の事案においては，当該有形力行使の目的や程度にも着目して強制処分に当たるか否かを判断しているのであり，対象者の（意思に反する）重要な権利・利益の制約の有無のみを強制処分のメルクマールとしているものではないと思われる。

　なお，仮に対象者の（意思に反する）重要な権利・利益の制約の有無のみを強制処分のメルクマールとした場合，結局のところ，当該重要な権利・利益の制約が対象者の意思に反するものであったか否かが事実認定上重要な問題とならざるを得ないが（意思に反してさえいなければ権利・利益の制約はないと考えられることになる。），犯罪捜査が元々被疑者等の対象者の権利・利益と鋭く対立する性格を有していることからすると，時としてこの事実認定は非常に微妙で難しい場合もあろう。例えば，覚せい剤使用者が捜査官の説得を受けて尿を「任意提出」した場合，渋々ながらも真意で承諾したのか，抵抗し切れず意思に反して提出に応じさせられたのかは，事案によっては相当微妙であり

(当該覚せい剤使用者の生の認識としてもどちらかはっきりしない場合もあるのではなかろうか。)，結局は，捜査官の働きかけの態様（有形力行使の目的や程度等）によって被疑者の承諾の有無を推認する（あるいは承諾を擬制する）ほかない場合も多いのではないだろうか。

このように，対象者の（意思に反する）重要な権利・利益の制約の有無のみを強制処分のメルクマールとする考え方は，理論的には至極明快であるようにも思えるが，実際の実務の場面に当てはめて考えると，そのままの形では捜査規範等としては十分機能せず，結局は捜査官の手段（有形力行使の目的や程度等）にも着目して判断せざるを得ないように思われる。

3　最決昭和59年2月29日（刑集38巻3号479頁）

最決昭和59年2月29日（刑集38巻3号479頁）は，被疑者を所轄警察署近辺のホテル等に4夜にわたり宿泊させて取調べを続行したことが任意捜査の方法として違法とまではいえないとした事例において，強制手段（強制処分）の意義についての昭和51年決定を引用しつつ，「任意捜査の一環としての被疑者に対する取調べは，右のような強制手段によることができないというだけでなく，さらに，事案の性質，被疑者に対する容疑の程度，被疑者の態度等諸般の事情を勘案して，社会通念上相当と認められる方法ないし態様及び限度において，許容されるものと解すべきである。」などと判示していることからすると，有形力行使の事案のみならず，捜査官が言動等により対象者の意思に働きかける事案においても，昭和51年決定が妥当するものと解される。すなわち，捜査官の言動等による働きかけの目的や対象者の意思への働きかけの程度によって，（違法な）強制処分に当たるか否かが判断されることになるものと思われる。この判例の具体的な事例への当てはめ部分で，「被告人は，右初日の宿泊については前記のような答申書を差し出しており，また，記録上，右の間に被告人が取調べや宿泊を拒否し，調べ室あるいは宿泊施設から退去し帰宅することを申し出たり，そのような行動に出た証跡はなく，捜査官らが，取調べを強行し，被告人の退去，帰宅を拒絶したり制止したというような事実も窺われないのであつて，これらの諸事情を総合すると，右取調

べにせよ宿泊にせよ、結局、被告人がその意思によりこれを容認し応じていたものと認められる。」と判示している点については、当該宿泊を伴う取調べにおける一連の捜査官の言動等が、被疑者の意思を制圧する程度のものではなく、（違法な）強制処分に当たらないことを指摘したものと解される。

4 最決平成20年4月15日（刑集62巻5号1398頁）及び最決平成21年9月28日（刑集63巻7号868頁）

最決平成20年4月15日（刑集62巻5号1398頁。以下「平成20年決定」という）は、捜査機関が公道上及びパチンコ店内にいる被告人の容ぼう、体型等をビデオ撮影した捜査活動が適法とされた事例において、「前記各ビデオ撮影は、強盗殺人等事件の捜査に関し、防犯ビデオに写っていた人物の容ぼう、体型等と被告人の容ぼう、体型等との同一性の有無という犯人の特定のための重要な判断に必要な証拠資料を入手するため、これに必要な限度において、公道上を歩いている被告人の容ぼう等を撮影し、あるいは不特定多数の客が集まるパチンコ店内において被告人の容ぼう等を撮影したものであり、いずれも、通常、人が他人から容ぼう等を観察されること自体は受忍せざるを得ない場所におけるものである。」などと判示したものであるが、現に犯罪が行われ又は行われた後間がないと認められる場合でもないのに、無令状で実行されたビデオ撮影を適法としていることから、明示的には述べてはいないものの、同ビデオ撮影は、強制捜査ではなく、任意捜査であるとの法的評価を前提としているものと理解できる。

他方、最決平成21年9月28日（刑集63巻7号868頁。以下「平成21年決定」という）は、宅配便業者の運送過程下にある荷物について、荷送人や荷受人の承諾を得ずに、捜査機関が検証許可状によることなく行ったエックス線検査の適法性が問題となった事例において、「本件エックス線検査は、荷送人の依頼に基づき宅配便業者の運送過程下にある荷物について、捜査機関が、捜査目的を達成するため、荷送人や荷受人の承諾を得ることなく、これに外部からエックス線を照射して内容物の射影を観察したものであるが、その射影によって荷物の内容物の形状や材質をうかがい知ることができる上、内容物に

よってはその品目等を相当程度具体的に特定することも可能であって，荷送人や荷受人の内容物に対するプライバシー等を大きく侵害するものであるから，検証としての性質を有する強制処分に当たるものと解される。」などと判示している。

　これら両決定の事案は，いずれも，捜査機関が対象者の意思に働きかけることなく，対象者が気付かないうちに行った捜査手段が問題となったものであるが，両決定とも昭和51年決定を引用していないことから（対象者に働きかけることなく行う捜査手法であることから，意思の制圧が問題となり得ないためであろう。），このような事案における強制処分の意義（強制捜査と任意捜査の区別の基準）をどのように捉えているのかが問題となる。

　平成20年決定では，公道上ないしパチンコ店内で被疑者の容ぼう等を撮影した行為につき，「いずれも，通常，人が他人から容ぼう等を観察されること自体は受忍せざるを得ない場所におけるものである。」などとして強制処分に当たらないと判断しているのに対し，平成21年決定では，捜査機関が行ったエックス線検査について，「荷送人や荷受人の内容物に対するプライバシー等を大きく侵害するものであるから，検証としての性質を有する強制処分に当たるものと解される。」などとしていることからすると，捜査行為により侵害される権利・利益の重要性の程度によって，強制処分に当たるか否かを判断しているものと解される。すなわち，公道上やパチンコ店内での容ぼう等を撮影されない自由については，強制処分とすることによる保護（強制処分法定主義や令状主義による規制）に値しないが，宅配便業者の運送過程下にある荷物の内容に対する荷送人や荷受人のプライバシー等の権利は，その保護に値すると判断したのであろう。

　なお，平成21年決定の一審（大阪地判平成18・9・13〈刑集63巻7号890頁〉）においては，「本件によるエックス線検査による方法は，その射影により内容物の形状や材質を窺い知ることができるだけで，内容物が具体的にどのようなものであるかを特定することは到底不可能である。したがって，この方法が荷送人・荷受人のプライバシー等を侵害するものであるとしても，その程度は極めて軽度のものにとどまる。……『強制の処分』に属するものではなく，

捜査機関がいわゆる『任意捜査』として実施しうるものであるというべきである」とされ，控訴審でも同様の判断がされていること，職務質問に伴う所持品検査についての従来の判例（最判昭和53・6・20〈刑集32巻4号670頁。以下「昭和53年判決」という〉）では，着衣やバッグなどの外表に手で触れて内容物の形状等を触診することのみならず，バッグのチャックを開けて中身を一瞥（内容物を直接視認）することすら，強制処分に当たらないとされていたこととのバランスなどを考えると，本件エックス線検査が，平成21年決定が指摘するように，「荷送人や荷受人の内容物に対するプライバシー等を大きく侵害するもの」と評価することの妥当性，ひいては，強制処分とすることによる保護に値する権利・利益とはいかなるものをいうのかその基準については，今後更に事例の積み重ねを通じて検討する必要があると思われる。ただ，いずれにしても，今後，捜査機関がこのようなエックス線検査を行うときはもとより，それに類する捜査手法を採る場合においても，慎重を期して，検証許可状を請求して行うべきである。

　以上のように判例は，有形力の行使ないしその他の言動等によって対象者の意思に働きかける捜査手法と，対象者の意思に働きかけることなく対象者が気付かないうちにその権利・利益を制約（侵害）する捜査手法とで，強制処分の意義について異なる基準を立てているようにも見える。しかしながら，翻って考えるに，判例のいう強制処分とは，単に対象者の意思に反するに止まらず，（そもそも対象者の真意の承諾を得ることを前提とせずに）その意思を無視して有無をいわせず，重要な権利・利益を制約（はく奪）し，捜査目的の実現を図る手段を意味し，平成21年決定の事案におけるエックス線検査は，対象者に諾否の機会すら与えず，まさに対象者の意思を無視して重要な権利・利益（プライバシー等）を制約（はく奪）し，捜査目的の実現を図るものであって，強制処分に当たるとされたのではなかろうか。それに対し，昭和51年決定の事案においては，対象者の承諾を得ることを前提とする任意捜査の形式で行われた行為（有形力の行使）が，対象者の意思を制圧して諾否の自由を奪い，実質的にはその意思を無視して重要な権利・利益を制約（はく奪）し，捜査目的を強行するに等しいものになっていたかが問題とされたのだと考えると，判例

の強制処分の意義についての考え方は一貫しているようにも思われる。

Ⅲ　任意捜査の限界

1　昭和51年決定の枠組み

　昭和51年決定は，前記のとおり，有形力行使の事案において，有形力行使が直ちに強制処分のメルクマールとなるものではないことを明らかにした上で，「強制手段にあたらない有形力の行使であつても，何らかの法益を侵害し又は侵害するおそれがあるのであるから，状況のいかんを問わず常に許容されるものと解するのは相当でなく，必要性，緊急性なども考慮したうえ，具体的状況のもとで相当と認められる限度において許容されるものと解すべきである。」と判示し，任意捜査にも限界があるとして，その適法性の基準を示した。

　緊急性というのは，「緊急の必要性」のことであり，「必要性」の判断要素の一つと考えられることから，昭和51年決定の適法性の基準は，つまるところそのような手段を用いることについての捜査上の必要性と，同手段を用いることにより侵害される対象者の権利・利益とを比較考衡して，「相当」と認められる場合に適法性が認められるというものであろう（必要性，相当性の基準）。

　なお，必要性，相当性を判断するに当たっては，具体的状況のもとで諸般の事情を総合して，法秩序全体の見地からその適否が決せられることになるとされ，法益侵害を受ける相手方の承諾の有無のほか，相手方の態度・行動，被疑事実の重大性，嫌疑の程度，捜査目的の正当性，捜査目的達成のためにとられる手段，方法の必要性，緊急性，補充性，侵害される法益とそれによって確保される法益の均衡等が考慮されることになるとされる（松本芳希「〈コメント2〉6　任意捜査の限界－裁判の立場から」新刑事手続Ⅰ159頁）。

　このように，捜査が行われた個別具体的状況を下に当該任意捜査の必要性，相当性によって適法性を判断するという昭和51年決定の枠組みは，その後，同種事例はもとより，同じく任意処分である警察官職務執行法上の職務質問・所持品検査の事例でも用いられている（昭和53年判決は，「所持品について

捜索及び押収を受けることのない権利は憲法三五条の保障するところであり，捜索に至らない程度の行為であつてもこれを受ける者の権利を害するものであるから，状況のいかんを問わず常にかかる行為が許容されるものと解すべきでないことはもちろんであつて，かかる行為は，限定的な場合において，所持品検査の必要性，緊急性，これによって害される個人の法益と保護されるべき公共の利益との権衡などを考慮し，具体的状況のもとで相当と認められる限度においてのみ，許容されるものと解すべきである。」などと判示している。）。

また，平成20年決定（公道上及びパチンコ店内でのビデオ撮影の事案）においても，当該ビデオ撮影について，「捜査目的を達成するため，必要な範囲において，かつ，相当な方法によって行われたものといえ，捜査活動として適法なものというべきである。」などとしており，昭和51年決定の枠組みと同様の枠組みによって任意捜査の適法性を判断している。

このように昭和51年決定の枠組み（必要性，相当性の基準）は，有形力行使等の事案のみならず，対象者の意思に働きかけることなく行われる捜査活動についても，任意捜査の適法性を判断する基準として用いられているといえる。

2 「純粋任意段階と強制移行段階」という考え方

前記のとおり，薬物事犯などで，職務質問に端緒を得て任意捜査に移行し，捜査官が被疑者に対し，再三にわたり，捜査（採尿や所持品の提出）への協力（承諾）を求めるも，被疑者において頑なにこれを拒否し続けた結果，長時間にわたって被疑者を現場に留め置く場合がある。

前記Ⅱの2記載の平成6年決定がまさにこのような事案であり，警察官が，覚せい剤使用の疑いがある被疑者に任意同行を求めるため職務質問の現場に約6時間半以上にわたり留め置いた点について，「被告人の覚せい剤使用の嫌疑が濃厚になっていたことを考慮しても，被告人に対する任意同行を求めるための説得行為としてはその限度を超え，被告人の移動の自由を長時間にわたり奪った点において，任意捜査として許容される範囲を逸脱したものとして違法といわざるを得ない。」と判断している。

他方，下級審の事例であるが，東京高判平成8年9月3日（判タ935号267頁）は，警察官が職務質問に引き続き任意同行を求めるため被疑者を職務質問の現場に合計約4時間にわたって留め置いたことに違法はないとしている。
　平成6年決定の事例と東京高判平成8年9月3日の事例とでは，捜査の必要性に係る事情も異なり（例えば，平成6年決定の事例においては，被疑者を現場に留め置く必要性としては，覚せい剤使用の嫌疑に加え，道路交通法67条3項に基づき交通の危険を防止する必要性が指摘されているのに対し，東京高判平成8年9月3日の事例においては，被疑者に覚せい剤取締法違反3件の犯歴があったほか，乗車していた車両が無車検，無保険車であることが判明し，道路運送車両法違反による現行犯逮捕も可能であったことなどの事情が指摘されている。），単純に現場に留め置いた時間（約6時間半と約4時間）だけを比較して論ずるのが妥当かという問題もあるが，一般論としては，捜査官が任意同行を求めるも被疑者がこれを拒否し，現場に留め置く時間が長くなれば長くなるほど，被疑者の承諾が得られる見込みが乏しくなってくるのが通常であろうから，当該説得行為を継続することの有効性，ひいては捜査上の必要性が減じることになり（もっとも，被疑者が単純に任意同行に応じないというに止まらず，その間の被疑者の言動等によって薬物使用等の嫌疑が更に強まるなどの事情があれば別論），他方，被疑者の権利・利益の制約（行動の自由の制限）の程度は大きくなることから，相当性を欠き，任意捜査の限界を超えたと判断される可能性が高くなると考えられる。
　それでは，捜査官が，説得の過程において被疑者の承諾を得るのを断念して令状請求の準備に入り，令状が発付されるまでの間，被疑者を現場に留め置いた場合はどうなるであろうか。
　この点について判断した裁判例として，いずれも下級審のものであるが，東京高判平成21年7月1日（判タ1314号302頁）と東京高判平成22年11月8日（高刑集63巻3号4頁）がある。両裁判例は，いずれも職務質問の後，強制採尿令状執行に至るまでの被疑者の留め置きの適法性が争われた事案において，前者は，任意同行先の警察署の取調室に約3時間半留め置いた措置を適法とし，後者は，職務質問の現場に約4時間留め置いた措置を適法とした。なお，前者の裁判例の事案における留め置き措置の状況であるが，「本件取調室の

出入口ドアは開放されていたが，丙川警察官ら1,2名の警察官が常時その付近に待機していた。」「被告人は，本件取調室内で，H弁護士と携帯電話で通話することが許されており，同弁護士から，①警察官に公務執行妨害罪で検挙されないよう注意すべきこと，②退出する際には携帯電話でその状況を撮影すべきことなどの助言を得，……多数回，退出の意思を表明し，携帯電話で本件取調室内の状況や出入口付近の状況を撮影しながら，退出しようとする行動を取った。」「他方，その都度，本件取調室の出入口付近で監視していた丙川警察官や他の警察官が集まり，退出しようとする被告人の前に立ち塞がったり，背中で被告人を押し返したり，被告人の身体を手で払うなどして退出を阻止していた。」「また，被告人は，長女をK署に呼び寄せ，希望する飲物や筆記用具を本件取調室内に持ち込ませるなどした。」というものであった。

　両裁判例とも，留め置きの適法性を判断するに当たり，「純粋に任意捜査として行われている段階」(純粋任意段階)と「強制手続への移行段階」(強制移行段階)とを区別するという新しい判断枠組みを採用し，強制移行段階においては，「強制採尿令状の請求が検討されるほどに嫌疑が濃い対象者については，強制採尿令状発付後，速やかに同令状が執行されなければ，捜査上著しい支障が生じることも予想され得ることといえるから，対象者の所在確保の必要性は高く，令状請求によって留め置きの必要性・緊急性が当然失われることにはならない。」(東京高判平成21・7・1)，「強制採尿令状の請求に取りかかったということは，捜査機関において同令状の請求が可能であると判断し得る程度に犯罪の嫌疑が濃くなったことを物語るものであり，……同令状を請求するためには，予め採尿を行う医師を確保することが前提となり，かつ，同令状の発付を受けた後，所定の時間内に当該医師の許に被疑者を連行する必要もある。したがって，令状執行の対象である被疑者の所在確保の必要性には非常に高いものがあるから，強制採尿令状請求が行われていること自体を被疑者に伝えることが条件となるが，純粋な任意捜査の場合に比し，相当程度強くその場に止まるよう被疑者に求めることも許されると解される。」(東京高判平成22・11・8)などと判示している。

両裁判例は，強制移行段階においては，嫌疑の濃厚性（あるいは，令状請求準備が行われることによる，その時点における嫌疑の客観化）と令状執行のための被疑者の所在確保の必要性が，被疑者の説得のための必要性に替わって，被疑者を現場に留め置くことの必要性（任意捜査の必要性）を基礎付けることになるとしているものと解されるところ，職務質問から任意捜査，そして強制捜査へと移行する捜査実務上の必要性を正面から取り入れた理論構成であると評価できる。

　この種事犯を捜査する場合には，両裁判例の趣旨を十分斟酌し，任意捜査の過程で被疑者の承諾が得られる見込みがない場合に，時機を失することなく速やかに令状請求に切り替えるなどの対応が望まれることになろう。

（いしやま・ひろき）

6 強制捜査と任意捜査
弁護の立場から ── コメント1

岡　慎　一

I　強制処分の意義（強制捜査と任意捜査の区別の基準）
II　任意捜査の限界

I　強制処分の意義（強制捜査と任意捜査の区別の基準）

1　最高裁昭和51年3月16日決定の理解

　最決昭和51年3月16日（刑集30巻2号187頁。以下「昭和51年決定」という）は，強制処分を，①個人の意思を制圧し，②身体，住居，財産等に制約を加えて，③強制的に捜査目的を実現する行為など，④特別の根拠規定がなければ許容することが相当でない手段と定義した。このうち，強制処分の指標として実質的な意味を持ち得るのは①及び②であるところ，その意義について，(A)②を強制処分の指標の中核に据え，強制処分とは，相手方の意思に反して，その重要な権利・利益を制約する処分であると捉える見解（井上正仁「任意捜査と強制捜査の区別」争点「3版」46頁），及び(B)①にも独自の意義を与え，①は用いられた手段について，単に意思に反することではなく，意思を「制圧」する程度のものであることを要求すると捉える見解（渡辺咲子「任意捜査の限界──検察の立場から」新刑事手続 I 147頁）があると整理されてきた（大澤裕「強制処分と任意処分の限界」刑訴百選［9版］4頁）。

　石山論文は，同判例が，具体的事例への当てはめ部分において，「呼気検査

に応じるよう被告人を説得するために行われたものであり，その程度もさほど強いものではないというのであるから，これをもつて性質上当然に逮捕その他の強制手段にあたるものと判断することはできない。」と判示していることを指摘し，「捜査官による有形力行使の目的やその程度が強制処分か否かを決する上で重要なメルクマールになる」とする。そして，有形力行使の目的が，対象者の意思を制圧して捜査目的を実現（捜査を強行）することにあったのか，それとも対象者から捜査目的の実現に伴う権利・利益の制約につき承諾を取り付けることにあったのか，また当該行使に係る有形力の程度が，対象者から権利・利益の制約についての諾否の自由を奪うような強度のもの（対象者に有無を言わせず，権利・利益の制約を受忍させる程度のもの）であったのか，それとも対象者に権利・利益の制約を承諾するよう働きかける（説得に止まる）程度のものであったのかによって強制処分に当たるか否かが決せられることになるとする。これは，前記(B)の見解を前提としたうえで，「有形力の程度」に加え「有形力行使の目的」を指標とし，さらに，これらについての判断基準を具体化しようとしたものと考えられる。

2 検　　討

石山論文では，対象者の重要な権利・利益が侵害・制約された場合でも，有形力行使の目的や程度からみて強制処分にあたらないとされうることが重視されており，そのような事例として，最決平成6年9月16日（刑集48巻6号420頁）が引用されている。たしかに，同最高裁決定では，警察官が任意同行を求めるため被疑者を職務質問の現場に約6時間半以上にわたり留め置いた行為が「被告人の移動の自由を長時間にわたり奪った」と評価されながらも強制処分とされていないから，この判例は「有形力行使の目的や程度」を指標にしたものとみることもできよう。しかし，同判例については，法律上の根拠なしに人の「被告人の移動の自由を長時間にわたり奪った」という人身の自由の侵害・制約があったとするなら，それがなぜ，「強制処分」と評価されないのかが疑問とされるべきである（酒巻匡・平成6年度重判解167頁参照）。

このように，「有形力行使の目的や程度」を指標とする考え方の問題は，重

249

要な権利・利益が実質的に侵害・制約された場合でも「任意捜査」とされてしまうおそれがあることである。このような帰結が，強制処分法定主義の趣旨にてらして妥当かは，疑問である。すなわち，憲法31条は，個人の生命や自由などの重要な権利・利益を奪う処分を許すかどうか自体，国民の代表である国会を通じて意識的かつ明示的に決断すべきであるという趣旨をも含むものと考えるべきだとすると（井上・強制捜査と任意捜査28頁），同条のもとで，刑事訴訟法に「特別の定」が要求される強制処分を定める基準は，処分に対し保護されるべき個人の権利・利益の重要性に求めるべきだと解されるからである（大澤・前掲5頁参照）。

II 任意捜査の限界

1 任意捜査の適法性審査基準

石山論文は，昭和51年決定が示した任意捜査の適法性基準（「必要性，緊急性なども考慮したうえ，具体的状況のもとで相当と認められる限度において許容される」）を，「そのような手段を用いることについての捜査上の必要性と，同手段を用いることにより侵害される対象者の権利・利益とを比較考慮して『相当』と認められる場合に適法性が認められるというもの」と理解したうえで，必要性，相当性を判断するにあたっては，具体的状況のもとで諸般の事情を総合して，法秩序全体の見地からその適否が決せられることになるとされ，法益侵害を受ける相手方の承諾の有無のほか，相手方の態度・行動，被疑事実の重大性，嫌疑の程度，捜査目的の正当性，捜査目的達成のためにとられる手段，方法の必要性，緊急性，補充性，侵害される法益とそれによって確保される法益の均衡等が考慮されることになるとする。

ここで挙げられた諸事情が考慮の対象となりうることは否定しがたいが，「裁判所が個別具体的状況を勘案して行う適否の事後判断は，諸般の利益状況の総合考慮にならざるを得ず，ともすれば，当該手段により達成しようとしていた目的の内容や，そのような手段が行使された時点におけるその必要性・緊急性が過度に重視されて，捜査機関の行為を適法と判定する方向に傾

く傾向をはらんでいる」(酒巻匡「刑事手続における任意手段の規律について」法学論叢162巻1〜6号93頁)ことに留意すべきである。

2 「純粋任意段階と強制移行段階」という考え方

石山論文では,「薬物事犯などで,職務質問に端緒を得て任意捜査に移行し,捜査官が被疑者に対し,再三にわたり,捜査(採尿や所持品の提出)への協力(承諾)を求めるも,被疑者において頑なにこれを拒否し続けた結果,長時間にわたって被疑者を現場に留め置く場合」のうち,「捜査官が,説得の過程において被疑者の承諾を得るのを断念して令状請求の準備に入り,令状が発付されるまでの間,被疑者を現場に留め置いた場合」について,2つの裁判例(東京高判平成21・7・1〈判夕1314号302頁〉と東京高判平成22・11・8〈高刑集63巻3号4頁〉)が,留め置きの適法性を判断するに当たり「純粋に任意捜査として行われている段階」(純粋任意段階)と「強制手続への移行段階」(強制移行段階)とを区別するという新しい判断枠組みを採用したことを,「職務質問から任意捜査,そして強制捜査へと移行する捜査実務上の必要性を正面から取り入れた理論構成」として評価している。

しかし,「職務質問から任意捜査,そして強制捜査へと移行する捜査実務上の必要性」を「正面から取り入れる」ことは,捜査の必要性を過度に重視する結論を導くおそれがあるように思われる。すなわち,「令状請求の準備に入る」ための要件や手続について法は定めておらず,いかなる場合に「令状請求の準備に入る」かは捜査官の判断に委ねられているから,「令状請求の準備」がなされたことは,その時点における嫌疑の程度を判断する際に考慮される事情にとどまり,「令状請求の準備」に入ったこと自体をもって,その後の法益の侵害・制約の継続を正当化することはできないというべきである。これに対し,「強制捜査へと移行する捜査実務上の必要性」を「正面から取り入れる」とすることは,強制捜査の準備のために必要な時間については法益の侵害・制約を受忍する義務が対象者にあるとすることになると考えられるところ,そのような受忍義務が認められる根拠があるかは疑問である。

(おか・しんいち)

6 強制捜査と任意捜査
裁判の立場から ── コメント2

三 浦 　 透

I　強制捜査と任意捜査の区別
II　いわゆる留め置きの問題について

I　強制捜査と任意捜査の区別

　強制捜査と任意捜査の区別の基準としては，石山論文も指摘するとおり，有形力の行使のあった事案に関する最決昭和51年3月16日（刑集30巻2号187頁。以下「昭和51年決定」という。）が，強制処分について，①個人の意思を制圧し，②身体，住居，財産等に制約を加えて，③強制的に捜査目的を実現する行為など，④特別の根拠規定がなければ許容することが相当でない手段，と定義している。そして，これらについて判断基準として実質的に意味があるのは，①及び②であると論じられるのが一般である。もっとも，①と②のどちらが判断基準の中核になるのか，その関係はいかなるものかなどについて，従前必ずしも理解が一致しているとはいえない状況にあった。
　石山論文は，昭和51年決定は，「当該警察官の行為（有形力行使）の目的や程度に着目して強制処分に当たらないと判断したものであり，その結果として制約された権利・利益の重要性の程度を問題としたものではないと解するのが自然であろう」とし，有形力の行使がある事案（その他の言動等によって対象者の意思に働き掛ける捜査手法がとられた事案も同様とされる。）を念頭に，実際の実務

の場面における判断基準としては,「結局は捜査官の手段(有形力行使の目的や程度等)にも着目して判断せざるを得ない」としている。有形力の行使がある事案における判断基準としては,基本的に,②についてその実質として説かれている被侵害利益の重要性よりも,①の個人の意思の制圧があったかについて,捜査官のとった手段の目的及び程度にも基づいて判断すべきであるとの見解であると解される。

確かに,職務質問を発端として始まり,有形力の行使に至った事案などにおいては,制約される権利・利益としては,移動の自由(場所的な行動の自由)等が主なものと考えられるところ(その他に,親族,知人,弁護士等の他者との面会や電話連絡等をとる自由,物品の授受の自由等が問題となることがある。),そうした権利・利益は,完全に奪われてしまって強制捜査と見ることに異論のないような事案もあるであろうが,多くの事案においては,その対象となる者の態度等に示されたそうした権利・利益を享受したいという意思の強さと,捜査官の具体的な行為等との相関関係の中から,どの程度の制約があったかが問題となるのであり,被侵害利益の重要性といっても,このような事情によって相対化する面は否定できない。短時間の制約は,そもそも重要な権利・利益の制約ではないという捉え方もできるが,時間の長短だけの問題ではないとするならば,結局は,制約の態様を具体的に見ていかざるを得ない。そうすると,権利・利益の制約の存否というより,制約の程度いかんという観点から,有形力の行使の有無・程度及びその際の目的や対象者の意思・態度等を総合的に検討していくという手法が,問題の実体を端的に捉えやすく,実際的である。そのような意味で,石山論文の指摘は,有形力の行使の事案において強制捜査に当たるか否かを判断する際の手法として,有効な視点を提供するものであり,実務的な感覚とも相当程度適合する。

もっとも,その上で,次の点を指摘しておきたい。

第1に,有形力の行使の事案においても,②の被侵害利益の重要性は,なお判断の前提となっていると解されることである。そもそも強制処分法定主義が採用される根拠も個人の権利・利益の重要性に求められることからすれば,これが考慮要素となることは,ある意味当然ともいえる。

第2に，石山論文は，強制捜査該当性の判断において捜査官の目的などの主観面が重要であることを指摘しているが，この点を過度に重視することには問題もあるように思われることである。確かに，行為の目的が強制捜査か否かの判断において重要な意味を持つことはあり得る（特に危険防止の目的が認められる事案など。）。しかし，対象者の意思を制圧して捜査目的を強行しようとしたものなのか，それとも，対象者に協力を求めながら捜査を進めようとしたものなのか，という捜査官の内心を直接認定判断することは，実際上はかなり困難であり，やはり客観的な事情からの認定判断にならざるを得ないことが多いのではなかろうか。そもそも当該行為が客観的に個人の意思を制圧するようなものであり，捜査官がそうした行為の客観的性質を認識しているならば，仮に捜査官が主観的にそれでも任意捜査の範囲内であると考えていたとしても，それを理由として強制捜査でなくなることはないと思われる。また，一連の捜査の経過を見ると捜査官に令状主義を没却する意図がなかったなどの点は，基本的には違法収集証拠として証拠を排除をするかどうかの観点において問題とされるものであり，強制捜査か任意捜査かの区別に直接結び付くものではない。

　第3に，石山論文も指摘しているとおり，有形力の行使の事案以外においては，②の被侵害利益の重要性が判断要素として中核となることもあることである。すなわち，対象者の意思に働き掛けることなく対象者が気が付かないうちにその権利・利益を制約（侵害）する捜査手法の場合には，その権利・利益の性質や重要性の程度，すなわち②の観点から，強制処分に当たるか否かが判断されることは，最決平成20年4月15日（刑集62巻5号1398頁：公道ないしパチンコ店内で被疑者の容ぼう等を撮影した行為に関する事案），最決平成21年9月28日（刑集63巻7号868頁：宅配業者の運送過程下にある荷物に対するエックス線検査に関する事案）等からも読み取れるところであるし，通信傍受に関しての立法の経緯も，通信当事者のいずれの同意も得ない捜査のための通信傍受が強制捜査であることを前提としていると解される（最決平成11・12・16〈刑集53巻9号1327頁〉参照）。

　以上のような点からすれば，強制捜査か否かについては，昭和51年決定の

判示は，有形力の行使の事案及びそれ以外の事案にも妥当する内容となっており，一般的に①の個人の意思の制圧と，②の被侵害利益の重要性の双方が基準となるというべきであると思われる。石山論文は，その上で，事案の性質ごとに判断のポイントが異なってくることを踏まえ，特に有形力を伴う事案においては，捜査官の有形力行使の目的や程度等が重要なポイントになることを指摘していると理解できる。

Ⅱ　いわゆる留め置きの問題について

　石山論文も指摘するとおり，任意捜査の限界に関して近時の実務で問題となることが多いのが，いわゆる留め置きの事案である。すなわち，覚せい剤の自己使用の嫌疑が認められる事案で，職務質問から任意捜査，最終的に強制採尿に至るまでの間に被疑者を現場や警察署に留め置くことが，どの範囲で許容されるかがしばしば問題とされる。石山論文も指摘するとおり，多くの裁判例があるが，近時の東京高判平成21年7月1日（判タ1314号302）頁及び東京高判平成22年11月8日（高刑集63巻3号4頁）で示された「純粋に任意捜査として行われている段階」（純粋任意段階）と「強制手続への移行段階」（強制移行段階）とを区別するという判断枠組みが特に注目され，その後の実務に大きな影響を与えている。

　強制捜査と任意捜査については，昭和51年決定の枠組みによれば，当該事件における捜査がそのいずれに当たるのかをまず区別し，前者であれば特別の根拠規定が必要であり，後者であれば必要性，緊急性なども考慮した上，具体的状況の下で相当と認められる限度において許容されるとの判断基準によることになる。しかし，留め置きの事案においては，正に任意捜査から強制捜査に移行する過程が問題となるわけであるから，事案を類型として固定的に見るだけでなく，より動的な視点も必要となる。上記2つの東京高裁の判決は，このようなことを踏まえ，時点ごとに任意捜査の許容性の判断において考慮される要素が異なってくることを明らかにしたものということができ，実務的にも非常に有用な判断枠組みであるといえよう。石山論文も，「両

255

裁判例は、強制移行段階においては、嫌疑の濃厚性（あるいは、令状請求準備が行われることによる、その時点における嫌疑の客観化）と令状執行のための被疑者の所在確保の必要性が、被疑者の説得のための必要性に替わって、被疑者を現場に留め置くことの必要性（任意捜査の必要性）を基礎付けることになるとしているものと解されるところ、職務質問から任意捜査、そして強制捜査へと移行する捜査実務上の必要性を正面から取り入れた理論構成であると評価できる。」としている。

　もっとも、上記２つの東京高裁の判決によって判断基準がより明らかになったといえるとしても、なお実務的に直面する課題は少なくない。石山論文が「任意捜査の過程で被疑者の承諾が得られる見込みがない場合に、時機を失することなく速やかに令状請求に切り替えるなどの対応が望まれる」とするとおり、現場の捜査官としては、本来原則であるべき任意捜査にとどまるか強制捜査に踏み出すかの的確かつ迅速な判断が求められるし、令状請求に向けた準備を始めた場合は、その時点を特定すべく証拠化することや、そのことを被疑者に告知することなども求められる。また、強制手続への移行段階に入ったとしても、依然として任意捜査の枠内なのであるから、強制捜査と同じレベルのことまでができるわけではない（このような問題について、特に大澤裕「強制採尿に至る被疑者の留め置き」研修770号３頁参照）。以上のような諸点について捜査官の判断に誤りがあれば、違法か否か、ひいてはそうした手続によって取得された証拠の証拠能力を否定すべきか否かの問題が生じ得るのであり、その判断はなお容易でないことが少なくないと思われる。被疑者の権利を適切に守りながら安定した捜査の運用を実現するためには、東京高判平成20年９月25日（東高刑時報59巻１～12号83頁）が「令状請求手続をとる間における一時的な身柄確保を可能ならしめるような立法措置を講ずることの方が望ましい」と付言していることも踏まえて、捜査官に対する行動規範を明確にする方策等につき、更に検討がなされるべきであろう。

　この問題は、留め置きの事案を中心に議論されているが、任意捜査から強制捜査へ流動的・発展的に進行することは、任意同行から令状請求をして逮捕に至る事案などがそもそもそうであるし（ただし、逮捕状、勾留状等について

は，緊急執行の規定があることが，強制採尿令状の場合と異なる。また，緊急逮捕の手続もある。），今後も様々なものが現れる可能性がある。広い意味では，ある手続から次の手続に移行する際のつなぎ目にしばしば生ずる問題の一環と捉えることもできる。そのような意味でも，留め置き事案に関する議論は，強制捜査と任意捜査の関係等を考える上で，示唆に富むものを含んでいるように思われる。

(みうら・とおる)

7 職務質問・所持品検査
検察の立場から

自見 武士

I　はじめに
II　職務質問
III　所持品検査
IV　職務質問に引き続く留め置き
V　おわりに

I　はじめに

　本稿においては，捜査の端緒として位置づけられる職務質問，所持品検査等を題材に，任意処分，任意捜査の在り方について検討を行うこととする。刑訴法の目的は，基本的人権の保障を全うしつつ，事案の真相を明らかにし，刑罰法令を適正かつ迅速に適用実現することにあるのであるから，刑訴法の解釈においては，適正かつ妥当な捜査，裁判によって真実発見に到達し得る道しるべを提供することが基本に据えられるべきであり，そのような観点から，最近の重要な判断にも言及しつつ，若干の考察をする。

II　職務質問

1　問題の所在

　警職法は，行政警察作用の一つとして，職務質問を規定している（同法2条1項）。これは，すでに発生した特定の犯罪について，その証拠を発見，収集

し，犯人を確定，確保することを目的とする刑訴法上の司法警察作用とは異なり，犯罪捜査の対象とし得る程度には犯罪や犯人が明らかになっていない段階においても，犯罪の予防，鎮圧等の任に当たる警察官が対象者を停止させて質問することができるものである。もとより，対象者の身柄を強制的に拘束することは許されないが，警職法2条1項が「停止させて」質問することができる旨規定している以上，対象者が逃げ出そうとしているときに，これを追跡して肩に手をかけるというような有形力行使は当然に許容されるものと解されよう。もっとも，職務質問は，あくまで任意の手段として許容されるものである（同条3項）から，有形力行使の限界が問題となる。

2　有形力行使の限界

職務質問は，これにより対象者の嫌疑が具体化して，任意捜査に発展することも少なくなく，この場合，両者は一連の手続として連続して行われることや，職務質問の過程で発見された証拠物が犯罪を構成し，刑事裁判において証拠として利用されることも少なくないことなどからすると，職務質問における有形力行使の限界については，任意捜査におけるそれと基本的に同様の枠組みで考えるべきことに異論はないであろう。

任意処分と強制処分の区別の基準については，本稿の目的ではないのでここでは詳しくは触れないが，対象者が完全かつ真摯に承諾・同意している場合だけを「任意」とするならば，現実の警察作用は機能しなくなることは明らかである。警察官が停止を求めることや質問すること自体，現実に対象者の心理に相当程度の影響を及ぼし応諾を促す作用を持つものであることは間違いなく，このような場合すら任意でないとするならば，警察は，不審事由の認められる者に対する協力要請すらできないところとなり，非常識で非現実的な事態となるが，これは法の想定するところでない。もとより，任意手段である以上，対象者個人の意思は重要な考慮要素ではあるが，犯罪の予防，鎮圧という行政警察作用の目的との権衡の観点から考える必要があること，刑訴法197条1項が，すべての処分の中から，「強制の処分」を但書きで除外して規定している構造をとり，これを受けて刑訴法の各条項におい

て個別に強制処分が規定されていることからすると，任意処分とは，すべての処分の中から強制処分を除いたそれ以外のものと解されよう。この点について，最決昭和51年3月16日（刑集30巻2号187頁。以下「昭和51年決定」という。）は，強制処分について，「個人の意思を制圧し，身体，住居，財産等に制約を加えて強制的に捜査目的を実現する行為など，特別の根拠規定がなければ許容することが相当でない手段」と定義し，任意処分の適法性については，「強制手段にあたらない有形力の行使であっても，……必要性，緊急性なども考慮したうえ，具体的状況のもとで相当と認められる限度において許容されるものと解すべきである」旨判示し，任意処分の中には，対象者の意思に反しないものと反するものとが存在することを明らかにし，対象者に意思に反する場合においては，必要性，緊急性と相当性の衡量により適法性の限界を画する旨を示した。この解釈論は，現実に生起する個別の事案について柔軟かつ妥当な判断を導くものに資するといえ，実務上確立した扱いとされている（判例に現れた事例としては，エンジンキーを回してスイッチを切った行為を職務質問において許容される有形力の行使として適法とした最決昭和53・9・22〈刑集32巻6号1774頁〉，エンジンキーを取り上げた行為を職務質問を行うため停止させる方法として適法とした最決平成6・9・16〈刑集48巻6号420頁〉等がある。）。

3 自動車検問

職務質問に関連して，自動車検問の法的根拠について若干の検討をする。

自動車検問は，一般に，「犯罪の予防，検挙のため，警察官が走行中の自動車を停止させて，自動車の見分，運転者又は同乗者に対し必要な質問を行うこと」と定義され，その目的によって，①交通違反の予防・検挙のための交通検問，②不特定の一般犯罪の予防・検挙のための警戒検問，③特定の犯罪が発生した際における犯人の検挙と捜査情報の収集のための緊急配備検問に大別される。このうち，③の緊急配備検問については，特定の犯罪の発生を前提とするものであるから，任意捜査について規定する刑訴法197条1項を根拠に実施できると解される。しかし，無差別の一斉検問の方法である①の交通検問及び②の警戒検問（以下「一斉検問」という。）については，明文規定が

存せず，その法的根拠が問題となる。すなわち，自動車の外観・走行状態から外形的な異常が認められる場合は，道路交通法上の措置（同法61条，63条，67条），あるいは警職法2条1項に基づく職務質問のために停止を求めることができるが，一斉検問の場合は，通常，そのような外形的異常が認められないものであり，直ちに上記の個別規定を法的根拠とすることができない。

　この点については，周知のように，大別して，警職法2条1項説，警察法2条1項説，憲法説の諸説があるが，警察法2条1項説が妥当であり，実務的にも支持されている立場と解される。警職法2条1項説は，職務質問の要件の存否を確認するために自動車利用者に停止を求める権限をも付与したものと解釈すべきとするが，このような解釈は，不審事由の存在を前提に対象者を停止させることができる旨規定する同条項の文言から大きく逸脱するものであり採ることはできないと考える。また，憲法説については，憲法を具体的根拠とするには次元が高すぎ，直接的な根拠規定とはできないと考える。もっとも，警察法2条1項説に対しては，警察法は，行政法学上，根拠規範ではなく，組織規範に分類されるものであり，組織規範から具体的な権限を導き出すことはできない旨の批判がある。しかし，根拠規範に分類されようと組織規範に分類されようと，国会の議決を経て成立した法律であることに差異はないこと，警察法2条1項は，警察の責務について，「警察は，……犯罪の予防，鎮圧及び捜査，被疑者の逮捕，交通の取締その他公共の安全と秩序の維持に当たることをもつてその責務とする」旨明確に規定しており，同条項を一般的根拠規範と解することは十分合理的である（責務だけを求め，権限を認めないとするのはおよそ不合理である。）ことからすれば，同条項を根拠とすることが最も適切である。そして，明文で規定された警察の責務を果たすために，被検問者の意思に反しない限りにおいて，必要かつ相当な範囲で一斉検問を実施できるとすることは当然に許容されると解されよう（交通検問に関する最決昭和55・9・22〈刑集34巻5号272頁〉も警察法説に立つものと解される。）。なお，「被検問者の意思に反しない限り」というのは，「自由意思に委ねる」のではないことは当然であり，具体的状況にもよるが，一切の説得活動が許されないとするのはおよそ非現実的な解釈というべきである。もっとも，説得活動を振

り切り，自動車を走行させた場合，通常は，警職法上の不審事由が認められる場合が多いであろう。

Ⅲ　所持品検査

1　問題の所在

所持品検査は，警察官が職務質問に際して対象者の所持品を調べて確認する警察活動を指す。これは行政警察の作用であるから，犯罪捜査の端緒になるとしても，犯罪捜査としての「捜索」ではなく，この警察官の活動の中で，「捜索」と評されるべきものがあれば，それは法定の捜索の要件を充足しない限り違法である。一方で，対象者の承諾を得て行われる以上は，個別の根拠規定を持たなくても，それが，警察の責務に基づくものであり，対象者の承諾の範囲内である限り適法と解される。しかし，強制すなわち捜索にわたらない場合であっても，対象者の意思に反して行われる事態になれば，侵害留保原則から，根拠規定が必要とされることになるが，現行法上，このような対象者の意思に反して行う所持品検査を直接許容する根拠規定が存しないことから問題となる。

2　判例の立場
(1)　米子銀行強盗事件

所持品検査に関するリーディングケースである米子銀行強盗事件最高裁判決（最判昭和53・6・20〈刑集32巻4号670頁〉）は，所持品検査の根拠条文を警職法2条1項に求めていると解されている。警察官が対象者について不審事由を認めた場合，同条項に基づき対象者に対して質問することができる以上，口頭による質問と密接に関連し，かつ，その実効性を確保するために，必要かつ相当な措置として所持品検査を実施することは，職務質問に付随する処分として同条項において許容されていると解するのは当然であろう。その意味で，同条項に列挙されている「停止」や「同行」も職務質問に付随する処分の例示と解することができる。この点については異説もあるが，職務質問の

要件，すなわち不審事由が認められる場合に，口頭による質問と密接関連し，その実効性を確保するために，所持品検査を実施する必要性は高く，実際，これにより捜査に進展することも多いことからすれば，法は，職務質問に付随する処分としての所持品検査を許容している解すべきである。

続いて，前記米子銀行強盗事件最高裁判決は，所持品検査は，任意手段である職務質問に付随して許容されるものであるから，所持人の承諾を得て，その限度で行うことができる旨の原則を示した上で，所持人の承諾がない所持品検査であっても，例外として，犯罪の予防，鎮圧等を目的とする行政警察上の作用であって，流動する各般の警察事象に対応して迅速適正にこれを処理すべき行政警察の責務にかんがみ，必要性，緊急性，対立利益の権衡などを考慮し，具体的状況のもとで相当と認められる限度で許容される旨を判示している。この判断は，昭和51年決定の判断と軌を一にするものであることは多言を要しないであろう。

(2) 承諾のない所持品検査

承諾のない所持品検査の適法性が問題となった主な事例としては，①前記米子銀行強盗事件(携行品であるボーリングバッグの施錠されていないチャックを開披し内部を一瞥した。)のほか，②上着内ポケットに手を差し入れて，ちり紙の包み等を取り出した事例(最判昭和53・9・7〈刑集32巻6号1672頁〉)，③ホテル客室内の床に落ちていた財布について，二つ折りの部分を開いて，ファスナーの開いていた小銭入れの部分からビニール袋白色結晶を発見して抜き出した事例(最決平成15・5・26〈刑集57巻5号620頁〉)等がある。

このうち，①及び③の事例については，捜索には当たらず，かつ，所持品検査の必要性，緊急性，相当性も認められるとして適法である旨判断されている。

一方，②の事例については，捜索そのものではないが，「捜索に類するものであるから，……本件の具体的状況のもとにおいては，相当な行為とは認めがたい」く，「職務質問に附随する所持品検査の許容限度を逸脱し……違法といわざるをえない」旨判示されている。確かに，②の事例の態様は捜索に近い行為といえるが，これを捜索としなかったのは，着衣の外から触手により

何か堅い物の存在が分かり，それが何であるかの「確認」をする行為とみられたからであろう。このような理解からすれば，携行品のファスナーを開けて内部を一瞥する行為については，適法な外表検査や確度の高い事前情報等により禁制品など対象物の存在が合理的に推認できるような場合において，内部を一瞥して在中品を視認する行為にとどまる限りは，確認行為にとどまるとして，捜索には当たらないと解されよう。他方，適法な外表検査等を経ることなく，合理的とはいえない嫌疑に基づいて，いきなり携行品のファスナーを開けて在中品を調べるような行為については，捜索に当たるとされることが多いであろう。

3 予 試 験

　所持品検査に関連して，さほどの問題点ではないが，予試験の法的根拠について若干の検討をする。

　所持品検査によってビニール袋（いわゆるパケ）に入った覚せい剤様の白色結晶が発見された場合，予試験（試薬を検体に滴下し，青藍色を呈すれば覚せい剤成分を含有するものと判断する簡易な鑑定）を実施し，覚せい剤成分の含有の有無について検査することとなる。この予試験においては，検査対象物の一部を費消するものであるから，わずかではあっても，所持者あるいは所有者の財産権を侵害することとなる。そこで，承諾を得ずに予試験を実施できるのかが問題となり得る。

　この点について，予試験は，所持品検査により発見された対象物の成分を確認する処分であることから，所持品検査の一種とみることができる。すなわち，予試験は，職務質問に付随して行う所持品検査を実効あらしめるためのものであるから，その根拠及び限界については，前記米子銀行強盗事件最高裁判決と同様の枠組みで判断することが適切であろう。したがって，予試験についても，任意手段である職務質問に付随して許容されるものと解され，原則として，所持人の承諾を得て行うべきであるが，所持人の承諾のない場合であっても，例外として，必要性，緊急性，具体的状況の下で相当と認められる限度で許容されるものと解される。下級審の判断ではあるが，東京

高判平成6年7月28日（高刑集47巻2号267頁）においては，承諾のない所持品検査及び引き続く車内検索によって白い結晶状のものが発見され予試験を実施した事案について，「予試験をするなどしたことは，被告人の承諾の有無にかかわらず，右に許容される範囲に入るものと解される」旨判示されており，同様の判断枠組みに立つものと解される。

　なお，本稿では詳しくは触れないが，捜索差押えの場面において，発見された覚せい剤様の白色結晶について予試験を実施する場合，捜索差押許可状の差し押さえるべき物に覚せい剤が掲げられているときには，予試験については当該白色結晶が差し押さえるべき物か否かを確認するための「必要な処分」（刑訴法222条1項，同法111条1項）に当たると解される。

Ⅳ　職務質問に引き続く留め置き

1　問題の所在

　警察の現場においては，覚せい剤使用を疑わせる挙動不審な対象者に対しては，職務質問及び所持品検査を実施し，覚せい剤の発見には至らないものの，職務質問の経緯を通じて覚せい剤使用の嫌疑が高まったときには，覚せい剤使用の有無を検査するため，尿の提出を求めることとなる（究極の所持品検査ともいえよう。）。この場合，公道上など直ちに尿の提出ができない場所であるときには，最寄りの警察署までの同行を求めて，警察署内において尿の提出を求めることになるのが通例である。対象者が警察署への同行及び尿の提出に任意に応じるのであれば，適法な任意同行及び適法な尿の任意提出として特段の問題はないが，覚せい剤事使用犯の対象者の場合，往々にして警察署への同行及び尿の提出に素直に応じないことがある。このような場合，対象者に対して説得が行われることになるが，対象者が警察署への同行に応じたとしても，更に尿の任意提出を拒む事例も多々見受けられる。対象者が説得を受け入れず，あくまで尿の任意提出を拒む場合は，最終的手段として，令状請求をして強制採尿を実施することとなる。

　このように，職務質問を端緒とした強制採尿に至る捜査の手続において，

しばしば問題となるのは，対象者の留め置きの問題である。この問題については，平成21年と同22年と続いて，東京高裁において重要な判断が出されており，その判断枠組みは，前記職務質問及び所持品検査の判断と共通するものがあると考えられることから，以下において，若干の考察をすることとする。

2 2つの東京高裁判決とその検討
(1) 東京高判平成21年7月1日（東高刑時報60巻1～12号94頁）
事案は，対象者を警察署に同行して取調室に入室させ，その約30分後に，被疑者の尿を差押え目的物とする捜索差押令状（強制採尿令状）を請求する準備に取りかかり，その約3時間後に，発付された令状を警察署内で被疑者に示し，病院に連行し，強制採尿を実施したものである。

同判決においては，覚せい剤使用の嫌疑がある対象者に対する留め置きの適法性を判断する場合，純粋に任意捜査として行われている段階と，強制手続への移行段階とに分けて検討すべきであるとの視点（二分論）を明示している。この二分論に基づく事例判断においては，まず，対象者が警察署の取調室に入室して令状請求の準備が開始されるまでの間は，それに要した時間は30分程度であり，その間の留め置きは，純粋に任意捜査であり，違法な点がなかったと判断した。次に，その後の強制手続への移行段階の留め置きについて，その必要性や緊急性に関しては，対象者の逃走のおそれが大きいことや医師の確保や連行に要する時間などから留め置き時間が長引くこともあり得ることといった事情を踏まえた上で，強制手続への移行段階に入った時点においては，令状請求が検討されるほどに嫌疑が濃い対象者に対しては，令状が発付後速やかに執行されなければ，捜査上著しい支障が生じることも予想され得るとして，採尿のために所在の必要性が非常に高い旨判断した。その上で，本件では，所要時間は著しく長いとまでは認められないこと，有形力行使も受動的な行為にとどまっていたこと，対象者に対する自由の制約も所在確保のため必要最小限度のものにとどまっていることなどの事情を考慮し，留め置き行為を適法とした。

(2) **東京高判平成22年11月8日（高刑集63巻3号4頁）**

　事案は，職務質問の開始から強制採尿令状の呈示までの約4時間，対象者を職務質問の現場に留め置いたのであるが，職務質問の開始から約40分後に対象者に対し令状の請求をする旨を告げた上で，令状を請求する準備に取りかかり，その間，警察官が対象者を取り巻いたり，対象者が自分の車両に乗り込んだ後は，同車両の直前及び後方に警察車両を止めて留め置いたものである。

　同判決の判断は前記東京高裁平成21年判決を踏襲したもので，強制採尿令状の請求にとりかかった時点を分水嶺として強制手続への移行段階に至ったとみて，それ以前の純粋に任意捜査として行われていた段階とは性質的に異なる旨判示した。そして，強制手続への移行段階後は，対象者の所在確保の必要性が極めて高いものがあるから，相当程度強くその場にとどまるよう対象者に求めることも許されるとし，対象者及び対象者使用車両を取り囲んだ状態を保つことも必要最小限度な措置として相当であり，留め置き行為を適法とした。

(3) **若干の検討**

　ア　前記東京高裁の両判決（以下，「両判決」ともいう。）は，いずれも刑訴法を根拠とする任意捜査の一般則にのっとった判断がなされている。すなわち，いずれの事案も，職務質問を行うための停止行為，所持品検査を経て，対象者に対する覚せい剤使用の嫌疑が高まったとして，警察署への任意同行を求めるなどして，採尿のための説得及び留め置きがなされたものであるが，覚せい剤使用の嫌疑が高まった後の捜査は刑訴法197条1項を根拠にするものといえる。そして，任意捜査あるいは任意処分の場合には，対象者の承諾があれば特段の問題はなく適法とされ，対象者の意思に反するときには，必要性，緊急性と相当性の衡量により適法性の限界を画することとなるが，両判決はこのような立場から具体的な検討がなされており，昭和51年決定の判断と軌を一にするものであるといえる。

　具体的な必要性，緊急性の判断において，東京高裁の両判決は，純粋に任意捜査として行われている段階と強制手続への移行段階とに分けて検討を

する二分論を明示し，よりきめ細かに事例判断を行おうとするものである。もっとも，従前の同種事例の裁判例においても，採尿を求める留め置きの適法性の判断においては，令状請求の準備段階に入った後は，留め置きの必要性，緊急性が高まることは考慮されてきたといえよう。しかし，両判決では，上記の二分論を明示して，それによって，令状請求の準備段階に入った後の留め置きの現実的な必要性，緊急性を十分に考慮するとともに，困難を極める覚せい剤捜査の適正な在り方を提示しようとしているもので，実務的に意義ある判断を示している。

　イ　実際の覚せい剤事犯（特に使用罪）においては，捜査の端緒の多くが職務質問によるものであるが，覚せい剤使用者の多くは，刑事手続の実際について豊富な知識を有し，その弱点も熟知し，常日頃から予め警察捜査への対処方法を念頭に置いて行動をしていることもあり，その検挙・捜査は最も困難を極める犯罪類型の一つである。特に，現在の裁判実務において，覚せい剤使用の立証は，対象者の尿中から覚せい剤が検出されることがほぼ唯一の立証手段であることからすれば，対象者の尿を取得する必要性が極めて高いといえる。一方で，覚せい剤使用が疑われる対象者に対する採尿については，当然のことながら，強制採尿に関する最高裁判例（最決昭和55・10・23〈刑集34巻5号300頁〉）が警察実務に多大な影響を及ぼしており，「犯罪の捜査上真にやむをえないと認められる場合には，最終的手段として」許容されるものであるため，最終的手段性を明らかにするためにも，まずは対象者の任意同行，そして，尿の任意提出を促す説得を続けざるを得ず，その当然の前提として，対象者を留め置かざるを得ない。すなわち，令状請求の準備段階に入るまでに，相当程度の時間の留め置きが求められているともいえるのである（その意味では，事案によっては，「純粋な任意捜査」といいきれない側面もあろう。）。加えて，職務質問の過程を経て覚せい剤使用が疑われ，採尿を求められる対象者のほとんどは，その言動や挙動（ことさらに尿の提出を拒む態度など）から，実際には覚せい剤を使用している者であることがほとんどであること，そのような対象者が採尿に応じないからといって，その意思に任せてしまえば，およそ受忍的協力的態度が期待できるはずもなく，早々に逃走してしまうこともまた

明々白々であること，さらに，最終的手段として強制採尿令状を請求する以上，通常は，強制採尿令状が発付される見通しも非常に高いことなどの事情を考慮すると，令状請求の準備段階に入った後は，他に覚せい剤使用を立証しうる証拠獲得の道があるならともかく，採尿目的で対象者を留め置く必要性が極めて高いといえる。

　なお，令状請求が検討されるほどに覚せい剤使用の嫌疑が濃い対象者については，採尿目的の留め置きの必要性，緊急性が極めて高いといえるが，このような事情の認められない他の犯罪類型の場合において，他に立証手段が考えられるときには，留め置きの必要性，緊急性の程度は当然に下がってくるものと考えられよう。

　ウ　一方で，あくまでも任意捜査である以上，具体的事情の下での相当性が認められなければならないが，この相当性判断においては，留め置きの必要性，緊急性との相関関係の中でなされなければならない。その際の検討の観点として，従来の相当性判断の議論においては，ややもすると，対象者の意思を過大に評価し，あるいは，警察捜査の一種の強烈さのみに目を奪われ，さらには，捜査官が認識しようのない事後的な事情も併せて考慮するなどして，ある種の理想論あるいは問題先送り的立法論になりがちであったが，そのようにして得られた結論は，往々にして捜査官を袋小路に追い詰めるだけで，日々生起している同種事犯に対する適正かつ妥当な捜査の在り方という観点からは何らの視座を提供するものになっていない。結局，対象者の逃走を容認するしか方法のないような解釈は，真実発見への道を完全に遮断するものといわざるを得ない。もちろん，捜査の必要性のみに目を奪われるべきではないが，流動する各般の警察事象の過程の中で，いかなる捜査を求めるのが適正か，その捜査方法は現実に取り得るもので妥当かというきめ細かな観点から具体的に検討される必要があろう。

　東京高裁の両判決においては，あるべき捜査活動という観点から具体的な相当性判断が検討されているものである。すなわち，令状請求が検討されるほどに覚せい剤使用の嫌疑が濃い対象者に対しては，留め置きにおける一定の有形力行使を容認する一方で，あくまでも，留め置きの目的は採尿である

ことから，その目的を達成する上で必要最小限で受動的な有形力行使を容認するにとどまること，基本的に弁護士など外部との連絡は自由であること，強制手続への移行段階における留め置きであることを明確にするため，令状請求の準備手続に着手したときには，対象者にその旨を告げる必要があること，令状執行までの手続も速やかになされることなどの具体的方策が示されている。すなわち，留め置き自体は対象者の意に反することが明らかであるものの，覚せい剤使用事犯における留め置きの必要性，緊急性との相関関係の中で，対象者に対する配慮を示しつつ捜査活動の適正かつ妥当な在り方を確保できるものといえ，実務的な指針を示す判断がなされているといえよう。

V　おわりに

　刑訴法の解釈においては，流動する各般の警察事象の過程の中で，必要性，緊急性，相当性の各事情を考慮しつつ，いかなる捜査を求めるのが適正で妥当かという観点から具体的に検討される必要がある。判例は，そのような観点から判断が積み重ねられてきたものといえるが，裁判員裁判が定着する流れの中で，捜査機関に対する国民の期待が高まる一方，一層厳しい視線も注がれている状況にあり，今まで以上に適正かつ妥当な捜査の在り方を求めていく姿勢が重要になると考えられる。

（じみ・たけし）

7 職務質問・所持品検査
弁護の立場から ── コメント1

坂根　真也

Ⅰ　弁護人の視点から
Ⅱ　職務質問について
Ⅲ　所持品検査について

Ⅰ　弁護人の視点から

　弁護人として職務質問や所持品検査の適法性に直面する場面は，逮捕された被疑者から逮捕手続，捜索・押収手続等に問題があり，身体拘束や不起訴処分を争うことがまず考えられる。また公訴提起後に，証拠能力として違法収集証拠の主張をすることがある。
　いずれの場面においても弁護人として感じるところは，供述以外に証拠が乏しく，多くは，被対称者（通常は被疑者・被告人）と警察官の供述が対立することになる。
　任意捜査における有形力行使については，強制手段に渡らない限り，必要性，緊急性なども考慮したうえ，具体的状況のもとで相当と認められる限度で許容される（最決昭和51・3・16〈刑集30巻2号187頁〉）とし，所持品検査につき，原則として所持人の承諾を得てその限度においてこれを行うのが原則であるとしつつ，捜索に至らない程度の行為は，強制にわたらない限り，所持品検査の必要性，緊急性，これによって害される個人の法益と保護されるべき公共の利益との権衡などを考慮し，具体的状況のもとで相当と認められる

限度においてのみ，許容される（最判昭和53・6・20〈刑集32巻4号670頁〉）との各最高裁判例のもと，実際の事例につき適法性が争われている。

　上記判例の要件はさらに，職務質問における有形力行使の場面にあっては，被対称者の態度，嫌疑犯罪の重大性・程度，被対称者・警察官側の体制，周囲の環境等が考慮される。所持品検査においては，嫌疑犯罪の種類・程度，物件所持の疑いの有無・程度，当該物件の危険性の有無・程度，所持品検査の箇所と態様，被対称者・警察官側の体制，所持品検査に至る経過等を一般的に考慮するものとされている（詳しくは，金谷利廣「所持品検査の限界」令状基本問題（下）290頁）。

　先に述べたとおり，これらの具体的な要件を検討するにあたって供述が対立することが多く，事実認定のレベルで争われることがほとんどである。

　職務質問や所持品検査の多くは，受ける側においても警察官の側においても，性質上予期された事態ではなく，臨機応変に事態が推移するものであることに加え，当該行動がどのような意図からなされたものであるかという当事者の内心が問題とされることから，それぞれの立場の正当性を主張するがために，供述が鋭く対立してしまうのである。

　これを弁護の観点から見ると，当該警察官は，結果として犯罪の嫌疑が生じ，証拠物件を押収することができたのであるから，違法捜査とされるのを防ぎたいとの動機が生じ，その場をビデオ等で撮影しているのなら格別，事後的な所持品検査状況の報告書の作成などにおいて複数の警察官同士で供述をすり合わせる，あるいはそこまで行かなくても記憶が曖昧な事柄を適法であった方向に解釈してしまう（長時間に及ぶことも珍しくないから，どの時点での行為や内心だったのかを正確に記憶するのは困難である）という危険が常に孕んでいる。

　また，現実の訴訟で問題となるのは，国家賠償請求訴訟を除けば，職務質問及び所持品検査等により何らかの犯罪の嫌疑が生じ，公訴提起されたものに限られる。

　職務質問や所持品検査の結果，何らの犯罪の嫌疑が生じず，あるいは公訴提起がなされなかった場合には，仮に違法な行為が行われていたとしても，

問題とされることはほとんどない（仮に不当な仕打ちを受けたと考えたとしても，国家賠償請求までしようと考える一般人が多いとは思われない）。

　刑事訴訟で争われる事例は職務質問や所持品検査が一応の功を奏した事例と見ることができるから，結果的に甘受すべきかという視点になりがちである。しかしながら，上記の通り，実際には顕在化しない事例も当然にあるわけであるから，一般市民がそのような職務質問や所持品検査を受け，結果何らの嫌疑も生じなかったとしても，当該質問・検査が許容されるのか，という視点も持つべきであろう。

　公共の場所において自由に活動するという市民の基本的自由，そのことが保障されていると感じることができる社会それ自体が公共の利益と言うべきであり，警察権力によっていつ呼び止められ，所持品検査を受けるかもしれない，仕事があるからといって立ち去ろうとしたら犯罪の嫌疑が濃厚になってしまう，という社会が好ましくないことは明らかであろう。

II　職務質問について

　警職法2条1項に基づく行政警察活動としての職務質問は，特定の犯罪の嫌疑を前提としない，犯罪の予防等の目的で行われるものであるから，逆にいえば，市民的自由に対する直接の脅威を有する作用というべきである。

　また警職法2条1項は職務質問対象者を「異常な挙動その他周囲の事情から合理的に判断して何らかの犯罪を犯し，若しくは犯そうとしていると疑うに足りる相当な理由のある者又は既に行われた犯罪について，若しくは犯罪が行われようとしていることについて知つていると認められる者」と規定しているが，この挙動不審者の判断は，当該警察官の主観でしかない。

　職務質問の有形力行使において特に問題となるのは，職務質問を拒否する者に対して引き留める行為（肩に手を掛ける，立ちふさがる等），自動車の運転防止行為（キーを取り上げる等），質問に応じないために長時間留め置く行為であろう。いずれも裁判例において違法，適法と判断された事例が存するが，職務質問の必要性・緊急性が認められない状況では，許される有形力行使の限

界は，注意や翻意を促す程度にとどめられるべきであるとした下級審判例（東京地判平成4・9・3〈判時1453号173頁〉）が参考になろう。

なお自動車のキーを取り上げる行為等自動車の運転を防止するものについては，自動車による運転行為は逃走が容易であることから一定限度は許される場合があるとしても，職務質問に明確な拒否の態度を示しているにもかかわらず，キーを返還しない措置を続けることは，車を放置することを期待すべきではないから，事実上その場にいることを強制することになる。徒歩による通行の場合で考えれば，その場から動くことができなくなるような物理的に強力な有形力を行使し続けているのと同様の効果を生んでいることになる。職務質問の必要性・緊急性が相当高度でない限り，キーを返還しない措置を継続することは違法な職務質問と言うべきであろう。

Ⅲ 所持品検査について

所持品検査については，既に述べたように，承諾を得て行うのが原則であって，承諾なき所持品検査は「限定的な場合」においてのみ認められる。

裁判で争われているものは，主として承諾なき所持品検査の適法性であるが，外表検査（接触行為も含む），開披行為，所持品の取出行為等の態様があるが，いずれも所持品検査の必要性，緊急性との相関関係によって相当性が判断されている（態様自体が，捜索に該当する場合や，強制にわたる場合はそれ自体違法である）。すなわち所持品検査の必要性，緊急性が高ければより強度な所持品検査が許容され得るという関係にある。

しかしながら，上記の通り所持品検査は承諾のうえで行うのが原則であることからすれば，承諾なき所持品検査が許容される要件それ自体として既に相応の必要性・緊急性が要求されるはずである。つまり外表検査等であっても，必要性・緊急性が認められなければ違法とされるべきであるし（大阪高判平成2・2・6〈判タ741号238頁〉参照），開披行為や取出行為等は原則として違法というべきであろう。それは，承諾しない所持者にとって直接に意に反する行為であり，検査者の何らか有形力の行使が行われることになるから，プ

ライバシー侵害の程度が大きく，かつ，程度の差こそあれ本来は適正な令状審査のもとで行われるべき捜索の性質を帯びるからである。

（さかね・しんや）

7 職務質問・所持品検査
裁判の立場から ── コメント2

友重 雅裕

Ⅰ　はじめに
Ⅱ　職務質問・所持品検査
Ⅲ　自動車検問
Ⅳ　職務質問に引き続く留め置き

Ⅰ　はじめに

　職務質問及びこれに付随して行われる所持品検査は，犯罪の予防・鎮圧を目的とする行政警察活動であるが，これが端緒となって捜査が開始されることも少なくないのであり，捜査と密接に関連し，強い連続性を有している（行政警察目的と捜査〈司法警察〉目的とを併有する場合も想定できる。）。こうしたことから，職務質問及び所持品検査の適法性は，刑事手続の過程において，捜査の適法性とも関連して，公務執行妨害罪における公務の適法性，証拠の収集過程の適法性（違法収集証拠）といった形で争われることも少なくない。この点について，自見論文は，職務質問における有形力行使の限界（停止の意義），自動車検問，所持人の承諾のない所持品検査，職務質問に引き続く留め置き等，捜査・裁判実務上，問題になることの多い場面を取り上げて分析・検討を加えている。

II 職務質問・所持品検査

職務質問における有形力行使の限界や職務質問に付随して行われる所持品検査の限界（所持人の承諾のない所持品検査，所持品検査における有形力行使の限界等）を判断するに当たっては，自見論文も指摘するように，特別の根拠規定がなければ許されない強制手段に至らない程度の行為は，強制にわたらない限り，必要性，緊急性などを考慮し，具体的状況のもとで相当と認められる限度で許容される，という必要性・緊急性・相当性による判断枠組みが実務上確立している（最判昭和53・6・20〈刑集32巻4号670頁・米子銀行強盗事件〉，最決昭和53・9・22〈刑集32巻6号1774頁〉等参照）。この判断枠組みは，刑訴法上の任意捜査において許容される有形力行使の限界についての判断枠組み（最決昭和51・3・16〈刑集30巻2号187頁・岐阜呼気検査拒否事件〉参照）と同様のものである（大谷直人「職務質問における停止の限界」増補令状基本（上）69頁参照）。これは，行政警察活動も司法警察活動（捜査）も主体は警察官であり，いずれの活動に対しても警察比例の原則が適用される（警職法1条2項，警察法2条2項）以上，当然のことといえよう。

職務質問における有形力行使の限界や所持品検査の限界については，上記の判断枠組みに従い，多くの裁判例が集積されており，警察官に対する行動基準を示すという観点から，これらの裁判例を分析し，具体的な類型に応じて基準を明確化することは有益である。必要性・緊急性の要件との関係では，犯罪の嫌疑の内容（事案の重大性）及び程度（嫌疑の濃淡），対象者の対応が重要な要素であり，相当性の要件との関係では，侵害される対象者の法益と保護されるべき公共の利益との利益衡量を適切に行う必要があり，有形力行使や所持品検査の態様そのものが重要な要素となるであろう。

III 自動車検問

自見論文は，自動車検問の類型に応じ，その法的根拠を検討している。
緊急配備検問の場合には，対象車両の特定の有無にかかわらず，職務質問

の要件を満たす場合が多いと思われ,その場合には,自見論文の指摘する任意捜査についての刑訴法197条1項のほか,警職法2条1項も法的根拠になりうる(河上和雄「自動車検問と犯罪捜査」刑事裁判実務大系(11)50頁以下)。

また,無差別の一斉検問の形式で実施される交通検問及び警戒検問については,自見論文も指摘するように,最決昭和55年9月22日〈刑集34巻5号272頁〉の法意に照らし,警察法2条1項に法的根拠を求めるのが相当である。なお,これらの一斉検問の適法性を判断するに当たっては,当該検問が警察法2条1項の定める警察の責務の範囲内でその責務を果たすための活動といえることを前提として,警察比例の原則に従い,当該検問の目的・必要性と相手方の受ける不利益とを比較考慮して,具体的状況のもとで相当と認められるかどうかを検討することになるが,警察法は組織法であり行政作用法(行政作用に根拠を付与する法律)でないと解されることからすれば,当該検問は相手方の任意の協力を求める形で行われる必要があり,任意の協力が得られない場合に,いわゆる中間領域に属する行為(例えば,強制手段に至らない程度の実力行使)をなしうるか疑問であろう(堀籠幸男「コメント」旧刑事手続(上)120頁以下参照)。

なお,「説得活動を振り切り,自動車を走行させた場合,通常は,警職法上の不審事由が認められる場合が多い」という自見論文の指摘について付言すると,その態様にもよるであろうが,一斉検問が「相手方の任意の協力を求める形で行われる」ものであるにもかかわらず,任意の協力に応じない場合に警職法上の不審事由が認められると,検問に応じることを強制することになりかねず,この認定は慎重に行い,安易に不審事由を認めるべきではないように思われる(髙木俊夫・判タ284号117頁参照)。

Ⅳ 職務質問に引き続く留め置き

自見論文は,最後に,実務上も争われることの多い,職務質問に引き続く留め置きについて論じており,2つの東京高裁判決(東京高裁平成21・7・1〈東高刑時報60巻1〜12号94頁〉,東京高裁平成22・11・8〈高刑集63巻3号4頁〉)を詳細

に分析・検討している。

　両判決を合わせて読むと,「純粋に任意捜査として行われている段階」と「強制手続への移行段階」とに分けて検討する二分論が提唱されており,性質の異なる両者を一括して判断する従来の裁判例の判断手法とは異なり,後者の段階に入った時点では対象者の所在確保の必要性が高いことを重視し,対象者の意に反する場合でも,一定の条件の下,一定程度の有形力の行使を伴う留め置きも適法と判断されることになる。この点,現行刑訴法の解釈として,令状請求を「分水嶺」とする「強制手段への移行段階」から相当程度強い有形力行使を許容する論理を導くのは無理であり,また,いわゆる強制採尿令状の請求自体に「強制手続への移行段階」として強力な任意捜査を認めると強制処分法定主義の観点から問題であるとの批判もある（白取祐司・ジュリスト1440号180頁）。「強制手続への移行段階」の名の下に安易な解釈を戒めるという観点から,傾聴に値する見解といえるが,両判決は,「強制手続への移行段階」も任意捜査であることを前提として,任意捜査の限界についての従来の判断枠組み（強制手段にわたらないことを条件に,必要性・緊急性・相当性の相関関係によって判断する枠組み）に従って留め置きの適法性を判断しているものと解され,上記批判は当たらないように思われる。

　そして,二分論について考察すると,「純粋に任意捜査として行われている段階」では,当該捜査の進捗に応じた目的（尿の任意提出への説得,事情聴取等）が留め置きの主目的であるのに対し,「強制手続への移行段階」では,令状の確実な執行に備えた対象者の所在確保が留め置きの主目的となるのであり,後者の段階においては,留め置きの必要性・緊急性が飛躍的に高まっている。このように,「純粋に任意捜査として行われる段階」と「強制手続への移行段階」とでは,その目的や必要性・緊急性の程度という観点から,留め置きの性質が変容しているとも評価できるのであり,任意捜査の限界についての従来の判断枠組みを前提としても,留め置きの必要性・緊急性が飛躍的に高まっていることからすれば,自ずと許容される留め置きの態様も異なってくると解されるのであって,両判決が提唱するように,2つの段階に分けて留め置きの適法性を検討することには,十分な合理性があるように思われる。

最後に，自見論文も指摘するとおり，両判決は，留め置きの適法性について，事後的な判断枠組みを示すにとどまらず，捜査官が現場で適正な捜査活動を行う際の指針を示すことをも意図しており，実務上大いに参考になるものと思われる。

（ともしげ・まさひろ）

8 被疑者及び参考人の取調べ
検察の立場から

稲川　龍也

I　はじめに
II　取調べをめぐる環境の変化
III　警察，検察で実施している取調べの適正化対策
IV　取調べをめぐる今後の課題と展望

I　はじめに

　捜査段階の取調べ，特に被疑者の取調べをめぐっては，これまで法曹関係者や学者の間で，取調べの目的，身柄拘束中の被疑者の取調べ受忍義務の有無，取調べの可視化や弁護人の立会権などが議論の対象とされてきた。しかし，裁判員裁判制度や公判前整理手続の導入と新たな証拠開示制度，第1審重視や公判中心主義を背景とした公判審理の変化，取調べの録音・録画の試行とその拡大，被疑者国選弁護の拡充等の最近の捜査・公判実務における変革は，被疑者取調べや調書作成の実務に変容を与え，従来の議論の前提が大きく変わってきている。誤解を恐れずに言えば，この争点に関する数年前までの議論はほとんど役に立たないと言って良いほど取調べをめぐる実務は変化しつつある。
　そこで，本稿は，主として検察における最近の取調べの実務を念頭に，取調べをめぐる環境の変化や警察及び検察における取調べの適正化のための取組を具体的に紹介した後に，現在検察の現場で概ね共通の認識とされている被

疑者取調べの目的と機能についての考え方を紹介した上で幾つかの課題について言及し，参考人の取調べは固有の問題のみ簡潔に指摘するにとどめる。

II　取調べをめぐる環境の変化

1　裁判員裁判の導入と裁判所の変化

　平成21年5月に裁判員裁判が導入され，裁判所は，公判中心主義の理念と裁判員にも分かりやすい審理を目指す観点から，「争点に集中し，公判で目で見て耳で聞いて分かる審理」の実現を提唱するようになった。それが目に見える形で現れたのが，自白事件における捜査段階の被疑者の供述調書の公判での取調べ方法である。従来は，自白事件で弁護人も調書に同意すれば，当該調書を検察官がまず朗読し，被告人質問は主として情状関係を中心に行われた。ところが，裁判員裁判では，調書が弁護人から同意されている場合でも，当該調書の採用は留保して被告人質問を先行して実施し，その結果調書の取調べの必要性がないと判断すれば，これを採用しない運用が広がっている。また，捜査段階の自白調書の任意性や信用性の判断についても，詳細，合理性，迫真性などの調書の記載内容より，取調べの録音・録画に係るDVDに現れている実際の取調べのやり取りや客観的証拠との整合性を重視する傾向が強くなりつつある。このように，検察官が詳細な被疑者調書を作成しても公判では採用されない，あるいは供述調書だけでは必ずしも有効な立証手段にならない現実は，被疑者の取調べや供述調書の在り方を見直す大きな契機となっている。

2　取調べの録音・録画の試行

　検察においては，裁判員裁判において，自白の任意性に関し，裁判員にも分かりやすく，効果的・効率的な立証を遂げるため，平成18年8月から，東京地検において裁判員裁判対象事件に関し，取調べの機能を損なわない範囲内で，検察官による被疑者の取調べのうち相当と認められる部分の録音・録画の試行を開始し，その後，平成20年4月から，全国の地方検察庁で試行が

実施されることとなった。

　その後,「検察の再生に向けての取組」(法務大臣指示)等を受け,平成23年以降,録音・録画を試行する対象事件や場面を順次拡大し,特別捜査部・特別刑事部における被疑者取調べの録音・録画の試行,裁判員裁判対象事件における被疑者取調べの録音・録画の試行的拡大,知的障害によりコミュニケーション能力に問題がある被疑者等に対する取調べの録音・録画の試行に取り組み,平成24年11月からは,更に対象を拡大して,特別捜査部及び特別刑事部以外で取り扱う独自捜査事件や,精神の障害等により責任能力の減退・喪失が疑われる被疑者に係る事件についても取調べの録音・録画の試行に取り組んでいる。さらに最高検察庁は,平成26年6月,検察改革3年間の取組を公表したが,その中で,取調べの録音・録画に関する新たな方針を打ち出した。同方針によると,①裁判員裁判対象事件,②知的障害者に係る事件,③精神障害者に係る事件,④検察独自捜査事件の4つの類型の事件の被疑者取調べの録音・録画については試行期間を終了し,それまでの試行と同様の枠組みで実施することとした。また,新たな試行として対象事件を拡大し,①公判請求が見込まれる身柄事件であって,事案の内容や証拠関係等に照らし被疑者の供述が立証上重要であるもの,証拠関係や供述状況等に照らし被疑者の取調べ状況をめぐって争いが生じる可能性があるものなど,被疑者の取調べを録音・録画することが必要であると考えられる事件及び②公判請求が見込まれる事件であって,被害者・参考人の供述が立証の中核となることが見込まれるなどの個々の事情により,被害者・参考人の取調べを録音・録画することが必要であると考えられる事件において,取調べの真相解明機能を損なわないよう留意しつつ,当該供述者の取調べの録音・録画を行うこととした。この新たな試行は,同年10月1日から実施されており,少なくとも検察においては,公判請求が予想される身柄事件の大部分が,運用レベルにおいては録音・録画の対象事件となるのみならず,必要性がある場合,被害者や参考人の取調べも録音・録画の対象となるなど,取調べの録音・録画は新たな局面を迎えている(これら経過及び検察改革の取組については,最高検察庁ウェブサイト「検察改革について」中の「2014-06-19検察改革3年間の取組——検察

の理念とその実践――」を参考にされたい。なお，以下これを「検察改革3年取組」という。)。

　警察においても，平成20年9月から，一部の警察において，裁判員裁判対象事件に限定した取調べの録音・録画の試行が始まり，平成24年4月からは，全国の警察において，対象事件や対象場面を拡大した試行が始まっている（大日向孝一「警察における取調べの録音・録画の試行の検証について（前編），（後編）」捜査研究750号，751号に，検証の詳細が紹介されている。）。

　こうした被疑者取調べの録音・録画の試行拡大は，試行の対象となっている事件にとどまらず，一般的に取調べや供述調書の在り方を再考する契機となっている。

　すなわち，録音・録画下においては，取調べ時の状況が即時記録されるため，供述者の生の言葉が，声色，表情，身振り手振り等の供述態度とともにそのまま記録されることとなる。また，被疑者にとって有利であると不利であるとを問わず，供述内容が全て記録されることとなる。供述調書が被疑者の能力を超えた表現で記録されていたり，被疑者の生の供述とニュアンスが異なる場合には，それも明らかとなる。こうして，いわば取調室の中が可視化されたことによって，録音・録画がなされた事件では，被疑者供述の任意性・信用性が問題となった場合に，録音・録画の記録媒体を取り調べることによって，取調べ状況を後から確認して判断することが可能となり，その結果，公判で自白の任意性・信用性が争われる件数が激減しているように感じられる。また，録音・録画の記録媒体を資料として，取調べの在り方や取調能力を涵養するための研修方法を研究し，具体的な指導を行うことが可能となった。これらのことは，取調べや調書作成の在り方を再考する大きな契機となっている。

3　客観的証拠の増加

　科学技術の進展や情報通信技術の革新等により，捜査において客観的証拠が有効となる場面が増大している。例えば，携帯電話を含む電話の通話履歴及び位置情報，パスモ等の電磁的乗車記録や各種クレジットカードの使用

歴，カーナビゲーションの走行履歴，ＥＴＣの利用履歴，インターネットサイトへのアクセスログ，各所に設置された防犯カメラの記録映像，バス・タクシーなどに装備された車載カメラの記録映像などが，捜査上非常に有用なものとなっている。また，ＤＮＡ型鑑定については，必要とされる試料や精度の点で一層向上しつつある。コストや時間の制約等もあり，どのような事件においても，あらゆる科学的手法を用いることが可能なわけではないものの，従前に比べ，これまでには判明しなかった細かな個人の行動等に関する情報が後に把握可能となっている。

　こうした科学技術によって得られる客観的証拠は，自白内容の真否を吟味する場面において決定的な力を持つ場合が少なくない。任意性に問題のない取調べによって得られた供述であっても，これらの証拠の力によって，自白の信用性が否定され，その結果，犯人性に合理的な疑いが残るとして無罪判決となる事例が全国的に増加している。このような客観的証拠の増加と吟味の必要性は，多くの検察官に，被疑者から単に自白を得てもそれだけでは意味がなく，客観的証拠に照らした供述の信用性の吟味に一層力を入れなくてはいけないという意識を強く持たせる契機となっている。

4　被疑者国選弁護人制度の拡充と弁護活動の活発化

　刑事訴訟法等の一部が改正され，被疑者国選弁護事件はこの数年間で，急激に増加している。すなわち，平成23年度版『法テラス白書』によれば，平成18年10月から，短期1年以上の法定合議事件等についても対象事件が拡大され，その後，平成21年5月に，対象事件はいわゆる必要的弁護事件にまで拡大された。その結果，平成19年は，年間合計6,775件であった被疑者国選弁護事件受理件数が，平成21年には6万1,857件と10倍近く増加し，その後も7万917件（平成22年），7万3,209件（平成23年）と年々増加傾向にある。このように，捜査段階から被疑者国選弁護人が選任される件数が激増しているだけでなく，その弁護活動の内容も活発化している。日本弁護士連合会刑事弁護センターが発行している機関誌『刑事弁護』（No.57〈2013・12・1〉）によると，平成25年10月22日に，ライブ実務研修として「可視化に向けての刑事弁護」が開

催され,その中で,取調べのＤＶＤが実質証拠として使用された事例の報告を踏まえ,講師陣から「取調べが録画される中では,供述はするが調書させないという戦略ではなく,より端的に供述をするか,しないのか（黙秘するか）という二者択一の弁護方針の決定を迫られることが多くなること,事案の内容と被疑者の性格等を十分見極めた上で,黙秘を原則としつつ供述を行うべき（黙秘を解除すべき）場合か否かを個別具体的に検討すべきであり,具体的に黙秘を解除すべき場合としては,弁護人が付く前の初期供述段階において,被疑者の動揺等に乗じて捜査機関に不利益供述を取られた場合,その不利益供述を訂正し,釈明する供述を残す『リカバリーショット』を目指す場合等が考えられる」との解説がなされており,その後の同機関誌の報道によれば,そのような研修が全国的に展開されている。また,日本弁護士連合会刑事弁護センターが協力者となっている,弁護士向けの雑誌『季刊刑事弁護』79号（2014年秋号）では,「黙秘が武器になる」との特集を組み,実践的な黙秘権行使の事例紹介や否認事件・自白事件別の黙秘権行使の座談会が掲載されている。このような弁護人の意識の変化は,多くの検察官も共通の認識を有しており,被疑者の権利意識の向上とも相まって,警察官や検察官の取調べに対し,黙秘したり,供述はするものの調書への署名を拒否する被疑者が年々増加しており,特に都市部においてその傾向は顕著になりつつある。このような弁護活動の活発化も,被疑者取調べや調書作成の在り方を再考する要素の一つとなっている。

5 まとめ

　以上の４つの取調べを取り巻く環境の変化は,それぞれが相まって,被疑者取調べと供述調書作成に関する検察官の意識を大きく変化させている。端的に言うと,供述調書の立証を中心とした真相解明は限界に来ており,抜本的に改革する必要があるという意識の変化である。事案の真相を解明し,刑罰法令を適正かつ迅速に適用実現するという検察の使命ないし役割はどのような時代になっても変わらないし変わってはいけないが,その使命を達成するための手段は時代の変化とともに変わって良いし変わらなければならな

いものもある。科学的捜査技術の進展や情報通信技術の革新等によってもたらされた客観的証拠の増加は，この意識の変化を決定的なものにしている。従来型というか，少なくとも20世紀時代の刑事裁判においては，客観的証拠の重要性は共通の認識であったものの，多くの刑事裁判の立証の中心はやはり供述証拠であった。それは，犯罪の痕跡が客観的な痕跡として残ったとしてもそれを採取，検出して分析する科学的捜査手法が十分確立していなかったこともあって，多くの争点の立証は，犯罪の痕跡が人の記憶に残ったものを取り出し，それを供述調書あるいは法廷での証言という形で立証せざるを得なかったからである。したがって，捜査段階における検察官は，他の証拠とも整合し，迫真性がある詳細な供述調書の作成を重視し，公判ではこの調書内容をいかに正確に証言してもらうかに全力を注ぎ，裁判所もそのような調書や証人尋問調書を精読して詳細な事実認定を行っていた。しかし，今日では，科学技術や情報通信技術の発展により，犯罪の痕跡や容疑者の行動が様々な形で採取・検出して証拠化することが可能となり，被疑者の自白を含む供述証拠が立証の中核となる事件で，その供述がこれら客観的証拠に反すればそれだけで信用性が否定され無罪判決を受ける事例が増加しつつある。また，供述証拠については，初期供述の確保と供述内容の正確な録取に重点が置かれつつある。このような実務の変化の中で，検察の内部では，取調べ自体は真相解明の一手段として今後も必要であるものの，取調べの結果をどのように証拠化するかは別問題で，従来型としての「調書至上主義からの脱却」を図る必要性があるとの認識が共通のものとなりつつある。

III 警察，検察で実施している取調べの適正化対策

　現在，警察や検察においては，前記の取調べの録音・録画以外にも，被疑者の取調べの適正化に直接ないし間接的に資する制度として様々な制度を取り入れている。以下，警察・検察に共通する取調べ状況の記録化と証拠開示，警察における取組，検察における取組の順で主な取組を紹介する。

1 取調べ状況の記録化と証拠開示

　捜査実務においては，法務大臣訓令や国家公安委員会規則等に基づき，平成15年以降，身柄拘束中の被疑者の取調べを行った場合，取調べ終了時において，取調官において，取調べの開始時や終了時，調書作成の有無等を記載した「取調べ状況等報告書」の作成が義務付けられており，被疑者にもその内容を確認させて署名押印させ，記載内容の正確性を担保している。この取調べ状況等報告書は，勾留請求や勾留延長請求の際，裁判官が捜査機関による被疑者の取調時間を客観的に把握する資料として活用され，公判前整理手続と新たな証拠開示制度の導入により，弁護人に対しても，類型証拠として必ず開示される仕組みとなった。この報告書の作成と証拠開示は厳格に実施されており，不当に長時間にわたる取調べ，あるいは合理的な理由のない深夜にわたる取調べなどの抑止効果を果たしている上，公判でその点が問題となった際の重要な立証手段となっている。

2 警察におけるその他の取組
(1) 監督行為制度の導入

　警察庁では，いわゆる富山事件や志布志事件を契機として，警察捜査における取調べの一層の適正化を図るために，平成20年1月，①取調べに対する監督の強化，②取調べ時間の管理の厳格化，③その他適正な取調べを担保するための措置，④捜査に携わる者の意識向上の4つの柱で構成される「警察捜査における取調べ適正化指針」を取りまとめ，その完全実施を図る観点から被疑者取調べ適正化のための監督に関する規則（平成20年国家公安委員会規則4号）を制定し，平成21年4月1日から施行されている（同規則の詳細は，重松弘教＝桝野龍太『逐条解説 被疑者取調べ適正化のための監督に関する規則』〈2009年，東京法令出版〉を参照されたい。）。その結果，「直接又は間接に有形力を行使すること」など類型的に不適切行為につながるおそれのある7つの行為が監督対象行為として規定され，本部監督担当課に置かれた監督担当官が，取調べ状況を把握し，必要な調査を実施するなどして監督することとなり，これら類型的に不正行為につながりやすい事項を抑止する制度として現場に浸透している。

(2) 取調べの高度化のための研修制度

　警察庁では，平成24年2月に公表された，「捜査手法，取調べの高度化を図るための研究会」最終報告の提言を具体化するため，同年3月，「捜査手法，取調べの高度化プログラム」を取りまとめ，その一つの柱として「取調べの高度化の推進」を打ち出した。そして，取調べに従事する全ての警察官が，一定レベル以上の取調べ技術を習得する必要性があるとの認識の下，警察庁が主導して，心理学的手法などを取り入れた取調べ技術の体系化を図るとともに，その研修・訓練方法についても諸外国における心理学的知見等を踏まえた方法を参考としつつ，統一的な指導要領を作成し，同指導要領に基づいて，各県警単位においても研修・指導が開始されている（指導の内容等は，重松弘教「被疑者取調べをめぐる最近の動向と今後の在り方(2)」警論66巻1号48頁以下を参照されたい。）。このような取組は，取調べの対象者から，認知心理学の知見を基に，記憶にある出来事を最大限引き出す基本的な手法を身に付けることを通じて，間接的に取調べの適正化にも資する研修として期待される。

3　検察における取組

　最高検察庁は，いわゆる大阪事件を契機として始まった一連の検察改革の中の一つとして，平成23年7月8日，同庁内に監察指導部を新設し，検察官や検察事務官による違法・不適正行為に関する内外からの情報を把握・集約して分析・検討を行い，必要に応じて監察を実施することとした。平成26年6月に公表した資料によると（最高検察庁ウェブサイト「検察改革について」中の，「2014-06-19　監察の概況」に記載されている。），監察指導部が発足した平成23年7月から平成26年4月30日までの約2年10か月の間に，同部は合計3187件の通報を受け，通報内容が不明確なもの，監察対象事象に該当しないもの等を除き，447件を監察案件として立件している。監察案件を類型別に見ると，取調べに対する不満等が358件（80％）と最も多い。また，端緒別に見ると，弁護人からの申入れを端緒とする検察部内からの報告が343件（76.7％）で最も多い上に，取調べに対する不満の件数とおおむね近い数字であることから，取調べに対する不満等に関する通報の大部分は弁護人からの申入れが端緒

となっているものと推測できる。監察指導部においては，これら監察案件について，必要な報告を受け，あるいは自ら調査するなどして事実関係を把握し，何らかの対処が必要と認める事件の場合は必要な措置を採ることとしている。その上で，監察指導部においては，弁護士など外部の有識者を参与として定期的に監察結果を報告し，その意見を聞くと共に，必要な助言を受け，監察の公正を図っている。

　また，従来から検察内部では，弁護人や被疑者から，検察官や検察事務官による取調べに対する不満の申立てがあった場合，速やかにその内容を決裁官に報告し，決裁官において，申立ての内容に鑑み必要に応じて所要の調査を行い，必要な措置を講じ，弁護人や被疑者に対し可能な範囲で講じた措置を説明することとしていた。監察指導部発足後は，弁護人や被疑者から違法・不適正な取調べがあったとして不満を申し立てられ，監察案件として立件されると，当該検察官等は，決裁官による調査を受けるとともに，監察指導部の監察の対象となる仕組みとなった。被疑者国選弁護人の活動が質・量共に活発になっていることと相まって，この制度は，検察官等による被疑者取調べの適正化を徹底させる具体的な制度として機能している。

Ⅳ　取調べをめぐる今後の課題と展望

1　被疑者取調べの目的・機能と取調べ受忍義務

　最高検察庁は，平成24年7月4日，それまで実施してきた取調べの録音・録画の検証結果を公表するとともに，取調べの録音・録画の拡大など捜査・公判を取り巻く環境の変化に適切に対処できるよう，より適正で，かつ，真相解明に有効な取調べを目指し，取調べの在り方を見直すとともに，これに応じた取調べ能力を検察官に身に付けさせるための指導・研修を実施することを目的として，同庁内に，「新たな時代における取調べの在り方検討チーム」を立ち上げた。同検討チームは，全国の検察官の意見や国内外における心理学的知見や弁護士からのヒアリングも参考にしつつ，様々な角度から新たな時代における取調べと供述調書の在り方について検討を行った。筆者

は，同検討チームの主任として同検討会における議論に出席したが，被疑者取調べの目的や機能については，前記Ⅱで述べた取調べを巡る4つの環境の変化に対する共通認識を持った上で議論を重ねた結果，概ね以下に記載するような考え方に収斂された（同検討チームでは，具体的な取調べや調書作成の在り方についても検討しており，その方向性については，稲川龍也「新たな時代における被疑者取調べ及び調書作成の在り方」ひろば66巻6号56頁以下を参照されたい。）。

(1) 被疑者取調べの目的

刑事訴訟法第1条は，その目的について，「刑事事件につき，公共の福祉の維持と個人の基本的人権の保障とを全うしつつ，事案の真相を明らかにし，刑罰法令を適正かつ迅速に適用実現すること」と規定している。取調べの目的は，正にこの刑事訴訟法の目的実現のため，他の捜査手法と相まって事案の真相を解明することであり，被疑者であれ参考人であれその目的に変わりはない。特に被疑者の場合，仮に犯人であれば，通常事件の内容を最もよく知っており，犯人でない場合であっても自己にかけられた容疑の有無について有用な情報を持っている場合が多いことから，被疑者の取調べは，裏付け捜査を十分行うことと相まって，犯罪の嫌疑を固める方向にも，逆に無実の者が処罰されたり不当に重い処罰をされることを防止する方向にも寄与するものである。

また，被疑者の取調べは，真相解明のための一つの捜査手法であって，飽くまで「他の捜査手法と相まって」真相解明という目的に寄与するものである。捜査段階において作成された被疑者の被疑事実を認める供述（以下これを「自白」という。）を含む供述調書は，供述が任意になされ，かつ，その内容に信用性が認められて初めて公判において真相解明のための証拠足り得る。刑事司法における真相解明は，当事者が公判廷において攻撃防御を尽くし，最終的に裁判所が事実を認定する手続の中で実現されるものであるから，任意性や信用性に問題のある被疑者の自白は，真相解明にとってむしろ有害の場合もある。被疑者の取調べの結果得られた供述は，自白であれ，被疑事実を否定する供述であれ，客観的証拠の収集や裏付け捜査などの捜査結果を踏まえて十分その内容を吟味し，それを再度取調べに反映し，またその裏付けを捜

査するという一連の捜査と相まって初めて真相解明という目的につながるものである。

　このように，被疑者の取調べは，「他の捜査手法と相まって事案の真相を解明すること」が目的なのであって，捜査官が被疑者から自白を獲得することや，捜査官に都合のよい自白調書を作成するためのものではない。このような取調べの目的そのものは従来から変わらないはずであるものの，これまでの実務においては，被疑者取調べの結果を証拠化する方法が供述調書に限られていたことに加え，自白調書の真相解明に果たす重要性を強調する余り，取調べの本来の目的から外れ，自白調書作成そのものを目的としていると批判されてもやむを得ないような取調べが一部行われていたように思われる。しかし，前記のとおり，取調べと供述調書を巡る状況は大きく変化している。平成23年9月に公表した「検察の理念」においても，その前段において，「あたかも常に有罪そのものを目的とし，より重い処分の実現自体を成果とするかのごとき姿勢となってはならない。我々が目指すのは，事案の真相に見合った，国民の良識にかなう，相応の処分，相応の科刑の実現である」と，各論第4項において「被疑者・被告人の主張に耳を傾け，積極・消極を問わず十分な証拠の収集・把握に努め，冷静かつ多角的にその評価を行う」との基本姿勢を明示している（最高検察庁ウェブサイト「検察の理念」に全文が掲載されている。）。

　取調べに当たってもこの検察の理念を踏まえ，次に述べる被疑者取調べが真相解明に果たす機能と危険性を十分留意した上で，「他の捜査手法と相まって事案の真相を解明すること」という本来の目的に沿った運用を徹底すべきである。

(2)　被疑者取調べが真相解明に果たす機能と危険性
　ア　被疑者取調べの真相解明に果たす機能
　我が国では，これまで諸外国で採用されているような広範な通信傍受や会話傍受，刑事免責やいわゆる司法取引，潜入捜査等の真相解明のための捜査手法が採用されてこなかった。そのため，密室犯罪とされている贈収賄事件や犯罪組織による殺人事件や大がかりな詐欺事件，大量の薬物密輸入事件等

の捜査においては，多数の関係者を地道に取り調べ，様々な情報収集とその裏付けを粘り強く繰り返す中で，上層部の関与を含む事案の真相を解明するしか現実的な方法がなかった。

　また，自白を偏重せず客観的証拠の収集や科学的捜査手法を重視すべきと言っても，そもそも犯行現場に必ずしも犯人と結びつく客観的証拠が存在しないケースが多いし，痕跡が残っていても犯人と結びつかない場合も多い。例えば，指紋は，12点が一致しなければ対象指紋としては存在しないし，ＤＮＡ型が分かる血痕などの資料が採取できたとしても，ＤＮＡ型データベースが外国に比べ規模が小さいために，犯人と結びつく確率は低い。その上，証拠物や科学的な捜査結果を証拠化した鑑定書などは，それ自体では証拠価値が必ずしも十分でなく，被疑者の自白や弁解と相まって初めて本来の証拠価値が認められるものが多い。例えば，犯人が殺人事件の犯行現場に残した足跡や指紋が被疑者のそれと一致しているなどの客観的証拠も，足跡や指紋が犯行の機会に付着したことと併せて立証しないと犯人性を立証する証拠価値が著しく低くなってしまうが，犯行前後に犯行場所に行ったことがあるかどうかは被疑者自身しか分からず，客観的証拠で立証することは困難な場合が多い。

　さらに我が国の刑法は，犯罪の立証のためには，主観的な構成要件要素（故意，目的犯における目的，共謀共同正犯における共同加功の意思など）の証明を必要としているが，これら主観的な要素については，客観的な事実からの推認にも限界があり，被疑者の供述が立証に不可欠な場合が多い。その上，被害者や遺族の多くは，犯人が誰かだけでなく，犯行の動機や背景事情も明らかにしてほしいと願っている。多くの国民も，身近な地域社会に重大事件が発生した場合，犯行の動機や背景事情も含む事案の真相が解明されて初めて安心した生活が送れると感じており，捜査機関に対し，事件全体の解明を期待する声が強い。検察は，このような被害者側の声や国民の期待に応える必要があると思われるが，動機や背景事情を含む事件の真相は，被疑者の供述がなければ十分解明できないのが実情である。

　他方で，被疑者の取調べは，真犯人でない者を処罰することを防止したり，

被疑者に最もふさわしい処分を行う上でも重要である。すなわち，実務においては，自動車運転過失致傷事件やスピード違反事件などの交通関係事件や家族間の殺傷事件，放火事件などで，真犯人をかばった身代わりの者が，自らが犯人であるとして出頭する場合も少なくない。このような場合に，警察官や検察官が，被疑者の取調べにおいて，客観的な犯行態様と異なる供述や不自然な態度に疑問を抱き，これを追及することで身代わりであることが発覚する場合もある。また，客観的な証拠は被疑者が犯人であることを示している場合であっても，事件を処理する検察官が，被疑者の弁解も十分聞いた上でその裏付け捜査を行いつつ弁解内容の信用性を吟味し，犯人である疑いは残るものの弁解内容を完全には排斥できないのであれば，勾留満期に被疑者を釈放した上で，最終的に嫌疑不十分として不起訴にしている事件も多い。加えて，起訴便宜主義の下，検察官は訴追裁量を持っており，さほど重大な犯罪でなければ，証拠によって犯罪事実の認定ができる場合であっても，被疑者の性格や年齢，境遇に加え，反省の態度や被害者の処罰感情など犯罪後の情況も考慮して起訴猶予処分とする場合が多い。『平成25年版犯罪白書』によれば，平成24年度における全国の検察庁における終局処理人員に占める起訴猶予の割合は55.5％に達している。最近では，知的障害の疑いのある被疑者や，高齢で万引きなどの再犯を繰り返す被疑者に対し，検察官において，被疑者の取調べを通じてその知的レベルの程度や性格，生活環境を把握し，刑事処分よりは専門家による治療や福祉に委ねた方が再犯防止の観点からも適していると思われる場合，保護観察所や福祉機関と連携しつつ，より積極的に起訴猶予制度を活用して再犯防止につなげている。このような検察官における適切な事件処理を行う上で，被疑者の取調べは不可欠である。

　最後に，被疑者の取調べが，被疑者自身の改善更生につながり，ひいては事件関係者や社会全体にもプラス面で働く機能があることを指摘しておきたい。すなわち，取調べを受けた当初は事件との関わりを否定したり，関与は認めるも被害者に責任転嫁していた被疑者が，取調べを通じて証拠や被害者の現状などを知るうちに，自己の非を悟り，被害者にも謝罪するなどの反省の態度を示すことにより被害者も宥恕し，結果として軽い刑事処分となり早

期の社会復帰につながるケースはかなり多い。このような結果は，被害者から少しでも将来の不安を取り除き，地域社会に安心をもたらすとともに，社会復帰を目指す被疑者を社会が受け入れるという刑事政策的な観点からも意味がある。もとより，被疑者の改善更生は，被疑者が犯人であり，自己の意思によって罪を認める場合に限定されるものである上，刑事司法全体の中で図られるべきものであって，取調べの本来的な機能ではなく付随的効果ともいうべきものである。しかし，送致事件の大多数を占めるさほど重大な犯罪でない事件においては，在宅事件か身柄事件かに関わりなく前記の起訴猶予制度とも相まって，検察官による被疑者取調べが，刑事政策的に重要な役割を果たしていることはまぎれもない事実である。

このように，被疑者の取調べは，有罪立証の観点からも，犯人でない者を処罰してしまうことを防止する観点からも重要である上に，訴追裁量権を有している検察官が，証拠と共にその人となりを十分観察して適切な処分を実現するためにも重要な捜査手法であり，一部の被疑者の改善更生や被害者の不安を取り除くという意味で刑事政策的にも意味のある手続といえる。したがって，少なくとも現在の刑事訴訟法と国民意識を前提とする限り，真相解明という本来的な目的のためにも，付随的な刑事政策的な機能のためにも，被疑者の取調べは必要かつ不可欠な捜査手法であり，その重要性を決して軽視すべきではない。

イ　被疑者取調べと供述調書の偏重がはらむ危険

もっとも，被疑者取調べの重要性を殊更強調し，立証手段としての供述調書を過度に重視すると，被疑者の人権侵害を引き起こすばかりでなく，真相解明からも遠ざかる結果となってしまう危険性があることに留意する必要がある。

被害者や国民が真相解明を望んでいることを錦の御旗にして強い使命感を持てば持つほど，どうしても被疑者の刑事訴訟法上の権利保護よりも自白追及を優先しがちになりやすい。被疑者の改善更生を取調べの目的そのものと誤解すれば，厳しい父親が子供をしつけることが正当化されるような驕りが生じ，大声で怒鳴ったり机をたたくような言動さえ正当化されがちである。

また，取調べの本来の目的よりもその結果としての自白調書を重視し過ぎれば，被疑者が一応の自白をしてその内容が供述調書として完成すると，捜査の目的が達成したかのように安心し，供述内容を客観的な証拠によって裏付ける作業を怠りがちになりやすいし，被疑者の供述内容があやふやでも不適切に誘導したり，被疑者の表現能力にふさわしくない内容・表現の供述調書が作成される危険もある。こういった取調べや供述調書では，無実の者を処罰する可能性があるばかりか，結果として処罰すべき者も処罰できなくなってしまう双方の危険があることを肝に銘じるべきである。

(3) 被疑者の取調べ受忍義務

　刑事訴訟法第198条第1項は，本文において，「検察官，検察事務官又は司法警察職員は，犯罪の捜査をするについて必要があるときは，被疑者の出頭を求め，これを取り調べることができる」と規定し，検察官等の取調べ権限を認めている。そして，これを受けて同項ただし書が，「但し，被疑者は，逮捕又は勾留されている場合を除いては，出頭を拒み，又は出頭後，何時でも退去することができる」と規定している。したがって，検察官の取調べ権限との関係で，身柄拘束中の被疑者は，出頭を拒むことやいつでも退去することはできない。その意味で取調べ受忍義務があることは法文上明らかであるし，この点は，裁判実務においても，これと異なる判断はなされていない。これに対し，学説の中には，取調べ受忍義務を否定する見解が有力で，実務と学説の乖離が最も顕著な争点の一つとされてきた。学説が，取調べ受忍義務を否定するのは，それが経験則的に黙秘権の保障（憲法38条1項，刑訴法198条2項）の侵害に結び付きやすいからとの理由であったと思われる。そして，その大前提には，被疑者の取調べの目的は捜査側に都合の良い自白を得るためであり，事後的に検証不可能な密室内で，連日にわたり長時間に及ぶ取調べが行われており，否認や黙秘を貫けず自白強要がなされているのではないかという捜査実務に対する認識があったと思われる。しかし，現在，少なくとも検察官においては，前記Ⅳ，1，(1)「被疑者取調べの目的」で詳述したとおり，取調べの目的をこのようには考えていない。また，取調室も可視化されつつあり，様々な適正化対策により取調べ時間や方法も内部的に規制され，

合理的な理由のない長時間ないし深夜にわたる連日の取調べはほとんど認められず，他方，多くの事件で身柄勾留初期の段階から被疑者国選弁護人の選任が可能となり，黙秘や署名拒否をする被疑者が急増しつつある。従来，学者や弁護人から，自白強要の取調べが問題になる事例としてしばしば指摘されてきた重大殺傷事件や，知的障害がありコミュニケーションがとりにくい被疑者の事件，東京地検特別捜査部が逮捕した重大経済事件等の各被疑者の取調べにおいては，取調べの録音・録画が実施され，その多くは取調べの全過程に近い録音・録画が実施されている。したがって，取調べ状況等記載書面と併せて検討すれば，黙秘権が実質的に侵害されているか，その他不当な取調べがあったかどうか事後的にも検証可能となりつつある。もとより，警察も含めた全ての捜査現場で，このような取調べの目的が共有され，かつ，実践されるまでには一定程度の時間はかかると思われる。しかし，この変化は，取調べを取り巻く大きな4つの変化に伴い，有識者も交えた警察や検察内部の各種の議論や検討を踏まえて生まれてきたものであって，近い将来，実務に定着していくことが予想され，この取調べ受忍義務の問題は，捜査実務の変化の中で実質的に解消されていくことを期待している。

2　取調べの可視化の方向性
(1)　取調べの録音・録画をめぐる課題

　取調べの録音・録画に関連し，現時点では，立法化して義務化すべきかどうか，対象事件の範囲を身柄事件全般に拡大すべきかどうか，原則として全過程を録音・録画すべきかどうかなど種々の議論が残っている。これらの問題点は，法制審議会「新時代の刑事司法制度特別部会」で議論され，平成26年7月9日，その取りまとめが行われ，『新たな刑事司法制度の構築についての調査審議の結果（案）』（以下「答申案」という。）として公表されている（法務省ウェブサイト「審議会，法制審議会——新時代の刑事司法制度特別部会——，第30回会議参照」）。同公表資料によると，取調べの録音・録画制度の導入については，①対象を逮捕・勾留されている裁判員裁判事件及び検察官独自捜査事件とし，②被疑者による拒否など4つの例外事由がある場合を除いては，警察官も検

察官も対象事件の被疑者を取り調べるときはその状況を録音・録画しておかなければならないものとし，③上記対象事件について被疑者調書として作成された被告人の供述調書の任意性が争われたときは，当該供述調書が作成された取調べの状況を録音・録画した記録媒体の証拠調べを請求しなければならないものとするとの内容の答申案が取りまとめられた。また，施行後一定期間経過後に基本構想及び答申を踏まえて，録音・録画の実施状況について検討を加え，必要があると認めるときは，その結果に基づいて所要の措置を講ずる旨の見直し規定を設けることとされた。

　このことを前提に，今後の課題は次の二つであろう。一つは，これまで警察や検察から公表されている取調べの録音・録画の検証結果によれば，警察・検察いずれにおいても，録音・録画しない場合に比べて被疑者の供述態度に変化が見られ，あるいは供述が得られにくくなるなど真相解明の観点からの問題点が指摘されている。特に，組織犯罪の突き上げ捜査で，上層部の関与を明らかにすることが益々困難になりつつある。したがって，答申案で別に取りまとめられた，通信傍受の拡大や公判協力型協議・合意制度など真相解明のための新たな捜査手法を十分理解した上で，新たな発想で真相解明に向けた捜査に取り組む必要性があり，その意味で一層警察と検察の連携が重要となると思われる。

　二つ目は，今後，どのような立法がなされるにせよ，実務の運用として，現在試行されている取調べの録音・録画より後退することはあり得ないと思われることから，手続の適正や被疑者の人権保障を図りつつ真相解明に資する取調べの手法を様々な知見を取り入れながら探求し，警察や検察の組織を挙げて，研修と実践を通じて，前記のような取調べの目的にかなう取調べが実践できるようしっかり指導していくことである。

(2) 弁護人の被疑者取調べ立会権

　弁護人の被疑者取調べ立会権は，条文上に直接の根拠はなく，現行制度としては取りえず，現実の実務でも立会いは行われていない。このような制度を認めるかどうかは，捜査や弁護人の接見交通権などの実情を踏まえその必要性があるかどうかを議論した上での立法政策の問題に帰する。それでは，

弁護人の被疑者取調べ立会権を必要とするような立法事実はあるかというと，少なくともこれまで説明してきた現在の被疑者取調べの実務を見る限りその必要性も見出し難い。というのも，既に述べたとおり，黙秘権侵害につながるといわれていた従来の被疑者取調べは大きく変容したことに加え，弁護人の接見交通も従来に比べ格段に広範囲で充実した形で実施されているように思える。例えば，身柄拘束中の被疑者から弁護人と接見したい旨の申出があれば，直ちにその申出を弁護人に連絡するようにしており，被疑者の取調べをしていない場合はもとより，取調べ中に弁護人から接見の申出があった場合でも，可能な限り直後の食事や休息時に接見が可能となるよう配慮している。その結果，被疑者が，弁護人選任と早期の接見を望めば，私選か国選か，当番弁護士かを問わず，逮捕後勾留前後までの間に通常は第1回の接見を行い，その後も弁護人の希望時間に必要な時間帯の接見がほぼ実現できているのが現状と思われる。弁護人の繁忙度からすれば，その上に，捜査側の都合の良い時間に行う取調べに自ら時間の都合をつけて立ち会うことは現実的には困難と思われるし，接見時間を削ってまで取調べに立ち会いたいと主張する弁護人が現実的にどれほどいるかは疑問である。取調べの立会いよりもはるかに負担の少ないと思える取調べの録音・録画を記録したDVDの閲覧に関し，裁判員裁判対象事件について言うと，平成24年7月の録音・録画の検証時点で，3割強の弁護人がこれを行っていない。その理由の多くは，被疑者と接見して取調べに問題がないことが分かっているとか，DVDの量が多くて全部見られないというものと思われる。また，少なくとも公判請求予定の身柄事件の検察官による取調べの大部分は，録音・録画がなされることになるであろうから，事後的に供述経過や供述内容の詳細が検証可能となる。このような諸事情を考慮すると，現時点で，捜査側の取調べの時期やタイミングを大きく制約することとなる弁護人の被疑者取調べ立会権を必要とする立法事実が認められるとは思えない。

3　参考人の取調べの課題

被害者や目撃者など刑事事件を立証する上で必要となる供述証拠を提供

する者(以下「参考人」という。)の取調べについては，現在実務では，二つのことが課題となっている。一つは，取調べ及び公判での証人としての出頭確保で，国民の権利意識の向上や，地域社会の変容，裁判員裁判やマスコミ報道，司法への信頼などいくつかの要素が絡んで，参考人を確保し，捜査の協力を継続して得ることが従来よりも困難となってきているという問題である。特に，性犯罪の場合，最近の捜査・公判実務を見ていると，公判で名前や個人情報が公になることを躊躇して告訴をためらい，あるいは一旦行った告訴を取り消す参考人も増加しつつあるように思える。答申案では，これらの問題についても検討を加えており，①ビデオリンク方式による証人尋問の拡充，②検察官が，証人等の氏名・住所を弁護人に知る機会を与える際に，一定の条件を付けたり，代替開示の措置を採れる場合を設ける，③公開の法廷における証人等の氏名等の秘匿措置の導入，④証人の勾引の要件の緩和，証人不出頭罪や証拠隠滅罪の罰則強化等を立法化する方向を打ち出した。今後はこれらの制度をも加味しつつ，参考人とのコミュニケーションを十分取りながら信頼関係の醸成に努める一方で，できるだけ参考人の要望を満たせるよう，法曹三者の運用で工夫できるものは工夫していくことが望まれる。

　二つ目は，専門家の助言や一定レベルの発問技術がないと正確な供述が得にくい，性犯罪や児童虐待の被害児童などの取調べと公判への証拠の顕出の問題である。現在，これらいくつかの事件で専門家の助言を得ながら，イギリス等の海外で実施されている司法面接に準じた手法を用いて事情聴取を行い，事情聴取の内容を録音・録画で記録することによって信用性も担保する試みを行っている。この点は，既述のとおり，平成26年10月1日から，取調べの録音・録画の試行の拡大の一環として，「公判請求が見込まれる事件であって，被害者・参考人の供述が立証の中核となることが見込まれる事件」についても録音・録画の試行をすることとなったことから，今後，実施例が増加することが予想される。その場合，幼児に対する発問技術の組織的な底上げ，警察や児童相談所との連携による初期供述の確保などが重要な課題となると思われる。

（いながわ・たつや）

8 被疑者及び参考人の取調べ
弁護の立場から

後藤 貞人

I 取調べの本質
II 取調べの実態
III 取調べの可視化
IV 参考人取調べ
V まとめにかえて

I 取調べの本質

　警察庁，検察庁の作成した文書には，取調べの目的や機能について，「被疑者の取調べは，事案の真相解明に極めて重要な役割を果たしていることは論を俟たないところである」(「警察捜査における取調べ適正化指針」警察庁平成20年1月)，「被疑者・被告人等の主張に耳を傾け，積極・消極を問わず十分な証拠の収集・把握に努め，冷静かつ多角的にその評価を行う」(「検察の理念」最高検察庁平成23年9月)，あるいは，「取調べは事案の真相を解明する上で重要であるが，自白(被疑事実を認める供述)を獲得するために行うものではない」(検察のあり方検討チーム「被疑者取調べと供述調書の在り方について」平成25年3月)等と記載されている。これらの公式の文書だけでなく，警察官や検察官経験者による論文でも，同じように，被疑者取調べの目的や機能は「真相解明」にあり，自白獲得のためのものではないと論じる。
　しかし，取調官にとって，ほとんどの被疑者取調べにおける「真相の解明」は，「自白獲得」とほぼ同義である。とりわけ，逮捕・勾留中の被疑者に対す

る取調べの大半は自白獲得を目的としている。捜査機関は，逮捕状を請求する段階で，すでに被疑者は犯人であるとの「確信」を抱いている。本来，捜査機関のそのような確信は仮説にすぎず，被疑者逮捕後であっても，被疑者に対する取調べは，その仮説を検証するための情報収集の一つである筈である。ところが，いったん逮捕までした被疑者に対する取調べは「検察の理念」がいうように「被疑者・被告人等の主張に耳を傾け」るようなものではない。

そのことは，取調官としての豊富な経験をもつ警察官や検察官のつぎのような論述からも明らかである。旧くは，検察官として帝銀事件の捜査にもあたった出射義夫は，「否認する被疑者の取調には，暴力と脅迫以外の凡ゆる工夫によつて，懺悔と更生の道に立ち帰るように説得する熱意が必要である」と述べた（出射義夫『犯罪捜査の基礎理論』〈1952年，有斐閣〉341頁）。青柳文雄は，「被疑者の真実の供述を得るためには捜査機関の人格の力により，被疑者がその責任を自覚して供述するのが最上であるが，常にこのことを期待することはできないから理詰めの質問も，頑張り合いも，誘導的な質問も，真実を話せば公判において酌量されて刑が軽くなるであろうという示唆も，他に証拠が揃っているという詐術的な言葉も程度を超さなければ許される」と書いた（青柳文雄『刑事訴訟法通論〔新訂版〕』〈1962年，立花書房〉238頁）。

少し時代が下って，各署の捜査主任を勤め，警視正を最後に退官後警察大学校刑事教養部講師として多くの現職警察官を教えた綱川政雄は，端的に「被疑者の取調べは，被疑者から犯罪についての供述，つまり自白を得ることを目的として行うもの」であると述べている（綱川政雄『被疑者の取調技術』〈1977年，立花書房〉13頁）。「被疑者が罪を犯した疑いのある以上，ある程度までは罪を犯したという前提に立って取調をするのは当然である」とも述べる（同30頁）。

警察大学校特別捜査幹部研究所教授林茂樹は，「被疑者の取調べの主たる目的がその自白を得ることにあることは，経験則上明らかである」と断じた上，「日本人の血の中に生きつづける道徳感情からしても，また憲法や刑訴法の底に流れる真実を探求して社会正義の実現の要請からも，被疑者に自白を求めることは正しい捜査なのである」と述べている（林茂樹「逮捕・勾留中の被

疑者の取調べについての一考察（下）」警論37巻12号58頁)。元大阪高検検事長である増井清彦は「頑強に否認する被疑者に対し，『もしかすると白ではないか』との疑念をもって取調べをしてはならない」と教える（増井清彦『犯罪捜査101問〔補訂第4版〕』〈2003年，立花書房〉196頁）。元東京高検検事長の藤永幸治も「自白を求めることは正しい捜査である」との標題のもとに，自白を求めることは被疑者の利益になり，被疑者の人権のためにも必要だと述べている（藤永幸治「わが国の捜査実務は特殊なものか——別件逮捕・勾留と関連して——」判タ468号37頁）。

取調べに関するこのような考え方は今日まで連綿と続いている（ただし，「取調べの可視化」の流れにしたがって変化の兆しがみられる）。

公刊された文章にこのようなことが書かれているくらいであるから，捜査の現場で，もっと露骨に被疑者取調べの目的が「自白獲得」にあると教育され，現場の取調官にもそのように意識されているだろうとの推測が働く。この推測は憶測ではない。

市川寛は，2001年に起こった佐賀市農協背任事件の主任検事として被疑者である農協組合長を取り調べたときの体験を語っている。「次席からは，『自白をさせろ』と尻を叩かれましたが，何を自白させていいのかがわからない。当時の気持ちとして言えば，苛立ちの中でがんがん取調べをやっていたということで，『とにもかくにも，勾留満了までに何かしらの自白を得なければならない』という非常なプレッシャーにさらされていました」と率直にその体験を語った（「市川寛・元検事に聞く『暴言検事』はなぜ生まれたか」刑弁67号105頁）。「私は，あまり自白が取れない検事だったので，自白なしにでも立証できれば別に問題はないと考えていたほうでした。ただ，検察庁としては，極力自白を取れという教育をしていたとは思います」。「（オン・ザ・ジョブ・トレーニングで）先輩，上司から自白を取るようにと教育される」（同107頁。（　）内は筆者)。さらに，市川は，インタビューアーの「先輩たちの，何が何でも自白を取れというはどういう理由ですか」という質問に対して，「理由までは詳しく聞いたことはありませんでした。若い頃は，とにかく自白を取れと言われたら，理由を聞いている場合ではないので，『そうですか』ということで，慌てて自白を取りに行くという有様で，それがなぜだかよくわかりませんでし

た。少なくとも、なぜかまで教えてくれた人はいなかったように思います」と答えている(同。なお市川寛『検事失格』〈2012年、毎日新聞社〉参照)。

中山博善は14年間の検事生活の後弁護士に転じた。弁護士としての経験を踏まえ、中山は、「18年間に亘って刑事弁護に関わってきた経験から言わせていただければ、残念ながら、可視化否定論のいう信頼関係に基づく取調べがなされている実態を見ることはできなかった。逆に、被疑者・被告人から聞こえてくるのは、前述した贈収賄等の組織捜査において、ありきたりの『早く言わないと勾留が長引くぞ』の類から、事件とは関係がないのに、娘を思う父の心情につけ込み、『本当のことを言わないと、娘さんに来てもらうことになるぞ』と威迫するなど、検察のOBとして恥じ入るばかりの取調べであった。このような実態を当職自身が垣間見、他の弁護士から同様の経験を聞くにつけ、取調べの実態について全貌を知らないからといって、もはや、その弊害を放置することはできない段階に至っていると判断せざるを得ない」と、自らの体験に基づいて述べている(「被疑者取調べの意義・根拠と可視化の是非」金沢法学48巻2号42頁)。

警察でも同様の教育が行われていたことは、愛媛県警の警察官のパーソナル・コンピューターからインターネット上に漏出した、右肩に「平成13年10月4日(適性捜査専科生)」と記載された「被疑者取調べ要領」なる文書を見ても分かる。13項目のうちのいくつかを抜き出すと以下のとおりである(項目番号は原文のまま)。

3　粘りと執念を持って「絶対に落とす」という気迫が必要
　　調べ官の「絶対に落とす」という、自信と執念に満ちた気迫が必要である。
4　調べ室に入ったら自供させるまで出るな。
　　○　被疑者の言うことが正しいのでないかという疑問を持ったり、調べが行き詰まると逃げたくなるが、その時に調べ室から出たら負けである。
5　取調べ中は被疑者から目を離すな
　　○取調べは被疑者の目を見て調べよ。絶対に目を反らすな。

○　相手をのんでかかれ，のまれたら負けである。
12　被疑者は，できる限り調べ室に出せ
　　○　否認被疑者は朝から晩まで調べ室に出して調べよ。（被疑者を弱らせる意味もある）

　このような取調べで，誘導，誤導，押しつけ等が起こるのは必然である。しかも，そのような取調べをしている取調官が，危ういことをしているとの自覚を持つことは期待できない。なぜなら，検察官や警察官として豊富な取調べ経験を持ち，後進を指導する立場にある者が，「暴力と脅迫以外の凡ゆる工夫によって，懺悔と更生の道に立ち帰るよう説得する熱意が必要である」「理詰めの質問も，頑張り合いも，誘導的な質問も，真実を話せば公判において酌量されて刑が軽くなるであろうという示唆も，他に証拠が揃っているという詐術的な言葉も程度を超さなければ許される」と考え，後進を指導してきたからである。取調官は取調室に入れば自白させるまで出てくるな，と指導されてきたからである。要するに，ほとんどの取調官は，自白を追求する取調べは正しい，と教えられ，自身でもそのように考えているからである。
　このような取調べの結果，虚偽の自白（厳密には，自ら犯行を供述したのではなく，取調官から自白を内容とする供述を押しつけられ，その旨記載のある調書に署名押印した場合を含む）がなくならず，えん罪事件が起こり続けることは必然である。
　実際，宇和島事件無罪判決（松山地宇和島支判平成12・5・26〈判時1731号153頁〉），志布志事件無罪判決（鹿児島地判平成19・2・23〈判タ1313号285頁〉），氷見事件再審無罪判決（富山地高岡支判平成19・10・10〈裁判所ウェブサイト〉），足利事件再審無罪判決（宇都宮地判平成22・3・26〈判時2084号157頁〉），郵政不正事件厚労省局長無罪判決（局長自身は虚偽自白をしていない。大阪地判平成22・9・10〈判タ1397号309頁〉）など，虚偽自白を伴うえん罪事件が起こり続けている。
　これらの事件を受けて，2007年11月1日，国家公安委員会は「警察捜査における取調べの適正化について」を決定した。警察庁は同決定を受け，「警察捜査における取調べ適正化指針」をとりまとめ，同指針は2008年1月24日国家公安委員会で了承された。同年9月から5都道府県警察において取調べの

一部録画・録音の試行が開始された（日本弁護士連合会では原則として「録画・録音」と表記する。これに対し，法務省・検察庁及び警察庁は「録音・録画」と表記する。本稿では本文では「録画・録音」と表記し，引用するときは元の表記に従う）。2010年2月に国家公安委員会中井治委員長の私的諮問機関「捜査手法，取調べの高度化を図るための研究会」が立ち上げられ，2012年2月23日にその最終報告書が発表された。同年3月，「捜査手法，取調べの高度化プログラム」が策定された。同年12月，警察庁刑事局刑事企画課が，取調べ教本として「取調べ（基礎編）」を作成した。同教本は仲真紀子教授の助言を受け，取調べと関連する心理学の知見をとりまとめたものであり，取調べに関する警察の従前の見方を大きく変える内容を含んでいる。

　最高検察庁も，2008年4月3日，「検察における取調べ適正確保方策について」と題する文書を発表した。同年5月1日，さらにその内容を具体化する「取調べの適正を確保するための逮捕・勾留中の被疑者と弁護人等との接見に対する一層の配慮について」と題する依命通達を全国各地検，高検宛に発出した。2010年9月10日厚労省局長無罪判決後の2011年3月31日には「検察の在り方検討会議」から『検察の再生に向けて』が提言され，同年4月には法務大臣が「検察の再生に向けての取組」を発出した。同年7月には最高検から「検察改革――その現状と今後の取組――」がだされた。

　しかし，その後も取調べの適正化は進まなかった。
　「PC遠隔操作事件」と呼ばれる一連の事件は，2012年6月から9月にかけて起こった。インターネット上に，幼稚園や小学校の襲撃，殺人，航空機爆破等の犯罪予告をした事件である。その事件の被疑者として4名が逮捕された。4名とも当初否認していたが，そのうち2名は自白した。否認を続けた1名は正式起訴された。その後，同人らのパーソナル・コンピューターは何者かによって遠隔操作されていたことが判明して，正式起訴されていた被告人は起訴取り消し，自白して保護観察処分となっていた二人は保護観察処分取り消し，処分前の被疑者は不起訴となった。犯人でないのに逮捕された4人のうち2人が自白に追い込まれたのである（2012年10月16日付各新聞紙）。なお，「自白に追い込まれた」というと，虚偽であれ「自白」をしたと思ってし

まうが,「自白」をしていないが,自白調書が作成されてしまう場合も含まれる。この事件でも,前記と同様,その内容が自白である供述調書に署名押印したという方がより正確である。

このような事件が起こったことは大きな問題である。しかし,さらに大きな真の問題は,そのような事件が起こったこと自体にあるのではなく,問題に関する警察の意識にこそある。

大阪府警,神奈川県警などはそれらの事件における捜査を検証している(「インターネットを利用した犯行予告ウイルス供用事件の検証結果」平成24年12月大阪府警察,「横浜市立小学校に対する威力業務妨害被疑事件における警察捜査の問題点等の検証結果」神奈川県警察平成24年12月)。その検証結果は,虚偽自白を生み出した「取調べ」の検証を全くしていないに等しい。大阪府警の検証結果には「8 取調べにおける問題点」が指摘されている。そこに記載されているのは,

> A氏に対する取調べについて,犯人と決め付けられ利益誘導されるなどして自白を強要された旨の報道がなされたことから,取調べに問題がなかったか否かについて調査した。
> 取調べ官から聴取したところ,「いずれの取調べにおいても,取調べを始める際には供述拒否権を告知した。」,「客観的証拠による立証に重点を置き,淡々と取調べを行った。」,「客観的証拠については申し向けたが,自白を強要したり利益誘導したような事実はない。」とのことであり,その他の調査結果からも不適正な取調べは確認できなかった。

というだけである。報告書全体に占める分量もさることながら,「取調官からの聴取」は適切に行われたのか,その聴取の結果から「適正」だと判断できるのか,もし「不適正な取調べは確認できなかった」にもかかわらず虚偽自白がなされたとすれば,その「虚偽自白は何故なされたのか」等の検証をしていない。取調べの結果,虚偽自白を獲得していたことが明らかになっても,警察にとっては「密室での取調べの在り方」そのものには問題はなかったというのである。

「被疑者取調べ」が，理論上も実務上も最重要のテーマの一つであり続けてきたのは必然である。

II 取調べの実態

1 取調室の中

　全国の警察には約1万2千の取調室がある。犯罪捜査規範は，取調室の構造及び設備の基準を定めているが（犯罪捜査規範182条の3），いずれも抽象的な規定にとどまり具体的な構造は分からない。同規範同条の5号は，取調室の広さについて，「取調べ警察官，被疑者その他関係者の数及び必要な設備に応じた適当な広さであること」と定める。実際の取調室の広さは8.25平方メートルが基準とされている（吉村博人「取調べ全面可視化に反対する」文藝春秋2009年12月号164頁）。被疑者の取調べに，取調警察官及びその補助者が当たることが多いので3名の人間，及び什器備品としてスチール机1，椅子3脚を収容できる広さを想定していると考えられる。取調官と被疑者が向かい合って座るスチール机のほかに書類を置いたりするためのスチール机がもう1つ入れられていることもある。「適当な換気，照明及び防音のための設備を設けるなどの適切な環境」の構造，設備（犯罪捜査規範182条の3の4号）とあるが，「窓」は必要とはされていない（一部の取調室には窓がある）。取調室は，狭小であるだけでなく，警察署という社会から隔離された空間に設置された上，その警察署の他の場所からも遮断された密室である。

　実際に，この広さの部屋に机，椅子を入れると，空間にほとんど余裕がない。そのため，被疑者は，外界と遮断された密室で，机を挟んだだけのわずかの距離で目の前の取調官と対峙することになる。元警察庁長官によれば，「こここそが，取調官と被疑者が向かい合う『聖域』，これまで上司が見ることさえ憚られた取調べ室」である（吉村・前掲「取調べ全面可視化に反対する」168頁）。

2 取調官対被疑者

　警察官は身体拘束下にある被疑者を取り調べようとするときは，同じ警察

署内の留置施設から被疑者を取調室に連行して取り調べる。連行する際には被疑者に手錠腰縄をつける。取調べの開始を決めるのは取調警察官であり，昼食，夕食時を除いて，取調べの終了を決めるのも取調警察官である。取調べ中，取調官は取調室に出入り自由である。

被疑者には取調室からの退去の自由はない。室内で横になったり立ち上がったり，自由に振る舞うこともできない。空腹や喉の渇きを覚えたからと言って，自宅に居るときのように部屋を出て冷蔵庫の扉を開けることはできないし，拘束されていないときのように自動販売機を利用することもできない。粗末な椅子に座り続けて取調べをうける。

取調警察官は法律を学んでいる。上司から指導を受け，自らも逮捕，勾留，取調べの実務を経験している。捜査当局の収集した事実や証拠の内容を把握しているのが通常である。

他方，ほとんど被疑者は，どのような権利があるのか，どのような義務があるのかを知らない。いつまで拘束されることになるのか，将来自分がどのようになるかも分からない。証拠についても，被疑者には，どのような証拠があるのか，被害を申告した者が何を言っているのか，目撃者はいるのか，仮に目撃者がいることが分かってもその目撃者がどのように説明しているかが分からないのが普通である。

取調べでは，取調官が質問し，被疑者が答える。両者の役割は固定していて，その役割は交替しない。被疑者が取調官に質問することはあるかもしれないが，それは取調べ過程でのごく一時的なことに過ぎず，取り調べる者と取り調べられる者の「役割」は交替することがない。このような両者の間には，対等な人間関係が成立しうる基盤がない。浜田寿美夫は，「自白過程について論じるうえで，最初に確認しておかねばならないのは，ごく当り前の事実，つまり取調べの場はつねに取調官が被疑者に加える圧力の場だという事実である」と簡潔で本質的な指摘をしている（浜田寿美夫『自白の研究』〈1992年，三一書房〉67頁）。浜田は「なぜこのように当り前のことをあらためて確認せねばならないかといえば，法に言う『自白の任意性』なるものが，あたかも無圧力状況であるかの如き錯覚が，ときとして見られるからである」と指摘して

いる(同68頁)。検察庁の取調室は警察のそれに比べて相当広いが、取調官と被疑者の関係は全く同じである。

　稲田伸夫は、「被疑者が取調べにおいて自己に不利益な事実であっても真相を供述するのは、自己の犯した犯行を真摯に反省・悔悟するからであり、被疑者をそのような境地に至らせることが可能になるのは、取調官と被疑者との間の信頼関係が形成され、そのような関係に基づいて被疑者が取調官の説得に耳を傾けるからである」(稲田伸夫「被疑者の取調べ－検察の立場から」新刑事手続I 199頁)と述べる。本江威憙も「このような被疑者から真実を吐露する供述を得るには、取調官が被疑者との間で信頼関係を構築し、被疑者の良心、真情に訴えかけ、真実を語るように説得することが不可欠である」と述べている(本江威憙「取調べの録音・録画記録制度について」判タ1116号6頁)。「信頼関係の形成」「信頼関係の構築」が真相解明の前提であり、被疑者から自白を引き出す基礎となるというのである。このような主張は稲田、本江にかぎらず、ひろく見られる。これらの「信頼関係構築論」は浜田のいう「錯覚」に基づいている。あるいは取調べの場が常に圧力の場であることに対する無自覚を露呈している。

　被疑者が私選弁護人を依頼するか、国選弁護人が付されると、被疑者は弁護人の接見を受け、法的、実務的な助言を受けることができる。しかし、弁護人の登場によって、被疑者と取調官の基本的な関係は変わらない。弁護人は取調室に入ることはできず、接見時間は取調べ時間に比して圧倒的に少ないのが通常である。また、接見する弁護人の実務能力が高くないうえに被疑者の理解力が十分でないことはいくらでも起こりうる。しかも、ほとんどの事件で、被疑者は逮捕されて初めてそれまで面識のない弁護人と会う。初めから弁護人を信頼するところまではいかない。弁護人の助言を正しく理解して、取調べに適切に対応することは容易なことではない。

3　黙秘権行使の困難

　取調べをうける被疑者にとって、黙秘権は最も基本的で重要な権利の一つである。しかし、実務上被疑者が黙秘権を行使するのは極めて困難である。

取調官は形式的にであれ被疑者に黙秘権があることは告げる。これに応じて，例えば被疑者が「黙秘権する」と伝えたとしよう。被疑者の発言自体が不明確で「黙秘権の行使」か否かがはっきりしないような場合もありうる。そのような場合に，発言の趣旨を確認することぐらいは問題がないかもしれない。しかし，その程度で取調べが終わることはない。黙秘することを告げても取調べは終了しない。取調官は，黙秘権を行使することを明らかにした被疑者に対して，発問を重ねる。発問を繰り返すだけでなく，「なぜ黙秘するのか」の理由を尋ね，「黙秘すると不利益になり得る」ことを示唆して黙秘をやめて供述するように「説得」することが当たり前のように行われている。

　佐藤博史は「わが国では，被疑者が黙秘権を行使しても，取調べが中止されることはない。否認する被疑者はもちろんのこと，黙秘権を行使する被疑者に対して，否認や黙秘の態度を改め，『申し訳ありません。私がやりました』という屈服を求める『取調べ』が続けられる。被疑者は，朝から晩まで，ときに深夜に及んで『説得』される。」と述べている（佐藤博史『刑事弁護の技術と倫理』〈2007年，有斐閣〉73頁）。数多くの弁護士が同様の指摘をしている。取調官らは，一体どのような教育を受け，どのように考えているのだろうか。

　大コンメ刑訴法〔2版〕(4)の刑訴法198条の注釈で，河村博は，「例えば，被疑者が黙秘し，……場合に，被疑者に取調べに応じ，真実を語るよう説得することが，滞留義務があることで被疑者に供述を強要することになるはずもなく，当然許される取調手法であろう。」「取調べに応じるよう説得するのみならず，詰問的な尋問も含めた方法での，被疑者の取調べも許されるはずであり，本条が取調べについての供述拒否権の告知以外に特に制限を設けていないことからみても，取調方法に問題があり，その自白の任意性に疑いがないかぎり，逮捕・勾留中の被疑者に対し，出頭義務・滞留義務を課した上での取調べは法の許容するところであると解される」と解説している（168-169頁）。

　「君には黙秘する権利がある」と告げ，これに対し被疑者が憲法と刑訴法によって認められた「黙秘権」を行使することを明確にしているのに，権利を告げた当の本人が「権利を行使することをやめるように」と「説得」するの

313

は，常識的に考えれば，権利の侵害である。ところが，黙秘権に関しては，取調べの現場で，警察での取調べであれ，検察での取調べであれ，必ずこのような「説得」がされている。それも短時間の説得ではなく，延々と，何時間，何日間にもわたって「説得」することが通常行われているのである。

　後藤昭は「『自白しなくてもよい。だが自白するまでは取調べは続ける』というのは，現実的な経験則によれば自白の強要である」と述べる(後藤昭『捜査法の論理』〈2001年, 岩波書店〉154-155頁)。小坂井久は「わが国の取調べの実情においては，取調べという場面では，最初に告知した権利は直ちに放棄されることが自明の前提とされている。告知した側が受容することのない権利告知なのである。そんな権利告知に，一体，何の意味があるのだろうか」と根源的な疑問を呈している(小坂井久『取調べ可視化論の展開』〈2013年, 現代人文社〉244頁)。

　要するに，わが国では特別に強靱な精神力をもった超人的な被疑者しか，憲法，刑訴法上認められた黙秘権を行使できなかったのである。ここで「できなかった」と過去形を用いたのは，「取調べの可視化」が，黙秘権の行使を，特別に強靱な精神力の持ち主である超人的な被疑者にしかできない振る舞いから普通の被疑者にもできるものにするからである。

4　取調べの産物——供述録取書——

　取調警察官，検察官が作成する被疑者の供述録取書は，警察官や検察官の作文である。物理的にそうだし，内容的にもそうでしかない。

　作成するか作成しないかを決めるのは取調官である。文章を考えるのは取調官である。その文章にどれだけの事実を記載するかを決めるのは取調官である。1通の調書を何枚で終えるかを決めるのも取調官である。1回の取調べで聴取したことを1通の調書にするか，複数の調書にするかを決めるのも取調官である。何日間にもわたって聞いたことを1通の調書にするか，数通の調書にするかを決めるのも取調官である。

　聞き取ったことを敢えて調書化しないことがある。被疑者が否認している間は，最初の弁解録取書以外は調書を作成しないのがむしろ普通である。否

認しているときには調書を作成しないでおいて，自白に転じると直ちに調書を作成することも多い。ただし，被疑者が自白しているときでも，供述のすべてが調書化されるわけではない。

　取調べの可視化に反対する論者は，反対の理由の一つとして，例えば，「被疑者が組織の報復が怖いことなどから供述調書には録取しないでほしい旨懇願することなども少なくないが，録画または録音するとなると，被疑者に，わずかでも口を滑べらせれば，それが録画または録音されてしまうという懸念を抱かせ，その結果として真相に関する供述を得ることが困難になろう」ことをあげる（稲田伸夫「被疑者の取調べ－検察の立場から」新刑事手続Ⅰ200頁）。同趣旨の意見は取調官の経験がある警察官や検察官あるいはその出身者に多くみられる。それでは，取調官は，被疑者が供述したけれども「録取しないでほしい」と言われた部分はどうするのか。本江は「公判に顕出されることが予定されているのは，取調べにおける被疑者の言動すべてではなく，被疑者が供述調書に録取されることを了解した供述のみに過ぎない」と述べている（本江・前掲「取調べの録音・録画記録制度について」7頁）。本江が「了解した供述のみ」というときの「了解」が，取調官によって作成された調書の読み聞けを受けて誤りのないことを申し立てて署名押印をした場合を指すのであれば（刑訴法198条5項），そのように言うのは間違いではない。しかし，本江がいう「了解」の意味はもっと広いことが，次の記述によって分かる。本江は，可視化をすれば取調べが困難になる例として，「共犯者の中で最初に自白した者であっても，自分が最初に自白した事実が分からないようにして欲しいとして，供述調書の作成を拒んだり，供述調書の作成時期だけは他の共犯者よりも遅くするようにして欲しいと希望する者」を例にあげる（本江，前同）。つまり，供述の一部を意図的に調書記載から外したり，作成日をずらせたりする手法が可視化されるとできなくなる，と述べているのである。かくして，取調室で被疑者が，実際に何時，どの範囲の事実を，どのような順序で，どの程度詳細に，またどのような表現を用いて供述したのかは取調官にしか分からないことになる。より正確に言えば，人間の記銘力，記憶力は極めて不完全であるので，「取調官にも」分からないことになる。

刑訴法198条3項は「被疑者の供述は，これを調書に録取することができる」としている。このことを根拠に，一部の学説（井戸田侃「取調の法的規制」捜査法体系Ⅰ238頁，注解刑訴（中）55頁，森井暲「供述調書の作成・機能」井戸田侃編『総合研究 被疑者取調べ』〈1991年，日本評論社〉395頁等）を除き，供述調書は取調べの都度作成すべき義務はなく，作成するかどうかは取調官の裁量に委ねられていると解されてきた（団藤重光『条解刑事訴訟法（上）』〈1950年，弘文堂〉386頁，ポケット刑訴（上）442頁，条解刑訴［4版］379頁，河村博・大コンメ刑訴法［2版］(4)181頁等）。裁判例としても，数日間にわたって取り調べた結果を一括して録取することも許され（東京高判昭和29・7・23〈高刑集4巻10号1202頁〉），さらに，供述内容を詳細に録取するか要旨に留めるかなども取調官の裁量によると解され，そのように運用されてきた。2013年5月に作成された最高検「新たな時代における取調べの在り方検討チーム」による「被疑者取調べと供述調書の在り方について」は，取調べの録画・録音の試行についても触れているが，供述調書の在り方については，それ以前とほとんど同内容の考え方を述べている。取調べを行った場合は必ず供述調書を作成しなければならないものではなく，事案の内容，証拠構造，処置見込みなどを勘案して，供述調書作成の要否・内容・形式を考えなけれならない，としている。形式も一人称の物語形式が基本であるが，その供述内容をより正しく反映させるために問答体も活用せよ，という。

　要するに，ある日ある時の取調べで取調官と被疑者の間であった問答がどのようなものであったかは供述調書をいくら読んでも分からない仕組みにしてもよい，というのである。

　このような考えは根本的に誤っているのではないか。上記のようなことが許されるとすれば，調書は，物理的に取調官が作るという意味での「作文」であるにとどまらず，供述年月日，供述時刻，供述内容，供述形態なども事実ありのままでない，と言う意味でも「作文」になる。取調室内での問答の「真相」を歪めることを許容することになる。「真相解明」を求めると言いながら，取調室でできる供述調書は「真相を歪めてもよい」ということになろう。取調官は，事案の内容，証拠構造，処置見込みなどを勘案して，供述調書作成

の要否・内容・形式を考えているだけで,「真相を歪める」ことにはならない,との反論は当然ありうる。しかし,「真相」は本来誰が見ても「真実」でなければならない筈である。反対当事者から見ても真実の姿でなければそれは「真相」とは言えまい。取調官がその判断で取捨選択した結果できた供述調書が,被疑者・弁護人からみても取調べの真実の姿を写したものである保障はどこにもない。

「取調べを行つたときは,特に必要がないと認められる場合を除き,被疑者供述調書又は参考人供述調書を作成しなければならない」との規範は(犯罪捜査規範177条),「特に必要がないと認められる場合」を除いている点で不十分ではある。しかし,それでも,この規範は,ただ単に,発問と答の一部だけでも記載した供述調書を,1通だけでも作成すればよい,という意味でないことは明らかである。

5 可能な限り暗闇に

真相解明のために取調べは重要である,と主張する捜査官側の人びとは,取調室の中で何があったかの真相はできるだけ明らかにすべきでないと考える。そのことを象徴的に表すのが取調べメモの保存と廃棄に関する最高検の通知である。

最高裁判所は,取調メモが証拠開示の対象となることを認めた(最決平成19・12・25〈刑集61巻8号895頁〉,最決平成20・6・25〈刑集62巻6号1886頁〉,最決平成20・9・30〈刑集62巻8号2753頁〉)。これらの最高裁決定を受けて,最高検察庁は平成20年7月9日付「取調べメモの保管について(通知)」(最高検刑第199号)及び平成20年10月21日付「取調べメモの適正な保管について(通知)」(最高検刑第296号)と題する通知を発出した。最高検刑第296号は,「本年9月30日,最高裁判所第一小法廷において,検察官がいわゆる個人メモであって証拠開示の対象外であると考えたものについて,個人メモであるか否かに触れることなく,証拠開示の対象となる旨の判断が示されました。これによれば,検察官が個人メモと評価するものについても証拠開示の対象とされる場合があり得ると考えられ,取調べメモの作成や保管に当たってはこの点について留

意する必要があります。そこで，本年10月27日から，裁判所において取調べ状況についての争いを公正に判断するのに資すると認められる取調べメモについては，個人的メモを含めた取調べメモ全般につき（中略－筆者），適正に管理していただくようにお願いします」と通知するものであった。このような通知に接した検察官が自らの作成した取調べメモを自らの判断で廃棄するとは考えがたい。

　ところが，厚労省局長事件，広島少年院暴行陵虐事件等をはじめ，各地の公判前整理手続や法廷での検察官証言で（筆者自身が弁護人となった複数の事件でも），検察官が取調べメモを廃棄した例が相次いだ。その理由は，最高検が上記の通知に加えていた「補足説明」にあった。その補足説明では，「取調べメモの適正な保管の在り方を考えるに当たっては，必要性の乏しいものを安易に保管しておくことで，開示を巡る無用の問題が生じかねないことに思いを致し」「本来，取調べメモは，そこに記載された供述内容等について，供述調書や捜査報告書が作成されれば，不要となるものであり，（中略－筆者），取調べ状況についての争いを判断する上で必要と認められるものを組織的に保管するのが相当であること」「捜査の秘密の保持や関係者の名誉及びプライバシー保護の観点から，安易に保管を継続することなく廃棄すべきものであること」「（なお，個人的メモについても）その役割が終了した段階で廃棄することとし，役割が終了していない段階では，私物を保管している場所に保管するなど，組織的に保管しているとの誤解を生じないようにする」「証人出廷した場合に，個人的メモの存在にはあえて言及しない」等と説明している。この補足説明は，前記最高裁平成20年6月25日決定が「捜査の過程で作成し保管するメモが証拠開示命令の対象となるものであるか否かの判断は，裁判所が行うべきものである」と判示し，検察官の判断で廃棄してしまってよいものでないことを明示していることを無視して，調書を作成してしまえば，主任検察官が，「取調べ状況についての争いを判断する上で必要と認められるものを組織的に保管するのが相当である」と判断したもの以外は廃棄せよと指導するものとしか理解できない。

　最高検は，将来法廷で取調べ状況が問題となりうる場合であっても，検察

官の任意性立証にとって役立つだろう取調べメモ以外は廃棄せよ,というのである。ここに,「事案の真相」を解明するために,「取調室の真相」は解明できないようにしておいたほうが良い,というブラックジョークとしか言い様のないパラドックスがある。

6　法廷と取調室の落差

　法と規則は,法廷における尋問について何が許され,何が許されないかを定めている。法廷での証人に対して,「主尋問における誘導尋問」「供述に不当な影響を及ぼすような書面を示す尋問」「威嚇的又は侮辱的な尋問」「意見を求め又は議論にわたる尋問」等の尋問をすることは禁じられている。それだけでなく,反対当事者に異議申立ての権限を与えた。それによって,弁護人は法廷で違法不当な尋問を阻止したり是正することができる。仮に,検察官が誘導,誤導尋問をすれば弁護人が異議を述べるであろう。威嚇的な尋問をすれば直ちに異議を述べる筈である。法廷で被告人が一切の供述を拒むことを表明すれば,検察官が供述拒否権の行使を撤回するよう説得はしないだろう。もし,裁判長が裁判員全員の前で被告人に対して,「一切の供述を拒む権利がある」と告げ,その裁判長の告知にしたがって,被告人が供述拒否権を行使しているのに,検察官がその権利の行使を撤回するよう被告人を説得したとすれば,そのような検察官の言動はとうてい裁判員に受け入れられないと思われる。

　これに対し,捜査段階での警察官,検察官による尋問については,憲法36条が拷問を禁じ,38条1項が自己負罪拒否特権を,同2項が「強制,拷問若しくは脅迫による自白」に証拠能力がないことを定める。刑訴法には供述拒否権の告知の規定がある(刑訴法198条2項)。それら以外に刑訴規則199条の3,199条の11第2項,199条の13のような規定がない。ただし,犯罪捜査規範168条1項が,「強制,拷問,脅迫その他供述の任意性について疑念をいだかれるような方法を用いてはならない」,2項に「自己が期待し,又は希望する供述を相手方に示唆する等の方法により,みだりに供述を誘導し,供述の代償として利益を供与すべきことを約束し,その他供述の真実性を失わせる

おそれのある方法を用いてはならない」と定めている。

「誘導尋問」「誤導尋問」「供述に不当な影響を及ぼすような書面を示す尋問」「威嚇的又は侮辱的な尋問」「意見を求め又は議論にわたる尋問」「強制」「利益誘導」の尋問は，公開の法廷であれ法廷外であれ，誤った供述を導く可能性があることでは同じである。

しかし，取調官と被疑者が向かい合う聖域「取調室」では，「一度調べに入ったら自供させるまで出るな」「被疑者の言うことが正しいのでないかという疑問を持つな」「誘導的な質問も，真実を話せば公判において酌量されて刑が軽くなるであろうという示唆も，他に証拠が揃っているという詐術的な言葉も程度を超さなければ許される」と教育された取調官の尋問をチェックする者はいない。

小早川義則によると，Y・カミサー教授は，法廷を心地よい邸宅に，警察署をみすぼらしい門番小屋に見立て，「憲法は法廷では実に多くのことを要求する一方で，警察署ではほとんど意味をもたない」と述べている（小早川義則「取調べ受忍義務再論」法時83巻2号11頁）。わが国では門番小屋にも及ばない。

Ⅲ　取調べの可視化

1　可視化がもたらすもの
(1)　可視化がもたらす変化と過去の重要性

取調べの可視化は，理論上も実務上も最重要のテーマの一つであり続けてきた「被疑者取調べ」の様相を一変させる（ここで「取調べの可視化」というのは「取調べの全過程の録画・録音」を意味する）。一変させるとすれば，Ⅰ，Ⅱで論じたことは，今後の被疑者及び参考人の取調べを考える上で意味を持たなくなるであろうか。そうではない。

まず，全事件の取調べの全過程が直ちに録画・録音されるわけではない。当面のところ録画・録音される取調べの範囲は限定される。

また，取調べが録画・録音されても取調の実務が全面的に切り替わるとは限らない。

さらに，取調べの実務が録画・録音に伴って変化しても，取調べに対する考え方の根本が変わらなければ，問題は違った形で現れると考えておかねばならない。

警察及び検察の取調べが今後どの方向に進もうと，取調べに関する法律上，実務上の問題がなくなることはない。過去に，どのような実務が，どのような考え方に支えられて長年にわたって続いてきたかを正しく理解することなしに，その問題を正しい方向に解決することはできないのである。

(2) 検証可能性が2つのことを導く

可視化によって，取調室がブラックボックスでなくなる。そこで何があったかが検証可能となる。この検証可能性は二つのことを導く。

まず取調べの適正化である。「検証」は事後的なものである。しかし，取調官の「(取調べ状況は) 事後に検証される」との意識は，「強制，拷問，脅迫その他供述の任意性については疑念をいだかれるような方法」を用いることを控えさせる。「みだりに供述を誘導」したり，「供述の代償として利益を供与すべきことを約束」することもできなくなる。「誤導尋問」「供述に不当な影響を及ぼすような書面を示す尋問」「威嚇的又は侮辱的な尋問」「意見を求め又は議論にわたる尋問」「強制」「利益誘導」等にも慎重になる筈である。

第2に，検証可能性は，任意性の争いそのものを激減させるであろう。争われる事例があったとしても，供述調書の任意性についての疑いの有無の判断を容易なものにする。供述調書の信用性の判断についても容易かつ正確なものになる。

可視化されていない取調べの状況を人証によって復元することには困難が伴った。しばしば，「水掛け論」といわれる現象がおきた。より正確にいえば，取調官は，水掛け論に持ち込めば，裁判所は任意性を否定しないだろうとの見込みを持つことができたのである。そのことから，取調官にとって，録画・録音はもちろん，少しでも正確な記録は，むしろない方がよかった。前述した取調べメモの保管に関する最高検の通知はそのことをよく表している。しかし，可視化は，取調官と被告人の記憶と断片的な書類による不完全な取調べ状況の復元によってではなく，記録媒体に記録された取調べ状況の機械的

な復元によって任意性を判断できるようにする。

　もちろん，その判断は裁判官によるので，その判断の基準が正しくなければ，状況自体が正確に復元されても問題は残る（木谷明の講演「日本弁護士連合会取調べの可視化実現委員会『可視化でなくそう！　違法な取調べ——取調べの可視化で変えよう，刑事司法！　Part 3』〈2005年，現代人文社〉37頁）。木谷が指摘するように，裁判所が取調べDVDを見て，高輪グリーンマンション事件のように任意捜査の名の下にで4夜連続して警察が手配した施設に宿泊させても違法ではないとした決定（最決昭和59・2・29〈刑集38巻3号479頁〉）や，自白するまで合計4時間も「無欲」と書いた紙を貼り付けた壁に向かって正座させても任意性に疑いがないとした無欲事件決定（最決平成元・10・27〈裁判集刑253号215頁，判時1344号19頁〉）と同じようなレベルで裁判所が判断するとすれば，問題は解決しないどころかある面では悪化する。しかし，取調べの可視化はそのような裁判官の意識を変化させるのではないか。

　抽象的に考え判断するのと，具体的に見聞して判断するのでは自ずから違いが生じる。しかも，取調べ状況が問題となったときに法廷で証言する取調官の供述と被告人の供述とは重要なところで食い違うのが普通である。また，どちらの供述も人の記憶のフィルターを通したものである。しかも，限られた時間でリアルに状況を復元できる表現力を持つ被告人は少ない上，適切に供述を引き出す技量をもつ弁護人も限られている。裁判官の想像力ではリアルに状況が迫ってこないのである。

　これに対し，取調べDVDの映像と音声は想像力を介することなくリアルに何があったかを物語る。もちろん，映像と音声で見聞きするのと実際に体験するのとは全く違う。さらに，録画・録音しさえすればどのような撮影方式でも効果と結果は同じという訳ではない。指宿信は「録画につき，その映像のもつインパクトの強さに照らして撮影方式いかんによって任意性判断や有罪無罪の判断，量刑判断にまで差異が生じる」と指摘して心理学分野での研究成果を紹介している（指宿信『被疑者取調べと録画制度——取調べの録画が日本の刑事司法を変える』〈商事法務，2010年〉241頁）。指宿が指摘するような問題があるにせよ，これまで被告人がいくら訴えても聞き入れられなかった取調べ状

況やそのときの被告人の心情等が，取調べDVDの映像によって，ストレートに裁判官や裁判員に理解されるようになる。例えば，高齢で聴力及び理解力等が劣り，被暗示性が高いか，又は迎合的になりがちであることに十分配慮をせず，かえって，被告人の弁解を無視して自己の意図する供述内容を誘導ないし誤導して押しつけるという取調べ方法は，供述の信用性の有無という程度を超えて，任意性に疑いを生じさせると判断した平成19年11月14日大阪地決（判タ1268号85頁）は，一部録画ではあれ，映像のもつ力がもたらした常識的な判断によるものと思われる（小坂井は「同決定はもっと注目されてよい決定である」と注意を喚起している・小坂井・前掲『取調べ可視化論の発展』404頁）。また例えば，録画された取調べ時の検察官と被告人のやりとりから，被告人の検察官調書の信用性を否定し正当防衛を認めて無罪とした判決がある（札幌地判平成25・10・11裁判所ウェブサイト）。あるいは，兄弟げんかで兄が弟を窒息しさせたとして傷害致死で起訴された事件で，検察官による取調べDVDに基づき被告人の検察官調書の信用性を否定し，誤想防衛を認めて無罪とした判決がある（大阪地判平成23・7・22判タ1359号251頁）。これらの裁判所の判断は，一部であれ可視化されていなければ，従来の「水掛け論」に陥り，供述調書の任意性や信用性が否定されなかった可能性は高いと言ってよいだろう。

(3) 「取調べ受忍義務」に関する理論と実務に影響を及ぼす

　取調べの可視化は，「取調べ受忍義務」を巡る理論と実務にも変化を生じせしめる。学説のほとんどは取調べ受忍義務を否定している。ところが，実務上は取調べ受忍義務を当然の前提とする取調べが行われ，裁判所もこれを肯定している（学説と実務の詳細について酒巻匡「逮捕・勾留中の被疑者の取調べ受忍義務」争点新版56頁参照）。この点につき，小坂井は，「今日，無条件的に取調受忍義務を肯定する説などは，おそらくは捜査機関側の実務家が唱えているものを除いて，もはや，純然たる学説としては存在していないとさえ言っても過言ではなかろう。理論上，およそ認めがたいとされていることが，実務上はあたかも自明の如くに扱われているわけである。実際，下級審判例もこの状況を無批判に受け入れているだけのようにみえる。これを異様な事態と呼ばなければならないとする所以である」と指摘している（小坂井・前掲『取調べ可

視化論の展開』200頁）。

　取調べ受忍義務を直接肯定した判決は下級審判決しかないが，接見交通権に関する損害賠償事件上告審判決に，身体拘束を受けている被疑者の出頭・滞留義務に言及した最高裁判決がある。最大判平成11年3月24日（民集53巻3号514頁）は，刑訴法39条3項本文の規定が憲法34条前段，37条3項，38条1項に違反するかか問題となった損害賠償訴訟事件で，「身体の拘束を受けている被疑者に取調べのために出頭し，滞留義務があると解することが，直ちに被疑者からその意思に反して供述することを拒否する自由を奪うことを意味するものでないことは明らかである」と判示した。この判示を取調べ受忍義務の存在を前提としているとする見解がある。取調べ受忍義務を課すことは憲法38条1項違反となるとする弁護人の主張を否定したに止まり，刑訴法198条1項但書が取調べ受忍義務を定めたものかどうかは判断していないとする見解もある。また仮に義務を認めているとしても，弁護人が取調べ受忍義務の有無を問題にしているのに，「出頭・滞留義務があると解すること」が黙秘権との関係で「直ちに」問題になるかを判断したとする見解もある（川出敏裕「判例講座刑事訴訟法第3回被疑者の取調べ」警論66巻12号134，135頁参照）。大コンメ刑訴法でも，この大法廷判決を取調べ受忍義務を正面から認めたものとは紹介していない（河村博・大コンメ刑訴法［2版］(4)169頁）。

　小坂井は，「この大法廷の判断は間違っていると断じなければならない。まず第1に，これは，ただ観念的な発想にすぎず，実務の実情について全く無理解であるということである。つまり，現実を直視しない空論の類いといわねばならない」と批判している（小坂井・前掲『取調べ可視化論の展開』242頁）。

　いずれにしても，平成11年大法廷判決は取調べ受忍義務肯定説に親和的であることは否定しがたく，小坂井のいう「異様な事態」は，この大法廷判決によってますます動かしがたくなるかに見えた。

　しかし，この「異様な事態」は，取調べの可視化によって確実に正常な方向に動く。先に「わが国では特別に強靱な精神力をもった超人的な被疑者しか，憲法，刑訴法上認められた黙秘権を行使できなかったのである。ここで『できなかった』と過去形を用いたのは，『取調べの可視化』が，黙秘権の行使を，

特別に強靱な精神力の持ち主である超人的な被疑者にしかできない振る舞いから普通の被疑者にもできるものにするからである」と述べたが, その理由はすでに明らかであろう。

　取調べ状況の録画・録音は, 取調べ状況をリアルに事実認定者の眼前に描き出す。取調官は自己の言動が後に検証されると考えれば, 被疑者に黙秘権を告げることを怠らないであろう。これに対して被疑者が黙秘権を行使すると告げると, 権利を告知した当の取調官が, その舌の根も乾かぬうちに, その黙秘権を放棄するよう説得し始めるのである。裁判員となる普通の人は, 今まで日本中の取調室で行われてきた, 取調べ受忍義務肯定説を背景とするこのような取調べの録画場面をみて, それでもなお,「被疑者の憲法上の権利である黙秘権は侵害されていない」との印象は抱かないであろう。最高裁の裁判官を含め, 裁判官も, リアルな映像を目の当たりにしてそれでもなお, 従来と同じような判断を維持するとは思えない。黙秘権を行使することを明言している被疑者に対して, 延々と黙秘権を放棄するよう説得する情況を目の当たりにして, それでも異常と感じないことはあり得ない。

　これまで「実務」対「学説」の対立の形を採っていた取調べ受忍義務をめぐる考え方の対立は, 取調べの可視化を契機に実務が学説に近寄らざるを得ない。

　同時に, 取調べの可視化は, 出頭義務と滞留義務とを分かつ説に現実性を持たせる可能性がある。取調べ受忍義務を否定する学説の内には, 出頭・滞留義務を認めつつ取調べ受忍義務を否定する説がある（松尾（上）67頁, 渡辺修『被疑者取調べの法的規制』〈1992年, 三省堂〉211頁。但し渡辺は自由な弁護人接見と弁護人立会を前提として出頭・滞留義務を認める)。この説は取調べ受忍義務をめぐる議論に鋭い視点を持ち込んだが,「出頭拒否と退去の自由のない状況下で行われる取調べに対し, これを拒む自由が存する余地が現実にあり得るか疑問であり, それは, まさに平野説が主張するように出頭・滞留義務を否定しない限り不可能であるとの批判があり得よう」と指摘されていた（酒巻・前掲「被疑者取調べの受忍義務」58頁)。また,「難解な論理」との批判を受けていた（小坂井・前掲『取調べ可視化論の展開』201頁)。

出頭・滞留義務を認めながら，取調べを拒む自由の余地が現実にありうるか，という疑問は間違ってはいない。しかし，「余地が現実にありうるか」との疑問は，「出頭・滞留」のうちの「滞留義務」には当てはまるが，「出頭義務」にはストレートに当てはまらない。滞留の義務を認めながら取調べを拒む自由を観念することは困難である。しかし，認める義務が出頭までであれば，出頭することと取調べを拒むことは両立しうる。取調べ受忍義務を否定することとの整合性を考えると，「出頭義務」と「滞留義務」を分離するほうがより整合的に理解できる。逮捕されている場合には，取調べへの出頭義務は課されるが，出頭した上で，憲法上の権利である包括的黙秘権を行使し，「一切の質問に答えない」と表明したときには，取調べは終了する，と考えることができる。

　刑訴法198条1項但し書の解釈としても，逮捕又は勾留されている場合には，「出頭後，何時でも退去することができる」ことの反対解釈として，「出頭後（取調官の取調べが続く限り）何時までも退去できない」と解する必然性はない。

　これまで「但し，被疑者は，逮捕又は勾留されている場合を除いては，出頭を拒み，又は出頭後，何時でも退去することができる」とあることから，逮捕又は勾留されている場合は，文理上「何時でも退去できない」と解されてきた。しかし，この解釈は正しくないのではないか。逮捕勾留されていないときには「出頭しないでもよい」し「出頭してしまっても何時でも退去できる」という意味に理解すべきである。要は「出頭の義務はない」ことを，そもそも出頭しない場合と出頭してしまった場合に分けて「又は」としたに過ぎない。そのように解すると，出頭後「包括的黙秘権を行使することを明確にした場合には退去できる」と解することに文理上も矛盾がない。そのように考えて初めて，刑訴法198条1項は憲法上の黙秘権を侵害しない規定であると解釈することが可能になる。そしてまた，そのような解釈は，裁判員や裁判官が，その解釈にしたがった被疑者の出頭から退室までの録画を見たときに，憲法上の権利である黙秘権が取調べの場でも機能していることを実感することに繋がる。

　なお，小坂井の前記論文の初出は，1997年であり（小坂井「憲法38条1項」憲法

的刑事手続研究会編『憲法的刑事手続』日本評論社），その後小坂井は，2013年時点に至って，「難解な論理」とみえたのは「それは密室取調べだからこそ，そうみえたのかもしれないとも考えるようになっている。可視化を前提にしたときは，その分離もありうるとすること自体は現実的（比較的容易に想定可能な状況）ではないかと考える余地がある」と評価するようになっている（小坂井・前掲『取調べ可視化論の展開』401頁）。小坂井の，出頭・滞留義務と取調べ受忍義務とを分離する説への評価の変化は，可視化による取調べの映像の持つ力とその映像を見ることになる市民・裁判員への信頼に由来すると思われる。

(4) 真相解明機能の「低下」と「向上」

被疑者取調べが真相解明機能を持つこと自体は間違いない。その重要性の程度や捜査全体における位置づけについては様々な見解がある。しかし，それが重要な捜査の一環であることもあまり争いがないのではないか。

取調べの可視化に反対する見解は，可視化によって取調べの真相解明機能が後退することを危惧する。そのような危惧は，捜査機関の考える仮説，あるいは「取調室」というブラックボックスから現れる供述録取書に記載された供述が語ることこそが真相であるとの前提にたっている。しかしこの前提が正しくないことはすでに多くの冤罪が明らかにしている。そしてまた，ある意味では偶然と幸運によって無実が発見された陰には，それに倍する発見されなかった冤罪があると推測できる。

ただし，すでに見たとおり，可視化された取調室では，取調官の被疑者に黙秘権を行使させないようにする圧力は確実に弱まる。その結果，被疑者が今まで以上に黙秘権を行使することができるようになる。実際，黙秘権行使の割合が増加するかどうかは警察や検察における可視化の試行段階では正確なことは予測できない。そこで，増加するか否かという観点は措いて，黙秘権の行使と真相解明との関係に触れておきたい。

黙秘権は真実の供述を拒否することをも保障する権利であることに異論はないであろう。その意味では，真相解明を阻害する可能性を前提としている。平野龍一は，「黙秘権の本質は，個人の人格の尊厳に対する刑事訴訟の譲歩にある」と述べた（平野龍一「黙秘権」同『捜査と人権』〈1981年，有斐閣〉94頁）。その意

味では，黙秘権の行使により，実際に「真相の解明」が阻害される場合も生じるだろう。

　しかし，黙秘権の行使によって，「真相」が歪められる危険が阻止できる場合がある。わが国の取調べがどのようなものであるかはすでに見てきた。捜査機関の想定する「真相」が間違っていた著明ないくつかの例は既に紹介した。それらの事案における「理詰めの質問」「頑張り合い」「誘導的な質問」「刑が軽くなるであろうという示唆」「詐術的な言葉」による尋問に，虚偽自白で答えるのではなく，黙秘していれば，少なくとも「虚偽の『真相』」が形作られることを阻止できた。また被疑者自身が，外界から遮断された状況下で記憶確認の術がないまま取調べに応じている間に，思い違いや記憶の混乱，偽りの記憶の創出などを生じてしまう可能性が十分ある。黙秘権の行使はこのような事態を避ける方向に作用する。岡慎一は，「『無実の者は真実を供述できるはず』という素朴な常識論は妥当せず，むしろ，供述を拒むことによってしか真犯人でない被疑者が自らを適切に防御できない場合は少なくない（……）。このような場合の黙秘権の行使は，取調べによる真相解明には消極に作用する。しかし，『真犯人でない』被疑者が黙秘権を行使して不起訴や無罪等になることは誤判が防止されることにほかならない。すなわち，取調べの真相解明機能が制限されることが，真実発見につながる場合があるということができる」と述べている（岡慎一「取調べ（被疑者・参考人）の在り方」刑雑52巻3号384，385頁）。

　このように，黙秘権は，誤判を避ける，誤った事実認定を避けるという意味で真相解明に寄与する。取調べの可視化が黙秘権の行使を以前より容易にするとすれば，取調べの可視化もまた真相解明に寄与することになる。

　それ以上に，取調べの可視化によって事案の真相解明機能が向上することもありうる。取調べの可視化によって，少なくとも，取調室でのやりとりは正確に記録される。その記録が真相解明に役立つこともあるだろう。

　確実に言えるのは，「取調室での真相」は，ほぼ完全に解明できるということである。DVD映像は，取調べ状況記録書面，メモ，取調官の供述，被告人の供述等他のあらゆる証拠方法を圧倒して「取調室の真相」を解明できる。

2 取調べ可視化の現在と法制化
(1) 検察庁および警察庁の動き

最高検は2006年7月,東京地検において「裁判員裁判対象事件のうち必要性が認められる事件につき,相当と認められる部分」について録画・録音を試行することを発表した。2008年4月以降東京地検以外の地方検察庁でも取調べの一部録画・録音が開始された。2011年4月以降,検察官における取調べ録画の試行の範囲は拡大し,検察庁の特捜部・特別刑事部が扱う独自捜査事件,裁判員裁判対象事件,知的障害者を被疑者とする事件で,逮捕後の取調べの全過程を含む録画が行われるようになった。最高検は,2012年7月4日,2011年春以降の録画・録音の試行についての検証結果をとりまとめ報告した(最高検「検察における取調べの録音・録画についての検証」。その詳しい検討は小坂井・前掲『取調べ可視化論の展開』110頁参照)。2012年10月23日付次長検事依命通知が発出された。同依命通知は「録音・録画試行の基本姿勢」として,「適正な処分や裁判を実現する上で,取調べ状況を客観的に記録することの重要性を意識し,検察官による取調べの全過程の録音・録画を含め,できる限り広範囲な録音・録画を行うなど,積極的に実施する」としている。同通知には広範な例外が設けられている。その後同次長検事依命通知にしたがった試行の運用がされた。試行対象事件は,「裁判員裁判対象事件」「知的障害を有する被疑者で,言語によるコミュニケーションの能力に問題がある者等の,又は取調官に対する迎合性や被誘導性が高いと認められる者に係る事件」「精神の障害等により責任能力の減退・喪失が疑われる被疑者に係る事件」「独自捜査事件で検察官が被疑者を逮捕した事件」のすべての身体拘束事件である。同依命通知は,上記対象事件でも録画・録音をしなくてもよい場合があるとして,多くの例外を設けている(日弁連は,2012年11月15日付「最高検察庁の被疑者取調べの録音・録画の試行の検証結果及びと依命通知に関する意見書」等検察庁の試行に関する意見書を発表している)。

警察庁は2008年4月,一部の事件について取調べの一部のみの録画・録音を開始すると発表した。2009年4月から全国の都道府県警察で一部録画が開

始された。2010年2月に国家公安委員会委員長の諮問機関「捜査手法,取調べの高度化を図るための研究会」が発足し,2012年2月23日「最終報告」がだされた(その詳しい検討は小坂井・前掲『取調べ可視化論の展開』101頁参照)。

　警察庁では,2012年3月29日付「裁判員裁判対象事件に係る取調べ録音・録画の試行指針の制定について」(2013年8月8日付で一部改正),及び同日付「知的障害を有する被疑者に係る取調べの録音・録画の試行指針の制定について」が定められ,同指針にしたがって,また指針は,「取調べの機能を損なわない範囲内で」限られた対象について,「捜査上又は立証上相当と認められる場合を適切に選択して,必要と認める都度,録音・録画を実施するものとする」としている。2012年4月からは裁判員裁判対象事件の録画範囲を拡大した。同年5月からは知的障がい者が被疑者となった事件についても録画を開始した。2013年7月25日,「警察における取調べ録音・録画の試行の検証について」が発表された。

　検察,警察の双方とも,極めて限られた対象事件と撮影範囲から出発し,徐々に対象事件の範囲を広げている。

　検察庁及び警察庁は,いずれも取調べの可視化に明確に反対の立場をとっていた。検察庁及び警察庁が取調べ可視化に向けて動き出さざるをえなくなった背景には,志布志事件,氷見事件,足利事件,厚労省局長事件と続いたえん罪事件がある。これらの事件は,多くの人びとに取調べ可視化の必要性を広く知らしめた。また多くの人が,裁判員裁判では取調べの可視化が不可欠ではないかと考えた。これらが取調べの可視化を時代の流れとしたのである。

(2)　**法制審議会「新時代の刑事司法制度特別部会」における議論**
　厚労省局長事件無罪判決を機に「検察の在り方検討会議」が発足した。同会議の提言を受けて,法務大臣は,2011年5月,「取調べおよび供述調書に過度に依存した捜査・公判のあり方の見直しや,被疑者の取調べ状況を録音・録画の方法により,記録する制度の導入など,刑事の実体法および手続法の整備のあり方について」法制審議会に諮問した。法制審議会に「新時代の刑事司法制度特別部会」が設置され,同年6月から審議が開始された。

法制審議会特別部会でどのような制度にすべきかが議論されてきた（その詳細は法務省のウェブサイト www.moj.go.jp/shingi_index.html?）。2013年1月29日の19回会議で『時代に即した新たな刑事司法の基本構想』がまとめられた。同基本構想は二つの制度案を示している。(1)一定の例外事由を定めつつ、原則として、被疑者取調べの全過程について録画・録音を義務付ける制度、(2)録画・録音の対象とする範囲は取調官の一定の裁量に委ねるものとする制度の二つの案である。作業分科会においてその具体案が検討されている。

もともと、取調官による取調べの適正化と検証可能性が可視化に期待される役割の中心であった筈である。にもかかわらず、その当の取調官の裁量に委ねる案が(2)である。この案は、適正化とは正反対の「理念」あるいは「妄信」ともいうべき考え、すなわち、「取調べ室は、取調官の『聖域』である」という考えに基づいているとしか思えない。取調べ可視化を必要とする基本的な考えに背馳する(2)の案が採用されることはないだろう。小坂井は(2)案を「制度と呼ぶに値しない」と評している（小坂井・前掲『取調べ可視化論の展開』416頁）。

(1)の制度案の検討課題は、「録音・録画義務の対象とする取調べの範囲」「録音・録画義務の例外」「実効性の担保」である。

例外に当たる場合として、①機械の故障、通訳人が記録を拒んだとき、その他のやむを得ない事情により録画・録音が困難であるときと、②録画・録音をすると被疑者が十分な供述をすることができないおそれがあると認めるときをあげる。②に当たる事情として(ｱ)被疑者・親族の身体・財産に害を加え、又は畏怖困惑させる行為がなされるおそれがあること、(ｲ)被疑者が録画・録音を拒んだことその他の事情、③その他、があげられている。③その他として、関係者の心情、名誉、利益等が著しく害されるおそれがある場合、捜査上の秘密や専ら情報収集目的の取調べの取扱い、等が考えられている。

①のうち「通訳人が拒む」ことを例外と認めるのは、制度としての通訳制度を否定するに等しい。

被疑者が録画・録音を拒んでいないのに、取調官が②のおそれがあると判断して録画・録音の例外とするのは不合理である。②にあたる事情として考える必要があるのは被疑者が録画・録音を拒んだ場合に例外とすべきか否

かだけであり，取調官が(ア)や(イ)のその他の事情を判断するのは，裁量による可視化と同様間違っている。刑事事件では，被疑者の取調べで関係者の心情，名誉，利益等が害されるような事実を含めて取調べがされるのが普通である。したがって，③のように，そのような「おそれ」を理由として録画・録音の例外とすることは間違っているし，取調官がそのようなおそれを判断するのも間違っている。

小坂井は，被疑者が拒んだ場合，録画はしないが録音は義務づける案を提起している（2013年4月25日開催の第1作業分科会第2回会議に提出された意見書。なお，組織犯罪での例外を認めている。前出法務省ウェブサイトに掲載）。どのような取調べが行われたかを記録する国家の義務として，被疑者の意思にかかわらず録音には残すという意見である。

被疑者には包括的黙秘権がある。それは自己の供述を証拠として国家に提出することを拒む権利でもある。録画は音声だけでなく挙動も記録する。その挙動をも含めてその記録を国家に提出することを拒むことができると理解すれば，包括的黙秘権行使の一態様として録画を拒否することもできることになる。

被疑者の拒否によって録画・録音しない場合には，拒否するまでの様子を録画しておくことが必須である。

取調官が録画・録音義務に反した場合の効果をどのようにするかも問題である。捜査官が録画・録音義務に違反した場合，大きく分けると，①その取調べによって得られた被告人の不利益供述の証拠能力を否定する考えと，②検察官の立証に制限を課す考えとがある（それぞれの考えの中でもさらに幾つかの考えがある）。捜査官が録画・録音の義務に違反した場合にその違反した行為によって得られた証拠を排除するのは録画・録音義務の担保としてもっとも有効で分かり易い。録画・録音義務違反を一律に証拠排除に結びつけることは，重大な違法がある場合に限って違法収集証拠を排除しようとする判例の立場との整合性がとれない等との見解がある（川出敏裕「取調べの『可視化』」新刑訴争点30頁）。しかし，録画・録音という，技術的で極めて明確な義務を課すのである。しかも，録画・録音なくしては取調べの状況は全体を正確に検証

できない運命にある。「被疑者取調べ」が，理論上も実務上も最重要のテーマの一つであり続けてきた上に，曲折をへて法制化しようとするときに，従来の判例の立場にとらわれる必然性はない。

　法制審議会の結論がどうなるか分からない。さらに国会で最終的にどのような法文になるかは分からない。いずれにしても，取調べの可視化は警察や検察による任意の試行から，法律に基づく義務となる。

Ⅳ　参考人取調べ

1　参考人取調べを検討する観点

　刑訴法223条1項は「被疑者以外の者の出頭を求め，これを取り調べ，又はこれに鑑定，通訳若しくは翻訳を嘱託することができる」と定め，参考人の出頭，取調べを定めている。参考人は，捜査の対象となっている刑事事件あるいは被疑者について何らかの情報を持つ者であり，その中には被害者，被害者の親族，被害者の知人友人，犯罪事実そのものの目撃者，犯罪事実に結びつくかもしれない事実の目撃者，被疑者の親族，被疑者の友人・知人，被疑者の言動を見聞した者，さらには被疑者となりうる者，被疑者の弁護人など様々な者が含まれる。刑訴法198条3項から5項までが準用されるので，取調官は参考人の取調べに基づいて供述録取書を作成することがある。

　これらの参考人の取調べは二つの観点から問題となる。一つは，取調べを受ける参考人自身の観点であり，もう一つは当該被疑者の防御の観点である（被告人側の防御の観点から参考人の類型を分け問題を整理したものとして，岡・前掲「取調べ（被疑者・参考人）の在り方」381頁，実務が「参考人」の概念を共同被疑者にまで拡張していることを問題として，証人タイプの参考人と被疑者タイプの参考人の二つのタイプに分けて考察したものとして，岡部泰昌「参考人の取調」井戸田編・前掲『総合研究＝被疑者取調べ』473頁がある）。

　参考人と被疑者では，供述拒否権の告知義務の有無と刑訴法226条あるいは227条の適用の可否の結論が異なる。

2　参考人自身の観点

　刑訴法223条2項は，参考人の取調べに関して，同法198条1項但書，同条3項から5項を準用している。参考人には，取調べのための出頭・滞留義務がない。また，取調べの場所がどこであれ，取調べに応じる義務はない。1項但書の「逮捕又は勾留されている場合」とは，当該犯罪事実で逮捕・勾留されている場合に限らないと解した上，同但書の準用により逮捕・勾留中の参考人にも出頭・滞留義務があるとする考えがあるが（河村博・大コンメン刑訴法［2版］(4)609頁等），そもそも，被疑者が別で逮捕・勾留されている場合には逮捕・勾留の対象となる事件以外の事件についても出頭・滞留義務があると解することに無理がある。その上，参考人には刑訴法226条，227条が用意されていることからすると，たまたま別の犯罪事実で逮捕・勾留されている参考人に出頭・滞留義務が生じると考えるのは合理的ではない。

　出頭または供述を拒んだ場合に刑訴法226条，供述をしたが公判期日にその供述と異なった供述をするおそれがある場合に227条により，第1回公判期日前に限り検察官は証人請求をすることができる。この証人尋問には参考人の代理人として弁護士が同席することはできないし，当該事件の被疑者の弁護人も立ち会う権利がない。

　参考人から重要参考人，さらに被疑者とされることがある。判例は，被疑者として取り調べない限りは供述拒否権の告知は不要であり（大阪高判昭和25・9・6〈高等裁判所刑事判決特報14号36頁〉），「刑訴法二二三条一項にいわゆる被疑者とは，当該被疑者を指称し，これと必要的共犯関係にある他の者を含まないと解すべであるから，所論のような共同被告人であつても，当該被疑者以外の者は，すべて被疑者以外の者として，当該被疑者に対する関係において刑訴法二二三条による取調べができ，同二二七条の証人尋問を許すべきである」としている（最判昭和36・2・23〈刑集15巻2号396頁〉）。

　しかし，刑訴法223条1項の「被疑者」を判例のように狭く（「参考人」を広く）解することによって，実質的には被疑者である者が形式的には参考人である間は供述拒否権の告知をされずに取調べられることが起こる。また，刑訴法198条1項但書の解釈上も逮捕・勾留されていない被疑者には出頭・滞

留義務も取調べ受忍義務もないことが明白なのに，参考人として扱っている間に，刑訴法226条，227条の証人として裁判所への出頭義務を課し，偽証罪の制裁のもとに尋問をすることができるとになってしまう。被疑者の憲法上，刑訴法上の権利を害することになろう（岡部・前掲「参考人の取調」473頁参照）。

3　当該刑事事件の被疑者・被告人の立場からの問題

参考人の供述調書が証拠請求されれば，請求証拠以外の参考人の供述録取書等の開示を受けて請求証拠の信用性を検討することになる。その信用性に疑問があれば参考人の供述調書を不同意とし，多くの場合，検察官は供述調書に変えて参考人を証人申請する。

参考人が供述調書に沿った証言をすれば，弁護人はその証言の信用性を弾劾しなければならない。参考人が法廷で供述調書に録取された内容とは異なった証言をすると，検察官調書が刑訴法321条1項2号書面として請求されることがある。このときには特信情況の存否が問題となる。いずれの場合であっても，参考人の最初期からの供述の経過が重要な意味をもつ。

ところが，取調官は，被疑者の供述調書と同じように，何時の取調べで，どの範囲の事実を，どのような順序で，どの程度詳細に，またどのような表現を用いて供述したかを明確にしないまま，参考人の供述を取捨選択して供述調書を作成する（そのような被疑者供述調書作成の捜査実務が「真相解明」に背馳すると指摘したのは参考人についてもそのまま当てはまる）。その結果，弁護人は参考人供述調書の供述記載が，取調官のどのような発問にどのような答えがされ，それがどのようにして調書のような記載となったのかを正確に知ることができない。取調官が誘導した可能性，誤導した可能性，記憶喚起に不相当なものを使った可能性，威嚇した可能性がある。最初期にはあやふやな記憶しかないのに，取調官との問答を通じて明確な記憶があるかのような供述記載になることもある。参考人が取調べ状況を当該刑事事件の弁護人に教えてくれるとは限らない。できあがった調書の供述記載からはずれた証言をすれば，たとえその方が記憶に忠実であっても，自分自身に不利益が及ぶのではない

かと考える参考人もいる。弁護人には参考人の取調べ状況が被疑者の場合以上に分かりにくいのが普通である。

　参考人の供述には，有罪認定にとって最良とされるものもある。その信用性の吟味と弾劾の準備は，防御上最重要な活動の一つである。ところが，参考人取調べが可視化されていないと，参考人の最初期の供述からその後の供述の変遷等の基礎的で正確な情報を知ることができないのである。

4　参考人取調べの可視化

　参考人の取調べについての被疑者の取調べの可視化が必要な理由がそのまま当てはまる。参考人取調べの適正のために必要である。特信情況の有無，法廷供述の信用性判断のためにも必要である。

　電子機器の性能の向上と価格の低下は，被疑者の取調べはもちろん，参考人の取調べの可視化を可能なものとしている。捜査機関に出頭した参考人の取調べを録画・録音するのは十分可能である。外にでて聞き込み等の捜査をする警察官にボイスレコーダーを携帯させることも容易である。さらに，そのようにして記録した情報をコンピューターに保存して，検索することもIT技術の進歩によって可能となった。

　参考人には様々なタイプがあり，事件によっては取り調べる参考人の数は膨大になる。また参考人に聴取する事項も，捜査対象が絞られていない初期段階では範囲が広くなることがある。そのため，参考人取調べを可視化する対象範囲をどのように決めるべきかが大きな問題とされている（岡・前掲「取調べ（被疑者・参考人）の在り方」392頁参照）。しかし，捜査機関の施設内で取調べる場合はすべて，捜査機関の施設外の場合も，捜査に従事する警察官のすべてにボイスレコーダを装着させることに技術的な問題はない。

　このような考えは非現実的であろうか。例えば，初期捜査の段階で警察官が犯罪現場付近の聞き込みをすることを想定しよう。現在でも捜査を担当した警察官が，何時何処で誰からどのような情報を入手した，との捜査報告書を作成することは普通に行われている。捜査報告書は，捜査主任への報告である。捜査主任がいつも録音を聞く時間的な余裕はないために，書面が不要

になることはない。しかし，詳しい報告書を書くより，聴取状況を録音して報告書は簡略なものにした方が遙かに効率的である。のみならず，捜査の進展に照らして過去の聴取状況を確認する場合には，録画・録音は正確な情報を与えてくれる。

取調官に参考人取調べの可視化を義務化するとしても，その範囲を一元的に明確にするには困難が伴うことは否定できない。しかし，検討を重ねることによって明確にすることは可能になる。対象となる事件，人，場所等で対象範囲を明確にすることを考えることができる。

事件については，最初裁判員裁判対象事件を参考人取調べの可視化対象とすることが考えられる。人については，被害者，共犯者（共犯者を参考人として取調べることの問題については前述），共犯者となる可能性のある者，目撃者，被告人の言動を見聞した者等のメルクマールを考えることができる。取調べをする場合については，少なくとも捜査機関の施設内で取調べするときには可視化することから始めることが考えられる。

V　まとめにかえて

取調べの可視化によって多くのことが変わる。裁判員裁判は刑事裁判に大きな変化をもたらし，検察官の立証活動，弁護人の防御活動にも変革を迫った。取調べの可視化は捜査実務に大きな変革をもたらす。取調官に取調観の転換を迫るであろう。検察官や警察官もこれまでの録画・録音の試行を通じて，取調べには，「気迫」と「ねばり」ではなく，科学的な知識と学ぶべき技術が必要であることが分かってきている筈である。取調べ技術は必然的に進化する。

一方，捜査弁護も取調べの変化に対応して変化する必要がある。取調べの可視化の産物である記録媒体の証拠能力の問題は整理して考えておくべき問題である。実務上，すでに，記録媒体が任意性判断の資料としてだけでなく実質証拠としても用いられている。この問題を理論上どのように考え，実務上どのように対応するかは弁護にとって重要かつ緊急の課題である。

「取調べ状況の可視化は改革の前提条件であり，改革の目的そのものではない」との指摘は正しい（笠井治「被疑者の取調べ－弁護の立場から」新刑事手続Ⅰ221頁）。ただし，取調べの可視化は，それだけで取調べを変革する力があるので，改革の目的の重要な部分をそれだけで実現する力をもっている。とはいえ，取調べの可視化によってすべてが変わる訳ではない。

被疑者取調べに関してまだ多くの重要な問題が残る。なかでも，取調べへの弁護人立会は，理論上も実務上も次なる大問題である。可視化によって取調べは検証可能となる。取調べの適正化は確実に進展する。しかし，取調べのまさにその場で弁護人の助言が得られないとすると，それは弁護を受ける権利を十全に享受したことにはならない。

本項では，被疑者・参考人の取調べに関する問題の一部のみを取り上げ，これら多くの論じるべきことに触れることができなかったことをお断りする。

この論考を書き終えたのち，法制審議会は会を重ね，2014年7月9日法制審議会特別部会第30回会議で『新たな刑事司法制度の構築についての調査審議の結果』（答申案）が取りまとめられた。答申案には法整備を行うべき要綱が添付されている。同答申案は2014年9月18日の法制審議会総会で承認された。特別部会で最も重要なテーマとして議論されたのは取調べの可視化であった。答申案はその後条文化され，閣議決定を経て2015年の通常国会で，「可視化法案」が成立する見込みである。

答申案による可視化制度の骨子は以下のとおりである。

(一)　身体拘束下における被疑者取調べのうち，裁判員対象事件及び検察官独自捜査事件は4つの例外事由に該る以外はその全過程を録画・録画しなければならない。

(二)　例外事由は次の4点である。

(1)　機器の故障その他のやむを得ない事由により，記録をすることが困難であると認めるとき。

(2)　被疑者が記録を拒んだことその他の被疑者の言動により，記録をしたら被疑者が十分な供述をすることができないと認めるとき。

(3) 犯罪の性質などの事情に照らし，被疑者の供述及びその状況が明らかにされた場合には被疑者若しくはその親族の身体等に害を加える等の行為がなされるおそれがあることにより，記録をしたならば被疑者が十分な供述をすることができないと認めるとき。

(4) 指定暴力団構成員による犯罪にかかるものであると認めるとき。

(三) 不利益事実の承認を内容とする書面の取調べを請求した場合，異議が述べられたときは，当該書面が作成された取調べの開始から終了に至るまでの間における録画・録音記録媒体の取調べを請求しなければ，当該書面の取調べ請求は却下されなければならない。

(四) 一定期間経過後の見直し規定を設ける。

上記答申案によると，可視化の対象範囲はごく限られている。しかし，対象事件について，警察取調べを含めた「全過程」の録画・録音が義務づけられたことは大きな意義がある。かりに対象事件が限られているとしても，警察取調べのあり方を大きく変えることは確実である。

最高検は，上記答申案取りまとめに先立つ6月16日依命通知を発出した。同通知により，2014年10月1日より，従来試行対象とされていた裁判員裁判対象事件，知的障害を有する被疑者で，言語によるコミュニケーションの能力に問題がある者，又は取調官に対する迎合性や被誘導性が高いと認められる事件，精神の障害などにより責任能力の減退，喪失が疑われる被疑者に係る事件，独自捜査事件が試行から本格実施に移行する。さらに同通知により，同じく2014年10月1日より，次の二つの事件における検察取調べの録画・録音の新たな試行が始まる。

一つは，公判請求が見込まれる身体拘束事件で，被疑者の取調べ状況をめぐって争いが生じる可能性があるものなど，被疑者の取調べを録画することが必要であると考えられる事件である。もう一つは，公判請求が見込まれる身体拘束事件で，被疑者・参考人の供述が立証の中核となることが見込まれるなどの個々の事情により，その取調べを録画することが必要であると考えられる事件である。

全事件，全過程の録画・録音への道はすでに始まっている。取調べは変わ

らざるをえない。
　しばらくの間，可視化されない取調べは相当広範に残るだろう。
　それでも，可視化の対象とされる取調べはもちろん，それ以外の取調べも，取調べは全体として劇的に変わらざるをえない。

　　　　　　　　　　　　　　　　　　　　　　　　（ごとう・さだと）

8 被疑者及び参考人の取調べ
裁判の立場から ― コメント

半 田　靖 史

I　取調べの録音・録画制度
II　取調べ受忍義務
III　参考人の取調べ
IV　おわりに

I　取調べの録音・録画制度

　平成26年9月18日法制審議会は,「新時代の刑事司法制度特別部会」の答申案(同年7月9日同部会承認)のとおり法務大臣に対する答申を承認した。最重要課題であった取調べの録音・録画制度については,①逮捕・勾留されている被疑者を裁判員裁判対象事件及び検察独自捜査事件について取り調べるときは,その全過程の録音・録画を行わなければならない。②検察官は,上記事件について刑訴法322条1項本文の不利益事実承認書面の取調べを請求する場合,任意性立証のためには当該書面が作成された取調べの開始から終了までの録音・録画記録媒体の取調べを請求しなければならず,その請求がないときは,裁判所は上記書面の取調べ請求を却下しなければならない。ただし,③機器の故障等のとき,録音・録画をすれば被疑者が十分な供述をすることができないと認めるとき,事件が指定暴力団の構成員によるものであるときは,①②の各義務は生じないものとした。

1　答申が録音・録画義務の対象となる取調べを弁解録取を含む全過程としたことは重要である。否認時に追及的な取調べや利益誘導が行われて自白に至った場合，最後の穏やかな自白確認場面だけが記録されても，それはむしろ危険な証拠だからである。録音・録画制度が不当な取調べの抑止，任意性等に係る争点の解消，正確な取調べ状況の認定に資することに期待したい。取調べが長時間にわたる現状では，弁護人は多量の記録媒体を点検できるのか，裁判所はどの範囲を証拠として調べるのかが課題となる。しかし，特に問題のない事件では弁護人は全部の取調べＤＶＤを点検する必要はないし，証拠調べの範囲は公判前整理手続等で適切に合意することができるだろう。なお任意性，信用性の判断資料という意味では，勾留質問の録音の運用も検討に値する。

2　対象事件が限定されたことは残念の一語に尽きるが，一日も早く本制度を開始させるためには賢明な選択であったのであろう。諸外国では当初導入に反対した捜査機関が導入後に肯定的評価に転じた例が多いようであり，我が国でも実績の積み重ねにより対象事件が拡大されていくことを期待したい。

もっとも，我が国では自白が重視され，かつ動機や背景事情の解明，犯人の改善更生等も取調べの目的とされているので，捜査機関の反対は続くかもしれない。稲川論文Ⅱ2，Ⅳ2(1)も，取調べ状況の検証手段としての録音・録画の有用性を説く一方で，「被疑者の供述態度に変化が見られ，あるいは供述が得られにくくなるなど真相解明の観点からの問題点が指摘されている」という試行の検証結果を紹介している。ところで，最高検は，平成26年6月16日付け「取調べの録音・録画の実施等について」（依命通知）において録音・録画の実施対象を拡大し，①被疑者については，公判請求見込みの身柄事件で被疑者の供述が立証上重要であるものや，取調べ状況をめぐって争いが生じる可能性があるもの，②被害者・参考人についても，公判請求見込みの事件で，その者の供述が立証の中核となることが認められるものなどを加えることとした。少なくとも検察庁は，試行の結果，録音・録画は取調べ状況を

客観的に記録した資料として概ね相応の成果を上げていると認められたとして（第28回特別部会。上野友慈委員〔最高検〕説明），積極的運用に転じたようにみえる。

　3　最高検の依命通知は，試行の趣旨として，「近時の実務において，取調べ状況の立証のために最も適した証拠は取調べを録音・録画した記録媒体であると認識され，捜査段階における供述の任意性・信用性等をめぐって争いが生じた場合に，同記録媒体による的確な立証が求められる……」と述べている。これは，録音・録画をしていなければ最良証拠である記録媒体が提出できず，的確に立証できないリスクを負うという認識に基づいている（上野委員説明参照）。今崎幸彦委員（最高裁刑事局）も，大要「本法制化によって録音・録画の記録媒体が任意性立証の最良証拠であることが明確になり，任意性審理は記録媒体を中心としたものになる。記録媒体がないときは，検察官側に現在よりも重い立証上の責任が負わされる運用になるだろう。録音・録画義務は課されないが被疑者の供述が鍵となる事件でも，検察官には同様のリスクが生じるであろう。」と述べている（第25回特別部会）。

　このような認識は裁判官，検察官に広がりつつあると思われる。筆者なりに解釈すれば，録音・録画の制度化により，それが取調べ状況立証の最良証拠であることが法律上認知される。そして，裁判官は，取調べＤＶＤの証拠調べを経験するに従って，その最良証拠性を実感し，もはや取調官の一般的な証言や，きれいにまとまった自白調書の文章では満足しなくなる。ところが，録音・録画義務の非対象事件では検察官が取調べＤＶＤを提出しないので，裁判所は適切な取調べであったという心証がとれず，自白の任意性（又は信用性）を否定するケースが出てくる。このように裁判官が求める証明度ないし解明度が上昇することから，それに対応して捜査機関による録音・録画の対象は拡大していくように思われる。

　4　録音・録画義務の除外については，被疑者は録音・録画を拒否していないのに，取調官が被疑者は十分な供述をすることができないと認めて不実

施とした場合が問題となるだろう。自白調書の請求にあたり，十分な供述をすることができない状況にあったことは原則として録音・録画によって立証されるべきである。すなわち録音・録画付きで取調べを開始し，録音・録画のために十分な供述をすることができないと判断される状況（その中身も今後の課題である）になったら中止する。こうすることで，公表したくない取調べをするために録音・録画を不実施にしたのではないかという疑いを一応払拭することができる。その場合でも，検察官が最良証拠なしで任意性を立証しなければならないというハンディを負うことに変わりはない。

II 取調べ受忍義務

1 被疑者は出頭義務を負うが，出頭した上で包括的黙秘権を行使する旨表明したときは取調べは終了し，退去することができるという後藤論文III 1 (3)は，刑訴法198条1項ただし書を憲法上の黙秘権保障に実質的にも整合させようとする試みである。包括的黙秘権の行使を表明した被疑者に対して，少なくとも「延々と」質問を続けて供述を求めることは黙秘権保障に抵触するおそれがあり，その結果得られた自白については任意性を問題にする余地がある。公判廷での黙秘権行使に関し，札幌高判平成14年3月19日（判タ1095号287頁：札幌児童殺害事件）は，「実際に被告人質問を実施してみて被告人が明確に黙秘権を行使する意思を示しているにもかかわらず，延々と質問を続けるなどということはそれ自体被告人の黙秘権の行使を危うくするものであり疑問を感じざるを得ない。」と述べている（被告人は2回の公判期日において，検察官の265回，132回の質問全てに対し，沈黙するか，「お答えすることはありません。」と述べた。門野博「黙秘権の行使と事実認定」刑事事実認定の基本問題240頁参照）。この判決では，検察官が黙秘の態度を不利益推認に用いようとしたことにつき黙秘権侵害が懸念されたようであるが，質問を反復すること自体による黙秘権侵害も当然問題になるだろう。黙秘権行使を表明した被告人（被疑者）に対し，公開かつ弁護人同席の公判廷で質問を繰り返すことが黙秘権の行使を危うくするというのに，非公開かつ弁護人不在の取調室で質問を繰り返すこと

は黙秘権に関わらないのであろうか。仮に捜査における真相解明の要請と公判における真相解明の要請に違いがあるとして，その違いはこの区別を正当化するのであろうか（なお，犯罪によっては被害者の安全等のために情報の入手が急を要する場合があり，徹底した取調べが要求されるという見解がある〔平良木登規男『捜査法［第2版］』〈2000年，成文堂〉319頁〕。しかし，被害者の監禁場所を追及するような場合は正当防衛状況——黙秘権侵害を正当化する——に匹敵する特殊な状況であり，そうした場合を取調べの基本とするべきではない）。

 2　現実には，今後も取調べ受忍義務の存在を前提とした捜査実務が継続するであろう。そうであっても，稲川論文Ⅳ1(3)のように取調べの適正化措置が功を奏して，黙秘権を実質的に侵害するような取調べが姿を消していくことを期待したい。

　さらに後藤論文Ⅲ1(3)が述べるように，録音・録画の導入により，裁判所は取調べ受忍義務を前提とした取調べ状況をほぼ有りのままに認識することになる。例えば，取調官の黙秘権告知，被疑者の黙秘権行使の表明，供述の説得，退去の申出とその拒絶，以後説得と黙秘が長々と続いて自白に至った場合，あるいは取調室への出頭と滞留を確保するために「必要最小限度の実力行使」をして自白を得た場合などである（頃安健司「身柄拘束中の被疑者の退出権」刑事裁判実務大系⑾462頁参照。なお，取調べ中は腰縄が椅子に結び付けられているのが一般であり，逃走のおそれがあるときは手錠の使用も許される〔昭和31年6月11日付け法務省通牒「検察官調室における手錠の使用について」〕）。このような取調べは黙秘権を侵害するとして自白の任意性を否定すれば，実質的に取調べ受忍義務は否定されることになる。逆に任意性を肯定すれば取調べ受忍義務は是認されたといってよい（後藤昭『捜査法の論理』〈2001年，岩波書店〉154頁参照）。従来，取調べ受忍義務は黙秘権を侵害しないという見解は観念的な空論であると批判されてきたが，いよいよ裁判官（及び参考意見を述べる裁判員）は現実を直視した上での決断を迫られることになる。

 3　弁護人の立会権については，取調べの本質に関わる問題であるとして

対立が大きく，特別部会では検討対象から除外された。稲川論文Ⅳ2(2)は取調べ実務の変容，接見交通の拡充，弁護人の繁忙度等から立法事実はないとするが，検察の在り方検討会議や新時代の刑事司法制度特別部会が設けられた契機となった厚労省局長無罪事件等はごく最近の出来事であり，取調べが改善されたというには時期尚早である。接見交通が拡充したとはいえ，現実にはその援助機能は限定的である。積極説の立場からすれば，数は多くなくても立会いが必要で現実にも立ち会う事件はあるというのであろう。当面は録音・録画の拡充が現実的であるが，録音・録画によって代替できない機能もあり，弁護人立会権の立法事実がないとはいえないと思う。

Ⅲ 参考人の取調べ

1 2号書面請求の特信性につき，後藤論文Ⅳ3は弁護人には参考人の取調べ状況が分かりにくいという。筆者の経験でも，証人は検察官から強圧的，侮辱的取調べを受けたと言って相反供述をしたが，弁護人は取調べ状況を把握しておらず，当該証人及び取調べ検察官に対して有効な尋問を行えなかった事例がある。答申では対象外であるが，前記最高検依命通知は被害者・参考人についても一定の場合に録音・録画することを指示しており，対象者の心情や記録媒体の使用に慎重な配慮をした上で，積極的に実施されることを期待したい。

2 近年，刑訴法226条，227条の証人尋問の活用が増えている。刑訴法228条2項の弁護人等の立会いについては，証人が退去強制見込みの事件では反対尋問も含めて必要性が高い。他の類型でも起訴後の227条の尋問であれば，供述調書が開示済み（予定）であるから，弁護人の立会いを認めても捜査への支障は特段生じないだろう。起訴前は立会いを認めにくいが，証人の都合等に問題がないのであれば起訴後に実施してもよいと思う。

3 裁判員裁判を中心に人証を中心とした立証が推進されている。裁判所

は検察官の主張の当否を審査するに当たって，検察官の心証を反映した供述調書によって心証を形成するのではなく，もともとの証拠に直接触れて心証を形成するべきであり，これが（実質的）直接主義，公判中心主義であるというのである。供述聴取過程及び物語式の供述録取過程に取調官の心証が反映することは避けられないが，これまでそのことが明確に意識されずにきた（浜田寿美男「事実認定は心理学的過程である」村井敏邦編『刑事司法と心理学』〈2005年，日本評論社〉38頁は，この点を称して『事実の認定は証拠によるが，その証拠は事実の認定による』という）。近年，裁判員に分かりやすい審理とは何かに始まり，参考人及び被告人のいずれについても人証中心の立証を試行錯誤する中で，ようやく取調官の心証を反映した供述調書による心証形成から脱却すべきことが自覚されてきたのである。余談であるが，「このことは刑事さんにも調書に取ってもらったんですけど」と前置きして弁明を始める被告人は少なくない。つまり刑事さんは彼の言い分のうち，これから述べるものは真実と認めて録取してくれたというのである。裁判官（筆者）は苦笑しながら，「判断するのは私であって，刑事さんではない」と告げることになる。

Ⅳ　おわりに

　取調官は有罪仮説に基づいて追及することがある。有罪仮説が客観証拠等により確固としたものであれば，自白なしでも十分に立件できるから，強引に自白を追及する必要はない。動機を知るためだけに無理することもないだろう。逆に有罪仮説が根拠に乏しいと自白は不可欠となり，ときに自白追及の熱意が高まる。被疑者に示す有罪方向の材料が乏しいので，心の通い合いに活路を求めたり，強引で執拗な追及に頼ったりする。日常生活では根拠が乏しければ穏健な追及しかできないが，なぜか取調べの場では根拠が乏しいのに厳しい追及が行われることがある。それは取調官が一方的に確信を抱いているからであろうか。ひとまず押し込んで反応を見ようというのであろうか。こうした取調べがときに虚偽自白を招くのだろう。

　真相解明を錦の御旗にして強い使命感を持ちすぎたときの危うさを説く稲

川論文Ⅳ1(2)イに共感する。捜査関係者の熱意が適正な方向に沿って実を結ぶような仕組みを築いていきたい。

〔追記〕

稲川論文，後藤論文及び本コメントの校正段階において，前記最高検依命通知及び法制審議会答申がなされたため，これらに関する記述が各論文と重複したことをご容赦いただきたい。

なお，平成27年3月13日，同答申に沿った「刑事訴訟法等の一部を改正する法律」が第189回国会に提出され，平成28年5月24日に成立した。

本テーマに関連して，本書の拙稿「24　自白の任意性，信用性－裁判の立場から」も参照して頂けると幸いである。

（はんだ・やすし）

9 被疑者の身体拘束
検察の立場から

内藤 惣一郎

Ⅰ　はじめに
Ⅱ　刑事収容施設法の制定と同法に基づく被疑者の処遇
Ⅲ　近年における逮捕・勾留の動向
Ⅳ　被疑者の逮捕と勾留に関わる諸問題

Ⅰ　はじめに

　被疑者の身体拘束，すなわち逮捕・勾留に関し，旧版（新刑事手続Ⅰ，Ⅱ，Ⅲ）以降の重要な変化としては，刑事収容施設及び被収容者等の処遇に関する法律（以下「刑事収容施設法」という。）の制定がある。そこで，本稿においては，被疑者の取扱いに焦点をあてて，同法の制定及びこれを受けての刑事施設及び留置施設における処遇を紹介することとし，併せて，近年における逮捕・勾留の動向や，被疑者の身体拘束に関わる勾留場所等の問題に触れることとしたい。なお，刑事収容施設法についてさらに関心をお持ちの方は，『逐条解説刑事収容施設法』及び「刑事収容施設及び被収容者等の処遇に関する法律の解説（上）（中）（下）」（警論59巻9号ないし11号，留置場関連部分についての逐条解説は上記『逐条解説刑事収容施設法』には含まれていないので，この点参考になると思われる。）をご覧いただきたい。弁護人との接見交通の問題については，別稿で触れられることから，刑事収容施設に関わる部分も含めここでは論じない。

Ⅱ 刑事収容施設法の制定と同法に基づく被疑者の処遇

1 刑事収容施設法の制定

　逮捕・勾留された被疑者は，留置場あるいは拘置所に収容されるのが一般的であるが，逮捕された被疑者の処遇に関してはこれを規定する法律がなく，また，勾留された被疑者の処遇については明治時代の法律である監獄法によって規定されていたところ，平成18年6月に刑事収容施設法が成立し，いずれの点についても同法により規定されることとなった。

　刑事収容施設法は，明治41年に現行の刑法とともに施行された監獄法を全面的に改正したものである。監獄法は，主として19世紀末から20世紀初頭における刑事政策思想に立脚した，当時としては進歩的な立法であったとされるが，時代の変化に伴い，改正の必要が生じた。そこで，同法については，大正時代から改正に向けた検討が行われたものの，代用監獄制度に関する意見の対立等により，同法改正は長らく実現しなかった。

　しかし，平成14年から翌15年にかけて名古屋刑務所における受刑者死傷事案が明らかになり，これを契機として，受刑者の処遇を中心とする行刑運営上の問題が顕わとなって，法務省において，民間有識者からなる「行刑改革会議」を立ち上げ，同年12月に行刑改革会議提言が出された。

　この提言を受けて，法務省では，監獄法の改正作業を進めることになったが，その際，法務省，警察庁及び日本弁護士連合会の三者で監獄法改正の枠組みについて協議が行われ，まずは，受刑者の処遇を中心として法改正を行い，代用監獄制度の在り方を含む未決拘禁者などの処遇に関する法改正は，その後のできるだけ早い時期に実現することとなった。

　受刑者の処遇を中心に監獄法の改正を行う「刑事施設及び受刑者の処遇等に関する法律案」は，平成17年3月に国会に提出され，同年5月に成立したが（以下，同法を「受刑者処遇法」という。），未決拘禁者については，監獄法（「刑事施設ニ於ケル刑事被告人ノ収容等ニ関スル法律」と名称変更）により規定される状態のままとされ，被逮捕者など都道府県警察や海上保安庁の留置場に留置される者の処遇について規定する法律は存しないといった問題も残されていた。

そのため，法務省では，代用監獄制度の在り方を含む未決拘禁者などの処遇に関する法改正を実現するため，警察庁及び日本弁護士連合会との協議を継続した上，警察庁と合同で，民間有識者からなる「未決拘禁者の処遇等に関する有識者会議」を立ち上げ，同会議において，平成18年２月に「未決拘禁者の処遇等に関する提言」が全会一致で取りまとめられた。法務省，警察庁及び海上保安庁は，この提言をも踏まえ，「刑事施設及び受刑者の処遇等に関する法律の一部を改正する法律案」を立案し，これは同年３月に国会に提出され，同年６月に成立した。なお，この法律は，平成19年６月１日から施行されている。

　この法律の成立により，受刑者処遇法は，刑事収容施設法に改められ，ここに未決拘禁者の処遇や，それまで法律の規定がなかった都道府県警察や海上保安庁の留置場に留置される者の処遇に関する事項も規定されることとなった。なお，同法においては，被疑者は，被逮捕者も含め，「未決拘禁者」として取り扱われることとなった（同法２条８号）。

　この法律の眼目としては，特に，受刑者について定められたところも踏まえて，未決拘禁者や死刑確定者の処遇に関し，①権利義務の明確化，②外部交通の保障・拡充，③生活水準の保障，④不服申立制度の整備などを内容とする法整備を行うとともに，留置施設の設置根拠を設け，代用刑事施設への代用収容に関する規定を整備することにある。以下，特に未決拘禁者に関わる部分について述べる。

２　刑事収容施設法の概要　——特に未決拘禁者について——
(1)　いわゆる代用監獄の取扱いについて

　上記１において述べたとおり，監獄法改正において大きな問題となってきたのが，いわゆる代用監獄の取扱いであった。これについては，「未決拘禁者の処遇等に関する提言」において詳論されており，以下，若干長くなるが，関連部分を引用すると，「代用刑事施設（同提言においては代用監獄のことを意味する。筆者注）制度は，国際的にもほとんど類を見ない制度であり，国際人権（自由権）規約委員会においても取り上げられ，捜査と拘禁の分離に関する国際

人権（自由権）規約9条3項等の要件を充たしていないとして廃止の勧告を受けていると指摘し，国際社会における日本の地位にふさわしい制度に改める必要があるとする意見が示された。これに対しては，国際人権（自由権）規約委員会も代用刑事施設制度の廃止まで求めているものではないとする意見が示されたほか，そもそも，刑事司法手続は各国独自の歴史と国民性を背景として発展してきているものであり，これを度外視した『国際的基準』なるものを尺度として，個別の制度の存廃を議論すべきではないとする意見などが主張され，これが多数を占めた。また，代用刑事施設制度は，捜査機関である警察署に被疑者の身柄を拘束・収用する仕組みであることから，無理な取調べが行われやすく，また，被疑者の留置場における様々な処遇が捜査に利用され，その人権が侵害されるおそれがあるとして，直ちに廃止することは現実的ではないとしても，将来的には廃止すべきとの意見も示された。これに対しては，代用刑事施設制度を将来的に廃止すべきものと考えることは，……適当ではなく，また，現在の司法の運用において，大半の被疑者が代用刑事施設に勾留されている事実を踏まえると現実的ではないとする意見が多数を占めた。」とし，代用刑事施設制度を存続させることとした。

実際に，留置場は交通至便な場所に所在することから，被勾留者及びその家族，弁護人等の関係者の利便に資することが少なくなく，警察の留置場に見合う数の拘置所を全国に多数設置することに関する現下の厳しい財政状況・用地取得の困難性等も踏まえると，代用刑事施設を廃止するということは取りがたい選択肢のように思われる。

もっとも，同提言は，これまでも警察当局や日本弁護士連合会の努力により，捜査部門と留置部門の分離，被収容者のプライバシー保護，衛生環境への配慮及び接見交通権に関して非常に大きな改善が示されてきたことに触れつつ，更なる改善を図る観点から，視察委員会や不服申立て制度の整備，留置場における医療態勢に関する真剣な検討，捜査部門と留置部門との分離の趣旨をより明確にすることなどを求め，さらに，今後とも刑事手続全体との関連の中で検討を怠ってはならないとし，これを受けて刑事収容施設法では，以下に述べる種々の制度的改善の措置が規定されている。

Ⅱ　刑事収容施設法の制定と同法に基づく被疑者の処遇

(2)　未決拘禁者共通の処遇原則

　刑事収容施設法は，刑事施設（刑事施設に附置される労役場及び監置場を含む。），留置施設及び海上保安留置施設（海上保安庁の留置施設であるが，特別司法警察職員の機関で留置施設を有するのは海上保安庁だけである。）の施設的事項と，これらの施設に収容されている者の処遇に関する事項等について規定するものであり，施設の種類及び収容されている者の立場毎に当該者の権利義務等に関する規定が置かれている。

　同法上にいう「刑事施設」は，法務省に施設等機関として置かれている刑務所，少年刑務所及び拘置所を意味し（法務省設置法8条），刑事施設には受刑者等のほか，被逮捕者及び被勾留者が収容される（刑事収容施設法3条，以下Ⅰにおいて括弧内で刑事収容施設法の条文を引用する場合には法律名を省略する。）。

　一方，「留置施設」は，都道府県警察に設置されるもので，被逮捕者のほか，被勾留者等が収容される（14条，15条）。監獄法においては，懲役又は禁錮に処された者を留置場に一ヶ月以上継続して収容することが禁じられているのみであり，他に留置場の収容者についての制限はなかったが，今般，受刑者（ここでは説明の便宜上未決拘禁者としての地位を併有するものを除く。以下同じ。）等を留置場に収容することはできなくなった（15条）。

　また，「海上保安留置施設」は，管区海上保安本部，その事務所又は海上保安庁の船舶に設置されるもので，海上保安官又は海上保安官補が逮捕した者又は受け取った他の機関により逮捕された者のほか，法令の規定により海上保安留置施設に留置することができるとされた者のみを収容することができる（25条）。

　このように未決拘禁者は，上記三施設のいずれにも収容され得るものであるが，これら各施設に共通の未決拘禁者共通の処遇の原則として，刑事収容施設法31条は，「未決の者としての地位を考慮し，その逃走及び罪証の隠滅の防止並びにその防御権の尊重に特に留意しなければならない。」と規定している。なお，刑事施設には受刑者も収容されるが，受刑者の処遇原則について，同法30条は，「受刑者の処遇は，その者の資質及び環境に応じ，その自覚に訴え，改善更生の意欲の喚起及び社会生活に適応する能力の育成を図る

353

ことを旨として行うものとする。」と規定しており，未決拘禁者の処遇の原則は，かかる受刑者処遇原則との対比しつつ，理解される必要がある。

　ここにいう「未決の者としての地位」とは，刑事訴訟手続において裁判確定前の状態にあることを意味する。この点，未決拘禁者は「無罪の推定」を受ける地位にあることを考慮する旨明記すべきとする見解があるが，無罪推定は厳密には挙証責任の原則に関わるものであり，この見解は，未決拘禁者が捜査・裁判の対象として収容されているという特質を十分にくみ取れていないように思われる。

　刑事収容施設法は，同法第31条が規定する理念の下に各施設における具体的な未決拘禁者収容の在り方について規定しているが，以下，特に多くの未決拘禁者を収容している刑事施設と留置施設について具体的な処遇の在り方を見ていきたい。

(3) 刑事施設における未決拘禁者の処遇

　上に見たように，未決拘禁者の処遇の原則と受刑者の処遇の原則は異なるものではあるが，刑事収容施設が機能するためには，被収容者の収容を確保するとともに，その処遇のための適切な環境及びその安全かつ平穏な共同生活を維持するため，規律の維持が不可欠である。また，刑事収容施設の人的物的能力は有限であるから，多数の被収容者に平等に様々な便益を保障するためにも，個々の被収容者の権利・利益には必要な制約を課すことも不可欠である。刑事収容施設法第1条には，同法の目的として，収容されている者の人権の尊重や，これらの者の状況に応じた適切な処遇とともに，刑事収容施設の適正な管理運営が掲げられているのも，かかる趣旨を明らかにしたものに他ならない。また，これに加え，不服申立てなど，被収容者である受刑者と未決拘禁者とで特段異なる取扱いをすべき事情が見あたらない事項もある。

　そこで，未決拘禁者は，このような観点等から，一定の範囲で受刑者同様の規律に服することとされている。具体的には，収容開始時の告知(33条)，識別のための身体検査(第34条)，起居動作の時間帯等(38条，なお具体的な時間帯は未決拘禁者と受刑者で異なり得る〈刑事施設及び被収容者の処遇に関する規則12条〉。)，余暇活動の援助等(39条)，物品の貸与等(40条)，補正器具等の自弁等

(42条),物品の貸与等の基準 (43条),金品の検査 (44条),収容時の所持物品等の処分 (第45条),物品の引渡し及び領置 (47条),保管私物等 (第48条),差入れ等に関する制限 (51条),領置物の引渡し (52条),遺留物に関する規定 (53条から55条),保健衛生及び医療の原則 (56条),運動 (57条),被収容者の清潔義務 (58条),入浴 (59条),医療に関する規定 (61条から65条),子の養育 (66条),宗教上の行為等 (第7節),新聞紙に関する制限 (71条),時事の報道に接する機会の付与等 (72条),規律及び秩序の維持 (第9節),賞罰 (第12節),不服申立 (第13節),傷病による滞留 (174条),帰住旅費等の支給 (175条),死亡 (第15節) 等については,未決拘禁者と受刑者とでほぼ同様の取扱いがなされることとされている。未決拘禁者に懲罰を科することは,その地位と相容れないとする意見もあるが,刑事施設において集団生活をしている未決拘禁者の安全で秩序ある生活と適切な処遇環境を確保するためには,未決拘禁者が規律・秩序を害する行為に及んだ場合には,懲罰を科することにより,規律・秩序を維持・回復することが必要であり,懲罰はこのような目的により科されるものであることから,未決拘禁者という地位と相容れないものではないと解される。

　一方,上に述べたように受刑者の処遇原則と未決拘禁者の処遇原則の違いを受け,その処遇は種々の点で異なる。

　まず,未決拘禁者は,当然のことながら,積極的に矯正処遇等を受けるものではないことから,適当と認められる場合を除き,その処遇を昼夜居室において行うことを原則とし (35条1項),また,罪証隠滅の防止や,名誉感情・プライバシーの尊重といった観点から,当該未決拘禁者の心身の状況等から処遇上共同室に収容することが適当と認められる場合を除き,できる限り単独室に収容することとされている (第35条2項)。

　次に,受刑者は積極的な矯正処遇の実施の観点から自弁物品の使用等に関し相応の制約を受け得るのに対し (41条1項),そのような観点のない未決拘禁者については,施設の管理運営上支障を生ずるおそれがある場合等を除き,原則として自弁物品の使用等が許されることとなっている (同条2項)。

　同様に,受刑者については,矯正処遇の適切な実施に支障が生ずるおそれがあるときには,差入人に差入物の引取を求め (46条1項2号),保管私物又は

領置金品の外部の者への交付を許さないことがあり (50条2号),自弁の書籍等の閲覧を禁止することができる (70条1項2号) ほか,保管限度量等を超える場合にのみ自弁物品等を購入等するための領置金の使用が禁じられるのに対し (49条),未決拘禁者については,当然のことながら,矯正処遇の適切な実施の観点からの制約がない反面,刑事訴訟法の定めるところにより許されないとき,ないし罪証の隠滅の結果を生ずるおそれがあるときに,差入人に差入物の引取を求め (46条1項3号),保管私物又は領置金品の外部の者への交付を許さないことがあり (50条3号),自弁の書籍等の閲覧を禁止することができる (70条1項3号) ほか,保管限度量等を超える場合以外にも自弁物品等を購入等するための領置金の使用が禁じられる場合がある (49条2号)。

　ここにいう刑事訴訟法に定めるところにより許されないときとは,被逮捕者について捜査機関が弁護人等以外の者との間での書類・物 (糧食を除く。) の授受を認めない場合,接見等禁止決定により弁護人等以外の者との間で書類・物 (糧食を除く。) が禁止される場合等がこれに当たる。

　次に,外部交通について述べると,面会について,受刑者は,その拘禁の性質が改善更生を目的とするものであることや制裁であること,あるいは円滑な社会復帰の促進といった観点から,その相手方等について種々の制約を受け得るのに対し (110条等),未決拘禁者は,外国語による面会を行おうとする場合において,負担すべき通訳の費用を負担しない場合 (148条3項),懲罰により面会が禁止される場合 (第2章第12節),刑事訴訟法の定めるところにより面会が許されない場合を除き,誰とでも面会することができる (115条,ただし,回数や時間帯等については一定の制限がある〈118条5項,114条〉。)。ここにいう刑事訴訟法の定めるところにより面会が許されない場合とは,被逮捕者について捜査機関が弁護人等以外の者との面会を認めない場合,あるいは接見禁止決定がなされている場合等をいう。

　弁護人等以外の者と未決拘禁者との面会については,従前通り,未決拘禁者の身柄の確保,あるいは罪証隠滅の防止といった観点から,刑事収容施設の職員が立ち会うのが原則であるが,刑事収容施設法においては,録音・録画により立会を代替させ,あるいは,弊害がないと認められる場合には,こ

れらの措置を裁量的に省略することができる旨規定された (116条)。

次に、信書の発受について、受刑者は、監獄法におけるのと異なり、比較的広くその自由が認められるようになったものの (126条)、矯正処遇の適切な実施に支障を生ずるおそれがある者等との信書の発受を禁止することができ (128条)、また、発受によって、当該おそれがあるときにその発受の差し止めなどを受けるなどの制約がある (129条)。一方、未決拘禁者は、矯正処遇の適切な実施という観点からではなく、罪証の隠滅の結果を生ずるおそれがあるときなどに信書の発受の差し止めを受け、この他にも信書の発受に関し一定の制約を受けるが (136条)、受刑者と異なり相手方による信書の発受の禁止は規定されていない。また、面会におけるのと同様に、外国語による信書の発受を行おうとする場合において負担すべき翻訳の費用を負担しない場合 (148条3項)、懲罰により信書の発受が禁止される場合 (第2章第12節)、刑事訴訟法の定めるところにより信書の発受が許されない場合には、信書の発受が許されない (134条)。

信書の検査について、受刑者に関しては、監獄法におけるのと異なり、必要があると認められる場合には検査を行わせることができるとされた (127条) のに対し、未決拘禁者に関しては、罪証隠滅の防止という拘禁目的から、原則として検査を行わせるものとされ (135条1項)、面会におけるのと同様に、裁量的に検査を省略できることとされている (同条3項)。

なお、面会・信書の発受のいずれにおいても、被収容者と一定の場合における国又は地方公共団体の機関の職員あるいは弁護士との外部交通については相応の配慮をすべきことが定められている (112条等)。

(4) 留置施設における未決拘禁者の処遇

刑事収容施設法においては、代用刑事施設を置くこととされた上、被逮捕者についての規定も設けられたところ、上記(1)で述べた制度的改善としては、①代替収容できる者の範囲を限定し、法務大臣が、国家公安委員会に対し、代替収容に関する留置施設の運営の状況について説明を求め、又は代替収容された者の処遇について意見を述べることができることとしていること (15条)、②捜査部門と留置部門の分離を法律上明確に規定していること (16条

3項），③刑事施設において設けられた刑事施設視察委員会と同様の機能を果たす留置施設視察委員会を各警察本部に置くこととし(20条ないし24条)，留置施設運営の透明化を図るとしていること，④刑事施設の被収容者同様の不服申立制度の整備(第2編第3章第11節)などが挙げられる。

　また，留置施設における被逮捕者・被勾留者の処遇については，基本的には刑事施設におけるのと同様であるが，刑事施設における収容期間に比べると留置期間は相対的に短いこと，施設における態勢の違いなどから，以下の点等において差異が認められる。

① 　刑事施設においては，刑事施設の職員である医師等が健康診断・診療を行うのに対し，留置施設においては，留置業務管理者が委嘱する医師等が行う(62条1項，201条1項参照)。

② 　刑事施設においては，施設内において子の養育を許可する場合があるのに対し，留置施設においては，これを許可しない(66条，204条参照)。

③ 　刑事施設においては，宗教家が行う宗教教誨を受ける機会を設けるように努める義務が規定されているのに対し，留置施設においては，そのような規定は設けられていない(67条，68条，205条参照)。

④ 　刑事施設においては，防声具を使用しないのに対し，留置施設においては，保護室が整備されていない施設に限って防声具を使用することができる(78条，213条参照)。

⑤ 　刑事施設においては，反則行為を行った場合に懲罰を科し得るのに対し，留置施設においては，懲罰の規定はなく，自弁の嗜好品の制限，娯楽性の高い書籍等の閲覧の制限の措置を採ることができるにとどまる(第2編第2章第12節，190条，208条参照)。

⑥ 　刑事施設においては，自己契約作業が可能であるのに対し，留置施設においては，自己契約作業は行えない(39条，185条参照)。

⑦ 　刑事施設においては，弁護人等以外の者との面会について，立会い等を省略することができるのに対し，留置施設においては，すべて立会い等を行う(116条，218条参照)。

3 刑事収容施設法の施行状況とその5年後見直しの概要
　　──特に未決拘禁者について──

　受刑者処遇法附則41条には5年後見直しが規定されており，これに基づいて，法務省及び警察庁においては，刑事収容施設法の施行状況について検討を行い，平成23年5月27日にその運用改善等を図る検討結果を発表した。

　この施行状況は，法務省及び警察庁が作成した「刑事収容施設及び被収容者等の処遇に関する法律の施行状況について」(法務省HP等に掲載)に詳しいが，刑事収容施設法の一つの特徴である刑事施設視察委員会(7条ないし10条)及び留置施設視察委員会(20条ないし23条)について述べると，前者に関しては，平成22年3月30日現在で372人の委員が選任されており，その内訳は弁護士79人，医師76人，地方公共団体職員67人等であること，平成21年度には総計194回の視察，756件の被収容者との面接が行われ，603件の意見が提出されており，このうち356件について刑事施設の長が措置を講じることとしている。また，後者に関しては，平成22年6月1日現在で251人の委員が選任されており，その内訳は弁護士54人，医師又は歯科医師54人，地方公共団体職員27人等であること，平成21年度には総計907施設の視察，469人の被収容者との面接が行われ，499件の意見が提出されており，このうち448件について何らかの取組が行われている。

　また，被疑者の身柄拘束に特に関連すると思われる捜査と留置の分離(16条3項関係)の施行状況としては，留置開始時に被留置者の処遇は留置担当官が行う旨を告知すること，捜査に伴って被留置者を留置施設から出入りさせる際には，留置主任官の承認を必要とし，その時刻を留置担当官が逐一記録すること，就寝又は食事の時刻経過後においても引き続き取調べが行われているときは，留置主任官が捜査主任官に取調べの打切りを要請することなどの取組が挙げられている。また，裁判所や弁護士会から照会のあった場合，この出入記録については法施行後全て回答しているとのことである。

　これらの施行状況を受けての見直しとして発表された事項は，「刑事収容施設法施行5年後の見直しについて」(法務省HP等に掲載)に詳しいが，刑事施設についていえば，被収容者の自弁により指名医による診療を許す制度の

運用拡大等が，警察所管施設についていえば，面会施設の増設，女性留置担当官の更なる配置拡大，将来的な防声具の廃止を目指し保護室の整備等を推進していくこと，あるいは不服申立てに関し，留置担当官等への教養を徹底することなどが挙げられている。

Ⅲ 近年における逮捕・勾留の動向

『犯罪白書』及び『検察統計年報』によると，被疑者の逮捕については，業過（昭和50年以降は交通関係業過ないし自動車運転過失致死傷）及び道交法違反を除く検察庁既済事件総数のうち，警察等によって逮捕され身柄付きで送致された事件及び検察庁で逮捕した事件（身柄事件）の占める比率（身柄率）という概念があるが，昭和36年以降，身柄率はおおむね20パーセントから30パーセントの間で推移しており，平成11年に30パーセントを超え，翌12年には33.1パーセントを記録したが，その後は概ね30パーセント前後で推移している。

また，身柄事件のうち検察官によって勾留請求された事件の占める比率（勾留請求率）は，昭和40年代前半には60パーセント台であったものの，平成5年以降は90パーセントを超えており，平成11年以降は92パーセントから94パーセントの間で推移している。平成5年までの推移については，第一次捜査機関による逮捕が慎重に行われるようになったことや覚醒剤事犯の処理動向などが要因として指摘できよう。

このように近年，身柄率・勾留請求率が若干高まっているものの，いずれもわずかな変化であり，これらに特段の意義は見いだしがたいと思われる。

一方，勾留請求された事件のうち，勾留請求却下率（検察官が勾留請求した被疑者人員に占める裁判官が勾留請求を却下した人員の比率）は，平成3年以降0.1パーセント程度で推移していたところ，平成15年から上昇傾向にあり，平成23年には1.19パーセント（勾留請求が認容された者11万373人に対し，却下が1,326人）を記録し，この10年ほどの間に約10倍となっている。

これを更に詳細にみていくと，東京地方検察庁管内における勾留請求却下

率が例年特に高く,本稿執筆の時点で最新の統計である平成23年についてみると全国平均1.19パーセントのところ,東京地方検察庁管内が3.86パーセントであり,全国平均よりも高い他の3地検,すなわち福岡地方検察庁管内の1.94パーセント,仙台地方検察庁管内の1.72パーセント,横浜地方検察庁管内の1.53パーセントと比しても際だって高いことが判明する。ちなみに,東京地方検察庁以外の地方検察庁管内合計の勾留請求却下率は0.66パーセントであり,東京地方検察庁管内の勾留請求却下率は,この5.84倍になる。

次に平成23年の統計に基づいて罪名別の勾留請求却下率をみると,勾留請求数1,000件以上の罪名中で勾留請求却下率が2パーセントを超えるものは,地方公共団体条例 (公安条例及び青少年保護育成条例以外の条例) 違反の罪が12.36パーセントで最も多く,次いで公務執行妨害が6.1パーセント,暴行が4.88パーセント,わいせつ・わいせつ文書頒布等が4.19パーセントとなっている。

もとより,勾留請求や勾留請求却下は,個々の検察官や裁判官による事案毎の判断であり,統計に過度の意味付けを求めることは適当でないと思われるが,興味深い現象ではある。

Ⅳ 被疑者の逮捕と勾留に関わる諸問題

被疑者の身体拘束に関しては,逮捕・勾留の要件,勾留延長の要件等の論点もあるが,いずれも既に論じ尽くされていると思われるので,これらの点については割愛し,以下,被疑者の逮捕・勾留に関わる問題のうち若干のものを取り上げて論じることとする。

1 勾留場所について

勾留場所は,刑事施設とされているところ (刑事訴訟法64条参照),かねて,代用刑事施設 (以前は代用監獄) に勾留することができるのは例外的な場合に限られるとする立場を採る下級審裁判例もあった。

このような立場の根拠としては,監獄法が「警察署ニ附属スル留置場ハ之ヲ監獄ニ代用スルコトヲ得」(監獄法1条3項) として「代用」という文言を用

いていることや，代用監獄が自白強要・利益誘導等の温床であるとの評価があった (現行法では刑事収容施設法15条1項の「刑事施設に収容することに代えて，留置施設に留置することができる。」という文言が問題となり得る。)。

しかしながら，「代用」(現行法では「代えて」)との文言から代用刑事施設を勾留場所とするために特別の要件が必要であるとすることを導くには無理があると言わざるを得ないし，自白強要・利益誘導等の温床とする点については，取調べの適正確保と勾留場所の選定は別個の問題であり，個別の事案を離れた特定の見解を根拠に，代用刑事施設を勾留場所とするためには特別な要件が必要であるとすることにも無理があると思われる。

これに加え，刑事収容施設法において捜査と留置の分離の法定を初めとした種々の措置が採られたことなどを考慮すれば，代用刑事施設を勾留場所とするために特別な要件が必要であるとする考えは実質的な根拠がないように思われる。仮にこのような立場を採るとすれば，「未決拘禁者の処遇等に関する提言」にあるように「刑事手続全体との関連の中で検討」する必要があろう。

2　別件逮捕・勾留について

別件逮捕・勾留については，既に議論が出尽くした観があるが，いわゆる別件について逮捕・勾留の理由と必要があり，この別件の逮捕・勾留中におけるいわゆる本件の取調べが相当な限度を超えていない場合には，別件の逮捕・勾留及び本件の取調べに違法の問題は生じないとする別件基準説が捜査実務上は優勢なように思われる。実際には，本件について令状主義が潜脱されているか否かを問題とする本件基準説と別件基準説とで，特定の逮捕・勾留，あるいは取調べが違法とされる範囲にさほど大きな差異はないと思われるが，別件基準説は，理論面でも正当と思われる上，捜査機関の指針としても，また事後的な評価基準としても，本件基準説に比して明確な内容となっており，有用性が高いと思われる。この別件基準説からは，別件と本件の関係，別件の重要度，別件の取調べに充てられた時間と本件のそれとの対比，本件についての逮捕・勾留の有無・時期などを総合的に考慮し，本件の取調べがあたかも本件について身柄の拘束をしているのと同じように行われてい

れば違法であり，別件の取調べに付随し，これと併行して行われる限度内ならば違法ではないということになろう。

　最近は，捜査官においても，別件逮捕・勾留の問題点を十分に意識した捜査を行うように留意してきていることもあり，旧版において指摘されているように，実務的には落ち着きを見せている論点ではあるが，例えば，最近においても，平成21年3月3日の大阪高等裁判所判決に係る覚せい剤取締法違反被告事件では，軽犯罪法の浮浪罪による別件逮捕の問題をも一つの理由として無罪判決が言い渡されている（判タ1329号276頁）。捜査官としては捜査に当たり常に留意が必要な論点であろう。

3　任意同行・逮捕について

　警職法2条による職務質問や任意同行の際の有形力行使の限界等については旧版でも論じられているところであるが，本稿では，その余の警察官等による行政権限の行使と刑事手続との関係について概括的に述べることとしたい。

　警察官によりとられる行政手続は多種多様であり，刑事手続と交錯する場合があるものとしては，警職法3条の保護，同法4条の危険時の措置，同法第5条の犯罪の予防・制止（裁判例により認められた現行犯の場合の制止措置を含む。），酒に酔つて公衆に迷惑をかける行為の防止等に関する法律第3条に基づく保護，同法第5条に基づく制止，精神保健及び精神障害者福祉に関する法律第39条に基づく保護，道路交通法67条4項に基づく一定の危険な運転を防止するための応急措置等多様なものがある。主として海上犯罪について司法警察員として活動する権限が与えられている海上保安官にも，同様に多様な行政権限が与えられている。

　警職法上の職務質問や任意同行（同法2条）と捜査手続の関係については，これまでも様々な場面で論じられ，これらの措置が，犯罪を犯したと疑うに足りる相当な理由がある者や既に行われた犯罪について知っていると認められる者を対象としていることもあり，その捜査手続との密接な関係が認識されてきたところである。

　しかしながら，このことから警察官等の行政活動が常に捜査手続と密接な

関係を持ち，当該行政活動を刑事手続の一環として取り扱うべきということにはならないのは当然である。この点，特に我々法律家は，警察官等の活動を自分たちに馴染みのある刑事手続に引き寄せて考えてしまい，警察官等の多様な活動・責務を客観的に捉え切れていないきらいがあるように思われ，検察官もその例外ではないように思われる。

　旧憲法下において過大な行政権限が弊害を招いていたことから，戦後は刑事罰及び刑事手続により不法な事態に対応することが中心となり，警職法上の保護や犯罪の予防・制止等の警察官の行政権限もややもすると否定的な評価を受け，関連して発覚した刑事事件の手続においても逮捕手続の潜脱といった評価を受けることがあった。

　しかしながら，警察は個人の生命・身体・財産の保護等の責務を負っており（警察法2条1項），不法な事態を放置することは，かえって，違法との評価を受け，国家賠償請求の対象となり，あるいは業務上過失致死傷罪等による訴追の対象となる場合すらある。

　近時，実害の発生を待つのではなく公的機関による早期の事態への介入を求めるストーカー行為等の規制等に関する法律や配偶者からの暴力の防止及び被害者の保護に関する法律が制定されているが，警察官等の各種行政措置も，これらの法令と同様の観点から再評価される必要があると思われる。

　この点，例えば，福岡高判平成22年2月6日（高刑速平成22年187頁）では，警職法上の保護手続に引き続いて採尿手続が行われた事案について，第一審が警職法上の保護手続が採られたこと自体に大きな疑問が残るなどとして無罪を言い渡したのに対し，保護手続の適正を認定し原判決を破棄し，東京高判平成18年10月11日（判タ1242号147頁）では，警察官が，学校用地内で不退去罪及び威力業務妨害罪を現に行っている者の犯罪行為を鎮圧，終息させるため，被疑者の体を持ち上げて警察車両に乗車させた上約900メートル離れた警察署の取調室内に連行した行為が警職法第5条等に照らして違法性がないなどとしているが，いずれも警察官の行政措置に対して正当な評価を下したものとして是認できる。

　警察官等は，対応が必要とされる一定の事態が生じた場合，司法警察員と

しての捜査権限に加え，多様な行政権限をも踏まえて適切に対処することが求められるが，被疑者の刑事責任追及を目的として証拠の収集活動を行うという捜査権限の行使は，その活動場面のごく一部に過ぎない上，捜査権限の行使は行政権限の行使に対し補充的な位置付けに置かれるべき場合も少なくない。一定の事態が生じた場合にまずとられるべきは新たな犯罪の防止や関係者の保護であり，そのような目的のために敢えて刑事手続を執ることは筋違いであろう。

当然のことながら，警察官等は，その行使する行政権限の法的根拠，目的，要件及び手続等をよく把握し，仮にもその権限を濫用し，行政手続に藉口して刑事手続を進めているなどの誹りを受けないよう配意することが必要である。一方，例えば身柄送致までの時間制限についていえば，検察官は，紛議を招かないために，行政権限の行使に伴う実質的な身柄拘束の発生時をその起算点として評価するのが通常であろう。しかし，常にこのような取扱いをすることにより，当該行政手続がかえって不十分になり，あるいは行政手続終了後に身柄拘束状態を解くことが想定されたにもかかわらず身柄送致ありきという事態を招来すれば，本末転倒というほかない。我々法律家としても，警察官等の広範かつ多種多様な活動やその責務を十分に理解し，先入観を排し，個別の事案の証拠関係に応じ，その活動に対する適切な法的評価を行っていくことが必要であろう。

〔追記〕

脱稿後，①勾留における罪証隠滅のおそれに関し，いわゆる迷惑防止条例違反（痴漢）事件について，地裁の勾留請求却下決定を覆した高裁決定を取り消した最決平成26年11月17日（裁判集刑315号183頁），②保釈許可決定に関する上級審の審査の在り方に関し，受訴裁判所の保釈許可決定を取り消して保釈請求を却下した原決定を原決定を取り消した最決平成26年11月18日（刑集68巻9号1020頁）が出された。

これらの決定については既に多く議論されているところであり，別途コメントはしないが，これらの影響からか，近時，執行猶予中の者や生活状態不安定な者について，同居の実体のない家族から形式的な身柄引受の約束を取

り付けるなど，必ずしも十分でない逃亡防止の措置により勾留請求を却下し，その結果，被疑者の所在が不明となり，捜査処理に多大な困難が生じる事例が見受けられる。

　近時は，比較的軽微な犯罪をも含め，再犯防止，社会復帰や被害回復等も考慮し，多様な観点から捜査を行って慎重に被疑者の最終処分を決しているのであり，勾留請求却下に伴い所在不明となり，適切な再犯防止や社会復帰施策も取れず，被害回復等の措置も得られず，それにもかかわらず訴追もできないまま再犯を招くこととなれば，刑事司法はその役割を適切に果たしているとは到底言えない。

　勾留の理由と言えば罪証隠滅のおそれが着目されることが多いが，逃亡のおそれについても適切な判断が望まれる。

　　　　　　　　　　　　　　　　　　　（ないとう・そういちろう）

9 被疑者の身体拘束
弁護の立場から

金岡 繁裕

　　Ⅰ　はじめに
　　Ⅱ　本稿の構成
　　Ⅲ　在宅のまま手続を進める原則について
　　Ⅳ　身体拘束からの解放
　　Ⅴ　その他の諸問題⑴――余罪と令状主義の潜脱――
　　Ⅵ　その他の諸問題⑵――勾留中の処遇の改善――
　　Ⅶ　その他の諸問題⑶――代用監獄問題――

Ⅰ　はじめに

　本稿では，刑事弁護人の立場から，被疑者の身体拘束に関わる実務的な諸問題を広く取り上げることを求められている。

　収容されるかされないかという事柄は被疑者本人にとり切実である。刑事施設における収容生活は安易な想像を許さない程に過酷であり，被疑者として保障されるべき防御権も，日常生活も，その後の人生さえも，大きく損なわれ，狂わされる。これに向き合い，防御権や外界との交通を全うし，少しでも不利益を回避するよう行動すべき弁護人の責任も重大である。

　弁護人は，まずもって，依頼者たる被疑者の収容が避けられるのであれば，極力，避けるための方策を尽くす。収容が避けられなかったとしても，早期に釈放させるべく手を尽くし，或いは長期化させないよう手段を講じる。収容中であっても，罪証隠滅と逃亡を防止するという収容目的を達成するため以上の無用な制約が課せられないよう，その収容中の生活状況（ここには被疑

者としての防御権行使に加え，極力不自由のない生活を送れるよう，更には外界との交通を全うし社会復帰環境を整えるところまでが含まれる）に気を配る。

II　本稿の構成

以上のような問題意識に基づくと，本稿は必然的に，次のように構成される。

まず，被疑者の立場にある者について，在宅のままに捜査が可能である限り，収容することなく捜査を進めなければならないことを論じる（本稿III）。ここでは，取調べ目的の逮捕勾留の如き制裁的・濫用的な強制捜査の問題，更に，法制審議会で議論されていた中間処分問題にも言及したい。

続いて，勾留に対する準抗告の実情，更に勾留延長に対する対応，課題について論じる（本稿IV）。依然として抽象的な懸念により身体拘束することを正当化する裁判例が多く，構造的に検察官の言いなりに流れ勝ちな中でも，勾留の必要性について慎重な検討を行う等の姿勢を示し，身体拘束に慎重な裁判例も現れてはいる。

最後に，身体拘束が継続する中で，不当な取調べを抑制し，過剰な制約を防止するための検討課題は多い。紙幅に限りがあり，体系立てた整理は困難であるが，刑事弁護実務家として問題意識のあるところを適宜，論じる（本稿V～VII）。

III　在宅のまま手続を進める原則について

1　在宅のまま手続を進める原則
（1）憲法は人身の自由を基本的な人権として保障し（憲法31条，33条，34条），これを受けた刑事訴訟法は，法定の事由があり，かつ，司法機関による令状審査を経なければ身体拘束は出来ないとする，二重の制約を課す（刑訴法199条1項等）。

ここからは，身体拘束が例外の上にも例外であり，逆に言えば在宅のまま

に捜査が進められるのであればそうしなければならないとの帰結が必然的に導かれる（任意捜査原則）。

（2）　他方で，身体拘束の法定の事由は，勾留に関して言えば例えば「罪証を隠滅すると疑うに足りる相当な理由があるとき」（2号事由）であり，「相当な理由」との文言とは裏腹に抽象的な蓋然性で足りると解され運用されている結果，恰も，罪証隠滅が凡そ懸念されないような例外的な場合でなければ勾留しても良いという，原則例外が逆転した判断が行われている感がある。勾留裁判に対する準抗告申立認容事例であってさえ，いとも易々と2号事由なら2号事由を認定してしまうことは後述するとおりである。

加えて，罪体のみならず，少なくとも重要な情状要素についてまで罪証隠滅の対象が広がると解釈され運用されているため，動機経緯といった往々にして内心領域の問題についてまで，何らかの口裏合わせが有り得るなどという抽象的な蓋然性を盾に，勾留され，あるいは準抗告に反対意見が出されるのが実態である。

（3）　とりわけ裁判所には，在宅のまま手続を進めるのが原則だという意識を持って令状審査に臨み，その事実取調べの権限を最大限に活用して弁護人に補充的な活動を求めるなどして，それでもなお，身体拘束がやむを得ないのかを検討するという姿勢がなければならない，と言えよう。

2　令状審査にあるべき姿勢 ── 勾留請求却下の実例から ──

（1）　ここで参考に，ある勾留請求却下の事例を挙げたい。

この事例は，潔癖症のある専業主婦の女性が，マンションの隣家住民の生活態度に被害妄想的な思い込みから嫌がらせを行い，同部屋の戸外にある設備を損壊したというものである（損壊事実に争いはない）。弁護人は，逮捕の翌日に受任し，受任の翌日，実家で静養して治療を受けたいこと，弁護人と相談して取調べにも適切に対応する旨の被疑者本人の誓約書を提出し，勾留請求を却下すべき意見書を提出した。弁護人が担当裁判官に面談を求めたところ，担当裁判官は，夕刻の勾留質問後は直ちに結論を出したいという意向であったが，弁護人は，被疑者の親族の陳述書，身元引受書を補充で提出する

として時間的猶予を求め，その提出後，既に午後6時を回っていたが，裁判所から同親族と面談するので同行するよう指示があり，最終的に勾留請求が却下された。

 (2) この事例は，結論として身体拘束が避けられた。

 しかし，担当裁判官が当初，実家で静養して治療を受けたい被疑者の，その生活状況の監督を担うべき親族への事実確認を待たず結論を出そうとしていたことからして，その時点では勾留を認めようと考えていたのではないかと疑われる（そうでなければ，夜間に入ってから親族の同行を求めたりなどしないと思われるからである）。この推測が当たっていれば，担当裁判官は，被疑者の上記誓約のみでは勾留を回避するに足りないと判断しつつ，さりとて被疑者の誓約が実効的に守られるかどうかを事実取調べしようともせず結論を出そうとしていたことになる（この事案では，幸いにして勾留裁判前に弁護人が選任され，一定の疎明活動を展開し得たが，もし弁護人不在であれば，確実に勾留され，少なくとも数日〈勾留裁判に対する準抗告が認容される場合〉から勾留満期にかけて，無用の勾留が続いたであろう。しかし現在の法制度は，結果として無用の勾留が生じたとしても誰一人として責任を取らないのであり，文字通り救いのない状態である。

 村木厚子元厚労省局長は，自身の勾留質問時の経験について「ベルトコンベヤー式で勾留質問……（否認の趣旨以外には）ほかのことは何も聞かれていないんです」と述懐するが〈法制審議会・新時代の刑事司法制度特別部会第25回議事録17頁〉，このような過去に何か学ばれた形跡はない。）。

 (3) 以上のような令状審査の在り方は，全く評価できない。

 なるほど勾留裁判は法定の時間制限の中で行わなければならないし，一定規模以上の裁判所ともなれば毎日数件以上の勾留裁判を一人で行わなければならず，そこに，捜査機関が提示する以上の資料に一々思いを致す余裕はないのかも知れない。

 しかし，既に述べたとおり，在宅捜査が原則である。そうであれば，例外的に身体拘束して良いかどうか，受け皿となる人的資源が容易に判明している場合など，積極的に事実取調べすべき場合は多く，既に弁護人が就いているのであれば弁護人を活用するなどして勾留回避の道を探るのが裁判所の責務

であると言うべきである。なお，このことは，裁判所の中立を損なうものではない。憲法に忠実に，勾留は例外であるとの姿勢を堅持するものに他ならないからである。

　嫌疑の相当性があるとし，身体拘束したいと主張する捜査機関が提示する資料だけに目を奪われていては，判断が身体拘束する方向に傾くのは当然である。令状審査は，そこに疑問を持つところから始められなければならない。

　(4)　以上のような筆者の問題意識に対し，栗原コメントは「勾留請求検察官が提供する資料……には，勾留請求を却下すべき事情を基礎づける資料は予定されておらず」とされ，「対審構造になっていないことを前提としても，このように勾留の理由が存在することを認めるべき事情に対抗する事情を認めるべき資料は……裁判所の探知によるものでもなく，まさに当事者たる被疑者がこれを提出すべきものと思われる」とされる。

　あくまで個人的意見の域を出ないとはいえ，裁判所実務の一端が窺える率直なご意見を頂いたと思うが，残念ながら全く感心しない。

　第一に，被疑者国選弁護制度を前提としても勾留裁判段階では被疑者に弁護人が選任されているのは例外的にとどまると思われるところ，身体拘束下にある「被疑者がこれを提出すべきもの」として有利事情の疎明を要求することは，観念的に過ぎると思われる。疎明資料の入手どころか，親族との面会もままならないのが現実だからである。

　第二に，検察官提出資料に「勾留請求を却下すべき事情を基礎づける資料は予定されて」いないとの御認識なら尚のこと，そのような資料があるかもしれない，そのような事情があるかもしれないのに安易に勾留決定をしてしまってよいのか，という躊躇を抱いて頂きたいと思う。すでに引用した村木発言のとおり，認否にしか関心を抱かないほどに職権探知に拒否的であるなら，過剰拘禁が生じるのもむべなるかなである。

　第三に，もちろん弁護人は，具体的事情を積み重ねて裁判所の説得を試みるべきであり，その点を指摘する栗原コメントは大いに賛同できるものであるが，対審構造でない以上，かみあった防御には，裁判所の積極姿勢がなければ始まらないという現実があることは否定できないだろう（後記Ⅳ3「反論

機会の保障」も参照)。検察官意見を弁護人に交付するなど，工夫は尽きないはずであり，対審構造ではないが当事者主義の下で努力すべきだという論旨もまた，観念的に過ぎる。栗原コメントによれば，（勾留延長に関するくだりではあるが）検察官に電話で適宜，説明を求めるなどされているとのことであるが，そのような営みも，判・検の間で完結させるのではなく，当事者である被疑者の弁護人にも，適切に情報を開示し（ついでに言えば，そのような遣り取りは記録化され，後の検証に耐えるよう処置すべきである。訴訟指揮が闇に葬られるようでは，到底，適正手続は期待しえないからである。)，攻撃・防御対象としなければならない。

3 取調べ目的の身体拘束について

(1) 同様に，在宅捜査の原則を揺るがしかねないものとして，捜査機関が思い通りに取り調べられない被疑者を殊更に収容しようとする場合があることを指摘したい。

(2) 筆者は，弁護人として在宅段階で就任した場合，取調べに応じることを表明しつつ，他方で被疑者の防御を全うすべく，取調べに弁護人が同席すると宣言することを実践している。その段階で身体拘束に至っておらず従って身体拘束の必然性がないと言え，かつ，弁護人が同席するものであっても取調べも可能とあれば，例外的に身体拘束すべき状況にはないと考えられる。

ところが捜査機関は，弁護人の同席による取調べを拒否し，却ってこれを出頭拒否などと論難して，身体拘束の理由とする場合がある。この問題に関しては，かつて別稿（金岡繁裕「勾留に対する準抗告認容事例と若干の考察2」刑弁58号74頁以下。なお，同稿脱稿後のことであるが，名古屋地方検察庁所属の検察官より，「被疑者取調べというのは，刑事訴訟法上，一人で受けなければならないというのが検察庁としての解釈である」と説明された。全く根拠のない謬見であり，弁護人を蔑ろにすること甚だしいものである。）で論じたことがあり，「任意捜査である以上，弁護人同席を求めることは不当でない……出頭拒否と評価することはできない」とした名古屋地決平成20年10月27日（LEX/DB25470591)，及び同席要求が受け入れられなければならないことは「理論的には争いの余地がない」と解説した

中島宏教授の見解が何れも正当と言える。

　しかし，その後に出された名古屋地決において，弁護人がわざわざ所轄署まで被疑者を同行して取調べを求めたのにこれを拒否しつつ，告発から半年以上も経て身体拘束に踏み切った勾留裁判は，2号事由が認定され，かつ，準抗告審においても事案の重大性に鑑みれば勾留の必要性も認められるとして身体拘束を正当化した。同席要求の「冒険」的側面を指摘した中島教授の危惧が現実化したと言える。

　(3)　この問題における見解の対立も，結局は，在宅捜査の原則を堅持するかどうかに帰着すると言える。在宅捜査の原則を堅持する以上，弁護人の同席を排除するためだけに身体拘束を行う等という事態は当然に否定されるべきである。換言すれば，弁護人同席の下で在宅のまま取調べ，捜査を進められるなら，そうしなければならない。

4　小　　　括

　以上で指摘したことは，在宅捜査を原則とすべきこと，在宅捜査で捜査を進められるのであれば，それが捜査機関の思い通りの捜査とはならないとしても，在宅のままで捜査を進めなければならないと言うことであり，裁判所は，どうしても身体拘束しなければならないのかを，在宅捜査の原則の立場から慎重に審査する責務を負っていると言うことである。

　筆者は，法制審議会「新時代の刑事司法制度特別部会」が検討していた捜査段階の在宅捜査と勾留との「中間処分」制度に関心を抱いていたが，同制度が，一定の条件を付するにせよ，従来は勾留されていた被疑者に対し，勾留までせずに捜査を進める縁となるのであれば，方向性としては賛成できる（なお，特別部会中の作業分科会の議論を管見するに，現在の勾留裁判が適正に行われていることを前提に反対する意見や，現場で運用することは不可能な制度であるとの警察側有識者の反対意見が出されているようであるが，2号事由や3号事由が懸念するような事態を生じさせないことについて，中間処分要件という，いわば法定された"身の証"を立てることで，いわれなき2号事由，3号事由の疑いを晴らすことの出来る被疑者は相当数，いると感じるところであるし，そのような方向性は，捜査段階にも保釈制度を持ち込むよう

な発想で十分に運用できよう。）。適切な出頭確保（取調べ受忍義務を課すことには賛否があろうが，弁護人同席の下であれば選択肢に入ろう）や住居確認が制度的に担保されるのであれば勾留までしなくて良いと裁判所が考えることは有り得るであろうし，適切な出頭確保や住居確認は，これまでも弁護人が担ってきた領域である。考慮要素として機能してきた出頭確保等を，中間処分という制度として創設することで，検察官の言いなりに身体拘束を是認する誤った解釈・姿勢で臨む裁判官が減少することも見込めるところである。

Ⅳ　身体拘束からの解放

1　2号，3号「相当な理由」の実質化

（1）　2号事由にせよ3号事由にせよ，既に指摘したとおり，抽象的な蓋然性で足りると解釈運用されている結果，肯定しようとすればどうにでも肯定でき，その結果，身体拘束が広く正当化されるという問題が存在する。

　他方で，従来から指摘されているとおり，例えば2号事由であれば，理論上は可能な罪証隠滅行為が想定されるとしても，それは実効的な罪証隠滅であると言えるのか，また現実問題として可能と言えるか，現実問題として可能としても被疑者がそれに踏み切ると断じて良いのか，といった諸要素を実質的に審査することで，勾留裁判の結論はそれなりに変動する，ということも言える（なお，周知のとおり最決平成26・11・17〈裁判集刑315号183頁〉は，このような実質的審査を要求したものとして位置づけられるべきものである。最決平成27年10月22日〈裁判集刑318号11頁〉は，〈この1年に限っても3件目の，最高裁判所が釈放を認めて裁判例であり，〉2号事由及び3号事由の双方において，現実的可能性を審理認定すべきことを強調する趣旨であろう。これら決定の評釈は本論の及ぶところではないが，抽象的蓋然性に終始した勾留裁判が過去の遺物となることは嘉すべきである。）。

（2）　勾留裁判は，理由を附すと言っても2号3号と言った適用法条を指摘するだけであるため（古くから指摘されている問題ではあるが，理由なき裁判が裁判の名に値しないとすれば，現在の勾留裁判もまた，裁判の名に値するとは言えない。なぜ2号事由が認定されたか，なぜ3号事由が認定されたか，具体的に明らかにされなければ準

抗告における不服申立の便宜が奪われるし,他方で,いやしくも人身の自由を奪う裁判の具体的理由が明らかにできない理由もない。周知の通り,基本的人権を制約する行政処分にあっては処分理由が明示されなければならず,その明示の程度については「国民に保障された基本的人権である外国旅行の自由を制限することになるため,拒否事由の有無についての外務大臣の判断の慎重と公正妥当を担保してその恣意を抑制するとともに,拒否の理由を申請者に知らせることによって,その不服申立てに便宜を与える趣旨に出たものというべき……いかなる事実関係に基づきいかなる法規を適用して一般旅券の発給が拒否されたかを,申請者においてその記載自体から了知しうるものでなければならず,単に発給拒否の根拠規定を示すだけでは,それによって当該規定の適用の基礎となった事実関係をも当然知りうるような場合を別として,旅券法の要求する理由付記として十分でないといわなければならない」とするのが判例であるが（最判昭和60・1・22〈民集39巻1号1頁〉),この趣旨は勾留裁判にも妥当するはずであり,「2号」「3号」という適用法条を記載するだけで上記要請が満たされているとはどうしても思われない。),この問題が目に見える形で現れるのは準抗告裁判の時である。

　例えば,名古屋地決平成24年12月4日（公刊物等未登載)は,持ち家で家業を営む配偶者を有する専業主婦の当て逃げ事件であるが,裁判所は,「事故前後の状況」(具体的には,被害者が当て逃げ事故の直前に車道を歩いていたのではないかが問題となっていた)に関し「被疑者は対人事故を起こした事実は認めるものの,その認識については曖昧な供述をしている」「被疑者と被害者が近隣住民で顔見知り」「被害者の取り調べが未了」として,2号事由を肯定した（3号事由は否定)。

　しかし,一主婦が,交通事故被害者に対し働きかけて被害者に不利に事実関係の歪曲を受け入れさせるなどということが現実的に可能であるのか,また,釈放されたとして入院中の被害者に対し個室ではない病室で警察官に先んじて働きかけを行うことが現実的に想定されるのか,等と考えると,上記のような裁判所の懸念は如何にも机上の空論と言わざるを得ない。供述が曖昧であるから,とか,被害者の供述が固定化されていないから,といった事情から一足飛びに2号事由を肯定する如きは,抽象的な蓋然性に囚われ,非現実の想定により身体拘束を認めてしまうという,最も悪しきものであろう。

前掲別稿各裁判例の，そして最決平成26年11月17日等の示した方向性とは真逆であった，と言わなければならない。

2　勾留の必要性要件の実質化

同時に，抽象的には2号事由，3号事由の存在が否定できないとしつつ，被疑者の生活状況や身元保証人の存在，被疑者の誓約状況などを踏まえ，勾留による弊害がそれを上回るとして勾留の必要性を否定する裁判例も散見される。

例えば名古屋地決平成25年5月2日（公刊物等未登載）は，被害者が相当に重篤な負傷をし，また，被害者側，加害者側を総じると事故当事者が5人を上回る当て逃げの案件で，事情聴取が緒に付いたばかりであることを理由にあっさりと2号事由を肯定しながら，他方で，その「おそれはそれほど大きくはない」とし，加えて，生活状況が安定し，取調べへの出頭も確保されていると認められることから，「勾留するまでの必要性は認められない」として準抗告を認容した。

当て逃げ事案であり，しかも事故状況に関しどちらに非があるかという枢要部で被害者側と被疑者側とに対立が認められるという点では，従来的感覚では極めて勾留されやすい事案であったが，被疑者の生活状況や，被害者側への接触が現実のものとなるとは思いづらい点に思いを致し，在宅捜査で進めても問題ない（＝勾留するまでの必要性がない）とした裁判所の判断は評価できる。本稿では繰り返しになるが，勾留しなければ現実問題として捜査目的が害されると言えるかが肝心なところであり，そうとまで疎明されていないなら，勾留を否定することは当然であるが，このような形で実質的な審査を行うことは無論，望ましいのである。

3　反論機会の保障

ところで，以上の通り，抽象的蓋然性を捜査機関の提示した資料から追認するのではなく，より実質的な審査が裁判所に求められているとしても，被疑者側ではない裁判所に捜査機関側の見立てに反対する事情を見出させるこ

とには限界がある。このような事情を裁判所に提示するのは，無論，弁護人の役割になるが，弁護人といえども，捜査機関が弁護人の知り得ない，もしくは考えもしない事情を主張している場合，それへの的確な反論は困難である。

ここでは，令状審査を担う裁判官が，適切に捜査機関側と弁護人との攻撃防御を噛み合わせ，弁護人に十分な反論機会を保障することが求められている。この問題も，やはり，勾留段階よりは，弁護人選任率が飛躍的に上昇する，勾留後の段階，具体的には準抗告審段階で，問題が顕在化する。

刑訴法40条の反対解釈として，捜査段階における弁護人による記録の閲覧謄写は認められていない実務に於いては，準抗告審においても，捜査機関の提出する一件記録は元より，検察官意見すら，閲覧さえも保障されていない。弁護人といえども，捜査機関が弁護人の知り得ない，もしくは考えもしない事情を主張している場合，それへの的確な反論は困難であるが（例えばある事案では，検察官は，要旨「被疑者が使用していた車両が暴力団関係者名義であることから被疑者の暴力団関係者との交流が疑われ，そうすると被疑者が暴力団組織の助けを借りて高飛びする可能性がある」として3号事由を主張した。事実は，被疑者車両の修理を引き受けた先が被疑者に提供した代車が暴力団関係者名義だったというだけのことであるが，検察の意見が分からなければ修理先から資料を取り付けようなどとは考えもしないだろう。），制度的に捜査機関の主張を知り得ない現状は準抗告の申立権の保障の趣旨に悖る事態と言わなければならない。

最終的には立法により早急に手当てすべき所であるが，現状でも，担当裁判体の裁量により検察官提出の意見の写しを弁護人に送付することは可能であり，このようにしたところで特段，見るべき弊害は想定できない。筆者の経験上，ごくごく一部の裁判体は検察官意見書の送付に応じるが，大多数の裁判体はこれを拒否し，折角裁判官面談に赴いても検察官の意見内容を詳らかにすることにさえ拒否的である（極端な事例であろうが，担当裁判官から説明された検察意見が，起訴後の記録閲覧により実際に出されていたものとは全く異なっていたことを経験したことすらある）が，このような姿勢が続く限り，無用の身体拘束は不可避に生じるだろう。

4　勾留延長の抑制に向けて

(1)　勾留延長裁判は，「やむを得ない事由」がある時しか許容されない（刑訴法208条2項）。

しかし，例えば平成24年度の『司法統計』を見ると，「起訴前の勾留延長及び再延長の請求の却下」は請求数約7万件に対しわずか1,000件強を数える程度である。単純計算にして実に98.6％の勾留延長請求に「やむを得ない事由」が認められるというのは，異常なまでの原則・例外の逆転であって空文化も甚だしいと言うほかない（上記指摘に対し，栗原コメントは，勾留事案全体に対する延長請求率を取り上げていないことの不備，延長日数に触れない不公正さを御指摘である。後者については統計的数値を持たないが，前者についてはここで不備を補いたい。平成24年度の司法統計によれば，全裁判所における勾留状発付総数は12万0,474件であり，これに対し，全裁判所における起訴前の勾留延長及び再延長請求総数は6万9,650件である。つまり，単純に見て，57.8％もの事件が勾留延長も「やむを得ない」との検察官の判断により勾留延長請求されている。そして，全裁判所における起訴前の勾留延長及び再延長請求却下の総数は1,060件にとどまっている。単純計算で，12万0,474件中，6万8,590件は勾留延長がされているのであり，その割合は実に56.9％である。56.9％もの事案に「やむを得ない事由」が認められることは背理であり，やはり空文化と言われても仕方がないのではなかろうか。そして，前記後者の指摘については，例え1日の延長であれ被疑者にとっては切実な問題であり，例え1日の延長でも初回勾留を越えるべき「やむを得ない事由」が要求されることを強調しておきたい。）。

(2)　勾留延長が原則化している理由を推測するならば，これまで繰り返し述べているような裁判所の意識の低さの他には，検察官が裁判所に正しい情報を提供せず勾留延長を求めているのではないかと疑われる節もある。

前掲Ⅳの1(2)の事例は，勾留延長に対する準抗告も棄却されたが，その際に理由とされたのは，事故当時の見通し状況を明らかにするためには被疑者立会の下で夜間の実況見分が必要であり，これを実施するためには更に10日の延長を要するというものであった。本稿における問題意識との関係では，このような夜間の実況見分が在宅被疑者の立会を得てでは実施不能なのかが先ず以て問われるべきであるが（なお，このように一定の身体拘束期間後になお積み

残された捜査がある場合に，在宅に切り換えて捜査を続行すれば足りると指摘する決定例が現れていることは明記すべきである。刑弁83号26頁以下の古田宜行論文が紹介する名古屋地決平成25・5・18〈公刊物等未登載〉，名古屋地決平成27・1・13〈公刊物等未登載〉がそれであるが，後者で言えば，被害者対応，定職があること，最近の前科がないことなどから「在宅に切り換えて捜査を続行することで足りる」としており，本論の方向性に合致するものと思う。栗原コメントは，「必要とされる捜査が身柄付きである必要があるかどうかではない」とされるが，その根拠は不明であるし，積み残しの捜査が身柄付きを要しないから，釈放されないでよい理由は俄に見出しがたい。)，それはさておき，ここでの問題は，このようにして勾留延長がされながら，結局，夜間の実況見分なるものは遂に実施されず，それどころか延長にかかる10日のうち，被疑者調べ自体1度しか実施されないまま，略式処分がなされたことである。検察官が虚偽の捜査見通しを裁判所に主張し，裁判所がこれを真に受けた，と解せなくもない。（勾留期間延長決定に対する準抗告を認容した上，理由中で，延長請求理由が客観事実に反すると明確に指摘した事例として，熊本地決平成24年7月20日〈LEX/DB25500164〉等) がある。同決定は，被疑者の交際相手の特定及び同人の取り調べ等を理由とした延長請求について，捜査序盤で既に同人が特定され同人方への捜索押収等も実施されていること等の捜査経過を認定して事実に反すると断じ，「原裁判官は，本件捜査にかかる十分な関係書類の提出を受けないまま……原裁判をしたものと推察される」「本件勾留期間延長請求は，その理由とするところが客観的事実に明確に反するものであって，不当」と説示したものである。)

(3) 原則例外の逆転が統計的にも実証されている中では，裁判所の意識改革が急務であることは論を待たないが，仮に裁判所が，正しい捜査状況を把握できないままに勾留延長を余儀なくされているというのであれば，先に述べたとおり弁護人に十分な反論機会を与え，実質的な審査を経て結論を出すべきであろう。「被疑者取調未了」等といった定型文言の判子を用意して勾留延長裁判に臨んでいるような場合ではない。

一方で，弁護人にも出来ることはある。一つは勾留理由開示公判の活用である。勾留理由開示公判では，一定の捜査状況について説明を受けることが可能であり（捜査の秘密を盾に釈明への回答を拒否しようとする裁判官は多い。しかし，

人身の自由が原則であるなら，準抗告審が指摘するような抽象的な事情の，評価を根拠付ける事実関係について説明し，もって，勾留裁判の正当性を問えるように取り計らうことこそ，憲法に忠実な裁判所の姿勢と言うべきではないか。捜査の秘密を盾に釈明への回答を拒否することが，如何に一面的な姿勢であるかは，裁判所に考えて頂きたいところである。），同結果を援用して勾留延長に対する準抗告を行うことは，若干，状況を改善させる効能がある。筆者の経験上も，このような過程を経て一定の捜査の進展を疎明することにより，10日の勾留延長を数日に押しとどめたことは一再ならずある。

5 小　　括

　以上で述べたところを整理すると，勾留事由である「相当な理由」も勾留延長事由である「やむを得ない事由」も，その文言とは裏腹に，現実は原則例外が逆転している。その背景には，構造的に検察官の見方に流されやすい勾留裁判の実態がある。

　現行制度上でも，勾留裁判の具体的理由を明らかにすることは妨げられていないし，検察の意見を弁護人に交付する等して反論機会を確保し，対審的な構造の下で適切な事実認定が行えるようにすることは可能である。このようになれば，構造的に検察官の見方に流されやすい状況も解消され，また，形式的な蓋然性審査ではなく，実質的に勾留が避け得ないかについて充実した審査が行えるようになるのではないか。ここでも，迅速な勾留裁判や捜査の秘密よりも，なによりも，身体拘束が例外であることに重きを置くべきである。

　刑訴法は，職権による勾留取消制度すら備えている（刑訴法87条1項・207条1項本文）。時々刻々と進展する捜査の状況を踏まえ，一日たりと無用の身体拘束を許さざるべく実質的な審査を行うことは，実は刑訴法が裁判所に期待していることであると考えることは穿ちすぎだろうか。なお，近時，道交法違反事案で勾留取消請求が認容され，検察官の抗告により同決定が取り消された事案に接した（原決定につき名古屋地決平成26・9・25〈公刊物等未登載〉（入江猛裁判官），抗告審決定につき名古屋高決平成26・9・26〈公刊物等未登載〉（石山容

二裁判長))。正常な運転が出来ないおそれがある状態で自動車を運転したとの公訴事実に対し，即日結審し，判決の4日前に勾留取消請求が認容されたというものである。判断の分かれは，3号事由を認定した抗告決定理由による限り，被告人の営む事業の拘束性等の生活環境の評価にあるようであるが，優に執行猶予が見込まれる事案であり，基本事件係属審でもある原決定審が，執行猶予相当であるとの心証も踏まえて身体拘束の長期化を無意味と評価したとすれば，真っ当な判断であったと言うべきである。

V　その他の諸問題(1)──余罪と令状主義の潜脱──

1　問題の所在

　著しく軽微な案件に託けて身体拘束するような典型的な別件逮捕はともかく，身体拘束を利用して余罪を追及し，それにより更に身体拘束を行うような余罪調べに遭遇することは珍しくない。弁護人としては，「A罪で身体拘束されているとしても，少なくともA罪以外の事件については取調べを受ける義務はないので，A罪以外については任意に応じるかどうか」という姿勢で被疑者と協議することになるが，現実に取調べを受ける被疑者から見れば，取調室に引き出され，同じく腰縄等の戒具で拘束され退室の自由も全く保障されないまま，余罪も含めた取調べに晒されることになる。

　ここではしばしば任意性が害されていると見ざるを得ないし，A罪の身体拘束期間を利用してB罪を追及し，A罪の身体拘束期間が尽きた後にB罪で最大限の身体拘束をなしたならば，B罪について，法定の期限を越えた身体拘束を実現していることになり，令状主義に反すると言わざるを得ない。

　このような事態を如何に回避するかである。

2　制度的な監視

　犯罪捜査規範182条の2は「身柄を拘束されている被疑者又は被告人について，当該逮捕又は勾留の理由となつている犯罪事実以外の犯罪に係る被疑者供述調書を作成したときは，取調べ状況報告書に加え，当該取調べを行つ

た日ごとに，速やかに余罪関係報告書を作成しなければならない」としている。少なくとも調書が作成されれば，後に類型7号，類型8号として調書及び余罪関係報告書が開示される関係で，事後的な監視に晒される。

　逆に言えば，これ以外の制度的監視はない。勢い，弁護人に於いて被疑者から確認を得て，令状主義に反すると考えれば準抗告等の形で裁判所に訴えることになる。準抗告裁判例の中には，例えば，検察官が余罪に関し逮捕を検討していることを認定の上で，勾留延長に際し余罪を考慮すべきではないとして勾留延長日数を限定したものがあるが，適切な判断材料が裁判所に提供されるかが肝要になろう。

Ⅵ　その他の諸問題(2)——勾留中の処遇の改善——

1　一般論として，防御権侵害や日常生活への過干渉があること

　(1)　ひとたび身体拘束された被疑者の置かれる状況は，言ってみれば非常に原始的な環境である。

　ワープロや表計算ソフトの使用もできなければ，調査にインターネットを利用することもできない。書籍の差入れを受けるにも文書の発信をするにも冊数・通数制限があり，また，何をするにも受付日の限られた願箋を以てする必要がある。

　これらは極く一例であるが，身体拘束の目的に付随するやむを得ない防御権の制約とは到底，考えられない。最も主体的に防御可能なのは被疑者本人であり，2号事由との関係で外部との自由な通信を許すことが出来ないとしても，一定の機能制限をしたインターネットを自由に利用する環境を整備するなど（本稿は起訴前を念頭に置いているのでＤＶＤ視聴の問題への言及は行わないが，取調べ録画を含む裁判資料であるＤＶＤについて，被収容者が自由に再生し得ず，検討を加えられない現在の刑事施設処遇は甚だ不当である），容易にして効果的な処遇改善は幾らもあろう。

　(2)　防御権の議論を離れても，親族との面会すら週に数度，1回20分内外に制限され，筆記用具から嗜好品まで厳しく（しかもしばしば恣意的に）制限さ

れ，カレンダー等もなく日付の感覚すら正常に保ち得ないような状況である。

(3) このような防御権侵害や日常生活への過干渉は，正当化困難である。裁判所には，その裁判により被疑者をこのような状況に置くのだということを理解した上での判断が求められる。

2 接見等禁止の場合

裁判所はいとも簡単に接見等禁止決定を行うが，その結果，親族との交流すら絶たれ，更には日常生活上のサービスを提供する事業者（これまで関わってきた中で，最も馬鹿げていると感じたのが，理髪業者までが接見等禁止の対象に含まれるという議論である。接見等禁止決定をされるや，散髪まで，逐一，職権発動を求めて部分解除させるという実務が未だに横行していることには驚きを禁じ得ない。この点，静岡地浜松支決平成26・1・9〈公刊物等未登載〉は，理髪業者まで含む趣旨で包括的に接見等禁止決定を行った原決定を違法とし，収容施設指定の理髪業者の限りで原決定を取り消したが，蓋し当然である。他方，同決定が，宅配便業者については，従業員が不特定であることを理由に罪証隠滅のおそれを認定したことは，一体どのようにすれば，収容下にある被疑者が宅配便業者を通じて罪体（や重要な情状要素）に関し罪証隠滅を成し遂げられるというのか，理解し得ない。本稿本文中で批判するとおり，何をされるか分からないので接見等を禁止しておくという発想の方向性自体がおかしいのである。）との接触も断たれる被疑者は悲惨である。

何をされるか分からないので取りあえず包括的に接見等を禁止する（**そして必要に応じ妻子のみといった形で部分的に接見等禁止を解除する**）という発想は，結果的に無用な人権侵害を多々，もたらすことが必然である。勾留に係る裁判の原則例外の逆転は，ここでも如実であり，本来は，具体的に身体拘束目的を害すると懸念される部分に限った接見等禁止であるべきである。

3 小　　括

収容にせよ，収容に加え接見等禁止とするにせよ，その不利益は甚大である。その不利益の著しさを理解してなお，原則例外を逆転させた勾留に係る裁判が行われているのか。それとも，そのような不利益の著しさを理解しな

いまま事なかれ主義に走っているのか。後者であればまだしも改善の余地はあろう。

Ⅶ　その他の諸問題(3)――代用監獄問題――

　代用監獄（代用刑事施設）を廃止すべきとの国際的な潮流とは裏腹に，我が国に於いては着々と，代用監獄の新設が進み，形の上では捜査機関と分離された大規模な留置施設や，女性被疑者のみの留置施設まで設置されている。基本的に接見時間帯に制約が無く，拘置所よりも生活干渉が緩やかな代用監獄の方が何かとやりやすさを感じるという感覚も故無きものではない。

　しかしながら，このような融通の利きやすさは，捜査機関にとっても同じことである。午後10時までの取調べは何ら支障なく行えるし（午後10時以降は被疑者取調べ適正化のための監督に関する規則3条2項1号で一定の制約がある），被疑者からすれば取調官と警察仲間と映ることで留置管理側の警察官の発言に信頼を寄せやすくなる現象が不可避に生じること，留置管理側の警察官が勾留理由開示公判への出頭のための押送に同行して道すがらに"説得"を行うといった事態が，現在も現実の問題である（ここで例示したのは何れも筆者が担当案件を通じて経験したところである。最もひどいものとなると，留置管理の警察官が弁護人の解任を勧め，解任届の記載方法まで教示したというものがある。）。

　そうすると，融通の利きやすさが弁護活動に資することがあるにしても，それは本来的な在り方ではなく，拘置所の接見受入体制の整備や不合理な規則の改廃により弁護活動に資するよう改善を図る必要がある。

（かなおか・しげひろ）

9 被疑者の身体拘束
裁判の立場から ── コメント

栗原　正史

I　はじめに
II　内藤論文について
III　金岡論文について

I　はじめに

　内藤論文，金岡論文がそれぞれ論じている対象には重なる部分が少ない。また，立場の違いからか，一方は現状を基調とした論文であり，他方は現状への批判・不満を基調とする論述であって，論調も大きく異なっている。それぞれが独立して検討されているのでやむを得ないところではあるが，両論文がかみ合った形にはなっていないので，それぞれに関して，裁判官の立場からコメントする。

II　内藤論文について

　1　内藤論文のIは，「刑事収容施設法の制定と同法に基づく被疑者の処遇」についての説明である。その中で，特に同法に捜査部門と留置部門の分離が規定されたこと（同法16条3項）に関して指摘しておきたいのは，刑訴法316条の15第1項8号は「身体の拘束を受けている者の取調べに関し」同号所定の書面を開示対象証拠として規定しているが，この種の証拠の内容の適

正さが維持されるには，内藤論文でいわれている「捜査と留置の分離」が適正に行われていることが不可欠の前提となっていることである。その意味でも「捜査と留置の分離」の有り様については，引き続き注目していきたい。

なお金岡論文の最後に代用監獄問題として，「捜査と留置の分離」に関連した指摘があるが，運用の実態としても「捜査と留置の分離」の確立が望まれることは，法曹三者で異論はないであろう。

2　内藤論文のⅡ以下は，実情の紹介や「被疑者の身体拘束」に関するいくつかの論点の紹介・検討である。筆者が気になった点だけコメントする。

Ⅱの「近年における逮捕・勾留の動向」では，検察官の勾留請求事件の比率が，昭和40年代前半と対比して平成5年以降は90％を超えて増加していることにつき，その要因として，「第一次捜査機関による逮捕が慎重に行われるようになったことや覚醒剤事犯の処理動向など」が挙げられている。この指摘は，裁判官として理解できる面はあるが，その運用の実情については，次に述べられている勾留請求却下率の動向と合わせて，検察官側からの，より深い検討の必要性も感じられる。この勾留請求率と勾留請求却下率，さらには保釈率の関係については，被告人の勾留の項で触れているので，そちらも参照されたい。

Ⅲ3「任意同行・逮捕について」では，検察官等による行政権限の行使と刑事手続との関係について検討されている。この点に関しては，警察側から，例えば，佐藤英彦「捜査活動の将来像」（警察法施行60周年記念インタビュー）警論67巻7号36頁，特に42〜43頁で，警察捜査について，刑事訴訟法のみに根拠を求める捜査（これが通説とされている）を否定し，「捜査機関の設置目的と刑事訴訟法の両方を根拠として行われる活動である」として，警察捜査の定義も改めようとの見解が明示されている。内藤論文は，この見解と同方向の視点を持つものといえよう。

行政警察と，司法警察との関係については，これまでも様々に論じられてきていたが，近時，警察に対して，行政警察としての活動の要請が社会から強まっていることは筆者にも感じられる。内藤論文の，「警察官の行政活動

に対して正当な評価が必要である」旨の指摘はもっともであると思われる。我々としては,「法律家は,警察官等の活動を自分たちに馴染みのある刑事手続に引き寄せて考えてしまう」との同論文の指摘を踏まえた上で,なお行政警察に名を借りた司法警察とならないように注意深く見守りたい。

Ⅲ 金岡論文について

1 金岡論文の概観

　金岡論文は,憲法及び刑事訴訟法から,理念としての「在宅のまま手続を進める原則」というものを導き,ある勾留請求却下の実例を引きながら,令状審査の在り方を批判し,また,身柄拘束からの解放として,勾留理由と必要性の実質化等並びに勾留延長の抑制を論じるほか,その他の諸問題にも言及する多岐にわたるものとなっている。紙枚の関係から,令状審査の在り方,勾留延長及び接見禁止の各点についてのみコメントすることとする。なお,勾留理由と必要性の実質化については,筆者は被告人の勾留の項で検討しているので,そちらを参照されたい。

2 令状審査について

　まず,令状審査の在り方についてであるが,Ⅲ2で紹介されている勾留却下の実例に関しては,取り上げている事例自体,この程度の単純な器物損壊事件で特に争いもないというのであれば,むしろ罪体自体の軽さからしても,そもそも勾留請求相当事案であったのかとの疑いが生じよう。しかし,個別の事件処理の当否はともかくとして,一般論として勾留請求判断において,裁判官がまず判断資料とするものは,勾留請求検察官が提供する資料である（刑訴規則148条1項3号）。検察官は「勾留の理由が存在することを認めるべき資料」を提供するのであり,そこには,勾留請求を却下すべき事情を基礎づける資料は予定されておらず,検察官がこれを提出すること自体想定しがたい。結局,裁判官は,提出された資料から検察官の請求に理由があるかどうかを判断するのが勾留判断であるということになろう。勿論,勾留請求

の相当性に疑問を抱かせる事情であって，裁判官にとって，その事情が予測可能であり，その資料も容易に入手できるものであれば，これを職権探知することに躊躇する必要もなく，裁判官があえてこれを避けることも考えにくい。たとえば，被疑者の親族の身柄引き受け書面であれば，被疑者の出頭確保のために通常想定されるものであり，かつ，比較的簡単に入手できようから，これが判断に必要であると考える限り，関係者に指示してこれを入手するのが普通である（もっとも，金岡論文の上記紹介実例に関連していえば，もともと勾留請求却下が相当な事案で，被疑者親族の身柄引受書がないことだけをもって勾留されるという事態は考えにくい。親族による書面差し入れが，罪証隠滅や逃亡の各おそれの判断を左右する決定的な資料となるかは疑問だからである）。これに対し，勾留によって，被疑者本人が勤務先を解雇されるおそれとか，被疑者の経営する会社が経営破綻するおそれや，被疑者の家族が路頭に迷うおそれなどの事情は，本人に対する勾留質問等で主張自体には触れることができても，これを裏付ける資料等の入手は必ずしも容易でないであろう。勾留判断の性質が，裁判官による強制処分を求める裁判であり，対審構造になっていないことを前提としても，このように勾留の理由が存在することを認めるべき事情に対抗する事情を認めるべき資料は，検察官が提出するものでないことはもとより，裁判所の探知によるのでもなく，まさに当事者たる被疑者がこれを提出すべきものと思われるところ，逮捕により身柄を取られた被疑者にはそれが不可能であるから，弁護人がこれをすべき責務を負うと考えるべきであろう。むしろ捜査段階で弁護人が就く意義はまさにここにあるともいえるのではないか。すでに弁護人が就いているのであれば，勾留回避の道を探るのは弁護人の責務である。金岡論文のIで，弁護人の責務として挙げられている『依頼者たる被疑者の収容が避けられるのであれば，極力，避けるための方策を尽くす』ことの実践が期待されている場面といえる。

　なお，この点について，さらに付言するに，弁護人から勾留をしないことを求める意見書が出されることがあるが，憲法上の原則や人権規約等の法律解釈を長々と論ずるようなものが後を絶たない。こういうものは，総じて裁判官の心を打たないことが多い。人身の自由などの憲法上の原則は法律家と

して大前提の事柄であって，これに反対する考えを持つ裁判官が存在するとも考えられないからである。原理・原則や法解釈で解決できる事案に接することはほとんどない。むしろ，我々判断者は，そういう原理・原則を前提にしつつもなお身体拘束が必要であるかどうかにつき具体的事実を根拠に判断しようとしているのであり，被疑者，弁護人自身も具体的なおそれの有無の判断を求めているのではないのか。弁護人が提出すべきは，勾留をしてはならない，あるいは勾留すべきでない具体的事情とその資料なのである。検察官が着目していない，あるいは知らない事情であっても弁護人だけは知っている事情，あるいは入手し得る資料に光を当てて，判断者である裁判官に伝えることができるのはまさに弁護人だけである。弁護人は，机に向かって理屈を考えるだけの仕事に安住すべきではない。被疑者の同僚，家族，その他の関係者に直接当たって，勾留をしてはならない事情とその資料を足で稼ぐ仕事をすべきである。この責務の重要性も，強調されていくべきであろう。

3　勾留延長について

　次に，勾留延長について，原則と例外が逆転している旨の指摘があるが，その指摘の根拠とする数字は，請求に対する却下率の低さであり，勾留事案全体に対する延長請求率を論じていない点で不備というほかなく，また，単純な却下率のみを論じ，延長の日数に触れない点で，いささか公正さを欠く指摘というべきであろう（論者自身が述べるように，10日間の延長ばかりでなく，2〜3日の延長も数多くあるのが実情である。また，制度的な問題として，起訴相当で，かつ，起訴後の勾留も相当な事案について，勾留満期日やそれに近い日に，勾留延長請求を却下すると，記録がその時点では裁判所にあることもあって，勾留期間内に起訴手続を終えることが事実上困難となることがある。これも，上記実情（2〜3日の延長）の一端を構成しているように思われる。）。

　ところで，Ⅵ4(2)において論者の提示する事例で，夜間の実況見分は在宅被疑者の立会いを得てでは実施不可能なのかがまず問われるとしている点であるが，その趣旨が，勾留延長の理由とされる，今後必要だという捜査が身柄付きである必要がないときは延長をする理由とならないというものである

とするならば疑問である。当該捜査が被疑者在宅のままで可能であっても，このことと，なお勾留の要件があるかどうかは判断対象の異なる別の事柄だからである。勾留延長請求の判断対象は，勾留を延長する「やむを得ない事由」の有無であるが（刑訴法208条2項），これは，起訴・不起訴の決定をするため捜査を継続する必要上，勾留期間を延長して被疑者の身柄を拘束しておくことがやむを得ないと認められるかどうかであるとされている（令状基本問題（上）348頁）。延長請求に際して裁判所に提供されるのは，（延長に）やむを得ない事由があることを認めるべき資料であり（刑訴規則152条），裁判官は，これらの資料を基に，勾留延長請求に対しては，起訴不起訴の判断のためにさらに捜査が必要であるかどうか，またそのような捜査のためにさらに何日が必要かどうかを判断するものであり，必要とされる捜査が身柄付きである必要があるかどうかではないというべきであろう。

　ところで，捜査機関としては，起訴不起訴の処分を決するために，捜査を尽くす必要があり，そのための捜査は許されなければならないのは当然であり，異論はなかろう。しかし，そのために認められているのは本来10日間のみである。とすれば，延長請求判断においては，必要な捜査が未了であることの他に，なぜそれが10日間で出来なかったのかの疎明が必要であろう。昨今の延長請求で問題となるのはむしろこの点にあることが多いように思われる。検察官が終局処分を決するために更に捜査が必要であると主張しても，これを当初の勾留期間内に遂げられなかったことが相当であると認めるに足る事情がない限り，この捜査の必要を理由に勾留期間を延長することはできないというべきなのである。さらに，この当初勾留期間内に遂げられなかったという捜査も，仮に被害者や関係者からの事情聴取や実況見分等，当然必要と思われるものである限り，捜査当初に着手されてしかるべきであろうことも考慮されよう。延長請求にこれらの点の疎明がなければ，そのままでは延長を認めず，延長請求を却下あるいは延長期間の減縮をするか，検察官に対して，電話等でその点の説明を求め，必要があれば，資料の追加を命じることもしばしば行っているところである。

　なお，結局，裁判所としては，延長の理由ついての検察官の説明に合理性

があるかどうかを判断することになろうが，予定されていた捜査が行われなかったときはすべて虚偽であると断ずることができるかどうかは別として，仮に説明に虚偽があることが判明したら，また別途これに対するサンクション等によりこれを防止するほかはあるまい。

4 接見禁止について

金岡論文のⅥ2の冒頭に「裁判所はいとも簡単に」接見禁止決定を行うと言及されているように，接見禁止の関係も，弁護側が強く不満を抱く分野である。

勾留されている被疑者を前提にするものであるから，接見禁止でいう逃亡し又は罪証を隠滅すると疑うに足りる相当な理由（実務的には罪証隠滅のおそれを理由とするものに限られるから，以下「罪証隠滅のおそれ」に限定する。）は，勾留によってはまかないきれない程度の高度な罪証隠滅のおそれが予想される場合に限られるとするのが通説であるが，具体的には，主として，接見者との通謀等によって罪証隠滅が行われるという事情が予見される場合である。ところで，どのような罪証隠滅のおそれが認められるかは具体的に考える必要があり，また，捜査によって解明された証拠関係に照らせば，これを具体的に想定することが可能であると考えられるが，そのような罪証隠滅を誰を介して行うおそれがあるかを常に具体的に特定することができるとはいえないのではなかろうか。被疑者と関係のある者である限り，被疑者以外の者は誰でもその可能性は排除しきれず，通常どのような関係者がいるかを捜査機関が把握しきれるとは考えられないからである。関係者が，他の第三者を介する場合を想定すれば，なおさらである。そうすると，人を介してでも罪証を隠滅するおそれが具体的に想定できる被疑者については，包括的に接見を禁止しておき，特に具体的に危険のない者に限って一部解除するという現在の運用はやむを得ないのではなかろうか。裁判官が「いとも簡単に」接見禁止の判断をしているとの批判はまったく当たらないであろう。

なお，理髪業者に関する言及もあるが，紹介されている静岡地浜松支決平成26年1月9日（公刊物等未登載）は参照できていないので，一般論としてい

えば，調髪は，理髪業者との間でこれに必要不可欠な会話がなされるに過ぎず，その会話内容も刑事施設の側のコントロール下にあるから，接見禁止によって制限される外部交通としての面会と見る必要はないと考えられ，理髪の是非をそれ自体として判断すれば足りる（逐条刑事収容施設法537頁）のであって，そもそも接見禁止の対象外と見るべきであろう。ただし，理髪の回数については，刑事施設及び被収容者の処遇に関する施行規則27条により男性は概ね2月に1回以上とされているから，被疑者の場合には，逮捕の期間を含めても最長で23日間が身柄拘束期間なので，時期を異にする複数の勾留がなされている場合を除き，通常は理髪の問題は生じないであろう。

（くりはら・まさし）

10 捜索・差押え
――令状による捜索場所の範囲――
検察の立場から

横 井 　 朗

Ⅰ　はじめに
Ⅱ　令状発付の基準
Ⅲ　捜索場所に存在する「物」に対する捜索
Ⅳ　捜索場所に居合わせた人に対する捜索の可否
Ⅴ　捜索開始後に捜索場所に搬入された荷物に対する捜索の可否

Ⅰ　はじめに

　実務上，捜索の際に，想定していない第三者が捜索場所に居合わせ，その身体や所持品について自分は事件とは関係ないから捜索してもらいたくないなどと主張したり，捜索場所の管理者が，そこに存在する物について，第三者からの預かり物なので捜索してもらっては困るなどと主張したりすることがある。このような場合，第三者の身体やその所持品，預かり物と主張される物などに対して捜索をなし得るかどうかの判断を，捜索の現場において迫られることになるが，その際に判断を誤らないためには，その根拠について理解しておく必要がある。
　そこで，本稿では，場所に対する捜索差押許可状（以下「捜索令状」という。）によって捜索し得る範囲について，整理を試みたいと思う。

II 令状発付の基準

　捜索とは，一定の場所，人の身体，又は物について，押収すべき物又は被疑者・被告人の発見を目的として行われる強制処分であり，捜査機関は，犯罪の捜査をするについて必要があるときは，裁判官の発する令状により，捜索を行うことができるとされている(218条1項)。この令状には，捜索の対象となる，捜索すべき場所，身体若しくは物の記載が必要とされ(219条1項)，これらは憲法35条1項の要請による。

　このうち，場所に対する捜索は，捜索場所を支配する人のプライバシーや，財産権，生活上の利益等の権利・利益を包含する管理権を制約する処分であることから，捜索令状は，管理権の個数を基準にして発付される。

　捜索は，犯罪の嫌疑の存在と，捜索場所に証拠物が存在する蓋然性，捜索の必要性——一般にこれを「正当な理由」(憲法35条1項)という——を根拠に，証拠物等の発見を目的として，当該場所の管理権者の権利・利益を制約するものであるが，この「正当な理由」の存否は，捜索場所の管理権者との関係によって異なるため，その司法審査も管理権ごとに行われることになるのである(井上・強制捜査と任意捜査316頁)。

　102条も，被疑者の管理する場所については，通常は，証拠物の存在する蓋然性が推定されるため，「必要があるとき」とのみ規定し(同条1項)，被疑者以外の第三者の管理する場所については，当該第三者と被疑者あるいは被疑事実との関係によって証拠物の存在する蓋然性が異なることから，管理権で区分された場所ごとに「押収すべき物の存在を認めるに足りる状況」の存否の審査を必要と規定している(小林充・増補令状基本問題(上)202頁)(同条2項)。

　このため，社会通念上，単一管理権に属する範囲については1個の令状発付で足りるが，1つの場所と見られるような場合であっても，異なる管理権に属する部分がある場合には管理権ごとに令状の発付が必要とされ，たとえば，マンションのように1棟の建物であるが居室ごとに住人の管理権が設定されているような場合には，それぞれの居室ごとに捜索令状の発付が必要となる。

マンションの廊下・共用部分などのように，同一場所に対して複数の管理権が競合する場合には，当該建物を明示して捜索場所を特定しさえすれば，当該捜索場所に対する各管理権との関係で，証拠物が存在する蓋然性，すなわち「正当な理由」の存否が判断されるので（この場合，1人の管理者との関係で当該場所に証拠物が存在する蓋然性が認められれば，他の管理者との関係でも「正当な理由」は認められる関係になる。），1個の捜索令状の発付で足りると解される（小林・前掲220頁）。

実務においては，このように捜索の範囲を画するにあたって管理権の範囲が重要になることから，捜査機関は，登記簿の確認，出入りする人の監視等の内偵捜査によって，できるだけ当該捜索場所たる建物等の実際の管理権の範囲の特定を行い，これを疎明して捜索令状を請求している。

III　捜索場所に存在する「物」に対する捜索

219条1項は，捜索対象として，「場所」と「物」とを区別して記載することを要求しているが，「場所」を対象とする捜索令状は，格別に捜索すべき物の記載がなくても，当該捜索場所に存在する物についても，当然にその効力が及ぶとされている。

捜索対象たる「場所」に存在し，当該場所の管理権に属する「物」は，「場所」に対する捜索の令状発付にあたって，「場所」に包摂して，証拠物が存在する蓋然性など「正当な理由」の審査がなされていると解されるからである（酒巻匡「令状による捜索・差押え（1）」法教293号84頁）。

住居を捜索場所とする捜索令状についていえば，当該令状によって，当該住居に所在する家具や金庫，居住者のバッグ・衣類等は当然に捜索を行うことができる。居住者以外の所有に属する物であったとしても，住居の管理権に属する物，たとえば，居住者が第三者から借りて日常的に使用しているバッグなどについては同様に捜索を行うことが許される。また，被疑者の住居に対する捜索令状の効力は，被疑者の配偶者・家族などの居住者が日常的に使用している物についても及ぶ。これらの物については，居住者が共同し

て管理する当該住居の管理権に属すると認められるからである。

　しかし，当該場所に物理的に存在する物であったとしても，第三者から寄託された封緘物のように当該場所の管理権に属さない，第三者の排他的管理権の下にある物に対しては，場所に包摂して，「正当な理由」が審査されていないので，当該場所に対する捜索令状の効力は及ばない。

　たとえば，銀行の支店に対する捜索令状によって，同支店内に設置されている貸金庫の各保護箱の捜索を行うことは原則としてできない。銀行は貸金庫利用者に保管箱を貸与して約定の範囲内で自由に保護箱を使用することを許諾しているが，保護箱の内容物に対する管理権は貸金庫利用者に排他的に認められ，当該支店には管理権がなく，当該支店に対する「正当な理由」は，当然には個々の保護箱には認められないと解されるからである（なお，伊丹俊彦『Q&A 実例捜索・差押えの実際［第2版］』〈2013年，立花書房〉164頁は，実務上，捜査を尽くしても捜索場所たる個別の保護箱を特定し得ない場合には，当該支店も個々の保護箱のマスターキー等を保管し，緊急時には保護箱を開扉することができ，貸金庫利用者もこのことを了承していることを根拠に，当該支店には保護箱全体に対する二次的な管理権があるとして，同支店を捜索場所とするある程度概括的な記載の捜索令状によって保護箱を捜索することも，やむを得ないものとして，例外的に許容される場合があり得るとしている。）。

　このように，「場所」に対する捜索令状によって，その場所に存在する「物」を捜索し得るかは，当該対象物が，場所に対する管理権に属しているか（逆にいえば，第三者の排他的管理権の下にあるかどうか）によって決せられることになるが，その判断は実際には微妙なところがあり，捜索場所の管理権者の申立てのみによって判断されるべきものではない。捜索の際に，申立てがあるごとにいちいちその管理権の有無を判断しなければならないとすると煩瑣に絶えず，捜索の実効性を失う。

　したがって，捜索の際に，その物の形状，保管状況等から第三者の排他的管理権に属することが明らかではない限りは，当該捜索場所の管理権に属していると推認できるものと解すべきである（井上・前掲327頁。第三者の物であったとしても，原則として，場所に対する捜索令状の効力は当該物に及ぶと解する見解もある〈酒巻・前掲108頁〉）。この点については，他人に物を預ける者は，たとえ，それが

封緘物であったとしても，その内容物についてのプライバシーを完全に保護されることまでは期待しておらず，一定の場合には受託者側によってプライバシーが開示される危険を負担していると解することも可能であろう（緑大輔「刑事手続上の対物処分における権利・利益の帰属と強制処分性」刑雑51巻2号26頁）。

Ⅳ　捜索場所に居合わせた人に対する捜索の可否

1　捜索場所に居合わせた人の所持品・携帯品

まず，捜索場所に居合わせた人の所持品・携帯品については，捜索場所の管理権に属している限り，場所に対する捜索令状によって捜索することができるものと解される。

先に述べたとおり，「場所」に対する捜索令状によって，その場所に存在する「物」の捜索を行うことができるのは，その「物」が捜索場所の管理権に属している場合には，「場所」に包摂して，「物」に対する「正当な理由」も審査されていると解されるからである。

そうだとすると，そのような物については，物理的に捜索場所の床上にあったとしても，たまたま居合わせた人が所持していたとしても，「正当な理由」は，「場所」に対する令状審査の際に包摂して審査されており，捜索令状の効力は当然に及ぶものと解される。

つまり，通常，捜索場所に存在する物については，たまたま居合わせた人が，いくら所持・携帯したとしても，いまだ，場所の管理権から離脱して，その者の排他的管理権が確立したとは認められないので，捜索令状の効力が及ぶのである。

判例も，被告人の内妻甲に対する覚せい剤取締法違反被疑事件において，被告人と甲とが居住するマンションの居室を捜索場所とする捜索差押許可状に基づいて，同室に居た被告人が携帯していたボストンバッグについても捜索したのに対し，「右のような事実関係の下においては，前記捜索差押許可状に基づき被告人が携帯する右ボストンバッグについても捜索できるものと解するのが相当である」（最決平成6・9・8〈刑集48巻6号263頁〉）として，当該捜

索を適法と判示している。この判例は，当該ボストンバッグに証拠物が隠匿されていると疑うに足りる合理的理由を具体的に判断することなく捜索を適法としていることからして，当該ボストンバッグが捜索対象である住居の管理権に属し，「場所」に包摂された物として捜索令状の効力が当然に及ぶことを認めて，捜索を適法としたものと解される（宇藤崇・刑訴百選［9版］47頁）。

これに対して，捜索場所の管理者でない第三者がたまたまその場に居合わせた場合，その者が外部から携帯して持ち込んだ所持品は，「場所」の管理権に属さないので，捜索令状の効力は及ばない。

このように，「場所」の管理権に属している「物」については，人が所持していたとしても，「場所」に包摂されて審査されるため捜索令状の効力が当然に及ぶとすると，令状による捜索の可否にあたっては，やはり当該「物」が場所の管理権に属していると認められるかどうかの判断が重要になってくる。

そして，この場合も，当該物の外形・性状，所持者と場所，被疑者あるいは被疑事実との関係，捜索実施時の所持者など関係者の発言・挙動等から，第三者の排他的管理権に属することが明らかな場合でなければ，捜索場所の管理権に属するものと推認して，捜索対象物と判断してよいであろう。

具体的には，前記判例のように，被疑者の住居を捜索した際，同居人が所持するボストンバッグであれば，当然，当該住居の管理権に属するものであるから，住居に対する捜索令状の効力が及ぶと考えられる。

他方，捜索当日，たまたま捜索場所に訪れて居合わせたに過ぎない第三者が，明らかに自分の持ち物として持っているようなボストンバッグであった場合（名前入りのタグなどが付いている場合）などには，当該ボストンバッグは，居住者の管理権に属しているとは認められないので，捜索令状の効力は及ばない。

しかし，たまたま居合わせた第三者が所持しているボストンバッグであったとしても，当該ボストンバッグに，被疑者の名前入りのタグがあったり，当該第三者と被疑者とが親しく，被疑者のために証拠の隠匿を行うような関係が認められたり，あるいは，捜査官の開被要求に頑強に抵抗して，かつ，挙動が不審であるなどの事情が認められるような場合には，当該ボストンバッグは当該住居の管理権に属するものと推認して，住居に対する捜索令状に

よって，捜索をなし得るであろう。

2　捜索場所に居合わせた人の身体・着衣

以上に対して，捜索場所に居合わせた人の身体や着衣についてはどうであろうか。たとえば，覚せい剤取締法違反の被疑事実で被疑者の住居を捜索した際に，証拠物たる覚せい剤を同居人が上着の内ポケットに隠匿していた場合に，当該住居に対する捜索令状によって，この同居人の上着の内ポケットを捜索できるかが問題となる。

「場所」に対する捜索令状によって，捜索場所に居合わせた人の身体ないしは着衣に対して捜索することができるかについては，学説上，消極説，積極説の対立があり，積極説の中にも，社会的に相当な方法によることを理由とする説や，被処分者と捜索場所との関係性に着目する説，あるいは，証拠物の隠匿の蓋然性などに着目する説など多岐に分かれている（島田仁郎・増補令状基本問題（上）231頁）。

しかしながら，この場合，「場所」に対する捜索令状の効力は，人の身体や着衣には及ばないものと解すべきである。

「場所」に対する捜索令状の効力が，捜索場所に存在する「物」にまで及ぶのは，捜索場所に対するプライバシーや財産権等の権利・利益を内容とする管理権が，場所に存在する物に対する権利・利益をも包摂しており，令状発付にあたって，併せて司法審査されているからである。

これに対して，人は，その身体に対するプライバシーや，人身の自由・安全あるいは人格の尊厳などの権利・利益を有しているため（井上・前掲333頁），「人の身体」は「場所」とはその性質を異にし，別個独立に保護されなければならない。したがって，「場所」に対する捜索令状を発付する際には「人の身体」に対する捜索の「正当な理由」を包摂して審査することはできず（井上・前掲318頁，川出敏裕・刑訴百選［7版］49頁），「場所」に対する捜索令状の効力は，人の身体には及ばないこととなる（別途，「人の身体」に対する捜索令状を審査・発付すべきことになる）。

別の言い方をすれば，「人の身体」は，「場所」に対する管理権とは別個独立

に保護される排他的管理に属することから，人の身体や着衣に証拠物が隠匿された場合には，当該物は人の身体の排他的管理に帰属するに至ったと認められ，場所に対する令状の効力は及ばないと解されるのである。同様の理由から，人の身体と密着する着衣についても場所に対する捜索令状の効力は及ばないものと解される。

このように解することは，捜索を実施している際に，居合わせた人の身体あるいは着衣に，証拠物が隠匿された場合に，一切，人の身体及び着衣を捜索することが認められないということを意味するものではない。

捜索は，証拠物等の発見を目的として行われる強制処分であり，この目的を達成するために必要とされる措置については，その手段が相当である限り，強制処分に付随する処分として強制的にこれを行うことができる。このことは，222条1項・111条1項が「捜索状の執行については，錠をはずし，封を開き，その他必要な処分をすることができる」と規定し，人の住居を捜索する際に居住者が扉を開けることを拒否する場合などに鍵や扉を破壊して室内に立ち入ることが認められることからも明らかである（大阪高判平成5・10・7〈判時1497号134頁〉，大阪高判平成7・11・1〈判時1554号54頁〉など）。また，222条1項・112条が「捜索状の執行中は，何人に対しても，許可を得ないでその場所に出入りすることを禁止することができる」と規定しているのも同様の趣旨と解されている（井上・前掲315頁）。

このように強制処分たる捜索については，その強制処分に付随する処分として，捜索の目的を達するために必要な措置を講じることが可能とされ，そのような措置には，強制処分を実施するために積極的に必要とされるものと，強制処分に対する妨害を排除するためのものの2種類の措置があるとされている（川出敏裕「強制処分の効力について」三井古稀520頁）。

捜索の実施場面において，証拠物を隠匿する行為は，まさに捜索に対する妨害行為であることから，このような妨害行為状況が認められれば，人の身体や着衣であってもこれを捜索して証拠物を発見して原状である捜索場所に戻すことは，捜索に付随する妨害排除措置として行うことができるものと解されるのである（この場合，222条1項・111条1項の「必要な処分」として行うことと

なろう）。

　先ほどの例でいえば，同居人の内ポケットを捜索して，覚せい剤を取り出して，捜索場所に戻すなどした上で，覚せい剤を差し押えることも，この妨害排除措置として可能ということになる（なお，Ⅲ1のような第三者が捜索対象物であるボストンバッグを所持しており，「場所」に対する捜索令状の効力が当該ボストンバッグに及ぶ場合であったとしても，当該第三者が，捜査官の開被要求に頑強に抵抗するなどし，かつ，挙動が不審であるなどの事情が認められる場合には，妨害排除措置として，当該ボストンバッグを第三者から取り上げて，捜索場所に戻し，内容物を捜索するということが可能である。捜索場所に居合わせた第三者の所持品を捜索する場合に，「場所」に包摂された「物」として捜索するのか，妨害排除構成措置として行うのかは，具体的事情の下での捜査官の判断によることとなる。明らかに妨害行為と認められるのであれば，妨害排除措置として行う方が自然であろう。）。

　実務上は，どのような場合に捜索に対する妨害行為と認められるかが問題となるが，現に証拠物を身体や着衣に隠匿したことを目撃した場合に限らず，捜索の実施にあたって，証拠物を隠匿したと疑うに足りる合理的な理由が認められればよいものと解される。そして，この合理的な理由の有無については，証拠物の外形・性状，当該対象者と被疑者，被疑事実との関係，対象者など関係者の発言・挙動等を総合的に考慮して判断することになろう（井上・前掲324頁，島田・前掲233頁）。

　下級審の裁判例においては，捜索場所に居合わせた人の身体や着衣に対する捜索について，当該対象者が本件捜索差押許可状の差押えの目的物を所持していると疑うに足りる十分な理由があり，かつ，その物を確保すべき必要性が認められる場合に，①ポケットから手を引き抜き，飛び出た小物入れの内容物を確認するなどした行為，②指をこじあけて握り締めていたがま口を取り上げ，内容物を確認した行為，③あるいは，指を無理に開けて，掌中を確認した行為などを適法としているものがあるが（①東京高判平成6・5・11〈高刑集47巻2号237頁〉，②東京高判平成4・10・15〈高刑集45巻3号101頁〉，③東京地判昭和63・11・25〈判時1311号157頁〉），これら裁判例については，前述のような文脈で理解する限り是認することができる。

V 捜索開始後に捜索場所に搬入された荷物に対する捜索の可否

　捜索開始後に捜索場所に搬入された荷物に対して，場所に対する捜索令状によって捜索し得るかについても，これまで述べてきたように，当該荷物が，「場所」の管理権に帰属し，「場所」に包摂されて司法審査されているかという視点から考えられる。

　すなわち「場所」に対する捜索令状によって，捜索場所に存在する「物」を捜索し得るのは，場所に対する管理権に属している限り，「正当な理由」の判断を包摂して審査されているからであり，そうだとすると，捜索開始後に捜索場所に搬入された荷物についても，「正当な理由」なかんずく証拠物が存在する蓋然性が，「場所」に対する捜索令状の発付にあたって包摂して審査されていると認められるのであれば，捜索対象になり得ることになるのである。

1　証拠物の存在する蓋然性の判断時期

　この場合，まず，捜索令状の発付にあたって，裁判官は，証拠物の存在する蓋然性を，いつの時点を対象として判断しているのかが問題となる。捜索場所に証拠物が存在する蓋然性の判断時期を，令状発付の時であるとすると，捜索開始後に搬入された物は，審査の対象となっていないことになり，反対に，判断時期を，令状に記載された有効期間内の捜索開始から捜索の終了までの間であると解すれば，その間に捜索場所に搬入された荷物についても，審査の対象となっていると解することが可能となるからである。

　この点，219条1項が，捜索令状については有効期間を定めなければならないと規定している趣旨に照らすと，後者のように解するのが妥当である。捜査機関は，定められた有効期間内であればいつでも捜索をなし得るのであるから，裁判官としては，その有効期間内に当該捜索場所に証拠物が存在する蓋然性を審査し，「正当な理由」の有無を判断していると解するのが合理的である。実際上も，判断時期を令状発付の時であるとすると，捜査官は，捜索にあ

たって，現場において，それぞれの対象物がいつ捜索場所に搬入されたのか調べて判断しなければならず，捜索の煩雑化，長期化を招き，現実的でない。

判例も，被告人に対する覚せい剤取締法違反被疑事件につき，捜索場所を被告人の居室等とする捜索差押許可状に基づいて，同居室を捜索中に，被告人宛てに配達され，被告人が宅配業者から受領した宅配荷物を，警察官が被告人の承諾を得ずに開封したという事案において，「警察官は，このような荷物についても上記許可状に基づき捜索できる」（最決平成19・2・8〈刑集61巻1号1頁〉）と判示して，捜索を適法としている。この判例は，捜索を適法とした理由を明示はしていないものの，搬入物の捜索を認めていることからして，有効期間内に当該捜索場所に証拠物が存在する蓋然性を審査しているとする見解を採用しているものと解されている（入江猛・最判解刑平成19年度6頁）。

2 荷受人の受領の要否——管理権の帰属——

このように，捜索開始後に捜索場所に搬入された荷物についても，「場所」に包摂して司法審査が及び得るとしても，当該荷物が捜索場所の管理権に帰属するに至らなければ捜索することはできない。そこで，いかなる事情があれば，捜索場所の管理権に帰属するのかが問題となる。

この点，前記判例は，捜索場所の管理権者である荷受人が受領した事例であり，このような場合に，当該荷物に捜索場所の管理権に帰属するのは当然である。

では，当該荷物に捜索場所の管理権に帰属するためには，必ず，管理権者である荷受人が「受領」しなければならないのであろうか。

これを肯定する見解もある。この見解は，捜索場所の管理者である荷受人が，搬入された荷物を自らの意思で占有移転し，自らの領域内に帰属させてはじめて，司法審査の際に場所に包摂されて審査された物になると考え，したがって，荷受人が，受領を拒否した場合には，捜索場所の管理権に帰属しないので捜索令状の効力は及ばず，当該荷物に対して捜索を行うことはできないとする（緑大輔・刑訴百選［9版］49頁，なお，入江・前掲10頁は，捜索場所に入ったか否かを荷受人の意思にかからしめることに疑問を呈している。）。

もちろん，物理的に捜索場所に搬入されただけでは，捜索場所の管理権に帰属しないのはそのとおりである。このことは，前述のとおり，捜索場所にいる第三者が排他的に管理する所持品に場所に対する捜索の効力が及ばないことからも当然といえる。

　これを宅配荷物についていえば，荷受人が受領するまでは，荷物の占有自体は宅配業者の排他的管理の下にあり，荷物の内容物については荷送人の排他的管理の下にあると考えられる。したがって，宅配業者が管理・所持している限りは，当該宅配荷物は当然には捜索場所の管理権には帰属しない（この点，最決平成21・9・28〈刑集63巻7号868頁〉は，捜査官が，宅配業者の承諾を得て，宅配荷物のエックス線検査を行った事案について，荷受人や荷送人のプライバシーを侵害するとして強制処分たる検証であると解しているが，この判例については，宅配業者が荷受人・荷送人の承諾なく，任意提出することはできないことを黙示的に判断していると解する余地もあるとされる〈笹倉宏紀・平成21年度重判解209頁〉）。

　しかしながら，必ず管理権者兼荷受人が受領しなければ，捜索場所の管理権に帰属させることができず，したがって捜索を全くなしえないかは疑問である。宅配荷物の場合には，実務上，宅配業者に一時的に保管を依頼し，別個に当該宅配荷物に対する捜索令状の発付を受けて捜索を実施すれば問題ないとも考えられるが，たとえば，暴力団組事務所で捜索を行っている途中に，組員が組長宛てに荷物を持ってきたような場合に，組長がその受領を拒絶すれば，一切これを捜索することができないという事態は明らかに不合理であろう（もちろん組員から任意提出を受けることはでき，実務上はそのような例が多いとは考えられる）。

　そこで，捜索開始後に捜索場所に搬入された荷物については，当該荷物が，捜索がなければ荷受人が受領したと認められる物，すなわち，通常，捜索場所に存在すると考えられる物と認められる限りは，捜査官がこれを受領して，捜索場所の管理権に帰属させた上で，捜索することもできるものと解すべきである。そして，この場合，捜査官による搬入荷物の受領は，場所に対する捜索に付随する処分としてなし得るものと解される。

　捜索に付随する処分には，先に述べたとおり，妨害排除のための措置とと

もに，捜索の実施のために積極的に必要な措置があり，このような捜索に必然的に伴う措置は，その権限に当然に含まれているものと解されている（川出・前掲521頁）。そして，「場所」に対する捜索の場合，捜索の開始後に，捜索場所に荷物が搬入されることは，一般的に想定され得る事態である上，その荷物が，通常，その「場所」に存在すると考えられる物である場合には，本来，捜索が，当該荷物の搬入後に開始されていれば，荷受人は受領して捜索対象になっていたと認められ，たまたま捜索開始が先であったために荷受人が受領を拒否しただけであると考えられることから，捜査官がこれを代わりに受領することも，捜索に必然的に伴う，その実施のために積極的に必要な措置と解し得るのである。

　また，捜索場所に，通常，存在すると考えられる荷物は，捜索場所に搬入された時点で，宅配業者の占有権や，荷送人の内容物に対するプライバシー等の権利・利益は，ほぼ目的を達し，その保護される期待が低減する一方，同荷物に対する荷受人のプライバシー等の権利・利益自体は，既に，場所に対する司法審査において実質的に包摂されて審査されているものとも理解することが可能であろう。

　このように解すると，捜索場所の管理権者兼荷受人宛ての宅配荷物であれば，捜索機関が宅配業者の集配センターから受領することも，捜索の付随処分として行えるのではないかとの批判が考えられる。しかしながら，当該荷物を捜査官が，捜索の付随処分として受領し得るのは，まさに，令状審査が行われた「場所」に対する捜索の効力としてであるから，当該捜索場所の支配領域及びそれと密着した空間に物理的に搬入された物でない限りは，なお，宅配業者や荷送人の権利・利益が強く保護され，捜査官がこれを受領することは許されないと解すべきである。

　したがって，玄関内又は玄関先まで届けられた物であれば，捜査官が捜索の付随処分としてこれを受領することも可能であるが，集配センターまで捜査官が出向いて受領することはできないものと解される。

　以上のとおり，捜索開始後に捜索場所に搬入された荷物が，捜索場所に存在すると考えられる物と認められる限りは，管理権者兼荷受人が受領を拒否

したとしても，捜索に付随する処分として，捜査官が，代わりにこれを受領して，捜索し得るとすると，実務上は，当該荷物がそのような物と認め得るかどうかの判断が重要になる。

　宅配荷物の場合，荷受人・荷送人が誰かが重要な要素となることは間違いないが，必ずしも荷受人の氏名のみで決まるものではない。当該搬入された荷物が，通常，捜索場所に存在すると考えられる物と認められるか否かについては，その荷物の実質的な受領者が誰であるかが問題となり，具体的には，当該荷物の外形・性状，搬入者と被疑者，被疑事実，場所との関係，搬入者など関係者の発言，挙動等の具体的な事情を総合考慮して判断されることになるものと思われる。

　また，捜査官による荷物の受領は，捜索に付随する処分としてなされることから，捜索の目的を達するために必要とされ，その手段が相当でなければならない。たとえば，捜索開始後に搬入された荷物について管理権者兼受取人が受領を拒絶する場合には，まずは，受領を促すなどし，それでも受領を拒絶するような場合に，捜査官は代わりにこれを受領しうるものと考えるべきである。

　他方，管理権者兼荷受人が不在で，隣人を立ち会わせて捜索を行っているときに，荷物が搬入されたような場合，この時点で受領しなければ，当該荷物の捜索がおよそできなくなるおそれがあるなど具体的事情によっては，捜査官が代わってこれを受領することも許される場合があるものと思われる。

　さらに，捜査官による荷物の受領が捜索に付随する処分と解される以上，搬入者が荷物の引渡しを拒絶する場合には，捜査官は，必要な限度で有形力を行使して，強制的にこれを受領することも許されるであろう（反対，入江・前掲10頁，伊丹俊彦『Q&A 実例適正捜査の分かれ道〜適法・違法の分水嶺〜』〈2015年，立花書房〉140頁も，管理権者兼荷受人が拒絶した場合に捜査官がこれを受領して捜索することは違法であるとして，このような場合には，捜査機関において，宅配業者の協力を得て，当該宅配荷物の伝票の記載内容や発送状況，宅配業者によるその後の保管状況などを確認した上で，別途当該宅配荷物を対象とする捜索差押令状の発付を受けるべきであるとする。）。

（よこい・あきら）

10 捜索・差押え
弁護の立場から ── コメント1

神　洋　明

Ⅰ　はじめに
Ⅱ　捜索場所に居合わせた人に対する捜索
Ⅲ　捜索開始後捜索場所に搬入された荷物に対する捜索の可否

Ⅰ　はじめに

　令状発付の基準，捜索場所に所在する「物」に関する横井論文については，実務上の取扱いを前提に，捜査の必要性と人権保障との調和を考えてよく整理されており，その結論についても，弁護を行う側としても首肯できるが，若干の異論もある。

Ⅱ　捜索場所に居合わせた人に対する捜索

　刑訴法219条1項は，捜索対象として，「場所」と「人」を区別して規定している。前者の捜索により侵害される利益は住居の不可侵であり，後者の捜索により侵害される利益は人身の自由である。このように，人の身体は場所に対する管理権とは別個に保護される排他的管理に属することから，場所に対する捜索令状は，人の身体やこれに密着した着衣に対する捜索を当然には許容していない。したがって，この場合は，本来は，別途，人に対する捜索令状を得て執行がなされるべきである。

しかし，このように解するとしても，捜索を実施している際に，居合わせた人の身体あるいは着衣に，証拠物が隠匿されている場合に，一切，人の身体及び着衣を捜索することが認められないということを意味するものでないことは横井論文指摘の通りである。捜索の執行にあたっては，その目的を達成するために必要な処分をすることができる（刑訴法222条1項，111条）。そして，この捜索の目的を達成するための処分には，強制処分を実施するために積極的に必要とされるものと，強制処分に対する妨害を排除するためのものの2種類があり，たとえば，身体や着衣に証拠物が隠匿されている場合に，それが強制執行の妨害にあたるということになれば強制処分に付随する処分として捜索することが可能であるということについても異論はない。

　問題は，どのような場合に捜索に対する妨害行為があったと認めることができるかである。横井論文は，現に証拠物を身体や着衣に隠匿したことを目撃した場合に限らず，捜索の実施にあたって，その場所にあった証拠物を隠匿したと疑うに足りる「合理的な理由」が認められればよいとしている。しかし，私は，隠匿があったかどうかの判断基準については，現に証拠物を身体や着衣に隠匿したことを目撃した場合のほかについては，隠匿を疑うに足りる「合理的な理由」では足りず，より厳格に解し，さらに「十分な理由」の存在が認められる場合に限るべきものと考える（田淵浩二・速報判例解説(1)253頁）。場所に対する捜索令状で，強制処分に付随する処分を簡単に認めれば，人に対する捜索を無令状で許したことと同じ結果を招来することになるので，より厳格に解することが令状主義の理念に合致すると思われるからである。

III　捜索開始後捜索場所に搬入された荷物に対する捜索の可否

1　証拠物の存在する蓋然性の判断時期

　横井論文は，捜索令状の発付にあたって，裁判官は，証拠物の存在する蓋然性の判断時期について，令状に記載された有効期間内の捜査開始から捜査の終了までの間であると解すべきであるとしている。しかし，このような解

釈は，将来の物の移動まで審査の対象としている点で，擬制にしか思えない。裁判官が捜査機関の提出した資料等から判断できるのは，当該証拠物が，その審査の時点において，当該場所に存在している蓋然性があるかどうかであり，当該場所にその時点以降に持ち込まれる証拠物までは判断していないと考えるのが常識に叶うと言うべきである。将来持ち込まれる物を捜索対象とするには，たとえば，現在はその場所には存在しないが，3日後までには捜索場所には到達するということを積極的に疎明する必要があると考えるべきである。したがって，裁判官は，原則として，令状審査の時点において捜索場所に押収すべきものが存在する蓋然性を審査していると解すべきである（渕野貴生・法時80巻6号111頁，豊崎七絵・法セミ628号119頁）。

この立場に対しては，捜索する際の捜査機関は対象物がいつから捜索場所に置かれているかを逐一確認しなければならず，却って捜査時間の長期化・場所の管理者（以下「管理者」という。）の負担の増大を招きうるとの批判がなされている（緑大輔・刑訴百選［9版］49頁）。しかし，令状発付時から捜索の開始までに搬入されたものは，審査時に当該場所に存在したものと推定する（後で搬入されたことを疎明してこの推定を覆すことができる）ことでこうした批判のほとんどを避けることができると思われる。

このように解すると，捜索開始後に捜索場所に搬入された荷物には，当該令状の効力は及ばないことになり，これを捜索・差押えするには別途捜索令状が必要であるということになる（豊崎・前掲119頁）。

なお，証拠物の存在する蓋然性の判断時期について令状に記載された有効期間内の捜査開始から終了までの間であると解すべきとする考え方に対しては，後に搬入された証拠物の捜索・押収が，令状請求の際の犯罪事実（規則155条1項）と罪名が同じであっても，捜索令状記載の犯罪事実と押収した証拠物とは関連性がなく，別件捜索・押収の性質を帯びることにならないかという批判がある（松代剛代・判タ1267号51頁）。

2　荷受人の受領の要否——管理権の帰属——

横井論文は，捜索開始後に捜索場所に搬入された荷物については，当該荷

物が，捜索がなければ荷受人が受領したと認められる物，すなわち，通常，捜索場所に存在すると考えられる物と認められる限りは，捜査官がこれを受領して，捜索場所の管理者に帰属させたうえで，捜索することができるものと解すべきであるとして，捜査官による搬入荷物の受領は場所に対する捜索に付随する処分としてなしうるという見解を示している。

　しかし，この考え方は，証拠物の存在する蓋然性の裁判官の判断時期について令状に記載された有効期間内の捜査開始から捜査の終了までの間であるという立場に立ったとしても与することができない。一般に，捜索開始後搬入された荷物については，管理者が配達されたものを受け取って居宅内に持ち込んだ場合と異なり，管理者が受け取りを拒否したため荷物がいまだ宅業者の手元にある場合には，占有の移転がなされておらず，その荷物は捜索場所内にあるとはいえないものと考えるべきである。したがって，捜査官が管理者に代わって荷物を受け取り，あるいは宅配業者が捜査官に荷物を手渡したとしても，管理者においてこれを受け取る意思がない以上，その荷物は管理者の支配下になく，当該捜索場所に持ち込まれたものと見ることはできない。この場合は，当該捜索令状の執行としてその荷物を開封してその内容を調べることができないことになる。

　最後に，宅配業者の手元にある荷物が捜索場所に存在する物にあたらないとして，場所に対する捜索に付随する処分としてその荷物を受領することができるかについても検討しておきたい。本件の宅配物については，荷物が捜索令状執行後に持ち込まれただけである以上，強制処分の実施を妨害する隠匿行為は全くなく，強制処分を実施するために必要な行為としても，被疑者の支配下にない荷物を捜査官が受け取ることは，法が予定している処分の限界を超えており許されないものと考えるべきであろう（田淵浩二・前掲251頁）。

（じん・ひろあき）

10 捜索・差押え
裁判の立場から ── コメント2

柴 田 寿 宏

I　はじめに
II　令状発付の基準
III　捜索場所に存在する「物」に対する捜索
IV　捜索場所に居合わせた人に対する捜索の可否
V　捜索開始後に捜索場所に搬入された荷物に対する捜索の可否

I　はじめに

横井論文は，検察の立場から，場所に対する捜索差押許可状（以下「捜索令状」という。）によって捜索し得る範囲について，整理を試みたものということであるが，捜索令状を発付する立場の裁判官からみても，大変分かりやすく，参考になる。以下，横井論文の項目に沿ってコメントする。

II　令状発付の基準

裁判官も，捜索令状の発付を検討する場合，管理権を基準に考えている。したがって，捜査官に対しては，できるだけ管理権の範囲を特定した上で，捜索令状を請求するよう求めており，捜査官も，例えば，被疑者が少年であり，両親ら家族と共に一軒家で同居している場合，捜索すべき場所を被疑者の居室及び共用部分に限って捜索令状を請求するなどしている。

III 捜索場所に存在する「物」に対する捜索

　多くの裁判官は，場所を対象とする捜索令状の効力について，特別な事情がない限り，当該場所に存在する物についても及んでいるという理解で，捜索令状を発付していると思われる。したがって，捜索令状を執行する捜査官が，その物の形状，保管状況等から第三者の排他的管理権に属することが明らかでない限り，当該場所の管理権に属していると推認して，捜索を実施することに，違和感はない。

　他方で，「銀行の支店に対する捜索令状によって，同支店内に設置されている貸金庫の各保護箱の捜索を行うことは原則としてできない」ことも，裁判官としては当然前提にしている。しかし，捜索すべき場所を当該支店と表示するだけでは，そのような趣旨が明確になっているとはいい難い。とはいえ，銀行支店内の詳細な状況について疎明がない場合，裁判官が独自に捜索すべき場所ないし物を適切に限定することは困難であるから，裁判官は，上記のような原則に従った捜索が当然行われるであろうことを信頼して，捜索すべき場所を当該支店とする令状を発付しているのが実情である。捜査官に対しては，引き続き，可能な限り，管理権の範囲を特定し，捜索すべき場所ないし物を具体的に限定した捜索令状の請求を行うことを望みたい。

IV 捜索場所に居合わせた人に対する捜索の可否

1 捜索場所に居合わせた人の所持品・携帯品

　最決平成6年9月8日（刑集48巻6号263頁）は，甲の居住する場所に対する捜索令状により，そこに同居する乙がその場で携帯していたボストンバッグについても捜索することができるという判断を示したものであって，捜査実務上も参考になると思われるが，問題は，（同居人などではなく）たまたま居合わせた第三者の所持品等を捜索しようとする場合である。この点について，横井論文は，捜査官において当該所持品等が捜索場所の管理権に属するものと推認できれば，捜索できるという。それは，そのとおりであろう。しかし，

所持品は通常，所持者の排他的管理権に属するものともいい得る。したがって，捜査官としては，事後的に違法収集証拠の主張がされることも想定して，上記のように推認した客観的根拠を明らかにしておくべきである。

2 捜索場所に居合わせた人の身体・着衣

　捜索令状に基づいて捜索を実施している際に，居合わせた人の身体・着衣に対する捜索が認められる場合があることは，横井論文で紹介されている下級審の各裁判例をみても否定し得ない。問題は，どのような場合にそれが認められるか，である。裁判官は，事後的に同種裁判例を参照しつつ判断すれば足りるが，現場の捜査官は，緊急状態下でその判断を迫られるのであるから，できるだけ明確な基準が与えられることが望ましい。その意味で，横井論文が，「場所に対する捜索令状の効力は，人の身体には及ばない」ことを明示した上で，証拠物（差押目的物）を隠匿する妨害行為に対する妨害排除措置の限度で，人の身体や着衣に対する捜索を認めているのは，見識を示したものといえる。ただし，証拠物の外形・性状，当該対象者と被疑者，被疑事実との関係，対象者など関係者の発言・挙動等を総合的に考慮して，証拠物を隠匿したと疑うに足りる合理的な理由が認められればよい，という解釈が安易に運用されないよう，注意が必要である。例えば，対象者が任意の所持品検査に応じなかった場合に，それが不審な挙動であり，直ちに証拠物を隠匿したと疑うに足りる合理的な理由となる，というのでは，結局，場所に対する捜索令状の効力は人の身体には及ばない，と宣言したことが無意味になりかねない。また，妨害排除措置という以上，その前提として，対象者が，捜索に対する妨害行為として，証拠物を着衣等に「隠匿した」と疑われることが必要であり，単に対象者が証拠物を着衣等に入れて持っている疑いがあるという程度では，対象者の身体や着衣を捜索することはできないであろう。いずれにせよ，捜査官としては，事後的に違法収集証拠の主張がされることも想定して（現に上記各裁判例ではいずれも同主張がされている。），証拠物を隠匿したと疑うに足りる合理的な理由を示す客観的事情を明らかにしておくべきである。

V 捜索開始後に捜索場所に搬入された荷物に対する捜索の可否

1 証拠物の存在する蓋然性の判断時期

裁判官は，捜索令状の発付に当たり，最決平成19年2月8日（刑集61巻1号1頁）を前提に検討しており，したがって，捜索令状の有効期間内に当該捜索場所に証拠物が存在する蓋然性を審査しているといえる。

2 荷受人の受領の要否 —— 管理権の帰属 ——

上記最決は，被疑者が宅配便の配達員から荷物を受領した事案であった。それでは，被疑者が荷物を受け取らなかった場合はどうか。横井論文は，捜索に付随する処分として，捜査官が荷物を受領し，捜索場所の管理権に帰属させた上で，当該荷物を捜索することができるという。しかし，そうであるとすると，宅配業者が捜査官への荷物の引渡しを拒否しても，捜査官は強制的に荷物の占有を取得できることになる。横井論文は，これも必要な限度で許されるというのであるが，荷物の占有は依然として宅配業者の排他的管理の下にあり，捜査官がこれを侵害することは許されないというべきであろう。これに対して，組員が組長宛てに荷物を持ってきたような場合には，組長が受領を拒絶しても，既に組長は組員を介して間接的に占有を取得しており，従って荷物は捜索場所の管理権に帰属したとみて，捜査官による荷物の受領を待つまでもなく，当該荷物の捜索が許されることも多いように思われる。

（しばた・としひろ）

11 デジタル情報と捜査
検察の立場から

北 村 　 篤

- I　はじめに
- II　記録媒体の差押えと，記録命令付差押え及び刑訴法110条の2の差押えの執行方法
- III　リモートアクセス
- IV　情報の同一性の確保
- V　パスワードなどの把握
- VI　電子メールの捜査
- VII　通信履歴の捜査（保全要請）
- VIII　おわりに

I　はじめに

　近年，コンピュータや携帯電話・スマートフォンなどの情報通信機器は広く社会に普及し，これらの機器の高性能化は著しく，インターネットなどネットワークも広く利用されている。例えば，「平成26年通信利用動向調査（総務省）」によると，同年末で，パソコン，携帯電話・PHS（スマートフォンを含む。）の世帯普及率は，それぞれ，78.0％（同21年末は87.2％），94.6％，同26年の1年間にインターネットを利用（タブレット端末やゲーム機などを含むあらゆる接続機器による利用）したことがある人（6歳以上）の比率（人口普及率）は82.8％であり，企業では，企業通信網（企業内・企業間）の構築率は88.8％，インターネット利用率は99.6％とされている。

　こうしたコンピュータや情報通信機器の普及に伴い，サイバー犯罪（高度情

報通信ネットワークを利用した犯罪やコンピュータ又は電磁的記録を対象とする犯罪など情報技術を利用した犯罪）は増加している。また，極めて多種多様な情報がコンピュータなどで扱われているため，サイバー犯罪に限らず，捜査においてデジタル情報（電磁的記録）が証拠収集の対象となることは少なくない。犯罪の謀議などが電子メールで行われたり，帳簿などのデータがコンピュータで処理されて記録されている場合などがあるほか，被疑者の行動を明らかにするために，携帯電話の発信場所に関する携帯電話会社の記録を捜査するようなケースは珍しくないし，さらに，例えば，GPS機能のある機器に重要な証拠となるデータが記録されているようなことも想定される。

　このように，今日，情報処理技術が高度化し，デジタル情報が捜査の対象となることは非常に多いのであるが，その技術は複雑である上，進歩も極めて早く，捜査機関としては，専門的人材を育成するなど態勢整備をしなければならないし，全ての捜査官がどのようなデジタル情報が存在し何を捜査すべきかを判断できるだけの知識をもつように努めることも必要であると思われる。また，デジタル情報には，紙媒体の記録とは異なり，可読性がないこと，痕跡を残さずに改変することが容易であること，膨大な情報が記録されることなどの特徴があり，これに応じて証拠収集を行う上で考慮しなければならないことも少なくない。「情報処理の高度化等に対処するための刑法等の一部を改正する法律」（平成23年法律第74号）（この法律によるサイバー関係の法整備を「サイバー立法」という。解説として，杉山徳明＝吉田雅之「『情報処理の高度化等に対処するための刑法等の一部を改正する法律』曹時64巻5号55頁）は，デジタル情報の特徴などを踏まえて，電磁的記録に係る記録媒体の証拠収集手続の規定を整備したが，その規定整備の意義なども含め，デジタル情報の捜査について概観する。

II　記録媒体の差押えと，記録命令付差押え及び刑訴法110条の2の差押えの執行方法

　1　企業などが保有している業務記録などのコンピュータ・データ（デジタル情報）を捜査しようとする場合，任意の協力が得られないときは，その情

報が記録されている電磁的記録媒体（コンピュータであることもある。）を差し押さえるのがひとつの方法である。

　しかし，今日，コンピュータ・システムは非常に複雑であり，捜査機関が捜索差押えの現場でシステムの操作を行って目的のデジタル情報が記録されている記録媒体を特定するのは容易でないこともある上，ネットワークの発達により，デジタル情報の利用者は，そのデータを遠隔の場所にある一つ又は複数のサーバコンピュータなどに保管し，必要の都度，ダウンロードして利用していることも珍しくなく，差し押さえるべき記録媒体の所在を把握することが容易でないこともあるなど，電磁的記録媒体を差し押さえるという方法だけでは捜査に困難を来すことも想定される。また，デジタル情報は，紙媒体に記録される情報と比べ非常に膨大な量の情報が一つ（又はいくつか）の記録媒体に記録されていることが少なくないので，電磁的記録媒体を差し押さえると，被差押者の業務に著しい支障を生じさせるおそれがある場合もあるし，捜査機関は，捜査対象の犯罪と全く関係がない者の情報を含め，捜査に必要がない情報を得ることともなる。インターネット接続会社の顧客管理データが記録されたフロッピーディスク（被疑者と認められる顧客を含む顧客428名のデータが記録されたもの）の差押えを，同社の顧客のプライバシーを考慮する必要があり，被疑者以外の顧客のデータは差押えの必要性が認められないとして，取り消した裁判例（東京地決平成10・2・27〈判時1637号152頁〉）もある（もっとも，この決定は，「物（フロッピーディスク）」ではなく記録されているデータごとに差押えの当否を判断していることなどにおいて疑問である。）。

　他方，インターネット・サービス・プロバイダ（ISP）や携帯電話会社は，契約者との関係で，正当な理由がないのに契約者の情報を提供できないのであって，裁判官の発する令状があれば，保有している契約者の通信履歴のデータなどの提供に応じることが多い。

　2　こうしたことを踏まえ，「サイバー立法」は，①電磁的記録を保管する者その他電磁的記録を利用する権限を有する者（例えば，勤務先のホストコンピュータにアクセスしてそのデータを利用できるにすぎない従業員なども含まれる。）に

命じて必要な電磁的記録を記録媒体に記録・印刷させた上，当該記録媒体を差し押さえる（刑訴法99条の2）という強制処分（記録命令付差押え）を新たに設けた（刑訴法218条1項）。ISPなど，被疑者と利害関係がなく，記録・印刷を適切に行うと期待される者が保有しているデジタル情報を捜査しようとする場合には，そのシステムの管理者などにおいて記録・印刷するためのコンピュータ操作を行うのが効率的であり，システムの保護にも資するのであって，その意味で，この処分は有効である。さらに，デジタル情報が記録されている記録媒体が外国にある場合，我が国の捜査機関がその記録媒体を差し押さえることはできない（後述のとおりリモートアクセスの実行にも問題がある。）が，デジタル情報の利用権限を有する者などがそのデータを取得することに問題はないので，この処分は，捜査機関が（捜査共助によらないで）外国にあるデジタル情報を収集する手段にもなる。もっとも，ISPなどが必要なデジタル情報を記録・印刷することを（命令を受けないでも）協力して行う場合には，通常の令状（差押許可状）でその電磁的記録媒体を差し押さえる方法をとることも可能であり，現在でも，こうした方法がとられることは少なくない。

　記録命令付差押えは，必要な情報を記録媒体に記録・印刷することを命じた上で行うものであるが，その命令を強制する手段もなく，令状請求の時点で，情報の保有者などが記録・印刷を行うことに協力せず，又は適切に行うと期待できないときは，オリジナルの記録媒体を差し押さえることとなる。しかし，この場合でも，上記のとおり，膨大なデジタル情報が一つの記録媒体に記録されていることがあるため，捜索差押えの現場で捜査に必要なデータを特定して取得できるのであれば，そうした方法をとるようにすることが合理的である。そのため，サイバー立法は，②差し押さえるべき物が電磁的記録に係る記録媒体であるときは，その執行方法として，その記録媒体の差押えに代えて，これに記録された電磁的記録を他の記録媒体に複写・印刷・移転し，又は差押えを受ける者にこれらをさせた上，当該他の記録媒体を差し押さえる処分をすることができる（刑訴法222条1項，110条の2）ものとした。令状請求の時点では協力の見込みがなかった者が捜索を受けて協力するに至る場合にも，この処分を行うことが考えられる。なお，移転は，その電磁的記

録を差し押さえるべき記録媒体から消去するものであり，没収の対象となるもの，危険物の製造方法を内容とするもの，罪証隠滅を容易にする内容のものなど，差押えを受ける者の元に残すのが適当でない電磁的記録は移転を行うことになろう。

　必要なデジタル情報を複写するなどした他の記録媒体を差し押さえるのは，一般的に，オリジナルの記録媒体の差押えよりも被処分者に与える影響が小さいが，システムによっては，捜索差押えの現場で必要な情報を特定して他の記録媒体に記録・印刷することは，不可能であることもあるし，記録されている情報量が膨大で現実的でないこともある。また，記録されているデジタル情報の関連性や真実性をオリジナルの記録媒体の記録の全体から判断しなければならない場合（帳簿などの紙媒体についてもこうした場合がある。）や，オリジナルの記録媒体に記録されていた削除データを捜査しなければならない場合もある。そのため，必要な情報を他の記録媒体に複写するなどしてこれを差し押さえる方法は，オリジナルの記録媒体の差押えの執行方法として定められているのであって，この方法をとるか否かは，捜査機関の現場での判断に委ねられている。もっとも，この方法で足りることが明らかで，差押えの現場でこの方法を容易にとることができるのであれば，捜査機関は，この方法をとるようにしなければならない。

　3　被疑者やこれに近い者などが使用するコンピュータなどを捜査の対象とする場合は，取得すべきデジタル情報の特定を被疑者などに委ねることはできないし，また，被疑者などが使用するコンピュータなどには証拠となる様々な情報が記録されている可能性もあり，捜索差押えの現場で，削除済みのデータを含めて取得すべきデジタル情報を漏れなく選別することは現実的に不可能である（現場でデータを他の記録媒体に記録することが技術的に不可能であることもある。）から，コンピュータなどを差し押さえるほかはない。

　4　差押えは，令状に記載された範囲内で「証拠物……と思料するもの」（刑訴法99条1項）について許される。差し押さえる物は，令状発付の基礎と

された犯罪事実の存否などを証明する手段となり得るものであるという意味で，犯罪事実との間に関連性を有するものでなければならないのである。この関連性は，例えば，文書であれば，その記載内容を見て明確に判断できることもあり，記録されている情報の内容が証拠としての意義をもつコンピュータや電磁的記録媒体も，コンピュータを操作してデータの内容を確認するのが確実な判断方法である。

　しかしながら，捜索の現場でコンピュータや記録媒体に記録されているデジタル情報の内容を確認することは現実的に不可能であることが少なくない。

　最決平成10年5月1日（刑集52巻4号275頁）は，オウム真理教の信者による電磁的公正証書原本不実記載・同供用の被疑事件で発付された「組織的犯行であることを明らかにするための……フロッピーディスク，パソコン一式」などを差し押さえるべき物とする捜索差押許可状に基づき，司法警察職員が，記録されている内容を確認することなくパソコンやＦＤ108枚を差し押さえた処分について，㋐被疑事実に関する情報が記録されている蓋然性が認められる場合において，㋑そのような情報が記録されているかをその場で確認していたのでは記録された情報を損壊される危険があるとき（この決定の事案は，被差押者らが記録を瞬時に消去するコンピュータソフトを開発しているとの情報もあったというものである。）は，内容を確認することなしに差し押さえることが許されるとした（このほか，過激派の活動拠点内にあったＦＤ271枚の全部を記録内容を確認しないで差し押さえたのを違法ではないと判断した大阪高判平成3・11・6〈判タ796号264頁〉もある。）。この最高裁の決定は，ＦＤなどを差し押さえるためには，その外観などから関連性を確認できるときを除き，捜索の現場でディスプレイに表示するなどしてデータの内容を確認することにより被疑事実との関連性を判断しなければならないのが原則であることを前提とし，その例外として，㋑のようなデータ内容の確認に支障となる事情があるときは，㋐の蓋然性が認められれば，内容の確認により関連性があると判断しないで差押えをすることが許されるとするものであると理解されている（池田修・最判解刑平成10年度87頁以下，平木正洋・刑訴百選［9版］54頁参照）。

　これに対しては，関連性の要件は，「固い」基準であって，個別具体的な利

益衡量に依拠して変動させ得るものではない（笹倉宏紀・ジュリ1191号82頁）、やむを得ない事情があると関連性を緩やかに考えることができるとするのは説明が困難である（山下幸夫「〈コメント１〉17　コンピュータ・システムと捜査——弁護の立場から」新刑事手続Ⅰ399頁）などとする批判もある。しかしながら、記録内容の確認ができない以上、およそコンピュータや電磁的記録媒体の差押えは許されないとすることはできないであろう。その上、そもそも、関連性は、(記録媒体に貼られたラベルから判断できるような例外的な場合を除き) データ内容を確認しなければ判断できないというようなものでは必ずしもない。捜査機関による差押えは、捜査の初期段階で行われるものであり、電磁的記録媒体も、記録されている情報の内容などは不明である状況でそれを差し押さえて精査する必要があることも多く、そうした必要性は、(⑦の蓋然性として、被疑事実の内容や記録媒体の保管状況などから証拠となる情報が記録されているという合理的な疑いがあることは必要であるが) 差押えの「正当な理由」（憲法35条１項）というべきである。例えば、極端なケースとして、IPアドレスの捜査により、被疑者宅からインターネットに接続する方法で被疑事実の犯行が行われたと疑われる場合に、被疑者方に１台だけパソコンがあるケースを想定すると、そのパソコンは、全く使用された形跡がないような場合を除き、その犯行に対応するアクセス履歴の記録などを確認するまでもなく、精査するために差し押さえるべき正当な理由があることは明らかであると思われる。USBメモリなどの記録媒体についても、被疑事実の内容などから被疑事実と関連性がある情報が記録されている蓋然性があれば、同様であろう（被疑者の過去の行動を広い範囲で捜査しなければならない犯罪があるが、そのような場合に被疑者の過去数年分の手帳を差し押さえるのと類似の状況である。）。もっとも、捜索場所に複数の電磁的記録媒体があるような場合にデータ内容を確認しないでその全部を差し押さえるのは、客観的には関連性が全くないものを差し押さえることになる可能性があり、問題は大きい（笹倉・前掲81-82頁参照）が、そうした場合にも、例えば、ISPが顧客の通信履歴を多数の電磁的記録媒体に記録しているときに被疑者の通信履歴だけを捜査しようとするようなケースはともかく、被疑者宅にある複数の電磁的記録媒体に関連性のある情報が記録されている蓋然性があるよう

なケースでは，やはり，全ての記録媒体にその蓋然性が認められるというべきであると思われる。

　他方，捜索の現場でデータ内容を確認することが現実的に可能であれば，その作業を行い，関連性がない記録媒体は差押えから除外すべきである。逆に，その作業が現実的に可能でないのであれば，その理由を問わず，データ内容を確認せずに差し押さえることを許容せざるを得ない。上記の最高裁決定も内容確認をしないでの差押えが許されるのは㋑の事情がある場合に限られるとするものではなく，電磁的記録媒体が多数存在する場合やパスワード・暗号化によりデータにアクセスできない場合（刑訴法111条の2の協力要請により信頼できる者の協力を得ることなど（後述）もできない場合）などにも内容確認をせずに差し押さえるほかはない。さらに，後述のとおり，電磁的記録媒体は，捜索場所にあるコンピュータを操作したり不用意にアクセスすると，改変され復元できなくなることがあるので，むしろ，捜索の現場での内容確認を避けて差し押さえるべき場合も想定される。

5　電磁的記録媒体ではなくデジタル情報そのものを差押えの対象とすべきであるという議論がある。

　デジタル情報は，一般的に，固有の物理的特徴がなく記録された情報の内容のみに意義がある（紙媒体の記録と異なり，記録媒体との絶対的なつながりもない。）ものであり，膨大な情報が記録されている電磁的記録媒体を差し押さえることによる影響なども踏まえると，立法論としてデータを対象とする差押えの処分を設けることも検討の余地があろう。記録命令付差押えや刑訴法110条の2の処分も，実質的には，デジタル情報を差し押さえるものということもできる。

　しかしながら，被疑事実との関連性をデジタル情報（のまとまり）ごとに判断し（直接的な）関連性のある情報でなければ差押えは許さないとか，デジタル情報の差押えが可能であるときは（原則として）記録媒体の差押えは許さないとするのは，上記のとおり，情報の真実性などを記録媒体の記録の全体から判断しなければならない場合などもあるのであって，適当ではないと考え

られる。

Ⅲ　リモートアクセス

　サイバー立法は，いわゆるリモートアクセスを可能とした。今日，コンピュータ・ネットワークが発達し，コンピュータは，ネットワークに接続した形態での利用も一般的であり，ローカルのコンピュータで処理すべきデジタル情報が離れた場所にあるサーバ (LAN上のサーバやリモートストレージサーバなど) に保管されていることは珍しくなく，また，送受信されたメールがインターネット上のサーバ (ISPのメールサーバやWebメールのサーバ) に保存されていることも多い。そうしたデジタル情報を取得するためにその記録媒体を差し押さえるのは，記録媒体の所在を把握するのが困難であったり，いくつもの場所に所在する記録媒体を差し押さえなければならないために，容易でない場合も想定される上，被疑者などがその記録媒体にアクセスしてデジタル情報を削除することは容易である (例えば，被疑者が使用している電子メールは，強制捜査を行うまで不明であることが多く，被疑者方を捜索すると，捜査を察知され，サーバにあるメールなどは容易に削除される。)。他方，ネットワークを利用して離れた場所にある記録媒体にデジタル情報を保存するなどしている場合，その記録媒体 (の記録領域) は，接続元のコンピュータと一体的に使用されているということができるが，リモートアクセスは，電子計算機 (コンピュータなど) の差押えの範囲をこれと一体的に使用されているといえる記録媒体に拡大するものであり，③差し押さえるべき物が電子計算機であるときは，当該電子計算機に電気通信回線で接続している記録媒体であって，ⅰ当該電子計算機で作成・変更をした電磁的記録又はⅱ当該電子計算機で変更・消去をすることができることとされている電磁的記録を保管するために使用されていると認めるに足りる状況にあるものから，その電磁的記録を当該電子計算機などに複写 (移転はできない。アクセス先の記録媒体の管理者などにその不知の間に不利益を与えることも想定されるためである。) した上，当該電子計算機などを差し押さえることができる (刑訴法218条2項)。

ⅱの「(当該電子計算機で)変更・消去をすることができることとされている(電磁的記録)」というのは，事実上のものも含めて変更・消去の権限があるものという趣旨であり，例えば，被疑者のアカウントでダウンロードできるメールは該当するが，技術的にダウンロードできるにすぎないものや閲覧することが許されているにすぎないものは含まれない。また，リモートアクセスが許されるのは接続元の電子計算機が差し押さえるべきものであることが前提であることもあり，ⅰⅱの電磁的記録は，その内容を確認するまでもなく，通常，関連性が認められるものとして，複写が許されるが，差押えの現場でその内容により関連性の有無を確認することが容易であるときは，明らかに関連性のない電磁的記録の複写は許されない。

　リモートアクセスは，差し押さえるべきコンピュータなどを操作してその利用者のアカウントとパスワードにより(令状に記載されている範囲内で)リモートのサーバなどにアクセスしてデジタル情報をダウンロードするというような方法で行うことになる。したがって，パスワードなどを把握できない(その把握方法は後述のとおり)ために実行できないことがある。また，差押えの現場で差し押さえるべきコンピュータを操作すると，その記録媒体の記録は変更され，そのために削除データの復元ができなくなることもある上，予期できないプログラムが実行され，データが大きく改変・毀損されるおそれもあるので，このことも考慮して，実行の適否を判断する必要があるし，実行するときには，操作の過程を詳細に記録することが必要である場合もあろう。さらに，ネットワークを利用してアクセスできるサーバなどが国外に所在している場合もあるが，その場合にそのサーバなどにアクセスすることの可否も問題となる。ある国の捜査機関が他国に所在するコンピュータにアクセスことが他国の主権との関係でどの範囲で許されるかについては，国際的に統一された見解もないので，アクセスしようとする記録媒体が国外に所在していることが判明した場合には，「サイバー犯罪に関する条約」32条により許される場合を除き，その国の同意が得られない限り，リモートアクセスの実行は控えるべきであろう。

　リモートアクセスは，上記のとおり，ネットワークに接続した形態でのコ

ンピュータなどの利用形態に鑑み，電子計算機の差押えの範囲を一体的に利用されているといえるリモートの記録媒体に拡大しようとするものであり，コンピュータなどの差押えの現場でその差押えに先立って行うものとして規定されている（もっとも，リモートの記録媒体からダウンロードしたデジタル情報は差し押さえるべきコンピュータなどに記録しなければならないわけではないので，コンピュータなどの差押えは必須ではない。）。したがって，コンピュータを差し押さえた後に，警察署などで，そのコンピュータを使用してリモートの記録媒体にアクセスしてデジタル情報をダウンロードするようなことはできない。捜査機関は，アカウントとパスワードを把握することができれば，技術的には，差し押さえたコンピュータやそのほかのコンピュータを使用してリモートの記録媒体にアクセスすること（例えば，被疑者が使用しているメールのアカウントを用いて送受信メールをダウンロードすること）ができるのであるが，パスワードで保護されている記録領域にはみだりに他の者にアクセスされない利益があるのであって，アクセス権を有する者の同意なしには，そうしたアクセスはできないのである。もとより，立法論としては，そうしたアクセスを許す強制処分を設けることは考えられないではない（こうした強制処分を設けるとすれば，令状の提示などの在り方を検討しなければならないと思われる。）が，現行法の下では，リモートの記録媒体の差押えなどで対処しなければならない。

Ⅳ　情報の同一性の確保

　デジタル情報は，痕跡を残すことなく改変や削除を行うことが（紙媒体の記録と異なり）容易であり，改変や削除が行われると，それ以前の状態を復元できないことも少なくない。しかも，改変を意図しないときにも，コンピュータを操作し，又はネットワークに接続しているだけで，記録されているデジタル情報は改変されることがある（その結果，削除データを復元できなくなることもある。）。そのため，捜査機関としては，電磁的記録媒体を押収したときは，押収時の状態が改変されないように特別の技術的配慮をすること（変更・追記ができない記録媒体は，そのような配慮は必要がない。）が望ましく，現に，できる限

り，HDDなどはハードコピーを作成して解析はそのコピーを対象として行い，USBメモリなどは書込み防止装置を介するなどしてアクセスし，データ通信が可能な機器はその通信を遮断する措置を講じるなどしている。

V　パスワードなどの把握

　被疑者などがネットワークを利用してサーバに保存するなどしているデジタル情報を捜査するためには，アカウントとパスワードを把握する必要があり，また，ローカルのコンピュータの起動やこれに保存されているデジタル情報へのアクセスなどにパスワードが必要であることもある。さらに，デジタル情報は，暗号化も容易であり，復号化しなければならないこともある。こうした場合，捜査機関は，（格別の令状を要せず）刑訴法111条の必要な処分や同法111条の2の協力要請として，捜索・差押えを受ける者にパスワードの開示や復号化などを求め（例えば，被疑者が勤務先の会社で使用している同社管理のコンピュータや同社の社内LAN上のサーバに保存されているデジタル情報を捜査するときに，同社に協力を要請する），あるいは，捜索場所にあるコンピュータや差し押さえたコンピュータを操作してパスワードなどを確認する（例えば，インストールされているメーラやWebブラウザを起動させて記録されているパスワードなどを確認する）などして，リモートアクセスの実行を含め，アクセスが制限されているデジタル情報にアクセスし，暗号化されたデータを復号化することができる。これは，捜索場所で鍵を探して金庫を開扉したり，押収した金庫の錠を外したりするのと同様であるが，錠は鍵を用いないで破壊することも可能であるのと異なり，デジタル情報のアクセス制限の解除や暗号の復号化は，パスワードなどが把握できないと非常に困難である。その場合には，メーカーなどに協力を依頼することとなるが，メーカーなどが顧客との関係で協力に応じないときは，（本来，令状は不要であるが）検証許可状（や鑑定処分許可状）を得て協力を求めることも考えられる（携帯電話本体のデータを他の記録媒体に複写するのにもメーカの協力が必要となることがあるが，その場合，令状を得て検証として行われているようである）。

Ⅵ　電子メールの捜査

　送信された電子メールは，宛先のメールサーバのメールボックスに蓄積されていく。メールボックスにメールが送信されてくるのを待ってリアルタイムにメールを取得するためには，通信傍受法による傍受を実施しなければならないが，既にメールボックスに蓄積されているメールは，既読・未読を問わず，メールボックスの記録媒体の差押えや記録命令付差押えにより取得し，また，受信者が使用するコンピュータなどの差押えの際にリモートアクセスにより取得することもできる（既にメールボックスに蓄積されているメールの内容を知ることは，「現に行われている……通信」の内容を知ることにならず，通信傍受法による傍受ではない。）。送信済みのWebメールも同様である。

Ⅶ　通信履歴の捜査（保全要請）

　コンピュータ・ネットワークを利用した犯罪の犯人を特定しようとするような場合に限らず，共犯者間での共謀の状況や被疑者の行動を確認する（例えば，携帯電話の発信地による情報により被疑者の行動を確認する場合）などのためにも，通信（データ通信や携帯電話による通話など）の状況を，電気通信事業者などが苦情対応などの目的で記録している通信履歴（送信先，送信元，通信日時など，通信に係る情報であって通信内容以外のもの）の情報により捜査すべき場合は非常に多いが，ISPなどは，その情報を短期間（大手のISPでは90日程度であるようである。）で消去している（総務省「電気通信事業における個人情報保護に関するガイドライン」10条参照）。

　そのため，サイバー立法は，その保全を捜査機関が求める法律上の根拠を明確にするものとして，保全要請の規定（刑訴法197条3～5項）を設けた。

　保全要請は，電気通信事業者やLANを設置している会社などが業務上記録している通信履歴のデジタル情報（なお，電子メールのヘッダ情報は，電気通信事業者などが業務上記録しているものではないので，含まれない。）を，差押えなどの実

施により取得する必要があるときに，最長60日間，消去しないことを書面で求めるものであり，通信履歴の保存期間が満了しようとしている場合には，保全要請を行い，通信履歴を確保しなければならない。もっとも，捜査を始めたときに既に通信履歴が消去されているケースも多く，電気通信事業者の負担などの問題もあるが，通信履歴の保存の在り方は検討しなければならない課題であると思われる。

なお，電気通信事業者などが記録している通信履歴のデジタル情報も，既に記録されているものは記録媒体の差押えなどで取得できるが，リアルタイムで取得するときは，検証によることになる。

Ⅷ　おわりに

冒頭にも記したように，今日，極めて多種多様で膨大な情報量のデータがコンピュータなどで扱われ，捜査の対象としなければならないデジタル情報は非常に多い。犯行に使用された疑いのあるコンピュータであれば，通常のデータファイルやメールデータのほか，削除ファイル，ブラウザの閲覧履歴やクッキー情報，Windowsのレジストリなどを精査しなければならないことが少なくないし，スワップ領域の解析が行われることもある。その上，パスワードなどでデータアクセスが困難であることもあるし，OSの共通化は進んだものの，携帯電話など，メーカの協力を得なければデータの解析ができないものもある。また，インターネットは，本来的に匿名性の高い世界であり，通信履歴の痕跡は残るものの，その保存期間は長くなく，アクセス経路を工夫することで犯人特定につながる痕跡を残さないことも技術的に可能であるなど，捜査を困難にする事情もある。今後とも，技術は飛躍的に進歩するであろうことを考えると，立法を要するものを含め，更なる対応を検討しなければならないことも予想される。

（きたむら・あつし）

11 デジタル情報と捜査
弁護の立場から ── コメント1

山 下　幸 夫

Ⅰ　サイバー犯罪の国内法化
Ⅱ　差押えの対象とデジタル情報
Ⅲ　デジタル情報の差押え
Ⅳ　リモート・アクセスによる差押え
Ⅴ　電子メールの捜査
Ⅵ　通信履歴の保全要請

Ⅰ　サイバー犯罪の国内法化

　欧州評議会のサイバー犯罪条約の国内法化のための刑事訴訟法の改正法（北村論文は「サイバー立法」と呼んでいる。）は，2012年6月22日から施行されている。これを受けて，我が国は，同年11月からサイバー犯罪条約に正式加盟している。
　サイバー犯罪条約は，17条で「通信記録の迅速な保全及び部分開示」，18条で「提出命令」，19条で「蔵置されたコンピュータ・データの捜索及び押収」が規定されており，今回これらを国内法として実現したものである（サイバー犯罪条約については，経済産業省によるサイバー刑事法研究会報告書「欧州評議会サイバー犯罪条約と我が国の対応について」〈2004年〉が有益である）。
　もっとも，サイバー犯罪条約17条については，その一部しか実現していないし（指宿信「サイバースペースにおける証拠収集とデジタル証拠の確保－2011年改正法案を考える」法時83巻7号89頁），同16条の「蔵置されたコンピュータ・データ

の迅速な保全」や同20条の「通信記録のリアルタイム収集」に対応する国内法整備はされなかった（もっとも，法案審議の際に，江田五月法務大臣〔当時〕は，サイバー犯罪条約20条の通信記録のリアルタイム収集は，現行法上の検証による実現できると答弁していることに注意が必要である）。

II　差押えの対象とデジタル情報

　従来から，デジタル情報そのものが，差押えの対象となるかという議論はあった（拙稿「〈コメント1〉コンピュータ・システムと捜査——弁護の立場から」新刑事手続I 398頁以下）。

　今回の改正でも，刑訴法99条1項の「証拠物又は没収すべき物と思料するものを差し押えることができる。」との点は改正せず，あくまでも，差押えの対象は有体物であるとことを前提としている。

　しかしながら，記録命令付差押え（刑訴法99条の2，同法218条1項）や，電磁的記録を他の記録媒体に複写・印刷・移転して他の記録媒体を差し押さえること（刑訴法110条の2，同法222条1項），さらにはリモート・アクセスによる差押え（刑訴法218条2項）が認められたことにより，差し押さえる対象について，デジタル情報が当初蔵置・保存されていた記録媒体でなくても良いことになったことから，デジタル情報とその記録媒体との関係がより稀薄化されたことは確かである。

　サイバー犯罪条約は，捜索・差押えの対象をコンピュータ・データとしており，我が国の国内法化にあたっては，端的に，差押えの対象をデジタル情報そのものとすることも考えられたが，今回の立法では，差押えの対象を有体物とするこれまでの我が国の体系を維持したのである。

　しかしながら，デジタル情報は，その記録媒体（サーバーやハードディスク等）に膨大な情報を保存できることから，その記録媒体そのものを差し押さえてしまうと，当該被疑事件と関係のない膨大な情報も差し押さえられてしまうことから，コンピュータ関係の捜査が，恣意的・一般探索的に行われ，犯罪捜査とは無関係の情報が大量に記録された記録媒体が包括的に差し押さえら

れる危険（岩田研二郎「捜査手続上の問題」日本弁護士連合会刑法改正対策委員会『コンピュータ犯罪と現代刑法』〈1990年，三省堂〉192頁以下）をどのように抑制するかが課題となる。

Ⅲ　デジタル情報の差押え

　改正法により，デジタル情報の差押えについては，①本来の差押え，②本来の差押えの代替処分としての差押え，③記録命令付き差押えの3つの形態が認められることになった（田口117頁）。

　被処分者が受ける不利益という点からすれば，①②③の順序でその不利益は軽減することになるが（田口117頁），立法者は，この3つの形態について，基本的に差押えをする者の裁量に委ねられていると解釈しており（杉山徳明＝吉田雅之「『情報処理の高度化等に対処するための刑法等の一部を改正する法律』について（下）」曹時64巻5号58頁），北村論文もその立場をとっている。

　しかしながら，わざわざ，法が②や③の差押えを新設し，その方が被処分者にとって不利益の程度が低いことを考えると，全くの自由裁量と解すべきではない。②又は③が可能であるにもかかわらず，①の差押えとしてパソコン本体を差し押さえた場合には，憲法35条の正当な理由を欠く処分として準抗告で取り消されるべきである（福井150頁。白取139頁注45も「代替処分を原則とすべきではないか。」とする。杉山＝吉田・前掲68頁参照）。

　なお，②及び③の差押えを行う場合には，デジタル情報が蔵置・保存されていた元の記録媒体から，複写したり移転することになるが（移転とは，デジタル情報を他の記録媒体に複写した上，元の記録媒体からそのデジタル情報を消去することをいう。），これらの場合には，元のデジタル情報と，複写されたデジタル情報が同一であるかどうかが問題となりうる。

　デジタル情報は，元の記録媒体における蔵置・保存状況（どこのフォルダーの中に保存されていたかに関する所在情報やそのタイムスタンプ等のプロパティがどうなっているか等）が重要であるが，普通に複写すると，複写した時点でのタイムスタンプ等に置き換えられて，プロパティが書き換えられてしまう。それを避

けるには物理的コピーを行う必要があるが，そうなると元の記録媒体の全てのデジタル情報を複写することになるため，当該被疑事件と関係がない膨大な情報が捜査機関の手に渡ってしまうという点では，被処分者の不利益はそれほど軽減されない。

　この解決のためには，元の記録媒体に蔵置・保存されていたデジタル情報と，複写・移転したデジタル情報が同一であることを第三者が認証するような仕組みが設けられることが望ましいと考えられるが，今回の法改正ではそのような手当がなされなかった。

　なお，差し押さえるべき物とされた記録媒体に記録・保存された電磁的記録と他の記録媒体に記録された電磁的記録との証拠の真正性の確保，保管の継続性については，ハッシュ関数を用いたデジタル・フォレンジングの手法で担保することが可能であるから（安冨潔『刑事訴訟法［第2版］』〈2013年，三省堂〉212頁），同一性の証明が困難であることを理由に，代替処分である②や③をしないで，①の差押えをすることを正当化することはできないと解すべきである。

　③の記録命令付差押えが違法に行われた場合には，刑訴法430条の「押収に関する処分」として準抗告を申し立てることができる。ただし，デジタル情報が複写または移転された別の記録媒体を被処分者が用意した場合には準抗告が認められるが，捜査機関が別の記録媒体を用意した場合には，被処分者は財産上の不利益を受けていないとして準抗告を否定する見解がある（杉山＝吉田・前掲90頁注）。しかしながら，後者の場合においても，デジタル情報を保有していた被処分者において手続上の不利益を受けているのであるから，準抗告は認められるべきである。

　差押えが行われる場合において，パソコンや記録媒体の全てを包括的に差し押さえることができるかという問題は，依然として残ることになる。北村論文は，最決平成10年5月1日（刑集52巻4号275頁）を引用して，ア被疑事実に関する情報が記録されている蓋然性が認められる場合において，イそのような情報が記録されているかをその場で確認していたのでは記録された情報が損壊される危険があるときには，内容の確認をしないで包括的に記録媒体

を差押えをすることが許されると述べている。このうち，特に，イの要件が重要であり（寺崎嘉博「電磁的記録に対する包括的差押え」田宮追悼（下）251頁），捜査の現場で電磁的記録の内容を確認することに長時間を要する場合や技術的な困難を伴う場合には，イの事情が認められることが多いとは考えられるが（平木正洋「令状による差押え(2)」刑訴百選［9版］55頁），イの事情が認められない場合には包括的な差押えは許されないと解すべきである。

③の記録命令付差押えは，一種の提出命令であり（田口116頁，池田＝前田183頁），捜査機関にもその権限が認められている（福井厚『刑事訴訟法講義［第5版］』〈2012年，法律文化社〉151, 152頁）。記録命令付差押えの対象者には被疑者も含まれていることから，自己に不利益な供述の強要として憲法38条1項に違反するのではないかが問題となる。否定する見解もあるが（池田公博「電子的記録を含む証拠の収集・保全に向けた手続の整備」ジュリ1431号81頁，福井・前掲書153頁），提出する行為が「供述」の強要に当たるとして憲法38条1項に反する場合もありうると解すべきである（壇上弘文「サイバー関係をめぐる刑事訴訟法の一部改正について」刑ジャ30号〈2011年〉37頁）。

Ⅳ　リモート・アクセスによる差押え

リモート・アクセスを認めた刑訴法99条2項，同法228条2項については，捜索する場所及び押収する物を明示する令状を要求する憲法35条1項及び各別の令状によるべきことを求める同1項に違反しないと解されている（杉山＝吉田・前掲96頁以下）。

ただ，リモート・アクセスが認められる例としてあげられる①差押対象物たる電子計算機で作成したメールを保管するために使用されているメールサーバ，②差押対象物たる電子計算機で作成・変更した文書ファイルを保管するために使用されているリモートストレージサーバ，③差押対象物たる電子計算機で作成・変更した文書ファイルを保管するために使用されている社内ＬＡＮでアクセス可能なファイルサーバのうち，①と②については，差押対象物たる電子計算機と機能的に一体と同視することが可能と考えられるが，③については，全国に支店がある会社の社内ＬＡＮを想定すると，これ

を機能的一体ということで説明することは困難であり，以前として，憲法35条との関係でこれを許容することには疑義があり，少なくとも，その運用にあたっては慎重にされる必要がある。

リモート・アクセスの要件として，①差押対象物たる電子計算機との「接続性」，②差押え対象たる電子計算機における当該デジタル情報を作成・変更・消去しているという「関係性」，③それらのデジタル情報を保管していると認められる「使用の蓋然性」が必要とされるが（指宿・前掲88頁，福井153, 154頁），これらの認定に当たっては厳格に運用される必要がある（杉山＝吉田・前掲107頁注5参照）。

リモート・アクセスをするサーバーが国外にある場合には，サイバー犯罪条約32条により許される場合を除き，他国の主権を侵すおそれがあることから，捜査共助の枠組みによる必要がある（杉山＝吉田・前掲101頁，池田・前掲82頁）。記録命令付差押えによる場合には，命令を受けた私人の利用権限でデジタル情報を取得するので主権侵害にならないとの見解（杉山＝吉田・前掲74頁注6，第177回国会衆議院法務委員会議事録第15号13頁）があるが，脱法的であり，そのような方法で国外にあるサーバからデジタル情報を取得する捜査を認めるべきではない。

V　電子メールの捜査

北村論文は，メールボックスにメールが送信されてくるのを待ってリアルタイムにメールを取得するためには通信傍受法による傍受を実施しなければならないが，既にメールボックスに蓄積されているメールは，既読・未読を問わず，メールボックスの記録媒体の差押えや記録命令付差押えや，リモート・アクセスにより取得することができるとする（井上正仁「コンピュータ・ネットワークと証拠の収集・保全」同・強制捜査と任意捜査264頁も同旨）。

既読のメールについては異論はないが，メールボックスに蓄積されたが，いまだユーザーが開封せず未読のメールについては，未だ通信途上にあると考えるべきであるから，通信傍受法によって傍受の手続をとらなければなら

ないと解すべきである（長沼範良「ネットワーク犯罪への手続法的対応」ジュリ1148号218頁，拙稿・前掲403頁）。

なお，2015年の通常国会（第189国会）に，「刑事訴訟法等の一部を改正する法律案」が提出され，そこには通信傍受法の改正案として対象犯罪の拡大や傍受手続の合理化・効率化のための改正が盛り込まれていたが（電子メールの傍受等に関する改正は含んでいない。），同法案は，通常国会において衆議院で一部修正の上可決されたものの，参議院では継続審議となっており，本稿執筆時には未成立である（同法案の問題点については，拙稿「刑事司法改革の課題——法制審答申は『新時代』の『改革』にふさわしいか——」犯罪と刑罰24号41頁以下参照）。

VI　通信履歴の保全要請

今回の法改正では，過去の通信履歴について，検察官，検察事務官及び司法警察員が，プロバイダ等だけでなく，ＬＡＮを設置している会社や大学等に対して，業務上記録している通信履歴（コンピュータ・ネットワークが自動的に作成するものであり，件名は含まれない。杉山＝吉田・前掲107頁）の保全を義務付ける制度が認められた（刑訴法197条3項，4項）。

通信履歴については，過去分については保全要請により，将来分について検証許可状により可能となるとされる（指宿・前掲91頁）。将来分については，サイバー犯罪条約20条の「通信記録のリアルタイム収集」に相当するものであるが，江田五月法務大臣（当時）も検証としてできることを明言しているところである。

しかしながら，通信履歴も，憲法21条2項が保障する通信の秘密として保護されると考えるならば，犯罪捜査のための通信傍受に関する法律（通信傍受法）が，組織犯罪であることを，手続要件とするとともに対象犯罪も極めて限定していることと対比すると，検証はその許容する要件があまりにも緩やかに過ぎると考えられる（もっとも，サイバー犯罪条約20条の「通信記録のリアルタイム収集について，特に対象犯罪を限定していない。）。

通信傍受法が立法された後には，通信については同法の定める要件でなけ

れば，通信履歴であっても傍受できないと考える余地もあったところであり（経済産業省「サイバー刑事法研究会報告書「欧州評議会サイバー犯罪条約と我が国の対応について」56頁），今回の法改正でこの点について何の法的手当がなされず，現行法上の検証の運用に任されたのは極めて残念であるが，憲法が保障する通信の秘密に配慮してその運用に当たっては特に慎重さが強く求められるというべきである。

（やました・ゆきお）

11 デジタル情報と捜査
裁判の立場から ── コメント2

島 戸　　純

I　はじめに
II　令状の発付に当たって
III　令状の執行に当たって

I　はじめに

　北村論文は，サイバー立法を踏まえた現行法の到達点を明らかにするものである。そこで，北村論文を足がかりに，裁判の立場から，令状の発付及び執行の視点から，考察を加えたい。

　捜査の対象が可読性のある情報であっても，デジタル情報であっても，そのことだけをもって原理的に取扱いを全く異にするわけではない。ただ，電子的情報に係る証拠は，他の証拠と較べると，①詳細な情報が対象になる，②人の意思によらずして記録され，客観性が高い，といった特徴が指摘できる。また，③被疑者等の管理下にあればその消去，滅失，毀損等が比較的容易であり，その保全の必要性も高い。加えて，④複製が容易であるため，令状の執行を受ける者（以下「被処分者」という。）にとって，有体物を差し押さえられるよりも負担が軽い，ということもあり得る。

　その一方，⑤解析に時間が掛かり，被疑事実との関連を判別するにも時間を要するから，被疑事実と無関係の物を押収することが避けられない，⑥誤りが混入したり改変が加えられたりした場合に，そのことを直ちに発見する

のは困難である，とも指摘され得る。

II 令状の発付に当たって

1 差押え

　強制処分により電子的情報を取得しようとする場合，差押えの対象の特定やその差押えの効果が問題となる。

(1) 差押えの対象

　ア　刑訴法219条1項が差押対象物を令状に記載することを要求している趣旨からすると，その記載はできる限り特定され，捜査機関及び被処分者に判断できるようにする必要がある。そして、電磁的記録を取得する場合の捜索差押許可状における差押対象物としても，有体物としての記録媒体等を記載すべきことになる。また，電磁的記録の内容が端末を通じてプリントアウトされた場合（被処分者が協力したことによる場合を含む。），このプリントアウトによる書面を差押対象物とすることもある。

　イ　もっとも，電磁的記録の方法はさまざまであり，差押えが捜査の初期に行われることが多いという特質もあって，記録媒体の種類を限定することは困難な場合が多い。しかも，上記の判断は媒体の外形を直接に目視することで可能になるものではなく，また，情報量が多いとその判断も短時間では困難になる。したがって，差押対象物等の特定としても，一定程度は包括的にならざるを得ない。

　ウ　差押対象物たる電子計算機に電気通信回線で接続している記録媒体について，電磁的記録を複写した上，これを差し押さえる場合，差押許可状には，「差し押さえるべき物」である電子計算機のほか，「差し押さえるべき電子計算機に電気通信回線で接続している記録媒体であって、その電磁的記録を複写すべきものの範囲」をも記載する必要がある（刑訴法219条2項，同法107条2項）。その記載について，もとよりできる限り特定されるべきものではあるが，事案や捜査の進展状況により変わり得るものではあるものの，「被疑者のID（アカウント）によりアクセス可能な記録領域」と特定するほかない場

合も考えられる。

　エ　記録命令付差押許可状については，①記録又は印刷させるべき電磁的記録，及び②記録させ又は印刷させるべき者の2点についても記載する必要がある（刑訴法219条1項，同法107条1項）。その記録又は印刷の対象の特定に当たっては，被処分者に記録・印刷を命じるという処分の性質上，被処分者において，何を記録・印刷すればよいのかが判断できる程度に特定されなければならない（犯罪捜査規範138条2項参照）。通信履歴について一例をいえば，期間のほか，特定の者の行為のみならず電話番号やメールアドレスにより特定することが考えられる。

(2) 差押対象物の限定

　電子的情報に係る証拠に限らず，差押えの必要を考えるに当たっては，被処分者が被る不利益を考慮する必要がある（最決昭和44・3・18〈刑集23巻3号153頁〉参照）。記録媒体には，犯罪の証拠とは関連性のない記録まで蔵置されており，その差押えによっては，被処分者の業務等に支障を生じさせるおそれもある。

　したがって，記録媒体について，その差押えによって被る不利益が著しい場合は，電磁的記録を複写した媒体やプリントアウトによる書面を差し押さえることも考えられる（その際，関連性あるものに限定することもあり得る。）。ただし，記録媒体そのものの原本性や電磁的記録の記録状態に証拠価値が認められる場合は，いわゆるデジタル・フォレンジックの手法による調査・解析もあり得，これにより，記録媒体から全データをコピー，保全することになり，かつて記録されていたものの消去，更新されたデータファイルの痕跡や，不正アクセスの痕跡を捉えることが可能になるから，記録媒体そのものを差し押さえる必要が肯定されやすくなるであろう。

(3) 押収された記録媒体からのデータの読み出し

　被処分者が記録媒体の占有を喪失することにより，その業務等に負担が生じている場合には，捜査機関においてその電磁的記録を読み出して複写や印刷をして早期に還付することが望ましいときもある。また，押収された記録媒体それ自体が可視性・可読性を欠くものである以上，これを認識可能なものと

するため，捜査機関がその電磁的記録を読み出して印刷することも十分考えられる。このような措置は，押収物についての「必要な処分」(刑訴法222条1項，同法111条2項)として認められ，検証許可状までは必要ないことが多いであろう(ただし，被処分者のシステムを使って行うことについて，新たな管理権の侵害を伴うことを理由に許されないとする考え方がある。)。たとえば，パスワードのかかっていない携帯電話機内のデータを読み出す場合，携帯電話機の通常の操作によってデータを読み出す行為や，携帯電話機が破損している場合にデータの読み出しのため必要最小限の措置をとる行為も，許容されることが多いであろう。

2 検　　証

上記の差押えではまかなえない場合に検証が用いられることがある。

なお，被疑者や，安否が不明で生命，身体等に差し迫った危険が存在すると認められる者等の所在把握等のため，通信事業者内設置の装置から将来の携帯電話機の位置情報を探索するために同装置の検証許可状が発付されることがある。犯罪捜査上の意義は高いが，携帯電話機所有者・使用者のプライバシーを制約し，通信事業者に負担を課すことになるため，重大な事案の被疑者を逮捕したり，第三者の生命・身体を保護したりする必要性が求められることが多い。被疑者と行動を共にしていることが疑われる第三者の場合にも，被疑者と第三者との関係，行動を共にしている蓋然性の程度，第三者についても拡大する必要性の程度等に応じて検討することが求められる。

ところで，全地球測位システム（GPS）を利用して，捜査対象者の承諾を得ず，その使用する車両等に端末を取り付け，その者の移動状況を把握する捜査が見られていた。最大判平成29年3月15日（刑集71巻3号13頁）は，このような捜査手法が「個人のプライバシーの侵害を可能とする機器をその所持品に秘かに装着することによって，合理的に推認される個人の意思に反してその私的領域に侵入する」ものであり，「個人の意思を制圧して憲法の保障する重要な法的利益を侵害するものとして，刑訴法上，特別の根拠規定がなければ許容されない強制の処分に当たる」と判断し，刑訴法が規定する令状を発付することには疑義がある旨述べた。

Ⅲ 令状の執行に当たって

1 執 行
(1) 差押許可状の執行
　差押許可状の執行により差し押さえる処分について，被疑事実の重大性，嫌疑の強さ，当該証拠の重要性とその取得の必要性，他の手段の有無，被処分者の蒙る損害の程度等を総合的に考慮することが必要である。もっとも，記録媒体や電磁的記録の性質上，短時間でこれらの事情を判断することが困難な場合も少なくない。加えて，その改変，損壊，滅失等のおそれがあることも考えられる。詳細は北村論文で紹介されているが，最決平成10年5月1日（刑集52巻4号275頁）は，「令状により差し押さえようとするパソコン，フロッピーディスク等の中に被疑事実に関する情報が記録されている蓋然性が認められる場合において，そのような情報が実際に記録されているかをその現場で確認していたのでは記録された情報を損壊される危険があるときは，内容を確認することなしに右パソコン，フロッピーディスク等を差し押さえることが許されるものと解される。」とした（このほか，大阪高判平成3・11・6〈判タ796号264頁〉もある。）。

　なお，東京地決平成10年2月27日（判時1637号152頁）において，インターネット接続会社のサーバコンピュータに，わいせつ画像のデータを記憶，蔵置させてインターネット上での閲覧に供したわいせつ物公然陳列被疑事件に関し，捜索差押許可状（差し押さえるべき物としては「顧客名簿」があった。）に基づいて，同会社の管理する顧客428名に係る氏名，住所等を記録したフロッピーディスク1枚を差し押さえた司法警察員の処分の適法性が取り上げられた。同決定は，このフロッピーディスクについて，当該428名分ごとにデータを分け，被疑者1名に関するものについて，被疑事実との関連性，差押えの必要性を認め，この部分について差押えを適法とした。その一方，その余の427名に係るものについて，被疑事実との関連性を認め難く，差押えの必要性は認められないとした。もっとも，同決定においては，差押えの対象を記

録媒体としたのか，記録媒体中のデータとしたのか，必ずしもその前提が明らかにはされていない。仮に前者であるとすれば，差押えの対象とされている一つの記録媒体の中で，その電子的情報ごとに差押えの適否を区分すること自体に問題が指摘されよう（記録媒体の記録容量が増大している中，差押えの現場でこのような検討を行うことは著しく困難であり，また非現実的であるともいえる。）。また，後者であるとすれば，データそのものを差押えの対象とすることに現行法との整合性の問題が指摘できよう。

(2) 被処分者の協力

差押対象物が記録媒体であるときは，差押えをする者は，被処分者に対し，電子計算機の操作その他の必要な協力を求めることができる（刑訴法222条1項，同法111条の2）。被処分者がその協力を拒否する場合は，差押え等に「必要な処分」として，差押えをする者が自らコンピュータを操作し，又は専門的知識・技能を有する者を補助者として立ち会わせてコンピュータを操作させるなどの方法を採ることが考えられる。

(3) 記録媒体内の情報を印刷等させて差し押さえる方策

差押許可状において被差押物が記録媒体とされていても，差押えをする者は，執行段階において，その差押えに代えて，当該記憶媒体に記録させた電磁的記録を他の記録媒体に複写，印刷若しくは移転し，又は，被処分者にこれらの行為を行わせて，当該記録媒体，紙等を差し押さえることができる（刑訴法222条1項，同法110条の2）。捜査機関としては，差押えに当たり，記録媒体そのものを証拠として保全する必要性の有無，被処分者の負担等を考慮してこのような選択をすることも求められている（前記 II 1(3)参照）。

2 執行に対する不服の措置

例えば，無関係な物を差し押さえることによって，被処分者や第三者に過大な不利益が生じる場合には，差押処分に対する準抗告（刑訴法430条）において，差押えの必要性がないとして，その処分を取り消すことになる（前掲最決昭和44年3月18日）。

（しまと・じゅん）

12 科学的捜査
検察の立場から

大原　義宏

I　総　　論
II　ＤＮＡ型鑑定
III　写真・ビデオ撮影

I　総　　論

1　近時，刑事司法制度の在り方について活発な議論がなされているところ，取調べ及び供述調書に過度に依存すべきではなく，客観的証拠を重視するべきであるとする共通した問題意識が見られる。

そして，携帯電話，インターネットといった通信手段を含む科学技術の発達，情報化社会の進展等による社会の変化等により，犯罪ツールの高度化・複雑化，犯罪の広域化・国際化，犯罪者の組織化・匿名化が進んでいることを背景に，科学上の知識や技術を応用して行う捜査である科学的捜査及びそれにより得られた証拠（科学的証拠）が一層重要性を増している。特に，近年の科学技術の進歩により，かつては採取や分析が不可能であった微量・微細な資料の採取や分析が可能になり，また，犯罪現場等で収集できる画像等の証拠も多様化しており，科学的捜査は今後ますます充実したものになることが見込まれる。

科学的証拠は，供述証拠と対比して，記憶の減退等による内容の改変を伴うことが通常想定されない点において，より信用性の高い証拠と評価できる

上，真犯人でない者を適切に捜査の対象から除外し，真犯人の特定等事案の真相解明に大いに役立つものである。とりわけ，裁判員制度導入により，一般国民にも分かりやすい裁判の実現が必要とされる中，科学的証拠という，より信用性の高い証拠を供することは極めて重要である。

2 科学的捜査は，指紋，血液・精液その他の体液，毛髪，臭気，筆跡，声，足跡等の分析・鑑定等や写真・ビデオ撮影及びその解析等，多種・多様にわたっており，それにより得られた科学的証拠については，その証拠能力，証明力やプライバシーとの関係等が問題とされてきた（なお，科学的捜査の中で，プライバシー等の個人の権利利益との関係で議論されてきたものとして，通信・会話の傍受があるが，それについては，本書488頁参照。）。

指紋については，警察で採用されている12点法（隆線の端末点，分岐点，接合点等の特徴点が12個一致すれば同一性を認める方法）が統計学的に十分合理的であることが論証されており，その証拠能力が認められ，証明力も極めて高いものであることに特段の異論はないといえる。また，声紋鑑定，筆跡鑑定，警察犬による臭気鑑別については，鑑定人や指導手の技術経験，鑑定方法の適切さ等に基づき鑑定結果に客観性が認められる場合に，その証拠能力が認められている（筆跡鑑定につき，最決昭和41・2・21〈判時450号60頁〉，声紋鑑定につき，東京高判昭和55・2・1〈判時960号8頁〉，臭気鑑別につき，最決昭和62・3・3〈刑集41巻2号60頁〉）一方，その証明力は事案により評価が分かれている。

上記各判例，更には後述するDNA型鑑定に係る最決平成12年7月17日（刑集54巻6号550頁）に見られるように，科学的証拠については，個々の検査・鑑定の基礎とされた原理や経験則等の一般的信頼性及び当該具体的事案における検査・鑑定手法の信頼性・正確性を点検して，証拠能力の有無及び証明力を判定・評価するという手法が採られており（酒巻492頁），その証拠能力，証明力は，手法ごと，事案ごとに異なるものであるから，それらを冷静かつ客観的に評価して捜査に活用する必要がある。特に，科学的捜査の対象となる資料は，必ず犯行現場に残っているわけではなく，また，犯行現場に残されていてもその遺留・付着時期が直ちに明らかになるわけではないなど，多

様な解釈を許し得るものであること，刑事司法制度に携わる者は必ずしも科学に関する専門的知識を有するわけではないがゆえに，科学的な分析・鑑定結果は過大評価されやすいこと，科学技術は，常に向上し，新たなものが生み出される可能性が常時存在することなどといった科学的捜査の限界・留意点も十分認識する必要があろう。

　本稿では，科学的捜査の中でも，近時犯人の特定等の観点から特にその重要性を増しているＤＮＡ型鑑定，写真・ビデオ撮影を中心に取り上げることとしたい。

Ⅱ　ＤＮＡ型鑑定

1　ＤＮＡ型鑑定の実情

（1）　ＤＮＡ型鑑定は，人の細胞の核内の染色体内に存在するＤＮＡの特定の箇所（座位）における塩基配列の繰返し回数に個人差があることに着目して個人を識別するものである。

　警察におけるＤＮＡ型鑑定は，平成元年に科学警察研究所において実用化され，平成4年から都道府県警察の科学捜査研究所に順次導入された。当初は，第1染色体上のMCT118という座位に16個の塩基が反復繰り返される箇所があることから，その反復回数の個人差を個人識別に利用する鑑定法であるMCT118型検査及び第6染色体上にあるＨＬＡＤＱ a 座位の塩基配列（約240個）の個人差に着目する検査法であるＨＬＡＤＱ a 型検査が行われていたが，平成15年には，短い塩基配列の反復繰返し箇所についてその反復回数を調べる検査法であるＳＴＲ型検査法と呼ばれる検査法が導入された。導入当初の同検査法は，9の座位に係る塩基配列の繰り返し回数を検査するものであったのに対し，現在用いられているのは，15の座位に係る塩基配列の繰返し回数を検査する方法であり，これに加えて，アメロゲニン座位（性別の判定に用いる。）の検査が行われ，必要に応じてMCT118型検査が併用されている。15の座位に係るＳＴＲ型検査法によれば，特定のＤＮＡ型が出現する頻度は，検査対象となる個々の座位の塩基配列の繰返しの型がいずれも最も

頻繁に出現する型を前提とした場合でも，4.7兆人に1人となる。

　現在世界各国で行われているＤＮＡ型鑑定は，ＳＴＲ型検査法が主流であるが，その特徴として，①検査で用いられる繰返しの基本単位は4塩基であることから，繰返し配列全体の長さも短くなるとともに，ＰＣＲ増幅法により特定の部位を短時間で多量に増幅できるため，より古い資料や微量な資料からの鑑定も可能になるとともに鑑定時間も短縮されたこと，②検査の機械化・自動化が進み，人為的ミスが入らない検査工程となった上，型判定も機械化・自動化されて鑑定人の主観が入る余地は基本的になく，検査結果の客観性が極めて高くなったことが挙げられる。

　(2)　ＤＮＡ型資料採取は，犯罪捜査上必要がある場合に，刑事訴訟法に基づき行われている。まず，被採取者が任意に採取に応じる場合には，専用キットによって，被採取者が自ら頬の内側の粘膜をこするようにして，粘膜上皮細胞を採取紙に吸着させ，採取している（この場合，生体細胞を採取するのであるが，痛みはなく，創も生じない。）。次に，強制処分による場合には，鑑定処分許可状及び身体検査令状により，採血器を用い，主に肘の内側の静脈から，必要量の血液（数ミリリットル程度）を採取している。

2　ＤＮＡ型鑑定の有用性等
(1)　指紋との比較

　上記のとおり，ＤＮＡ型鑑定の信頼性が確立し，その型分類が精緻になっていることに照らせば，その個人識別力は，指紋に勝るとも劣らぬものという評価が可能である上，ＤＮＡには，①手指の接触によってしか残らない指紋とは異なり，血液，だ液，汗等に含まれる多種・多様な細胞から採取可能である，②施術により指紋に改変を加えることは可能であるのに対し，ＤＮＡに改変を加えることは不可能である，③指紋の場合は，12点の特徴点が一致しなければ同一性の判定ができないため，ある程度鮮明なものが必要となるのに対し，ＤＮＡの場合は，ごく微量な資料や陳旧化した資料からも検出し得，鑑定が可能であるという利点がある。

(2)　ＤＮＡ型鑑定の有用性

上記のとおり，ＤＮＡ型は，その鑑定結果の精度及び個人識別力が極めて高い生体情報であり，犯行現場等に遺留された犯人のものと考えられる資料のＤＮＡ型と誰に由来するかが既に明らかになっている資料のＤＮＡ型が一致した場合や，被疑者の所持品等に遺留された資料のＤＮＡ型が被害者のＤＮＡ型と一致した場合など，犯人等の特定のための有力な捜査手法となり，現に，捜査実務においては大きな成果を上げているところである。
　また，ＤＮＡ型により迅速に犯人を特定することができた場合には，投入する捜査員の効率的活用も可能になり，他の重要な事件に捜査力を投入することも可能になる。同時に，犯罪捜査において，犯人の特定に要する捜査と被疑者以外の者が犯人でないことを明らかにするための捜査は表裏一体であるところ，ＤＮＡ型鑑定は，犯人でない者の識別にも有効であり，いわゆるえん罪を防止する観点からも大きな役割を果たしている。

(3) **判　　　例**
　ＤＮＡ型鑑定に関する最高裁判例として，いわゆる足利事件の最決平成12年7月17日（刑集54巻6号550頁）があり，同決定においては，「いわゆるＭＣＴ118ＤＮＡ型鑑定は，その科学的原理が理論的正確性を有し，具体的な実施の方法も，その技術を習得した者により，科学的に信頼される方法で行われたと認められる。したがって，右鑑定の証拠価値については，その後の科学技術の発展により新たに解明された事項等も加味して慎重に検討されるべきであるが，なお，これを証拠として用いることが許されるとした原判断は相当である。」と判示された。もっとも，同事件については，平成14年2月に再審請求がなされ，再審請求棄却後の東京高等裁判所における即時抗告審において，ＳＴＲ型検査による，遺留精液の付着した被害者の半袖下着から抽出されたＤＮＡ型と犯人とされた者の血液のＤＮＡ型が不一致であるとの鑑定書が提出されたことを受けて，平成20年6月，再審開始決定がなされた。再審裁判所である宇都宮地方裁判所においては，平成22年3月26日，上記即時抗告審での鑑定結果は十分信用できるとされた上，原鑑定が，上記最高裁決定にいう，「具体的な実施の方法も，その技術を習得した者により，科学的に信頼される方法で行われた」と認めるにはなお疑いが残ると言わざるを得

ないとして，その結果を記載した鑑定書が証拠から排除され，これを前提とした自白にも信用性がないとして無罪が言い渡され，これが確定した（宇都宮地判平成22・3・26〈判時2084号157頁〉。筆者注：本判決はMCT118型鑑定自体を否定したものではない。）。

　上記最高裁決定では，ＤＮＡ型鑑定の証拠能力及び証明力を認める要件として，①科学的原理が理論的正確性を有していること，②鑑定の具体的な実施方法が，技術を習得した者による科学的に信頼される方法で行われたことの2点を示しているところ，現在のＳＴＲ型検査法による検査は，理論的正確性に特段の異論はなく，検査の機械化・自動化が進み，人為的ミスが入らない作業工程になっていることも踏まえれば，上記①，②の基準を満たし，将来の再鑑定で当初の鑑定結果が覆ることは通常考えられず，その鑑定結果の証拠能力，さらには証明力に問題があるとされる余地も極めて乏しいものと言えるであろう。

　もっとも，ＤＮＡ型鑑定結果はそれが決定的な証拠として受け止められる可能性が高く，上記最高裁決定の②の基準も，あくまで個別事案における具体的な鑑定の正確性・信頼性・適切さ等が認められることを要件としているだけに，鑑定資料の収集・保管や具体的実施過程，更にはその後の鑑定資料の保存等に十分意を払い，適正に行う必要があることは当然である。

3　ＤＮＡ型データベース

　ＤＮＡ型データベースは，ＤＮＡ型鑑定で判明した被疑者や遺留資料のＤＮＡ型情報をデータベース化して整理保管し，都道府県警察から送付されるＤＮＡ型情報の記録と対照することにより，犯罪捜査に資するものであり，国家公安委員会規則である「ＤＮＡ型記録取扱規則」に基づき運用されている。

　ＤＮＡ型データベースについては，諸外国のデータ数と比較して，我が国のデータ数は現状においては，なお貧弱なものと言わざるを得ないところ，凶悪事案等の中には，同一犯人による広域的・連続的な犯行も多く認められるなどといった現状を踏まえると，これを拡充する必要性は極めて高いと言える。すなわち，ＤＮＡ型データベースを拡充することは，自白に依存せず

に犯人性を証明することを容易にし，余罪の発見等犯罪の追跡可能性を高めることに資するという点で，非常に有効であると認められる（ＤＮＡ型データベースについては，本書491頁も参照。）。

4　ＤＮＡ型鑑定に関する批判等

（1）　ＤＮＡ型鑑定については，従来より，遺伝情報の把握等究極のプライバシー侵害であるなどとする批判が認められたところであるが，身体的特徴や遺伝病に関する情報を含む遺伝情報を含む部分は鑑定の対象とされておらず，このような批判は当を得ないものである。

（2）　また，ＤＮＡ型鑑定について，被告人側から申立てがあった場合には再鑑定を義務付け，残資料がなく再鑑定ができない資料に関する鑑定結果については，検察官による証拠調べ請求や証拠能力を制限すべきであるなどとする考え方もある。

　ＤＮＡ型鑑定に限らず，再鑑定の必要性の有無は，具体的な主張や証拠関係を踏まえて，裁判所において適切に判断されるべき事項であるところ，およそ被告人側から再鑑定の請求がある場合には，必要性が認められない場合であっても，必ず再鑑定を行わなければならないとすることは不合理である。また，十分に信用性が認められる鑑定結果であっても，たまたま鑑定資料が微量しか得られなかったという偶然の事情によって証拠とすることができなくなることとなれば，極めて不合理な結論となり得るし，逆に，追試用の資料を残そうとして，当初の鑑定に十分な量の資料を用いることを差し控えれば，かえって正確な鑑定が困難になる場合も生じ得る（要するに，上記のような考え方は，一定量以下の微量の鑑定資料には，政策的に証拠としての価値を一切認めないこととするものであるが，刑訴法の目的に照らしても，その合理性には大きな疑問があるというべきであろう。）。

　さらに，犯罪捜査規範186条は，「血液，精液，だ液，臓器，毛髪，薬品，爆発物等の鑑識に当たつては，なるべくその全部を用いることなく一部をもつて行い，残部は保存しておく等再鑑識のための考慮を払わなければならない。」と定めており，実務においても，現場の遺留資料については，再採取が

困難な場合が多いため，基本的に再鑑定に備えて，鑑定にはその一部を使い，残余は保存されている。したがって，実務上も再鑑定への配慮は十分になされているといえ，それを超えて，再鑑定ができない資料に関する鑑定結果の証拠能力等を制限すべきであるとは考えられない。

そして，裁判例には，捜査機関は，犯罪捜査規範186条に定められたとおり，再鑑定のための考慮を払うべきであるが，再鑑定は，当初の鑑定の信用性を弾劾するための唯一の方法であるわけではなく，したがって，被告人の防御を全く不可能にしてしまうものではないこと，また，再鑑定に備えて鑑定資料を保管していたか否かは，鑑定の正確性に影響を与えるものでもないことなどに鑑みれば，再鑑定を妨害する意図が捜査機関にあったなど特段の事情がない限り，鑑定資料を被害者に返還したことが鑑定書の証拠能力に影響することはない旨判示するものもある（福岡高判平成22・9・9〈高刑速平成22年247頁〉）。

したがって，被告人側から申立てがあった場合に再鑑定を義務付けることや再鑑定ができない資料の鑑定結果について取調べ請求又は証拠能力を制限することは不合理である。

(3) さらに，ＤＮＡ型資料やＤＮＡ型データベースについて被告人・弁護人からのアクセス権を認めるべきであるとの主張もなされている。

しかしながら，そもそも「アクセス権」がどのような場合のどのような手段を指すものか必ずしも明らかではない上，平成16年刑事訴訟法改正で導入された現行証拠開示制度においては，1項の類型証拠として，弁護人からの請求に基づいて開示され得る対象であり，被告人側においては，これらの開示を受けてその内容自体を防御活動に活かすことができるほか，それらを利用して（再）鑑定の申立てを行うこともでき，十分にその防御を尽くすことができるものと思われるので，これを超えて被告人等からの権利としてＤＮＡ型資料のような証拠物について特別の「アクセス権」を認める必要はない。

ＤＮＡ型データベースへの「アクセス権」についても，仮に被告人が犯人性を争うような事案において，弁護人が開示を受けた現場資料に基づきＤＮＡ型鑑定を行い，その結果に基づいてデータベースにアクセスし，被告人以外の第三者と合致するかどうかを検索するために用いることを想定している

のだとすれば，現在の訴訟構造に照らし，被告人及び弁護人にそのような権利まで与える必要はなく，データベースに記録されたDNA型に該当する者のプライバシー保護等の点でも問題があることから，「アクセス権」を認める必要性も相当性も認め難い。

Ⅲ　写真・ビデオ撮影

1　写真・ビデオ撮影の重要性

　写真やビデオは，光学機器によって対象を正確かつ客観的に記録・再現するものであり，犯行状況を明らかにし，あるいは，犯人を特定するためのものとして，極めて高い証明力を有するものであるため，捜査において様々な場面で活用されるとともに，公判において証拠としても広く使用されている。特に，今後客観的証拠が重視されることに鑑みると，その重要性は今まで以上に増すことになろう。

　ビデオは，写真を連続的に撮影する場合と違いがなく，基本的に写真撮影と同様の議論をすれば足りる（池田公博「写真・ビデオ撮影」法教364号14頁）ので，以下本稿では，特に両者を区別せず論じることとする。

2　犯罪捜査のための写真・ビデオ撮影の許容性

　(1)　犯罪捜査のための写真・ビデオ撮影については，刑事訴訟法上，218条3項以外に明文の根拠がなく，その性質については，任意捜査と強制捜査の概念論とも関連して種々の議論がなされていたところ，任意捜査と強制捜査を実質的に区別する基準としては，最決昭和51年3月16日（刑集30巻2号187頁）が，「捜査において強制手段を用いることは，法律の根拠規定がある場合に限り許容されるものである。しかしながら，ここにいう強制手段とは，有形力の行使を伴う手段を意味するものではなく，個人の意思を制圧し，身体，住居，財産等に制約を加えて強制的に捜査目的を実現する行為など，特別の根拠規定がなければ許容することが相当でない手段を意味するものであつて，右の程度に至らない有形力の行使は，任意捜査においても許容される

場合があるといわなければならない。ただ，強制手段にあたらない有形力の行使であつても，何らかの法益を侵害し又は侵害するおそれがあるのであるから，状況のいかんを問わず常に許容されるものと解するのは相当でなく，必要性，緊急性などをも考慮したうえ，具体的状況のもとで相当と認められる限度において許容されるものと解すべきである。」と判示していることを踏まえ，個人の意思を制圧するという要素と重要な権利・利益の制約という要素に求められるものと解される（井上・強制捜査と任意捜査7，8頁）。とすれば，少なくとも公道上や公衆が出入りできるような場所にいる人物を撮影することは，権利・利益の侵害の程度は大きいものとはいえず，これを任意捜査と解し得ることにはそれほど大きな異論があるとは思われない（名取俊也「写真・ビデオ撮影——検察の立場から」新・刑事手続Ⅰ350頁）。

(2) この点，最大判昭和44年12月24日（刑集23巻12号1625頁）は，公道上で許可条件違反の集団行進を行った者を現認した警察官が無令状で写真撮影した事案において，これが許容されるのは，「現に犯罪が行なわれもしくは行なわれたのち間がないと認められる場合であつて，しかも証拠保全の必要性および緊急性があり，かつその撮影が一般的に許容される限度をこえない相当な方法をもつて行なわれるときである。」と判示し，公道上の写真撮影を任意捜査として許容しつつ，その要件として，①現行犯又は準現行犯的状況の存在，②証拠保全の必要性，緊急性，③手段の相当性という3つを掲げた。

これらのうち，特に①の要件が必ず要求されるものか否かが理論上問題とされたが，犯人特定目的で行われた被疑者の容ぼう等のビデオ撮影の適否が問題となった最決平成20年4月15日（刑集62巻5号1398頁）は，上記最判昭和44年12月24日及びこれを受けた最判昭和61年2月14日（刑集40巻1号48頁）（自動速度監視装置による速度違反車両と運転者・同乗者の撮影を許容した判例）について，「警察官による人の容ぼう等の撮影が，現に犯罪が行われ又は行われた後間がないと認められる場合のほかは許されないという趣旨まで判示したものではない」として，①の要件は必ず要求されるものではないことを明らかにし，この問題に決着を付けた。その上で，「捜査機関において被告人が犯人である疑いを持つ合理的な理由が存在していたものと認められ，かつ，……ビ

デオ撮影は，強盗殺人等事件の捜査に関し，防犯ビデオに写っていた人物の容ぼう，体型等と被告人の容ぼう，体型等との同一性の有無という犯人の特定のための重要な判断に必要な証拠資料を入手するため，これに必要な限度において，公道上を歩いている被告人の容ぼう等を撮影し，あるいは不特定多数の客が集まるパチンコ店内において被告人の容ぼう等を撮影したものであり，いずれも，通常，人が他人から容ぼう等を観察されること自体は受忍せざるを得ない場所におけるものである。以上からすれば，これらのビデオ撮影は，捜査目的を達成するため，必要な範囲において，かつ，相当な方法によって行われたものといえ，捜査活動として適法なものというべきである。」と判示し，「通常，人が他人から容ぼう等を観察されること自体は受忍せざるを得ない場所」におけるビデオ撮影は，捜査目的に「必要な範囲で」「相当な方法によって」なされたことをもって適法とし，②の要件のうちの証拠保全の緊急性の要件についても特段言及しなかった。

　このように，少なくとも判例上，現行犯的状況の存在や証拠保全の緊急性が明示的に要求されていないことからすれば，犯罪発生との時間的場所的接着性は，任意捜査として許容するための絶対的な要件ではなく，あくまで写真・ビデオ撮影の必要性を基礎付ける事情の一つと位置付けられたものと考えられる。したがって，特定の捜査目的との関係で容ぼう等を記録する必要があれば写真撮影の必要性は肯定され，それは必ずしも犯罪発生と時間的場所的に接着してなされる場合や，あるいはある特定の時点で撮影しなければ目的を実現できない（その時点で緊急に撮影する必要が認められる）場合には限定されないと解される（以上につき，池田・前掲13頁）。

　また，撮影方法の相当性については，撮影に際して対象者や第三者に生じる利益の制約が，認められる捜査の利益に比して不相当なものとなってはならないとの趣旨を示すものと考えられる（池田・前掲13頁）が，いずれにせよ，捜査目的に「必要な範囲で」「相当な方法によって」撮影がなされたか否かは，個別具体的事案において，これら要件に関係する諸事情を総合勘案して判断するのが適当であろう。

3 防犯カメラによる撮影の許容性

(1) 現在，警察によるもの，民間によるものを問わず，防犯カメラを設置している施設，場所は増加しており，凶悪事件等において，それらの防犯カメラ画像が犯人検挙につながったとする事例や極めて有用な証拠として活用された事例は枚挙にいとまがない。

防犯カメラについては，その許容性や撮影結果の刑事手続への利用を含め，多数の論点があり，それらを網羅的に検討した文献等も存在する(星周一郎「写真撮影と防犯カメラの法的性質」警論63巻11号52頁以下等)ところ，本稿では，主にその撮影行為の許容性を中心に論述することとしたい。

(2) 銀行等金融機関やコンビニエンス・ストアなどにおける防犯カメラによる撮影は，銀行員や店員等による監視の代替手段として，管理権限の行使の一態様として行われているものである上，今日では，銀行等の利用者も撮影がされていることを承知・了解していること，撮影された写真等はみだりに公表することを予定していないことから，そのような撮影行為の適法性に問題はないというべきである(裁判例は，撮影の目的・必要性，撮影の方法等を考慮して適法性を判断しているものと思われる。コンビニエンス・ストアにおける防犯ビデオカメラによる撮影・録画の許容性を認めた名古屋高判平成17・3・30〈裁判所ウェブサイト〉，東京地判平成22・9・27〈判タ1343号153頁〉等参照。)。

そして，そのように適法に行われた撮影結果について，捜査機関が，犯人の特定や犯行状況の解明等の目的のために必要な限度でこれを利用することの適法性も問題はないと思われる(名取・前掲354頁)。

(3) これに対し，捜査機関により設置された防犯カメラによる撮影については，その行為が犯罪防止という行政警察活動の範疇に属するため，別途検討が必要である。

承諾を得ずに行う写真撮影は，みだりに容ぼう等を撮影されない自由を侵害する行為であることから，行政警察活動として行うには，いわゆる法律の留保原則により，法律の根拠が必要であると考えられるところ，行政警察活動としての写真撮影を認める明文の規定はない。しかしながら，大阪地判平成6年4月27日(判時1515号116頁)は，警察法2条1項，警察官職務執行法2

条1項，3条1項等の規定を前提として，「警察法や警職法は，警ら活動や情報収集等について特別の根拠規定を置いているわけではないが，これらの行為は，警察官がその職権職責を遂行するための前提となる事実行為として，右各条項の当然予定するところと考えられる。警職法が前記各手段〈筆者注：職務質問〈同法2条1項〉，泥酔者等の保護〈同法3条1項〉，危害防止措置〈同法4条1項〉，犯罪予防のための警告や制止〈同法5条〉，危害予防のための他人地への立入り〈同法6条1項など〉〉を規定しているのは，これらが何らかの強制力を伴い，人権を制約するおそれがある行為であるから，その権限と要件を明定しているのであって，このように強制手段に出ない限り，特別の根拠規定を要せず，警察法等の定める目的を達成するために必要な行為をすることができると解すべきである。」とした上，監視用テレビカメラによる監視につき，これが「主として犯罪の予防を目的とした警ら活動や情報収集の一手段であり，性質上任意手段に属するから，」「警察法及び警職法が当然に予定している行為の範疇に属するものであり，特別な根拠規定を要することなく行える」旨判示している。

さらに，同判決においては，「警職法1条2項は，『この法律の規定する手段は，前項の目的のため必要な最小の限度において用いるべきものであって，いやしくもその濫用にわたるようなことがあってはならない。』と規定し〈警察比例の原則〉，警職法が定める手段を行使する場合は，各規定の定める必要性や緊急性等の要件を充足し，かつ，最小の限度で使用することを要請しているところ，この趣旨は，任意手段として行われる情報収集などの事実行為にも及ぼされるべきものである。ことにテレビカメラなどを使用して，同意を得ることなくビデオ撮影などをすることは，物理的強制力を伴ってはいないものの，強制的性格を帯びることになるから，その行為の内容等に応じて，警職法上の手段に準ずる必要性や緊急性の要件が要請される場合もあるというべきである。」として，いわゆる警察比例の原則に言及した上で，「……情報活動の一環としてテレビカメラを利用することは基本的には警察の裁量によるものではあるが，国民の多種多様な権利・利益との関係で，警察権の行使にも自ずから限界があるうえ，テレビカメラによる監視の特質に

も配慮すべきであるから、その設置・使用にあたっては、①目的が正当であること、②客観的かつ具体的な必要性があること、③設置状況が妥当であること、④設置及び使用による効果があること、⑤使用方法が相当であることなどが検討されるべきである。そして、具体的な権利・利益の侵害の主張がある場合には、右各要件に留意しつつ、その権利・利益の性質等に応じ、侵害の有無や適法性について個別に検討されることになる。」と判示している。

本判決は、警察比例の原則より、具体的に5つの要件を導き出しているが、いずれも妥当なものと評価することができ、これらの要件を満たす防犯カメラ設置行為であればその適法性に問題はないと解される。

もっとも、同判決においては、「犯罪予防の段階は、一般に公共の安全を害するおそれも比較的小さく、録画する必要性も少ないのであって、このような場合に無限定に録画を許したのでは、右自由を保障した趣旨を没却するものであって、特段の事情のない限り、犯罪予防目的での録画は許されないというべきである。」とされている（なお、同判決では、容ぼう等を録画したことを認めるに足りる証拠はないとしている。）。しかしながら、結果として犯罪が実行されてしまった場合に画像が証拠として利用されることが予定されているからこそ犯罪抑止効果が見込まれるのであり、犯罪予防目的での録画が一切許されないと考えるのは妥当ではない。プライバシー侵害を抑える観点からは、無制限な録画を許容することは許されないが、少なくとも、その保存期間を一定期間に制限し、その後消去するなどの措置を執った場合の録画を許容することは否定されないように思われる（以上につき、前田雅英「防犯カメラの役割と設置の要件」河上古稀514頁、亀井源太郎「防犯カメラ設置・使用の法律問題——刑事法の視点から——」東京都立大学法学会雑誌第43巻第2号137～139頁参照）。

(4) なお、捜査機関が防犯目的のみならず、特定の犯罪が発生した場合の証拠保全のために防犯カメラを設置し、撮影行為を行う場合もあり、この場合はまさに捜査活動としての規律に服することになる。この点、東高判昭和63年4月1日（東高刑時報39巻1～4号8頁）は、そのような事案において、「当該現場において犯罪が発生する相当高度の蓋然性が認められる場合であり、あらかじめ証拠保全の手段、方法をとっておく必要性及び緊急性があり、か

つ，その撮影，録画が社会通念に照らして相当と認められる方法でもって行われるときには，現に犯罪が行われる時点以前から犯罪の発生が予測される場所を継続的，自動的に撮影，録画することも許されると解すべきであり，本件ビデオカセットテープの撮影，録画された際の具体的事実関係がかかる諸要件を具備しているものであることは，原判決……が適切に説示しているとおりといわなければならない。」と判示している。

　犯罪発生前であっても，その犯罪が実行される蓋然性が高いと認められるときに，後に予想される本格的な捜査・訴追に備えて，その第三者から供述を得てこれを記録するなどの形で，予め保全しておくことも任意捜査として許容され得る（井上・前掲書161～164頁）のであり，犯罪発生の予想される場所を継続的・自動的に撮影するものであっても，少なくとも当該場所が公道上その他の公開の場所であれば，具体的事案における証拠保全の必要性が認められれば，許容されてしかるべきであると思われる。

　なお，上記のとおり，最決平成20年4月15日も踏まえ，犯罪発生との時間的場所的接着性は，任意捜査として許容するための絶対的な要件ではなく，あくまで写真・ビデオ撮影の必要性を基礎付ける事情の一つと位置付けられていることに鑑みると，ここでも，証拠保全の緊急性は，絶対的な要件であるとは認められないように思われる。

　(5)　防犯カメラについては，撮影された顔画像の解析・鑑定による個人識別や別に取得した被疑者の顔画像との照合・鑑定も問題になるところ，近年，画像解析・鑑定技術も進化しているが，その信用性に関して争われる事例も生じており，今後そのような事例を注視していく必要があるように思われる。

（おおはら・よしひろ）

12 科学的捜査
弁護の立場から ── コメント1

野嶋　真人

 I　はじめに
 II　指紋鑑定、足跡鑑定、筆跡鑑定、毛髪鑑定など
 III　DNA 型鑑定について
 IV　犯罪予防目的での防犯カメラによる録画について

I　はじめに

　大原義宏氏の論文の全てについて意見を述べることは，紙面の制約からできないので，当職の関心のある部分を中心に意見を述べることとする。

II　指紋鑑定，足跡鑑定，筆跡鑑定，毛髪鑑定など

　指紋鑑定，足跡鑑定，筆跡鑑定，毛髪鑑定などは，事件現場から収集された資料など，事件と関連する資料と，誰に由来するかが判明している対照資料とを照合し，その形態面での特徴を比較するものである。鑑定人の主観的判断が結論に影響することも少なからずあり，司法研究・科学的証拠12頁でも，これらの鑑定について，「指紋を除くと，資料の性格上，必ずしも識別力が高くない場合もある。そのようなこともあり，『同一である』といった識別力の評価については，慎重な姿勢が求められる。」と述べられている。
　これらの証拠について適切に識別力を評価するためには，捜査機関や鑑定

人が，判断の元になった原資料や検査の経過及び内容を示す記録を保存し，弁護人からの証拠開示の求めに応じること，別の専門家による検証，再鑑定の機会を保障することが不可欠であり，検証可能な原資料や上記記録が適切に保存されていない場合には（保存の経過を示す客観的証拠も残されていることが必要である。），これらの証拠の識別力を肯定的に評価することはできないというべきである。

Ⅲ　DNA型鑑定について

1　DNA型検査の現状

　大原義宏氏の論文では，警察におけるDNA型鑑定について，15の座位のDNA型を検査するSTR法に加えて，アメロゲニン座位（性別の判定に用いる。）の検査が行われ，必要に応じてMCT118型検査が併用されていると述べられている。

　15の座位のDNA型を検査するSTR法とアメロゲニン座位の検査が行われていることはそのとおりであろうが，少なくとも当職が取り扱っている最近の事案で，MCT118型検査が併用されているということは聞いていない。MCT118型検査による鑑定の信用性に重大な問題があることは，再審開始決定（東京高決平成21・6・23〈判時2057号168頁，判タ1303号90頁〉）が確定して無罪となった足利事件によって明らかになっているといえる。

2　150RFU未満のピークの有用性

　次に，司法研究・科学的証拠97頁には，DNA型検査について，「科警研及び各科捜研では，現在検査に用いている装置（310型及び3130xL型フラグメントアナライザー）の検出下限値（閾値）を150 RFUとし，それ未満のピークは，型として判定しない扱いとしている。」と記述されている。

　しかしこの150RFU未満のピークを型として判定しない（150RFU以上のピークを判定に用いる。）という取り扱いには大きな疑問がある。150RFU以上のピークを判定に用いるというのはDNA型検査の機器メーカーの推奨値に過

ぎず，それ以上でなければ型判定ができないという科学的根拠や実験データは示されていない。

　司法研究・科学的証拠110頁でも，150RFU 未満のピークについて，「実際上はそれ未満の蛍光濃度もチャート上に検出できないわけではなく，かつ，それがピークなのか，ノイズやスタターピーク……にすぎないのかを識別する合理的な基準がないわけではない。」と述べられている。

　確かに150RFU 未満のピークについて，資料に付着している細胞の DNA に由来するものか，ノイズやスタターピークに過ぎないのか判定が困難であったり，誤判定してしまう場合もあるから，有罪認定の根拠として，150RFU 未満のピークにおいて被告人の DNA 型と合致するものが検出されていることを用いることには反対である。

　しかし，被告人以外のものの DNA 型を示すピークが150RFU 未満で検出されていることを，被告人の犯人性を否定する根拠の一つにしたり，被告人の DNA 型と合致するピークが，150FU 以上でも150RFU 未満でも検出されていないことを被告人の犯人性を否定する根拠の一つとすることは認められるべきである。

　現在の科捜研や科警研の取り扱いでは150RFU 未満のピークについて，その存在を無視して一切検討せず，検出された DNA 型の一覧表にも，150RFU 未満のピークは一切記載していないので，その存否及び内容が不明である。

　しかし，150RFU 未満のピークの中に被告人の犯人性を否定する根拠の一つが含まれている場合もあるのであるから，そのチャート（エレクトフェログラム）について弁護人が開示を受けて，専門家の知見を得て，150RFU 未満のピークについてノイズやスタターピークと識別できるものがあるかどうか，識別できる場合，別の人の DNA 型と合致するものが含まれているのか，被告人の DNA 型と合致するものが含まれているのか検討することが不可欠である。司法研究・科学的証拠111頁でもこの問題について，「この領域に低いピーク様のものがあった場合でも，それが検査上避けられないノイズや PCR 過程で生じた副産物であるスタターピークにすぎないとすれば，無視してよい。しかし，検出限界以下とはいえ，それが検体に含まれる DNA によるピー

クと理解されるものであれば，事案によっては対照者との相反の疑いや，混合痕の疑いなど，事実認定を左右する情報が含まれることになることもあり，型を明らかにするという積極的方向では用いるべきではないとしても，検出された型以外の型が含まれているのではないか（それが合理的な疑いを入れる事情となり得るのではないか）という観点からの検討が必要な場合もあろう。」「挙証者及び反対当事者は，エレクトロフェログラム等の検討も欠かすことはできないといえる。また閾値未満のピーク様のものが，上記のいずれに当たるかについては，専門家の知見を求めるのが相当であろう。」と述べられている。

3 DNA型鑑定後に電子データを消去している問題

その次に問題となるのが，科捜研等がDNA型鑑定の後にその電子データを消去してしまっている問題である。

司法研究・科学的証拠46頁には，平成22年10月21日警察庁刑事局長通達「DNA型鑑定の運用に関する指針」として，「鑑定書その他鑑定結果又はその経過等が記載されている書類については，刑訴法等の定めに従い適切に取り扱うとともに，将来の公判等に備えて適切に保管しなければならない」と定め，同日付警察庁刑事局犯罪鑑識官・同刑事企画課長通達「DNA型鑑定の運用に関する指針の運用上の留意事項について（通達）」は，「『その経過等が記載された書類』とは，『鑑定に用いた検査方法やその経過の記録（ワークシート等），鑑定結果に関わる各種分析データ等を意味するものである。これらは鑑定の客観性・信用性を担保するものであり，鑑定内容の確認や精査等が必要となる場合に備え，適切に保管しておくこと。』」と定めていると記述されている。

しかしながら当職が取り扱った近時の案件で，ある県の科捜研はDNA型鑑定書作成後にDNA型鑑定結果のエレクトロフェログラムの電子データを消去していると回答しており，他の案件でも同様の対応をしているということであった。その理由は，電子データの容量が多いのと，DNA鑑定の件数が多いことであるというが，このような取り扱いは，上記通達に明らかに反し

ている。

4 DNA型鑑定の電子データの有用性

この問題と関連するが，大原氏の論文では，再鑑定ができない資料に関する鑑定結果の証拠能力等を制限すべきではないとか，再鑑定に備えて鑑定資料を保管していたか否かは，鑑定の正確性に影響を与えるものでないことが指摘されている。

確かに，資料が極めて微量であって，再鑑定のために残余を残しておくことができないような場合は再鑑定ができないこともやむを得ないと思われるが，その場合であってもDNA型鑑定の正確性やその内容の信用性を検証するためにエレクトロフェログラムなどの電子データを保存しておくことが不可欠である。

特に150RFU以下のピークについては，電子データが残されていれば，その150RFU未満の部分を拡大してチャート図を作成するなどの方法によって，ノイズやスタッターピークか，付着している細胞のDNA型によるものかを識別することが容易かつ明確になることもある。

しかし，150RFU未満のピークを一切無視して，鑑定書作成後に電子データを消去してしまうという上記科捜研の方法では，これらの検証が困難になる場合のあることが予想される。

このような電子データの消去は，鑑定内容の確認や精査などが必要となる場合に備え，電子データなどを適切に保管しておくことという前記通達に明白に反するものである。無罪が主張されている事件について電子データが意図的に消去されているような場合，データが不足していることを理由として，被告人に不利益な判断をすることは許されないというべきである。

5 コンタミネーションの危険性

大原氏は，DNA型鑑定の鑑定資料について，「鑑定資料の収集・保管や具体的実施過程，更にはその後の鑑定資料の保存等に十分意を払い，適正に行う必要があることは当然である。」と指摘している。

DNA型鑑定の資料は微量なものが多く，その収集，保管，検査の経過において コンタミネーションの危険性が常に存在するので，捜査機関は，これら全ての経過が明らかになるような客観的な証拠を残しておき，弁護人に開示すべきである。これらの客観的な証拠が残されていない場合には，証拠上，コンタミネーションの可能性が残ることを排除できないというべきである。

Ⅳ　犯罪予防目的での防犯カメラによる録画について

　防犯カメラによる撮影に関して，大原氏は，捜査機関による犯罪予防目的での録画について，プライバシー侵害を抑える観点からは，無制限な録画を許容することは許されないが，少なくともその保存期間を一定期間に制限し，その後消去するなどの措置を取った場合の録画を許容することは否定されないように思えると述べている。
　しかし，たとえ犯罪が多発している繁華街の街頭など，一般的に犯罪が発生する蓋然性の高い場所において，捜査機関によって防犯カメラによる撮影が行われたとしても，一定期間の保存を前提にした録画まで許容すると，犯罪とは無関係の多数の人々が撮影され，その時の容貌，衣服，所持品，言動などがビデオカメラに録画されて，必要に応じて保存，利用されるおそれが生じる。防犯カメラを設置していることが外部に表示されていたとしても，撮影された人々は，撮影された映像が捜査機関によって録画，保存，利用されることまでは了解しているとはいえないのであって，一定期間の録画を許容することは，犯罪予防のための任意の手段として許される範囲を越えているというべきである。

（のじま・まさと）

12 科学的捜査
裁判の立場から ── コメント2

江口 和伸

I　はじめに
II　科学的証拠の内容
III　裁判手続において科学的証拠を用いる場合の留意点
IV　おわりに

I　はじめに

　社会の変化等により，犯罪ツールの高度化・複雑化等が進んでいることを背景に，科学的捜査及びそれにより得られた証拠（科学的証拠）が一層重要性を増すとともに，近時の科学技術の進歩により，科学的捜査が今後ますます充実したものになることが見込まれることや，科学的捜査の限界・留意点を認識する必要性等，大原論文が総論において指摘する諸点に異論は少ないと思われる。また，大原論文は各論としてDNA型鑑定と写真・ビデオ撮影について論じているが，そこでは，それらの実情や判例・裁判例等における議論の状況について，適切な指摘がなされていると思われる。
　以下においては，裁判の立場からということもあり，裁判手続において証拠として用いるという観点から，DNA型鑑定を中心として科学的証拠についてコメントをする。

II 科学的証拠の内容

　大原論文では，科学的捜査により得られた証拠を科学的証拠とする。一般に，科学的証拠とは，科学の特定の領域における原理・技術を応用することにより収集された証拠であって，その領域の専門家や技術の修得者等により検査等の実施や結果の解析等がなされる証拠である（長沼範良「科学的証拠の許容性」法教271号95頁，下津健司「科学的証拠」刑事公判法演習116頁参照）などとされている。その内容は正当なものであるといえるが，裁判手続においてその証拠能力や信用性等の判断がなされるという観点から科学的証拠を考えるに当たっては，科学的証拠が刑事裁判において一定の価値を認められるまでのプロセスに着目して，その内容を定義することが有用であると思われる。

　すなわち，一般に，犯行現場等や事件関係者等から収集された資料が，裁判手続において証拠として一定の価値を認められるまでのプロセスは，①犯行現場等や事件関係者等から資料を収集するまでの過程，②そのような資料から一定の情報を取得するまでの過程，③その情報が裁判手続において証拠としての価値を持ち得るように解析・検討される過程に大きく分けられる。そして，科学的証拠が，他の証拠との対比において「科学的知見の活用」がなされていることが特異であることを踏まえると，科学的証拠とは，①資料を収集する過程，②資料から情報を取得する過程，あるいは③取得された情報を解析・検討する過程のいずれかにおいて，論理則や社会生活上の経験則ではまかなえない科学的知見が必要となる証拠と定義することができよう（司法研究・科学的証拠3頁参照。なお，同報告書は，科学的証拠の概念として①の過程については含めていないが，これは同報告書の研究対象を特定するために科学的証拠の概念設定が行われていることによるものと思われる）。

　このように科学的証拠を定義することは，裁判手続において，科学的証拠についてその証拠能力や信用性等を検討するに当たり，当該科学的証拠のどのような点につき「科学的知見の活用」がなされているかを意識することを容易にし（同時に，このことは当該科学的証拠における，「科学的知見の活用」とは関係のない，科学的証拠ではない証拠が持つのと同様の問題が生じ得る点を明確に意識するこ

とも容易にする），最終的には，科学的証拠の的確な証拠評価につながるように思われる。

　このことをＤＮＡ型鑑定（ＳＴＲ型検査法）についていえば，同鑑定の結果等を記載した鑑定書は，①捜査員（鑑識係員等）によって犯行現場等から唾液や精液等の付着した物が押収されてから，検査の対象となるＤＮＡを増幅するまでの過程，②増幅されたＤＮＡからＤＮＡ型を検出・解析した上，別途入手した被疑者・被害者等関係者に係る対照資料のＤＮＡ型とを対比しその異同識別をする過程，③異同識別により得られたＤＮＡ型の一致がどの程度の出現頻度であるかの解析・検討をする過程を経て，これが書面化されて鑑定書となり，裁判手続において証拠として用いられることとなる（より詳細なＤＮＡ型鑑定の手順については大原論文のほか司法研究・科学的証拠95頁以下等を参照されたい）。

　このように，ＤＮＡ型鑑定においても，必要とされる科学的知見の内容は，証拠とされるまでの各過程において様々であるほか，その科学的知見が活用されるに至るまでのプロセスには，再現可能性を本質的な要素とする科学と同様の客観性や確実性があるとは認められない，人間の知識，経験，技能に基づく作業過程が含まれている。

　そうすると，裁判手続において，ＤＮＡ型鑑定の鑑定書が証拠として請求されてその証拠能力や信用性等が問題とされた場合においては，この各過程それぞれについて，その内容に応じた検討が必要となってくるのであって，その検討において問題とされる事項は，ＤＮＡ型鑑定で活用された科学的知見の検証にとどまらないといえる。

　以上のように，科学的証拠の内容を，これが証拠化されるまでのプロセスを踏まえて，分析的に考えることは，大原論文も指摘するような，科学的証拠の持つ有用性と限界を適切に把握するのに有用であろう。

Ⅲ　裁判手続において科学的証拠を用いる場合の留意点

　さらに，裁判手続における証拠として科学的証拠を用いる場合に留意すべ

き点としては，当該科学的証拠が証拠として証拠能力があり，さらに信用性を有するものか否かという点と，当該科学的証拠によって認められる事実が要証事実の認定においていかなる意味を持つのかという点を分けて考えなくてはならないという点である。

　実務において用いられるＤＮＡ型鑑定の鑑定書等の科学的証拠は，そこで活用される科学的知見の内容を含め，前述したような各過程に問題がなく，訴訟当事者においても証拠能力や信用性については問題としない場合も少なくない。しかしながら，仮に科学的証拠が高い信用性を有するものであったとしても，科学的証拠によって認められる事実が要証事実の認定においてどのような意味を持つこととなるのかはまた別の問題である。特に，科学的証拠は，その内容に科学という客観性や確実性を持つ論理を含むものであるため，要証事実の認定においてより客観的で確実な証拠による認定を志向する中で，当該科学的証拠の持つ価値が過大視されてしまうという危険性をはらんでいるといえることからすると，この点について意識をすることは重要である。

　したがって，科学的証拠を要証事実の認定に用いる場合においては，当該科学的証拠から認定できる事実はどのような事実であるかを具体的に捉え，さらには，その事実が，その他の証拠から認定される事実との関係においてどのような意味付けを有するのかを分析的に考えることが必要である。特に，科学的証拠により認定される事実は，ピンポイントの事実だけであり，その内容も情況証拠の一つとしてしか捉えられない場合が多いことからすると，要証事実の認定における意味付けは他の証拠から認定される事実との相関関係において与えられることが多いと思われる（司法研究・科学的証拠8頁以下，19頁以下，98頁以下参照）。

Ⅳ　おわりに

　以上のように，科学的証拠は，裁判手続における証拠としての有用性と限界があることを，当該科学的証拠の内容やこれにより認定される事実が要証

事実の認定において持つ意味付け等を踏まえて正しく理解し，個別具体的な事案に即して適正に評価されることが重要である。

(えぐち・かずのぶ)

13 新たな捜査手法
検察の立場から

白 井 智 之

Ⅰ　総　　論
Ⅱ　供述以外に主眼を置いた捜査手法
Ⅲ　供述に関わる捜査手法等
Ⅳ　結　　語

Ⅰ　総　　論

1　新たな捜査手法を論じる意義

　刑事訴訟の目的である適正な刑罰権行使を実現するに当たっては，犯罪情勢を含む社会の変化や科学技術の進歩等に応じ，それぞれの時代に即した捜査手法の導入が常に問題となるところ，新たな捜査手法の問題は，平成23年6月に開始された法制審議会新時代の刑事司法制度特別部会において議論の対象の一つとされるなど，刑事司法制度の領域における喫緊の検討課題の一つになっている。

　その背景事情としては，現代社会における犯罪の複雑・巧妙化や組織化等に伴う捜査の困難，取り分け，犯罪事実を立証する上で直接証拠となるような自白を含む供述証拠の獲得が困難になっている現状のほか，裁判員制度の導入を含む司法制度改革の影響等，様々なものが存在すると考えられる。しかしながら，最も重要なこととして，昨今の刑事司法を巡る様々な問題や批判，特に，「従前の刑事司法は，自白を中核とする，被疑者及び関係者に対す

る綿密な取調べ及びその結果作成される詳細な供述調書に余りにも依存し過ぎていたのではないか。」との問題意識なくして，新たな捜査手法の問題を考えることはできないと言うべきである。

　上記を踏まえれば，新たな捜査手法に関しては，取調べ及び供述調書の在り方の問題等を含む刑事司法制度全体を見据えた議論が必要である。その意味において，新たな捜査手法の議論は，いわゆる取調べの可視化の議論（その詳細については，本書299頁以下参照）等とも密接に関連するところ，ここでは新たな捜査手法自体に焦点を当てて論じることとしたい。

　なお，本稿執筆中も上記法制審議会特別部会における議論は進行中であったが，本稿は，その議論を参照しつつも，それとは別の立場から，私見に基づき作成したものである。

2　事案の真相解明から見た新たな捜査手法の必要性

　上記のとおり，新たな捜査手法の検討に当たっては，我が国の刑事司法制度全体を見据えた議論が必要であるところ，その中でも特に指摘しておきたいことは，刑事訴訟における事案の真相解明という視点である。

　すなわち，そもそも，刑事訴訟法の目的を規定した同法第1条が，「事案の真相を明らかに」することに言及しているとおり，いわゆる「無辜の不処罰」も含めて，適正な刑罰権行使を実現するためには，事案の真相解明が必要である。しかも，この点に関し，我が国では，伝統的に，自白事件も含めて，公判において緻密な証拠調べとこれに基づく詳細な事実認定が行われる（少なくともその可能性が存在する）ことを前提として，捜査段階においては，捜査を尽くして事案の真相を解明することが求められており，その中で，当該事案の真相を直接的かつ詳細に明らかにするものとして，取調べ及び供述調書の役割が大きかったと考えられる。

　そして，このような捜査及び公判の実情は，裁判員裁判も含め，我が国の刑事司法制度自体と結び付いたものと考えられる。すなわち，我が国においては，被告人の有罪答弁により証拠調べを不要とするいわゆる有罪答弁制度を採用しておらず，また，否認事件においては，「疑わしきは被告人の利益

に」を前提として，判決において，有罪・無罪という結論のみならず，その結論に至った判断経過を証拠関係に基づいて説明するものとされていることに加え，刑事実体法における法定刑の幅の広さや酌量減軽に関する規定（刑67条）等の存在の一方で，いわゆる量刑ガイドラインの不存在により，裁判所は，広範な裁量の範囲内で様々な事情を考慮に入れて最終的な量刑を決することが必要であり，しかも，これらの点に関する裁判所の判断は，上級審における審査の対象となり得る（刑訴法381条，382条等）。このような制度の下では，犯罪事実の認定，量刑判断のいずれの観点からしても，公判における緻密な証拠調べとこれに基づく詳細な事実認定が求められることは言わば必然と考えられる。その結果，捜査段階においては，あらゆる状況を想定した上で，そのような公判に対応し得る捜査が求められるところ，これは，とりもなおさず，徹底した捜査による事案の真相解明が求められることに他ならない。

そして，ここで重要なことは，そのような徹底した捜査による事案の真相解明が，刑事司法に対する一般国民や被害者・遺族の期待にも沿ったものであるという点である。我が国刑事司法制度において，刑罰権行使に当たり必ずしも事案の真相解明を前提としない制度の導入可能性を否定するものではなく，新時代の刑事司法制度という観点からは，そのような制度も視野に入れた刑事司法制度の抜本的改革も検討すべきではあるが，上記のような一般国民等の期待を踏まえると，いかなる制度を導入するにせよ，刑事訴訟における事案の真相解明の重要性が失われることはないと考える。

したがって，新たな捜査手法に関しては，これにより制約あるいは侵害される可能性がある個人の権利の保障とのバランスの観点を忘れてはならないことは当然であるとしても，事案の真相解明という視点を常に念頭に置く必要があり，その観点から見て有効な捜査手法を積極的に導入していく必要がある。特に，これまで事案の真相解明の上で大きな役割を果たしていた取調べ及び供述調書について，その在り方を見直すことを前提とすれば，新たな捜査手法の必要性はより一層高まると考えられる。

3 検討対象となる捜査手法

従前の刑事訴訟実務における取調べ及び供述調書への依存に関する問題意識からすれば，客観証拠をより重視すべきであるとの声が強く挙がることは自然である。そのような観点からは，供述以外に主眼を置いた捜査手法，具体的には，後述する通信傍受及び会話傍受，身分秘匿等捜査，ＤＮＡ型データベースといった制度の在り方が問題となる。

もっとも，客観証拠については，事案の真相解明という観点から見ると，それ自体は断片的なものや間接的なものであることが多いほか，多面的な見方が可能なものも少なくない。本来，事案の真相解明は，そうした客観証拠と被疑者・被告人を含む関係者の供述が相俟って達成されるものであり，その意味において，供述を軽視することはできない。したがって，被疑者・被告人を含む関係者の供述を得る手法に関する検討もまた重要である。そして，この点に関しては，後述する刑事免責制度の導入の可否が問題となるほか，いわゆる司法取引に関する議論を避けて通ることはできず，さらに，黙秘した事実からの推認や被疑者・被告人による虚偽供述の犯罪化等，「捜査手法」ではない制度も含めた総合的な検討が必要である。

II 供述以外に主眼を置いた捜査手法

1 通信傍受及び会話傍受

傍受とは，現に行われている他人間の情報伝達等について，当該情報伝達等の当事者のいずれの同意も得ないで，その内容を把握することであり，このうち，電気通信を介して行われる情報伝達等の内容を把握するものが通信傍受である。これに対して，電気通信を介さずに行われる情報伝達等，例えば，当事者同士が対面で行う会話等の内容を把握するものが，いわゆる会話傍受と呼ばれる捜査手法であり，この会話傍受については，通常，捜査対象者の居宅等に傍受用機器を秘密裏に設置して実施することが想定されている。なお，当事者の一方が相手方に無断で会話の録音を行う，いわゆる秘密

録音については，上記傍受の概念には含まれず，基本的に任意捜査として許容されるものと解されるので，ここでの検討対象には含まない。

　我が国において，通信傍受に関しては，犯罪捜査のための通信傍受に関する法律（以下「通信傍受法」という。）の規定に従って実施することが認められているが，1年間当たり千件ないし万件単位で通信傍受が実施されている諸外国に比べ，その実施件数は極めて少ない。上記法制審議会特別部会の資料によれば，我が国の1年間当たりの傍受令状の発付件数は20から30件程度であり，また，事件数で言えば，法施行から平成23年までの10年間余りの期間で，合計67件の事件で実施されたにとどまっている。その理由については，一概には言えないが，通信傍受法の対象罪種が薬物犯罪等に限定されていることに加え，実施の要件が厳しく，通信事業者の立会い（通信傍受法12条）を含め，実施に当たって実務上様々な困難に直面することなどが考えられる。

　他方，会話傍受に関しては，これを法制度上認めて活用している諸外国の例も少なくないが，我が国においては直接これを規定した法令が存在しない。現に行われている他人間の会話等の把握については，最高裁判例において適法性が認められた容ぼうの撮影と同様に（最大判昭和44・12・24〈刑集23巻12号1625頁〉，最決平成20・4・15〈刑集62巻5号1398号〉等），一定の要件の下で任意捜査として許容される余地があると考えられる。しかしながら，少なくとも，捜査対象者の居宅等の私的領域内に傍受用機器をあらかじめ設置して，同所における会話等を，その当事者のいずれの同意も得ることなく把握する手法による捜査は，任意捜査の範囲を超えており，強制捜査に当たるものと考えられる（なお，このような会話傍受については，通信傍受法制定以前に電話の傍受が検証に関する規定（刑事訴訟法218条1項等）に基づき行われていたのと同様に，検証として行うことの可否が問題となるが，学説としては，実施できないとする見解が有力に主張されている（酒巻匡「組織的犯罪対策に関する刑事手続立法について（上）――証人の保護及び通信傍受――」現刑1巻7号60頁参照））。

　通信傍受にせよ会話傍受にせよ，捜査対象者による犯罪事実に関する「生」の情報伝達等をそのまま直接把握しようとするものであり，これを録音機器等によって記録した場合には，犯人の特定や共謀の立証に関する直接証拠，

しかも，明白な証拠になり得るという意味において，極めて有効な捜査手法である。通信の秘密あるいはプライバシーの保護等の観点が必要であることは当然であるが，現代社会における犯罪の複雑・巧妙化や組織化等の一方で，我が国においてこれらの捜査手法が必ずしも有効に活用されていない現状を踏まえると，これらを有効に活用し得る環境整備が必要である。具体的には，通信傍受については，対象罪種の拡大やその実施方法に関する要件の見直し等の法改正，会話傍受については，傍受用機器を設置する場所への秘密立入権を含めて，これを認める新規立法をそれぞれ検討すべきであると考える。

2　身分等秘匿捜査

身分等秘匿捜査とは，広く言えば，捜査機関あるいはその協力者が，その身分や捜査の意図等を秘して捜査対象者あるいは関係者と接触し，証拠の収集等を行う捜査手法である。一般におとり捜査と呼ばれる，身分等を秘して捜査対象者である相手方に働き掛け，相手方がこれを受けて犯罪の実行に出たところで，現行犯人逮捕等により摘発する捜査手法は，この身分等秘匿捜査の一類型として整理可能である。ただし，身分等秘匿捜査については，おとり捜査のように将来の犯罪行為を対象とする場合に限られず，既に行われた過去の犯罪行為を対象とする場合も含めて検討する必要がある。

身分等秘匿捜査についても，これを法制度上認めて活用している諸外国の例が少なくないが，我が国においては，直接これを規定した法令は存在しない（なお，おとり捜査に関連する規定として，捜査機関による麻薬やけん銃等の譲受けに関する規定は存在する〈麻薬及び向精神薬取締法58条，銃砲刀剣類所持等取締法27条の3〉。）。もっとも，最高裁判例は，おとり捜査について，一定の要件の下で任意捜査として許容されるとしており（最決平成16・7・12〈刑集58巻5号333頁〉），我が国においても，身分等秘匿捜査は一定の範囲で許容されていると考えられる。

しかしながら，上記判例は，薬物犯罪に関するおとり捜査についてのものであり，その主たる争点は犯罪の実行に結び付いた捜査機関側からの働き掛けの点にあったことからすれば，その射程範囲は限られており，身分等秘

匿捜査一般の実施根拠となるようなものではない。そして，身分等秘匿捜査の実施に当たっては，その実効性の観点から，偽名使用や身分偽装等といった積極的な仮装行為を認める必要もあるところ，刑法上正当行為として違法性を阻却される余地は十分にあるものの（刑法35条），現行法にはこの点を含む身分等秘匿捜査に関する直接の根拠規定が存在しない。その結果，我が国では，実質的には身分等秘匿捜査を積極的に活用できない現状にあると言える。

身分等秘匿捜査は，通信傍受や会話傍受と同様に，捜査対象者あるいは関係者による犯罪事実に関する「生」の言動等を直接把握しようとするものであるという点において，極めて有効な捜査手法の一つである。その意味において，これを活用し得るよう，身分等秘匿捜査に関する法制度の導入についても積極的に検討すべきであると考える。ただし，その検討に当たっては，身分等秘匿行為，特に，積極的な仮装行為と我が国に存在する種々の身分証明に関わる制度の整合性のほか，身分等を秘匿した上で行う捜査活動の許容範囲や法令に抵触する行為を行った場合における免責の問題，さらには，私人による協力・関与の可否及びその範囲等，様々な角度からの検討が必要であると考えられる。また，捜査従事者等による公判での証言を想定すれば，当該捜査従事者等の身元秘匿等の証人保護的措置といった，公判における立証等の観点からの検討も必要となろう。

3　DNA型データベース

（DNA型鑑定の意義等については，本書445頁以下参照）

科学技術の進歩に伴ってDNA型の判定手法が飛躍的に向上・普及した現状において，DNA型は，指紋と並んで，犯人を客観的に特定する上で極めて有力な手がかりであり，過信は禁物であるとしても，捜査上極めて重要な位置を占めている。DNA型データベースは，被疑者のDNA型や犯罪現場等に遺留された資料から検出されたDNA型のデータを収集・蓄積し，これをデータベース化することにより，犯人の特定等に役立てようとするもので，犯人特定の上で客観性のある極めて有力な捜査手法の一つと言える。な

お，ここで収集・蓄積の対象とするＤＮＡ型のデータは，あくまでも個人識別すなわち人の同一性確認のための情報であることに留意が必要である。
　我が国において，ＤＮＡ型データベース自体について直接規定した法律はないものの，国家公安委員会規則としてＤＮＡ型記録取扱規則が定められ，既に構築・運用が行われている。もっとも，我が国におけるＤＮＡ型データベースの登録件数は，上記法制審議会特別部会の資料によれば，平成23年12月末現在で約19万件にとどまっており，米国の約830万件（2010年時点），英国の約560万件（2009年時点），フランスの約120万件（2009年時点）といった諸外国における登録件数を大幅に下回っている。こうした登録件数の違いは，基本的に，これら諸外国においては，個別の事案あるいは被疑者に対する捜査上の必要性を離れ，一定の範疇に属する被疑者について，その同意なしにＤＮＡ型判定のために身体資料を採取する制度を採用しているのに対し，我が国においてはそのような制度を採用しておらず，その採取に当たっては，個別の事案あるいは被疑者に対する捜査上の必要性を前提として，対象者の同意を得るか，あるいは，個別に令状を得ていることによるものと考えられる。
　ＤＮＡ型データベースは，犯人特定の上で客観性のある極めて有力な捜査手法であるが，これが有効に機能するためには，より多くのＤＮＡ型がデータベースに登録される必要がある。そのような観点から我が国と諸外国を比較した場合，我が国におけるＤＮＡ型の登録件数は十分でなく，諸外国と同様に，一定の範疇に属する被疑者について，ＤＮＡ型データベースへの登録を前提として，その同意なしに身体資料の採取及びそのＤＮＡ型判定を行うことを検討すべきと考える。その場合，身体資料の採取を認める被疑者の範囲が問題となるが，鑑定に要する種々のコスト等の実務上の問題点を度外視すれば，個人識別という意味においてＤＮＡ型と共通性を有する指紋について，刑事訴訟法が，身体の拘束を受けている被疑者について，令状によることなく指紋の採取等を行うことができる旨の規定を置いているように（刑訴法218条3項），これと同様の範囲とすることも考えられよう。
　なお，ＤＮＡ型データベースに関しては，データベースの構築・運用自体に関する法整備の必要性も一応問題となる。もっとも，この点は，捜査機関

が法令に基づいて取得した個人識別のための人のＤＮＡ型のデータという情報の取扱いの問題であり，それ自体は直ちに強制捜査に当たるものではないと解される。したがって，情報管理を含むデータベースの構築・運用が適正に行われなければならず，これを確保するための措置を講じることは当然であるとしても，この点から，直ちに，ＤＮＡ型データベース自体について直接規定した法律の制定が要求されるものではないと考える。

Ⅲ　供述に関わる捜査手法等

1　刑事免責

　刑事免責とは，一般に，自己負罪拒否特権に基づく証言拒絶権の行使により犯罪事実の立証に必要な供述を獲得できないという事態に対処するため，共犯等の関係にある者のうち一部の者に対して，免責の付与によりその自己負罪拒否特権を失わせて供述を強制し，当該供述を他の者の有罪立証の証拠にしようとする制度をいう。

　我が国現行法上には刑事免責に関する規定は存在しないが，これが問題となった判例として，いわゆるロッキード事件丸紅ルートの上告審判決がある（最大判平成7・2・22〈刑集49巻2号1頁〉）。同判例は，検事総長による不起訴確約の宣明等を前提として得られた米国在住の関係者の嘱託証人尋問調書について，我が国刑事訴訟法が刑事免責に関する規定を置いていないことを理由として，その証拠能力を否定したが，他方で，「我が国の憲法が，その刑事手続等に関する諸規定に照らし，このような制度の導入を否定しているものとまでは解されない」としており，法改正による刑事免責制度の導入可能性を認めたものと解される。

　刑事免責の導入に関しては，上記判例でも触れられているように，その対象範囲や手続要件，効果等を法律上いかに定めるのかといった点が問題となることは当然であるが，そもそも，前提として，共犯等，本来であれば処罰の対象となり得る者に対して，供述と引き換えに免責を付与することが，一般国民から見て真に公正なものと言えるか，それを認めるべきはいかなる場合

かという大きな問題が存在する。特に、刑事免責は、犯罪行為あるいは犯罪組織のより中核に位置する者に対して適用するほど、より重要な供述を得られる可能性が高いが、他方で、そうした者ほど本来は免責の対象とすべきではないというのが一般国民の率直な感覚と思われ、その意味において、刑事免責制度は、その導入に当たっても運用に当たっても、微妙なバランスが求められる制度と考えられる。また、刑事免責は、共犯等を対象とするものであることから、供述に対して心理的抑制がかかりやすい対象者に供述を促す方策として、免責の付与にとどまらず、供述を拒否した場合における制裁等や、逆に、供述する場合における証人保護措置等の在り方についても検討が必要となろう。このような点において、その導入には、いくつもの問題を解決する必要があると考えられる。

　もっとも、他方で、刑事免責制度は、従来型の取調べによることなく、共犯等から犯罪事実に関する重要な供述を直接得ることを可能にするものであり、事案の真相解明の点から見て極めて有効な手法である。十分な検討が必要ではあるものの、上記のとおり取調べ及び供述調書の在り方を見直すに当たっては、従来これらが果たしてきた機能を補うものとして、導入を検討すべきものの一つであると考える。

2　司法取引

　司法取引とは、一般には、被疑者・被告人が有罪であることを認めたり捜査機関に協力したりする見返りに、検察官が訴因の縮小や求刑の軽減等の利益を供与するといった合意を検察官と弁護人、被疑者・被告人との間で成立させることをいい、これにより、被疑者・被告人は、判決等に関して当該合意に基づく利益を享受することになるものである。司法取引には、大別して、被疑者・被告人が有罪であることを認める見返りに利益を供与するものと、捜査機関への協力の見返りに利益を供与するものがあり、前者を自己負罪型司法取引、後者を捜査協力型司法取引と呼ぶことができる。

　司法取引に関しては、その存在を前提とした法制度に立つ諸外国の例も少なくないが、我が国現行法では、司法取引に関する規定はなく、法制度と

してこれを採用していない。司法取引は，基本的に，当事者主義の下，検察官が，その訴追裁量権を背景として，弁護人等との間で行う協議及び合意という過程を経て成立するものであるところ，現行刑事訴訟法は，いわゆる起訴便宜主義を採用して検察官の訴追裁量権を認めていることに加え（刑訴法248条），科刑等に制限のある略式手続（刑訴法461条以下）や即決裁判手続（刑訴法350条の2以下）について，検察官の請求又は申立てによることとする一方で，被疑者に異議がないこと，あるいは，被疑者・弁護人の同意が要件とされており，訴追側と被疑者・弁護人側との間の合意的な要素を看取し得る手続を既に採用しているとの評価も可能であろう。これらに照らせば，我が国の刑事司法制度においても司法取引を認める素地はあるとも言い得るが，他方で，被疑者・被告人に対して処罰の軽減等の利益を与えること及びそうした処罰の軽減等が被疑者・被告人側との「取引」によって決定されることが，一般国民から見て，刑事司法の在り方として支持され得るかについては十分な検討を要すると考えられる。

　また，事案の真相解明という観点から司法取引を見た場合，捜査協力型司法取引については，刑事免責と同様，事案の真相解明に向けられたものと考えられるが，自己負罪型司法取引については，事案の真相解明に直接資するものとは言い難い。自己負罪型司法取引についても，これにより生じる捜査機関等の余力を他事件の捜査等に振り向けることでその真相解明に資するという機能があると考えられるものの，一次的には，訴訟経済上の意味が大きく，それ故，司法取引の対象となった事案自体については，事実認定が相当程度簡略化等され，あるいは，訴因の縮小等といった形で審理の俎上から外される可能性すらある。具体的な制度設計によるものの，一般国民や被害者・遺族にとっては，事案の真相解明を犠牲にする可能性があるものとして，消極的に受け取られるおそれは否定できないと考える。

　したがって，司法取引制度を導入するに当たっては，我が国の刑事司法制度の在り様に関わる制度であるという意味において慎重な検討が必要であるが，加えて，そもそも一般国民から見て真に公正な制度と言えるかという観点から，乗り越えるべき問題が少なくなく，特に，自己負罪型司法取引に関

しては，これを導入するとしても，その適用範囲には限界があると考える。他方，捜査協力型司法取引については，事案の真相解明に資するという観点から，自己負罪型司法取引よりも導入上の問題は小さいと考えるが，自己の刑責の軽減を図り他人を引き込む虚偽供述の危険性の観点から，その制度構築及び運用に当たっては，この点に対する十分な配慮が必要であると考える。

3　黙秘した事実からの推認，被疑者・被告人による虚偽供述の犯罪化

　黙秘した事実からの推認は，被疑者・被告人が黙秘した場合に，その黙秘の事実自体から適当と思われる推認を認めるものであり，英国において法律上認められているものである。また，被疑者・被告人による虚偽供述の犯罪化は，我が国現行法上は処罰の対象とならない被疑者・被告人が行った虚偽供述を処罰の対象とするものであり，米国及び英国においては，被告人が公判における自己の供述を証拠とするためには証人として宣誓の上証言しなければならないとされており，被告人が証人としてした虚偽供述も偽証罪による処罰の対象とされているほか，米国においては，捜査段階における被疑者の虚偽供述も処罰の対象とされている。

　黙秘した事実からの推認の制度を導入するに当たっては，憲法上保障された黙秘権との整合性，これと抵触しない推認の許容範囲といった大きな問題を解決する必要がある。また，被疑者・被告人による虚偽供述の犯罪化については，そもそも刑法上犯人自身による積極的な証拠隠滅が処罰対象とされていないこと（刑法104条）などとの整合性も踏まえ，いわゆる司法妨害に当たるような行為に対する処罰の在り方全般を見据えた検討が必要である。こうした問題はあるものの，いずれの制度についても，被疑者・被告人に対して真実を語る動機付けとなる効果を有するという意味において，事案の真相解明に資するものと評価することができ，「捜査手法」そのものではないものの，新たな捜査手法と併せて検討に値するものと考える。

Ⅳ 結　語

　最後に，我が国の刑事司法制度を取り巻く昨今の情勢に照らせば，新時代のあるべき刑事司法制度という視点からの総合的かつ抜本的な制度改革が求められているところ，新たな捜査手法の導入及び活用は，その柱の一つとなるべきものである。したがって，新たな捜査手法に関しては，これにより制限あるいは侵害される可能性がある個人の権利との関係が常に問題となり，それ故，ともすれば消極的に受け止められることもあるものの，新時代のあるべき刑事司法制度という観点からは，積極的な導入姿勢で臨むことが求められると考える。

　〔追記〕

　本稿を執筆していた平成24年当時，法制審議会新時代の刑事司法制度特別部会における議論が継続中であったところ，その後平成26年7月，同特別部会において，「新たな刑事司法制度の構築についての調査審議の結果【案】」が取りまとめられた上，同年9月の法制審議会総会における審議・採決の結果，同【案】が全会一致で原案どおり採択され，直ちに法務大臣に答申された。そして，同答申を踏まえ，平成27年の第189回通常国会に「刑事訴訟法等の一部を改正する法律案」が提出された。同法律案の内容には，本稿に関わるものとして，①証拠収集等への協力及び訴追に関する合意制度の創設，②刑事免責制度の創設，③通信傍受法における対象事件の範囲の拡大等が含まれているが，他方で，例えば会話傍受のように，法制化が見送られ，今後の検討に委ねられたものもある。したがって，上記調査審議の結果において，「刑事司法制度を取り巻く情勢等は常に変化していくのであり，刑事司法制度が『時代に即した』ものであり続けるためには，今後，他の新たな制度の挿入についても検討がなされることが必要とされよう」と述べられているとおり，引き続き，新たな捜査手法について社会情勢等を踏まえた不断の検討が求められることとなろう。

（しらい・ともゆき）

13 新たな捜査手法
弁護の立場から ── コメント1

河津　博史

I　「事案の真相解明」のために何が必要か
II　「供述以外に主眼を置いた捜査手法」について
III　「供述に関わる捜査手法等」について

I　「事案の真相解明」のために何が必要か

　白井論文は，新たな捜査手法の検討に当たり，刑事訴訟における「事案の真相解明」という視点を強調している。刑事訴訟において「事案の真相解明」が目指されるべきこと，そして，その観点から見て有効な捜査手法につき，制約あるいは侵害される可能性がある個人の権利の保障とのバランスの観点を念頭に置きつつ，検討すべきこと自体に異論はない。

　ここで留意すべきなのは，捜査機関が形成した心証は仮説にすぎず，必ずしも「事案の真相」ではないことである。仮説を「事案の真相」と錯覚して，これに合致する情報のみを証拠として収集し，合致しない情報を排除するような捜査は，決して「事案の真相解明」に資するものでない。

　新たな捜査手法は，取調べの録音・録画制度の導入や証拠開示制度の拡充とともに，法制審議会新時代の刑事司法制度特別部会において，検討対象とされた。同特別部会は，郵便不正・厚労省元局長無罪事件（大阪地判平成22・9・16〈判タ1397号309頁〉），同事件の主任検察官による証拠隠滅事件（大阪地判平成23・4・12〈判タ1398号374頁〉），さらには，その上司であった元大阪地検特捜

部長及び同部副部長による犯人隠避事件（大阪地判平成24・3・30〈裁判所ウェブサイト〉，大阪高判平成25・9・25〈高刑集66巻3号17頁〉）という一連の事態を受けて開催された「検察の在り方検討会議」の提言を踏まえ，設置されたものである。これらの事件では，組織的な捜査の中で，複数の検察官が仮説に合致する供述を求めて追及的な取調べを行い，仮説に合致する内容虚偽の供述調書を多数作成し，仮説と矛盾する証拠物を隠滅し，仮説と整合しない客観的事実から目を逸らして，無辜を処罰しようとしたことが明らかになった。これらの事件に関与した検察官らは，主観的には「刑事司法に対する一般国民（や被害者・遺族）の期待」に沿うべく「徹底した捜査による事案の真相解明」を追求しながら，客観的には「事案の真相解明」を害する行為に及んでいた。このことを教訓として，刑事司法制度のあり方を検討しなければならない。

　仮説に合致する証拠を選択的に認知したり，判断において重視したりするのは，人間の心理として一般的な傾向であり，そのような認知や判断は無意識のうちに行われるものであるから，捜査官の心構えのみによって解消される問題ではない。組織的な捜査の中で一連の事態が発生していることからも明らかなように，捜査機関内部のチェック機能には限界がある。

　「事案の真相解明」を追求する捜査機関により「事案の真相解明」を害する行為が行われ，無辜が処罰されないようにするためには，反対当事者である弁護側による有効なチェックを可能にする仕組みを設けることが必要である。刑事訴訟法の目的を規定した同法第1条は「事案の真相を明らかに」することに言及しているが，それは「徹底した捜査」のみによって達成され得ると想定されているものではない。当事者主義及び公判中心主義を基本原理とする刑事訴訟法は，公判を通じて，有効かつ徹底した防御が行われ，その結果として「事案の真相解明」が達成されることを想定しているはずである。新たな捜査手法を検討するにあたっても，弁護側による有効なチェックを可能にするという視点は，欠くことのできないものある。

Ⅱ 「供述以外に主眼を置いた捜査手法」について

　従前の刑事司法が依存していた供述証拠は，正確性が損なわれやすく，変容しやすいものであり，今後は客観証拠をより重視すべきである。もっとも，「供述以外に主眼を置いた捜査手法」として掲げられているものは，いずれも，プライバシー等の個人の権利と抵触するものであるから，その導入や拡大については，慎重な検討が必要である。

　弁護側による有効なチェックを可能にするという視点からは，これらの捜査手法によって収集された証拠が適切に開示されることが重要である。弁護人は検察官とは異なる視点から証拠を検討するべき立場にあり，仮にそれらの証拠に第三者のプライバシー情報が含まれていたとしても，刑罰を受ける危険に直面している被告人の防御権を劣後させるべきではない。仮説と矛盾する証拠物が隠滅された郵便不正・厚労省元局長事件の経験も踏まえれば，捜査機関がどのような証拠を収集したのかを明らかにし，弁護側に開示する必要性は大きいというべきである。新たな捜査手法を検討するにあたっては，適切な開示を確保する方法もあわせて検討されるべきである。

Ⅲ 「供述に関わる捜査手法等」について

1 取調べ及び供述調書への依存を見直すことの意味

　「供述に関わる捜査手法等」を検討するにあたっては，「従前の刑事司法は，自白を中核とする，被疑者及び関係者に対する綿密な取調べ及びその結果作成される詳細な供述調書に余りにも依存し過ぎていたのではないか」との問題意識の意味を再確認する必要がある。白井論文は，このような問題意識を指摘する一方で，「事案の真相を直接的かつ詳細に明らかにするものとして，取調べ及び供述調書の役割が大きかった」とする。しかし，そのような取調べ及び供述調書への基本的評価が前提となるのであれば，「依存」を見直す必要は生じなかったのではないだろうか。取調べ及び供述調書への依存が見直されるべきものとされたのは，それらが必ずしも「事案の真相解明」に資

るものではなく，無辜の処罰の危険が大きいことが認識されるに至ったからにほかならない。

　そもそも，人の供述は，知覚の過程でも，記憶の過程でも，表現の過程でも，正確性が損なわれやすく，変容しやすい証拠である。取調べにおいて，国家権力を背景とした取調官から，身体を拘束され又は身体を拘束されること等への恐怖を感じている被疑者に心理的圧力が加えられたとき，容易にその供述は仮説に合致する方向に変容し得る。供述調書においては，取調官がこれを作成する過程で，その内容は一段と仮説に合致する方向に変容する。このようにして，取調官の仮説に合わせて，被疑者が虚偽の自白をし，内容虚偽の供述調書が作成されるというのが，郵便不正・厚労省元局長無罪事件を含む冤罪事件の経験から明らかになったことである。罪を犯した人を処罰するために，取調べはきわめて有効な捜査手法であったのであろう。しかし他方で，供述は正確性が損なわれやすい証拠であり，取調べや供述調書を通じて，容易に捜査機関の仮説に合致する方向に変容するものであることを踏まえずに，「事案の真相解明」を実現することはできない。

2　捜査・公判協力型協議・合意制度及び刑事免責制度

　法制審議会新時代の刑事司法制度特別部会は，平成26年7月，「新たな刑事司法制度の構築についての調査審議の結果」を取りまとめ，そこでは，取調べの録音・録画制度の導入等とあわせて，捜査・公判協力型協議・合意制度及び刑事免責制度の導入が提言された。捜査・公判協力型協議・合意制度及び刑事免責制度は，いずれも共犯者等をして，免責等の利益の付与と引き換えに，検察官の仮説に合致する供述等を提供させるものである。共犯者の供述は，もとより引込みの危険があることから，その信用性を慎重に検討すべきものであるが，共犯者が利益の付与と引き換えに検察官の仮説に合致する供述をする場合においては，とくに警戒が必要である。

　捜査・公判協力型協議・合意制度においては，検察官と合意をする被疑者・被告人（共犯者）の弁護人の同意が必要的とされているが，ここでの弁護人の同意は，合意に基づく供述の信用性を有効に担保するものではないことに留

意しなければならない。弁護人は，自らの依頼者である被疑者・被告人の自己決定権を尊重し，その権利及び利益を擁護するため最善の弁護活動に努める義務を負っている（弁護士職務基本規程46条）。したがって，自らの利益のために検察官と合意をしようとする被疑者・被告人の弁護人は，被疑者・被告人が合意すれば虚偽供述をする旨を明言しているような例外的な場合は別として，同意を拒むべき立場にはないからである。

　また，捜査・公判協力型協議・合意制度においては，合意をした被疑者・被告人の捜査機関に対する虚偽供述を処罰する規定が設けられているが，この処罰規定は，かえって真実の供述を困難にする方向に作用することにも，留意すべきである。すなわち，身体を拘束され又は身体を拘束されること等への恐怖を感じていた被疑者が，自らの利益のために合意をして，捜査機関に対し仮説に合致する虚偽供述をした場合，公判において真実の証言をするためには，虚偽供述罪で訴追・処罰される危険を冒さなければならないことになる（刑の任意的減免では，その危険が除去されるとはいえない）。郵便不正・厚労省元局長事件においても，共犯者とされた者に保釈等の利益が付与され，仮説に合致する内容虚偽の供述調書が作成されたが，これらの者の一部は，公判においては真実の証言をすることができた。しかし，合意をした被疑者・被告人の捜査機関に対する虚偽供述が処罰対象となったとき，公判において真実の証言をすることができず，仮説に合致する虚偽の証言がなされる危険は，より大きいものとなる。

　捜査・公判協力型協議・合意制度は，合意に基づいて，あるいは合意に基づく供述を手掛かりとして，客観的な証拠の収集を可能にするという点では，「事案の真相解明」に資する面もある。しかし，公判において合意に基づく供述を証拠とする場面では，上記のとおり，自らの利益と引き換えに捜査機関の仮説に合致する供述をし，かつこれを撤回することが困難な状況が認められる以上，一般的に信用性を肯定すべきではない。利益の付与によって供述が変容したことが疑われる場合，そのような供述は，公訴事実の認定を根拠付ける証拠としての信用性に欠けるというべきであろう。仮説に合致する供述の信用性を安易に肯定することは，「事案の真相解明」を害し，無辜を

III 「供述に関わる捜査手法等」について

処罰するという取り返しのつかない過ちにつながるものである。そのような過ちが起こらないようにするためには，弁護側が有効なチェックをすることに加え，裁判所が厳格な信用性判断をすることが不可欠である。

最高検察庁は，平成26年6月，「公判請求が見込まれる身柄事件であって，事案の内容や証拠関係等に照らし被疑者の供述が立証上重要であるもの，証拠関係や供述状況等に照らし被疑者の取調べ状況をめぐって争いが生じる可能性があるものなど，被疑者の取調べを録音・録画することが必要であると考えられる事件」及び「公判請求が見込まれる事件であって，被害者・参考人の供述が立証の中核となることが見込まれるなどの個々の事情により，被害者・参考人の取調べを録音・録画することが必要であると考えられる事件」を対象として，取調べの録音・録画を行うものとする旨の「取調べの録音・録画の試行指針」を公表した。捜査・公判協力型協議・合意制度を適用するような事件は，当該共犯者の供述が立証上重要な事件であるはずであるから，その取調べについては，初期供述の場面を含めて全過程を録音・録画することにより，弁護側の有効なチェックを可能にし，公判で供述の信用性を慎重に検討できるようにする必要がある。仮説に合致する供述のみを記録し，供述の一貫性を装うことは，「事案の真相解明」を害するものである。供述が変遷しているのであれば，その事実を正確に示した上で，裁判所の厳格な信用性判断を受けるのが，「事案の真相解明」に貢献する態度である。捜査・公判協力型協議・合意制度が適用されて検察官主張に沿う内容の供述がなされた場合において，検察官が取調べ全過程の録音・録画を怠っていたときは，利益の付与によって供述が変容したことが強く疑われるというべきである。

なお，実務の現場では，従前から，共犯者等の取調べにおいて，保釈や起訴猶予といった利益の付与と引き換えに，仮説に合致する内容の供述に応じさせるという事実上の取引が，少なからず行われてきた。そのような事実上の取引は，ほとんどの場合，取引が行われた事実自体が弁護側に明らかにされず，有効なチェックが不可能であった。捜査・公判協力型協議・合意制度が導入された後は，その制度の要件を欠く事実上の取引は，違法であることが明確にされるべきである。

3　黙秘した事実からの推認

　最後に，白井論文は，「黙秘した事実からの推認」について，「事案の真相解明に資するもの」として，「検討に値する」とする。しかし，憲法上明確に自己負罪拒否特権を保障しているわが国において，黙秘した事実からの不利益推認が許容される余地はないというべきである。黙秘した事実から不利益な推認をすることは，取調べにおいて仮説に合致する供述を強要する圧力を強めることにほかならない。正確性を損ないやすい供述という証拠の性質や，取調べにおいて虚偽自白が強要されてきた経験を踏まえると，「事案の真相解明に資する」との評価は，適切でないと思われる。

（かわつ・ひろし）

13 新たな捜査手法
裁判の立場から ── コメント2

村越　一浩

I	客観的，物的証拠の質的変化
II	捜査の在り方をめぐる近時の議論
III	新たな捜査手法の導入について
IV	今後の検討課題

I　客観的，物的証拠の質的変化

　刑事裁判に長年携わっていると，法廷で取り調べる証拠の違い，とりわけ客観的，物的証拠の質の違いに時代の変化を感じることが少なくない。筆者が任官した平成3年頃は，犯行現場の遺留品等の押収物（証拠品）や，事件現場を撮影した写真がその中心であった。近時の刑事裁判では，情報化社会の進展を背景として，以前には考えられなかった多様な証拠が捜査機関（時には被告人側）により収集されて，法廷で取り調べられるようになった。具体的には，携帯電話の発着信履歴のほか，パーソナルコンピューター，携帯電話，スマートホン等に保存された電子メールやSNSのメッセージ，関係者の携帯電話やICレコーダー等に保存された音声，画像，動画等，街頭に設置された防犯カメラや車載のドライブレコーダーの映像等である。これらは，犯行前後の関係者間の連絡や相互のやり取りの状況，犯行状況等に関する有力な証拠であり，被告人と被害者の供述が相対立するような事件，共犯者との共謀の有無が問題となるような事件においては，供述の信用性を吟味する上で

大いに役立っている。

　また，犯人と被告人の同一性に関する物的証拠としては，以前は指紋がその代表格であった。指紋は，同一性の認定としては強力な証拠であるものの，不鮮明な指紋については鑑定技術上対象不能とされることもあり，十分な検出ができない恨みもあった（三好幹夫「指紋の証明力」大阪刑事実務研究会『証拠法の諸問題（下）』〈2001年，判例タイムズ社〉682頁以下参照）。しかしながら，現在はＤＮＡ型鑑定の技術が飛躍的に進歩したことで，現場に遺留された微物等を手がかりに犯人が検挙されるケースも多く，その後の裁判においても，犯人と被告人との同一性の有無に関する有力な証拠の一つとして機能している（司法研究・科学的証拠78頁以下参照）。

　このように，時代を経るにつれて，収集される証拠の内容に変化が生じており，とりわけ客観的，物的証拠は，以前よりも多様かつ有益なものが多く収集されるようになっているというのが偽らざる実感である。しかしながら，このような変化にもかかわらず，現在の刑事裁判においても，供述証拠は，多くの事件で依然として重要な地位を占めている。その理由は，白井論文も指摘するように，我が国の刑事司法制度が有罪答弁制度を採用しておらず，自白事件を含む全事件について，証拠により合理的疑いを超える程度に認定する必要がある上，量刑判断を行う上での広い裁量が裁判所に与えられているため，実際の裁判においては，犯罪事実の認定，量刑判断のいずれの観点からも，適正な判断を行うに耐え得るだけの証拠の量と質が求められることにある。客観的，物的証拠は，例えば，捜査段階で当該人物を捜査対象から除外する，あるいは被告人が無罪であるということを判断する場面では，それのみで非常に強力な働きをすることがあるが，逆に，当該人物が犯人であるとの確信まで裁判所に抱かせるには，当該客観的，物的証拠のみでは足りず，多くの場合は，その位置付けを供述によって明らかにする必要がある。さらに，量刑判断においては，実際の犯行態様はどうであったか（行為の危険性の程度），犯行の意思決定過程はどうであったか（意思決定に対する非難の程度）が重要であるが，これらについては，供述によらない認定は困難である。現在の刑事司法制度を前提とする限り，多くの事件で供述証拠の重要性が失わ

れることはないであろう。

Ⅱ　捜査の在り方をめぐる近時の議論

　捜査に関しては，平成11年に通信傍受法を含む組織犯罪対策3法が成立し，平成23年には情報処理の高度化等に対処するための法整備（「〈特集〉情報処理の高度化等に対処するための法整備」刑ジャ30巻3頁以下参照）がなされるなど，一定の範囲で法整備も行われてきたところであるが，基本的な捜査手段については，現行刑訴法制定以来の伝統的な手法がそのまま踏襲されており，捜査現場においても，客観的，物的証拠を重視すべきであるといわれながらも，取調べによる供述証拠の獲得及び獲得した供述調書を何とか公判廷に顕出しようとする姿勢がなかなか改められないのが現状であろう。

　ところが，近時生起した様々な事案（不祥事）をきっかけに，警察，検察における捜査，とりわけ取調べ偏重ともいえる捜査の在り方に対する強い批判が集まった。これを受けて，まず，法務省において，「検察の在り方検討会議」が平成23年3月に改革に向けた提言を発出し（「検察の再生に向けて　検察の在り方検討会議提言」），警察庁においても，「捜査手法，取調べの高度化を図るための研究会」による最終報告が平成24年2月に提出された。そして，法制審議会に設置された新時代の刑事司法制度特別部会において，諮問第92号（「近年の刑事手続をめぐる諸事情に鑑み，時代に即した新たな刑事司法制度を構築するため，取調べ及び供述調書に過度に依存した捜査・公判の在り方の見直しや，被疑者の取調べ状況を録音・録画の方法により記録する制度の導入など，刑事の実体法及び手続法の整備の在り方について，御意見を承りたい。」）が審議され，平成25年1月に，中間段階における方向性を示すものとして「時代に即した新たな刑事司法制度の基本構想」（以下「基本構想」という。）が策定され，平成26年7月に最終的な取りまとめとして「新たな刑事司法制度の構築についての調査審議の結果【案】」（以下「審議結果」という。）が決定され，同年9月に法務大臣に答申された。

　前記のとおり，時代の変化とともに，以前よりも多様な客観的，物的証拠

が収集されるようになり，これが事案の解明にかなりの程度寄与していた面があるとはいえ，それのみで全てがまかなえるというものではない上，以前とは異なる形態の新たな組織的犯罪も増加し，犯罪が次第に複雑・巧妙化するようになってきており，従来型の取調べ中心の捜査は，早晩行き詰まることも予想された。前掲検察の在り方検討会議提言においては，「人権意識や手続の透明性の要請が高まり，グローバル化，高度情報化や情報公開等が進む21世紀において，『密室』における追及的な取調べと供述調書に過度に依存した捜査・公判を続けることは，もはや，時代の流れとかい離したものと言わざるを得」ないと，従来の捜査を厳しく指弾している（同29頁）。新たな捜査手段，供述獲得手段の導入が議論されるのは，ある意味時代の必然であるといえよう。

III　新たな捜査手法の導入について

　いかなる捜査手法を採り入れるかは，基本的には立法政策の問題であるが，白井論文の区分に従って，供述以外の捜査手法と供述に関わる捜査手法とに分けて，審議結果で取り上げられたものを中心に，若干の意見を述べたい。

　まず，供述以外の捜査手法の点であるが，白井論文は，その総論において，「公判における緻密な証拠調べとこれに基づく詳細な事実認定が求められることは言わば必然」であり，「その結果，捜査段階においては，あらゆる状況を想定した……徹底した捜査による事案の真相解明が求められ」，「いかなる制度を導入するにせよ，刑事訴訟における事案の真相解明の重要性が失われることはない」ことを指摘した上で，新たな捜査手法については，事案の真相解明という観点からみて有効な捜査手法を積極的に導入していく必要があるとしている。事案の真相解明が重要であるということ自体に異論があるわけではないが，気になる点を2点指摘しておきたい。

　1点目は，「事案の真相」の内実である。捜査，公判において解明が求められる「事案の真相」のレベルは，当該被疑者，被告人に対し，刑罰権の発動を

基礎付けるに足りる事実であり，かつ，基本的にはそれに尽きるといってよい。もとより，発展的・流動的性格を有する捜査段階においては，公判段階で最終的に必要とされる証拠の範囲よりも，より広範な証拠収集が求められることは否めないものの，それでも公判段階における犯罪構成要件を中心とした立証対象事実との関連性の濃淡等を踏まえれば，自ずから必要性については優先順位が付けられるはずである。裁判員制度の導入を契機として，「精密司法」から，「核心司法」への転換が叫ばれ，争点中心の計画審理が裁判員対象事件を中心として実現，定着しつつある現状に照らせば，捜査段階においても，最終的には公判廷における立証を意識した，上記のような意味での「事案の真相」の解明に向けた，効率的，合目的的な捜査が行われるべきであろう。

2点目は，基本的人権を全うしつつ行うとの刑訴法の理念に照らせば，事案の解明に用いる証拠を獲得する手段は，その必要性の程度に見合ったものであることが要請されるということである。

この問題は，第1次的には，当該捜査手法を導入する際に，立法，立案担当者が，当該捜査手段の性質に鑑み，(i)その手段を導入すること自体の当否，(ii)導入する場合における要件の絞り方を検討することとなる。特別部会において，通信傍受の運用の拡大と並んで検討の俎上に上っていた会話傍受は，証拠収集手段としての必要性を肯定し，導入を主張する意見も一部にあったものの，通信傍受以上に個人のプライバシーを侵害する危険性が大きく，捜査手法として認めるべきではないとの意見も根強くあり，最終的には当面の法整備の対象から外され，今後の検討課題の一つとして位置付けられている（審議結果11頁）が，これは，(i)の例といえよう。そして，通信傍受についても，対象となる罪名について大幅な拡大がなされているが，特別部会の審議において，通信傍受の拡大は，組織的犯罪を検挙することを念頭に置いたものであることを踏まえ，発令の要件として，組織性があることをより明確にするため，現行法が規定する「数人の共謀によるものであると疑うに足りる状況」に加え，当該犯罪が「あらかじめ定められた役割の分担に従って行動する人の結合体により行われたと疑うに足りる状況がある」ことが追加されるに

至っているが(審議結果5頁),この点は,(ii)の例といえよう。

　そして,第2次的には,当該捜査手段の運用に携わる実務家が,法の趣旨を踏まえた運用を行うことが求められる。令状審査を担当する裁判官は,勾留請求や接見等禁止請求の審査において,発付の可否について,必要性と相当性を比較考量するなどの検討を日常的に行っているが,新たな捜査手段が導入された場合にも,立案時,立法時の議論を参照して当該捜査手段の性質をよく把握し,適切な審査を行う必要がある。

　次に,供述獲得のための諸方策について述べる。前記のとおり,我が国の刑事裁判においては,事案の解明を供述証拠が担っている面がなお強く,これらをめぐる法整備は,我が国の刑事裁判の運用に抜本的な変革を迫る可能性が高い。とりわけ,被告人の証人適格を認めること(その一方で被告人質問を廃止すること)については,現行の刑事司法の在り方に多大な影響を与えることが指摘されていた(門野博「公判廷に顕出される証拠が真正なものであることを担保するための方策等(司法の機能を妨害する行為への対処)──『被告人の虚偽供述に対する制裁』(案)を考える──」刑ジャ37号38頁は,制度導入に消極的であるが,笹倉宏紀「被告人が供述する公判と被告人が沈黙する公判──被告人の公判廷における供述の在り方──」法教398号20頁や池田公博「証拠の真正性を担保する方策」論究ジュリ12号96頁は導入に比較的好意的な論調である。)。我が国の刑事司法は,事実認定に関する手続と量刑に関する手続とを二分しておらず(特別部会では,手続二分論も議論されたが,将来の検討課題とされた。基本構想34頁参照),これを維持することを前提とした場合は,上記制度を導入することにより,結果的に,多くの事案で量刑事情に関する情報を被告人供述から得られなくなる危険があり,導入するについてはその影響を慎重に検討すべきところであった。

　今回の法整備項目は,紆余曲折はあったものの,①刑事免責制度については,当該証言に係る供述及びその派生証拠についての使用免責につき導入することとされ,②いわゆる司法取引の関係では,一定の財政経済関係犯罪及び薬物銃器犯罪につき,他人の犯罪事実に係る捜査・公判協力型協議・合意制度を導入することとされる一方,③被告人の証人適格の導入については法整備が見送られる方向となった。全体としては微温的な改正にとどまる印象

があるものの，裁判所の立場からみると，①②により獲得した供述，すなわち自己の責任を問われない，あるいは責任を軽減された中での供述の信用性評価をいかにして行うべきか，協議・合意制度の下で，具体的な量刑判断を，どのような理念や基準により行うべきかなど，検討すべき課題は少なくないように思われる。

Ⅳ　今後の検討課題

なお，最後に，捜査手法に関連して，2点ほど付加して述べておきたい。

1点目は，任意捜査として許容される範囲の問題である。現在，防犯ビデオ映像の収集については，カメラ設置者の協力を得て任意捜査として行われるのが一般的である。今後の情報化社会のより一層の進展に伴い，様々なデータが社会の中で蓄積され，あるいは，より高性能の情報通信関連機器の開発，製造が進むことが予想されるが，捜査機関において，これらのデータや機器を捜査に活用するに当たり，どこまでが任意捜査として許容されるのかという観点は，強制処分と任意処分の法的性質に関する議論を踏まえ，今後十分に検討されるべきであると思われる（この点に関連して，小木曽綾「再び新しい捜査手法について」研修790号3頁以下参照。また，亀井源太郎＝尾崎愛美「車両にGPSを装着して位置情報を取得する捜査の適法性──大阪地裁平成27年1月27日決定・大阪地裁平成27年6月5日決定を契機として──」刑ジャ47号42頁参照。）。

2点目は，証拠の適切な保管，開示の問題である。ＤＮＡ型鑑定に代表されるように，以前に比較すると，有力な客観的，物的証拠が得られるようになっており，そのことは，当該証拠の採取，保管の過程が適切になされ，これが事後的に適正に検証される必要が高くなっていることを意味する。意図的なデータ等のねつ造，隠滅はもとより，採取，保管に関する過誤もあってはならない。白井論文も触れているＤＮＡ型データベースの構築（現状については，松下徹「警察における捜査手法の高度化──ＤＮＡ型鑑定及びＤＮＡ型データベースを中心に──」刑ジャ29号18頁以下参照。）については，前記特別部会の議論では法制化が見送られることとなったが（基本構想35頁），これら証拠を取り扱う

裁判所を含む関係機関において，引き続き注視すべき課題である。

(むらこし・かずひろ)

14 捜査段階における弁護活動
弁護の立場から

前 田 裕 司

Ⅰ　はじめに
Ⅱ　被疑者弁護人の活動内容
Ⅲ　被疑者国選弁護導入の成果と逮捕直後の弁護人の必要性
Ⅳ　被疑者の取調べの現状と取調べの可視化
Ⅴ　証拠収集活動としての接見室での写真撮影と録画は必要

Ⅰ　はじめに

　わが国おける捜査段階での弁護活動を通じて見えてくるのは，無罪推定の法理から導かれる『身体不拘束の原則』，被疑者の防御権の実効的保障と公平な裁判の実現に不可欠の『武器対等の原則』という，ほんらい貫徹されるべき刑事手続上の原則からは，ほど遠い現実である。捜査の密行性と捜査妨害のおそれの強調の結果として，高い勾留率が維持され，勾留に関する裁判での手続的な保障が極めて乏しい。そして，結論をいえば，この現状を運用により変革することは期待できず，捜査弁護の領域における抜本的な制度改革が必要であるということである。

Ⅱ　被疑者弁護人の活動内容

　弁護人は被疑者の援助者である。特に日常生活から突然，人的交流と情報の収集がいっさい遮断される身体拘束下に置かれた被疑者にとって，弁護人

の役割は重要である。身体拘束を受けた被疑者の弁護人は，まず，被疑者が直面する捜査官による取調べの適正さを確保し（事実を否認する場合にはその要請が特に強い），取調べにどのように対応するかの適切なアドバイスを行う。また，身体拘束による不利益を回避するため，できるだけ早期の解放を図る。さらに，不起訴や起訴後の公判を睨んでの証拠収集を含む防御の活動をする。そして，接見等禁止を受けた被疑者の場合にはとりわけ，被疑者と家族・社会との繋がりを維持する役割を担う。

取調べへの対応に関しては，後述するように，取調べの録音・録画が捜査機関によって試行され，また，裁判員裁判の実現により調書裁判から公判中心主義の裁判への移行が図られた現在，黙秘権の重要性が再認識されつつある。これを弁護権からいえば，弁護人の援助の内容として，取調べの適正さの確保（弁護権の保護的機能）に加えて，被疑者が刑事手続全体にわたる見地から効果的な防御を行うことができるよう，捜査官への供述と供述調書作成のもたらす結果を十分理解した上で，取調べにどのように対応するかのアドバイス（弁護権の参加的機能）の重要性が高まっているということである（葛野尋之『未決拘禁法と人権』〈現代人文社，2012年〉193〜195頁）。

III 被疑者国選弁護導入の成果と逮捕直後の弁護人の必要性

短期1年以上の事件で始まった被疑者国選弁護は，2009年5月に長期3年を超える事件に拡大され，2010年度には70,917件で弁護人が付くまでになった（日本弁護士連合会『第12回国選シンポジウム基調報告書』〈2012年〉11頁）。この割合は，勾留状を発付された被疑者の60％程度になる。そして，国選弁護人が付いた被告人の保釈率は，最も低かった2003年ころの3％台から，2009年に9％，2010年に13.1％，2011年には14％と，近年飛躍的に上昇しており，これらは被疑者国選弁護人の活動の成果といえる（**表1**）。また，被害者との示談を理由とする起訴猶予が増え，不起訴率や略式命令請求率も少しずつではあるが，上昇傾向にある（**表1**）。このように被疑者国選弁護は，確実に成果を挙げているが，未だ一定の事件に限定されている。弁護人の援助の必要性

は，法定刑の軽重は関係がないから，勾留状発付の全ての被疑者に被疑者国選弁護（日弁連は，これを「被疑者国選第3段階」と称する）が保障されるべきである。

さらに，最も弁護人の援助を必要とする逮捕直後に被疑者国選制度がないことはいっそう問題である。この領域は弁護士会の当番弁護士や法律援助制度に依拠して運用されてはいるが，国の制度として確立する必要がある。逮捕直後は，取調べを受ける被疑者，とりわけ否認する被疑者にとって，自白を迫る捜査官と対峙しなければならない危機的状況の時期である。逮捕による精神的動揺，日常生活から突然遮断されたことによる不安は，防御主体としての地位を危うくする。歴史的に見ても，この時期の虚偽自白が圧倒的に多い。弁護人の援助の必要性は極めて高く，憲法34条の趣旨からしても，逮捕直後からの弁護人付与が国家によって保障されなければならない。

表1　国選弁護事件と弁護人の活動の成果

通常第一審において国選弁護人が選任された人員における保釈人員及び保釈率の推移（※3）

暦年	国選弁護人が選任された人員(人)	保釈された人員(人)	保釈率(%)
2002（平成14）	56,061	1,411	3.2
2003（平成15）	60,381	1,455	3.0
2004（平成16）	60,968	1,515	3.1
2005（平成17）	59,837	1,759	3.6
2006（平成18）	56,490	2,048	4.5
2007（平成19）	53,271	2,196	5.0
2008（平成20）	52,301	2,409	5.7
2009（平成21）	52,758	3,823	9.0
2010（平成22）	52,779	5,645	13.1
2011（平成23）	49,329	5,627	14.0

既済となった事件の被疑者の勾留後の略式命令請求率及び不起訴率の推移（※4）

暦年	略式命令請求（%）	不起訴率（%）
2002（平成14）	15.4	22.5
2003（平成15）	15.8	23.1
2004（平成16）	15.6	23.7
2005（平成17）	15.9	25.5
2006（平成18）	17.6	25.5
2007（平成19）	18.5	25.3
2008（平成20）	17.9	26.5
2009（平成21）	16.7	27.3
2010（平成22）	17.7	28.2
2011（平成23）	18.5	28.7

欧州人権裁判所は，2008年，「弁護人へのアクセスは，具体的事情からみて，その権利を制約すべきやむにやまれぬ理由が立証された場合を除き，原則として警察による最初の取調べの時点から保障されなければならない。……取調べが弁護人へのアクセスなくして行われ，それによって採取された自己負罪供述が有罪認定に用いられるときは，防御の権利は，原則として回復不可能なまでに害されることになる」と判示した（欧州人権裁判所判決（2008年）サルダズ対トルコ事件〈Salduz v Turkey（2008）49 E H R R 421〉）。この趣旨に基

づき，EU諸国の多くは，取調べに先だって弁護人の援助を受ける権利の保障をしてきている。欧州のこのような動きはわが国においても参考にされるべきである。

　日弁連では，逮捕直後の弁護人付与の制度設計（日弁連は，これを「被疑者国選第4段階」と称する）を検討しており，2012年12月14日岡山市で開催された第12回国選シンポジウムで，筆者はパネリストとして，以下のような「私の被疑者国選第4段階構想案」を提示した（日弁連『第12回国選シンポジウム基調報告書』89〜189頁は，日弁連の議論状況及びドイツ及びイギリス調査報告が記載されており，筆者の提案はイギリスの当番弁護士制度を参考にしている）。

　①被疑者が逮捕され勾留状を発付されるまでの間，被疑者に対して，取調べへの対応，身体拘束からの解放，勾留後の被疑者国選弁護人の選任等に関する法的助言等を行う弁護士を，法律で「当番弁護士」と定める。②逮捕された被疑者の請求により，捜査機関が司法支援センターに当番弁護士派遣を連絡，同センターが候補者名簿の中から当番弁護士に依頼し，当番弁護士はすみやかに被疑者と接見する。③当番弁護士の期間中の接見は1回に限定されない。④当番弁護士の接見費用を国費で負担する。当番弁護士と被疑者との間で私選弁護人の契約が成立したときは接見費用は国費で負担しない。⑤当番弁護士の派遣にあたり，被疑者の資力要件は不要とし，現行の私選紹介制度は廃止する。⑥当番弁護士は，被疑者が勾留請求後に被疑者国選の請求をしたときは，勾留後の国選弁護人候補者となる。⑦対応態勢に配慮した2〜3段階による実施を法定する。

Ⅳ　被疑者の取調べの現状と取調べの可視化

1　被疑者取調べの実情

　わが国では，死刑が確定した事件で，1980年代に再審無罪判決が相次いだ。これらの4事件はいずれも，「密室の取調べ」による「虚偽の自白調書」が，誤判の原因となった。最近の再審無罪事件である氷見，足利，布川事件も，虚偽の自白調書が存在した。厚生労働省元局長事件での共犯とされた人

に虚偽自白があり，パソコン遠隔操作事件における被疑者4人のうちの2人に虚偽自白があった事実は記憶に新しい。

また，公訴事実を認めている事件にあっても，動機や経緯等について不本意な供述調書が作成されることは日常的に存在する。捜査官が供述に忠実な調書作成をいかに心がけても，供述録取書はその形式において捜査官の主観的思いが色濃く反映する作文であることは間違いない。

このように，逮捕・勾留された被疑者は取調室に出頭・滞在し，取調べを受ける義務があるとの実務における取調べ受忍義務（刑訴法198条1項但書の反対解釈）の下で，多くの虚偽の自白調書が作成されてきた歴史的な経緯に鑑み，わが国の弁護人の捜査段階での活動は，とりわけ，虚偽の供述調書の作成防止に主眼が置かれ，そのための取調べへの対応に関するアドバイスが重要な任務となってきたのである（弁護権の保護的機能）。

2　取調べの適正確保のための弁護人の活動

そこで弁護人は，自白強要を防ぎ，強要が行われた場合に対処するため，「被疑者ノート」の差入れ，可視化申入書の提出，弁護人の接見ノートへの克明な記載等を行ってきた。そして，実際に被疑者に対する違法・不当な取調べが行われたときには，①警察署長，検事正宛の電報・抗議文の送付，②勾留に対する準抗告申立書への記載，③勾留理由開示での意見陳述，④接見室での暴行の痕跡の写真撮影，⑤刑事訴訟法179条に基づく証拠保全の申立て等を行っている。さらに，2008年以降は，検察庁にも警察にも，苦情申立てに関する取扱い規定が整備されたので，弁護人は検察官や警察官に苦情申立てをして，違法・不当な取調べを防止することが必要となった。弁護人が，抗議・苦情申立て等をしていないことが，自白の任意性を肯定する事情として裁判所に評価されることを考慮すれば，これらは弁護人の義務ともいうべきである。

3　取調べの可視化（取調べ全過程の録画）の必要性

しかし，いかに最善の弁護活動があっても，捜査機関による不適正な取調

べと虚偽の自白調書作成を防止することは困難である。「密室の取調べ」を第三者がいつでも検証できるようにする取調べの可視化は，捜査官による違法・不当な取調べを防止する抜本的で有効な手段である。

　日弁連は，2003年以降，取調べ可視化実現のための運動を展開してきた。取調べの可視化は韓国，台湾，香港，イギリス，イタリア，フランス，米国の一定の州，オーストラリア等で，制度の違いはあれ実施されており，世界の潮流となっている。国連自由権規約委員会も，2008年，国際人権自由権規約実施状況に関する第5回日本政府報告書を審査して，取調べ時間規制とともに「取調べ全過程における録画機器の組織的な使用を確保し，取調べ中に弁護人が立会う権利を全被疑者に保障しなければならない」と勧告した。このような経緯の中，当初導入に否定的であった捜査機関も，裁判員裁判における自白調書の任意性が争点となったときの立証方法として有効であるとの観点から，取調べの録音・録画の試行を行うようになった。

　検察庁は，2012年11月1日から，それまでの裁判員裁判事件，知的障害によりコミュニケーション能力に問題がある被疑者等に係る事件，特捜部及び特別刑事部が取り扱う独自捜査事件に加えて，新たに精神障害等により責任能力の減退・喪失が疑われる被疑者に係る事件並びに特別捜査部及び特別刑事部以外で取り扱う独自捜査事件についても，取調べの全過程の録音・録画を含めできる限り広範囲な録音・録画を行うことと指示して試行を拡大している（次長検事渡辺恵一による検事正・検事長宛「被疑者取調べの録音・録画の試行について（依命通知）」最高検判第217号平成24年10月23日）。また，警察庁も，2012年4月から試行拡大を行い，裁判員裁判対象事件，知的障害によりコミュニケーション能力に問題がある被疑者等に係る事件について，広範囲での録音・録画を実施するようにしており，知的障害によりコミュニケーション能力に問題がある被疑者等に係る事件については全過程を含む録音・録画実施されるようになっている（警察庁「警察における取調べの録音・録画の試行の検証について」平成24年12月）。

　しかし，捜査機関における試行そのものは一定の評価をすることができるものの，これらの試行は，録画により「真相解明」が阻害されることがあると

の基本的考えの下で，対象が一定の事件に限定されており，どの場面を録画するかが捜査官の裁量に委ねられていて，全過程の録画の保障がない点で不十分である。結局，捜査官の裁量の余地を残すか，義務づけかが争点となるが，取調べの適正を確保するためにも，公判での任意性等の立証のためにも，捜査機関への全過程の録画義務付けが必要である。そして，それを担保するために，録画のない中で作成された供述調書の証拠能力は認めない制度とするべきである。また，適正な取調べの確保は被疑者に限られないから，参考人の取調べにも拡大されるべきである。

4　取調べに先立つ弁護人との接見の必要性

取調べの可視化によって，被疑者へ直接の暴力，脅迫，露骨な利益誘導等の取調べはなくなるであろう。しかし，身体拘束下の取調べそれ自体が強い圧迫であり，強制的雰囲気がある。被疑者がこれを払拭して黙秘権行使を含む自由な供述を確保することは困難である。そのためには取調べに先立って弁護人の助言を受けることが何よりも必要であり，その上で弁護人が取調べに立ち会って具体的尋問に即応して助言を受けることも必要となるのである。

特に，捜査機関による取調べの録画の試行状況報告等によると，すでに取調べ初期の弁解録取のときからの録画が相当数実施されている。しかし，この時期は，被疑者に弁護人が付いていない事件が圧倒的多数である。録画により相応の取調べの適正の確保はなされるものの，逮捕直後の精神的動揺の続く中，強制的雰囲気の伴う身体拘束下の取調べでは，弁護人の法的援助がなければ，その後の手続全体を見通しての対応をすることはまず困難である（1966年のミランダ判決の理由はここに存する）。そのため，被疑者が不本意な供述をし，それがそのまま録画物となることもありうる。取調べに先だっての弁護人の接見の必要性が一層強くなっているといわなければならない。

5　身体拘束からの解放
(1)　運用による改善は困難であること
無実であるのに逮捕される場合が往々にしてある。また，被疑事実に争い

はないものの身体拘束する必要はないと思われるのに安易な逮捕・勾留が行われる例がしばしばある。これらを厳密にチェックし，違法・不当な身体拘束から被疑者を解放する重大な職責が弁護人にはある。しかし，この領域での弁護人の活動はなかなか成果を挙げられない。身体拘束率が極めて高く，勾留請求を却下するよう求めても，勾留に対する準抗告をしても，勾留取消請求をしてもなかなか裁判所が認めてくれないのである。

日弁連は，否認すれば身体拘束が長期化する状況を利用して自白の強要を行い，司法手続を国家に都合の良い方向に導こうとする動きを「人質司法」と批判し，その打開のための運動も行ってきた（日本弁護士連合会刑事弁護センター編『保釈・勾留ハンドブック［第3版］』「はじめに」〈2011年〉）。しかし，保釈率の一つをとってみても，1970年代以降低落に低落を続けて2003年には12.6％という，権利保釈が存在しなかった旧刑訴法下に等しい数値にまで低下した（**表2**）。否認事件では第1回公判期日前の保釈はほとんど認められず，判決で無罪・執行猶予・罰金の言渡しを受けた被告人も，相当数が保釈されないまま判決を迎えている。

そのような中，裁判所は裁判員裁判の導入を前にして，運用での改善を図ろうとした。2006年，当時の大阪地裁令状部総括裁判官が運用の改善を提唱したのはその表れである（松本芳希「裁判員裁判と保釈の運用について」ジュリ1312号128頁以下）。それ以降，司法統計年報による保釈率も勾留請求却下率も，少しずつ上昇している（**表2**，**表3**）。その結果，わが国の身体拘束の状況は2003年ころと比較すれば，相当に改善されつつある。とはいえ，数値的に見るとなお限定的である。被疑者段階での勾留取消率は2010年の統計で0.02％に過ぎない。また，接見等禁止も，否認，共犯事件，組織的事件等では類型的に付されており，中には週刊誌等の雑誌類の授受の禁止等も含まれていて，ほとんど従前と異ならない。接見等禁止の現状は，身体拘束を受けている不利益に加えて人との面談をも遮断されることの苦痛，拘束下にある被疑者・被告人の日常生活を維持するための情報交換の必要性に関する裁判官の無理解が表れている。

実務を担う弁護人の感覚からすると，裁判所も，捜査機関による身体拘束

表2　通常第1審における勾留率、保釈率等（地裁）

年　度	勾留率 (%)	保釈率 (%)	勾留延長率 (%)	国選弁護人選任率 (%)	保釈許可率 (%)	保釈請求率 (%)
1965 (昭和40)	53.2	43.1		45.9	51.4	96.2
1966 (昭和41)	52.4	44.9		46.5	53.4	94.6
1967 (昭和42)	49.7	49.3		45.6	57.8	95.5
1968 (昭和43)	48.9	49.9		45.5	57.3	97.1
1969 (昭和44)	51.1	51.4		45.6	56.1	101
1970 (昭和45)	45.3	55.8		45.1	54.4	113.5
1971 (昭和46)	47.9	55.9		44.7	59.1	104.2
1972 (昭和47)	47.4	58.4	22.9	44.2	60.7	106.5
1973 (昭和48)	47.4	58	23.7	41.3	60.2	107.9
1974 (昭和49)	47.6	55.2	24.5	42.2	58.5	106.5
1975 (昭和50)	49	52.8	27.1	43.5	59.1	97.8
1976 (昭和51)	49.2	50.9	29.1	45.9	57	97.3
1977 (昭和52)	50.4	46.1	30.8	48.1	54.3	92.7
1978 (昭和53)	48.8	42.8	31.5	49.9	51.2	91.6
1979 (昭和54)	49.3	41.8	31.9	50.3	51.9	87.5
1980 (昭和55)	49.9	37.6	32.3	51.4	52.9	78.2
1981 (昭和56)	50.3	35	32.6	55.1	51.5	74
1982 (昭和57)	52	32.5	34	57.4	51.7	67.9
1983 (昭和58)	51.7	31.9	35	58	51.6	66.1
1984 (昭和59)	53.2	27.3	34.6	60.5	51.1	57.3
1985 (昭和60)	53.5	25.8	36.6	62.4	51.3	53.5
1986 (昭和61)	54.2	25.4	35.9	63	52.2	51.8
1987 (昭和62)	55.4	26.1	38.2	61.8	53.3	51.9
1988 (昭和63)	55.3	24.7	39.1	62.2	52.4	50.3
1989 (平成元)	54.1	26	40.8	61.6	53.8	51.3
1990 (平成2)	54.7	27.9	41.2	59.6	55.4	53.6
1991 (平成3)	57.7	26.9	42.1	59.6	55.9	50.9
1992 (平成4)	59.5	24.9	44.2	61.7	55.6	47
1993 (平成5)	60.2	23.4	43.5	63.7	58.1	42.3
1994 (平成6)	61.9	20.6	43.7	66.1	55.1	39.5
1995 (平成7)	60.6	19.2	45.1	66.8	53	37.9
1996 (平成8)	62	17.5	47.1	68.4	50.4	36.1
1997 (平成9)	63.1	16.7	49	69.2	50.5	34.2
1998 (平成10)	62.2	15.5	50.2	70.2	49.3	32.5
1999 (平成11)	63	14.6	49.8	70.8	51.3	29.3
2000 (平成12)	61.9	13.9	49.7	72	49.3	29.2
2001 (平成13)	62.4	13.6	51.6	72.6	49.5	28.4
2002 (平成14)	63.1	13	53.9	74.2	51.3	26.2
2003 (平成15)	64.7	12.6	55.6	75.3	51.8	24.9
2004 (平成16)	62.7	13.2	54.5	75	53	25.7
2005 (平成17)	64	13.5	53.4	75.5	54.6	25.4
2006 (平成18)	64.6	15	50.6	75	53.7	29
2007 (平成19)	66.9	15.3	54.6	75.4	58	27.7
2008 (平成20)	66.3	15.6	57.9	77.3	59.3	27.7
2009 (平成21)	65.6	16.9	60.2	80.1	59.1	30
2010 (平成22)	65.9	19.5	61	84	59.1	34.4
2011 (平成23)	61.9	21.2	61	85.1	60.4	36.8

下での自白獲得の取調べを追認してきたといえ，その状況は近年に至っても変わっているように見受けられない。そして，隣国韓国における身体拘束状況の劇的な変化（**表4**）と比較するにつけ，わが国において，弁護人が違法・

表3 ▶ 勾留請求に対する却下割合【地裁・簡裁】

年　度	請求による発布	却　下	却下率 (%)
1999（平成11）	112,001	432	0.39
2000（平成12）	122,354	549	0.45
2001（平成13）	128,615	594	0.46
2002（平成14）	137,649	581	0.42
2003（平成15）	148,333	536	0.36
2004（平成16）	151,204	749	0.5
2005（平成17）	151,720	711	0.47
2006（平成18）	147,095	1,039	0.71
2007（平成19）	135,864	1,353	1.00
2008（平成20）	129,269	1,436	1.11
2009（平成21）	127,792	1,504	1.18
2010（平成22）	121,634	1,648	1.35
2011（平成23）	116,102	1,727	1.49

表4 ▶ 韓国の身体拘束率

(1) 拘束令状発付率

年　度	請　求	発　付	拘束令状発付 (%)
1996（平成8）	154,435	143,068	92.6
1997（平成9）	144,232	118,576	82.2
1998（平成10）	163,507	140,297	85.8
1999（平成11）	129,250	111,633	86.4
2000（平成12）	122,359	106,089	86.7
2001（平成13）	121,031	105,815	87.4
2002（平成14）	115,171	99,995	86.8
2003（平成15）	109,620	94,741	86.4
2004（平成16）			
2005（平成17）	74,613	65,150	87.3
2006（平成18）	62,160	51,990	83.6
2007（平成19）	59,109	46,274	78.3
2008（平成20）	56,845	42,903	75.5
2009（平成21）	57,109	42,732	74.9
2010（平成22）	42,999	32,573	75.8

(2) 拘束適否審査請求事件釈放率

年　度	請　求	釈　放	釈放率 (%)
1996（平成8）	9,617	4,777	49.7
1997（平成9）	11,155	5,389	48.3
1998（平成10）	9,978	4,418	44.3
1999（平成11）	8,072	3,498	43.3
2000（平成12）	8,786	3,886	44.2
2001（平成13）	9,176	3,899	42.5
2002（平成14）	8,691	4,082	47
2003（平成15）	8,928	4,699	52.6
2004（平成16）	8,329	4,092	49.1
2005（平成17）	5,737	2,697	47
2006（平成18）	4,536	2,015	44.5
2007（平成19）	3,921	1,737	44.2
2008（平成20）	3,795	1,420	37.8
2009（平成21）	3,580	1,253	35
2010（平成22）	2,749	835	30.4

(3) 第1審刑事公判事件 被拘束人員数

年　度	係属人員数	被拘束者数	構成比 (%)
1999（平成11）	195,374	94,892	48.6
2000（平成12）	256,026	129,071	50.5
2001（平成13）	198,506	90,071	45.3
2002（平成14）	208,506	86,266	41.4
2003（平成15）	283,269	117,014	41.3
2004（平成16）	238,358	74,217	31.1
2005（平成17）	216,460	56,657	26.2
2006（平成18）	227,696	46,275	20.3
2007（平成19）	250,172	42,159	16.9
2008（平成20）	274,955	39,693	14.4
2009（平成21）	287,465	40,214	14
2010（平成22）	263,425	31,015	11.8
2008（平成23）	56,845	42,903	75.5
2009（平成24）	57,109	42,732	74.9
2010（平成25）	42,999	32,573	75.8

(4) 保釈請求事件 処理結果

年　度	処理件数	許　可	許可率 (%)
1996（平成8）	42,763	25,044	58.6
1997（平成9）	32,578	17,975	55.2
1998（平成10）	33,220	17,391	52.4
1999（平成11）	27,768	14,421	51.9
2000（平成12）	24,174	12,224	50.6
2001（平成13）	24,673	12,304	49.9
2002（平成14）	25,852	14,151	54.7
2003（平成15）	21,491	11,722	54.5
2004（平成16）	25,478	12,154	47.7
2005（平成17）	15,808	8,203	51.9
2006（平成18）	13,636	6,730	49.4
2007（平成19）	12,128	5,536	45.6
2008（平成20）	10,692	4,490	43.5
2009（平成21）	10,589	4,629	44.1
2010（平成22）	8,582	3,767	43.9

不当な身体拘束からの解放を求めて，現行法の枠内で，手続を実践するだけでは限界があると思われる。勾留・保釈の現状を国際人権自由権規約で求められた『身体不拘束の原則』の水準に変えていくには，抜本的な制度改革が必須である。

(2) 制度改革の提案

わが国における勾留実務での問題点は2つある。一つは，勾留決定及び勾留再審査における対審構造による審査がないという手続上の問題であり，今一つは，起訴後の保釈と異なって，起訴前には勾留するかしないかの二者択一しかなく，裁判所等への出頭確保のための保証金の提供を含む条件を付した釈放措置がないことである。そして，手続上の前提として，勾留裁判における弁護人の存在と弁護人に対する一定の資料の開示が必要である。また，逮捕された被疑者に対し，取調べを受けるに先だって弁護士の助言を受ける機会が保障されるべきであることはすでに触れた。

ア 勾留に関する原則の確認条項の設置

わが国においては，供述に依存した捜査が行われ，供述証拠の獲得が捜査の重要な柱とされてきた。そして，被疑者の身体拘束が取調べと結合し，捜査の中核としての取調べの妨げとなる事由が，「罪証隠滅のおそれ」として，勾留を継続させる大きな理由とされてきた。そして，勾留の判断において，被疑者が嫌疑を否認し，また，供述を拒んだことが，被疑者の「罪証隠滅のおそれ」の徴表とされてきた。

したがって，このような実情を踏まえると，韓国が，刑訴法に『身体不拘束の原則』を明記したように，わが国においても，刑訴法に，勾留に関する原則の確認条項を置き，その上で運用の改善が図られるべきと思われる。具体的には，刑訴法60条（勾留），81条（接見），89条（権利保釈）の各条項に，被疑者又は被告人が嫌疑を否認したこと，供述を拒んだことを，身体拘束を継続する要件としてはならない趣旨の規定を加えることである。さらに，犯罪の軽重及び被疑者又は被告人が釈放されないことによって生ずる防御上又は社会生活上の不利益の程度を考慮しなければならないとの規定（比例原則）を置くべきである。

イ　勾留決定・勾留審査手続の対審化

　また，勾留決定や勾留再審査の場面の手続を変える必要がある。

　わが国においては，逮捕に対する刑訴法上の不服申立手段は準備されていない。その後の裁判官面前へ引致までの時間が最大72時間もの長さであることを考えると，被逮捕者の救済手段がないことは，それ自体問題であるが，被疑者にとっては，その後の10日間の身体拘束の決定手続である勾留質問が，とりわけ重要な意義を持つ。そこで，裁判官のコントロールを有効に機能させるためには，勾留質問における弁護人の立会い，その際の弁護人への重要事項の証拠開示，弁護人の意見陳述権が認められるべきである。

　欧州人権裁判所は，2001年，「拘禁に対する不服申立を審査する裁判所は，司法手続としての手続保障を提供しなければならない。手続は対審的なものでなければならず，両当事者，すなわち検察官と被拘禁者との間の『武器対等』を，常に確保するものでなければならない。弁護人が依頼人の拘禁の正当性を効果的に争うことを保障するには，証拠へのアクセスを否定することはできない，口頭審理が必要であり，検察官と弁護人の双方が相手方当事者によって提示された主張と提出された証拠の内容を了知した上，それに対する意見を述べる機会が必要である」と判示した（欧州人権裁判所判決（2001年）ガルシア・アルバ対ドイツ事件〈Garcia Alva v Germany（2001）37 EHRR 773〉）。この判示は，事後的司法審査における手続保障を論じたもので勾留決定の場面とは異なる。しかし，わが国においては，72時間拘束可能な逮捕前置主義が採られ，勾留は裁判官が行うことを考慮すれば，勾留の裁判の場面は逮捕に対する司法審査の側面を有するから，欧州人権裁判所の判例にならって，勾留質問の段階で，弁護人の立会い，拘禁の重要事項に関わる証拠開示，弁護人の意見陳述権が保障されるべきである。

　また，韓国は，既に，勾留状発付における弁護人の立会い（韓国では国選専担弁護士制度を創設して弁護人がいない場合には国が弁護人を付することになっている），一定の証拠開示，弁護人の意見陳述を保障する制度を実現している。そして，勾留請求の棄却率が，この数年20％を超えているのである（**表4**）。

　また，勾留に対する準抗告の場面でも，又，勾留決定後の勾留取消請求の

場面においても，勾留質問の際と同様の対審化が図られるべきであり，現に，韓国では「拘束適否審査」の際の手続として実現している（韓国の実情については，日弁連『第11回国選シンポジウム基調報告書』188～261頁，近畿弁護士会刑事弁護委員会『韓国における身体拘束制度について──いかにして人質司法は打破されたか──』，日弁連『第12回国選シンポジウム基調報告書』204～224頁に詳しい。）。

　ウ　勾留代替措置の創設

　さらに，勾留決定や勾留再審査の場面において，勾留に代わりうる措置を準備するべきである（日弁連「出頭等確保措置導入についての提言」2009年7月16日を参照）。わが国では，起訴前には勾留するか釈放するかの二者択一しか選択肢がないので，身体拘束をするには被疑者の不利益が大きすぎ，比例原則からすると拘束の必要がないと思われる事案であっても，罪証隠滅の疑いを理由に勾留が続けられてきた。しかし，勾留という手段を用いなくても身体拘束の本来の目的である出頭の確保は可能であり，身体拘束をできる限り回避すべきであるとの観点からは，勾留に代替する手段を創設し，これを勾留決定，勾留再審査，勾留取消の場面で活用するべきである。そして，代替措置と保証金の納付（起訴前保釈）とを組み合わせることにより，その措置の実効性を高めることができる。勾留代替措置としては，例えば，次のような制度が考えられる。

　①　被疑者に対して，一定の期間を定めて，住居の制限，被害者その他事件の審判に必要な知識を有すると認められる者若しくはその親族への接触の禁止，特定の場所への立入りの禁止その他罪証の隠滅又は逃亡を防止するために必要な命令を出し，併せて適当な保証金を納付させることもできる。

　②　被疑者が，この命令に違反したとき，又は，その命令を受けてもこれに従わず，罪証を隠滅すると疑うに足りる相当な理由があるとき若しくは逃亡すると疑うに足りる相当な理由があるときは，これを勾留し，保証金を没取することができるものとする。

V 証拠収集活動としての接見室での写真撮影と録画は必要

　被疑者弁護人の活動として，不起訴処分に向けて，あるいは起訴後の公判に向けての証拠収集活動も重要である。そのため，弁護人は被疑者との接見による詳細な事実関係の聴取を行い，関係者からの事情聴取や被害者対応に心がけてきた。ただ，捜査機関の所持する証拠に対する証拠開示請求権がなく，刑訴法179条による証拠保全の対象には捜査機関の保持するものは含まれないとされている。そのため，同法による証拠保全は，被疑者が警察官から暴行を受けた場合などに利用されていたにすぎない。

　このように，もともと被疑者の弁護人の証拠収集活動権限が限定されている状況の中で，最近，各地の拘置所において，弁護人が証拠保全の目的から接見の際に接見室で写真撮影や録画をしたケースにつき，拘置所側が弁護人に対して，写真等の撮影は「接見」ではなく拘置所の施設管理権により制約できるとして，規制をかける問題が生じている。中には，弁護士へ懲戒請求をした例もある（特別企画「接見室での録音・録画等と秘密交通権」刑弁72号68～82頁）。しかし，弁護人が不起訴処分や将来の公判での活用を目的として，被疑者の初期供述の確保や責任能力判断資料の確保のため，被疑者の接見時の状況を写真撮影・録画することは，被疑者と弁護人との「接見」の概念に含まれる上，弁護人として必要不可欠な活動であり，これを規制する法的根拠は存在しない。もとより，施設管理権で制約できるものではない。このような拘置所の対応は，即刻改められるべきである。前記のとおり，検察官においても取調べ状況を録音・録画して，これを責任能力の判断資料に用いようとしているのである。「武器対等の原則」を実現するためには，このような弁護人の活動への規制があってはならない。

（まえだ・ゆうじ）

14 捜査段階における弁護活動
検察の立場から ── コメント1

佐 藤 　 剛

I　はじめに
II　「被疑者ノート」について
III　被害者を始めとする関係者の名誉・プライバシー保護の観点
IV　法制審議会における調査審議と新制度の導入について

I　はじめに

　捜査段階における被疑者弁護活動は，被疑者国選弁護制度の導入により，以前と比較して明らかに活発化している。また，弁護士人口の拡大に伴い，近年，若手弁護士を中心に，刑事弁護に関わる弁護士の人数も増加している。

　ただ，飽くまで筆者の実感としてではあるが，弁護人の活動内容は，被疑者国選弁護制度が導入される以前と比較して，その質が確実に向上したとまでは言えないのではないかという印象である。例えば，最近の若手弁護士の中には，保釈請求の際の意見書において，判で押したように，国際人権規約の該当箇所を引用するといった例が見られる。しかし，個別の保釈請求事案において，国際人権規約に関する一般的な記載をすることに，一体どのような意味があるのであろうか。被疑者の置かれた状況は，一人ひとり全く異なっているのであって，依頼者である被疑者のニーズに応えた最良の弁護活動を行うのは，弁護人として当然の義務であると考えられるが，マニュアル的な弁護活動ばかりでは，それは望むべくもないと思われる。

さて，前田論文では，被疑者弁護活動の在り方について，現行制度下における弁護活動の在り方という点に加え，新たな制度の導入を提案する内容となっている。
　以下，前田論文に対するコメントという体裁を極力維持しながら，捜査段階における弁護活動の在り方に関して述べることとしたいが，もとより本稿のうち意見にわたる部分は，筆者の個人的見解である。

II　「被疑者ノート」について

　弁護人は，「被疑者の援助者」（前田論文）であって，関係法令に基づき，被疑者のための様々な活動を行うことは当然であり，被疑者の権利行使に伴う活動を行うことは，弁護人の義務でもあると言えよう。
　もっとも，それは，被疑者の「正当な」権利行使に伴う弁護活動であるという限りにおいて認められるべきものであり，その活動内容には当然のことながら限界がある。弁護人が，被疑者や関係者による罪証隠滅工作を知りながら，これに積極的に加担するなどといった行為は，弁護活動として許されるはずもない。実際，捜査の過程で，被疑者・関係者による罪証隠滅工作に対する弁護人の関与が発覚し，弁護士会に対する懲戒請求がなされたり，悪質な事案の場合には，捜査の対象となることもある。
　この点，弁護人が，身柄を拘束されている被疑者に対し，捜査機関による取調べの状況を記録させるなどの目的で「被疑者ノート」を差し入れる運用は定着した感もあるが，残念ながら，接見禁止処分（刑訴法81条）を潜脱する形で，被疑者ノートが用いられるケースが少なからず発生している。中には，接見禁止処分に付された被疑者が，被疑者ノートに「自分も否認しているので，共犯者の○○にも頑張るように伝えてほしい。」などといった記載をし，これを弁護人が親族などの関係者に手渡したことを契機として，共犯者に対する口止めが行われるといった事例も見られるところである。
　接見禁止処分に付されている被疑者からの依頼を受け，弁護人が，共犯者や関係者に対して罪証隠滅を働き掛けるなどは論外であるが，そこまでには

至らずとも，弁護人に渡す被疑者ノートに，第三者への伝言を依頼する内容が記載されるケースも認められる（もちろん，関係者間でしか分からない符丁や暗号などの記載により，弁護人にも分からない形で記載がなされ，結果として，弁護人が，被疑者らによる罪証隠滅工作に知らぬ間に手を貸す場合もあろう。）。

　こうした被疑者ノート等による接見禁止処分の潜脱行為や罪証隠滅工作は，被疑者と弁護人との間において被疑者ノートのやり取りが行われた時点では分からず，その後，捜査機関が，共犯者や関係者の取調べなどを行う過程で判明するのであるが，こうした場合，検察官としては，弁護人による罪証隠滅工作への関与を一応は疑わざるを得ず，その結果，関与や認識の度合いによっては，当該弁護人に対する懲戒請求等を検討することとなる。

III　被害者を始めとする関係者の名誉・プライバシー保護の観点

　犯罪は，およそ被疑者一人のみが登場して終わりというものではなく，犯罪の被害に遭った被害者やその家族，あるいは，たまたま事件現場に居合わせた目撃者などが関与し，結果として，多数の者が捜査機関からの接触を求められることとなる。そして，捜査段階においては，多数の関係者を巻き込む形で，真偽未確定の情報が多数収集されることとなるが，これは取りも直さず，犯罪の発生とこれに引き続く捜査活動によって，多数の者のプライバシーが明らかにされることを意味する。

　捜査機関は，刑事訴訟法を始めとする各種法令に基づき，捜査に必要な限度で関係者のプライバシーに立ち入ることを許され，そこで得られた情報を非公開のものとして取り扱っているのであるが，一方で，弁護人も，被疑者を弁護するため，やはり各種法令に認められた範囲で，多数の者のプライバシーに触れることとなる。したがって，被疑者の権利の保護のために活動を行う弁護人であっても，それに必要な限度を超えて関係者のプライバシーに接することは認められず，また，正当に知り得た情報であっても，これを無制限に公開することは許されない。

　この点に関連し，刑事事件の記録は，国費により行われた捜査の結果得ら

れた「公共財」であるから、これらについては、弁護人はもちろん、国民全体にも共有されるべきであり、原則として公開されるべきであるなどとする論調に触れることもある。しかしながら、こうした意見には、捜査上の秘密という観点もさることながら、被疑者・被害者を始めとする関係者の名誉やプライバシーの保護という観点が欠如しているというほかない。

　近時、検察官が開示した被疑者（被告人）の取調べを録音・録画したDVDのコピーについて、弁護人が、裁判の確定後に報道機関に提供して懲戒請求を受け、弁護士会の綱紀委員会において、当該行為が開示証拠の目的外使用（刑訴法281条の4第1項）に当たると判断された事案が発生したことは記憶に新しい。また、弁護人がインターネット上に開設したメーリングリストにおいて、性犯罪被害者の個人情報を含む刑事事件記録が、一般人にも閲覧可能な状態に置かれるという信じ難い事案も発生している。

　こうした事案からも明らかなとおり、関係者の名誉やプライバシーに対する意識が十分とは言えない弁護人がいる現状では、弁護人に対して無制限に刑事事件の証拠を開示することの危険性についても指摘せざるを得ない。

Ⅳ　法制審議会における調査審議と新制度の導入について

　法務大臣の諮問機関である法制審議会は、法務大臣から発せられた諮問第92号を受け、時代に即した新たな刑事司法制度を構築するための法整備の在り方について調査審議を行うため、平成23年6月、新時代の刑事司法制度特別部会を設置し、以後、同部会において調査審議が行われ、平成26年7月、その取りまとめが行われた。

　そして、同年9月、法制審議会は、上記取りまとめを受け、取調べの録音・録画制度の導入等を内容とする要綱（骨子）をまとめ、法務大臣に対し、同要綱（骨子）に従い法整備を行うべきとする答申を行った。

　上記要綱（骨子）に掲げられた制度は多岐にわたるが、その中には、一定の事件における被疑者取調べの録音・録画制度の導入のほか、証拠開示制度について、検察官が、被告人又は弁護人から請求があったときに検察官が保管

する証拠の一覧表を交付すること，さらには，被疑者国選弁護制度の対象範囲について，現行の長期3年を超える事件から，被疑者に対して勾留状が発せられている場合にまで拡大すること（前田論文にいう「被疑者国選第3段階」）などが含まれている。

　平成27年3月に法制審議会の上記答申を踏まえた改正法案が第189回国会（常会）に提出され，今後，国会での審議を経て，所要の法改正がなされるものと思われるが，どのような制度が導入されるにせよ，個別の事案において適正な弁護活動が行われるべきは当然である。まして弁護人による罪証隠滅工作が行われたり，関係者の名誉やプライバシーが損なわれたりするといった事態が続くようであれば，それ以上の制度の導入について国民の支持や理解を得ることは難しいものと思われる。

　なお，制度導入に関して，前田論文では，いくつかの提案がなされているところ，上記の被疑者国選弁護制度の対象事件の拡大について，逮捕段階から国費による負担を行うべきであると主張されているので（前田論文にいう「被疑者国選第4段階」），この点について触れることとする。結論から言えば，軽微な事件を含む全ての事件の被疑者に対し，逮捕段階から国費を投入して弁護人による援助を行うことについては疑問がある。

　まず，逮捕段階において，捜査機関は，極めて短い時間的制限の下で，被疑者の弁解を聴取するとともに，関係する証拠を収集し，その後の勾留請求や身柄の釈放に向けた検討を行わなければならない。そのような手続段階にあって，資力要件の確認といった国選弁護人選任のための手続を組み込むのは，捜査に対する支障が極めて大きい。また，『平成25年版 犯罪白書』によれば，平成24年に逮捕された被疑者（12万9,871人）のうち約12.3％（1万6,027人）が，勾留請求されずに釈放されているのであって，このような実情に鑑みれば，逮捕された全ての被疑者を国選弁護の対象とする必要性は乏しいと言わざるを得ない。

　一方，我が国において，弁護士による法的サービスへのニーズは，刑事弁護の領域に限らず，多種・多様にわたっている（例えば，大規模災害が発生した場合，被災者の権利利益の保護について法的な観点から助力ができるのは，やはり弁護士を

おいて他にないと思われる。)。被疑者国選弁護に関しては，既に50億円以上の予算措置がなされ，今後，勾留に付された被疑者全てに国選弁護人が付されることとされた場合には，20億円以上の予算措置が必要になると見込まれることからすると，被疑者国選弁護制度の範囲を更に逮捕段階にまで拡大すべきかについては，財政的な観点からも議論の必要があろう。

（さとう・たけし）

14 捜査段階における弁護活動
裁判の立場から ── コメント2

中谷　雄二郎

Ⅰ　裁判員制度の導入は捜査段階の弁護活動に何をもたらしたか
Ⅱ　捜査段階における弁護活動の重要性
Ⅲ　捜査段階における弁護活動の現状と課題

Ⅰ　裁判員制度の導入は捜査段階の弁護活動に何をもたらしたか

　裁判員制度の導入は，刑事司法全体に極めて大きな変革をもたらしつつあるが，その一つは，捜査段階の弁護活動，すなわち被疑者弁護制度の大幅な拡充を促したことである。裁判員法は，裁判官だけでなく検察官・弁護人にも，裁判員の負担を軽減し，裁判員がその職責を十分果たすことができるように，審理を迅速で分かりやすいものとすることを義務付けた（裁判員法51条）。要するに，裁判員裁判に参加する国民の負担を軽減し，国民が刑事裁判に主体的，実質的に関与できるように，審理の日程を迅速で短期集中的なものとし，審理の内容も，核心的な争点に関する主張及び立証に絞り込むとともに，分かりやすいものでなければならないとして（詳しくは拙稿「刑事裁判の連続性と非連続性」原田退官4頁及びその引用文献参照），検察官及び弁護人も，迅速かつ十分な事前準備が求められることとなった。しかも，公判前整理手続は，被告人の負担軽減及び証人等の記憶減退防止のために，できるだけ早期に終結する必要があるから（刑訴法316条の3第1項），弁護人は，公訴提起後，検察官から証明予定事実が明らかにされ，証拠開示を受けた段階で，速やかに暫

定的な弁護方針の概要を明らかにできるよう，捜査段階から，被疑者との十分な打合せに加え，捜査機関や被疑者関係者等との接触などを通じて，被疑者から見た事件の全体像をできるだけ的確に把握するとともに，それを踏まえながら，手続の進め方に関する被疑者の希望ないし意向を正確に聴取するよう努めなければならなくなったのである。

　もっとも，充実した公判審理を継続的，計画的かつ迅速に行うことは，従来からすべての刑事事件において求められてきたものであり（憲法37条1項，刑訴法1条），いわゆる核心司法，公判中心主義及び直接主義・口頭主義の要請も，裁判員制度が新たにもたらしたというよりも，刑訴法に本来的に内在しているものともいえる。とはいえ，裁判員制度の導入を契機として，これら諸原則の重要性が再認識され，その実現のために公判前整理手続が導入されて（刑訴法316条の2以下），迅速に集中的な審理予定が定められるようになり（刑訴規則217条の2第1項），この公判前整理手続を実効性を持って機能させるためには，被疑者弁護の充実が不可欠であることも意識されるようになったのである。つまり，公判前整理手続の導入により，捜査段階における弁護活動の重要性が改めて顕在化し，再認識されるようになったともいえよう。

　そのような背景から，平成18年10月，公判前整理手続の創設とまさに同時に，被疑者段階の弁護人制度が大幅に拡充された（今時の改正により，更に拡充されようとしている）。すなわち，勾留請求された被疑者について必要的弁護制度及び国選弁護制度が採用されるとともに（刑訴法37条の2〜5），被疑者弁護人の選任手続に弁護士会が関与することとなり（刑訴法31条の2，36条の3。なお，今時の改正後の刑訴法203条3項，204条2項，207条3項参照），捜査段階から充実した弁護活動を可能とする制度が構築されたのである。

II　捜査段階における弁護活動の重要性

　前田論文は，身柄拘束下に置かれた被疑者にとって援助者である弁護人の役割が重要であるとし，被疑者弁護人が行うべき活動内容として，第1に，被疑者取調べの適正さの確保と取調べへの対応に関する適切なアドバイス，

第2に，早期の身柄解放，第3に，証拠収集を含む防御活動，第4に，接見等禁止中の被疑者と家族・社会とのつながりの維持を掲げられた上，特に裁判員裁判の実現によって公判中心主義が重視される今日では，被疑者が刑事手続全体を見通して効果的な防御が可能となるよう，取調べに対する対応のアドバイス（弁護権の参加的機能）の重要性が高まっていると指摘される。

　裁判官の立場から見ても，初動捜査と同様，捜査段階の弁護活動は重要である。例えば，公判において，被告人の自白の任意性や信用性が争われた場合，あるいは違法収集証拠の主張が出た場合において，捜査段階の取調べ状況や証拠収集過程等の認定は，取調べ過程の録画や職務質問等の状況を撮影した防犯カメラの映像，捜査機関が作成した供述調書や捜査報告書等を除けば，被告人と捜査官の各公判供述に依拠せざるを得ず，その信用性判断に悩まされることも決して少なくない。もっとも，捜査段階からこのような事態が予想される場合において，弁護人が，被疑者に毎日の取調べ状況を記録させ，被疑者本人や関係者から早期に証拠収集の状況等を聴き取って録取し，あるいは被疑者の身体や着衣，持ち物の状況等を記録化しておけば，直近に作成された資料として，上記各公判供述の信用性を判断する上において貴重であるし，後の違法捜査を抑止する効果も期待できる。したがって，弁護人としては，被疑者との接見等を通じて捜査過程に問題の兆候が認められれば，直ちに捜査機関に違法捜査の中止を求めるとともに，違法捜査の状況につき記録化を試みることが重要であろう。

　同時に，弁護人は，適切な弁護方針を立てるために，被疑者側から見た事件像をできるだけ早期に把握することが求められる。勾留状の被疑事実は争うのか，どの部分をどのように争うのか，どの範囲までは認めざるを得ないのかを見極め，検察官の処分の見通しも考慮しながら，被疑者の意向も踏まえておおよその弁護方針を策定し，その方針に則った弁護活動に速やかに着手する必要がある（特に今時の改正で導入された証拠収集等への協力及び訴追に関する合意制度では，刑訴法350条の3以下の合意への同意や検察官との協議等に適切に対処するために，被疑者の置かれた状況を適確に把握して，被疑者に適切に助言できなければならない）。それによって，検察官の処分決定に被疑者の意向や被疑者側の事

情を反映させられるとともに，公訴提起後の充実した弁護活動にもつながり，公判前整理手続の早期終結，更には充実した公判審理を継続的，計画的かつ迅速に行うことを可能にするともいえる。裁判官としても，勾留請求等の令状審査や公判審理等を通じてではあるが，被疑者やその関係者と弁護人との信頼関係が早期に構築され，被疑者との十分な意思疎通の下に実効性のある弁護活動が行われることにより，ポイントを絞った令状審査やその事後審査，的確な争点整理及び証拠の厳選を伴う公判前整理手続の早期終結，そして充実した迅速な公判審理が可能になった例を数多く経験しているところである。

　とりわけ裁判員制度の導入後は，当事者主義の徹底が求められ（拙稿・前掲9頁以下），公判前整理手続における争点の整理及び証拠の厳選も，直接証拠に接する機会のない裁判所ではなく，自ら証拠を検討した各当事者のイニシアティブと責任において行われるべきこととなり，弁護人にも，捜査段階における弁護活動を更に充実させて，できるだけ早期に正確な事件像を把握し，適切な弁護方針を策定することが求められるようになった。そして，この要請は，被疑者国選弁護制度が大幅に拡充されたことからも明らかなとおり，裁判員裁判対象事件や公判前整理手続に付される事件に限定されるものではなく，それ以外の事件にも同様に当てはまるというべきであろう。

Ⅲ　捜査段階における弁護活動の現状と課題

1　弁護活動のばらつき

　裁判官として，捜査段階における弁護活動の全貌を把握しているわけではないが，令状・保釈の審査や準抗告・抗告の審理を通じた印象としては，全体的に誠実かつ熱心に遂行されているように思われるし，中には，前記のように，弁護人の尽力に敬服するような例も数多く経験している。もっとも，残念ではあるが，物足りなさを感じる例も少なくない。例えば，違法収集証拠や自白の任意性が問題とされているのに，弁護側で被告人の公判供述以外の資料が全く作成されていない事例も散見されるのであり，折角の被疑者国

選弁護制度が十分に機能していないといわざるを得ない。個々の弁護人の力量や経験知にある程度の差異があることはやむを得ないとしても，捜査段階の弁護活動では，弁護人としてどのような問題意識を持ち，どのような点に留意すべきかといった点について，被疑者弁護人を受任する弁護士全員が共通認識を持つことは十分可能であろうし，同制度導入の趣旨を正しく理解し高い使命感を持って職務に当たることも，被疑者国選弁護人として当然の責務とも思われる。さらに，若手弁護士が多数被疑者国選弁護人に選任される状況の中で弁護活動の水準を確保していくには，経験の乏しい弁護士に対する研修制度に加え，相談窓口や指導弁護士等の様々な支援態勢の更なる充実が必要ではなかろうか。弁護士会等による取組の強化に期待したい。

2　公判前整理手続の迅速化の要請

　裁判員裁判は，国民の信頼と協力を得ながらおおむね順調に運営されてきており，その一角を担う弁護人の果たした役割には極めて大きなものがあった。制度の立ち上げから今日まで裁判員裁判における充実した弁護活動を担ってきた個々の弁護士による献身的な努力，これを組織を挙げて全面的にバックアップしてきた弁護士会の取組に敬意を表したい。ただ，裁判員制度施行から3年間の実績に基づいた検証結果（検証報告書）等によれば，裁判員裁判の運営上の課題として，公判前整理手続の長期化が挙げられ，その要因の一つとして弁護人による予定主張提出の遅れが指摘されている（検証報告書10頁以下参照）。捜査段階の弁護活動が充実すれば，弁護人が接見等を通じて被疑者からの事情聴取や意向確認が早期に進むことにより，特に自白事件の場合には，公訴事実及び検察官の証明予定事実が示され，類型証拠を含んだ任意の証拠開示が行われた後の比較的早い段階で，概括的な主張及び立証予定の概要程度は明らかにできるであろう。また，否認事件の場合も，事件の規模，争点の広範さや複雑さ，証拠の多さ等にもよるであろうが，何が争点となり，検察官立証を基礎付ける証拠をどの範囲まで争うのかなど，弁護方針の骨格程度は示せるのではなかろうか（もちろん，その段階で示される弁護方針はあくまで暫定的なものであり，事情変更等によって弁護方針が変わり得ることは，裁判

所も十分理解しているところであり，仮にやむを得ない事情によって弁護方針が大きく変わっても，裁判所は柔軟に対応することになろう。酒巻匡＝大澤裕＝菊池浩＝後藤昭＝栃木力＝前田裕司「〈座談会〉裁判員裁判の現状と課題」論究ジュリ2号12頁〔栃木力発言〕参照)。そして，弁護人の予定主張が早期に明示されることになれば，公判前整理手続の一層の迅速化に資するだけではない。身柄問題に関しては，罪証隠滅のおそれの判断対象が限定され，保釈を許可する時期が早まるであろうし，公判期日を早期に指定できれば，証人からそれだけ新鮮な記憶を聴取することが可能となるのである。

3 前田論文の提唱について

前田論文は，「無罪推定の法理から導かれる『身体不拘束の原則』，被疑者の防御権の実効的保障と公平な裁判の実現に不可欠の『武器対等の原則』」を貫徹すべきであるとの立場から，捜査段階における弁護活動の領域における抜本的な制度改革を提唱しておられる。その第1は，被疑者国選弁護制度の更なる拡充，第2は，取調べ可視化の更なる拡充，第3は，取調べに先立つ弁護人との接見の制度化，第4は，勾留に関する原則の確認条項の設置，第5は，勾留手続の対審化，第6は，起訴前保釈制度の創設，第7は，接見室における証拠収集活動の自由である。これらの提唱は，立法を要する制度論も多く含むものであり，裁判実務家として論評することは控えるが，現に捜査段階の弁護活動の充実に尽力しておられる弁護士の現状認識ないし問題意識を率直に語るものとして，真摯に受けとめたい。いずれにしても，刑事裁判の更なる発展のためには，法曹三者が問題意識を共有して，それぞれの立場から協力し合い切磋琢磨しながら，研ぎ澄まされた実務感覚を十分に発揮して，裁判員制度の趣旨にも沿いながら，刑事裁判の目的である適正かつ迅速な裁判を実現していくことが重要であることを改めて指摘しておきたい。

(なかたに・ゆうじろう)

15 接見交通
弁護の立場から

赤松 範夫

I 問題の所在
II 接見交通権についての基本的考え方
III 秘密交通権の保障について
IV 弁護人との信書の発受等
V 面会接見
VI 電話連絡（電話による外部交通）

I 問題の所在

　刑訴法39条1項は，身体拘束を受けている被告人又は被疑者（以下「被疑者等」という）は弁護人又は弁護人となろうとする者（以下「弁護人等」という）と「立会人なくして接見し，又は書類若しくは物の授受をすることができる」と規定する。しかし，同条3項では「捜査のために必要があるときは」「その日時，場所及び時間を指定することができる」とされている。

　従前，この刑訴法39条3項による接見等の指定に関し，捜査機関が被疑者の身体管理者（拘置所長，警察署長等）に一般的指定書を発すると，被疑者と弁護人との接見は一般的に封鎖され，検察官の発する具体的指定書を持参した場合に限り接見の封鎖が解除されて接見が可能とされ，39条1項の自由な接見の原則と同条3項の例外としての制限が逆転したような運用がされていた。

　この接見の自由の逆転現象については，接見の現場での紛争が後を絶たず，指定処分をめぐる国賠訴訟も多数提起されていた（この国賠訴訟の詳細につ

いては日本弁護士連合会接見交通権確立実行委員会編『接見交通権マニュアル［第16版］』〈2015年，日本弁護士連合会。以下「接見交通権マニュアル」という。〉の181頁以下の接見妨害国賠訴訟全国一覧表参照）。

そして，昭和62年には「接見等に関する指定書（いわゆる一般的指定書）」は廃止されて「（具体的）指定書」のみとされ，接見指定に関する争いは大幅に減少することとなった。

その後，平成20年5月には，最高検察庁，警察庁のいずれからも，「取調べの適正を確保するための逮捕・勾留中の被疑者と弁護人等との間の接見に対する一層の配慮について」と題する通達が出された。この最高検察庁通達は，概要は次のとおりである。

① 被疑者の弁解録取の際に，取調べ中に弁護人と接見したい旨の申出があれば，直ちにその旨を弁護人に連絡することを被疑者に告知する。

② 取調べ中に被疑者から弁護人と接見したい旨の申出があった場合には，直ちに弁護人に連絡する。

③ 取調べ中の被疑者について弁護人から接見の申出あった場合には，直ちに，また取調べ中であってもできる限り早期に接見の機会を与えるようにし，遅くとも直近の食事又は休憩の際に接見の機会を与えるように配慮する。接見施設がない場合には職員の立会いの下で面会接見の機会を与えるように配慮する。

④ これらの接見の申出があった場合には，申出及びこれに対してとった措置を書面により記録して事件記録に編綴する。

なお，警察庁の通達内容もほぼ同旨である（両通達の全文は，接見交通権マニュアル99頁，109頁に掲載）。

また，従前，拘置所などの刑事施設においては認められていなかった夜間・休日接見についても，裁判員裁判の実施を前に，平成19年3月，日本弁護士連合会（以下「日弁連」という）と法務省との間で「夜間及び休日の未決拘禁者と弁護人等との面会等に関する申合せ」がなされ，限定的ながらも，一定の条件のもとで認められることとなった（全文は日弁連ウェブサイト又は接見交通権マニュアル140頁に掲載）。

このようにして，接見の自由，即ち接見の機会の確保や接見時間については，現在では逮捕直後の接見，検察庁での接見や特捜部事件などの例外を除いては大幅に争いは減少している。

しかしながら，他方，接見のうちの秘密接見交通権をめぐる紛争は増加しており，この秘密接見交通権に関する問題点について検討することが本稿の課題である。

Ⅱ　接見交通権についての基本的考え方

1　接見交通権とは

(1)　憲法34条前段は，抑留又は拘禁された者に弁護人に依頼する権利を保障している。弁護人依頼権は，身体拘束を受けている被疑者等が拘束の原因となっている嫌疑を晴らしたり，人身の自由を回復するための手段を講じたりするなどの権利と自由を守るため弁護人から援助を受けられることを目的とするものである。

したがって，この規定は，単に被疑者等が弁護人を選任することを官憲が妨害してはならないというにとどまらず，被疑者等が弁護人を選任したうえで，弁護人に相談し，その助言を受けるなど，弁護人から援助を受けることを実質的に保障している。

(2)　刑訴法39条1項が，「身体の拘束を受けている被告人又は被疑者は，弁護人又は弁護人を選任することができる者の依頼により弁護人となろうとする者（弁護士でないものにあつては，第31条第2項の許可があつた後に限る。）と立会人なくして接見し，又は書類若しくは物の授受をすることができる。」として，被疑者等と弁護人等の接見交通権を規定しているのは，上記の憲法34条の趣旨にのっとり，身体の拘束を受けている被疑者等が弁護人等と相談し，その助言を受けるなど弁護人等から援助を受ける機会を確保する目的で設けられたものであり，その意味で，刑訴法の上記規定は，憲法の保障に由来するものであるということができる（最大判平成11・3・24〈民集53巻3号514頁〉）。

2 接見の意義・定義

(1) 弁護人等が被疑者らと接見する際に交換・取得される情報は事件そのものや取調べに関することについての情報や助言にとどまらず，被疑者等の親族，関係先への連絡事項や被害者に関する情報等や，証拠書類等の提示によることも含まれる。

また，情報の取得態様についても，心神喪失状態や意思疎通能力がない被疑者等の例を考えても，意思疎通に限らず，被疑者等の表情，行動，発言内容等を片面的に把握，取得することも含まれる。被疑者等の発言内容を録取したり，アザや痕跡がある場合などにこの状態をメモ化，デッサン化するケース等，記憶による情報の取得に限定されない。

これらの接見時にあらわされる情報それ自体は多種多様であると共に，弁護人等による情報の取得方法も多種多様であり，単にメモやデッサンにとどまらず，電子機器類の進歩とともにパソコンで記録したり，録音，写真，ビデオ等による取得方法も弁護権の自主性の見地から弁護人等の自主的な判断に委ねられるべきである。

そして，接見の際に得た情報については，双方がこれを記憶するだけではなく，その場で記録することも接見行為とされるべきである。接見で得た情報を記録化することを否定することは情報の取得行為それ自体を否定するに等しく，被疑者等の弁護人依頼権という憲法上の権利すら否定するに等しくなるからである。

したがって，接見とは，弁護人等と被疑者等との間で行われる双方的又は片面的なコミュニケーション及び情報の記録化を含む一切の情報の取得活動と定義されるべきである。

(2) この点につき，後藤国賠事件大阪地裁判決では，「被告人等と弁護人とが口頭での打合せ及びこれに付随する証拠書類等の提示等を内容とする接見を秘密裡に行う権利たる秘密接見交通権を保障するものであり，かかる保障は，身体の拘束を受けている被告人等が弁護人と相談し，その助言を受けるなど弁護人から援助を受ける機会を確保するためのものである」と判示しており（大阪地判平成16・3・9〈訴月52巻10号3098頁，判時1858号79頁〉），接見の場

で提示された証拠資料等の提示等についても秘密交通権の保障を及ぼしており，控訴審でも維持されている（大阪高判平成17・1・25〈訴月52巻10号3069頁〉）。

(3) 他方，弁護人等が被疑者等から得た情報を被疑者等以外の第三者に提供する行為は，接見交通権の行使ではなく，外部交通の援助としての弁護活動として区別されるべきである。

3 憲法に由来する秘密交通権の重要性

(1) 刑訴法39条1項が，被疑者等が弁護人等と「立会人なくして接見し，又は書類若しくは物の授受をすることができる」としているのは，弁護人から有効かつ適切な助言を受ける機会を持つためには，被拘禁者とその弁護人との間において，相互に十分な意思の疎通と情報提供や法的助言等が何らの干渉なくなされることが必要不可欠であり，特に，その意思の伝達や情報提供のやりとりの内容が捜査機関，訴追機関，更には収容施設側に知られないことが重要であるので，この点を明文で規定したものである。

なぜなら，接見の機会が保障されても，その内容が収容施設等の機関に知られるというのでは，被疑者等は委縮してしまい，安心して弁護人等に情報提供できず，相談できなくなるため，その防御権，すなわち有効適切な弁護活動を弁護人にしてもらうことが期待できなくなり，弁護人の側からは，その弁護権，すなわち有効適切な弁護活動を行うことができないことも十分予想されるからである。

したがって，上記の「立会人なくして接見し，又は書類若しくは物の授受をすることができる」とは，接見の内容を捜査機関や収容施設等の各機関が窺い知ることができない状態で接見し，又は書類若しくは物の授受をする権利，すなわち接見だけでなく，書類及び物の授受についても秘密交通権を保障することを意味するものである。

(2) このような接見についての秘密交通権は，憲法で保障された弁護人を依頼する権利の保障に由来する極めて重要なものであり，弁護人にとっても固有権の最も重要なもののひとつであるとされている（最判平成3・5・10〈民集45巻5号919頁〉）。

最高裁判決（前掲最大判平成11・3・24）によると，「接見交通権の行使と捜査権の行使との間に合理的な調整」が図られる必要があるとされているが，この判決は接見の指定に関するもので，身体拘束された被疑者を取り調べる時間と接見する時間とが衝突することから調整を図る必要があるが，接見の内容である秘密交通権に関しては取調べとの衝突の余地はないものであるから，秘密交通権について捜査権の行使との調整の観念を考えるべきではない。

III 秘密交通権の保障について

1 接見内容の取調べ，供述調書化等

(1) 弁護人等が接見の際に被疑者等と行うやり取りの内容について，事後的に捜査官が取調べにおいて聴取し，これを供述調書化することは許されるのか，という問題である。

(2) この問題については，多数の被疑者等と弁護人との間の接見内容をその後の取調べにおいて聴取し，これを供述調書化して証拠請求を行ったことについて争われた鹿児島接見侵害国賠訴訟において，鹿児島地裁判決が，刑訴法39条1項の「立会人なくして」とは接見内容について捜査機関はこれを知ることができないとの接見内容の秘密を保障したものといえ，捜査機関が接見後に被告人らから弁護人との接見内容を聴取することは，「捜査妨害的行為等接見交通権の保護に値しない事情等特段の事情のない限り弁護人固有の接見交通権をも侵害することになる」と判示（鹿児島地判平成20・3・24〈判時2008号3頁〉）したのが先例となる。

(3) また，同種の接見内容について被疑者取調べの際の聴取，供述調書化，証拠請求が問題とされた第2次富永国賠訴訟では，福岡高裁判決が，39条1項が「弁護人の援助を受ける機会を実質的に確保する目的で，秘密交通権を弁護人等の固有権と位置づけている以上，取調べの際に被疑者等が自発的に接見内容を後述したとしても，そのことをもって，弁護人固有の秘密交通権を保護する必要性が低減したということはできない」として捜査機関に対し，接見内容については話す必要がない旨告知するなどして秘密交通権に配慮すべき

法的義務を課すと共に39条1項の趣旨を損なうような接見内容の聴取を控えるべき法的義務を負っているとしたうえで，未だ秘密性が消失していない情報について，取調べにおいて尋ねることは「被疑者と弁護人との意思疎通の過程を聴取したものにほかならず，……自由な意思疎通ないし情報伝達に萎縮的効果を及ぼすおそれがある」から違法であると判示した（福岡高判平成23・7・1〈訟月57巻11号2467頁，判時2127号9頁〉。最決平成25・12・19〈公刊物等未登載〉上告棄却で確定）。

(4) 以上のように，接見内容について取調べ等をすることは弁護人等と被疑者等との間の信頼関係を損ない，安心して真実を話したり，自由に相談できないという萎縮的効果を生じることからも，許されないものというべきである。

日弁連でも平成23年4月15日付で「接見・秘密交通権確立についての意見書」を発表し「取調べに際し，被疑者等から弁護人等の接見内容を聴取する行為は根絶されなければならない」としている（全文は，接見交通権マニュアル202頁）。

2　接見室内でのカメラ，録音機，電子機器等の持込み，使用等

(1) 「被収容者の外部交通に関する訓令の運用について（依命通達）」（平成19年5月30日法務省矯正局長）によると，拘置所などでは，「未決拘禁者との面会を申し出る弁護人等に対しては……カメラ，ビデオカメラ，携帯電話を使用しないこと……を周知すること」とされている。また，録音についても事前の申請をさせたうえで，録音後に再生させて検査に応じることを条件に接見室内への持ち込みを許している。

これは，録音については信書の授受に当たるものとして刑事収容施設及び被収容者処遇法に基く検査を必要とするとの解釈によるものとされており，また，写真撮影・録画についても「接見」には該当しないため，被収容者のプライバシー保護，接見室内の設備等の保安・警備上の支障から庁舎管理権に基づき禁止しうるものと説明されている。

(2) しかし，前述の通り，被疑者等の表情，行動，所作，発言内容等について接見の際に確認し，これを記録化する行為それ自体は「接見」に当たり，秘

密交通権の保障が及ぶと考えるべきである。

　弁護人等が接見の際に被疑者等から得る情報や被疑者等が得る情報は言葉のみに限られないことは前述の通りであり，口頭による説明を聞き取り，その内容を筆記したり，被疑者等の外観上の特徴や表情をデッサンすることが接見に含まれる以上，電子機器類の進歩によって，これらの記録化を電磁的方法によって行うことは，より正確に記録するために，どのような機器を使用する方法で記録化を行うかについても当然に弁護人等の自主的な判断に委ねられるべきでものであり，これらの記録媒体についても接見メモと同様に秘密交通権の保障が及ぶものである（葛野尋之「身体拘束中の被疑者・被告人との接見，書類・物の授受」後藤昭＝髙野隆＝岡慎一編著『実務刑事弁護 第 1 巻 弁護人の役割』〈2013年，第一法規〉187頁以下も同様の見解を述べておられる）。

　弁護人の行った録音についても，前記の通り弁護人等の取得した接見情報であって，被疑者等から発せられた文書のように占有の移転を伴わないので，接見としての秘密交通権の保障が及ぶものであり内容の検査は許されないものである（葛野尋之『未決拘禁法と人権』〈2012年，現代人文社〉369頁以下は弁護人宛信書の内容検査を原則とすることは憲法34条，37条 3 項，刑訴法39条 1 項に反する過剰な制限であるとされる）。

　日弁連では平成23年 1 月20日付で「面会室内における写真撮影（録画を含む）及び録音についての意見書」を発表し，写真撮影等は「憲法上・刑事訴訟法上保障された弁護活動の一環であって，接見・秘密交通権で保障されており，制限なく認められるものであり，刑事施設，留置施設もしくは鑑別所が，制限することや検査することは認められない」としている（全文は，接見交通権マニュアル196頁）。

　(3)　なお，接見によって得た情報の利用（特に被疑者等以外の第三者への提供も含めた弁護活動）に関しては，弁護士が高度の専門性，倫理性を備え，違法行為に加担してはならないこと（弁護士職務基本規程14条，75条）から，その情報内容について内容を確認してスクリーニングをする義務を有していることは被疑者等から託された文書等の場合や口頭での伝言の場合であっても写真等の場合であっても同様であり，罪証隠滅や逃亡を防止するという拘禁目的を阻害

しないために危険情報遮断のための内容確認は不可欠である。接見で得た映像記録等が刑事手続上証拠として請求されて取り調べられることは実務上も定着しており，被疑者以外の第三者への画像記録等の提供に関しては，弁護人においてスクリーニングをした結果，違法行為への加担とならないと判断して第三者に情報を提供することは弁護人としての誠実義務の履行として行うべきものである。

(4) このスクリーニングの程度についても当該弁護人の高度の専門性に基づく判断が尊重されるべきである（接見室内における写真撮影等が接見に含まれるかが争点とされている国賠訴訟が現在，最高裁，福岡高裁，佐賀地裁に係属しており，既に東京高判平成27・7・9〈判時2280号16頁〉，福岡地小倉支判平成27・2・26〈判時2276号15頁〉では，接見は意思疎通に限定するとの判断がなされているが，前述のところや，弁護活動実務を無視したものであり，不当と言わざるを得ない））。

Ⅳ 弁護人との信書の発受等

1 信書の発受における秘密性保護

(1) 弁護権の有効な保障のためには，被疑者等と弁護人等との自由なコミュニケーションが不可欠であり，コミュニケーション手段としての信書は正確性において口頭のそれに代替できない特質があるため，どちらかだけで足りるものではなく，口頭と信書の双方についての秘密性の保障が必要である。

ところで，刑訴法39条1項の「立会人なくして」は「接見」のみにかかり，「書類若しくは物の授受」にはかからないとの考え方が一般的であるとされるが，接見交通権の保障が憲法上の権利に由来するものであることから，被疑者等と「弁護人との間の信書の授受についても，刑訴法三九条一項は，できる限り接見に準じ，その内容についての秘密保護を要請している」との下級審判例（大阪地判平成12・5・25〈判時1754号102頁，判タ1061号98頁〉：髙見・岡本国賠事件判決。その解説等は，髙見・岡本国賠訴訟弁護団編『秘密交通権の確立——髙見・岡本国賠訴訟の記録——』〈2011年，現代人文社〉）に添って考えるべきである。

(2) 刑事収容法では，弁護人等から被疑者等宛の信書については，「信書に該当することを確認するために必要な限度」(同法135条2項)の検査をなしうるにすぎないが，被疑者等から弁護人等への信書については，一般人宛信書と同様に内容の検査を行いうる(同法135条1項)こととされている。

しかし，被疑者等からの信書等の内容の検査，閲読を何らの限定もなく一律に許容するとすると，信書内容についての秘密性が全く保護されないばかりか，信書による弁護人等と被疑者等とのコミュニケーション，情報の提供に著しく萎縮的効果をきたすこととなり，自由な意見交換が阻害されることは明らかである。

後藤国賠事件控訴審判決（大阪高判平成17・1・25〈訟月52巻10号3069頁〉。その解説等の詳細は，後藤国賠訴訟弁護団編『ビデオ再生と秘密交通権――後藤国賠訴訟の記録――1・2・3（完）』〈2004年・2005年・2008年，現代人文社〉）が，「弁護士が，深い教養の保持と高い品性の陶やに努め，基本的人権の擁護及び社会正義の実現という高度の倫理性及び専門性を備えるべきものとされている」として，弁護人の高い倫理性と専門性から，信書の授受についても，憲法34条前段，37条3項に基づき，秘密接見交通権の保障を没却しない限度でのみ限定的に解釈すべき，としているのも，これと同様の立場に立つものに外ならない。

したがって，弁護人からの信書と同様に，被疑者等から弁護人宛の信書についても弁護人等に宛てたものかどうかの確認のみに限定され，信書内容についての検査はできないものとされるべきである（国際人権法でもその秘密の保護は宣言されている。被拘禁者処遇最低基準規則の93条等，国連規約人権委員会B規約14条）。

2 秘密性の保障の根拠

(1) 弁護人宛信書については，その内容において逃亡や罪証隠滅等の拘禁目的を阻害するような情報が含まれているとしても，その信書が弁護人の手許にとどまる限り，拘禁目的を阻害する行為に及ぶ可能性は問題とされるべきではない。そもそも弁護権や接見交通権は高度の倫理性を有する弁護人自らが違法行為に加担しないという信頼に基づいて設けられた制度であるからである。

(2) したがって，弁護人においても，被疑者等から受領した信書等については，その内容を確認し，スクリーニングすることが不可欠である。その内容を確認することなく第三者に交付したり情報提供することは未決拘禁者と一般人との外部交通に関する法的制限を潜脱したり，刑訴法81条の接見禁止が付されている場合にはその潜脱に加担することとなり，弁護士職務基本規程14条に違反する結果となるからである（以上については葛野・前掲『未決拘禁法と人権』368頁，福島至「接見交通の秘密と防御活動の自由——信書の秘密とカメラ等携行の自由——」村井古稀329頁など）。

3 接見禁止決定下の信書等の授受

(1) 刑訴法81条の接見禁止決定の対象から弁護人等が除外されているのは，このような弁護人の内容確認，スクリーニング義務が存することが前提とされているからである。弁護人には信書等を通じての逃亡，罪証隠滅等の危険情報の選別，遮断をする義務が存することから，接見禁止決定がなされている被疑者等から受領した信書等の内容に第三者への伝言が入っていた場合，危険情報を遮断するためのスクリーニング義務を尽くしたうえで第三者宛伝言を伝えたり信書等を交付したりすることは被疑者等に対する誠実義務の履行としての外部交通の援助であり，弁護人としては積極的に行うべきものである。

(2) また，接見禁止決定のなされている被疑者等から弁護人等宛の信書につき，収容施設側で第三者への伝言が含まれているか否かを検閲し，これが含まれていた場合に弁護人等への宅下げを拒否することは，明らかに前記秘密交通権を侵害することとなる。

このような場合に，裁判所に対し接見禁止決定の一部又は全部解除の申立てをなすべきであるとの一部の運用も，刑訴法81条の解釈を誤っているものと考える。

V 面会接見

1 検察庁における接見

(1) 弁護人の立場からは，刑訴法39条1項の接見交通権は，同条2項による逃亡等防止のための法令上の措置がない限り無限定なものと考えられる。したがって，検察庁内における接見についても同条2項の法令の定めはないことから，原則どおり自由になしうるもので，被疑者等の戒護に支障をきたすからという理由によって接見を拒否することはできないものである。また，捜査の実態が，集中押送などによって被疑者等が一日中検察庁に在庁させられて検事調べのために待機させられているのが一般的であることからも，検察庁内での接見の必要性は高くなっている。

このため，接見室のある検察庁（及びその支部）では，担当検察官に接見の申出をなして接見できることとなっているが，全ての検察庁に接見室が設置されていないことから，検察庁での接見をめぐる紛争が生じる例があった。

(2) 広島地方検察庁で取調べを受けている被疑者との接見を申し入れたところ，接見室が無いということを理由に接見が拒否されたケースで提訴された定者国賠事件における最判平成17年4月19日（民集59巻3号563頁。解説として，渡辺修・平成17年度重判解194頁）で「面会接見」という概念が認められた。これは，「例えば立会人の居る部屋での短時間の接見などのように，いわゆる秘密交通権が十分に保障されないような態様の短時間の接見」とされており，「一定の要件の下で，検察官には弁護人等に対して面会接見をできるように特別の配慮をすべき義務がある」と判示した。

2 面会接見について

このように，最高裁判所が面会接見配慮義務を認めた後も，検察庁での接見の必要性が高い実情から，検察庁での接見（面会接見を含む）を求めるケースは多かった。広島地方検察庁で取調べを受けていた被疑者との接見を求めたが，接見も面会接見も認められなかったために提訴された久保国賠事件において，広島高裁は，面会接見は秘密接見が拒否された場合の補充的な手段

に過ぎないことが明らかであるから，捜査機関としては，弁護人からの面会接見の申し出を拒否するときは，弁護人が「面会接見が拒否される場合は接見指定も求めない」という意見を表明するなどの特段の事情がない限り，併せて当初の秘密接見の申出に対する接見指定をする義務を免れず，接見指定をしない場合は即時の接見を認めなければならないと判示した（広島高判平成21・1・14〈LLI/DB06420008〉）。

3　面会接見の際の立会人

　面会接見は，立会人の付された，完全な秘密交通権の保障されない態様の接見であるとされているが，従前，この立会いについて捜査担当検察官が行う例も存し，これが違法であるとして提訴された今枝・足立・岡野国賠事件（広島高判平成24・2・22〈判タ1388号155頁〉。最判平成25・6・21〈公刊物等未登載〉上告棄却で確定）等も存するが，前掲平成20年5月の最高検察庁発出の「接見に対する一層の配慮について」(540頁参照) によると，この面会接見の立会人について「職員の立会いの下で面会接見の機会を与えるように配慮する」とされ，捜査官でない戒護職員などの立会いの下で行うこととされ，問題は解決した。

　その後，現在では全ての検察庁本庁では接見室が設けられ，検察庁支部でも接見室が設置されつつあり，検察官の具体的指定を受けて秘密接見ができることとなっているため，面会接見を必要とする事情は大巾に減少しつつある。

Ⅵ　電話連絡（電話による外部交通）

1　制度の概要

　平成19年3月13日付け，日弁連と警察庁，法務省との間の申合せに基づき，現在，全国37ヶ所の警察署，8拘置（支）所で弁護人と被疑者との電話による通話の試行が開始されている。この制度は上記申合せによる運用であって，刑訴法39条1項の接見交通権ではない。したがって，正確には，「電話連絡」(留置施設の場合)，「電話による外部交通」(拘置所の場合) と呼ぶべきである。

　上記申合せによると，前日の執務時間内などまでに事前連絡したうえで，

所定のアクセスポイントたる警察署又は地方検察庁，司法支援センター（国選弁護人に限る）に出向いて，警察署では弁護人の携帯電話を預けるなどして，被疑者と一定の時間（15分ないし20分間）通話ができるという制度である（この申合せ全文については，接見交通権マニュアル50頁以下及び141頁）。

2　この制度の問題点

　この電話連絡，電話による外部交通は秘密交通権の保障がないもので，接見交通権の行使ではなく，本来の接見に代替するものではない。第1に，会話内容を聞かれない保障はなく，テレビ電話が導入された場合を除いて相手方の表情やしぐさなどもとらえられず，時間制限もされている。第2に，前日までの事前連絡が必要なうえ，拘置所の場合，あらかじめ捜査担当検察官との間で時間調整をすることが望ましいとされている。

　したがって，被疑者等と事件内容についての打合せをするのにふさわしいものではなく，表情等を見ながらの打合せでないため信頼関係を構築するためにも望ましいものではない。安否伺いや，家族からの伝言程度であっても，その中に事件に関する重要な情報が含まれている場合もあり，また刑事手続に関する説明等であっても直接被疑者等と顔を合わせ，その表情，しぐさや反応等を見ながら行うことにより信頼関係を築けたり，弁護人等が真実に迫ることが可能となるからである。

　このように，被疑者等との打合せについては本来的な秘密交通権の保障された接見によって行うべきであり，この電話連絡制度はあくまでその補助手段として行われるべきである。

　現にこの制度は発足後数年経過するも制度の利用者は極めて限定的である。

　今後，この制度や同時に実施された定型文言のみの刑事施設収容中の未決拘禁者とのファクシミリ通信（この申合せ内容については，接見交通権マニュアル144頁）についても手続の簡易化（弁護人事務所からの架電等），完全に秘密の確保される制度に改めてゆくことが求められている。

（あかまつ・のりお）

15 接見交通
検察の立場から

内藤　晋太郎

Ⅰ　問題の所在
Ⅱ　接見交通権についての基本的な考え方
Ⅲ　面　会　接　見
Ⅳ　電　話　面　会
Ⅴ　信書の発受

Ⅰ　問題の所在

　接見交通権は身柄を拘束された被疑者又は被告人(以下「被疑者等」という。)の権利であるが，弁護人にとってはその固有権のうち最も重要なものの一つであり，特に刑訴法(以下，条文を示すときは省略する。)39条3項の捜査機関による接見又は書類若しくは物の授受(以下,「接見等」という。)の指定をめぐっては捜査権と弁護権が最も先鋭的に対立する局面として激しい議論が重ねられてきた。しかし，接見等の指定の方法については昭和63年にいわゆる一般的指定書による方法が改められ，「捜査のため必要があるとき」という接見等の指定の要件についても累次の最高裁判例に基づいた解釈が実務上定着しつつある。他方，平成18年に監獄法が全面的に改正されて刑事収容法において身柄を拘束された被疑者等の権利義務関係が明確化されたこと，捜査機関による取調べの適正が問題とされる事案が相次いだことなどに伴い，接見交通権の在り方が改めて問われている。本稿は，身柄を拘束された被疑者等と

弁護人等（弁護人又は弁護人を選任することができる者の依頼により弁護人となろうとする者をいう。以下同じ。）との間におけるいわゆる面会接見，電話面会及び信書の発受について検討を加えるものである。なお，本稿の意見はすべて個人的な見解である。

II　接見交通権についての基本的な考え方

1　接見交通権と刑罰権・捜査権との関係等

　捜査権は，公共の福祉の維持と個人の基本的人権の保障を全うしつつ，事案の真相解明と刑罰権の適正な実現を図ることを目的として行使されるものであり（刑訴法1条），その行使の前提となる逮捕又は勾留により身柄を拘束された被疑者等の処遇はその人権を尊重しつつ適切に行うこととされている（刑事収容法1条）。最判平成11年3月24日（民集53巻3号514頁）は，憲法34条前段の規定は，単に被疑者が弁護人を選任することを官憲が妨害してはならないというにとどまるものではなく，弁護人から援助を受ける機会を実質的に保障する趣旨を含み，刑訴法39条1項の接見交通権は，身体の拘束を受けている被疑者が弁護人等と相談し，その助言を受けるなど弁護人等から援助を受ける機会を確保する目的で設けられたものであり，その意味で，憲法の保障に由来するものであるが，憲法は，刑罰権の発動又はその発動のための捜査権の行使が国家の権能であることを当然の前提とするものであるから，被疑者と弁護人等との接見交通権が憲法の保障に由来するからといって，これが刑罰権ないし捜査権に絶対的に優先するような性質のものということはできず，接見交通権の行使と捜査権の行使との間には合理的な調整が図られる必要がある旨判示した。

　もとより，逮捕又は勾留された被疑者等の身柄の拘束は，被疑者に対する捜査を遂行し，又は被告人の刑事裁判への立会いを確保し，もって刑罰権の適正な実現を図るために必要不可欠であり，身柄を拘束された被疑者等の行動の自由は逃亡又は罪証隠滅の防止さらにはその戒護のために必要かつ合理的な範囲において制限されることが当然に予定されている（最判昭和45・9・

16〈民集24巻10号1410頁〉，最大判昭和58・6・22〈民集37巻5号793頁〉等参照）。また，接見交通権の行使は精神上・内面上の作用ではなく，一定の時間及び場所の下で行われる事実上の作用であるため，人的・物的な諸条件の制約を免れない。面会接見に関する最判平成17年4月19日（民集59巻3号563頁）（以下「平成17年判決」という。）も，「被疑者と弁護人等との接見には，被疑者の逃亡，罪証の隠滅及び戒護上の支障の発生の防止の観点からの制約がある」と判示している。

接見交通権が被疑者等の防御上最も重要な権利であり，弁護人にとって最も重要な固有権の一つであることに照らせば，捜査機関がこれを尊重すべきは当然であるが，接見交通権は無制約・絶対的な権利ではなく，その行使に被疑者等の身柄の拘束に伴う内在的な制約を伴うことは最高裁判例の示すところである。

2 刑訴法と刑事収容法との関係

刑事収容法は外部交通に関し必要な制限を定めているところ，接見交通については刑訴法による規律と刑事収容法による規律が並存しているため，両法の関係が問題となる。この点については，刑訴法が刑事収容法に対して優先することを前提として，被疑者等と弁護人等との接見等については，刑事収容法は刑訴法が39条2項に掲げる目的（「被告人又は被疑者の逃亡，罪証の隠滅又は戒護に支障のある物の授受を防ぐため」）の範囲で必要な措置を規定することができるにとどまり，当該目的以外の目的，特に刑事収容施設（以下「施設」という。）の管理運営上の必要から接見交通権を制限することは許されないとする立場（一元主義）がある。

一元主義は，刑訴法は39条2項に掲げる目的の範囲でのみ接見交通権を制限することを法令に委任しているのでそれ以外の目的により施設を規律する法令で接見交通権を制限することは刑訴法に抵触するとする（後藤昭『捜査法の論理』〈2001年，岩波書店〉119頁参照）。しかし，施設では，逮捕又は勾留により身柄を拘束された被疑者等を集団として処遇する必要があり，そのためには施設の規律及び秩序を維持し，適正な管理運営を図ることが不可欠である。

そのため，刑事収容法は，弁護人等との接見を制限する措置として，39条2項が法令で規定することができることとされている措置のほか，同項で定められた措置以外の措置（例えば，未決拘禁者又は弁護人等が施設の規律及び秩序を害する行為をするときには面会の一時停止等の措置を執り得ること（刑事収容法117条〈113条1項1号ロ〉，219条1項1号ロ等）も規定している（逐条刑事収容施設法599頁参照）。1で述べたように接見交通権に内在的な制約があることに鑑みれば，39条2項は法令により接見交通権が制限される場合があることを確認する規定であると解するのが相当であり，刑事収容法の規定による施設の管理運営上の必要に基づく接見交通権の制限についてもその制限が合理的で必要最小限のものである限り，刑訴法との間に実質的な意味で抵触があるとはいえない（なお，刑事収容法が刑訴法に抵触しないことは上記のとおりであるが，そもそも両法は規律の目的及び領域が異なり，一般法・特別法の関係にもなく，その形式的効力は同等であるので，接見交通に関しては刑訴法の規定が刑事収容法の規定に当然に優先するとする一元説の前提には疑問がある。）。以上に照らせば，一元主義は立法論としてはともかく解釈論としては採用し難いものと思料する（平野龍一『捜査と人権』〈1981年，有斐閣〉157頁，第113回国会衆議院法務委員会会議録第3号22頁等参照）。

3 39条1項の「接見」の意義と範囲

39条1項の「接見」とは「面会」，「面談」であり，当事者の面前で行われる意思疎通又は情報伝達をいう。「接見」を行うために必要で密接な行為，例えば，弁護人等が被告事件等に関する口頭での打合せに付随して被疑者等に対して証拠書類等を提示することは「接見」に含まれる（大阪高判平成17・1・25〈訟月52巻10号3069頁〉，「弁護人等が刑事被告人との接見時にビデオテープ等の再生を求めた際の対応について」〈平成19・4・17矯成2501矯正局成人矯正課長通知〉）。しかし，カメラ，ビデオカメラ，携帯電話機を利用して接見の状況を録画・録音することや被疑者等の身体を写真撮影することは「接見」には含まれない（「被収容者の外部交通に関する訓令の運用について」〈平成19・5・30矯成3350矯正局長依命通達〉7(2)参照）。弁護人等が被疑者等と接見を行うに際し，録音機を用いてその内容を持ち帰ることは，39条1項の「接見」ではなく，「書類の授受」に準ず

るものとして取り扱われ（「書類の授受」については刑訴法上秘密が保障されているものではない。Ⅴ1参照），弁護人等は施設に対して録音機の使用について事前の申出をすることを要し，録音した内容は事後の検査の対象となる（「弁護人等が被告人との接見内容を録音することについて」〈昭和45・10・8矯正甲944矯正局長通達〉）。

　弁護人等が被疑者等との接見の状況を録画等し，被疑者等の身体を写真撮影することは，当事者の面前での意思疎通又は情報伝達を意味する「接見」そのものではなく，「接見」を行うために必要で密接な行為であるとも一般には認め難い。もっとも，接見の状況の録画等が39条1項の「接見」に当然に含まれると解する見解もあり，その見解によれば接見の状況の録画等の内容についても秘密として保障されることとなる（「面会室内における写真撮影（録画を含む）及び録音についての意見書」〈2011・1・20日本弁護士連合会〉）。しかし，かかる見解は，弁護人等の意図や専門的な知見等とは関係なく，接見交通の相手方の制限に関する刑訴法・刑事収容法の規定を有名無実化し，罪証隠滅の防止・施設の規律秩序の維持・被疑者等のプライバシーの保持等に支障を生ずるおそれが大きい。また，39条2項はその文言上被疑者等と弁護人等との接見においても罪証隠滅等のおそれがあることを前提としているところ，科学技術の発展に伴い情報の適正な管理は困難となっており，接見の状況が電子情報として記録された場合にはその困難さは著しく増大している。弁護人等が違法行為には該当しないと判断して第三者に当該情報を伝達した場合であっても，その第三者が弁護人等の意図に反して別の第三者へと情報を伝達し，これが転々流通する可能性は容易に想定される。接見の状況の録画等が39条1項の「接見」に当然に含まれると解する見解は，「接見」の概念を拡大解釈することによりこれを曖昧なものとし，様々なリスクを過小評価することにつながる。弁護人等において接見時の被疑者等の身体の状況等を法廷に顕出する必要がある場合には，証拠保全（179条）等の措置を利用することも考えられる。現在の法制により執り得る措置が不十分であると判断されるのであれば，罪証隠滅の防止，施設の規律秩序の維持・被疑者等のプライバシーの保持等に関するリスクを防止し得る実効的で具体的な措置やそのための手

続・要件が慎重に検討されるべきであろう。

Ⅲ　面会接見

1　面会接見の意義

「面会接見」は法令上の用語ではなく，平成17年判決で創出された用語であり，「例えば立会人の居る部屋での短時間の『接見』などのように，いわゆる秘密交通権が十分に保障されないような態様の短時間の『接見』」とされている。平成17年判決で争われた事案は，検察官が検察庁の庁舎内には接見室又は接見のための設備のある部屋がないことを理由として，原告である弁護士と被疑者との接見を拒否したことが違法であるとして争われた国家賠償請求の事案であるところ，同判決は一定の要件の下で，検察官には弁護人等に対して面会接見をできるように特別の配慮をすべき義務がある旨を判示したものである。

2　面会接見のための配慮義務の要件等

平成17年判決が検察官に面会接見のための配慮義務が認められるとした要件等は，次の①から④のとおりであるので，以下個別に検討する。

①　検察官が，検察庁の庁舎内には被疑者の逃亡や罪証の隠滅を防止することができ，戒護上の支障が生じないような設備のある部屋等が存在しないことを理由として39条所定の接見の申出を拒否した場合であり，その拒否が違法ではないこと

面会接見は39条1項で保障される立会人のない接見ではないので秘密の保障は十分ではなく，時間も短時間のものにすぎない。他方，39条1項の接見における秘密の保障は当事者主義の要請に基づくもので被疑者等の防御上極めて重要であり，39条2項の法令によっても制限することができない本質的な権利であるとされている（中山善房・大コンメ刑訴法［2版］(1)403頁等参照）。面会接見の実施に当たっては弁護人等において立会人がいることに同意しているので違法の問題が生ずることはないが，面会接見の途中で弁護人等に

とって想定外の内容が被疑者との間で取り交わされることもあろうし、立会人がその内容を聞知した場合には被疑者の捜査機関への不信を招くことも考えられ、捜査機関にとっても望ましいことではない。面会接見は本来の立会人のない接見に比べれば権利保障に劣ることは否めずその代償措置にすぎない。立会人なしに接見できる設備がある部屋等が利用できる場合には、面会接見は行われるべきではないと思われる。

② ①にかかわらず、弁護人等がなお検察庁の庁舎内における即時の接見を求め、即時に接見をする必要性が認められる場合であること

「即時に接見をする必要性が認められる場合」については、弁護人となろうとする者が弁護人選任届を受領するため被疑者と初回に接見する場合が典型であろう（最判平成12・6・13〈民集54巻5号1635頁〉参照）。平成17年判決の事案では、(ア)弁護人が準抗告により被疑者の勾留場所が留置施設から少年鑑別所に変更されたことを被疑者にできる限り早く知らせて元気づけようとしたこと、(イ)先行事件で処分保留となり釈放された被疑者が再逮捕されたため、再度黙秘権について教示する必要があると考え、また、再逮捕された事件で未だ弁護人選任届を受領していないことが、それぞれ即時接見の必要性ありとされている。問題となるのは、検察官にとって即時面会の必要性が明らかではない場合である。平成17年判決によれば、検察官が面会接見のための特別な配慮をする義務があるのは39条1項の接見を拒否し得る場合であり、即時接見の必要性が認められない場合にはそもそも当該義務を負担するものではないが、即時接見の必要性の有無については、弁護人等の主張を踏まえ、ある程度柔軟に判断することが相当な場合もあると思われる。

③ ①,②において、検察官は、弁護人等に対し、面会接見であってもよいかどうかという点につき、弁護人等の意向を確かめ、弁護人等がそのような面会接見であっても差し支えないとの意向を示したときは、面会接見ができるようにする特別の配慮をすべき義務があること

検察官は、面会接見の実施に当たり弁護人等に秘密交通権が十分に保障されない短時間のものであることを説明し、立会人の配置等についても了解を得ることが望ましい。弁護人等が面会接見の実施に同意しない場合にはこれ

を実施できないこととなるが，それはやむを得ない。なお，平成17年判決は面会接見の実施に当たっては弁護人等の意向を確認することを要する旨判示するが，面会接見では秘密交通権は保障されないのでその実施には被疑者の同意も要すると思われる。被疑者の同意については，一般的には弁護人等において，被疑者との面会接見を行う際にこれを確認すれば足りるであろう。

④　**検察官が現に被疑者を取調べ中である場合や，間近い時に取調べをする確実な予定があって弁護人等の申出に沿った接見を認めたのでは取調べが予定どおり開始できなくなるおそれがある場合など，捜査に顕著な支障が生ずる場合は，③の面会接見ができるようにするための特別の配慮をすべき義務はないこと**

④は面会接見の配慮をする義務がない場合であるが，この場合は39条3項の接見等の指定の問題となり，検察官は弁護人等と協議してできる限り速やかな接見のための日時等を指定し，被疑者が防御のため弁護人等と打ち合わせることのできる措置を執るべきである（最判昭和53・7・10〈民集32巻5号820頁〉等参照）。

3　面会接見の実施上の留意事項

面会接見の実施に当たっては，検察官において，弁護人等の申出があってから短時間のうちに即時面会の必要性を判断し，これが認められる場合には速やかに面会接見の準備を行う必要があり，かつ，罪証隠滅や逃亡のおそれ，戒護における支障の発生等の防止を担保し得る方法を確保する必要があるため，検察官がその実施方法を定めるに当たっては，合理的な範囲で裁量権が認められる。そして，その実施場所，立会人の人選，人数及び方法等が即時面会の必要性や，被疑者の罪証隠滅，逃亡及び戒護上の支障の発生を防止する観点に照らしてその必要性や合理性を欠き，裁量権の逸脱又は濫用に当たるような事情がある場合に限り，面会接見のための配慮義務を怠ったものとして違法となるというべきである（名古屋高判平成19・7・12〈判時1997号66頁〉参照）。

面会接見においては，庁舎管理権の関係から，検察庁の職員の立会いのほか，戒護に従事する施設職員の立会いを要する。そもそも逮捕又は勾留に伴

う被疑者等の身柄の保全は施設の義務であり、その義務を果すために施設職員は戒護権を有する。戒護とは逃亡、自殺、暴行等を防止するための強制的措置であり（条解刑訴［4版］82頁参照）、直接に強制力をもってする施設の安全及び秩序を維持する作用をいう（小野清一郎＝朝倉京一『改訂 監獄法』〈1966年、有斐閣〉144頁参照）。戒護権の行使は、公判廷での被告人の身体の不拘束（287条）、裁判長の法廷警察権（288条2項）及び訴訟指揮権（294条）等の関係で制約を受けることはあるが、検察庁の庁舎内において被疑者が戒護下に置かれることは当然であり、ただし、検察官調室における手錠の使用に関しては、「具体的事案により、諸般の事情に応じその必要性の有無を慎重に検討すべきであって、いやしくも不必要に手錠を使用したため自白の任意性に疑惑を招くがごときことがないよう配慮すべきこと」「被疑者等の年齢、経歴及び心身の状況、被疑事件の性質並びに調室の構造、位置及び周囲の状況等を勘案し、特に逃走、暴行、自殺のおそれのないことが明らかな場合は、検察官調室において手錠を使用しないこと」とされている（「検察官調室における手錠の使用について」〈昭和31・6・11刑事13154刑事局長代理矯正局長依頼通牒〉参照）。39条1項の立会人のない接見においては、立会人による直接的な戒護は許されないが、被疑者等を無戒護の状態に置くものではなく、通常は面会の当事者を仕切る設備のある室（刑事収容則70条2項、国公委刑事収容則25条1項等）を使用することによりこれを果している。面会接見は39条1項の接見とは異なり、立会人なしに接見できる設備がある部屋等で行われるものではないので、戒護のため立会人を要する。検察官としては、面会接見の実施に当たっては、被疑者と弁護人等との間の自由な意思疎通をできる限り尊重しつつ戒護上の支障の発生を防止するため、戒護の具体的な実施方法については、戒護の責任を負う施設職員と事前に十分な打合せを行う必要がある。なお、面会接見は施設職員が被疑者等を「護送」する場合に行われるので、施設職員は刑事収容法の定めるところにより捕縄等を使用することができる（刑事収容法78条1項、213条1項等）。前掲名古屋高判平成19年7月12日では、面会接見時における捕縄の使用の適正が争われたが、戒護上の支障発生の防止の観点からすれば、「腰縄」を使用する場合にその一端を施設職員が把握することは「腰縄」の使用

目的上当然のことでありそれ自体違法ではなく，検察官は，戒護上の責任を負う施設側に対して戒護方法の検討を要請していたのであるから，検察官の対応が著しく不合理であって配慮義務に違反したということはできないとして捕縄の使用の適法性が認められた。

　面会接見では秘密交通権を十分に保障することは困難であるが，検察官としては被疑者の状況，面会接見の場所等に応じて可能な範囲でこれを配慮することが相当であり，立会人が接見内容を記録することなどは差し控えるべきであろう。

　なお，多くの地方検察庁では被疑者の集中押送方式を採用している。集中押送方式は検察官が限られた時間的制約の中で身柄事件を処理するために不可欠の措置であるところ，集中押送の実施時間帯には戒護上の支障が大きいので面会接見の実施は事実上困難であろう。

4　検察庁の対応

　最高検察庁は，面会接見を含む接見の申出があった場合の検察官の執るべき対応について，「取調べの適正を確保するための逮捕・勾留中の被疑者と弁護人等との間の接見に対する一層の配慮について」（最高検企第206号平成20・5・1）を発出し，検察官が取調べ中の被疑者又は取調べのために検察庁に押送された被疑者について弁護人等から接見の申出があった場合の対応については，「(1)申出があった時点において現に取調べ中でない場合には，直ちに接見（……いわゆる面会接見を含む。以下同じ。）の機会を与えるように配慮することとされたい。(2)申出があった時点において現に取調べ中の場合であっても，できる限り早期に接見の機会を与えるようにし，遅くとも，直近の食事又は休憩の際に接見の機会を与えるように配慮することとされたい。」とされているところである。ただし，その後，面会接見の際に被疑者が検察庁舎内から逃走する事案が発生したことに鑑み，「検察庁における面会接見及び取調べの際における被疑者の逃走防止等を図るための体制の整備等について」（最高検企第125号平成26・3・7）が発出され，面会接見時及び逮捕・勾留中の被疑者の取調べ時における被疑者の逃走，罪証隠滅及び戒護上の支障

の発生を防止することについて，より一層の配慮が必要であるとされた。これらの通達に基づき，逮捕・勾留中の被疑者と弁護人等との接見交通がより一層円滑に行われ，検察官による取調べの適正が担保されることが期待される。

Ⅳ　電話面会

1　電話面会と接見交通権との関係

39条1項の「接見」とはⅡ3のとおり，当事者の面前で行われる意思疎通又は情報伝達をいう。いわゆる電話面会は電話による通信を意味すると解されるが，「接見」ではなく，権利として認められるものではない。ただし，刑訴法は電話による通信を明示的に禁止しているものではないので，運用上の措置としてこれを実施することに法律上の問題はないものと解される。

2　電話面会の運用上の取組み

監獄法改正に伴って法務省内に設置された未決拘禁者の処遇等に関する有識者会議が取りまとめた提言（平成18・2・2未決拘禁者の処遇等に関する提言）では，被疑者等と弁護人等との電話による通信について，①刑事司法手続の変革も考慮すると，通信手段が発達・普及した今日における簡便な外部交通の一形態として，電話による外部交通を認めるよう配慮することを検討すべきであるが，限られた人的・物的体制の下では，一般人に対する電話も含めて対応することは困難であり，防御権の行使の上で重要な弁護人等との電話による外部交通について検討すべきであること，②弁護人等との電話による外部交通についても，これを認めることにより現場で混乱が生ずることも懸念されることから，原則的な外部交通の手段である接見を補完するものとして，具体的な必要性の程度も勘案しながら，実施可能な範囲や具体的な方法等について十分に検討を行うことが必要であること，③弁護人等との間に限って電話による外部交通を認める趣旨に鑑みると，通話の相手方が弁護人であることは確実に確認されることが不可欠であり，弁護人等が検察庁，警

察署等の相当な場所に出向いて，弁護人等であることの確認を受けた上で電話をかけるという方法が適当であることが指摘された。

そして，刑事収容法の国会審議の結果，衆・参両院において，未決拘禁者と弁護人等との連絡手段としての電話，ファックス等の導入について実質的な検討を行うこととの附帯決議（第164回国会衆議院法務委員会議録第17号15頁，同参議院法務委員会議録第22号14頁参照）が付され，これを受けて，法務省は，日本弁護士連合会との申合せに基づき，刑事施設に収容されている未決拘禁者の防御権をより実質的に保障するため，弁護人等との間に限り，複数の施設において，地方検察庁等をアクセスポイント（弁護人等が未決拘禁者と電話による通信を行う場所）として電話による通信を一定の限度で認めたほか（逐条刑事収容施設法747頁参照），39条1項の保障する「書類の授受」ではないが，ファクシミリ通信の方法により定型的な文面を使用した通信文を送受信することを一定の限度で認めている（逐条刑事収容施設法698頁参照）。

通信技術の発展発達は日進月歩であり，被疑者等の防御権の保障という観点からは新しい通信技術を利用することも重要な課題であるが，これを権利として保障するためには立法上の措置を要する。法律上及び運用上の問題点を慎重に考慮しつつ検討していくべきである。

V　信書の発受

1　信書の発受と秘密の保障

39条1項は，「接見」については「立会人なくして」と明文をもってその秘密を保障しているのに対し，「書類若しくは物の授受」については上記のような規定を設けておらず，秘密の保障は及ばない。身柄を拘束された被疑者等が弁護人等との間で発受する信書は39条1項の「書類」に該当するので秘密交通の対象であるとは解されてはいない（逐条刑事収容施設法688頁等参照）。

2　監獄法下における判例

監獄法下では，同法50条（「接見ノ立会，信書ノ検閲其他接見及ヒ信書ニ関スル制限

ハ命令ヲ以テ之ヲ定ム」）及び同施行規則130条1項（「在監者ノ発受スル信書ハ所長之ヲ検閲ス可シ」）の規定により被疑者等と弁護人等との間で発受される信書も「検閲」の対象とされていたが，これらの規定が憲法21条，34条，37条2項に違反するかについて，最判平成15年9月5日（裁判集民210号413頁，判時1850号61頁）は，前掲最判昭和45年9月16日，前掲最判昭和58年6月22日等の趣旨に徴して憲法に違反するものではないとした（なお，この最高裁判決には反対意見がある。）。

下級審の裁判例には，弁護人等との信書の発受は接見とは異なり秘密の対象となることが法律上保障されているものではないとしつつ，できる限り秘密保持を保障すべきとするものがある。大阪地判平成12年5月25日（判時1754号102頁）も同旨であるが，施設において封緘された信書の中に信書以外の物又は書類が混入されていないか，又は第三者宛の信書又は第三者からの信書が混入されていないか，更には間違いなく弁護人からの信書なのかどうかを確認する必要があるなどとした上，「被拘禁者及び弁護人としては，接見の場合と異なり，信書の授受については，完全な意味で秘密交通権が保障されているとはいえず，収容施設側に内容を閲読されることを予想しなければならなくなるが，弁護人が収容施設に赴いてする接見については秘密交通権が保障されていることを前提とすると，信書の授受についてのこのような制約は，やむを得ないものというべきである」と判示している。

3　刑事収容法下の信書の検査の在り方

刑事収容法は，①未決拘禁者が弁護人等に発する信書と②未決拘禁者が弁護人等から受ける信書とでその取扱いを区別して被疑者等と弁護人等の秘密交通権に一定の配慮を示している。すなわち未決拘禁者が弁護人等に発する信書については，施設の長の指名する職員が信書の内容も含めて検査を行うが，未決拘禁者が弁護人等から受ける信書については，「これらの信書に該当することを確認するために必要な限度」においてのみその検査を行うものとしており，信書の内容を詳細に検査することは想定していない（刑事収容法135条2項1号，222条3項1号イ等）。これは，(ア)39条1項は，弁護人等との間の

信書の発受については，接見とは異なり秘密交通は保障されていないこと，(イ)未決拘禁者が発する信書については，弁護人等から受ける信書とは異なり，罪証隠滅の結果を生ずるおそれのある記述がなされることが十分に想定され，弁護人等から弁護人等以外の者に交付されることにより，これが転々流通するおそれがあること，(ウ)弁護人等が発する信書については，39条1項による秘密交通は保障されていないがこれに配慮することが相当であり，また，弁護人等がその発する信書に不適切な記述をすることは通常想定されないことによる（逐条刑事収容施設法688頁参照）。弁護人等の発する信書の検査の程度については，「これらの信書に該当することを確認するために必要な限度」とされている。これが具体的にどの程度の検査をいうのかについては個別の事情によるところが大きいが，一般的には，第三者が弁護人等の名義を冒用したことが疑われる場合や弁護人等の名義の封書の中に第三者からの信書が混入されている等の特段の事情がない限りその内容を詳細にわたり検査する必要はないと思われる。

　なお，刑事施設では，弁護人等から身柄を拘束されている被疑者等宛ての信書について確認のための検査が行われた場合には，被疑者等の身分帳簿の書信表にはその旨を記載するにとどめ，被疑者等から弁護人等宛ての信書についても，特別の事情のない限り，要旨の記載を省略し，又は「裁判の件」等簡潔な記載にとどめる取扱いとしており（「被収容者の外部交通に関する訓令の運用について」〈平成19・5・30矯成3350矯正局長依命通達〉14参照），運用上これらの信書に係る秘密性の保護に配慮するとともに，検査事務の簡略化を図っている。

（ないとう・しんたろう）

15 接見交通
裁判の立場から ── コメント

中島 経太

I 問題点の現状
II 接見交通権についての基本的な考え方
III 面会接見，電話による外部交通等について
IV 接見時の写真撮影，録画等について
V 接見内容の取調べ，供述調書化について
VI 信書等の発受

I 問題点の現状

　接見交通をめぐる諸問題は，従前，捜査機関側の見解と弁護人側の見解とが激しく対立する場面であった。しかし，接見指定の要件をめぐる争いについては，累次の最高裁判例で実務的な解決，方向性が示されたことや，昭和62年に法務大臣訓令の事件事務規定が改正されて検察実務の運用が改められたことなどにより，いわゆる一般指定書の問題と具体的指定における指定書持参の問題はほとんど争点にならなくなり，接見指定をめぐる争いは沈静化し，接見指定の処分に対する準抗告が申し立てられることもほとんどなくなった（栃木力「刑訴法39条3項の接見指定の在り方とこれに対する準抗告」令状に関する理論と実務I 237頁）。また，刑訴法（以下，条文を示すときは省略する。）39条3項の合憲性については，平成11年最高裁大法廷判決（最大判平成11・3・24〈民集53巻3号514頁〉）でその合憲性が認められたことにより，実務上は決着が付いた。
　その一方で，内藤，赤松両論文で詳述されているとおり，近年，監獄法の全

面的改正や，被疑者・被告人と弁護人との接見及び外部交通についての実務の運用の変更（拡充）があり，新たな制度も加わった新しい枠組みの下での接見交通の在り方が検討課題となっている。

　刑事手続（上）及び新刑事手続Ⅱの本テーマを扱った各論文が，接見指定をめぐる問題を中心に論じているのに対し，今回の内藤，赤松両論文が，この問題についてさほど記述を割かず，面会接見，電話による通信及び信書の発受といった制度の運用の在り方や，秘密交通権の保障といった問題を中心に論じていることからも，上記の問題状況の変化が窺える。

Ⅱ　接見交通権についての基本的な考え方

　前記大法廷判決は，接見交通権が弁護人依頼権に由来するものであることを明確にした。他方で，同判決は，憲法は刑罰権の発動ないし刑罰権発動のための捜査権の行使も国家の権能であることを当然の前提とするものであるから，接見交通権が刑罰権ないし捜査権に絶対的に優先するような性質のものということはできず，接見交通権の行使と捜査権の行使との間に合理的な調整を図ることを認めている旨判示している。憲法上の権利であってもそこには内在的制約があるのであり，憲法34条から導き出される接見交通権の保障は元々その限度にとどまるという言い方もできるであろう（大坪丘・最判解民平成12年度279頁）。

　赤松論文は，前記大法廷判決を前提としても，秘密交通権に関しては，接見指定と異なり，捜査権の行使との調整を考えるべきではないという。これが，39条1項所定の秘密交通権は，接見ができるときは，何らの条件も付されない絶対的権利である（植村立郎・注釈刑訴［3版］(1)454頁）という趣旨をいうものであれば特に異論はないが，後記Ⅴのとおり，捜査権の行使と秘密交通権の保障が抵触する場面はあり，そうした場合に，秘密交通権が必ず優先するわけではない。

III　面会接見, 電話による外部交通等について

1　面会接見

　面会接見は, 最判平成17年4月19日（民集59巻3号563頁）で初めて用いられた概念, 用語である。面会接見は, 39条1項が規定する接見ではなく, 一定の要件がある場合に, 捜査に顕著な支障を生ずる場合でない限り, 検察官においてそれができるように特別の配慮をすべきであるとされたものである。このような検察官の義務は, その旨を明示した規定があるわけではないが, 39条の趣旨が接見交通権の行使と被疑者の取調べ等の捜査の必要との合理的な調整を図ろうとするものであること（前記最大判平成11・3・24）から導かれる（森義之・最判解民平成17年度253頁）。面会接見のための配慮義務の要件, 実施上の留意事項, 運用の実情等については, 内藤, 赤松両論文に付け加えることはない。

2　未決拘禁者と弁護人等の電話による通信

　39条1項にいう「接見」に電話による通信は含まれない。しかし, 刑訴法が電話による通信を全く許容しない趣旨であるとは解されず, むしろ, 未決拘禁者の防御権をより実質するためには, 刑事施設の管理運営上可能な限りにおいて, できる限り広い範囲で許すことが適当といえる（逐条解説刑事収容施設法747頁）。このような観点から, 未決拘禁者等と弁護人等との電話による通信は, 実務上の運用として行われているものである（この制度の概要や運用の実情等を紹介するものとして, 島戸純「刑事施設における未決拘禁者と弁護人との外部交通の拡大」刑ジャ8号101頁以下がある。）。

　未決拘禁者と弁護人等の電話による通信が可能となれば, 収容先に赴かなくとも接見対象者とやり取りができる点等でメリットがあるので, 電話による通信（「電話接見」などと称されていた。）については, 被疑者にとって早急の法的援助が必要な場合や被疑者から早急の情報収集が必要な場合などに, 補助的にでも, これを活用すべきである旨, あるいは, 道県面積が広かったり, 交通の便が悪い地域等ではその必要性が極めて高い旨の指摘がされていた（三

井誠「接見交通権問題の現状と今後」法時65巻3号19頁, 20頁)。他方で, 電話による通信には, 秘密交通権が保障されていない上, 赤松論文で指摘されているような懸念が存するので, 利用者が極めて限定的となったのは致し方ないのかもしれない。この制度をどのように活用していくか(あるいは制度を改めるか)は, 今後の課題であろう。

Ⅳ 接見時の写真撮影, 録画等について

　赤松論文は, 弁護人等が接見時の状況を確認し記録化する行為それ自体も「接見」に当たり, その記録媒体にも接見メモと同様に秘密交渉権の保障が及ぶという。しかし, 接見時の写真撮影, 録画等は, 単にメモを取る場合と異なる弊害も予想される手法である。また, 被疑者等があらかじめ用意した写真等を弁護人に交付することと, 接見の際に弁護人において写真撮影等を行い, その記録媒体を持ち帰ることは, 手順, 時点の相違にすぎないと見る余地がある。そうすると, 前者が「書類・物の授受」に該当することになることは明らかである以上, 後者も「書類・物の授受」に準じて扱うべきであるという考え方(植村・前掲460頁)もあり得ると思われる。この点につき, おり, 東京高判平成27年7月9日(判時2280号16頁, 最決平成28・6・15〈公刊物等未登載〉で上告棄却不受理が確定)は, 弁護人である原告が, 東京拘置所で被告人Aと接見していた際にAの写真撮影を行ったところ, 同所職員により接見及び写真撮影を中断・終了させられたのに対し, 接見交通権の侵害等を理由に国家賠償を求めた事案において, 「刑訴法39条1項の『接見』という文言は一般的には『面会』と同義に解されること, 『接見』と『書類若しくは物の授受』が区別されていること, 同規定が制定された昭和23年7月10日当時, カメラやビデオ等の撮影機器は普及しておらず, 弁護人等が被告人を写真撮影したり, 動画撮影したりすることは想定されていなかったことなどからすれば, 同項の『接見』とは, 被告人が弁護人等と面会して, 相談し, その助言を受けるなどの会話による面接を通じて意思の疎通を図り, 援助を受けることをいうものであって, 被告人が弁護人等により写真撮影やビデオ撮影されたり, 弁護

人が面会時の様子や結果を音声や画像等に記録化することは本来含まれていないものと解される。」と判示している（さらに，同判決は，上記撮影行為が被告人Aとの面会の内容を備忘するために行われたものではなく，証拠保全として行われたものであると認定した上で，接見交通権が規定された趣旨に鑑みれば，将来公判等において使用すべき証拠をあらかじめ収集して保全しておくという証拠保全の目的は，接見交通権に含まれるものとして保障されているとはいえないとの判断も示している。なお，同判決は，原審が，上記撮影行為は専ら証拠保全として行われたものであり，接見交通権に含まれるものとして保障されているとはいえないとしながらも，当該写真撮影行為によって逃亡のおそれや罪証隠滅のおそれ等が生ずる相当の蓋然性があるとは認められないことなどを理由として，Aとの面会を終了させた措置は違法であるとして，原告の請求を一部認容したのに対し，上記撮影行為に及ぶなどした原告の行為は，刑事収容法113条1項1号ロの規律等侵害行為に該当し，上記措置は，同規律等侵害行為が認められたために執られたものであるから，原告の弁護活動を侵害し違法であるということはできないとして，原告の請求を棄却している。）。

V　接見内容の取調べ，供述調書化について

39条所定の秘密交通権は，接見に際して捜査機関が立ち会ってはならないということを意味するにとどまらず，接見終了後，その内容を知られない権利を保障したものと解され，原則として，接見後にその内容を捜査機関に報告させたり，取調べにおいて接見内容を聴取することは許されないと解される（福岡高判平成23・7・1〈判時2127号9頁〉，鹿児島地判平成20・3・24〈判時2008号3頁〉）。

もっとも，被疑者等が積極的にその接見の内容を捜査官に話すことまで禁止されるものではない（植村・前掲454頁，前掲福岡高判平成23・7・1，京都地判平成22・3・24〈判時2078号77頁〉）。また，取調べに当たっている捜査官が，被疑者に対し，供述変遷の理由を質したところ，被疑者の供述が弁護人等との接見内容に及んだことにより接見内容に接することになったとしても，その限度においては，承認せざるを得ないと思われる。このような意味で，捜査

権の行使と秘密交通権の保障が抵触することはあり得るのであり，両者の調整が全く問題にならないわけではない。(峰ひろみ「秘密交通権と捜査・公判」研修798号5頁は，「接見交通権に対する制約を許容する同判例（筆者注：前記大法廷判決）の趣旨が，その接見交通権の一内容である秘密交通権に及ばないと解すべき謂れはない。……そして，捜査機関には，刑事訴訟法198条1項により真相解明のため被疑者の取調べが認められており，これによって事実関係や被疑者等の信用性等を吟味することが可能とされていること，その取調べの際，被疑者の供述が接見の内容に及ぶこともあり得ることを考えると，秘密交通権に対する制約を認めるべき場合がある」とする。なお，前掲福岡高判平成23・7・1参照)。したがって，接見内容の取調べ，供述調書化は，いかなる場合も許されないわけではないが，捜査機関としては，秘密交通権の保障を最大限尊重し，被疑者等と弁護人等との自由な意思疎通ないし情報伝達に萎縮的効果を及ぼすことのないように留意すべきである(前掲福岡高判平成23・7・1は，「捜査機関は，被疑者等が弁護人等との接見内容の供述を始めた場合に，漫然と接見内容の供述を聞き続けたり，さらに関連する接見内容について質問したりすることは，刑訴法39条1項の趣旨を損なうおそれがあるから，原則としてさし控えるべきであって，弁護人との接見内容については話す必要がないことを告知するなどして，被疑者等と弁護人等との秘密交通権に配慮すべき法的義務を負っている」と判示している。なお，峰・前掲6頁は，捜査機関が，被疑者取調べにおいて，当該被疑者との接見内容に関わる事実につき聴取することは，原則として許されないとした上で，例外が認められる場合について，いくつかの類型に分けて検討している。)。

Ⅵ　信書等の発受

　信書等の発受については，内藤論文が詳述するとおりであり，特に付け加えることはない(39条1項の解釈としては，同条が，立会人なしの接見と書類・物の授受を並列して規定しているその規定ぶりに照らし，立会人のない接見の際に書類・物の授受を行うことはできないと解するほかないであろう。)。

（なかじま・けいた）

事項索引〔上巻〕

あ
アクセス権 450
足利事件 447
新たな捜査手法 469, 482, 489

い
意見（の）陳述
　心情（その他の）— 103, 123
　（犯罪）被害者の— 143
　弁論としての— 112
一元主義 539
一般指定書 523, 537, 551
医療観察事件 191, 204, 224

う
運用の時代 34

え
エックス線検査 241

お
欧州人権裁判所 508

か
戒護権 545
外部交通 356
会話傍受 472, 493
科学的証拠 48, 443, 458, 464
科学的捜査 443, 458, 464
核心司法 20
関係者の名誉・プライバシー 513
監察案件 291
鑑定入院 211
　—命令 193, 197, 211, 227
監督行為制度 290
カンファレンス 212, 221, 228

管理権 394, 409, 411
関連性 420

き
起訴前鑑定 225
逆走決定 177
客観（的）証拠 286, 489
協議・合意制度 485
供述調書 12, 284, 314
　—の偏重 297
　—への依存 12, 484
供述の自由 23, 27
供述録取書 314
強制処分（強制手段） 233, 235, 239, 248, 260
強制捜査 233, 248, 252
記録の閲覧・謄写 107, 141, 151, 163, 179, 210
記録媒体 416, 430, 438
記録命令付差押え 418, 430

け
警察比例の原則 278
刑事施設 353
刑事施設視察委員会 359
刑事収容（施設）法 349, 539
刑事処分相当性 167, 169
刑事免責 477, 485, 494
検察官送致決定 167, 177, 179
検察審査会法 104
検察の理念 294
検証 435, 440
現場力 35

こ
控訴審 49
口頭主義 12, 45, 72
公判準備 87, 161, 174

公判審理の長期化···95
公判前整理手続·············40, 54, 58, 68, 87, 521
公判中心主義··································25, 28, 90, 92
勾留···360, 365
　－延長···378, 389
　－裁判···374
　－場所···361
　－理由開示···379
国選被害者参加弁護士制度·····················149

さ

再鑑定···449, 462
サイバー犯罪··································415, 429, 434
裁判員裁判···37, 51, 66, 86
裁判員制度·······························5, 22, 51, 66, 86, 517
裁判員等選任手続·······································59, 153
裁判員の精神的負担···97
差押え··································393, 407, 411, 416, 441

し

死刑··79, 130
疾病性···216, 229
指定通院医療機関···221
自動車検問··261, 278
司法制度改革審議会·····························3, 4, 31
司法取引···478, 494
指紋···446, 490
社会記録··162, 175, 180, 185
社会復帰（阻害）要因·············216, 229
写真見聞方式··54
写真・ビデオ撮影··451
遮蔽（へい）························111, 166, 177, 184
重罰化··129
証拠開示··························28, 40, 68, 88, 140
証拠制限··41
証拠保全···555
上訴···73
情操保護···184

証人尋問··47, 111, 154
少年調査記録··162
少年保護事件記録··162
証明予定事実記載書面·······················55, 88
処遇原則··355
職務質問··259, 262, 274, 277
所持品検査············259, 263, 272, 275, 277
書証···63
信書の発受··357, 548, 556
心神喪失・心神耗弱············196, 230
真相解明·······················327, 470, 482, 492, 502
身体不拘束の原則··507
人定事項の秘匿····················164, 176, 184
審理の長期化···60

す

推認···480, 488
スクリーニング···530, 533

せ

精神鑑定··195
精密司法··19
責任能力··195, 209
接見禁止··391, 533
接見交通（権）············301, 312, 523, 537, 551
接見指定···523, 537, 551
接見と写真撮影・録画·······510, 529, 541, 554
接見内容の取調べ·······························528, 555
接見メモ··530
全地球測位システム（GPS）····················440
全文朗読··171, 180

そ

捜索···393, 407, 411
　住居に対する－···398
　場所に対する－···393, 407, 412
　人に対する－···397, 407, 412
　物に対する－···395, 412

559

捜査権	528, 538
捜査段階における弁護活動	497, 511, 517
捜査弁護	337, 497, 517
即時の接見	543
措置入院	209
損害回復	149
損害賠償命令制度	106, 149

た

逮捕	360
代用監獄	350, 384
代用刑事施設	351

ち

中間処分	373
庁舎管理権	544
調書裁判	25, 45, 72
直接主義	12, 26, 72, 90
治療反応（可能）性	216, 229

つ

通信傍受	472, 493
通信履歴	427, 435, 439
付添い	111

て

DNA 型鑑定	445, 459, 466
DNA 型データベース	475, 495
デジタル情報	415, 429, 437
手続二分（法）	77, 145
電子・データ	461
電磁的記録	430, 438
－媒体	417, 438
電子メール	427, 434
電話による外部交通	535, 553
電話面会	547
電話連絡	535

と

統合捜査報告書	56, 91
当事者主義	38, 108
当初審判	192, 209, 230
当番弁護	500
留め置き	244, 251, 255, 266, 279
取調べ	283, 303, 341
参考人（の）	29, 285, 301, 333, 346
被疑者（の）	21, 283, 303
－受忍義務	23, 298, 323, 344, 501
－中心主義	20, 22
－DVD	342
－の可視化	7, 70, 299, 304, 314, 320, 501
－の録音・録画	7, 14, 27, 70, 284, 299, 341, 502
－への弁護人立会	27, 300
－メモ	317
取調べ状況等報告書	290

に

二分論	244, 251, 255, 267, 269, 280
任意捜査	233, 248, 252, 260
－における緊急性・必要性	243, 270, 274
－における相当性	243
－の原則	233
任意同行	363
人証	45, 63, 92, 187
－優先	46

は

判決	96
判決書	49
犯罪被害者	58, 101, 116, 133
－等保護法	106
－（の）保護	6, 58, 101, 103, 116, 133
判例	35

ひ

被害回復	154

被害感情	156
被害者参加弁護士	110
被害者（等）参加（人）制度	6, 60, 105, 108, 117
被害者特定事項	105, 138
被害者の落ち度	158
被害者の権利	117
被害者論告	123
被害弁償	154
被疑者国選弁護（人）制度	22, 26, 67, 287, 371, 498, 511, 515
被疑者ノート	501, 512
被疑者の身体拘束	349, 367, 385
非公開	164, 176, 185, 214
被告人質問	46, 112, 148
被告人の証人適格	494
秘密交通権	528, 542
評議	96

ふ

不起訴処分	201, 226
付随する処分	400, 405, 408
プロセスの変化	36

べ

別件逮捕・勾留	362
弁護人接見	503
弁護人同席	372
弁護人の立会権	345

ほ

保安処分	224
妨害排除	400, 408
傍聴	137
冒頭陳述	56, 93
―の詳細化	62
防犯カメラ	454, 463
防犯ビデオ	495

法律記録	162
法律の時代	33
保護処分相当性	167, 179
保護手続	364
保釈	71
保全要請	427, 435

ま

マインドセット	74

み

未決拘禁者	351
身分等秘匿捜査	474

む

無罪率	76

め

面会	356
面会接見	534, 542, 553
綿密な捜査	23

も

黙秘権	24, 312, 324

ゆ

有形力行使	234, 249, 252, 260, 272

よ

要旨の告知	171
容ぼう等の撮影	240
余罪	381
予試験	265
予定主張記載書面	88
米子銀行強盗事件	263

り

リモートアクセス	423, 433

留置施設……353
留置施設視察委員会……359
量刑……73, 96, 154, 189

れ
令状主義……233, 381

令状審査……370, 387
連日的開廷……69

わ
和解……150
分かりやすさ……44, 61, 94

判例索引（上巻）

大阪高判昭和25・9・6高等裁判所刑事判決特報14号36頁	334
大阪高判昭和30・3・31高等裁判所刑事裁判特報2巻7号243頁	179
最（一小）判昭和36・2・23刑集15巻2号396頁	334
最（二小）決昭和41・2・21判時450号60頁	444
最（三小）決昭和44・3・18刑集23巻3号153頁	439, 442
最大判昭和44・12・24刑集23巻12号1625頁	452, 473
最大判昭和45・9・16刑集24巻10号1410頁	538, 549
最（一小）判昭和50・8・6刑集29巻7号393頁	42, 43
最（三小）決昭和51・3・16刑集30巻2号187頁	234, 235, 236, 237, 238, 241, 242, 243, 244, 248, 252, 254, 255, 261, 268, 272, 278, 451
最（三小）判昭和53・6・20刑集32巻4号670頁	242, 263, 273, 278
最（一小）判昭和53・7・10民集32巻5号820頁	544
最（一小）判昭和53・9・7刑集32巻6号1672頁	264
最（一小）決昭和53・9・22刑集32巻6号1774頁	261, 278
東京高判昭和55・2・1判時960号8頁	444
最（三小）決昭和55・9・22刑集34巻5号272頁	262
最（一小）決昭和55・10・23刑集34巻5号300頁	269
最大判昭和58・6・22民集37巻5号793頁	539, 549
最（二小）判昭和58・7・8刑集37巻6号609頁	156
最（二小）決昭和59・2・29刑集38巻3号479頁	239, 322
最（三小）判昭和60・1・22民集39巻1号1頁	375
最（二小）判昭和61・2・14刑集40巻1号48頁	452
最（一小）決昭和62・3・3刑集41巻2号60頁	444
東高判昭和63・4・1東高刑時報39巻1‐4号8頁	456
東京地判昭和63・11・25判時1311号157頁	401
最（二小）決平成元・10・27裁判集刑253号215頁, 判時1344号19頁	322
大阪高判平成2・2・6判タ741号238頁	275
最（三小）判平成3・5・10民集45巻5号919頁	527
大阪高判平成3・11・6判タ796号264頁	420, 441
東京地判平成4・9・3LEX/DB27815277	275
東京高判平成4・10・15高刑集45巻3号101頁	401
大阪高判平成5・10・17判時1497号134頁	400
大阪地判平成6・4・27判時1515号116頁	454
東京高判平成6・5・11高刑集47巻2号237頁	401
東京高判平成6・7・28高刑集47巻2号267頁	265
最（一小）決平成6・9・8刑集48巻6号263頁	397, 412

最（三小）決平成6・9・16刑集48巻6号420頁 ……………………………… 238, 244, 245, 249, 261
最大判平成7・2・22刑集49巻2号1頁 ………………………………………………………… 477
大阪高判平成7・11・1判時1554号54頁 …………………………………………………… 400
東京高判平成8・9・3判タ935号267頁 …………………………………………………… 245
東京地決平成10・2・27判時1637号152頁 ……………………………………………… 417, 441
最（二小）決平成10・5・1刑集52巻4号275頁 …………………………… 420, 432, 441
最大判平成11・3・24民集53巻3号514頁 ……………………… 324, 525, 538, 551, 553
最（三小）決平成11・12・16刑集53巻9号1327頁 ……………………………………… 254
大阪地判平成12・5・25判時1754号102頁, 判タ1061号98頁 ………………… 531, 549
愛媛地宇和島支判平成12・5・26判時1731号153頁 ………………………………… 307
最（三小）決平成12・6・13刑集54巻5号1635頁 ……………………………………… 543
最（二小）決平成12・7・17刑集54巻6号550頁 ………………………………………… 447
最（一小）決平成15・5・26刑集57巻5号620頁 ………………………………………… 264
最（二小）判平成15・9・5裁判集民210号413頁, 判時1850号61頁 …………………… 549
大阪地判平成16・3・9訟月52巻10号3098頁, 判時1858号79頁 ………………… 526
最（一小）決平成16・7・12刑集58巻5号333頁 ………………………………………… 474
大阪高判平成17・1・25訟月52巻10号3069頁 ……………………………… 527, 532, 540
名古屋高判平成17・3・30裁判所ウェブサイト ………………………………………… 454
最（三小）判平成17・4・19民集59巻3号563頁, 判時1896号92頁, 判タ1180号163頁 ……… 534, 553
大阪地判平成18・9・13刑集63巻7号890頁 …………………………………………… 241
東京高判平成18・10・11判タ1242号147頁 …………………………………………… 364
最（一小）決平成19・2・8刑集61巻1号1頁 ……………………………………… 403, 414
鹿児島地判平成19・2・23判タ1313号285頁 ……………………………………………… 307
名古屋高判平成19・7・12判時1997号66頁 …………………………………… 544, 545
最（二小）決平成19・7・25刑集61巻5号563頁, 判タ1252号148頁 ……… 198, 199, 217, 220, 229
富山地高岡支判平成19・10・10裁判所ウェブサイト ………………………………… 307
東京高判平成19・12・17高刑速平成19年360頁 ……………………………………… 179
最（三小）決平成19・12・25刑集61巻9号895頁 ………………………………… 69, 317
東京高判平成20・3・10判タ1269号324頁 …………………………………………… 200
鹿児島地判平成20・3・24判タ2008号3頁 …………………………………… 528, 555
最（二小）決平成20・4・15刑集62巻5号1398頁 ………… 240, 241, 244, 254, 452, 457, 473
最（三小）決平成20・6・18刑集62巻6号1812頁 ……………………………………… 199
最（三小）決平成20・6・25刑集62巻6号1886頁 ………………………………………… 69
東京高判平成20・9・25東高刑時報59巻1-12号83頁 ……………………………… 256
最（一小）決平成20・9・30刑集62巻8号2753頁 ………………………………… 69, 317
広島高判平成21・1・14LLI/DB06420008 ……………………………………………… 535
東京高決平成21・6・23判時2057号168頁, 判タ1303号90頁 …………………… 459
東京高判平成21・7・1東高刑時報60巻1-12号94頁, 判タ1314号302頁

判例索引（上巻）

···	245, 246, 251, 255, 267, 268, 279
最（三小）決平成21・8・7刑集63巻6号776頁 ···	197, 199, 202, 211, 227
最（三小）決平成21・9・28刑集63巻7号868頁 ···	240, 241, 242, 254, 404
名古屋地判平成21・12・4裁判所ウェブサイト ···	165, 166
福岡高判平成22・2・6高刑速平成22年187頁 ···	364
京都地判平成22・3・24判時2078号77頁 ···	528, 555
宇都宮地判平成22・3・26判時2084号157頁 ···	448
福岡高判平成22・9・9高刑速平成22年247頁 ···	450
大阪地判平成22・9・10判タ1397号309頁 ···	307
大阪地判平成22・9・16判タ1397号309頁 ···	482
東京地判平成22・9・27判タ1343号153頁 ···	454
東京高判平成22・11・8高刑集63巻3号4頁 ···	245, 246, 247, 255, 268, 279
鹿児島地判平成22・12・10裁判所ウェブサイト ···	69
東京地決平成23・6・30家月64巻1号92頁 ···	184
千葉地判平成23・6・30裁判所ウェブサイト ···	81
福岡高判平成23・7・1訟月57巻11号2467頁，判時2127号9頁 ···	539, 555, 556
大阪地判平成23・10・31判タ1397号104頁 ···	81
福岡地判平成24・1・20LEX/DB25481264 ···	165, 166
最（一小）判平成24・2・13刑集66巻4号482頁 ···	73, 100
広島高判平成24・2・22判タ1388号155頁 ···	535
大阪地判平成24・3・30裁判所ウェブサイト ···	483
熊本地決平成24・7・20LEX/DB25500164 ···	379
名古屋地決平成24・12・4公刊物等未登載 ···	375
名古屋地決平成25・5・2公刊物等未登載 ···	376
名古屋地決平成25・5・18公刊物等未登載 ···	379
最判平成25・6・21公刊物等未登載 ···	535
大阪高判平成25・9・25高刑集66巻3号17頁 ···	483
最（二小）決平成25・12・18刑集67巻9号873頁 ···	200
最（一小）決平成25・12・19LEX/DB25502950 ···	539
静岡地浜松支平成26・1・9公刊物等未登載 ···	383, 391
最（一小）判平成26・7・24刑集68巻6号925頁 ···	84, 100
名古屋地決平成26・9・25公刊物等未登載 ···	380
名古屋高決平成26・9・26公刊物等未登載 ···	380
最（一小）決平成26・11・17裁判集刑315号183頁 ···	365, 374, 376
最（一小）決平成26・11・18刑集68巻9号1020頁 ···	365
名古屋地決平成27・1・13公刊物等未登載 ···	379
大阪地決平成27・1・27判時2288号134頁 ···	440
最（二小）決平成27・2・3刑集69巻1号1頁 ···	84, 100

最（二小）決平成27・2・3刑集69巻1号99頁···84, 100
福岡地小倉支判平成27・2・26判時2276号15頁···531
大阪地決平成27・6・5判時2288号134頁···440
東京高判平成27・7・9判時2280号16頁···531
最（二小）決平成27・10・22裁判集刑318号11頁···374
最大判平成29・3・15刑集71巻3号13頁···440

『刑事手続の新展開』(上)(下)

「あ と が き」

1　「はしがき」に記したように，本書の発刊準備を始めたのが2012（平成24）年春であったから，本書刊行までに5年を要したことになる。この間，執筆者の方々には本務ご多忙のなか，早期に脱稿し，各項目内における意見・主張の交換も遅滞なく行っていただきながら，大幅に刊行が滞ったのは，諸般の事情が輻輳したことによるとはいえ，ひとえに全体のとりまとめを担当した編集委員の一人である私の責めに帰する。執筆者，読者をはじめ関係者の皆様に心よりお詫びしなければならない。

2　本書発刊が企画されるまでの経緯は，「はしがき」に記載した通りである。本書企画の進行と並行して法制審議会における「新時代の刑事司法制度特別部会」の審議は次第に本格化し，2013（平成25）年11月，同部会は，一定の方向性を得るに至り，『時代に即した新たな刑事司法制度の基本構想』を取りまとめた。

　　この基本構想では，「被疑者取調べの録音・録画制度の導入を始め，取調べへの過度の依存を改めて適正な手続の下で供述証拠及び客観的証拠をより広範囲に収集することができるようにするため，証拠収集手段を適正化・多様化する」，「供述調書への過度の依存を改め，被害者及び事件関係者を含む国民への負担にも配意しつつ，真正な証拠が顕出され，被告人側においても，必要かつ十分な防御活動ができる活発で充実した公判審理を実現する」という2つの理念が示され，これに沿って，同特別部会で具体的な諸方策の検討がさらに進められた。

　　調査審議を経た結果，2014（平成26）年7月，同特別部会において『新たな刑事司法制度の構築についての調査審議の結果』の答申案が取りまとめられ，同年9月，法制審議会（総会）において，全会一致でこの答申案をもって法務大臣に答申することとされた。

あとがき

　法務省において，この答申に基づいて刑事訴訟法等の一部を改正する法律案を立案し，2015（平成27）年3月，閣議決定のうえ，この法律案が189回国会（通常国会）に提出され，同年8月，衆議院本会議では可決したものの，国会閉会に伴って，参議院における審議は継続審議となった。その後，審議は，第190回国会（通常国会）に引き継がれ，2016（平成28）年5月，参議院本会議において可決，同法案は，再び衆議院に送付され，同本会議において可決，「刑事訴訟法等の一部を改正する法律」が成立するところとなった。

　本書は，主として今次の刑事訴訟法改正の動きと関連させて企画された。全体を統括する「1　刑事司法の新展開」を筆頭に，とくに「8　被疑者及び参考人の取調べ」，「13　新たな捜査手法」，「14　捜査段階における刑事弁護」などは，直接にこの改正論議とリンクしている。他に，「11　デジタル情報と捜査」，「16　検察官の訴追裁量」，「20　被告人の身体拘束-保釈を中心に」，「24　自白の任意性，信用性」などこの法改正に関連を有する項目も少なくない。
　本来であれば，これらの項目の内容（原稿）は，いずれも成立した改正法の内容を踏まえて修補が求められ，また各項目の執筆者もそのように希望されていたところであるが，編集作業の進行上，それが叶わず，たかだか校正等の段階で，適宜その時点における立法の動き・論議に目配りして対応していただくことが精一杯であった。【追記】等が付されているものもあるが，これらについても同様である。
　このように，すべて提出された時点の原稿のままで発刊することを余儀なくされたため，同一項目内でも，脱稿の時期のずれがそのままの形で残されているものがある。

　最新の状況を的確に反映できていないことは，今次の法改正への対応だけでなく，裁判員法など関連法規の部分改正，統計数字，裁判例の一

部などにも生じているほか，刑事司法の実態，運用とくに裁判員裁判の動向などへの対応にも現れている。

　以上のように，本書の刊行自体が予定より大幅に遅延したばかりか，時宜に適した対応をとることができなかったことについても，重ねて執筆者及び読者のご寛恕を請わなければならない。

3　旧版及び新版と同じく本書も，法曹三者間で意見・主張を交換し合ったものであるから，当然ながら厳しい立場の相違，意見の対立が各所にみられる。これらは刑事司法ならではのものであり，これからもより良い刑事司法の実現に向けた解決策を求めて論議は継続するであろう。

　と同時に，わが国の刑事司法は，ここ十数年において従前とは大きく様相を異にするところとなった。流動的な刑事司法実務を巡って，法曹三者は現在，模索，手探り状態を含めて新たな経験の積み重ねが多様に展開されている。今後の展開に紆余曲折が予想され，試行錯誤の渦中にある事項もなくはない。したがって，項目によっては，法曹三者の連携がことさら強調されたり，それぞれの分野・領域における自己の立場からの方針・運用実情の説明が主とされるなど，意見・主張の交換といっても，その意味合いが旧版及び新版とはやや趣を異にするものもある。

　旧版及び新版では，最後に「解説」を付し（旧版〔下巻〕1049頁，新版〔Ⅲ〕531頁），刑事司法を巡る法曹三者の意見の対立・相違の主たる論点・実情，今後の課題などを概観したが，今回は，刑事司法が多様な動きを示している状況に照らし，とくに「解説」を置くことなく，法曹三者がどのように刑事司法の現状を認識し，これに対処しようとしているかを読者に示すにとどめることとした。

　なかでも，本書全体を通覧すると，今次の刑事訴訟法の一部改正に関する事項を巡る議論を別にすると，「はしがき」にも記していた通り，想定内ではあるが，法曹三者の主たる関心は，裁判員裁判の運用，審理の

あとがき

在り方にあることが分かる。「2 裁判員裁判」はもとより,「21 証拠調べの在り方」,「23 精神鑑定」,「27 評議」,「28 量刑」,「29 上訴審」などは裁判員制度の導入に伴って,それぞれの手続・実体がどのようになるかを正面から論じたものである。他の項目も,「第3編 公訴・公判」以降は,ほぼすべてが何らかの形で,裁判員裁判との関連に言及されているといってよい。

裁判員法は,2009（平成21）年5月に施行されてから8年を経過することとなった。5年間の試行期間があったとはいえ,裁判員裁判は施行後なお10年に満たず,その運用は安定しているとは言い難い。本書を通して多くのことが感得されるであろうが,その主軸は,裁判員裁判は刑事司法に何をもたらし,刑事司法をどのような姿にしていくのか,に集約されると思われる。また,それは同時に,裁判員制度の対象とはなっていない刑事事件の運用・手続の在り方を再考させる契機にも繋がっていくであろう。

法曹三者の英知を結集した本書が,法曹実務のニーズに即応し,旧版及び新版同様,よりよきわが国の刑事司法の実現に少しでも寄与するところがあればと切に願う。

2017年7月7日

編集委員の一人として　三井　　誠
編集委員　　　　　　　三井　　誠
　　　　　　　　　　　渡邉　一弘
　　　　　　　　　　　岡　　慎一
　　　　　　　　　　　植村　立郎

執筆者紹介

1 **刑事手続の新展開**
　渡邉　一弘（わたなべ・かずひろ）　　第一東京弁護士会・弁護士法人東町法律事務所
　　　　　　　　　　　　　　　　　　　元札幌高等検察庁検事長
　岡　　慎一（おか・しんいち）　　　　埼玉弁護士会・浦和ふたば法律事務所
　植村　立郎（うえむら・りつろう）　　第一東京弁護士会・湯島綜合法律事務所
　　　　　　　　　　　　　　　　　　　元東京高等裁判所判事

2 **裁判員裁判**
　西山　卓爾（にしやま・たくじ）　　　法務省大臣官房審議官・検事
　四宮　　啓（しのみや・さとる）　　　東京弁護士会・弁護士法人渋谷パブリック法律事務所
　　　　　　　　　　　　　　　　　　　國學院大學法科大学院教授
　大野　勝則（おおの・かつのり）　　　東京地方裁判所部総括判事

3 **犯罪被害者と刑事手続**
　大谷　晃大（おおたに・こうだい）　　横浜地方検察庁検事正
　奥村　　回（おくむら・かい）　　　　金沢弁護士会・北尾法律事務所
　島戸　　純（しまと・じゅん）　　　　札幌地方裁判所部総括判事

4 **少年の刑事事件**
　加藤　　学（かとう・まなぶ）　　　　千葉家庭裁判所少年部部総括判事
　甲斐　行夫（かい・ゆきお）　　　　　最高検察庁刑事部長・検事
　村中　貴之（むらなか・たかゆき）　　東京弁護士会・練馬・市民と子ども法律事務所

5 **医療観察事件**
　加藤　俊治（かとう・としはる）　　　法務省大臣官房審議官・検事
　村山　浩昭（むらやま・ひろあき）　　名古屋高等裁判所部総括判事
　田岡　直博（たおか・なおひろ）　　　香川県弁護士会・田岡・佐藤法律事務所

6 **強制捜査と任意捜査**
　石山　宏樹（いしやま・ひろき）　　　東京高等検察庁検事
　岡　　慎一（おか・しんいち）　　　　埼玉弁護士会・浦和ふたば法律事務所
　三浦　　透（みうら・とおる）　　　　大分地方・家庭裁判所長

7 **職務質問・所持品検査**
　自見　武士（じみ・たけし）　　　　　神戸地方検察庁総務部長・検事
　坂根　真也（さかね・しんや）　　　　東京弁護士会・東京ディフェンダー法律事務所
　友重　雅裕（ともしげ・まさひろ）　　広島高等裁判所事務局長・判事

8 **被疑者及び参考人の取調べ**
　稲川　龍也（いながわ・たつや）　　　高松高等検察庁検事長
　後藤　貞人（ごとう・さだと）　　　　大阪弁護士会・後藤貞人法律事務所
　半田　靖史（はんだ・やすし）　　　　高松高等裁判所部総括判事

執筆者紹介

9　被疑者の身体拘束
　　内藤　惣一郎（ないとう・そういちろう）　　法務省刑事局公安課長・検事
　　金岡　繁裕（かなおか・しげひろ）　　愛知県弁護士会・弁護士法人金岡法律事務所
　　栗原　正史（くりはら・まさし）　　さいたま地方裁判所部総括判事
10　捜索・差押え
　　横井　朗（よこい・あきら）　　千葉地方検察庁特別刑事部副部長・検事
　　神　洋明（じん・ひろあき）　　第一東京弁護士会・光和総合法律事務所
　　柴田　寿宏（しばた・としひろ）　　那覇地方裁判所判事
11　デジタル情報と捜査
　　北村　篤（きたむら・あつし）　　水戸地方検察庁検事正
　　山下　幸夫（やました・ゆきお）　　東京弁護士会・新宿さきがけ法律事務所
　　島戸　純（しまと・じゅん）　　札幌地方裁判所部総括判事
12　科学的捜査
　　大原　義宏（おおはら・よしひろ）　　法務省大臣官房参事官・検事
　　野嶋　真人（のじま・まさと）　　第二東京弁護士会・東京クローバー法律事務所
　　江口　和伸（えぐち・かずのぶ）　　司法研修所教官・判事
13　新たな捜査手法
　　白井　智之（しらい・ともゆき）　　那覇地方検察庁次席検事
　　河津　博史（かわつ・ひろし）　　第二東京弁護士会・霞ヶ関総合法律事務所
　　村越　一浩（むらこし・かずひろ）　　大阪地方裁判所部総括判事
14　捜査段階における弁護活動
　　前田　裕司（まえだ・ゆうじ）　　宮崎県弁護士会・宮崎はまゆう法律事務所
　　佐藤　剛（さとう・たけし）　　法務省入国管理局総務課長・検事
　　中谷　雄二郎（なかたに・ゆうじろう）　　松戸簡易裁判所簡易裁判所判事・元大阪高等裁判所判事
15　接見交通
　　赤松　範夫（あかまつ・のりお）　　兵庫県弁護士会・赤松範夫法律事務所
　　内藤　晋太郎（ないとう・しんたろう）　　さいたま地方検察庁総務部長・検事
　　中島　経太（なかじま・けいた）　　盛岡地方裁判所部総括判事

編著紹介

三井　　誠（みつい・まこと）　　　神戸大学名誉教授
渡邉　一弘（わたなべ・かずひろ）　元札幌高等検察庁検事長
岡　　慎一（おか・しんいち）　　　弁護士
植村　立郎（うえむら・りつろう）　元東京高等裁判所判事

刑事手続の新展開 上巻
2017年9月15日　初版第1刷発行

| 編者 | 三井　　誠
渡邉　一弘
岡　　慎一
植村　立郎 |

発行者　阿部　成一

〒162-0041　東京都新宿区早稲田鶴巻町514番地
発行所　株式会社　成文堂
電話 03(3203)9201(代)　Fax 03(3203)9206
http://www.seibundoh.co.jp

製版・印刷・製本　惠友印刷
©2017　M.Mitsui, K.Watanabe, S.Oka, R.Uemura
Printed in Japan　検印省略
☆乱丁・落丁本はおとりかえいたします☆
ISBN978-4-7923-5214-1　C3032

定価（本体6,500円＋税）